三角縁神獣鏡研究事典

下垣仁志 著

吉川弘文館

1　三角縁神獣鏡

　　三角縁神獣鏡，それは縁の断面が三角形にたちあがり，神仙と聖獣をデザインした銅鏡である。3〜4世紀の日本列島でおおいに流行し，現在560面ほどが確認されている。この鏡式が列島社会でこれほど愛好されたのは，いったいなぜなのだろうか。

2　三角縁神獣鏡（奈良県黒塚古墳）

三角縁神獣鏡は絶大な政治的意義を有した。おそらく畿内中枢から列島各地の有力者へ分与され、かれらの奥津城におさめられた。畿内中心部の大型古墳には、大量の三角縁神獣鏡が副葬されることも、まれではなかった。

奈良県黒塚古墳

滋賀県雪野山古墳

大阪府安満宮山古墳

奈良県鴨都波1号墳

3 三角縁神獣鏡の出土状況

　　三角縁神獣鏡を古墳に副葬する場合，被葬者の頭付近に配置したり，頭足部に分けおいた。棺の外周を多量の鏡でとりかこむこともあった。墓所を邪霊から守護するためとも，神仙世界への昇仙を願ったためとも推測される。

目　　次

- Ⅰ　三角縁神獣鏡研究の意義 ………………………………… *1*
  - 1　三角縁神獣鏡の研究意義 ……………………………… *1*
    - (1)　古墳時代研究・古代国家形成論 ………………… *1*
    - (2)　東アジアの国際交流論 …………………………… *4*
    - (3)　中国の器物生産論・思想論 ……………………… *6*
  - 2　本書の目的と構成 ……………………………………… *8*
- Ⅱ　三角縁神獣鏡の世界 ……………………………………… *11*
  - 1　三角縁神獣鏡とはなにか ……………………………… *11*
    - (1)　定義と概略 ………………………………………… *11*
    - (2)　形状と部分名称 …………………………………… *14*
    - (3)　内区文様──神仙と聖獣 ………………………… *20*
    - (4)　銘　　文 …………………………………………… *28*
    - (5)　鏡背の思想的内容 ………………………………… *30*
    - (6)　製作・鋳造技術と化学成分 ……………………… *30*
  - 2　中国鏡のなかの三角縁神獣鏡 ………………………… *37*
    - (1)　中国鏡の歴史 ……………………………………… *37*
    - (2)　三国～西晋期の銅鏡と三角縁神獣鏡 …………… *47*
    - (3)　三角縁神獣鏡の特質 ……………………………… *53*
- Ⅲ　三角縁神獣鏡研究の現状 ………………………………… *56*
  - 1　系譜と製作地 …………………………………………… *56*
    - (1)　系　　譜 …………………………………………… *57*
    - (2)　製　作　地 ………………………………………… *58*
  - 2　製作体制と製作背景 …………………………………… *60*
    - (1)　製作体制 …………………………………………… *60*
    - (2)　製作背景 …………………………………………… *62*

3 製作技術 ……………………………………… *64*
     (1) 同文鏡の製作技術 …………………………… *64*
     (2) 鋳型の作製および施文法 …………………… *64*
     (3) 鋳造および仕上げ …………………………… *65*
   4 編年と実年代 ………………………………… *66*
     (1) 型式学的編年 ………………………………… *66*
     (2) 実　年　代 …………………………………… *68*
     (3) 三角縁神獣鏡と古墳編年 …………………… *71*
   5 化学成分分析と原料の産地 ………………… *72*
   6 流通方式と政治史的意義 …………………… *73*
   7 銘文と信仰 …………………………………… *75*
     (1) 銘　文　研　究 ……………………………… *75*
     (2) 信　仰　論 …………………………………… *77*

IV 三角縁神獣鏡の研究史 ……………………… *79*
   1 第　Ⅰ　期（江戸期） ……………………………… *80*
   2 第　Ⅱ　期（19世紀末～1920年代） ……………… *84*
     (1) 江戸末期～明治前半期の状況 ……………… *84*
     (2) 体系的鏡鑑研究の始動 ……………………… *84*
     (3) 富岡謙蔵による研究の深化 ………………… *86*
     (4) 王莽鏡「論争」 ……………………………… *89*
     (5) 三角縁神獣鏡と邪馬台国論争 ……………… *98*
   3 第　Ⅲ　期（1920年代末～1940年代） …………… *100*
     (1) 第Ⅲ期前半（1920年代末～1930年代） …… *100*
     (2) 第Ⅲ期後半（1940年代） …………………… *102*
   4 第　Ⅳ　期（1950年代～1960年代） ……………… *104*
     (1) 第Ⅳ期前半（1950年代） …………………… *104*
     (2) 小林行雄の三角縁神獣鏡研究 ……………… *105*
     (3) 樋口隆康の三角縁神獣鏡研究 ……………… *113*
     (4) 第Ⅳ期後半（1960年代）──小林説をめぐる賛否 ……… *116*
     (5) ま　と　め …………………………………… *119*

5　第 V 期（1970年代） …………………………………… *120*
　　(1)　型式分類と系譜論の展開 ………………………… *120*
　　(2)　鋳造技術論 ………………………………………… *127*
　　(3)　魏鏡説と国産説の対峙 …………………………… *130*
　　(4)　政治論そのほか …………………………………… *133*
　6　第 VI 期（1980年代） …………………………………… *135*
　　(1)　王仲殊の呉工匠渡来製作説 ……………………… *135*
　　(2)　王説をめぐる討論——日中合同古代史シンポジウム…… *136*
　　(3)　景初四年鏡論争 …………………………………… *138*
　　(4)　系統的変遷と製作原理の追究 …………………… *141*
　　(5)　製作技術論 ………………………………………… *145*
　　(6)　理化学分析の本格化 ……………………………… *147*
　　(7)　銘文解釈の進展 …………………………………… *147*
　　(8)　政 治 史 論 ………………………………………… *148*
　　(9)　そのほかの諸論説 ………………………………… *152*
　7　第 VII 期（1990年代～） ……………………………… *153*
　　(1)　第 VII 期のテーマおよび分析視角 ……………… *153*
　　(2)　椿井大塚山古墳出土鏡の公開 …………………… *154*
　　(3)　系譜・系統論 ……………………………………… *155*
　　(4)　編　年　論 ………………………………………… *180*
　　(5)　製作技術論 ………………………………………… *212*
　　(6)　理化学分析 ………………………………………… *227*
　　(7)　分配・威信財論 …………………………………… *230*
　　(8)　銘 文 研 究 ………………………………………… *249*
　　(9)　信　仰　論 ………………………………………… *254*
　　(10)　ま　と　め ………………………………………… *260*
V　三角縁神獣鏡研究の将来 ……………………………… *262*
　1　三角縁神獣鏡研究の展望 ……………………………… *262*
　2　三角縁神獣鏡研究の課題と指針 ……………………… *266*
註 ………………………………………………………………… *277*

資　　料 ……………………………………… *305*

1　三角縁神獣鏡関連論文 ……………………… *307*
2　三角縁神獣鏡目録 …………………………… *417*
3　三角縁神獣鏡出土地名表 …………………… *441*
4　同笵(型)鏡分有図 …………………………… *509*
5　三角縁神獣鏡銘文一覧 ……………………… *513*
6　三角縁神獣鏡研究史上の重要図表の原図 …… *537*

あ と が き ……………………………………… *545*
図 表 一 覧 ……………………………………… *547*

函　図版
　表　京都府椿井大塚山古墳出土三角縁神獣鏡(M36)
　　　　　　　　　　（京都大学総合博物館所蔵）
　裏　京都府椿井大塚山古墳出土三角縁神獣鏡(M31)
　　　　　　　　　　（著者作成図）

I 三角縁神獣鏡研究の意義

　1面でれば三面記事が，2面でれば一面記事が，3面でればシンポジウムが華やかに飾りたてる。三角縁神獣鏡とは，それほどまでに世間の耳目をひきつけ，もてはやされる鏡である。無数の考古資料のなかで，三角縁神獣鏡がかくも特権的な地位を享受しうるのは，一体なぜなのだろうか。それは，この鏡が「卑弥呼の鏡」の有力候補だからであり，ひいては邪馬台国論争の鍵をにぎる物証となりうるからである。『三国志』魏書東夷伝倭人条には，景初三[1](239)年に魏へ遣使した倭王卑弥呼に「銅鏡百枚」が下賜されたとの記事がある。この時期の日本列島においてもっとも数多く流通した銅鏡こそ，三角縁神獣鏡であり，もし三角縁神獣鏡がこの際に下賜された鏡であるならば，黒塚古墳や桜井茶臼山古墳など，これらが密集する奈良県東南部こそ，卑弥呼が居をかまえた邪馬台国の最有力候補になる，というわけである。三角縁神獣鏡には邪馬台国の姿が映しだされているのではないか。そうした期待とロマンが綯いまぜとなり，異様ともいうべき熱いまなざしが，この鏡へと注がれるのである。

　だが，三角縁神獣鏡の意義は，邪馬台国の所在地論の一物証たるにとどまらない。古墳時代の物流システム論から「日本」古代国家形成論，ひいては東アジアの国際交流論や中国古代思想史にいたるまで，さまざまな重要事象を闡明する可能性を秘めた，重要きわまりない考古資料なのである。まずはこのⅠ章で，三角縁神獣鏡を研究することで明らかにしうる重要事象のいくつかについて，簡単に説明し，この器物を研究する意義を照らしだしておきたい。

1　三角縁神獣鏡の研究意義

(1)　古墳時代研究・古代国家形成論

　まず，古墳時代の物流システムを解明する手がかりとしての意義である。三角縁神獣鏡は，前期古墳の多彩な副葬器物のなかで中核的な位置を占め，徹底的に盗掘

されていないかぎり，大半の有力前期古墳から発見される。しかも，畿内地域を中心として，東は東北南部から西は九州南部まで，列島全域からおおよそ550面をこえる面数が出土している（資料3）。土器や石器などの日用品をのぞけば，特定の器物がこれほどまでに広域かつ稠密な分布を示したことは，列島史上かつてないことである。そのうえ，三角縁神獣鏡は同じ鋳型(笵)もしくは原型で製作された同笵(型)鏡が数多く存在し，それらが畿内地域の大型古墳を核として，全国の古墳で分有されている（資料4）。このような流通様態は，それ以前の弥生時代には存在せず，畿内地域の特定勢力からの分配がしばしば推定され，その背後に強い政治性を想定するのが一般である。

　ついで，「日本」古代国家形成プロセスにおける，列島社会の政治的諸関係を究明する資料としての意義である。三角縁神獣鏡が創出され，畿内地域（おそらく奈良県東南部）から諸地域へ拡散しはじめるのは，3世紀半ばと考えられる。近年では，これと時期を同じくして定型化した前方後円(方)墳が出現したとみるのが定説化している。もしそうであれば，奈良県東南部という特定の発信源から，三角縁神獣鏡という特定器物が列島のほぼ全域に拡散したことと，列島各地で定型化前方後円(方)墳の築造が開始されたこととは，連動した現象ということになる。これは，特定地域を中核として列島を広域に覆う政治的関係（「大和政権」）が樹立されたことを示唆する。要するに，「大和政権の成立，古墳の出現，三角縁神獣鏡の配布という異なる事象を関連ある歴史的出来事として説明し」うるわけである〔福永 2005a, p.6〕。そして，この時期に成立した政治的関係の特質をより深く究明するとともに，これを律令期までの各時期の政治的関係と比較することで，「日本」古代国家形成のプロセスを実証的に解き明かすことが期待されるのである。とりわけ，三角縁神獣鏡の拡散の様態を綿密に分析すれば，古墳出現期における「大和政権」（「初期ヤマト政権」）の展開状況をヴィヴィッドに追跡しうることが予想でき，それゆえ考古学者は，三角縁神獣鏡に強い関心を示すのである。新聞記事などマスコミが，三角縁神獣鏡を邪馬台国畿内説の物証として賑々しく報道するのを横目に，考古学者がもっぱらこの器物を，「初期ヤマト政権」を追究する資料として重んじる相違は，こうした事情ゆえに生じている。

　近年では，定型化した前方後円(方)墳の出現以前の弥生時代末期（庄内式期）に，画文帯神獣鏡と纒向型前方後円墳が，奈良県東南部を基点として広域に拡散したとの見解が有力となっている〔岡村 1989；寺沢薫 2000等〕。そうであれば，三角縁神獣鏡や定型化前方後円(方)墳の拡散は，二次的な画期ということになる。しかし，画文

帯神獣鏡から三角縁神獣鏡への，そして纒向型前方後円墳から定型化前方後円（方）墳への変化には，量的にも質的にも大きな飛躍があり，三角縁神獣鏡が当該期の政治的状況を究明する一級資料であることは，いささかも揺らがない。むしろ，突如として大量の三角縁神獣鏡が広域拡散するという，やや不自然な飛躍が緩和され，よりスムースに「初期ヤマト政権」の展開を追跡しうるようになったと評価すべきであろう。

　物流システムのパターンと社会「進化」の特定段階との相関性については，1970年代以降に大きく展開した構造マルクス主義人類学が強調するところであり，古墳時代研究においても，1990年代以降，「威信財」の概念を軸としてこの視座からの研究が隆盛をみつつある〔河野 1998；辻田 2006a 等〕。一言でいえば，階層的に分節化されたエリート層が，入手ないし製作が困難な稀少財である威信財の分配をつうじ，政治的な上下関係および同盟関係を維持・再生産してゆくという視角が，古墳時代前期の政治史的研究に導入されているのである。とりわけ，「威信財システムそのものズバリである」三角縁神獣鏡の流通様態〔穴沢 1985b, p.1〕が分析の中軸にすえられ，当該期の政治史が精力的に追究されている。

　さらに，三角縁神獣鏡は，古墳出現の実年代を推定する最重要資料でもある。古墳時代開幕以後，300m近い規模を誇る墳墓が築造されはじめたことは，列島の社会構成史上の一大画期であり，その実年代を確定することは，以後の古代国家成立までの速度を算定し，くわえて同時期における東アジア社会の動向との関連を明らかにするうえで，きわめて重要である。しかし，文字史料のない当該期の実年代をおさえる手がかりは，考古資料では三角縁神獣鏡などの銅鏡にほぼ限定されてしまう。なかでも三角縁神獣鏡（およびこれと深い関連性を有する画文帯同向式神獣鏡）には，景初三年・正始元(240)年の紀年銘をもつものがあり（I-図1〜3），しかもほかの中国の紀年銘鏡と類似する文様要素を配する事例もみとめられ，その製作年代をかなりの精度で推定できる。そして，これらの製作年代が，これらを副葬する古墳の上限年代となるのである。近年の研究で，中国製三角縁神獣鏡を4〜5段階に編年したうち，出現期の古墳に2段階までの三角縁神獣鏡が副葬されていることから，3世紀中葉ごろが古墳の出現期であることが，徐々に定説化しつつある〔福永 2005a 等〕。

　古墳出現の実年代のみならず，前期古墳編年を構築するうえでも，三角縁神獣鏡は中心的な役割をはたしている。三角縁神獣鏡は，有力な前期古墳に普遍的に副葬され，しかも型式（学）的に複数段階にわけうる点で，理想的な資料である。そして実際，同一古墳で同一段階ないし隣接段階の三角縁神獣鏡が共伴し，ほかの副葬品

Ⅰ-図1　三角縁景初三年陳是作同向式神獣鏡(島根県神原神社古墳)

Ⅰ-図2　三角縁□始元年陳是作同向式神獣鏡(群馬県蟹沢古墳)

Ⅰ-図3　景初三年陳是作画文帯同向式神獣鏡(大阪府和泉黄金塚古墳)

ともおおよそ矛盾なく共伴しており(Ⅲ-表1)，最近では，三角縁神獣鏡を基軸として，前期古墳の編年が精緻の度をましつつある〔大賀 2002；森下 2005b 等〕。編年が曖昧では，その時期の社会状況を明らかにしえないし，社会変動の姿をとらえることもかなわない。今後，三角縁神獣鏡を軸として構築された編年の成果に立脚して，古墳時代前期の社会像がより詳細にえがきだされてゆくことが期待される。

三角縁神獣鏡の鏡背には，神仙思想をあらわした文様や銘文があしらわれている。これらを倭人が理解しえたか否か，理解しえたならば，どの程度であったかを検討することで，倭人の宗教思想や文字理解の実態にせまることが可能になる。たとえば，三角縁神獣鏡には仏像を表現した仏獣鏡が存在し(Ⅱ-図16，Ⅳ-図87・88)，もしこれを倭人が仏像として理解していたとすれば，6世紀半ばの仏教公伝を遡ること約300年の時期に，すでに倭社会が仏像を認識していたことになる。ただし，この分野の検討は十分に深められておらず，状況証拠からの推察にとどまっている。

(2)　東アジアの国際交流論

以上にあげた三角縁神獣鏡の研究意義は，すべて「日本」列島の社会に関するものである。だが，三角縁神獣鏡を研究する意義は，列島社会に限定されないひろがりを有する。多くの論者が重視するように，当時における中国王朝と倭国との国際関係[2](Ⅰ-図4)を解き明かす物証としての意義をも，内包しているのである。

いわゆる中国製三角縁神獣鏡が魏(晋)で製作されたとする立場を採れば[3]，景初三年銘および正始元年銘の三角縁神獣鏡が如実に示すように，三角縁神獣鏡とは，

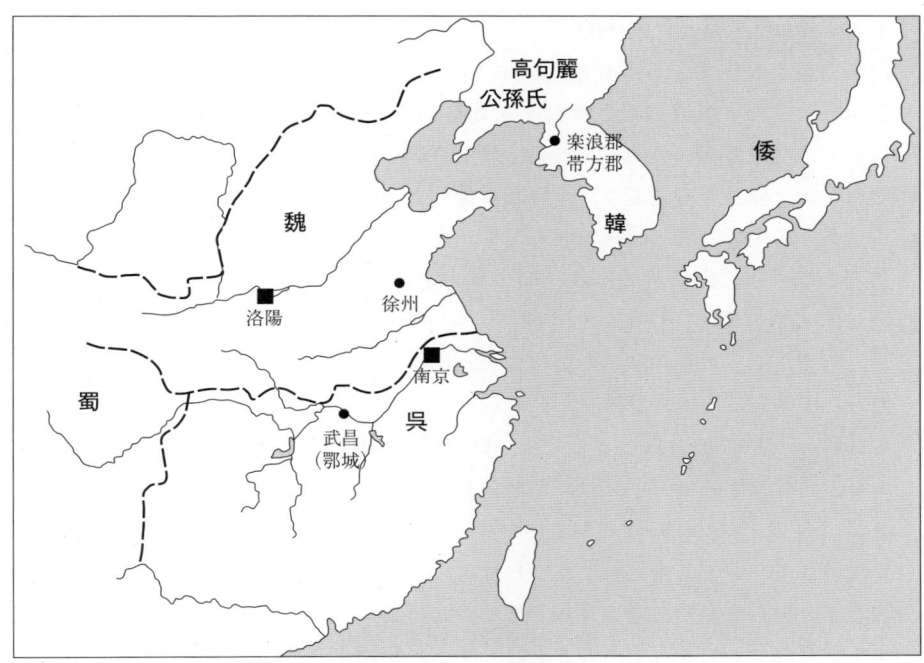

Ⅰ-図4　3世紀前半の東アジア

まさに魏(晋)王朝と倭国との政治的関係(冊封)の雄弁な物証といえる。三角縁神獣鏡が「銅鏡百枚」のうちどれほどの比率を占めていたとみるか、論者によって相違するが、まったく無関係であったとは考えにくい。のみならず、三角縁神獣鏡は短く見積もれば魏の終末(260年代)まで、長く見積もれば西晋代の過半をふくむ3世紀末まで製作されており、魏(晋)王朝と倭国との政治的関係が長期におよぶものであったことを示す。泰始二(266)年の遣使を最後に、倭の五王の遣使まで、倭と中国王朝との関係を詳細に語る文献記事は、およそ150年ほど中国史書から消える[4]のだが、後者の案を採れば、三角縁神獣鏡は、この空白の前半を埋める可能性を秘めた器物ということになる。他方、前者の案を是とし、倣製三角縁神獣鏡を列島製とするならば、西晋鏡はほとんど倭に流入していないことになる。その背景に、呉を牽制するため倭と「安保協定」を結び、多量の三角縁神獣鏡を倭国に供与した魏の政策から、周辺諸地域が安定にむかうことで倭への関心がしりぞいた西晋の政策へという、対外政策の変化を想定することも可能となろう〔岡村 1999b, p.204〕。

近年、江蘇省の徐州地域や楽浪郡など、洛陽からみると辺境に位置する華北(東部)で三角縁神獣鏡が製作されたとする見方が優勢となっており、その場合、かな

らずしも魏(晋)王朝との直接的なつながりを想定しなくともよくなる。魏(晋)王朝とのつながりを推定する論者は、皇室の御物(ぎょぶつ)を製作する官署である尚方(しょうほう)が、地方に事務官・技官を派遣し、その監督下で製作させた〔笠野 1993b・1998〕、あるいは尚方工人と華北東部の工人との「合作」〔福永 2001a 等〕と考える。一方、楽浪郡・帯方(たいほう)郡での製作を推測する論者は、当地域と倭国との直接的な交流を想定する傾向が強い。しかし、後者の考えを採るとしても、おそらく三角縁神獣鏡の創出直前にあたる景初二(238)年に、当地域が魏王朝の勢力下におかれ、さらに尚方工人の技術的特徴である長方形鈕孔(ちゅうこう)〔福永 1991 等〕が、三角縁神獣鏡に採用されている以上、魏王朝と関係なく三角縁神獣鏡が製作され、倭へともたらされたとは考えがたい。

　他方、中国製三角縁神獣鏡を、呉の工匠が東渡して、倭の地で製作した器物とみなす見解〔王 1981a 等〕を採るとしても、呉と倭との深い関係が証されることになる。しかも三角縁神獣鏡は、中国鏡の他鏡式の文様要素を、継続的に導入しつつ変遷をとげている〔森下 2005c 等〕のだから、両者の関係は長期におよんだことになる。

　したがって、いずれの見解にたつにせよ、三角縁神獣鏡が中国王朝と倭国との政治的関係を物語る有効な考古資料であることは動かない。国際関係が国家形成を駆動する重要なファクターであることは、すでに定説化しているが、三角縁神獣鏡こそまさに、倭国が国際社会に躍りでた3世紀半ばの状況を照らしだす貴重な考古資料なのである。

(3) 中国の器物生産論・思想論

　後漢の後半期から三国西晋期にかけて、中国社会は混迷と激動の時代をむかえる。戦乱により旧秩序が否定され、新たな秩序が創成される転換期であった。両漢あわせて 400 年つづいた漢帝国が衰亡し、争乱の時代が幕を開け、それにともない周辺諸地域では国家形成が進行していった。世情不安は宗教への渇望をひきおこす。この時期、道家(どうか)思想が道教教団へと組織されはじめ、また西域僧が来訪し、仏教が中国社会に浸透しはじめた。三角縁神獣鏡をふくむ銅鏡は、こうした中国社会の変動を反映する物証でもある。

　三国西晋期の華北の銅鏡生産は、後漢末以来の戦乱の波をこうむり、はなはだ低調であったと説かれてきた〔孔他 1984；徐 1985；立木 1994a〕。また当時、華北(魏晋)と華南(呉)で、製作される銅鏡に大きな相違があるとされてきた〔徐 1985〕。社会状況や政治的対立が銅鏡生産に反映していたとの説はたいへん魅力的である。しかし

最近の研究では，三国魏晋代の華北においても，銅鏡生産はそれなりに活潑であったことが解明されてきている〔上野 2007・2009 等〕。そして，南北ともに漢鏡を模倣して当代的な図像表現を創出しつつも，模倣の指向性がことなるために，南北の鏡群に相違が顕現したことも判明しつつある〔上野 2007 等〕。

中国鏡の研究は，最近さらに進展し，製作地や製作年代がおおよそ突きとめられてきている。しかも中国鏡は，数多くの出土資料にもめぐまれており，生産の実態を実物に根ざして具体的かつ長期的に追尾できる点で，ほかに類をみない重要な器物である。三角縁神獣鏡は，3世紀半ばの華北における模倣志向のなかで創出された鏡種の代表的存在と考えられ〔上野 2007〕，三角縁神獣鏡を中国鏡のなかに正確に位置づける作業により，当該期における銅鏡生産の姿をより鮮明に浮きあがらせることが期待されるのである。同時にまた，韓半島や倭をふくめた東アジア諸地域の銅鏡生産の姿も徐々に解明の途につきつつある〔森下 2007a〕。これらの諸相を追究することで，文献からの政治史のみにとどまらない地域間関係，あるいは地域性を抽出することが可能になるだろう。

後漢後半～三国西晋期は，神獣鏡の生産が大いに隆盛をみた時期である。前漢末～後漢前半において，神仙思想をあらわした鏡式は，方格規矩四神鏡や細線式獣帯鏡といった線彫の鏡であったが，後漢後半以降，半肉彫の神獣鏡が次々と創出され，西王母・東王父(公)・天皇大帝・黄帝・神農・南極老人・伯牙・王喬・赤松子などの神仙，龍・虎・辟邪などの聖獣が図像や銘文に登場するようになる。三角縁神獣鏡も，こうした神獣鏡の流行の一端につらなる鏡式である。

これら神仙および聖獣のほか，三角縁神獣鏡には仏教的図像が表現されることがままある。その背景には，上記したように，後漢末～三国西晋期に道家思想および仏教が中国社会に浸潤しつつあったことを推定できよう。

三角縁神獣鏡に関して興味をひくのは，この鏡の有力な製作候補地である徐州が，神仙思想と仏教をともに深く受容した土地だということである。この地では，図像と銘文形式が整備された神獣鏡がとりわけ発達をとげたが，それはこの地域が古来より方術がさかんで，道教の発生に大きな役割をはたした土地であることと，深い関係があろう〔金 2005；森下 2007a 等〕。仏教思想についても，徐州は中国初期仏教の主要な中心地であり，後漢末期に笮融が3000人を収容できる浮屠寺(仏寺)を建立し，金銅仏を祀ったことが文献に記され(『後漢書』劉虞公孫瓚陶謙列伝)，さらにこの徐州の沿岸部の連雲港市孔望山において，神仙像とともに最古の仏像の摩崖像が発見されている。三角縁神獣鏡の仏像も，従来の神仙像を流用して造形されており

〔川西 1994〕，示唆するところが大きい。のみならず，中国の初期仏教は「まづ，後漢の神仙化せられた黄帝老子を祭祀する社会に，神仙方術の信仰を媒介として受容せられた」格義仏教であり〔塚本 1942, p. 28；西田 1966〕，まさに三角縁神獣鏡は，その翻訳的受容を示す物証といえるかもしれない。三角縁神獣鏡の神獣像および銘文を克明に検討することで，当時の宗教思想の実態に肉薄してゆくことも不可能ではなかろう。

なお，これらの仏像とガンダーラ仏との類似性がしばしば主張されている。『三国志』魏書明帝紀には，太和三(229)年に大月氏王波調，すなわちクシャン朝の王ヴァースデーヴァが魏に遣使した記事があり，三角縁仏獣鏡は，仏教導入期の中国とガンダーラとの東西交流を解き明かす重要な資料かもしれない。ただ，大型品が多く，寺院の祠堂やストゥーパに設置されたガンダーラの石彫仏やストゥッコ仏を，鏡背面に鋳だされた3cm程度の仏像と比較するのには，慎重な態度が欠かせまい。

鋳出された銘文も，重要な研究資料である。為政者の価値観が強く反映される正史を代表とする文字史料とはことなり，市井にでまわった鏡鑑は，庶民レヴェルの思潮や信仰を読み解く好資料である。背後に政治性が想定され，しかも銘句が継ぎ接ぎとなっている三角縁神獣鏡から，はたして当時の信仰や思潮を十分に復元できるのかという問題も残るが，同時代および前後の時期の銘文と比較することで，多くの成果があがることが期待される。

また銅鏡は，基本的に押韻し，また仮借を頻繁にもちいており，音韻体系を復元する有効な資料である〔笠野 1993b 等〕。三国西晋期は，上古音から中古音への過渡期と推定されているが，その実態は十全に明らかになっているとはいいがたい。当該期の銅鏡はしばしば押韻を踏みはずし，その乱れが顕著であるが，動乱による社会の分裂，そして過渡期ゆえの変動のいちじるしさゆえに，時期的な変化と地域的変異を抽出しきれていない可能性も残る〔光武 2006a・2006b〕。その点，当該期の銅鏡は，製作地および製作年代をあるていど特定できる強みがあり，銅鏡から当該期の音韻体系を再構築することは，魅力ある研究テーマとなろう。

2　本書の目的と構成

以上に挙示したように，三角縁神獣鏡は，マクロなテーマにかぎっても，列島社会の物流システムや政治的諸関係，古代国家形成にとどまらず，中国王朝を核とす

る東アジアの国際交流，さらには変動期の中国大陸の器物生産や思想にまでせまりうる，はなはだ重要な考古資料であることが理解できよう。いうなれば，多様な歴史事象の帷を開く鍵を秘めた器物なのである。それゆえ，さまざまな視点から無数の研究がなされ，貴重な成果が数多くあげられてきた。

しかし，多彩な観点から研究が深められ，多くの解釈が提示され，あまたの議論がくりひろげられてきた反面，それぞれの見解間で誤解や齟齬が生じ，相互の見解を十分に理解しあうことが困難になるという，皮肉な事態も出来している。一言でいえば，研究の多様化と深化に不可避にともなう蛸壺化が進行しているのである。厖大に膨れあがり複雑化した研究史と多様な解釈を前に，いかにその当否を判別し，さらなる研究に発展させてゆけばよいのか。専門の研究者ですら，途方に暮れざるをえないのが実情ではなかろうか。

そこで本書は，こうした状況を打開し，そして今後の三角縁神獣鏡研究のさらなる進展に資するべく，2本の軸をすえて展開する。

第一の軸は，研究史の整理をつうじて，諸研究の成果と問題点を剔出し，そのうえで今後の研究指針を提示することである。そして第二の軸は，研究の基礎となる資料データを集成し，整備することである。この二つの軸は，おおよそ本書の本文の後半と「資料」とにそれぞれ相当する。

第一の軸では，とくに研究史の綿密なトレースをこころがけた。その結果，IV章「三角縁神獣鏡の研究史」が本書の相当部分を占めることとなり，書物としての均衡をいささか欠く構成となった。しかし研究とは，先行研究の前提・分析資料・方法論・論理構成を吟味し，それら諸研究の連繋を立体的にとらえたうえで，新たな視角をくわえつつ深化させてゆくべきであると，筆者は考えており，その信念にしたがった結果である。中途半端に研究史を整理するならば，混乱を助長するだけであろう。諒解いただければ幸いである。

III章「三角縁神獣鏡研究の現状」では，三角縁神獣鏡研究のさまざまなテーマにおいて，現在，定説的な位置を占めている見解を紹介する。各見解の論拠については，IV章（第7節）を参照されたい。むろん，これらは確固不動の定説ではなく，今後の発見や研究により修正あるいは拋擲されることもあろう。本章は，筆者の判断が多分にふくまれており，悪くいえば主観にかたむいている。したがって，読者諸賢は本章の内容を鵜呑みにすることなく，IV章を通読したうえで（余裕のある方は，挙示した文献を熟読したうえで），判断をくだしていただきたい。

第二の軸では，三角縁神獣鏡を研究するうえで基本となるデータを，本文の後の

「資料」で提示した。「1　三角縁神獣鏡関連論文」は，三角縁神獣鏡に関する文献を集成したものである。遺漏もあろうが，重要な文献はおおむねカヴァーしていよう。いかに三角縁神獣鏡の研究が蓄積されているか，その量から容易に実感できると思う。「2　三角縁神獣鏡目録」および「3　三角縁神獣鏡出土地名表」は，三角縁神獣鏡じたいのデータと出土古墳のデータの一覧である。〔京都大学文学部考古学研究室編 1989・2000〕のデータ一覧をベースに，最新のデータを追加したものである。「4　同笵(型)鏡分有図」は，この十数年のあいだに三角縁神獣鏡が大幅に増加し，旧来の分有図ではもはや不十分なため，『大古墳展』〔森下・千賀編 2000〕の図をもとに製作した。三角縁神獣鏡の多くに銘文が鋳だされているが，紀年銘鏡を中心とするごく一部の銘文に分析が集中しており，全体をふまえた研究はきわめて少ない〔林裕 1998 等〕。三角縁神獣鏡の銘文研究は，本腰をいれた研究に値する可能性を秘めたテーマである。そこで，爾後の研究の一助として，「5　三角縁神獣鏡銘文一覧」を作製した。

　これらのほか，三角縁神獣鏡を基礎から学びたい読者のため，II章「三角縁神獣鏡の世界」を用意した。三角縁神獣鏡の部分名称から製作技術，表現された宇宙観，関連鏡群，製作背景，さらには三角縁神獣鏡が出現するまでの中国鏡の沿革などについて，簡単に紹介した。そして，V章「三角縁神獣鏡研究の将来」では，本書の結論として，三角縁神獣鏡研究が将来すすむべき方向について，私見を提示した。

　なお本書は，研究事典という性格上，諸研究の引用を多用した反面，私見をなるべく差し控えた。ある意味，自身を安全な場所におきつつ，大所高所から他説を評論する卑しさを自覚しないでもない。そのあたり，ご寛恕願いたい。また本書では，多くの先行研究を紹介する必要上，多数の図表を引用したが，書籍の体裁を統一するため，出典図表に若干の改変をほどこした。原図作成者の方々にはお詫びしたい。原図にあたって厳密な検討を望まれる方は，巻末に出典一覧を掲載したので，利用いただきたい。なお，少なからず改変をほどこした学史的に重要な図表に関しては，「資料6　三角縁神獣鏡研究史上の重要図表の原図」に原図を掲載したので，参照されたい。「資料6」に原図を掲載する図は，改変した図表番号の末尾に◎の記号を振った。

II 三角縁神獣鏡の世界

　三角縁神獣鏡とは，一体どのような器物なのだろうか。本章では，三角縁神獣鏡の形状・文様・銘文などの諸特徴をはじめ，製作技術や系譜，さらには製作背景や宇宙観などについて，簡単に説明をくわえ，次章以降を理解する一助としたい。

1　三角縁神獣鏡とはなにか

(1) 定義と概略

　三角縁神獣鏡(II-図1)を定義するのはむずかしい。簡略に定義すると，どの資料をもって三角縁神獣鏡とするかで混乱が生じかねない。一方，厳密に定義すれば数多くの例外が生じるし，変遷をとげてゆく過程で逸脱例もでてくる。
　三角縁神獣鏡研究を大系的に推進した樋口隆康によれば，三角縁神獣鏡は以下の条件をそなえた鏡群に限定するのが妥当だという〔樋口 1979a, p.141・1992, pp.243-244〕。すなわち，
　1. 径20cmをこえる大型品が多い。
　2. 縁の断面が三角形を呈す。
　3. 外区は鋸歯文帯・複線波文帯・鋸歯文帯の3圏帯からなる。
　4. 内区外周の副圏帯に，銘帯・獣帯・唐草文帯・波文帯・鋸歯文帯・半円方形帯のいずれかが配される。
　5. 内区主文区は，4ないし6個の小乳により等間隔に区分され，その間に神像と瑞獣を求心式か同向式に配置する。
　6. 銘帯にほどこされた銘文は，七字句数種と四字句一種がある。
の6条件である。
　福永伸哉はこの条件に，長方形鈕孔を有することを追加する〔福永 2005a〕。また，前漢期から南北朝期までの中国鏡を通覧した車崎正彦は，三角縁神獣鏡の特徴として，「①周縁の断面が三角形に屹立し，②同型鏡(同笵鏡)が多く，③面径は17セン

12 II 三角縁神獣鏡の世界

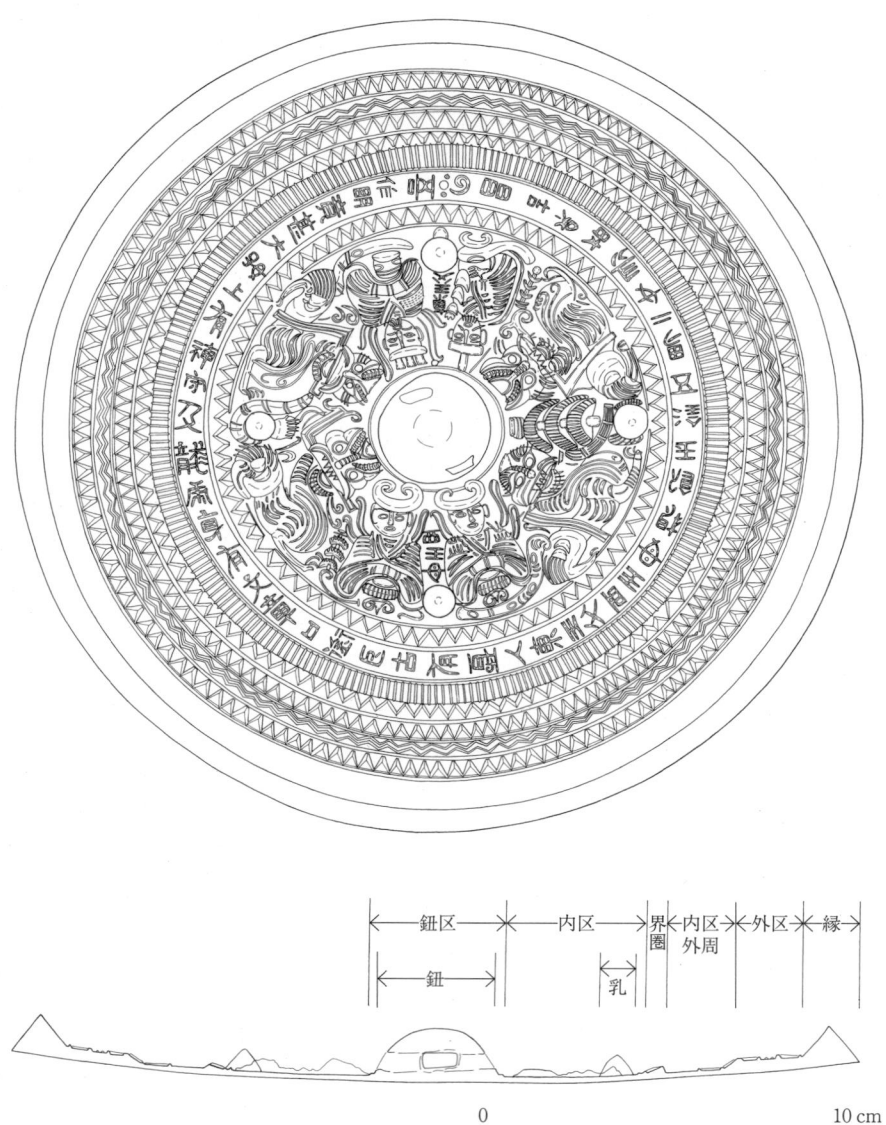

II-図1 三角縁神獣鏡の部分名称(奈良県新山古墳〈目録32〉)

チから26センチまであるが,平均22センチ前後(魏晋尺の9寸また1尺)にほとんどが集中し,④外区は鋸歯紋・複線波紋・鋸歯紋の3帯構成,⑤内区外周に銘帯・画紋帯・獣紋帯・雲紋帯(唐草紋帯)・波紋帯・櫛歯紋帯いずれかを配し,⑥内区を4乳または6乳で区画して神仙と瑞獣とを求心式(放射式)ないしは同向式に配

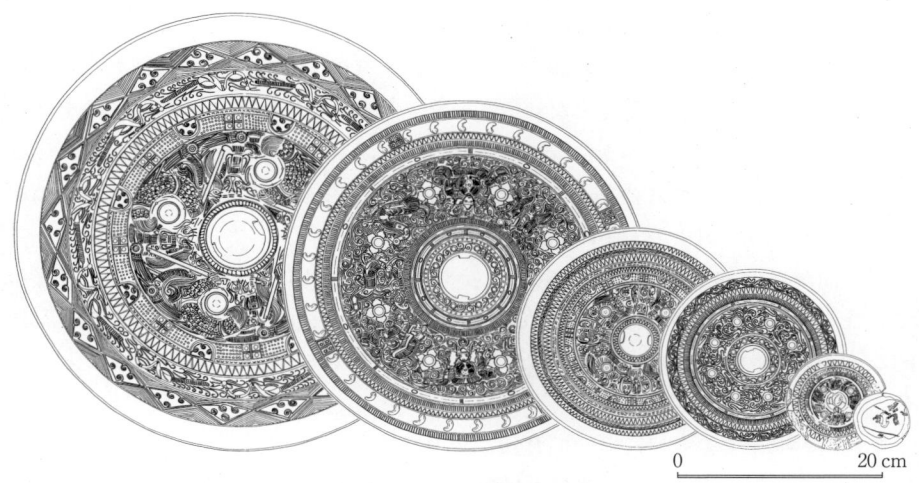

Ⅱ-図2　さまざまな仿製鏡

置し，⑦半球鈕に有節重弧紋などの座を配す，等々」をあげている〔車崎 2002c, p.186〕。

このように，現状では，樋口の提示した6条件が，三角縁神獣鏡の認定条件としておおむね承認されており，それに加除修正がくわえられている。1989年に京都大学文学部考古学研究室が，小林行雄の「同笵鏡番号」を修正・増補して作製した「三角縁神獣鏡目録」も，樋口の挙示した条件を原則としてみたしている。若干の例外はあるものの，三角縁神獣鏡の認定基準について，ほぼ統一見解がえられているといってよい。現在，この「目録」が規範的な位置を有しており，本書では，これを増補した一覧表を収録した（「資料2」）。参照されたい。

以上の条件をおおむねみたす資料は，現在約430面におよび，これらをふつう中国製三角縁神獣鏡あるいは舶載三角縁神獣鏡と呼称する。これに仿製三角縁神獣鏡（「日本」列島で古墳時代前期に模作したとされる鏡式）約130面をくわえた約560面を，一般に三角縁神獣鏡と総称している。

中国鏡と仿製鏡（倭鏡・倭製鏡・倣製鏡）（Ⅱ-図2）とを判別する基準は，従来，富岡謙蔵が列挙した4点に依拠してきた。それはすなわち，「（一）鏡背の文様表現の手法は支那鏡の鋭利鮮明なるに対して，模造の当然の結果として，模糊となり，図像の如きも大に便化され，時に全く無意義のものとなり，線其他円味を帯び来り一見原型ならざるを認めらるゝこと。（二）支那鏡にありては，内区文様の分子が各々或る意味を有して配列せるを常とするに対し，模倣と認めらるものは一様に是れが文

様化して，図様本来の意義を失へるものとなれること。(三)本邦仿製と認めらるゝものには，普通の支那鏡の主要部の一をなす銘文を欠く，図様中に銘帯あるものと雖も，彼の鏡に見る如き章句をなせるものなく，多くは文字に似て而も字体をなさず，また当然文字のあるべき位置に無意味なる円，其の他の幾何学文様を現はせること。(四)支那の鏡に其の存在を見聞せざる周囲に鈴を附せるものあること」〔富岡1920c, pp. 346-347〕の四つの基準である。

ごく簡単に要約すれば，中国鏡にくらべ仿製鏡は，図像の意味も銘文も理解していないために，文様が模糊として無意味なものとなり，銘文も欠失するか記号的なもの(「擬銘」)となり，周縁に鈴がとりつくもの(鈴鏡)もある，ということになる。

これは，現在でも大枠において有効な基準ではあるが，仿製鏡でも「鋭利鮮明」な作がある一方，中国鏡でも文様が模糊としていたり，従来の意味を喪失した文様や擬銘を配した作が存在する。とくに，三角縁神獣鏡が製作された魏晋代の中国鏡に顕著であり，再検討が必要である。なかんずく重大なのは，魏晋鏡の検討が進展した結果，仿製三角縁神獣鏡とされてきた鏡式が，西晋代の銅鏡と強い共通性を示すことが判明してきたことであり〔車崎 1999a・1999d 等〕，中国製三角縁神獣鏡と仿製三角縁神獣鏡は，時間差による変異を有する一鏡式である可能性が急浮上してきたことである。ともあれ，中国大陸においても，各地域で「さまざまな共通性や差異をそなえた鏡群」が存在することが判明しつつある現在，中国製／仿製という硬直した二元的分類を棄却して，「それぞれの地域における鏡群を系統としてとらえ，系統同士で比較検討をおこな」い，「各地域に展開する系統群としてその動向を理解すること」が，冀求されてきているのである〔森下 2007a, p.35〕。

一方，三角縁神獣鏡はそのほとんどが前期古墳から出土し(「資料3」)，中国大陸からいっさい出土しないため，この事実を主論拠として，三角縁神獣鏡を列島社会の所産とみる見解も強く打ちだされている〔森 1962；王 1981a 等〕。この問題については後述する(本章第2節第(2)項)。本書では，研究事典という性格上，「中国製三角縁神獣鏡」と「仿製三角縁神獣鏡」という従来の名称を使用することにする。

(2) 形状と部分名称

A 形　　状

三角縁神獣鏡の形状は，円盤状の鏡体の中央に半球形の鈕(紐通しのつまみ)をもう

け，その周縁は断面三角形状に屹立する(II-図1)。鏡面は中央が高まる凸状を呈し，周縁部で5〜10mm程度の反りを有する。鏡面が凸に反っていては対象を真正に映しえない。これについては，鋳造実験の成果をふまえ，焼き入れで生じた反りではないかとの推定がなされている〔清水康他 1998；二上古代鋳金研究会 2001 等〕。錫青銅を利用した製品において焼き入れ(焼なまし・焼き戻し)がおこなわれたことは，中国の文献史料や分析事例から説かれているところである〔西村俊 2000a〕。あるいは凸状にすることで，映像の真正さを犠牲にしてまでも，よりひろく対象を映しだそうとしたのかもしれない。

鏡背は，周縁から中心にむかって，縁部，外区，内区外周，界圏（かいけん），内区，鈕座（ちゅうざ），鈕の順に，同心円状に区画された構成をなす(II-図1)。三角縁神獣鏡は画一性の強い鏡式だが，内区外周の文様帯の種類(ないし銘帯の作鏡者銘)と内区の神獣像の数とに変異がある。これを基準に，たとえば三角縁唐草文帯四神四獣鏡といったふうに，三角縁＋内区外周文様帯の種類(ないし銘帯の作鏡者銘)＋神獣像の数をもとに，個々の鏡の名称がつけられている。

B　縁　　部

縁部は，三角縁神獣鏡の名称の由来どおり，断面三角形状に立ちあがる。こうした縁部形態は画象鏡（がぞうきょう）の一部などにも若干みられ，また吾作系斜縁神獣鏡（ごさくしゃえん）(II-図48)や斜縁同向式神獣鏡（しゃえんどうこう）(IV-図37・38)などにも縁部の鋭い立ちあがりがみとめられるが，断面三角形の縁部を普遍的に採用するのは三角縁神獣鏡の大きな特徴である。ただし，創出期の三角縁神獣鏡の縁部は，肥厚はするが三角形を呈さない場合が多く，この縁部形態は三角縁神獣鏡という新鏡式が創出されるなかで生成されたものであろう〔福永 1994a；岩本 2008a 等〕。

C　外　　区

外区は通常，周縁側から鋸歯文帯―複線波文帯―鋸歯文帯の順の3帯構成をとる。中国製三角縁神獣鏡において，まれに複線波文帯を欠いたりこれが単線波文にかわるもの，縁部内斜面に鋸歯文を配するものがあり，仿製三角縁神獣鏡において外側の鋸歯文が内向したり欠失するものもあるが，少数にとどまる。鋸歯文は，光源から照射する光芒をあらわした文様らしい〔車崎 2002a〕。なお，外区の3帯構成の最外周に，しばしば突線がほどこされる。これを外周突線とよび(II-図3)，三角縁神獣鏡の特徴の一つであり，吾作系斜縁神獣鏡に起源すると推測され，三角縁神獣鏡

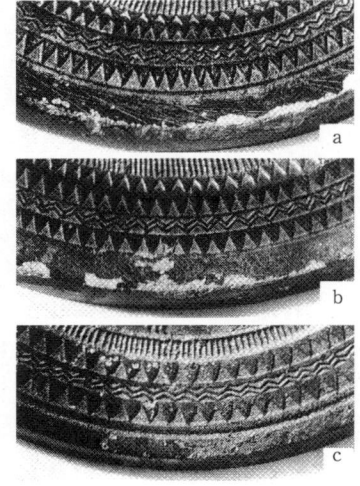

Ⅱ-図3 外周突線(a三角縁神獣鏡〈目録42〉, b三角縁神獣鏡〈目録56〉, c方格規矩四神鏡〈椿井大塚山古墳〉)

の系譜を示唆する有効な要素である〔福永 1991〕。新しい段階になるにつれ, 外周突線はしだいにほどこされなくなる。

　厚みのある外区から段落ちした最初の円周区画が, 内区外周文様帯である。銘帯・獣文帯・唐草文帯(雲文帯)・複線波文帯(波文帯)・櫛歯文帯・画文帯・珠文帯・半円方形帯などを配する。内区外周に文様帯を配するのは, 魏鏡など華北の鏡の特徴である〔田中琢1985等〕。等間隔で乳が配される例が一定数みとめられ, 仿製三角縁神獣鏡になると多乳化が進み, かなり顕著に配されるようになる。例外も散見するが, 一般に古相のものほど外区が厚く, 段落ちの斜面に鋸歯文をほどこすことが多く, 時期がくだるにつれ, 外区が薄平化にともない段落ちが小さくなり, 無文化が進行する傾向がある〔新納 1991 等〕(Ⅲ-図5)。

　銘帯には銘文が鋳だされている。銘文については一項をもうけて後述する。

　獣文帯には, 龍・虎・走獣・鳳・禽・対鳥・玄武・蟾蜍(ひきがえる)・(双)魚など多彩な禽獣類が10体前後, 左右いずれかの向きに旋回する。珍しい動物として象・駱駝・騎獣・獣頭などがあり, とくに前二者は, 三角縁神獣鏡の外来の事物にたいする進取性を示し, 仏像をいち早く導入したことと相通ずる。双魚は, あるいは二魚が合した瑞魚「比目魚」であろうか。各禽獣のあいだには, しばしば「天王日月」「君宜高官」などの四字句を1~4字ずつ入れた方格を配する。この文様帯は, 戦前には「ゾディアック」(Zodiac)とよばれ, バビロニア起源の十二宮に由来するものとみなされたこともあった〔高橋 1907b・1911b 等〕。しかし, 三角縁神獣鏡の創出・定型化のプロセスにおいて, 文様要素として導入した画文帯神獣鏡の画文帯が簡略化されるなかでうみだされた文様帯とみるのが妥当である〔小林行 1982 等〕。その画文帯は, 三角縁神獣鏡では少数派で, 2例8面を数えるにすぎない。いずれも雲車を六龍が牽く定型から離れ, 形骸化している。

　唐草文帯(雲文帯)(Ⅳ-図21・61)は, 先端が渦巻くS字状文の中央ないし先端から渦状文が派生する文様を配した文様帯である。一般に唐草文と呼称されるが, むしろ雲文を, ひいては不可視の風を表象したものと推定しうる〔車崎 2001a〕。後漢代

の方格規矩四神鏡から魏の方格規矩鏡または円圏規矩鏡を介して三角縁神獣鏡に採用された文様と考えられる〔車崎2001a〕。時期がくだるにつれ簡略化し、それが同時期の他鏡式の変化と対応関係をみせることから、三角縁神獣鏡と他鏡式との併行関係を突きとめうる重要要素である。

複線波文帯(波文帯)は二重の波状突線、櫛歯文は放射状に密に配される平行突線であり、これまた元来は、光芒の表現とみる見解がある〔車崎2002a〕。半円方形帯と珠文帯は、それぞれ1例1面と2例3面のみの稀例に属する。

内区外周と内区との境には、断面直角三角形の界圏がめぐらされる。界圏の内区側の斜面には、ほぼ原則として鋸歯文を配すが、まれに素文や櫛歯文の場合もある。内区外周側の面は無文であることが多いが、古い段階の三角縁神獣鏡には弧文が配されることもある。新相の仿製三角縁神獣鏡には、界圏じたいを欠き圏線をめぐらす事例が頻見し、中国製三角縁神獣鏡でも界圏を欠く事例がわずかながらみとめられる。

D 内　　区

三角縁神獣鏡にかぎらず、中国鏡・仿製鏡において、主要な文様があらわされる円圏区を内区とよぶ。三角縁神獣鏡では、やや幅広の内区を4乳ないし6乳で区切り、各区画を神仙・聖獣・脇侍・車馬・傘松文などで充塡する。

中国製三角縁神獣鏡の内区の図像配置は、神獣像がすべて同一方向(上方)を指向する同向式(Ⅱ-図4)と、鈕を指向する求心式(Ⅱ-図5)とに二分される。前者は創出期のごく一部にかぎられ、ほぼすべてが求心式である。求心式は、基本的に鈕をはさんで神像と獣像が対置される。神獣像の数を基準に、四神四獣鏡・三神三獣鏡・二神二獣鏡・三神五獣鏡・四神二獣鏡などに分類できる。仿製三角縁神獣鏡はすべて求心式であり、神像と獣像を3体ずつ交互に配した三神三獣鏡でほぼ占められる。

中国製三角縁神獣鏡の神獣像の配置はランダム

Ⅱ-図4　同向式の三角縁神獣鏡(静岡県上平川大塚古墳)

Ⅱ-図5　求心式の三角縁神獣鏡
　　　(兵庫県阿保親王塚古墳)

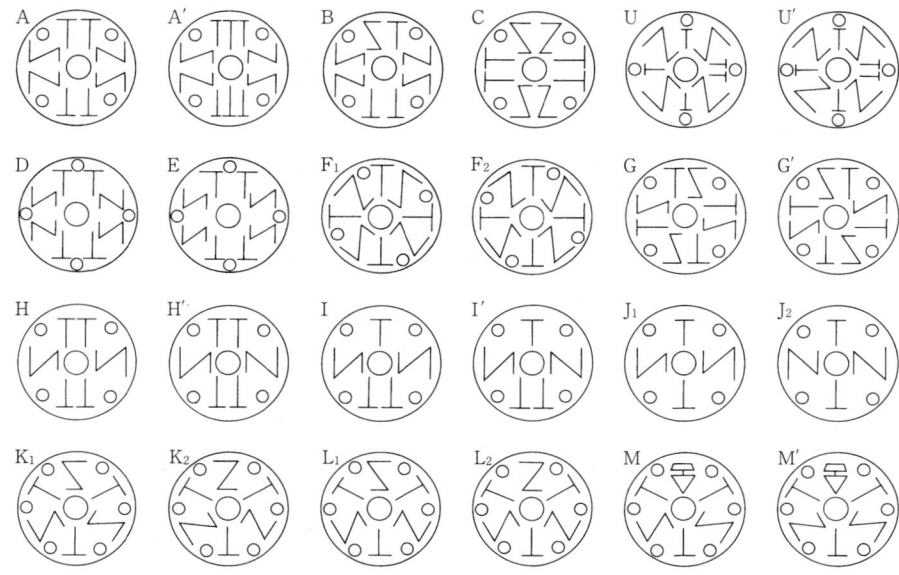

Ⅱ-図6　三角縁神獣鏡の神獣像配置

ではなく，一定の法則にしたがっている．各区画に配置される神獣像の数，神像と獣像の相互の位置，獣像の向きなどから，二十数種に分類される〔小林行 1971；京都大学文学部考古学研究室編 1989〕(Ⅱ-図6)．神獣像の求心配置という単調な図柄において，これほど多様な配置類型が案出されたのは，一定の枠組みのなかでマイナーチェンジを活潑におこない，多様なヴァリエーションをうみだそうとした製作原理におそらく起因する．これは，三角縁神獣鏡の特殊な製作体制を反映したものであろう〔森下 1989〕．

　仿製三角縁神獣鏡の内区図像の割付原理は，これとことなり，内区6乳と内区外周文様帯10乳の配置を基準にした「デザイン原図」にもとづいていた可能性が高い〔福永 1994c〕(Ⅳ-図54)．

　乳は三角錐状のものを配するが，低平で頂部が丸みを帯びたタイプから，正三角錐を呈するタイプ，高く突出するタイプまで，中国製・仿製ともにヴァリエーションがある〔岩本 2003a・2008a〕(Ⅳ-図60)．乳座は，中国製三角縁神獣鏡では円座・素座(素乳)・捩文座(乳をとりまく蒲鉾状の圏帯上に，斜行する細線を密に旋回させた乳座)(Ⅳ-図22)でほぼ9割を占め，車輪圏座(圏線で乳をとりまき，乳の基部から圏線まで2本一単位で旋回する細線を，4〜6単位配する乳座)・連珠圏座などがわずかにみとめられる．捩文座は，三角縁神獣鏡に特有の乳座であり，中国製三角縁神獣鏡の編年において重視

される要素である。仿製三角縁神獣鏡は、ほぼ素座で統一されている。

内区の各図像については、次項で説明する。

E　鈕

鏡背の中央には、半球状の鈕が突出する。半球形に近い整斉なタイプから腰高なタイプ、低平なタイプまで、いくつかの形式に分類できる〔岩本 2003a・2008a〕(Ⅳ-図59・60)。鈕じたいにはなんの装飾もほどこされないが、1例のみ蟾蜍鈕がある(目録101)(Ⅳ-図85-1)。

鈕の中軸線上に、紐通しの鈕孔がうがたれている。鈕孔の入口部は、中国製・仿製ともに、原則的に長方形を呈する〔福永 1991〕(Ⅱ-図7)。鈕孔の形状は、中子を設置するための鋳型の削りこみ〔福永 1991〕か、中子の断面形〔福永 2005a〕かに左右される。いずれにせよ、鈕孔の形状差は、製作技法の些細な差に由来し、外見からだけでは模倣しがたい特徴である。長方形鈕孔が呉鏡にほぼみとめられず、魏鏡(とりわけ紀年銘鏡)に頻見することは、三角縁神獣鏡の製作地を考えるうえで示唆的である〔福永 1991 等〕。鈕孔の下底は、中国製・仿製ともに鏡背面より数mmほど高い位置にある。この特徴は、通有の中国鏡と共通する一方、原則的に鈕孔下底が鏡背面と一致する列島の仿製鏡と相違する。なお、鋳造後に鈕孔を研磨していない事例や、

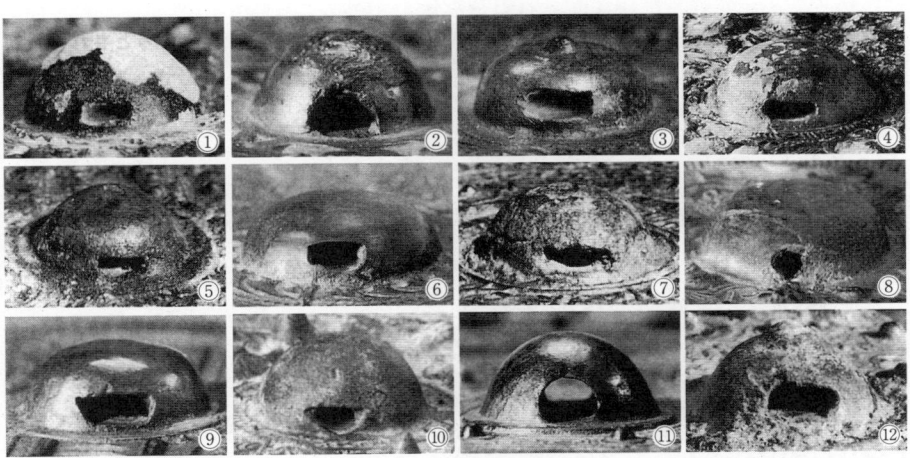

Ⅱ-図7　三角縁神獣鏡などの鈕孔の形状(①三角縁神獣鏡〈目録9〉、②方格規矩四神鏡、③方格規矩四神鏡〈椿井大塚山古墳〉、④魏・景初三年画文帯神獣鏡〈和泉黄金塚古墳〉、⑤魏・景初四年盤龍鏡〈伝持田古墳群〉、⑥魏・甘露五年獣首鏡、⑦魏・景元四年規矩鏡、⑧呉・太平元年対置式神獣鏡、⑨双頭龍文鏡、⑩仿製三角縁神獣鏡〈目録213〉、⑪仿製方格規矩四神鏡〈稲荷藤原古墳〉、⑫唐草文縁四神四獣鏡〈待兼山古墳〉)

鈕孔内に中子の真土(まね)が残存する事例があり，三角縁神獣鏡を非実用の葬具とみる説〔森 1962・1983；菅谷 1980等〕の論拠となっている。

　鈕は通常，鈕座の上にのり，しばしば周囲に鈕区文様帯をめぐらす。中国製三角縁神獣鏡では，円座の周囲に有節重弧文をめぐらすか，なにも配さない円座が一般である。円座の周囲に連珠文(れんじゆもん)や魚文，蓮弁文(れんべんもん)を配したり，有節重弧文(ゆうせつじゆうこもん)の外周に鋸歯文を配すものなども，わずかながらみとめられる。仿製三角縁神獣鏡では，素座ないし円座の周囲に形骸化した有節重弧文をめぐらすのが多数派で，素座の周囲に圏線を配するものも散見する。

(3) 内区文様——神仙と聖獣

　三角縁神獣鏡の主役は，内区を埋める神像(神仙)と獣像(聖獣)である(II-図8)。神像は坐像，獣像は走獣で，ヴァリエーションにとぼしいが，細部と銘文を検討すると，これらの一部に特定の神格や聖獣をあらわしているものがあることがわかる。ただ，同一の神獣像を複数体配したり，銘文と図像が対応しないことが普通であり，作鏡者は神獣像の種類差をさほど意識していなかったようである。そもそも，三角縁神獣鏡の内区図像と銘文は，パーツ的に組みあわせて構成されていることが多い。したがって，三角縁神獣鏡に配される神獣像をすべてこと細かに同定しても，徒労に終わるおそれが大きい。

A 神像

　三角縁神獣鏡の神像は，おおよそ主神と小柄な侍仙(じせん)(脇侍)に二分できる。前者は正面向きの坐像で，神座(しんざ)に坐し，冠をかぶり拱手(こうしゆ)し，体側から雲気(うんき)がたちのぼるも

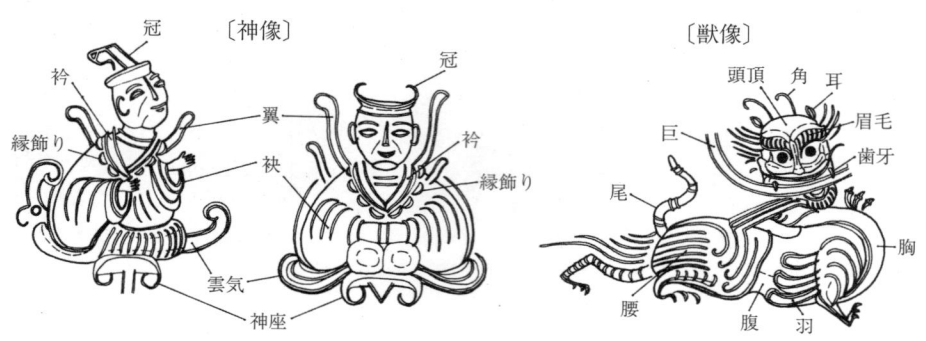

II-図8　三角縁神獣鏡の神獣像

のがほとんどである（Ⅱ-図8）。後者は立像ないし跪坐像で、旄節や芝草を執り主神に仕える姿態をあらわす（Ⅱ-図9）。なお、仿製三角縁神獣鏡には侍仙が姿をみせず、主神も神座や冠を欠失することが多く、簡略化がいちじるしい。

三角縁神獣鏡の銘文にあらわれる神仙は、「聖人」「神人」「仙人」といった特定神格を指さないものをのぞけば、西王母（西母・王母）・東王父（王父）・王喬（王僑）・赤松子（赤松・赤侍）の4柱である。

Ⅱ-図9　主神と侍仙（阿為神社蔵鏡）

西王母は、古来より民間の信仰を集め、それゆえ時代ごとにその性格も変遷をとげた。西王母信仰の原像は、たとえば紅山文化にみられるような、新石器時代の女神信仰までさかのぼるかもしれないが、文献にあらわれるのは『山海経』あたりからである。はるか西方の山中に穴居し、蓬髪に玉勝を戴き、虎歯・豹尾をそなえ、巧みに嘯るといった記述がなされている。小南一郎によると、古相に属する西王母は、単独で陰陽を具有し、それらを統合し支配すると考えられていた。時代がくだると、その両性具有的な性格が分裂し、陰的要素（西方・月・女性など）を代表する

Ⅱ-図10　始建国二年銘の円圏規矩鏡の西王母

Ⅱ-図11　四川地域の後漢墓の方塼にあらわされた西王母

ようになった西王母にたいし、陽的要素（東方・太陽・男性など）を代表する男性神である東王父（東王公）が登場したとされる〔小南 1974・1983a〕。

『漢書』哀帝紀および五行志の建平四（紀元前3）年の記事に、華北の民衆間で西王母信仰が流行したことが記されている。このころより、西王母信仰が文献や図像に表面化する。実際は、これを若干さかのぼる時期に、銅鏡に西王母の図像が出現する〔岡村 1988〕。始建国二（紀元10）年銘の円圏規矩鏡に配された西王母は、すでに玉勝を戴き、眷属の玉兎から仙薬をうけとるさまが表現されている（Ⅱ-図10）。この時期の銅鏡には、東王父はまだ出現していない。後漢代の画象石や塼などにあらわ

された西王母も玉勝で頭を飾り，仙薬を搗く羽人および玉兎，九尾狐，三足烏，蟾蜍などが群れ集い，龍虎座に坐す姿をとることが多い(II-図11)。顕要な神仙とみられていたことが知られる。

　方格規矩四神鏡の鏡背文様は方位を強く意識するが，この鏡式にあらわされた初期の西王母は，西に位置することがほとんどなく，むしろ朱雀や玄武とともに，南北方向に組みこまれてゆく。方格規矩四神鏡には，朱雀と玄武により陰陽が整序されるとの観念が内包されており，西王母はまさに陰陽をととのえる役割をになっていた〔岡村 1988〕。その後まもなく，西王母はこの鏡式から姿を消し，後漢の後半以降，環状乳神獣鏡や重列神獣鏡といった各種神獣鏡や画象鏡などの図像に，好んで使用されるようになった。この時期に，東王父が西王母のペアとして出現してくるのである。

　その東王父(東王公)は，女仙を総べる西王母にたいし，男仙を統括する神仙である。『神異経』には，東荒山の大石室に居所し，身のたけ1丈，頭髪は白く，体軀は人間だが顔は鳥，虎の尾をもつと記される。画象石や銅鏡などの図像では，西王母と一対をなしてあらわされる(II-図1)。

　西王母と東王父の両者を配する事例をみると，画象鏡や画文帯環状乳神獣鏡や対置式神獣鏡では鈕をはさんで対向し，重列神獣鏡や画文帯同向式神獣鏡では内区の画面中段に，鈕をはさんで左右に併置される。西王母は双巻冠と玉勝をつけ，東王父は髭をたくわえ三山冠をかぶるのが通例で，華蓋の下，龍虎座に坐すこともある。

　銘文をみると，三角縁神獣鏡の神仙の主役は西王母と東王父である。三角縁吾作四神四獣鏡(目録32)(II-図1)，三角縁陳・是・作・竟・四神四獣鏡(目録33)，三角縁吾作二神二獣鏡(目録101)，三角縁陳是作四神四獣鏡(目録52)の神像の脇に，それぞれ「西王母」「東王父」，「王母」「王父」，「王母」「王父」，「母」「王父」の榜題があり，同定の有効な材料を提供している(「資料5」)。これらすべてにおいて，西王母は総角風の双巻冠，東王父は一種の三山冠をかぶり，他鏡式や画象石に登場する両神の姿と合致する。ただ，三角縁神獣鏡では，冠の種類や髭鬚の有無で二神が区別されるものもあるが，その大半が同形の神像を反復していることから，神像を区別する意識は弱かったようである。他方，三角縁王氏作盤龍鏡(目録6)の乳上に玉勝が表現されており，これと同じ構図の三角縁波文帯盤龍鏡(目録2・5)のほぼ同じ箇所に，西王母的な特徴を有さない神像が配置されていることから，いっけん特徴のない神像が，じつは西王母である可能性も残る。

　王喬と赤松子は仙人の代表格であり〔張 1981；櫻井 1984・1985；大形 1992；土屋 2005

等〕，三角縁神獣鏡以外の鏡銘にも登場する。『淮南子』斉俗訓に「今夫王喬赤誦子，吹呕呼吸，吐故内新，遺形去智，抱素反真，以游玄眇，上通雲天」，『論衡』無形篇に「称赤松王喬，好道為仙，度世不死，是又虚也」とあるように，併記されることが多い。鏡銘でもしばしば併記され，「僑誦」のごとく略称される事例もある。

Ⅱ-図12　王喬(王子喬)

Ⅱ-図13　赤松子

王喬は，『列仙伝』などにえがかれた王子喬のことである(Ⅱ-図12)。周の霊王の太子であり，笙を好み，伊洛の間に游んだという伝説の仙人である。ただし鏡銘で王子喬と表記されることはなく，王喬・王僑・王子高・子僑などと記される。

赤松子もまた，名高い仙人である(Ⅱ-図13)。『漢書』列伝の顔師古注や『抱朴子』仙薬篇などによると，神農の時代の雨師で，火中で焼けず水中で濡れず，崑崙山の西王母の石室にとどまり，風雨のままに昇降したと伝える。西王母と深い関係を有する仙人である。鏡銘では，赤杢子・赤杢・赤松・赤誦子・赤誦・赤甬子・赤涌子・赤容・赤容子・赤谷子・赤相子・赤侍など，名称のヴァリエーションに富んでいる。

王喬や赤松子の榜題をもつ図像を探すと，和泉市久保惣記念美術館所蔵の張氏作神獣画象鏡に配された「王子高」の榜題をもつ羽人は，旗を執る脇侍(侍仙)であるし，ブランデージ旧蔵の画象文縁浮彫式獣帯鏡では，榜題「王喬馬」「赤誦馬」にはさまれて，六博に打ち興ずる侍仙風の羽人が表現されている〔樋口 1992〕。くわえて，「東王公西王母　仙人子僑赤誦子　白虎薫廬」の銘文を有する袁氏作神獣画象鏡(劉 1935)(Ⅱ-図14)では，「西王母」「王父」の榜題を有する神仙の両脇に侍仙が控え，1体の獣像と博山炉(薫炉)が配されており，「子僑」「赤誦子」がこの侍仙であることを示している。「東王父西王母　山人子僑侍左右」の銘文を有する袁氏作神人龍虎画象鏡(劉 1935)(Ⅱ-図15)でも，神仙の両脇に侍仙が控えている。これらの事例では，王喬・赤松子は脇侍(侍仙)の羽人ということになる。三角縁神獣鏡においても，旄節や芝草，棨戟の類(Ⅱ-図9)を執り，神仙の脇に控える侍仙がしばしば配

Ⅱ-図14　袁氏作神獣画象鏡(1)

Ⅱ-図15　袁氏作神獣画象鏡(2)

Ⅱ-図16　仏像を表現した三角縁神獣鏡
　　　　（上：京都府寺戸大塚古墳，下：奈良県新山古墳）

されるが，これらが王喬・赤松子の可能性もでてくる。ただし，三角縁神獣鏡では銘文と王喬・赤松子像の対応例がないため，可能性の指摘にとどめざるをえない。

　これら以外に，仏像とおぼしき像を配した事例が6例9面ある（目録92・119・120・120a・121・122）（Ⅱ-図16）。結跏趺坐で禅定印を結び，肉髻や束髪風の表現をとる点は，まさに仏像的である。さらに，両肩をはだけ両腕に大衣が垂れる姿は，ガンダーラ地域の釈迦苦行像に類し，焰肩はアフガニスタンのカーピシー地域の焰肩仏に特徴的な表現である。これら諸点をもって，しばしばガンダーラ仏との類似性が強調されるが，それほど似ているようにはみえない。少なくとも狭義のガンダーラ地域の仏・菩薩像とは相違が大きいことにも留意する必要がある。

　以上はすべて求心配置のものだが，このほか同向式が5例10面，環状乳式が2例3面ある。前者については，先学の考証〔西田 1968；林巳 1973・1989〕どおり，上段は伯牙・鐘子期・成連（ないし侍者），中段は左

右それぞれ西王母・東王父，下段は黄帝(こうてい)と侍仙である。後者は，銘文と文様から西王母と東王父が配されているとみてよいが，とくに目録29a鏡は，伯牙・鐘子期のペアと，黄帝と句芒(こうぼう)のペアも表現されているようである。

B 獣　　像

　三角縁神獣鏡の獣像は，走獣と盤龍に二分できる。前者はおおよそ，口を開いて疾駆する姿態をあらわす(II-図8)。胸部に羽翼，腰部に獣毛をそなえ，有角のものもある。「身有文章口衛巨」の銘句どおり，胴部に楕円形の縞や鱗文などの文様(「文章」)を有するものもあり，しばしば「巨」(鉅(きょ))を銜(くわ)える。巨は，武器や楽器の架台の柱足とみなされたこともあったが，近年では，銘文と鏡背文様の分析から，日月星辰を繋累する維綱(いごう)とみる説が有力である〔西田 1984・1993〕。『宋書』符瑞志に，「周印者，神獣之名也，星宿之変化」とあり，神獣と星辰との関連がうかがえる。また，斧鉞(ふえつ)や環頭大刀(かんとうたち)を銜えることもある(IV-図20)。仿製三角縁神獣鏡の走獣は，顔を正面に向けるか横転させるかのヴァリエーションはあるが，単調な表現に堕している。

　鈕に胴体を潜ませ，頭頸(および下肢)を外に突きだす盤踞(ばんきょ)した龍(虎)が盤龍(ばんりゅう)である。盤龍が配されるのは7例18面と少なく，仿製三角縁神獣鏡には皆無である。ちなみに，実在しない元号が鋳だされていることで著名な景初四年鏡(IV-図29・30)は，二龍二虎の四頭式盤龍鏡である。獣像のかわりに車馬を配するものが3例8面ある。車馬は画象鏡から導入した文様要素である〔西田 1971〕。このほか，環状乳配置の獣像は，長くのびた背上に神像をのせて旋回する姿態をとり，同向式配置の1例(目録11)の獣像は，長細い体軀が乳をとりまく蟠龍(ばんりゅう)であるが，いずれも例外的である。わずかながら，雛(ひな)や魚，蟾蜍が内区図像間の空隙を埋めていることもある。

　三角縁神獣鏡の銘文にあらわれる獣像を列挙すると，「龍」「倉龍」「清龍」「虎」「白虎」「師子」「天鹿」「辟邪」「朱鳥」「玄武」「其粦」「百鳥」「申鳥」「神玄」「神守」「今守」「戯守」となり，実に多彩である。

　林巳奈夫は，有角龍身の獣を辟邪(へきじゃ)および天鹿(てんろく)(天祿(てんろく))，体軀に縞のある無角獣を虎と考証する〔林巳 1978・1989〕。天鹿については，林も引用している『漢書』西域伝の孟康注の「桃拔一名符拔，似鹿，長尾，一角者或為天鹿，兩角者或為辟邪。師子似虎」の記事などから，その原形を西域の動物である「扶拔」とみなし，辟邪や師子とならぶ西域の珍獣とみる新見解も提示されている〔林梅 1996〕。虎については，三

角縁神獣鏡にもこの特徴を有する獣像があり，実際に目録82鏡の，背上に「虎」の榜題をおく獣像は無角有縞である。この区別はとくに三角縁盤龍鏡において明瞭である。このほか，「倉龍」は，「時使掖廷令畢嵐鋳銅人，列於倉龍，玄武闕外，鍾懸於玉堂及雲台殿前」(『後漢書』孝霊帝紀)の記事が示すように，蒼龍すなわち青龍を指す。「清龍」は青龍の仮借〔笠野 1993b〕，「其粦」は麒麟の省画である〔西田 1976〕。「師子」「朱鳥」はそれぞれ獅子，朱雀のこと。「百鳥」はおそらく種々の鳥を指し，「申鳥」は神鳥の省画である〔樋口 1952〕。「神玄」は，「玄」を「畜」の省画と解せば，意味と音が「獣」の仮借である「守」につうじ，神獣の意となる〔車崎 2001a〕。「神守」「今守」「戯守」は，それぞれ神獣，禽獣，奇獣(戯獣)の仮借とみなすことができ，龍・虎・辟邪・天鹿などの聖獣の総称と推定される〔林巳 1978・1989〕。禽獣については，『説文』に「禽 走獣總名」とあることから，走獣の意味である可能性も指摘されている〔樋口 1992〕。

1面の鏡において，胴部の文様のちがいや角の有無などで，獣像の区別をしている場合もあるが，多くにおいて明確な区別は志向されていない。そして時期がくだるにつれ，獣像は単一の表現へと収束してゆく。林が説くように，獣像は「神や文化英雄の近くにあって，彼等のために不祥を除去する」「警備員的な役割」を有していたため，「その数や配置には必ずしも一定の決りが必要でなかった」〔林巳 1978，p.71・1989〕ことにくわえ，三角縁神獣鏡では文様がパーツ的にあつかわれていたため，さほど獣像の区別に留意が払われなかったためだろう。

C　傘松文(旄節文)そのほか

以上のほか，三角縁神獣鏡の内区画像を構成する文様要素として，傘松文・博山炉(熏炉)・松毬形をあげねばならない。前二者は中国製三角縁神獣鏡に，後者は仿製三角縁神獣鏡のみに配される文様である。

Ⅱ-図17　三角縁神獣鏡の傘松文(旄節文)(1)(広島県潮崎山古墳)

Ⅱ-図18　三角縁神獣鏡の傘松文(旄節文)(2)(兵庫県権現山51号墳)

Ⅱ-図19　高句麗壁画古墳の旄節文(安岳3号墳)

傘松文（笠松文・旄節文）とは，垂れ下がる数段の房を軸棒で貫いた文様であり，基部には素乳や捩文の環状乳や蓮弁などがとりつき，侍仙がかかげることもある（II-図17・18）。その形状から，一般に傘松文（笠松文）とよばれ，卑弥呼が魏から与えられた「黄幡」に比定する見解もあった。しかし，三角縁王氏作徐州銘四神四獣鏡（目録79）（IV-図84）に「仙人執節坐中庭」の銘句があり，本鏡の内区に神像と傘松文が併置されていることから，この文様は「節」をあらわすのだろう〔西田 1993〕。

節は，中国皇帝ないし王の意志を帯びて赴く使者に授けられた器物であり，これを持する使者は，使命の遂行において殺戮をふくむ専断を許された〔大庭 1969〕（II-図19）。『後漢書』光武帝紀の章懐太子注に，「漢官儀曰，（中略）節，所以為信也。以竹為之，柄長八尺，以旄牛尾為其眊三重」とあり，長さ8尺（約184cm）の竹柄に，旄牛（犛牛＝ヤク）の尾の毛飾りを三重にとりつけたものとされる。したがって，この文様の名称は，旄節（文）とするのが適当である〔西田 1993〕。

傘松文は，画象鏡に配される例もわずかながらあるが，三角縁神獣鏡にきわめて顕著にみとめられる文様である。そのため，三角縁神獣鏡の系譜論で重視されたり〔王 1981a；奥野 1982a 等〕，また多彩なヴァリエーションのなかに簡略化傾向をみいだして，編年構築の重要基準としたり〔新納 1991；澤田 1993b 等〕，さらには皇帝から使者への信任という「政治的な権威のシンボル」と推定される〔新納 1989，p.154〕など，研究者の関心を大いに惹きつける文様要素である。

博山炉とは，蓋に仙山である博山をかたどった香炉であり，戦国時代に出現し，漢代以降に隆盛した器物である〔杉本 1963；孫 2008 等〕（II-図20）。承盤上に柱脚が高く立ちあがり，杯部が浮游するかのごとき形状は，東の大海に浮かぶ蓬莱山を擬したともいわれ，神仙思想と深いかかわりを有する。熏炉ともよばれる。

三角縁神獣鏡にあらわされる博山炉は，承盤を有するものが多数を占めるが，承盤が玄武とおぼしき

II-図20　博山炉（熏炉）（河北省満城漢墓）

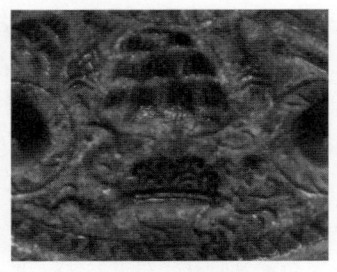

II-図21　三角縁神獣鏡の博山炉（伝奈良県渋谷）

亀形や山岳文，乳におきかわったものもある(II-図21)。画象鏡から継承した文様要素であり〔西田1971〕(II-図14)，近年の研究では，博山炉を表現する画象鏡は「華北東部地域の袁氏系」に限定されることが明らかにされており〔上野2001，p.35〕，三角縁神獣鏡の系譜を暗示する要素といえる。また，波文帯鏡群に顕著な文様要素で，ほぼすべて最新段階の中国製三角縁神獣鏡にほどこされる〔岩本2008a〕。これは，三角縁神獣鏡が継続的に中国鏡の意匠を新規導入して展開をとげたことを示す証拠として重要である〔森下2005e〕。

松毬形は，突線を密に配した砲弾形の文様である。突線の配列の仕方から三つの類型に分類でき，これらは時間的な先後関係にある〔小林行1976b〕(IV-図55)。たいてい乳上におかれる設置位置と形態上の類似からみて，乳上におかれた博山炉に由来する文様に相違ない。

(4) 銘　文

三角縁神獣鏡の銘文は，内区外周の銘帯・獣文帯・唐草文帯・鋸歯文帯(1例)・半円方形帯(1例)にほどこされる。銘帯を周回する銘文は長文で，七言句ないしは四言句で構成される。これ以外の文様帯の銘文は，半円方形帯の1例をのぞいてすべて方格内に1～4字(3字はない)を配し，「天王日月」や「君宜高官」といった四言の短句をくりかえす。また，前項でふれたように，内区の神獣像に「東王父」「西王母」「虎」「龍」といった榜題を配する場合がある。内区に「陳孝然作竟」という作鏡者の氏名を記した興味深い事例(目録136)(II-図5)もある。三角縁神獣鏡で銘文(および榜題)をほどこすのは，ほぼすべて中国製にかぎられ，その7割近くの約280面にみとめられる。ただ仿製においても，「吾作明竟甚獨　保子宜孫富無訾　奇」の七言句を配する例(目録233)や，獣文帯の文様の間隙に「陳」「氏」の2字をいれる例(目録211)，「陳」「虎」の榜題を配する例(目録227)がある。

三角縁神獣鏡の銘文(および榜題)はいっけん多様である。方格内の文字数のちがいや，一部の句の入れ替えまでを考慮して細分すると，70種をこえる。しかし，漢鏡から魏晋鏡までの鏡銘全体を銘式として分類した場合，かなり少数の銘式にかぎられてくる。樋口隆康は，長文の銘をB～U式の大別20銘式(細別27銘式)に〔樋口1953b〕(IV-表4)，その後，大別20銘式(細別29銘式)に分類した〔樋口1979a〕が，三角縁神獣鏡の銘式はQa式・K式・Ra1式・Ra2式・Rb1式・Rb2式・Rc式・U式の大別4銘式(細別8銘式)におさまるという[1]〔樋口1979a〕。これは，三角縁神獣鏡

の銘文が，少数の基本形とそのヴァリエーションからなるためである。

本書では，樋口らの研究成果に拠りつつ，三角縁神獣鏡の銘文を集成・分類し，銘文番号を付した（「資料5」）。銘文全体を通覧した樋口の研究から後退したきらいもあるが，あくまで三角縁神獣鏡の鏡銘を構造的に把握するための暫定的な分類であり，決定版を意図していない。本書では，(I)四言単句系，(II)某氏作竟甚大好系，(III)某氏作竟幽律三剛系，(IV)画象鏡系，(V)盤龍鏡系，(VI)紀年銘鏡系，(VII)榜題など，に大分した。時系列的にとらえると，創出期の(VI)紀年銘鏡系は特殊性が強く，しだいに(II)某氏作竟甚大好系に定型化してゆきつつ，(III)某氏作竟幽律三剛系・(IV)画象鏡系・(I)四言短句系も使用され，最終的に(I)四言短句系が多数を占めてゆく状況が看取できる。

銘文に使用される語句は，神仙に関するものが多い。これは内区図像が，まがりなりにも神仙世界を表現している以上，当然のことである。漢鏡と共通する語句も多数あるが，それよりも「銅出徐州」「練取好同」「幽律三剛」「刑慕周刻」「自有経述」「天下名好」「身有文章」，「用青同」「甚大好」「甚大工」「甚獨奇」「世無雙」「冨無訾」「至海東」「宜遠道」「嬈其嬰」「口衛巨」「其粦」「神玄」「百鳥」「照吾」など，三角縁神獣鏡に限定されるか，他鏡式にほとんど用例のない語句が頻見することが，三角縁神獣鏡の鏡銘の大きな特色をなしている〔林裕 1995・1998〕。林裕己が指摘するように，三角縁神獣鏡の銘文は，「他の神獣鏡諸形式とは隔絶した独自のものであり，三角縁神獣鏡の成立時点に新たに作成した銘文」と推測されるが，特殊な語句や銘文じたいが華北の魏晋鏡と共通する例が散見し，三角縁神獣鏡の系譜を考えるうえで示唆的な事実である[2]〔林裕 1998, p.61〕。

銘句の省略や順序の置換が顕著であり，いわば「継ぎ接ぎだらけの妙技の銘文」となっていることも，三角縁神獣鏡の鏡銘に目立つ点である。〔林裕 1998, p.66〕。これは，文様要素の部品的な組み換えによって，多彩な内区図像をうみだしていることと，同軌の現象であろう。

また，ほかの中国鏡の銘文と同様，三角縁神獣鏡にも押韻（および叶韻（きょういん））や仮借（音通）がみとめられる（「資料5」）。ただし，王力の説によった郭錫良の韻部（いんぶ）〔郭 1986〕に照らせば，整然とした押韻例もあるが，韻を踏みはずしている場合が多い。これは，主として銘句の省略や順序の置換に起因する。しかし，この時期の音韻体系は，上古音から中古音への過渡期にあたり，政治的な分裂割拠にともない音韻にも地域性が生じている可能性があり，一概に音韻の錯乱と片づけるわけにはいかない。

(5) 鏡背の思想的内容

　上記したとおり，鏡背の図像および銘文には神仙世界が表象されている。内区図像には，西王母と東王父をふくむ主神と侍仙が配され，龍虎などの聖獣が疾駆する。銘文には，西王母・東王父・王喬・赤松子といった神仙が仙界に游び，龍・虎・辟邪・天鹿・師子・麒麟などの聖獣が群れ集うさまが，しばしばあらわされている。

　しかし，たとえ神仙的要素が潤沢とて，かならずしも神仙思想が深く理解されていたことにはならない。およそ後漢代の神獣鏡は，神仙の属性や持物に留意し，神話的世界を内区画面に再現すべくつとめている。これと対蹠的に，三角縁神獣鏡では，西王母と東王父，龍と虎を図像的に区別し，鈕をはさんで対向させる場合も多々あるが，同形の複数の図像を求心式に反復させる傾向が強く，そこに神話的世界をうかがうことはむずかしい。創出期の同向式配置の三角縁神獣鏡ですら，文様の意味を解さずに画文帯同向式神獣鏡を模倣したにすぎないという〔西村俊 1998〕。要するに，「神仙や霊獣の図像のひとつひとつはよく描かれているけれども，一面の鏡全体をみれば，本来の宇宙観や思想がまったく読みとれないほど改変されている」のである〔岡村 1999a, p.168〕。持物や属性で同定しえない普遍的な神格や聖獣を，反復的に並列させることで表象されるような神話的世界があった可能性[3]も，完全には否定できないが，論証する術もなければ，究底する意義もなかろう。

　三角縁神獣鏡には，若干例ながら仏像的な像が配される（II-図16；IV-図87・88）。ただし，この事実をもって一足とびに，仏教思想が銅鏡にこめられていたと主張することはできない。むしろ神仙世界と混淆しているさまがみいだせ，中国初期仏教において，老荘の言をかりて仏教の教理を説いた「格義仏教」がおこなわれたことを傍証する資料とみるべきであろう。

(6) 製作・鋳造技術と化学成分

　三角縁神獣鏡は青銅鏡である。要するに，銅・錫・鉛の三元系合金で鋳造された鋳物である。それゆえ，三角縁神獣鏡を十全に理解するためには，鋳型の製作技術と鋳造技術，そして化学の知識が必要不可欠になる。ただ筆者は，これらについて十分に専門的な知識をもちあわせていないため，詳細は先学の諸研究〔中口 1972；石

野亨1977；勝部 1978；何 1992；馬淵 1996；平尾他 1999；清水康 2004；清水康他 2005a・2005b；水野敏他 2005b 等〕を参照されたい。

A 製作・鋳造技術

鋳型は，石笵(滑石・砂岩・凝灰岩など)と土笵(真土)に大分される。弥生時代の小形仿製鏡はほぼ前者で作製されたが，三角縁神獣鏡をふくむ通有の中国鏡や古墳時代の仿製鏡には，後者の笵が使用されたと推定されている[4]。

三角縁神獣鏡に顕著な特徴として，同文様の鏡群が非常に多く存在することがある。同文様の鏡群の作製について，いくつかの製作方法が想定されている〔勝部 1978；岸本 1996b 等〕(II-図22)。一つは，真土に鏡形を陰刻して単一の鋳笵を作製し(「直笵鋳成法」)，連続的に鋳造する「同笵法」である。この方法で作成された同文の鏡を「同笵鏡」とよぶ。同笵法とならんで，古くから想定される鋳造法が「同型法」である。この方法は，蠟・木・金属製の原型を真土に押圧転写して複数の鋳笵を作製し(「複笵鋳成法」)，鋳造する方法である。この方法による同文の鏡を「同型鏡」とよぶ。なお，原鏡を真土に押圧転写して鋳笵をつくり，同文の鏡をうみだす方法を「踏み返し法」とよぶが，これも「複笵鋳成法」の一種である。さらに，まず土笵を陰刻し，同笵法で仿製の原型を複数作製し(「蠟型転写鋳成法」)，これら原型を真土で包んでから熱することで蠟を抜きさり(「脱蠟」)，この閉鎖空間に注銅して同文の鏡を製作する方法も想定されている。

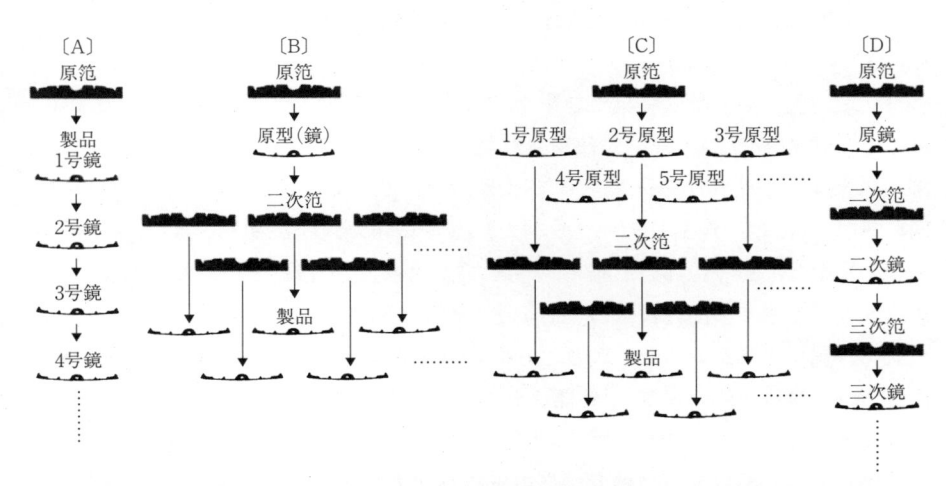

II-図22 同一文様鏡の鋳造方法の模式図(〔A〕同笵鏡，〔B〕金属原型による同型鏡，〔C〕蠟原型による同型鏡，〔D〕連続踏み返しによる同型鏡)

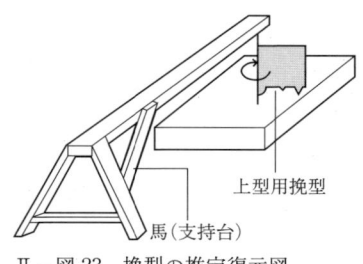

Ⅱ-図23　挽型の推定復元図
（図中ラベル：上型用挽型／馬(支持台)）

　これら四つの方法が，同文の鏡を製作する技法と想定されており，これまで，中国製三角縁神獣鏡が同型法，仿製三角縁神獣鏡が同笵法で製作されたとする説が有力であった〔八賀 1984 等〕。しかし近年，中国製・仿製ともに同笵法とする説〔藤丸 1997〕，中国製を蠟型転写鋳成法とみる説〔岸本 1991；福永 1992a〕，同型法と同笵法が，その時々の状況に応じて複合されていたとの説〔鈴木勉他 1998；今津 2005〕が，それぞれ綿密な観察結果に根ざして提出されている。これらのいずれが正鵠をえているのか，結論はでていない。本書では，同文の鏡群を便宜的に同笵(型)鏡と呼称する[5]。

　同笵法にせよ，同型法(木の原型の場合をのぞく)にせよ，蠟型転写鋳成法にせよ，最初の1面はおおむね，鏡背鋳型の作製⇒挽型による真土の削りこみ⇒施文⇒注銅(蠟)⇒研磨(銅鏡のみ)の製作手順をふむことになる。つまり，これが銅鏡製作の基本手順ということになる。以下，近年の製作実験の成果をふまえつつ，この順にそって，製作法について説明する。

　まず，鋳型を作製する。篩がけした真土と粘土を混合し，さらに鋳造時のガス抜きのため，やや粗い真土や寸莎や麻など混ぜあわせる。仿製三角縁神獣鏡では，収縮率のことなる二層の鋳型を重ね，これを堅牢な型枠ではめこんだ二層式鋳型が使用されていた可能性がある〔清水康他 1998；鈴木勉 2003〕。仿製三角縁神獣鏡に顕著な線状の笵傷は，二層式鋳型の上層のひび割れに由来する可能性が指摘されている〔鈴木勉 2003；森下 2005g〕。

　ついで，挽型を回転して真土を彫りこみ，鏡体の概形をネガの形で挽きだす(Ⅱ-図23)。三角縁神獣鏡に挽型が使用されていたことは，鈕の頂部に挽型の心棒の痕跡に由来する小突起がみとめられる事例〔近藤喬 1973〕や，製品の縁部内斜面や鈕に同心円状の型挽痕が残る事例があること〔岩本 2005b〕から，確実である。三角縁神獣鏡の挽型は，鈕や縁部の形態・内外区の幅・内外区の段差といったおおまかな形態を削りこむ程度の簡便なものであったと推定される〔岩本 2005b〕。

　次に，施文作業がおこなわれる。方格規矩四神鏡などにみられるような割付線の痕跡〔立木 1995；中野 1996 等〕は確認されない。割付線を叮嚀に消去したとみるよりも，おそらくなんらかの原図にそって施文されていたからであろう。日本の奈良時代の例だが，正倉院文書に鏡背図像の下絵が残されている〔小林行 1965a〕。あるいは，墨書で割りつけをした可能性もある。仿製三角縁神獣鏡には，乳配置が一致するが

細部の文様の種類や配置がことなる鏡群が存在すること(Ⅳ-図54)から,「図像の配置まで全てを描いたようなものではなく,おもに外郭線や乳位置といった割り付けの基本的な情報のみを有」する「デザイン原図」が使用されていた可能性が高い〔福永 1994c, p.69〕。同型法や踏み返し法の場合,この段階で押圧転写をおこなう。

Ⅱ-図24 復元製作に使用したスタンプ型

　三角縁神獣鏡の内区図像は基本的に半肉彫であり,へら押しで概形を押圧形成したのち,線彫で神像の襟や獣像の獣毛などの細部文様を彫りこむ[6]。一方,神獣像の輪郭ていどの粗い型(スタンプ)を使用していた可能性も説かれており〔小山田 2000a；鈴木勉 2003〕,実際に一部の仿製三角縁神獣鏡では,断面形が一致する神獣像があることから,少なくとも一部においてスタンプが使用されていたことがわかる〔山田隆 2005〕(Ⅱ-図24；Ⅳ-図72・73)。また,内区の図像には,細線の図像も配されており,これは先端の尖った工具によって施文された。外区文様や内区外周文様も,へらや尖筆状の工具で施文する。このように,へらをおもな工具としつつも,複数の工具を駆使して施文がなされた。

　鈕は紐通しのつまみであり,鈕孔がうがたれる。鋳笵の鈕部分に真土製の中子をさしわたし,鋳造時に湯(熔銅)がまわらないようにすることで,紐通しの空洞を生じさせるのである。中子が鈕孔に残存する例もある。三角縁神獣鏡の鈕孔は長方形を呈し(Ⅱ-図7),中子を設置するため鋳型を削りこんだ形状によるとの説〔福永 1991〕と,中子の断面形に起因するとの説〔福永 2005a〕があるが,現在では後者の説が有力である。鈕孔の開口方向が,中国製三角縁神獣鏡の同笵(型)鏡では同一方向をとるのにたいし,仿製三角縁神獣鏡のそれでは不規則であるというちがいがあり,これは鋳造方式の相違によるものと考えられている〔福永 1992a〕。

　鋳型を乾燥し,焼きあげたのち,塗型(とかた)をほどこし,注湯(鋳込み)をおこなう。注湯する側に湯口を切っておき,鏡面側の鋳型と二枚あわせにする。1000度をこえる高温で銅・錫・鉛を坩堝(るつぼ)内で熔解し,受け口から一気に注湯する。注湯の向きは,鋳型を垂直方向に立て,上方から注ぎこむ縦注ぎ(たてつぎ)である(Ⅳ-図75)。湯口から鈕にかけて文様が不鮮明になったり,熔解した金属から発生したガスが湯口付近に凝集するため,この箇所に斑点状の鬆(す)ができたり,湯口にはみでた凝固した熔銅を切断するさいに,縁部に変形が生じるなど,湯口付近には,鋳造にともなう欠陥がしば

しばあらわれる〔今津 2000b・2005〕。なお，同笵(型)鏡群内では，しばしば湯口の方向が一致しており〔今津 2005〕，同笵(型)鏡が同一の時空間において短期間のうちに製作されたことを暗示する。

　鋳込みののち，鋳型から製品をとりだす。従来，鋳金家の言として，鋳型を壊さなければ製品をとりだせないと説かれることが多かったが，近年の実験結果によれば，かならずしも鋳型を破壊しなくともよいことが判明している。とはいえ，破砕した型を継ぎあわせて鋳造した事例〔富岡 1920c；梅原 1955d；近藤喬 1973；小林行 1976b〕や，破損した鋳型の一部を改変する事例〔小林行 1976b〕の存在は，鋳型のとりはずしが容易でなかったことを示すものであろう。これに関して，三角縁神獣鏡の，とりわけ仿製三角縁神獣鏡の同笵(型)鏡群にはなはだ顕著な，鋳型表面の剥落や摩滅によって生じる文様および乳の損耗・漫滅は，同笵法を想定するならば鋳型からのとりはずし時に，同型法や踏み返し法を推定するならば押圧転写時に起こると考えることができる。

　製品を鋳型からとりだしたのち，研磨作業をおこなう。鋳型の合わせ目からはみでた鋳張りを鑢などで除去し，鏡背・鏡面を研磨する。研磨は，鑢や鑯のような工具による粗研ぎ，磨き砂や炭などによる中・仕上げ研ぎがおこなわれたと推定されるが，詳細は不明である。中国製三角縁神獣鏡が，外区を研磨するなど，比較的叮嚀に仕上げているのにたいし，仿製三角縁神獣鏡では，鏡背面に研磨の痕跡が少なく，粗い仕上げになっている〔岩本 2003a〕。一部の中国鏡にみとめられる，鏡面への錫アマルガムの塗布，鏡背面への鍍金(鎏金)の処理はおこなわれていない。

　なお，三角縁陳氏作神獣車馬鏡(目録 15)(IV-図 28)の「刑暮周刻用青同」の銘句は，「型模彫刻用清銅」の意味で，鋳型を彫刻し，清純な銅を使用して鋳造する工程が鏡銘に記されている〔車崎 1999b 等〕。

B 化学成分

　青銅鏡の主原料は銅・錫・鉛の三つである。中国製三角縁神獣鏡では，振れ幅はあるものの，おおよそ銅70％前後，錫20％前後，鉛5％前後で構成されており〔山崎他 1992 等〕，ほかの中国鏡と大差ない成分比である。仿製三角縁神獣鏡では，おおむね錫の比率が低く，銅の成分が高くなる。ごくおおまかにいえば，錫分が多いと銀白色に仕上がり，硬いが脆く，錫分が少なく銅分が多いと，金色に仕上がる。このほか，アンチモン・銀・砒素・ビスマス・ニッケル・鉄などの微量成分がふくまれる。

1 三角縁神獣鏡とはなにか　35

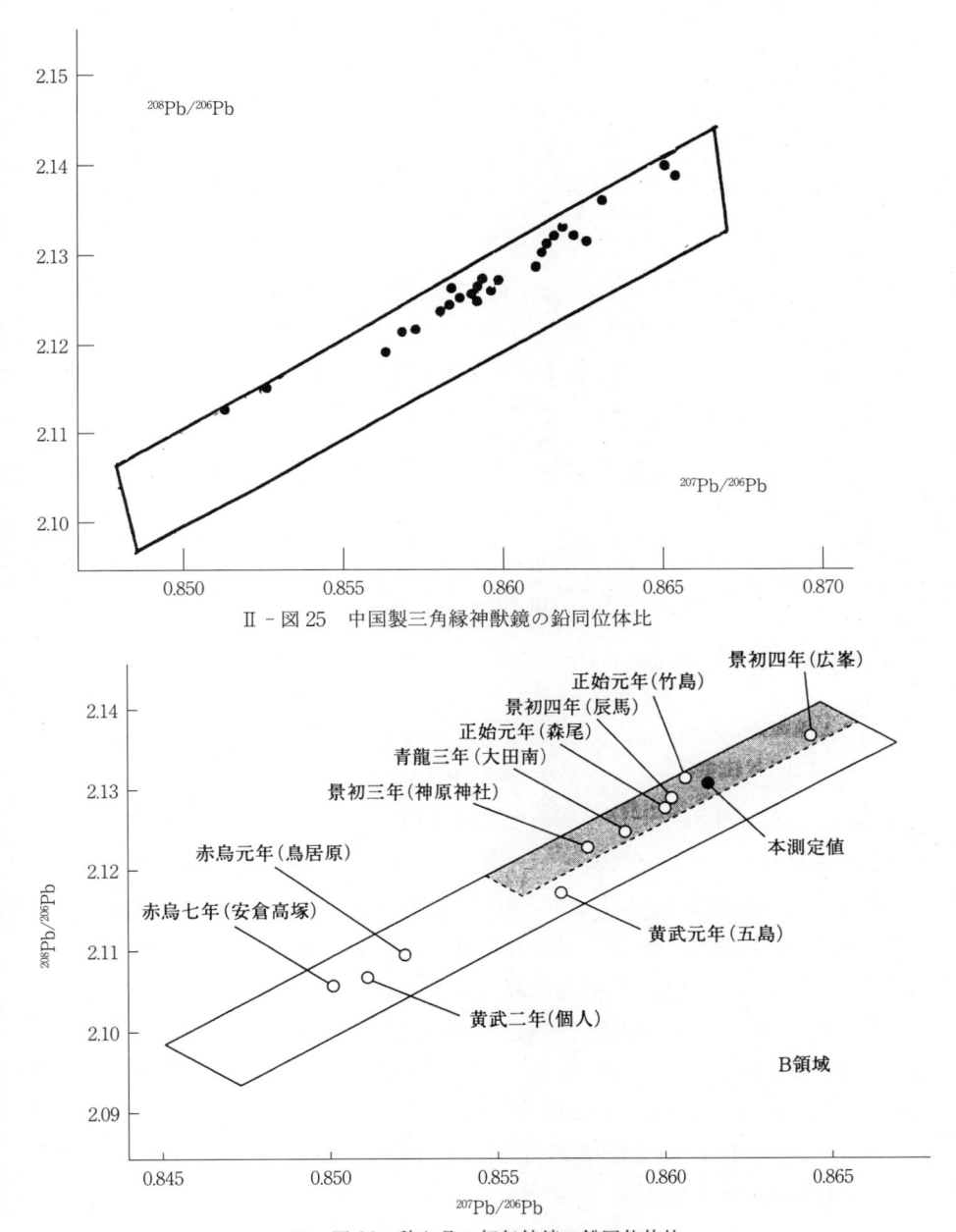

Ⅱ-図25　中国製三角縁神獣鏡の鉛同位体比

Ⅱ-図26　魏と呉の紀年銘鏡の鉛同位体比

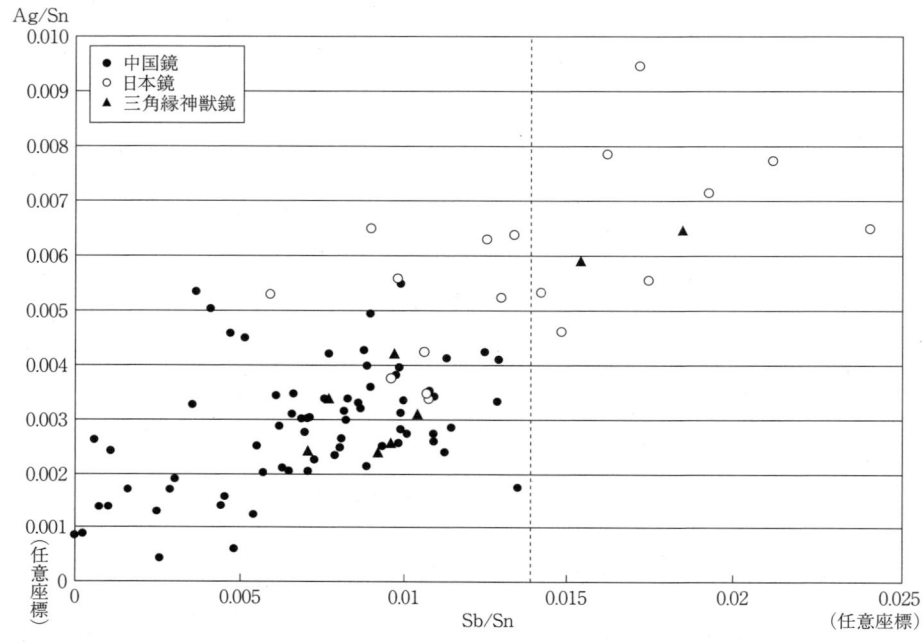

II-図27　SPring-8における銅鏡のアンチモン／錫，銀／錫の微量成分

　鉛は，銅鏡にわずかしかふくまれないが，産地を同定しうる重要な成分である。鉛は，質量のことなる四つの同位体(^{204}Pb・^{206}Pb・^{207}Pb・^{208}Pb)からなり，その混合比(同位体比)は，鉛鉱床の性格と生成年代ごとに相違する〔馬淵1981等〕。中国製三角縁神獣鏡の鉛同位体比(^{208}Pb／^{206}Pb，^{207}Pb／^{206}Pb)は，中国産の鉛の範囲におさまり，その大半が一定の範囲内にかたよることから，鉛原料の産地はあるていど限定されていたと考えられる〔馬淵1981等〕。さらに，魏と呉の紀年銘鏡の鉛同位体比は明白にことなり，前者は中国製三角縁神獣鏡の領域にふくまれる〔馬淵1996；平尾他2001等〕(II-図25・26)。また，中国製三角縁神獣鏡と仿製三角縁神獣鏡の鉛同位体比は，ともに中国産の範囲におさまるが，その分布領域が相違し，両者が別産地の鉛原料を使用していたことを示している〔馬淵1996等〕。中国製三角縁神獣鏡が中国鏡の領域にふくまれ，中国製三角縁神獣鏡と仿製三角縁神獣鏡の分布領域がことなるという，鉛同位体比分析の成果は，アンチモン／錫，銀／錫の微量成分比からも追認されている〔泉屋博古館古代青銅鏡放射光分析研究会2008〕(II-図27)。
　ただし，これらの分析の方法や分析成果の解釈にたいして，批判も投げかけられており，三角縁神獣鏡に使用された鉛は日本列島製とする見解〔新井宏2007a等〕や，

産地を異にする複数の鉛のブレンドとする見解〔堅田他 1992 等〕が提示されている。実際，鉛同位体比分析のデータから，異質の材料の混合を直截に読みとることはできず〔馬淵 1981 等〕，複数の産地の鉛が混合されている場合，個々の産地の特定はきわめて困難になる。また，中国産の鉛がインゴットとして日本列島にもちこまれた可能性や，中国鏡を日本列島で鋳潰して製品を製作した可能性も否定できない。鉛同位体比分析から明らかにしうることは，あくまで鉛の産地であり，製品の製作地を究明するためには，文様や製作技術からの検討と総合して考察を進めることが不可欠である。

2 中国鏡のなかの三角縁神獣鏡

(1) 中国鏡の歴史

三角縁神獣鏡は，その特殊さがしばしば指摘される。しかし，三角縁神獣鏡は他鏡式と無関係に突如として出現したわけではなく，長い前史をへて，同時代の社会状況および作鏡状況のなかでうみだされた鏡式である。それゆえ三角縁神獣鏡を，その特殊性をも包括して理解するには，中国で銅鏡が誕生し，三角縁神獣鏡の創出にいたるまでの道のりと，製作期の作鏡状況をふまえておかねばならない。したがって本項では，三角縁神獣鏡が出現する直前の後漢末までの中国鏡の沿革[7]を，次項では三角縁神獣鏡の系譜とその関連鏡群に焦点をあてつつ，後漢末の建安年間から西晋代までの作鏡のあり方を概観する。

A 新石器時代〜殷周時代

中国に青銅製の鏡が出現したのは，黄河上流域で栄えた斉家文化期にさかのぼる。新石器時代後期，およそ紀元前 2000 年ごろと推定されている。出土品 2 面，収蔵品 1 面が知られており〔段 1998；李他 2007〕，素文鏡と複合鋸歯文をあしらった文様の鏡とがある（II - 図 28）。

中原の地に銅鏡があらわれるのは，くだって殷周時代からである。殷後期（前 14 〜 11 世紀）の殷墟などから，放射状の幾何学文をほどこした「葉脈文鏡」（II - 図 29）「多圏凸弦文鏡」「平行線文鏡」などが出土している〔孔他 1984；段 1998〕。しかし，総数は十指に満たず，同時期の絢爛な青銅彝器にくらべると寥々たるものである。

Ⅱ−図28　複合鋸歯文鏡(青海省)
　　　　(斉家文化期)

Ⅱ−図29　葉脈文鏡(河南省婦好墓)(殷後期)

Ⅱ−図30　鳥獣文鏡(河南省上村嶺)(西周晩期〜春秋早期)

　西周時代(前11世紀〜前770年)になると，分布が華北各地にひろがり，資料数も増加するが，20面を大きくこえない程度である。素文鏡が主流で，ほかに細線による「鳥獣文鏡」と「重環文鏡」がある〔孔他 1984〕。

　殷周時代の銅鏡は，平直で薄く，鈕は弓形や橋形などを呈し，単純な出来ばえである。文様は無文ないし単純な幾何学線文であり，装飾性にとぼしく，全体に小振りで調整も雑な粗製品である。同時代の青銅彝器の技術的達成は，銅鏡には活かされなかったのである。しかし，西周晩期の銅鏡には，細線の動物文様(Ⅱ−図30)や蒲鉾状の縁部があらわれる〔孔他 1984〕など，新たな息吹も感じられる。

B　春秋〜戦国時代

　春秋時代(前770〜前5世紀中ごろ)の前半期の銅鏡は，西周晩期の形状と文様を継承した粗製品が多く，数量にもめぐまれず，活潑な作鏡状況はうかがえない。

　これが一新され，精緻ですぐれた作品があらわれるのは，春秋後期から戦国時代(前5世紀中ごろ〜前221年)の前半期であり，大国割拠の情勢に応じて，独自の鏡式が諸大国の領域下で製作されはじめた。とりわけ，三晋(韓・魏・趙)を核とする中原地域では螭首文鏡と圏帯文鏡(Ⅱ−図31)が，楚を中心とする長江中流域では二重体鏡が製作された〔廣川 2004〕。いずれも平直だが鏡体はしっかりとしており，周縁の調整も鏡面の研磨もゆきとどき，以後に継承される鏡としての完成形態に到達している。この時期は，鏡の形態および文様において大きな変革が起き，山西省侯馬で鏡の鋳型が発見されるなど，広く生産が開始された画期といえる。しかし一方，文様は青銅彝器の単位文様である螭文を流用したものが大半で，数量も数十面ほどが確認されているにすぎない。この時期の銅鏡は，青銅彝器生産の末端と

して生産されており〔宮本 2005〕, いまだ広範な普及はみなかったようである。

　こうした状況がさらに一変するのが, 戦国後半期である。この時期の鏡は500面をこえ, 爆発的な数量の増大が生じた〔孔他 1984；宮本 1990b〕。鏡式も多岐にわたり, 羽状獣文鏡や山字文鏡(Ⅱ-図32), 蟠螭文鏡(Ⅱ-図33)を中心として, 葉文鏡・花菱文鏡・鳳凰文鏡・禽獣文鏡・彩画鏡・金銀錯文鏡など, 新たな鏡式が数多く創出された〔宮本 1990b〕。鏡体は薄く華麗なつくりで, 鈕は2～4稜の弦形の鈕が多く, 時期がくだるにつれ高い匕面縁が一般化してゆく。文様は, 細緻な地文のうえに主文様を配し, 地文の種類により羽状獣文地鏡群(羽状獣文鏡・葉文鏡・花蕾文鏡・山字文鏡・花菱文鏡・羽状獣文地獣形鏡)と細地文鏡群(鳳凰文鏡・禽獣文鏡)に大分される。これに両者が融合した蟠螭文鏡群をくわえた三鏡群が, 戦国鏡の主要系統である〔宮本 2005〕。

　特筆すべきは, 鏡背の地文がスタンプのような原模により押圧施文されていることにくわえ, 羽状獣文地鏡では母型をもちいた同型鏡製作が, 細地文鏡の一部に金属原鏡の踏み返しが, 山字文鏡では鏡径・地文に強い規格性が確認され〔廣川 2005等〕, 大量生産に適した技術上の躍進がみとめられることである。このような急激な増産の背景には, 周王朝の権威の低下にともない, 旧来の価値を具現していた青銅彝器が衰退し, かわって新たな青銅工芸の生産が始動したことをあげうる。また, とりわけ分布が稠密な楚の領域において, 礼制の一環として鏡が下層階級にまで必要とされたことも, 広範な普及の理由として想定しうる〔宮本 2005〕。その分布域も, ロシアのアルタイ地域や韓半島北部の平壌にまでひろがっており, 製作技術・生産量・流通範囲のいずれにおいても前代をはるかに凌駕しており, この時期こそ真の画期といえる。

Ⅱ-図31　圏帯文鏡(泉屋博古館蔵鏡)(春秋後期)

Ⅱ-図32　山字文鏡(上海博物館蔵鏡)(戦国後期)

Ⅱ-図33　蟠螭文鏡(泉屋博古館蔵鏡)(戦国末～秦)

II 三角縁神獣鏡の世界

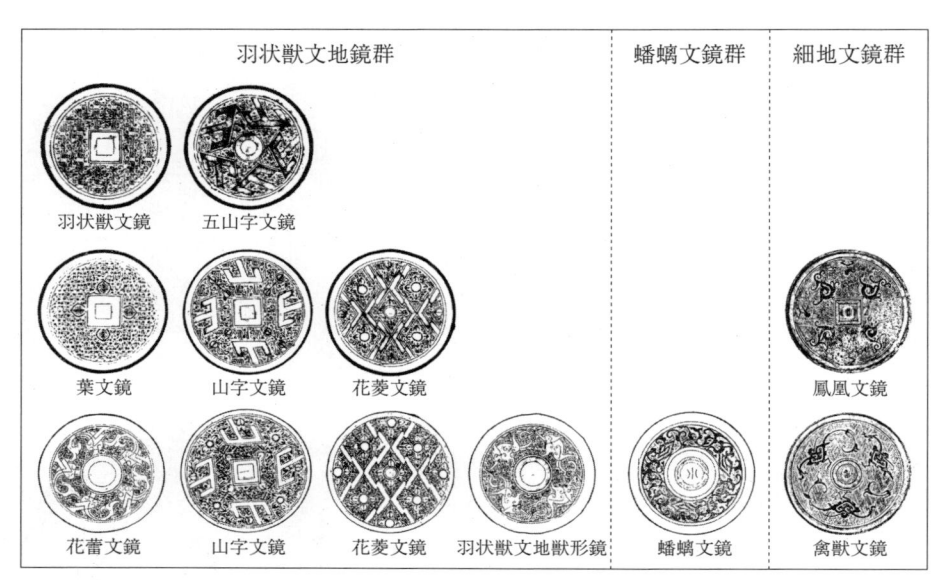

Ⅱ-図34　戦国鏡の系譜と変遷

　戦国後半期には，ヴァラエティに富む羽状獣文地鏡群を生産した長江中流域～漢水流域の楚と，細地文鏡群を製作した中原地域の二大生産地が展開し〔宮本 1990b〕，とくに前者において活潑に銅鏡生産がおこなわれた。そして，戦国末期から統一秦期にかけて，秦の諸国統一のプロセスを背景としつつ，二大鏡群が製作技術的に融合して蟠螭文鏡が華北で誕生し〔宮本 2005〕，前漢初期へとひきつがれてゆく（Ⅱ-図34）。

C　前　漢　代

　秦漢による全土統一をうけて，銅鏡は絢爛の華を咲かせる。中原と楚ではぐくまれた銅鏡生産が統合されたうえで，多様な鏡式が新たに創出された。吉祥句から宇宙観，文学的内容まで，多彩な内容を示す銘文が鋳出され，鏡背文様とともに当時の信仰や思潮，さらには社会情勢までもが，銅鏡に凝縮された。工芸品たる「鏡」としても，世相を映しだす「鏡」としても，漢代の銅鏡は頂点に達したといえる。
　漢鏡は，戦国鏡の特徴を継承しつつ，徐々にそれを払拭し，新たな様式的特徴を確立してゆく。地文や象嵌が消失してゆき，主文のみで鏡背が施文されるようになり，円圏で文様帯を区画し，乳で内区を分割するようになり，半球鈕を中心にすえた円鏡へと統一されていった。

漢鏡はその分布を劇的に拡大し，日本列島をふくむユーラシア大陸に広域的に流通した〔樋口 1979a；村上 1992；ザドニェプロフスキー 1995；新井悟他 2009 等〕。中央アジア・ロシアのステップ地帯・モンゴル・ベトナム・韓半島，そして日本列島へと多量の銅鏡がもたらされた。漢帝国の旺盛な対外活動にくわえ，姿見として，また神秘的な器物として銅鏡を欲した諸地域側の要求が，その背景に推定できよう。

漢鏡の総合的編年を完遂した岡村秀典によると，漢鏡は 7 期に区分できる〔岡村 1984・1993a〕。前漢代（王莽代をふくむ）が漢鏡 1 期〜4 期の計 4 期，後漢代が漢鏡 5 期〜7 期の計 3 期となる。時期ごとに，鏡式・文様・銘文の変化がみとめられ，そこに当時の作鏡技術のみならず社会思潮，信仰，ひいては社会情勢の動きをうかがうことができる。以下，岡村の研究〔岡村 1984・1993a・2005a・2008c・2009a 等〕に大いに依拠しつつ，漢鏡の消長を簡説する。

漢鏡 1 期（前 2 世紀前半）には，戦国鏡の伝統を強くとどめる蟠螭文鏡が製作された。淮河流域や長沙など華南に分布がかたよる。この末期に銘文が出現する。

漢鏡 2 期（前 2 世紀後半）は，草葉文鏡（II - 図 35）の出現を画期とする。天地を結ぶ宇宙樹を表現するこの鏡式〔林巳 1974〕は，龍をモチーフとした蟠螭文鏡とは明確な対照をなすことにくわえ，地文を採用せず主文だけで文様をあしらい，従来の三弦鈕や匕面縁にかわって獣鈕・半球鈕，連弧文縁を多用するなど，戦国鏡から継承される要素を払拭し，漢鏡の様式を確立させた意義をもつ。このほか，山のごとく湧きたつ雲気の渦が大地から天空へとひろがるさまを表現した星雲文鏡（II - 図 36）や，蟠螭文鏡の系譜をひく螭龍文鏡，連弧文銘帯鏡，匕縁銘帯鏡など，この時期には鏡式の多様化が進展した。

これら諸鏡式は，相互に共通する単位文様をもちいて，相互に連携をたもちつつ

II - 図 35　草葉文鏡（泉屋博古館蔵鏡）（漢鏡 2 期）

II - 図 36　星雲文鏡（泉屋博古館蔵鏡）（漢鏡 2 期）

II - 図 37　異体字銘帯鏡（福岡県立岩 10 号甕棺墓）（漢鏡 3 期）

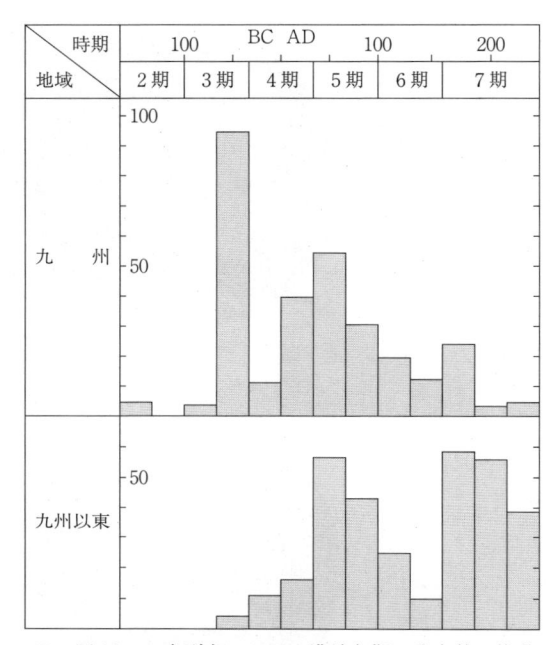

II - 図38　日本列島における漢鏡各期の分布数の推移

製作されていた。製作の中心地は，前漢の都城である長安の近辺であり〔岡村 2008d〕，その所産である「華西鏡群」が中国全土に拡散した背景には，呉楚七国の乱を平定し中央集権体制を整備した，武帝期の漢帝国の隆盛をみてとることができよう。そのような風潮が鏡銘にも反映し，現世の快楽を冀求する楽天的な銘文が流行した。一方，最近，東方の大国である斉の臨淄故城(山東省)において，編年的に新しい段階の草葉文鏡の鋳型が数多く発掘されている〔中国山東省文物考古研究所他編 2007〕。漢鏡2期後半に長安から臨淄に製作技術が移植され〔岡村 2008d〕，地域生産が開始されたことがうかがえる。

なお，福岡県須玖岡本遺跡D地点甕棺墓および同三雲南小路遺跡1号甕棺墓から，当該期の銅鏡が計5面出土しており，東アジア末端の列島社会にも，この時期を上限年代として中国鏡が伝来したことがわかる。須玖岡本遺跡D地点甕棺墓出土の草葉文鏡は径23cmをこえる大型鏡であり，匈奴の地である内蒙古や南越国の都がおかれた広州での出土例とともに，漢帝国の「朝廷から蛮夷政策の一環として贈られたもの」であろう〔岡村 2008d, p.316〕。

漢鏡3期(前1世紀前半〜中葉)は，意匠化した篆体の銘文を主文とする異体字銘帯鏡(II - 図37)の出現を画期とする。星雲文鏡も生産されたが，多様な鏡式に彩られた漢鏡2期とは対蹠的に，簡素な異体字銘帯鏡に一本化され，顕著な画一性を示す時期である。

その銘文は，楽天的な漢鏡2期とは対極的に，『楚辞』の系統をひく悲哀と寂寥感にみちあふれている。そこには，たびかさなる外征と奢侈の風に倦み疲れ，禁欲的態度に価値観を転じた思潮的背景も想定しうる。

漢鏡3期の鏡は，西方はフェルガナやコーカサス，アフガニスタンにまで，東方は楽浪郡地域から日本列島にまでひろがりをみせる。武帝の死後，霍光や宣帝の治

世下における漢帝国の安定を背景に、東西に広く文物が拡散したことの反映であろう〔岡村2008c〕。

日本列島から出土する当該期の鏡は、九州北部を中心に100面を凌駕する激増ぶりを示す。須玖岡本遺跡D地点甕棺墓から23面、三雲南小路遺跡1号甕棺墓から29面、同2号甕棺墓から22面と、一埋葬施設に大量に副葬されており、列島社会の有力者が、楽浪郡への朝貢を介して、積極的に入手につとめたのであろう。この時期以降、日本列島に継続的に中国鏡がもたらされることになる(Ⅱ-図38)。

漢鏡4期(前1世紀後葉〜後1世紀前葉)は、方格規矩四神鏡(博局文鏡)(Ⅱ-図39)の出現を画期とする。これは、大地をあらわす方格とドーム状の天空を表現した円圏の周縁を、梁柱・縄・鉤であるTLV字文で繋ぎとめた天円地方の宇宙に、四神と聖獣が躍動するデザインの鏡式である〔林巳1973〕。細線式獣帯鏡(Ⅱ-図40)や雲気禽獣文鏡(虺龍文鏡)(Ⅱ-図41)も聖獣が戯れるデザインであり、この背景には儒教の讖緯説の流行があったようである。

画一的な漢鏡3期の鏡とはうってかわり、鏡式が多様化したが、細線表現の動物文様が多用された点が特筆できる。蟠螭文鏡に代表される旧来の「龍的な世界」から多彩な「獣像の世界」へと、鏡背に表現される世界が変容をとげたと約言できよう〔上野2005a, p.131〕。

銘文においても、漢鏡3期の精神が否定され、漢鏡2期を継承して現実主義的で楽天的な志向がふたたび顕著になる。漢鏡4期の中ごろになると神仙世界や儒教的な教義をあらわした銘文があらわれ、末期の王莽代には、政治理念を前面に打ちだした銘文が出現した。広範にわたった王莽の改革を反映して、方格規矩四神鏡は定型化をはたし、優美をきわめた作品を現出せしめた。

Ⅱ-図39 方格規矩四神鏡(佐賀県桜馬場遺跡)(漢鏡4期)

Ⅱ-図40 細線式獣帯鏡(佐賀県三津永田104号甕棺墓)(漢鏡4期)

Ⅱ-図41 虺龍文鏡(三津永田105号甕棺墓)(漢鏡4期)

当該期の銅鏡もユーラシア大陸の東西にひろく流通した。なかでも雲気禽獣文鏡が，王莽期において漢帝国の版図をこえて活潑に拡散している現象は興味深く，王莽が演出した絶域（ぜついき）との交渉を反映している可能性がある〔岡村 2005c〕。

列島では，ひきつづき九州北部に分布の中心があるが，瀬戸内以東にも若干ながらもたらされはじめる（II-図38）。

D 後漢代

漢鏡5期（1世紀中ごろ～後半）は，王莽代に定式化をとげた方格規矩四神鏡・細線式獣帯鏡・連弧文銘帯鏡を継承した鏡式を主体とする。細線の四神・聖獣を配する方格規矩四神鏡と細線式獣帯鏡が隆盛をみつつも，後者から派生した浮彫式獣帯鏡や，立体的で躍動的な龍虎を鋳出した盤龍鏡（ばんりゅうきょう）（龍虎鏡）（II-図42），そして連弧文銘帯鏡から発展した内行花文鏡（連弧文鏡）（II-図43）など，浮彫表現や平彫表現の諸鏡式が新たに創案された。

II-図42 盤龍鏡（岡山県赤磐古墳）（漢鏡5期）

II-図43 内行花文鏡（岡山県花光寺山古墳）（漢鏡5期）

II-図44 神人車馬画象鏡（浙江省紹興県）（漢鏡6期）

II-図45 永康元(167)年環状乳三神三獣鏡

銘文は，神仙世界への憧憬を主題としたもの，吉祥句をつらねて現世利益を願ったものなどが主流を占める。方格規矩四神鏡と細線式獣帯鏡に「尚方作」の作鏡者銘が多い一方，盤龍鏡や浮彫式獣帯鏡では「某氏作」「青盖作」など民間での製作を示す作鏡者銘が頻見し，新たに創出されたデザインの背景に民間の活力の増大がうかがえる。銘文からすると，この時期における諸

鏡式の製作地は，少なくとも中原地域・長江下流域・四川地域の3ヵ所を抽出でき，最近の研究では，諸地域で多様な作鏡系譜が展開していたことが判明しつつある〔上野 2003・2005b；岸本泰 2006 等〕(Ⅳ-図39)。以後にいっそう顕著となる銅鏡製作の地域性が，当該期にすでに強くみとめられるのである。

列島での出土総数は約200面と激増し，その分布状況をみると，瀬戸内東部〜近畿地域が九州北部と拮抗するにいたっており，その背後に大きな社会変動が推測される(Ⅱ-図38)。ただし，前者での出土事例は後代の古墳出土鏡がほとんどで，製作年代と出土遺構との年代差が著大であり，後代の踏み返しないし流入を想定する見解も多い。

漢鏡6期(2世紀前半)になると，方格規矩四神鏡および細線式獣帯鏡では，内区文様の単調化・省略化が進み，盤龍鏡も徐々に簡略化してゆき，内行花文鏡も蝙蝠座鈕の簡略な型式が主流を占めていった。全体として，漢鏡5期から簡略化・小型化の方向で変遷したことがみてとれる(Ⅱ-図46)。

一方，この時期には，長江下流域を中心に，浮彫式獣帯鏡や方格規矩四神鏡などを原鏡として画象鏡(Ⅱ-図44)が，四川地域では三神三獣配置の環状乳神獣鏡(Ⅱ-図45)や夔鳳鏡(八鳳鏡)，獣首鏡が登場し，地域性をもった鏡式が幅広く展開していった。とくに広漢郡系と称される作鏡系譜が展開した四川地域において，当地で流行した西王母信仰を背景に創出された浮彫式の環状乳神獣鏡は，これ以後に隆盛する浮彫式の神獣鏡諸鏡式の源流となった。

画象鏡と環状乳神獣鏡は，従前の四神・聖獣で構成される宇宙像を，西王母・東王公(父)など人姿の神像が中心を占める宇宙像へと刷新しており，漢鏡7期以降に隆盛をむかえるデザインを創案した点で注目される。

当該期には，特定の鏡式の地域的なかたよりが前代よりもいっそう顕著となり，華北と華南とで様式的な相違が広がった。くわえて，作鏡系譜もさらなる増加をみせており〔上野 2003〕，工芸生産の地域的発展と銅鏡にたいする広範な需要とがうかがい知れる。

列島における出土数は，漢鏡5期に比しておよそ半数に落ちこみ，その分布は，九州北部と瀬戸内東部〜近畿地域とに二極化する(Ⅱ-図38)。

漢鏡7期(2世紀後半〜3世紀初頭)には，四神四獣配置の環状乳神獣鏡・同向式神獣鏡・重列神獣鏡・対置式神獣鏡・吾作系斜縁神獣鏡・方銘四獣鏡などの神獣鏡諸鏡式が盛行し，そのほか画象鏡・夔鳳鏡・獣首鏡・双頭龍文鏡(位至三公鏡)・飛禽鏡といった多彩な鏡式が生産された。初平元(190)年から建安元(196)年を境に紀年銘

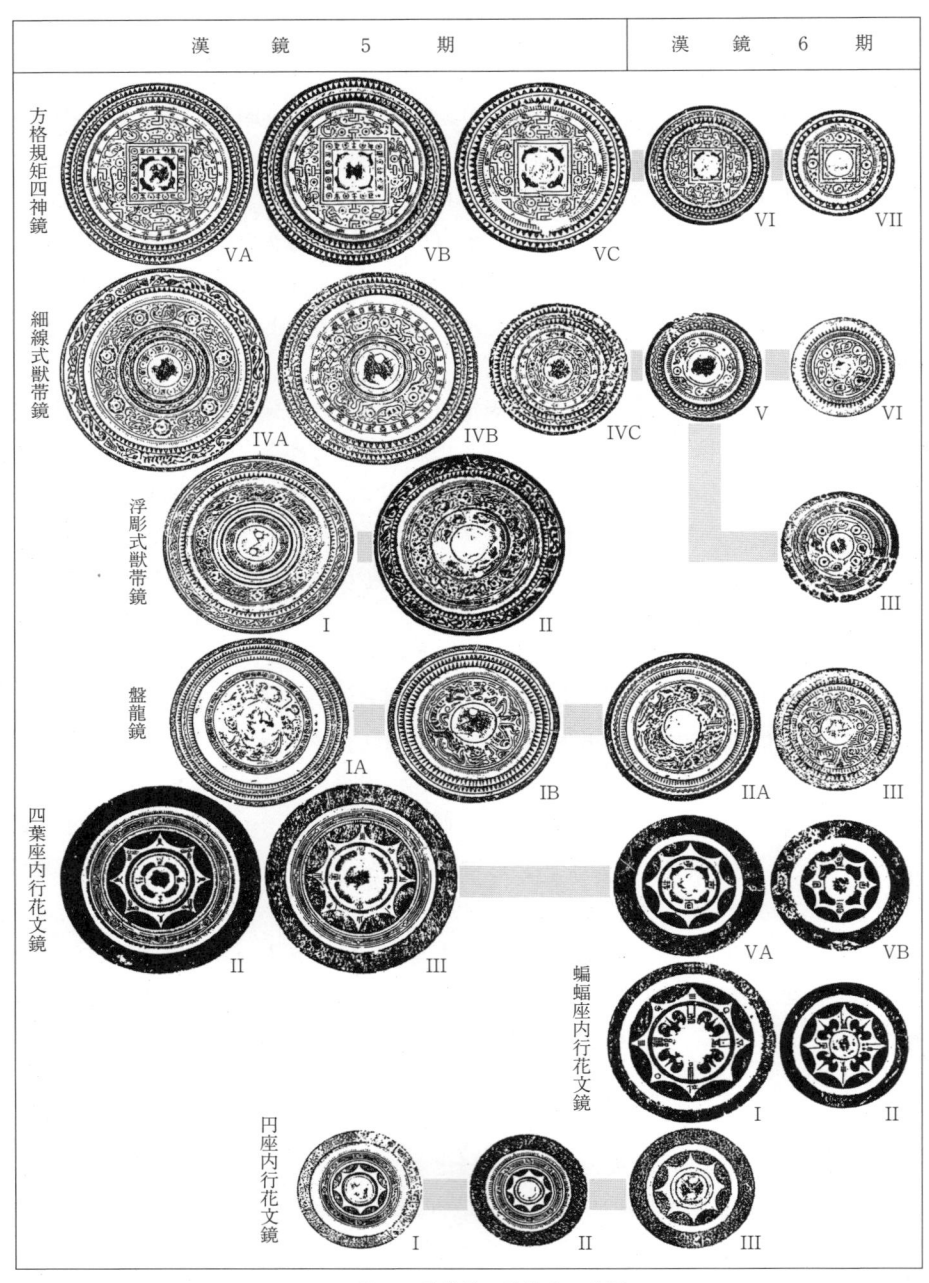

46　II　三角縁神獣鏡の世界

	漢　鏡　5　期	漢　鏡　6　期

方格規矩四神鏡　VA　VB　VC　VI　VII

細線式獣帯鏡　IVA　IVB　IVC　V　VI

浮彫式獣帯鏡　I　II　III

盤龍鏡　IA　IB　IIA　III

四葉座内行花文鏡　II　III

蝙蝠座内行花文鏡　VA　VB　I　II

円座内行花文鏡　I　II　III

II-図46　後漢鏡の諸鏡式の変遷

を有する鏡式が一変すること〔車崎 1999b〕(Ⅱ-表1)から,この前後で漢鏡7期を二分することも可能である[8]。

広漢郡(四川地域)・長江中流域・銭塘江流域・華北西部(渭水流域および支流域)・華北東部(黄河中下流域・淮河流域・楽浪地域)において,それぞれ特徴ある鏡式が複数の作鏡集団により製作された〔上野 2000〕。なかんずく華北東部では,弥生時代末期〜古墳時代前期の日本列島にもたらされた中国鏡の主要鏡式の大半がうみだされており〔上野 2001・2005a・2007;森下 2007a 等〕,次項で概説するように,三角縁神獣鏡の系譜をたどりうる最有力候補の地域である。

日本列島における銅鏡の分布状況は,この時期に大きな変動をみせる(Ⅱ-図38)。前半期に相当する漢鏡7-1期の上方作系浮彫式獣帯鏡(Ⅱ-図49)や飛禽鏡が,広域に分散するのにたいし,後半期にあたる漢鏡7-2期および同7-3期の画文帯神獣鏡(・吾作系斜縁神獣鏡[9]〈Ⅱ-図48〉)は,瀬戸内東部〜近畿地域に圧倒的に集中している。この変動は,前者が「畿内の中央政権を介さずに,従前からの流通システムにしたがって大陸・半島より流入した」のにたいし,「ヤマト政権とよばれる中央権力が畿内に形成され」たのちに流入した後者は,「三角縁神獣鏡に先だって,それとほぼ同じ体制のもとに畿内から地方に配布され」,そこに政治体制の変革が反映している可能性がある[10]〔岡村 1992, p.108〕。

(2) 三国〜西晋期の銅鏡と三角縁神獣鏡

先述したように,後漢末期の建安(196-220)年間に,紀年鏡の形式が一新される。ここに銅鏡生産の一大画期を想定しうる(Ⅱ-表1)〔車崎 1999b〕。それまでの紀年鏡の主要鏡式であった広漢郡系の環状乳神獣鏡・獣首鏡・方銘四獣鏡にかわり,重列神獣鏡・同向式神獣鏡・対置式神獣鏡が盛行をみた。とりわけ流行した(建安式)重列神獣鏡が,魏の曹操が後漢の実権を掌握した建安元年に創出され,中央・黄色を強調する銘文をほどこしていることを根拠に,この鏡式が,「黄帝の子孫であり,赤徳の漢王朝から黄徳の新王朝を目指した曹操」の「野望の下に製作された鏡」とみる,興味深い見解がある〔立木 1994a, p.316〕。

この一事例にとどまらず,三国〜西晋期の銅鏡には,前代にもまして,同時代の政治状況が色濃く反映している。それが,動乱の世相ゆえに,為政者が政策や法令のみならず具体的な器物にまでその意志をこめた結果なのか,あるいは銅鏡製作の地域性が顕在化したため,政治動向にたいする銅鏡の地域的反応を研究者が探知し

Ⅱ-表1　紀年銘鏡からみた後漢後半～三国西晋期の銅鏡生産の推移

- ゴチック体の形式名称は，日本で出土した鏡を示す。
- Ⅰ～Ⅴは，三角縁神獣鏡の編年案（岸本1995）を示す。
- A～Cは，三角縁神獣鏡の編年案（近藤1973）を示す。
- 斜体数字は，三角縁神獣鏡の番号（岡村ほか1989）を示す。

【後漢】
- 156 永壽二年　獣首鏡
- 157 　　三年　獣首鏡
- 159 延熹二年　　　　　【広漢郡】
- 160 　　三年　獣首鏡　環状乳三神三獣鏡
- 164 　　七年　獣首鏡
- 167 永康元年　獣首鏡　　　　　　　　画紋帯環状乳四神四獣鏡
- 168 建寧元年　獣首鏡
- 169 　　二年　獣首鏡
- 173 熹平二年　獣首鏡　環状乳三神三獣鏡
- 174 　　三年　獣首鏡
- 178 　　七年　獣首鏡
- 178 光和元年　獣首鏡　環状乳三神三獣鏡
- 187 中平四年　獣首鏡　　　　　　　　画紋帯環状乳四神四獣鏡
- 189 　　六年　　　　　　　　　　　　　　　　　　　　　方銘四獣鏡
- 190 初平元年　　　　　　　　　　　　　　　　　　　　　方銘四獣鏡
- 196 建安元年　　　　　　　　　　　　　　　　　　　　　　　　　　重列式神獣鏡
- 202 　　七年　　　　　　　　　　　　　　　　　　　　　　　　　　重列式神獣鏡
- 203 　　八年　　　　　　　　　　　　　　　　　　　　　　　　　　重列式神獣鏡
- 204 　　九年　　　　　　　　　　　　　　　　　　　　　　　　　　重列式神獣鏡
- 205 　　十年　　　　　　　　　　　　　　　　　　　　　　　　　　重列式神獣鏡
- 214 　十九年　　　　　　　　　　　　　　　　　　　　　　　　　　重列式神獣鏡　【会稽郡】
- 215 　廿年　　　　　　　　　　　　　　　　　　　　　　　　　　　　　　　　　　同向式神獣鏡　　対置式神獣鏡
- 216 　廿一年
- 217 　廿二年　　　　　　　　　　　　　　　　　　　　　　　　　　重列式神獣鏡　同向式神獣鏡　　対置式神獣鏡
- 219 　廿四年　　　　　　　　　　　　　　　　　　　　　　　　　　重列式神獣鏡　同向式神獣鏡　　対置式神獣鏡
- 220 延康元年

【魏】
- 221 黄初二年　　　　　　　　　　　　　　　　　　　　　　　　　　　　　　　　　同向式神獣鏡
- 222 　　三年　　　　　　　　　　　　　　　　　　【呉】　　　　　　　　　　　　同向式神獣鏡
- 223 　　四年　　　　　　　　　　　　　　　222 黄武元年　　　　　　　　　　　　　　　　　　　対置式神獣鏡
- 　　　　　　　　　　　　　　　　　　　　　　　223 　　二年　　　　　　　　　　　　　　　　　　　　対置式神獣鏡
- 　　　　　　　　　　　　　　　　　　　　　　　225 　　四年　　　　　重列式神獣鏡
- 　　　　　　　　　　　　　　　　　　　　　　　226 　　五年　　　　　重列式神獣鏡　同向式神獣鏡　対置式神獣鏡
- 227 太和元年　　　　　　　　　　　　　　　　　227 　　六年　　　　　重列式神獣鏡　　　　　　　対置式神獣鏡
- 　　　　　　　　　　　　　　　　　　　　　　　228 　　七年　　　　　　　　　　　　　　　　　　　対置式神獣鏡
- 　　　　　　　　　　　　　　　　　　　　　　　229 黄龍元年　　　　　重列式神獣鏡　同向式神獣鏡　対置式神獣鏡
- 　　　　　　　　　　　　　　　　　　　　　　　230 　　二年　　　　　重列式神獣鏡　　　　　　　対置式神獣鏡
- 　　　　　　　　　　　　　　　　　　　　　　　232 嘉興元年
- 　　　　　　　　　　　　　　　　　　　　　　　233 嘉禾二年　　　　　重列式神獣鏡
- 235 青龍三年　**方格規矩四神鏡**　　　　　　　235 　　四年　　　　　重列式神獣鏡
- 　　　　　　　　　　　　　　　　　　　　　　　238 赤烏元年　　　　　　　　　　　　　　　　　　　**対置式神獣鏡**
- 239 景初三年　**画紋帯同向式神獣鏡**　三角縁同向式神獣鏡　　Ⅰ　7
- 240 　　四年　**龍虎鏡**　　　　　　　　　　　　　　　　　　　8
- 240 正始元年　　　　　　　　　三角縁同向式神獣鏡　　　　　3　方　240 　　三年
- 　　　　　　　　　　　　　　　　　　　　　　　　　　　　　　　　　242 　　五年　　　　　重列式神獣鏡　　　　　　　対置式神獣鏡
- 244 　　五年　画紋帯環状乳神獣鏡　　　　　　　　Ⅱ　　　　格　244 　　七年　　　　　　　　　　　　　　　　　　　**対置式神獣鏡**
- 　　　　　　　　　　　　　　　　　　　　　　　　　　　　　　　　　246 　　九年　　　　　　　　　　　　　　　　　　　対置式神獣鏡
- 　　　　　　　　　　　　　　　　　　　　　　　Ⅲ　　　　規　253 建興二年　　　　　　　　　　　　同向式神獣鏡　対置式神獣鏡
- 　　　　　　　　　　　　　　　　　　　　　　　　　　　　　　　　　254 五鳳元年　　　　　　　　　　　　　　　　　　　対置式神獣鏡
- 　　　　　　　　　　　　　　　　　　　　　　　Ⅳ　　　　矩　256 　　三年　　　　　　　　　　　　　　　　　　　対置式神獣鏡
- 　　　　　　　　　　　　　　　　　　　　　　　　　　　　　　　　　257 　　二年　　　　　　　　　　　　　　　　　　　対置式神獣鏡
- 　　　　　　　　　　　　　　　　　　　　　　　　　　　縁　258 永安元年　　　　　　　　　　　　同向式神獣鏡　対置式神獣鏡
- 259 甘露四年　獣首鏡　　　　　　　　　　　　　　　　　　　　　　　259 　　二年　　　　　　　　　　　　　　　　　　　対置式神獣鏡
- 260 　　五年　獣首鏡　　　　　　　　　　　　　　　　　　　　　　　261 　　四年　　　　　重列式神獣鏡　　　　　　　対置式神獣鏡
- 　　　　　　　　　　　　　　　　　　　　　　　Ⅴ　201　　　　　　262 　　五年　　　　　　　　　　　　　　　　　　　対置式神獣鏡
- 263 景元四年　円圏規矩君宜高官銘帯鏡　　　　　　　　　　神　263 　　六年　　　　　　　　　　　　　　　　　　　対置式神獣鏡
- 　　　　　　　　　　　　　　　　　　　　　　　　　　　　　　　　　264 　　七年　　　　　　　　　　　　　　　　　　　対置式神獣鏡
- 　　　　　　　　　　　　　　　　　　　　　　　　　　　　矩　265 甘露元年　　　　　　　　　　　　　　　　　　　対置式神獣鏡
- 　　　　　　　　　　　　　　　　　　　　　　　A　　　　　　266 　　二年　　　　　　　　　　　　　　　　　　　対置式神獣鏡
- 　　　　　　　　　　　　　　　　　　　　　　　　　　　獣　266 寶鼎元年　　　　　　　　　　　　　　　　　　　対置式神獣鏡
- 　　　　　　　　　　　　　　　　　　　　　　　　　　　　　　267 　　二年　　　　　　　　　　　　　　　　　　　対置式神獣鏡
- 　　　　　　　　　　　　　　　　　　　　　　　　　　　　　　268 　　三年　　　　　　　　　　　　　　　　　　　対置式神獣鏡

【西晋】
- 270 泰始六年　画紋帯環状乳神獣鏡　　　　　　　　　　　　　　　　270 建衡二年　　　　　　　　　　　　　　　　　　　対置式神獣鏡
- 271 　　七年　階段式神獣鏡　　　　　　　　　　　B　　　鏡　鏡
- 272 　　八年　神像鏡　　　　　　　　　　　　　　　　　　　　　　　272 鳳凰元年　　　　　　　　　　　　　　　　　　　対置式神獣鏡
- 273 　　九年　画紋帯同向式系神獣鏡
- 274 　　十年　画紋帯環状乳神獣鏡　　　　　　　　C　　　　　　277 天紀元年　　　　　重列式神獣鏡　　　　　　　対置式神獣鏡
- 　　　　　　　　　　　　　　　　　　　　　　　　　　　　　　　278 　　二年　　　　　重列式神獣鏡　　　　　　　対置式神獣鏡
- 280 太康元年　　　　　　　　　　　　　　　　　　　　　　　　　　　280 　　四年　　　　　重列式神獣鏡　【呉郡】
- 281 　　二年　　　対置式神獣鏡
- 282 　　三年　　　対置式神獣鏡
- 283 　　四年　　　対置式神獣鏡
- 284 　　五年　　　対置式神獣鏡
- 291 元興元年　　　対置式神獣鏡
- 298 　　八年　　　対置式神獣鏡

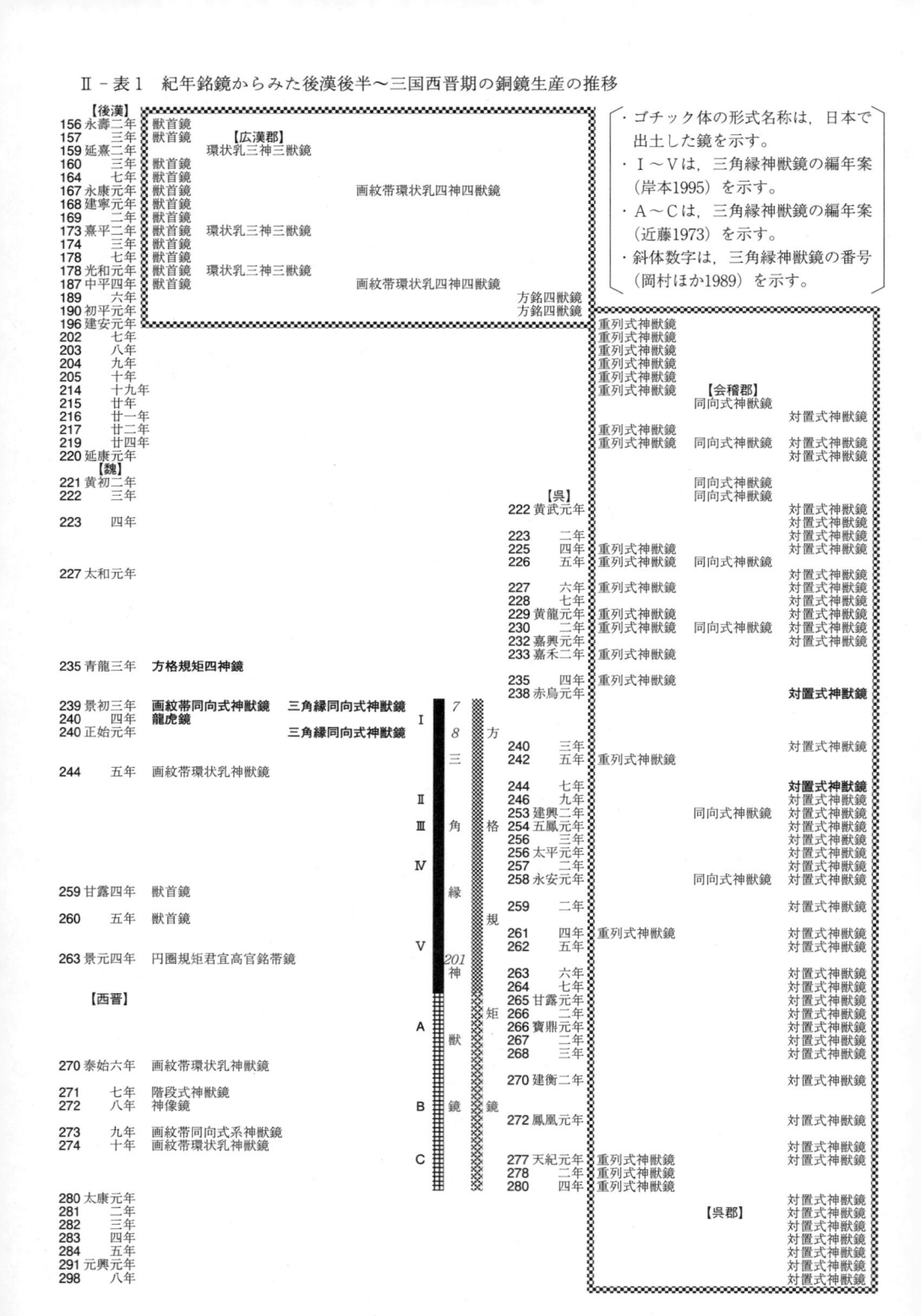

やすいゆえなのかは，にわかに判断がつかない。しかしいずれにせよ，当該期の銅鏡が，政治動向を鋭敏に映しだしている確度は高く，この時期の銅鏡生産を解明するうえで無視できない特徴である。

　もう一つ，当該期の銅鏡生産の重要な特徴として，華北と華南とで生産の様相が相違することがあげられる。従来，魏晋期の銅鏡生産は，後漢末の戦乱の影響と銅材不足のために底辺にまでおちこみ，新たな鏡式をうみだすことなく，主として旧式の銅鏡を製作するか〔徐 1985；王 1985c 等〕，既存の鏡を踏み返すか〔立木 1994a 等〕せざるをえなかったのにたいし，同時期の華南(呉)では，各種の神獣鏡と画象鏡をさかんに鋳造したと考えられてきた[11]〔徐 1985；王 1985c 等〕。後述するように，黄初～太和年間(221-227 年)の魏の年号鏡が呉の会稽郡(かいけいぐん)で製作されていたこと〔車崎 1999d〕などが示すように，華南が当時の鋳鏡の一大中心地であったことは，まぎれもない事実である。一方，魏代には薄葬が奨励されたため[12]，副葬品が判明する魏代の墓は皆無に近く，それゆえ魏鏡の実態が判然としなかったのも事実であった。しかし，最近の精力的な研究により，魏晋代の銅鏡の姿が鮮明になりはじめ，当該期の華北において比較的活溌に銅鏡が製作されていたことが判明しつつある。そしてまた，3 世紀代における華南と華北の銅鏡(神獣鏡)生産は，ともに漢鏡を範にとった創作的模倣を基調としつつも，その模倣の志向性の相違ゆえに相違が顕現していたことなどが明白にされつつある〔上野 2007・2009・2010〕。

　以下，これら二つの特徴に意を払い，最近の研究成果〔車崎 1999b・1999d・2002c；上野 2000・2007・2009；森下 2007a 等〕に依拠しつつ，三角縁神獣鏡の創出以前の 2 世紀末(≒建安年間)から，三角縁神獣鏡が終熄してゆく西晋期までの作鏡状況を，当時の主要鏡式であった神獣鏡諸鏡式を中心に概観する。

　2 世紀末から 3 世紀初頭にかけて，華北と華南の複数の地域で，神獣鏡生産が新たな展開をみせはじめる。華北・華南ともに，漢鏡を復古(「倣古」「仿古」)しながら，同時代的な図像の表現および構成をとりこんでデザイン構成する「創出的模倣」を基調としつつ，それぞれ在地の伝統的な図像表現を流用し，模倣の志向性を異にする生産がおこなわれた〔上野 2007〕。すなわち，華北系(華北東部系・華北西部系)では，画文帯対置式神獣鏡や画文帯同向式神獣鏡などがうみだされ，従来の環状乳神獣鏡をくわえたこれら画文帯神獣鏡の諸鏡式の模倣製作が，3 世紀代をつうじておこなわれた。一方，華南系(銭塘江系＝呉郡系)では，画文帯神獣鏡を「創作的模倣」した銘文帯神獣鏡が登場し，3 世紀末まで継続的に生産されたのである〔上野 2007〕。

　とりわけ華北東部系は，画文帯環状乳神獣鏡・画文帯同向式神獣鏡(Ⅱ-図 47)・

Ⅱ-図47　画文帯同向式神獣鏡
（奈良県ホケノ山墳墓）（漢鏡7期）

Ⅱ-図48　吾作系斜縁神獣鏡（大阪府安満宮山古墳）（漢鏡7期）

Ⅱ-図49　上方作系浮彫式獣帯鏡
（広島県中小田1号墳）（漢鏡7期）

斜縁同向式神獣鏡（Ⅳ-図37・38）・吾作系斜縁神獣鏡（Ⅱ-図48）・対置式神獣鏡・神人歌舞画象鏡・飛禽鏡・上方作系浮彫式獣帯鏡（Ⅱ-図49）・袁氏作系画象鏡（Ⅱ-図14・15）など，「銅鏡製作技術の一頂点に達した」「精緻な文様表現と鋳あがり」を達成していること〔森下 2007a, p.46〕にとどまらず，後述するように，三角縁神獣鏡と強い関連性を有する点で注目される系統である。なお，3世紀中ごろに日本列島で製作された倣製鏡に，華北東部系の影響がみとめられ，古墳時代前期以降に華開いた多彩な倣製鏡諸鏡式の「技術展開の背景に，華北―東部系鏡群からの間接ないし直接の影響があった可能性」も十分に想定しうる〔森下 2007a, p.45〕。当該期の銅鏡生産は，中国本土のみならず，東アジア諸地域で展開した諸系譜の相互関係を重視して，究明してゆく視座が必要不可欠である〔森下 2007a〕。

　建安末年の3世紀前半に，三国期の政治状況を強く反映した系統があらわれる。華南系から分派した会稽郡系であり，呉の領域下の会稽郡において，当国の年号である黄武（222-229年）・黄龍（229-231年）のみならず，魏の年号である黄初（220-226年）および太和元（227）年の紀年銘をもつ神獣鏡諸鏡式の模倣製作を積極的におこなった系統である。呉において魏の紀年銘鏡が製作されたのは，魏王朝に冊封され，名目的に臣従した呉王孫権が，方物として魏の紀年をいれた銅鏡を貢上したことによるのであろう[13]〔車崎 1999d 等〕。この背景として，「後漢末の戦乱の影響が比較的小さく，鏡の生産組織が維持されていた」当地域に「年号鏡の製作は委ねざるをえなかった」とする解釈もある〔車崎 1999b, p.398〕。しかしこの時期，華北の諸地域でも活発な銅鏡生産がなされ，とくに華北東部において精良な鏡群が製作されていること〔森下 2007a〕からみて，魏の紀年鏡が呉の領域下で製作された理由は，戦乱による

製作地の限定とみるより，呉からの貢上が重視されたことに求めるのが妥当であろう。いずれにせよ，「特殊な政治的事情のもとで製作」された系統である可能性が高く〔福永 2005a, p.38〕，模倣を重ねつつ 20 年ほどで衰微してしまう〔上野 2007〕のは，その一証であろう。

　魏呉両国の政治的関係を反映した上記の状況は，孫権が皇帝を称して魏王朝から独立した黄龍元(229)年に一転する。これ以後，会稽郡において魏の年号鏡の生産は途絶し，魏の領域下にて，おそくとも青龍(233-237)年間に，独自の年号鏡が生産されはじめる〔車崎 1999b〕。文献史料に目を転じても，青龍三(235)年に明帝が鋳銅工を徴発し，洛陽にて「銅人」2体および「黄龍」「鳳凰」各 1 体を鋳造させたとの記事(『三国志』魏書明帝紀 注)があり，青龍年間に鋳銅業が大いに再興したことをうかがわせる〔福山 1974；近藤喬 1983 等〕。ところが事態は単純ではなく，青龍三年銘を有する方格規矩鏡は，正L字文や長方形鈕孔を有し，四神の配置や鈕孔方向などが方格規矩四神鏡の原則から逸脱する「規矩鏡の特異な一群」〔福永 1992c 等〕であり，これらは華北北部〔福永 1992c；森下 2007a〕ないし華北東部〔岡村 1999a〕での製作が想定されるものである。つまり，中原の洛陽での製作ではないという点で，黄初〜太和年間の紀年銘神獣鏡と共通性をみせるのである。

　景初三(239)年に製作が開始された三角縁神獣鏡もまた，中原の外部に系譜を求めうる魏鏡という点で，青龍三年銘鏡と共通する鏡式である。この鏡式もまた当該期の創作模倣鏡であり，各種の画文帯神獣鏡(同向式神獣鏡・対置式神獣鏡・環状乳神獣鏡)・画象鏡・方格規矩鏡などを原鏡として創出されたものである〔西田 1971；岸本 1989b；上野 2007 等〕。これら原鏡の系譜をたどれば，各種の画文帯神獣鏡は華北系，とくに華北東部系に属し，華南で製作されていた銘文帯神獣鏡とはまったく関係をもたない〔上野 2007〕。また画象鏡については，かつて華南の鏡式と想定されてきた〔西田 1971・1980；王 1981a 等〕が，三角縁神獣鏡にふくまれる画象鏡の要素のうち，華南系に由来するものは多頭曳きの車馬表現にとどまり，二神二獣の神獣像配置や博山炉(薫炉)など多くが華北東部系(龍氏系・劉氏系・袁氏系)の要素である〔上野 2001〕。方格規矩鏡にしても，鈕孔形態や外周突線，銘文などにおいて，三角縁神獣鏡と華北の「規矩鏡の特異な一群」とが強い関連性を示している〔福永 1992c・2005a；林裕 1998；岡村 1999a 等〕。

　このように，三角縁神獣鏡が華北(東部・北部)の鏡群に系譜を追いうることは，もはや明白な事実と断じうるところまで，証拠が積み重ねられている。ただ一方で，「規矩鏡の特異な一群」や三角縁神獣鏡には，洛陽の尚方工人の技術的特徴とみな

しうる長方形鈕孔が採用されており〔福永 1991〕(Ⅱ-図7)，これらが華北東部・北部の製作集団のみによって生産されたとも考えがたい。「規矩鏡の特異な一群」および三角縁神獣鏡が尚方工人と華北の鏡製作の特徴を併有していること，そして青龍年間に洛陽で大がかりな鋳銅業が実施されたことを考えあわせるならば，230年代ごろの「魏の手工業再編期に鏡以外の鋳銅を専門とした別系の工人や地方の鋳銅工人が新たに鏡生産に着手した可能性」がみちびきだされる〔福永 2005a, p.67〕。最新の論攷で福永は，青龍年間の洛陽宮修築に際して徴発された「鏡を作った経験の乏しい」「新興の」「鋳銅工人」が，弩機など「別の器物を製作する際に用いていた」「長方形」の「中子形態の手法を鏡作りに持ち込ん」で創出されたのが魏鏡であり，三角縁神獣鏡は，宮修築の中止後，「洛陽からすこしく離れた華北東部地域で製作された可能性」を説くまでに，考察を推し進めている〔福永 2009, p.266〕。

　三角縁神獣鏡も，このような大規模な鋳銅事業の副産物とみるのが解釈として合理的であるが，その製作体制の根幹が，「当時の洛陽に全国各地から青銅器製作工人達が大々的に動員された」ものである〔近藤喬 1983, p.46〕のか，あるいは「官営工房の工人が東方に出向いて現地の工人を組織した」もの〔福永 2005a, p.76〕なのか，まだ確定するだけの根拠はない。とはいえ，三角縁神獣鏡の各段階に華北東部系の要素が継続的に採用されていること〔森下 2005c〕(Ⅳ-図47)や，「銅出徐州 師出洛陽」の銘句(目録18)(Ⅳ-図6)の存在などから，前者の想定にはやや難がある。「中央の事務官・技官を地方の工官に派遣し，その監督のもとに器物を作り，中央に供給させる」「魏の尚方」の「尚方監作制」〔笠野 1993b, p.165〕のもと，華北東部の地で製作された鏡群とみるのが，現状においてもっとも整合性の高い解釈であろう。

　三角縁神獣鏡がさかんに製作された3世紀中ごろ以後，神獣鏡生産では新鏡式が創案されることもなく，華北では画文帯神獣鏡の，華南では銘文帯神獣鏡の「単調な模倣製作」が継続的におこなわれた〔上野 2007, p.190〕。魏末から西晋代にかけて，これら神獣鏡諸鏡式にくわえ，夔鳳鏡や方格規矩鏡，唐草文鏡(雲文鏡)や線彫式の獣帯鏡などがひきつづき製作されたが，図文の形骸化・簡略化がさらに顕著となった[14]。これに関連して，これまで稚拙で崩れた図文を有するがゆえに仿製鏡とされてきた仿製三角縁神獣鏡が，西晋鏡の図文と共通性をもつことから，これを西晋鏡に位置づける説が提示されている〔車崎 1999a・1999b・1999d 等〕。説得力に富み，おそらく正鵠をえていよう。

　3世紀後半まで，三国鼎立の政治情勢を反映して南北に分極していた神獣鏡生産は，西晋による南北の統一(280年)後，銘文帯神獣鏡を基調とする華南系へと収斂

してゆく〔上野 2007〕。前代の華南系の製品をベースとしつつも，これに復古的な銘文および図像をほどこした模倣生産が展開し，太康年銘や青蓋銘を中心とする（銘文帯）神獣鏡が製作された。一方，華北での神獣鏡の製作は停滞，あるいは終止した〔近藤喬1993；車崎 2002c；上野 2007 等〕。この現象は，西晋王朝がその本土統一をうけて，各地に展開していた銅鏡生産の諸系譜を華南呉郡の地に統合した結果と考えられる〔上野 2007〕。神獣鏡以外にも夔鳳鏡，方格規矩鏡などが生産されていたが，この時期の銅鏡は図像表現の退化がいちじるしく，ますます漢鏡の規範からの逸脱をいちじるくしていった。

Ⅱ - 図50　三国〜南北朝期の銅鏡生産の様相

3世紀代の銅鏡生産の基調であった「創作的模倣」が終焉した年代は明確にしえないが，統一後の西晋鏡諸鏡式が継続的に変遷したことを示す資料が存在しないことからみて，おそらく「4世紀を境に収束した」と推定できる〔上野 2009, p. 48〕。以後，南北朝期において，踏み返しを基調とする踏返模倣あるいは踏返改変へと，中国鏡の作鏡志向は転轍をとげた（Ⅱ-図50）。そして6世紀末以降，国際色豊かでデザインも創作性に富んだ隋唐鏡の諸鏡式が創出され，中国鏡はふたたび大きな変革をむかえることになるのである。

（3）　三角縁神獣鏡の特質

三角縁神獣鏡は，以上みてきたような社会状況および作鏡状況において製作された。それゆえ，前代までの銅鏡とことなるいくつかの特質がみとめられる。そうした特質には，同時代の作鏡，とりわけ華北の作鏡の特質と同軌のものもあるが，それにおさまらない三角縁神獣鏡に特有の性格も数多く看取できる。以下，それらの特質を列記する。

まず，同笵（型）鏡の多さを特筆できる。目録番号のうち，中国製三角縁神獣鏡の過半，仿製三角縁神獣鏡の半数近くに同笵（型）鏡がみつかっており，中国製（目録21）・仿製（目録207）ともに，最大10面前後におよぶ。同笵（型）鏡は，三角縁神獣鏡にかぎらず，魏晋代の方格規矩鏡，呉代の神獣鏡など，同時期の他鏡式にもみとめられる。しかし，これほどの同笵（型）鏡の多さは，南北朝期の「同型鏡群」をのぞいて類をみず，製作体制の特殊性を示唆している。そこには多量生産への明白な志

向性がうかがえる。

　これに関して，文様構成が定型的，面径が大型かつ規格的であり，そのうえ神獣像などの同一文様を反復的に配置するという特徴がある。すなわち，原則的に外区文様は鋸歯文―複線波文―鋸歯文の 3 帯構成で，段落ちして内区外周文様帯および界圏を配し，内区は乳間に複数の神獣像を求心式に配列し，その 9 割が面径 20〜25cm に集中しているのである〔田中琢 1979〕。しかし，同一の文様を反復的に配置しながらも，それらの配置を若干組みかえたり，配置する文様の種類に変化をつけるなど，ヴァリエーションの増大に腐心している様子も看取できる〔森下 1989〕。

　さらにまた，縁部・外区の文様構成・銘文・榜題・内区図像・内区構成・鈕孔などに，画文帯同向式神獣鏡・画象鏡・環状乳神獣鏡・対置式神獣鏡・方格規矩四神鏡など多様な鏡式の要素が採用されており，これら諸鏡式を複合して三角縁神獣鏡という鏡式が成立していることも，重大な特質である〔西田 1971 等〕。これは，魏代の模倣鏡（仿古鏡）にもそなわった特質であり〔車崎 1999b〕，三角縁神獣鏡の製作方針が魏晋代の模倣鏡と通底していることを示す。

　他鏡式の諸要素を継承しているだけでなく，文様要素・図像構成・銘文・製作技術などにおいて，同時代の華北の魏（晋）鏡との共通点が数多くみとめられる。たとえば，長方形鈕孔は魏代の方格規矩鏡などと，外周突線は魏代ないし後漢末期の吾作系斜縁神獣鏡などと共通する〔福永 1991 等〕。また，銘文において，魏代の方格規矩鏡や画象鏡，後漢末期の画文帯神獣鏡（「天王日月」）などに類例が散見する〔笠野 1998；上野 2007 等〕。内区外周に純粋な文様帯をほどこすことも，三角縁神獣鏡と魏（晋）鏡に共通する特色である〔田中琢 1985〕。そしてまた，博山炉や二神二獣の神獣像配置などは，華北東部系の画象鏡と共通する特徴である〔上野 2007；森下 2007a〕。

　一方，神獣像を羅列するだけで，内区の図像構成が破綻をきたしていることは，同時期の神獣鏡にもみられるが，三角縁神獣鏡においてとくにいちじるしく，その特異性を暗示している。原則的に中国鏡は，神獣像などの図像配置によって鏡背に神話的世界観を表現するが，大半の三角縁神獣鏡は複数の神獣像を単調に併列するのみで，中国の伝統的神話観からの逸脱の度が大きい。この特徴にたいし，これを特殊な製作体制の反映とみる立場〔田中琢 1979；小林行 1982 等〕と日本列島製の証拠をみる立場〔王 1981a 等〕とが対峙している。

　以上のように，三角縁神獣鏡の特質として，同笵（型）鏡の多さ，文様構成の定型性，大型にまとまる面径の規格性，他鏡式からの諸要素の継承および複合，同時代の華北の銅鏡との共通性，および通有の中国鏡の伝統的神話観からの逸脱，といっ

た点が抽出できる。これらを総合的に解釈すれば，おそらくその特殊な製作背景に起因しているとみるのが妥当であろう。これについては，次章で再説する。

III　三角縁神獣鏡研究の現状

　三角縁神獣鏡研究はこの100年間，多くの論者により多彩な視角から検討がなされ，数々の成果をえてきた。この間，あまたの新発見と議論をへて，潰えた見解もあればいっそうの発展をとげた所説もあった。発見と議論をつうじて学説が多様化し，深化してゆくことは，学問の発展上のぞましいことである。しかしそのために，研究の全体像を把握しがたくなり，研究者間においてすら相互理解に支障をきたしかねない事態が生じることにもなっている。ある事象にたいし見解が対立し，それを証明するための事象までも，論争の渦中に投げこまれてゆく。論点が複雑に派生し，入り組んでゆき，いずれの学説を妥当とすべきか，ますます判断が困難になってゆく。景初四年鏡をめぐる議論を思い浮かべれば納得できよう。この事態を打破するためには，資料データと諸論点の交通整理が必要不可欠の課題となる。

　資料データに関しては，II章と「資料」で提示し，絡まりあった論点を解きほぐす作業はIV章でおこなうこととし，本章では，研究の現状を示すとともに，三角縁神獣鏡をめぐる諸論点において定説的な位置を占める説を紹介したい。資料データと諸論点を十分に理解したうえで，定説的な学説を批判的に継承し，発展させてゆくことこそ，研究の必要条件と考えるからである。ただし，本章の内容は，IV章第7節と重複する点があるため，その説明についてはごく簡略にすませ，諸説の詳細な内容およびその論拠，提説の背景などについては，IV章第7節を参照されたい。

1　系譜と製作地

　この数十年，三角縁神獣鏡の最大の論点は，その系譜であり製作地であった。それまでの定説であった魏鏡説〔富岡 1920b 等〕に疑義が呈され，呉工人が東渡して日本列島で製作したとの説〔王 1981a〕が，マスコミを捲きこみつつ世を風靡し，多数の議論がかさねられ，研究の進展がうながされてきた。そして，中国における後漢代〜魏晋代の報告資料が増大し，それに応じて分析が詳密に進められた結果，中国諸地域における当該期の銅鏡生産の実相が明らかになりつつあり，三角縁神獣鏡の

系譜および製作地についても，おおむね解明の道筋が照らしだされつつある。

（1）系　　譜

　三角縁神獣鏡の系譜については，これを華北の鏡に求める説〔富岡 1920a；田中琢 1985 等〕と華南の鏡に求める説〔王 1981a・1985c 等〕とが併立してきた。前者は魏晋鏡の個別事例と三角縁神獣鏡との，後者は画象鏡や呉の神獣鏡と三角縁神獣鏡とのつながりを主張していたが，証拠の量からすればやや後者に分があった観もある。

　しかし，中国における銅鏡生産の地域的特徴が解き明かされるにつれ，華北東部の神獣鏡および華北北部の方格規矩鏡が，三角縁神獣鏡の成立に大きくあずかっていた蓋然性が高まっている。表面的な模倣では「見過ごされそうな手法」である長方形鈕孔（II－図7）と外周突線（II－図3），さらには内区外周の唐草文帯や縁部の傾斜端面が，三角縁神獣鏡・魏の紀年鏡・華北の魏の領域から出土する銅鏡にしばしばみとめられる一方，呉鏡にほぼ存在しないことは，前三者の「製作工人たち」が「系譜的にかなり近い位置にいたこと」を強く示唆する事実である〔福永 1991, p. 46・1994a 等〕。

　さらに，その文様の特徴および分布状況から，徐州あるいは華北東部での生産が推定される鏡群（吾作系斜縁神獣鏡・斜縁同向式神獣鏡・画文帯同向式神獣鏡・画文帯環状乳神獣鏡・袁氏系の画象鏡等）が，神獣像配置・獣像表現・方格の「天王日月」銘・内区外周の獣文帯・博山炉など三角縁神獣鏡に特徴的な要素を有していることから，これらが三角縁神獣鏡の成立に深く関与したことが明らかにされている〔岡村 1995b・1999a；上野 2007・2009；森下 2007a 等〕。しかも，日本列島に分布する神獣鏡の大半が，これら華北東部系統の鏡群であることも実証されており〔上野 2000・2001・2005a；森下 2007a 等〕（III－図1；IV－図39・40），「中国にある，各種の神獣鏡と画像鏡は主に呉の領域内で鋳造されているのであって，魏の領域内で鋳造されたものでない」〔王 1992, p. 53〕どころか，華北東部の神獣鏡と三角縁神獣鏡との密接な関係が証示されている。

　より大局的に三角縁神獣鏡の系譜をとらえるならば，3 世紀代の神獣鏡生産は，華北・華南ともに「漢鏡を対象としつつも，当代的な図像表現，図像構成を創出する「創作的模倣」を基調としていたが，華北は画文帯神獣鏡に，華南は銘文帯神獣鏡に特化することが示すように，南北で生産の志向性がことなっており，三角縁神獣鏡は「華北地域の画文帯神獣鏡の模倣製作」と位置づけうる〔上野 2007, p. 189〕。

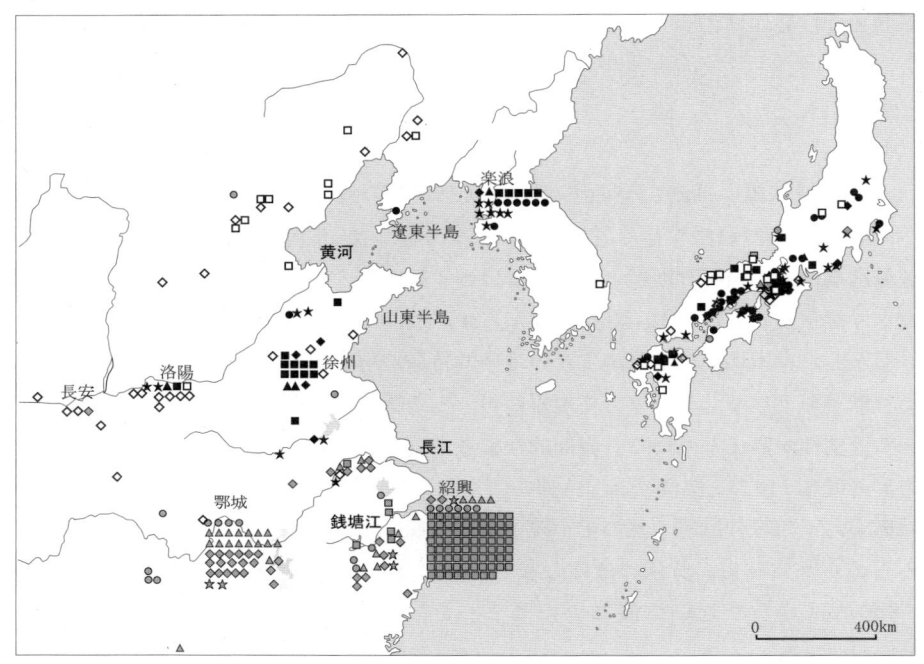

58　III　三角縁神獣鏡研究の現状

III-図1　2世紀後半〜3世紀の銅鏡の諸系統とその分布(華北—北部系：□魏晋規矩鏡・関連鏡。華北系：◇双頭龍文鏡(西村分類III式)。華北—東部系：★画文帯同向式神獣鏡・斜縁神獣鏡・斜縁四獣鏡，▲斜縁同向式神獣鏡，◆袁氏作系画象鏡，●上方作系獣帯鏡，■飛禽文鏡。長江中・銭塘江流域系：■画象鏡，●環状乳神獣鏡，▲銘帯重列式神獣鏡，◆★銘帯対置式神獣鏡)

註　本図版は森下章司氏の提供による。

　近年，仿製三角縁神獣鏡が中国製三角縁神獣鏡に型式(学)的に後続し，しかも西晋鏡と文様などにおいて類似することから，これを西晋における作とみる説がとなえられている〔車崎1999a・1999b・2002c等〕。実際，仿製三角縁神獣鏡は列島の仿製鏡とほとんど接点を有さず，これを仿製鏡とみるよりも西晋鏡とみなす方が，論拠が明快に提示されているだけに，はるかに説得力がある。したがって，仿製三角縁神獣鏡の系譜は，中国製三角縁神獣鏡はもちろんのこと，西晋鏡およびこれに先行する魏鏡のなかに探索する姿勢が不可欠になってきている。

　　(2)　製　作　地

　上記した三角縁神獣鏡の系譜から考えて，その製作地の第一候補は，当然のことながら華北東部(≒徐州地域)ということになる。また，三角縁神獣鏡と類似する要

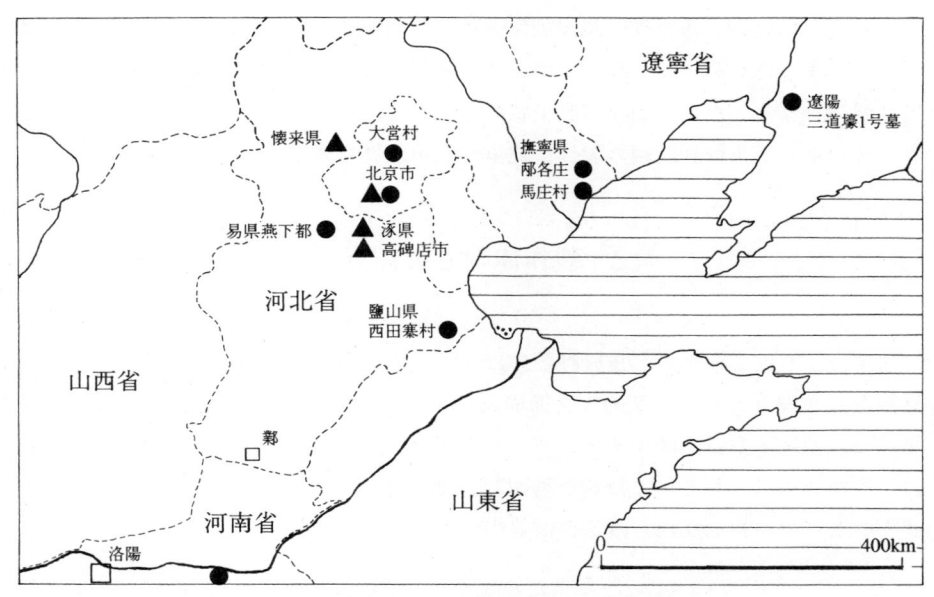

Ⅲ-図2　魏晋の規矩鏡(●)と関連鏡群(▲)の分布(収集地点をふくむ)

素を有する魏晋代の方格規矩鏡(「規矩鏡の特異な一群」)(Ⅳ-図36)が濃く分布する(華北の)渤海周辺も，有力な候補地となる〔福永 1991 等〕(Ⅲ-図2)。とくに後者は，これまで三角縁神獣鏡製作の「第三の候補地」として有力視されてきた楽浪郡地域〔森 1970；白崎 1987b；宮崎 1987；西川 1999a・2000a；辻田 2007a 等〕と渤海をへだてて近接する地域であり，しかも『三国志』魏書東夷伝では，倭国の遣使はまず近隣の帯方郡におもむいたと記されているだけに興味深い。ただし，楽浪郡地域の出土鏡は「華北東部系」の鏡群で占められており〔上野 2000・2007；森下 2007a 等〕，当地域に独自の作鏡系譜を想定することはむずかしい。

一方，上述したように，三角縁神獣鏡の系譜は主として華北東部および華北北部にもとめうるが，たとえば長方形鈕孔のように，洛陽の官営工房である尚方が関与した証拠も提示されている〔福永 1991 等〕。とすると，三角縁神獣鏡は，「官営工房の工人と地方の工人たちが合同で動員あるいは組織され」，製作された可能性が高くなる〔福永 2005a, p. 43〕。これは，「中央の事務官・技官を地方の工官に派遣し，その監督のもとに器物を作り，中央に供給させる「尚方監作制」」の一つの姿とみるのが妥当だろう〔岡村 1989c；笠野 1993b・1998, p. 165 等〕。「銅出徐州　師出洛陽」の銘句とも合致する状況といえよう[1]〔笠野 1998 等〕。

いずれにせよ，華北東部ないし華北北部，あるいは両者の工人集団に尚方工人が

くわわった編成で三角縁神獣鏡が製作されたと想定するのが，現状のデータからはもっとも蓋然性が高い。したがって，その製作地は，華北東部ないし華北北部が有力な候補となる。ただ，当時の歴史状況を勘案し，工人集団が楽浪郡地域に召致され，その地で三角縁神獣鏡の製作に従事した可能性も残しておくべきだろう。

2　製作体制と製作背景

前章で示したように，三角縁神獣鏡は，華北の諸鏡式の要素を，従来の神話的世界観から逸脱する形で定型的な文様構成にまとめあげたうえで，同笵(型)技法で規格的な大型鏡を多量生産するという，製作方針上の際だった特徴を有している。このような特徴は，おそらく特殊な製作背景に由来し，そして特殊な製作体制下で生産されたことの物的反映とみるのが適当であろう。

(1)　製作体制

中国製三角縁神獣鏡の創出期には，画文帯神獣鏡と画象鏡を主要な原鏡として試行錯誤の製作をおこないつつ，徐々に定型的かつ規格的な製品の量産体制を確立していったと推定されている〔岡村 2002a；岩本 2008a等〕。上記したように，洛陽の尚方工人と華北東部(・北部)の工人集団がその製作に従事した可能性が高い〔福永 1991〕。しかし，鏡背文様の理解がとぼしく「お粗末」な出来であることから，かれらは「思想のない芸術家」とも称しうる「ノンプロレベルの人間」と推測しうる〔西村俊 1998，p.94；岡村 1999a，p.169〕。

その製作方針は，鏡背に神話的世界を再現することよりも，定型的で規格的な，それでいてヴァリエーションをそなえた鏡群の量産に特化している。同笵(型)鏡技法や挽型の共有現象〔岩本 2005b〕(III-図3)にくわえ，神獣像や傘松文をパーツ的に組みあわせる文様構成原理〔森下 1989〕，一部に想定できる型(スタンプ)を使用した神獣像の造型技法〔小山田 2000a；鈴木勉 2003；山田隆 2005，p.431〕(II-図24)，銘句の継ぎ接ぎを基調とする銘文作製方式〔林裕 1998〕は，その雄弁な物証である。

中国製三角縁神獣鏡の製作体制の詳細は，工人編成の追究をつうじて究明されつつある。三角縁神獣鏡の工人集団は，神獣鏡の表現形式および配置，文様帯や特定のモチーフにおいて有意なまとまりをなす三集団(「三派」)に大分しうることが示さ

れている〔岸本 1989a・1989b〕(IV-図35)。これにたいし，二派に修正する案〔澤田 1993b〕(IV-図52)や，一系統的にとらえる見解〔小山田 2000a；辻田 2007a〕もあるが，三つの工人集団は，製作単位としての独立性を保持しており，「三派」とする説に説得力がある〔岩本 2008a〕。

挽型の共有事例は，基本的に「三派」の同一集団内でみとめられ〔岩本 2005b〕(III-図3)，鋳造時の湯口の位置も「三派」の各集団ごとに相違するとの指摘があり〔今津 2005〕，鋳型の作製から施文，鋳造にいたるまで，同一の工人集団内で作業が完結するのが常態だったようである[2]。

他方で，これら「三派」間において，文様配置および特定モチーフが共有される事例や文様帯の交換現象が確認されており，相互に没交渉であったわけではなく，関連しあっていたことがうかがえる〔岸本 1989b；岩本 2008a等〕。また，「三派」をまたがって挽型が共有される事例もみとめられることなどから，製作過程において，別の工人集団が関与することもあったと推測される〔岸本 1989b；岩本 2005b等〕(III-図3)。

そもそも，三角縁神獣鏡という鏡式のまとまり自体が，「三派」をこえて存在しているのであり，三角縁神獣鏡は，個々の工人集団を覆う規範のもとで製作されていたことがわかる。「三派」の消長および相互関係の具体的な姿は，かなり明らかにされている〔岸本 1989b；岩本 2008a等〕が，製作体制をよりヴィヴィッドに解明するには，さらなる分析が必要といえる。

仿製三角縁神獣鏡の製作体制については，これまで一系統的な変遷が想定されてきたこともあり，工人集団レヴェルに根ざした検討は十分ではなかった。しかし，近年の研究により，「互いにある程度の関連を有」する，「製作者集団が異なる大きく三つの系統」が，「異なる規格に基づいた複数の鏡群を併行して生産していたこと」が明らかにされている〔岩本 2003a, pp. 26・35〕(III-図7)。また，編年作業をつうじて抽出される各小期の鏡群が，同じ「デザイン原図」をもとに製作されていることから，「きわめて短い期間に」「同一工房で」，「その都度必要枚数分」が「集中的に製作された」可能性が高いことが主張されている〔福永 1994c, pp. 56・63〕(IV-図57)。

先記したように，中国製・仿製ともに，同文の鏡群が際だって多いことが，三角縁神獣鏡の大きな特色である。その製作法として，原型を使用した同型法や，製品を真土に押しつけ複製する踏み返し法が想定されることがある。前者では原型が，後者では製品さえあれば，論理的には任意の時空間で製作が可能となり〔網干

上：目録32，下：目録33

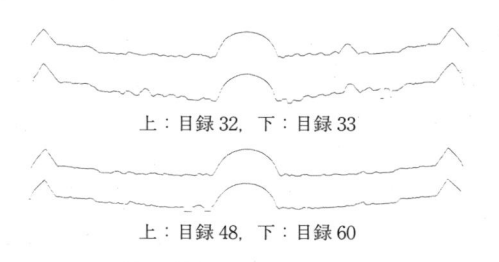

上：目録48，下：目録60

Ⅲ-図3　断面形状の共通する三角縁神獣鏡の事例

1975；奥野 1982a；上野勝 1992等〕，製作地や製作体制，さらには畿内中枢からの政治的分配の議論に大きな影響をおよぼすことになる。しかし，三角縁神獣鏡において踏み返しが幅広くおこなわれていたとする説は，実証的な裏づけにとぼしく，報告書の記載データを鵜呑みにした考察や，文様の漫滅を踏み返しの証拠と即断する推論が多数を占める。

これにたいし，三角縁神獣鏡の同文の鏡群内において，多くの事例で湯口の方向が一致すること〔今津 2005〕にくわえて，「特異な長方形鈕孔をふくめて」，「鈕孔の造りや鋳肌の雰囲気など」の変質が基本的にみとめられない〔福永 2005a，p.143〕などの，実見観察に根ざした所見は重要である。定量的なデータが提示されていない点に問題が残るが，この所見に信を措けば，これら同文の鏡群が時空間をへだてて製作されたとは考えにくい。

同文の鏡群にとどまらず，特定段階の鏡群が同一の場所で短期間に製作されたことを示唆する証拠も提示されている。たとえば，中国製三角縁神獣鏡では，挽型を共有する鏡群〔岩本 2005b〕(Ⅲ-図3)が，仿製三角縁神獣鏡では，デザイン原図を同じくする「同乳鏡」〔福永 1994c〕(Ⅳ-図54)や，共通の笵傷をうみだす「二層式鋳型」に由来する鏡群〔森下 2005g・2005h〕の存在が指摘されている。こうした方式もまた，短期のうちに多量の製品を製作する方針に強くかかわっていると推定できよう。

(2) 製作背景

このような生産体制がいかなる背景を有するのか，これまで数多くの検討がなされてきた。おおよそ，呉の工人が日本列島に東渡して製作したとする説と，倭国の朝貢にたいして魏(晋)王朝が特鋳したとの説を二極として，議論が展開されてきた。前節で示したように，近年の研究により，中国製三角縁神獣鏡には呉の要素がほぼ皆無であることが判明してきており，特鋳鏡であったかどうかは確定しないものの，魏(晋)と倭国との関係定立を背景に創出された銅鏡であるとの見解が，ふたたび優勢になってきている。

先述したように，鏡じたいの特徴や銘文などから，華北の(諸)工人集団と洛陽の

尚方工人が，合同で中国製三角縁神獣鏡を創出したととらえるのが妥当である。創出期の中国製三角縁神獣鏡が，試行錯誤的に諸鏡式をとりまぜつつ定型化してゆき，大量生産体制を軌道にのせていったこと，そして景初三年鏡が創出時の製品であることを考えあわせるならば，少なくとも初期の三角縁神獣鏡は，倭国が魏に遣使したさいに，魏王朝の意志のもと製作されたものとみるのが適当であろう。中国製三角縁神獣鏡を「銅鏡百枚」に比定するか否かで説がわかれるが，上記の状況からみて，まったく無関係とは考えがたい。

　また，中国製三角縁神獣鏡は，短期的に多量生産されつつも，260年代もしくは3世紀第4四半期まで製作されていたことが，その型式変遷と他鏡式との連繋から判明している〔福永 1996a；車崎 1999a等〕。各段階で短期的な多量生産がなされながら，全体的な存続幅が数十年におよぶことは，隔時的に集中生産がおこなわれたことを示唆する〔澤田 1993b；福永他 2003等〕。しかも，各段階をつうじて，三角縁神獣鏡という鏡式としての特徴のみならず，同笵(型)鏡技法や文様の組みかえなどの多量生産志向までも保持されていることは，それらがすべて魏(晋)王朝の指示下での製作とまでは確言できぬまでも，倭国の定期的な遣使との密接なつながりを想定させるに足る。

　ただ，以上の論拠をもって，中国製三角縁神獣鏡を特鋳鏡とみるには，中国大陸でまったく出土しない一方，あまりに多数が日本列島から出土していることをかんがみて，やや躊躇せざるをえない[3]。しかし，魏では薄葬令が布かれていたため，魏代の墓葬の実態がほとんど知られていないことも考慮しておくべきだろう。

　仿製三角縁神獣鏡の製作背景について，これを列島で製作されたとするならば，同時期のほかの仿製諸鏡式と共通点がほとんどなく，両者は別個の集団により没交渉裡に製作されたことになる。前者が中国製三角縁神獣鏡の特徴をかなり忠実に継承していることを考えあわせるならば，古墳時代開始以降に大陸の工人の影響下で本格的に始動した仿製鏡生産〔森下 1998b〕に影響を与えぬ形で，古墳時代前期後半に中国製三角縁神獣鏡の製作工人が渡来し，仿製三角縁神獣鏡の製作を開始したことになる。一方，これを西晋鏡とみるならば，鏡式としてのまとまりと多量生産志向を中国製三角縁神獣鏡から継承していることから，従来の生産体制と倭国の遣使にかかわる器物としての意義を維持しつづけていたと推測しうることになる。

3 製作技術

銅鏡の製作プロセスは，おおまかにいえば，鋳型の作製（施文をふくむ）・鋳造・仕上げ（研磨など）の三つの段階にわけることができる。緻密な実物観察と綿密な鋳造実験を両輪として，三角縁神獣鏡の製作技術はかなり明らかになりつつある。

(1) 同文鏡の製作技術

同文の鏡群が多数みとめられることが，三角縁神獣鏡の大きな特色であり，これまで同笵技法・同型技法（蠟原型法〔岸本 1991 等〕をふくむ）・踏み返し技法などが想定されてきた（II-図 22；IV-図26）。笵傷の成長の有無〔八賀 1984 等〕（IV-図 32)や鈕孔の開口方向の分析〔福永 1992a〕から，中国製三角縁神獣鏡は同型技法，仿製三角縁神獣鏡は同笵技法とするのがなかば定説化していたが，近年では，中国製三角縁神獣鏡でも笵傷が成長する事例が確認され〔藤丸 1997 等〕，さらに鈕孔の設置方向から同型鏡技法はみちびきだせないとの批判が提示されており〔藤丸 1998；今津 2005〕，単純な二分法は成立しえないことが判明している。

最近では，三次元計測および鋳造実験をもふまえた細密な笵傷分析により，同笵技法・同型技法・踏み返し技法がおこなわれていたのではなく，これら多様な製作方式が併存し，しばしばこれらを複合して同文の鏡群を生産していたとする見解〔藤丸 1997；鈴木勉他 1998；鈴木勉 2003；今津 2005；岩本 2005b；水野敏他 2005 等〕が多勢を占めてきつつある。

(2) 鋳型の作製および施文法

鋳型の材質は，土笵であったと考えられる。三角縁神獣鏡には線状の（笵）傷が顕著で，しかも同笵（型）でないにもかかわらず笵傷が一致する鏡群が存在し，「二層式鋳型」が使用されていた可能性が浮上している〔鈴木勉 2003；森下 2005g・2005h〕。

製品の鈕頂部の小突起が挽型の心棒痕と推定でき〔近藤喬 1973〕，縁部内斜面や鈕に同心円状の型挽痕がみとめられることから，挽型によって鏡体の大枠が決定されたと推測できる〔岩本 2005b〕。中国製三角縁神獣鏡では，同笵（型）でないものの断面

3 製作技術　65

形状が一致する鏡群があることから，同一の挽型で複数の鏡群を挽きだしていたことが知られる〔岩本 2005b〕(Ⅲ-図3；Ⅳ-表17)．仿製三角縁神獣鏡では，同笵(型)でないが乳配置が詳細に一致する「同乳鏡」が存在することから，「デザイン原図」をもとに図文が彫りこまれていた可能性が高いといえる〔福永 1994c〕(Ⅳ-図54)．

　三角縁神獣鏡の図像構成の最大の特徴は，相似た複数体の神獣像を求心式に並べたてることである．神仙と聖獣を神話的世界に首尾よく配備することを拋棄したこの構成は，神獣像をパーツ的な単位文様としてあつかい，その配置を微妙に組み換えることで，いっけん多彩な文様構成をつくりだそうとする作鏡方針に起因する〔森下 1989〕(Ⅲ-図4)．

　半肉彫の図像は，基本的にへら押しで成形される．他方，三角縁神獣鏡は，半肉彫であるものの，神獣像の頭部や胴部レヴェルのスタンプ型を笵におしつけ，細部をへらなどで表現することで，同形同大の神獣像を効率よく彫りあげていたと推定されている〔鈴木勉 2003；山田隆 2005〕．実際，同一鏡の内区に配された神獣像の断面形が一致する例が抽出されており，一部の事例においては蓋然性の高い推定である(Ⅳ-図72・73)．しかし，神獣像の形態が相違する事例の方が多く，それらがヘラ押し成形されたか，それともスタンプ成形されたかは，個別事例に即して明らかにすべき今後の課題である．

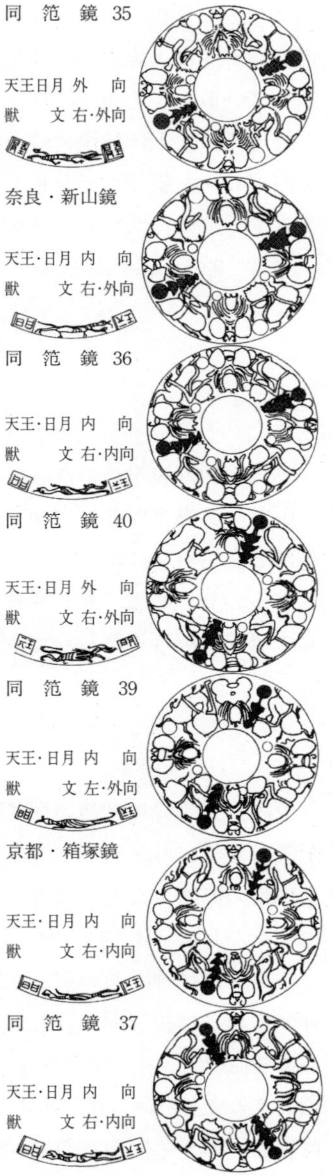

(3)　鋳造および仕上げ

　縁部から外区〜内区にかけて，しばしば鋳造不良が生じていることから，湯口は縁部側であり，注銅法は鋳型を立てて注湯する「縦注ぎ」であったことがわかる．内区の図像表現から抽出された製作者集団(「三派」)

同笵鏡35
天王日月外向獣文右・外向
奈良・新山鏡
天王・日月内向獣文右・外向
同笵鏡36
天王・日月内向獣文右・内向
同笵鏡40
天王・日月外向獣文右・外向
同笵鏡39
天王・日月内向獣文左・外向
京都・箱塚鏡
天王・日月内向獣文右・内向
同笵鏡37
天王・日月内向獣文右・内向

Ⅲ-図4　中国製三角縁神獣鏡の文様構成・配置の組み換え

〔岸本1989b〕と湯口の位置とに相関関係がみとめられること〔今津2000b・2005〕は，先述したように，施文から鋳造にいたるまで同じ製作集団が強く関与していたことを示している。

　鋳造後の仕上げ技術については，精緻な実見観察にくわえ，顕微鏡や三次元形状計測データを駆使した分析が進んでいる。中国製三角縁神獣鏡がわりと叮嚀に研磨されているのにたいし，仿製三角縁神獣鏡では鏡背や縁部の研磨および仕上げが粗い〔森下1993a；岩本2003a等〕など，仕上げ工程に相違がある〔水野敏他2005〕。

4　編年と実年代

　三角縁神獣鏡がいかなる経緯で誕生し，同時代の他鏡式といかなる関連を有し，いかなる変遷をたどってゆき，列島の古墳時代社会でいかなる意義を有していたのかなどを明らかにするには，その年代的な位置づけが確固としていることが大前提となる。それゆえ，三角縁神獣鏡の型式(学)的変遷およびその実年代について，多くの研究が積み重ねられてきている。

(1)　型式学的編年

　中国製三角縁神獣鏡の型式変遷については，神獣像および傘松文の退化，神獣像配置の変化，外区断面の薄平化にともなう段落ち部の斜面鋸歯文の消失，内区外周文様帯の簡略化などを指標として，それらの連動的変化から追究するアプローチが主流をなしている〔新納1991；澤田1993b；岸本1995；岩本2008a等〕(Ⅲ-図5)。

　仿製三角縁神獣鏡の型式変遷もまた，諸属性の連動的変化から検討されており，神獣像および松毬形の形骸化，獣像の体向の変化，中国製三角縁神獣鏡の乳配置からの離脱化，そして挽型形状に起因する外区形態・鈕形態・乳形態の変化などが指標とされる〔近藤喬1973；小林行1976b；福永1994c；岩本2003a等〕(Ⅳ-図56)。おおむね，原鏡とされた中国製三角縁神獣鏡の「形態的特徴から遠ざかっていく」プロセスでとらえられている〔岩本2003a, p.21〕。

　こうした型式(学)的検討の結果，おおむね中国製三角縁神獣鏡は4〜5段階，仿製三角縁神獣鏡は3〜5段階の変遷をとげたとみるのが定説となっている。これらの段階設定案は，中国製・仿製ともに，複数面が一古墳(一埋葬施設)に副葬されて

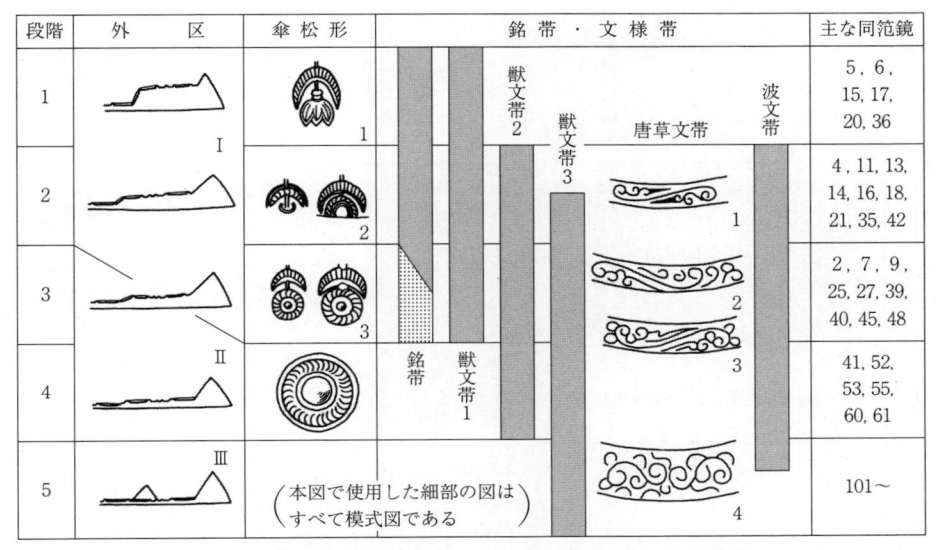

段階	外区	傘松形	銘帯・文様帯					主な同笵鏡
1	Ⅰ	1		獣文帯2		唐草文帯	波文帯	5, 6, 15, 17, 20, 36
2		2			獣文帯3	1		4, 11, 13, 14, 16, 18, 21, 35, 42
3		3				2		2, 7, 9, 25, 27, 39, 40, 45, 48
4	Ⅱ		銘帯	獣文帯1		3		41, 52, 53, 55, 60, 61
5	Ⅲ	(本図で使用した細部の図はすべて模式図である)				4		101〜

Ⅲ-図5　諸属性の変化からみた三角縁神獣鏡の型式変遷

註　同笵鏡の数字は〔小林1971〕による。

いる場合，大半が同一か隣接段階のものであり〔福永1994c；岸本1995等〕(Ⅲ-表1)，ほかの副葬品との共伴関係も整合的である〔岸本1995等〕ことから検証されている。

　このように，三角縁神獣鏡の型式変遷の大綱はほぼできあがっている(Ⅲ-図6)が，細部においては，諸論者間での相違がまだ解消されていない。とりわけ，中国製三角縁神獣鏡では，画象鏡に由来するとされる二神二獣配置の一群〔岸本1989b〕の位置づけが大きく食いちがい，下述する三角縁神獣鏡の実年代および存続年代を左右してしまうだけに無視できない。こうした相違の原因を突きつめると，中国製三角縁神獣鏡を独立性の高い複数系統の工人の所産とみなし，系統ごとに変遷プロセスがことなるとみる立場〔岸本1989b；車崎2002c；岩本2008a等〕と，複数系統を横断する一律の変遷を生じさせうるだけの全体的なまとまりの強さ〔新納1991；澤田1993b；辻田2007a等〕，あるいは工人編成の一元性を想定する立場〔小山田2000〕とのちがいに逢着する。現在の研究状況からみると，三角縁神獣鏡の製作に複数の系統が関与していた蓋然性が高い以上，問題の解決には，系統ごとの変遷プロセスを詳細に分析するとともに，系統間関係の抽出にも意を注ぐことが不可欠の作業となる〔岸本1989b；岩本2008a〕。これは，岸本直文が提言した方法論に立ち戻ることを意味するが，この作業を十全に遂行してこそ，型式変遷にとどまらず，その背景にある「三角縁神獣鏡製作の工人群」〔岸本1989b〕の実態までも明らかにしうる。

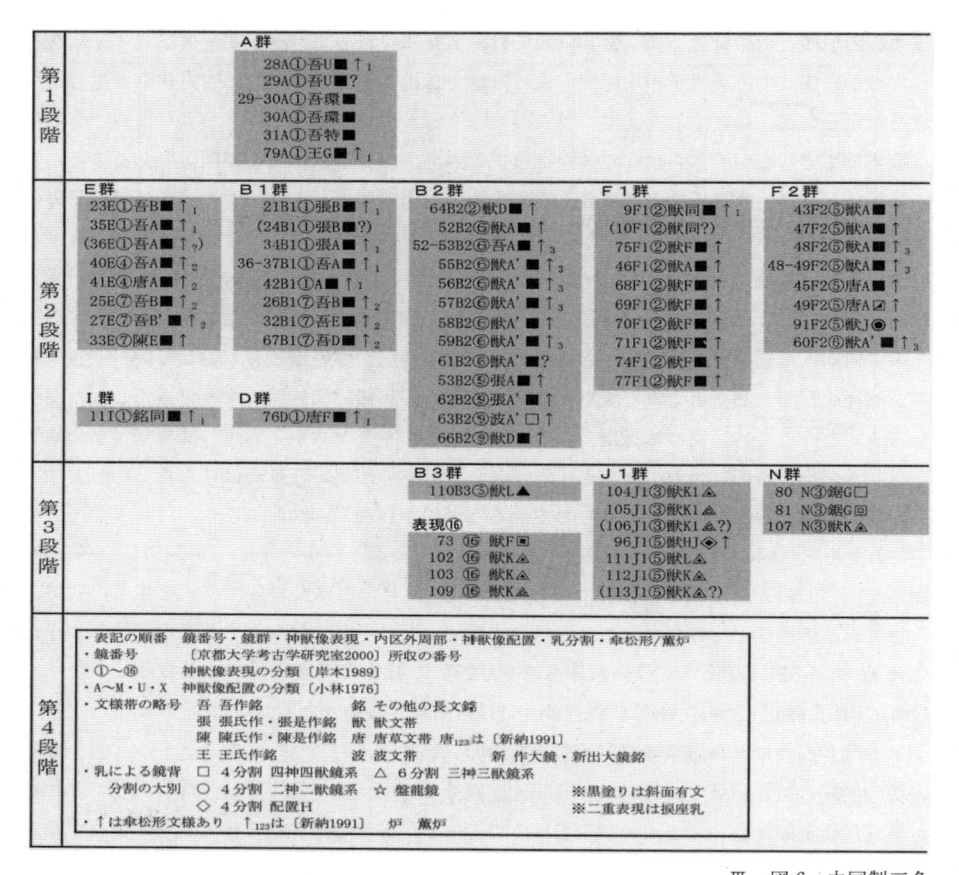

Ⅲ-図6 中国製三角

仿製三角縁神獣鏡については，一系的な変遷プロセスが想定されることが多かった〔岸本 1989b；福永 1994c；徳田 2003 等〕が，最近では複数の系統が抽出され〔岩本 2003a；森下 2005g〕，綿密な分析をへたうえで，「製作者集団が異なる大きく三つの系統」により製作されていたことが明らかにされている〔岩本 2003a, p.26〕(Ⅲ-図7)。

(2) 実 年 代

型式変遷から明らかにされるのは製作の相対順序であり，その実年代は別個の証拠から導出せねばならない。この両者が完備して，はじめて編年は十全となる。

三角縁神獣鏡の実年代については，「長期編年説」と「短期編年説」が対峙し，結着をみぬまま現在にいたっている。両者ともに，中国製三角縁神獣鏡の製作の起

4 編年と実年代   69

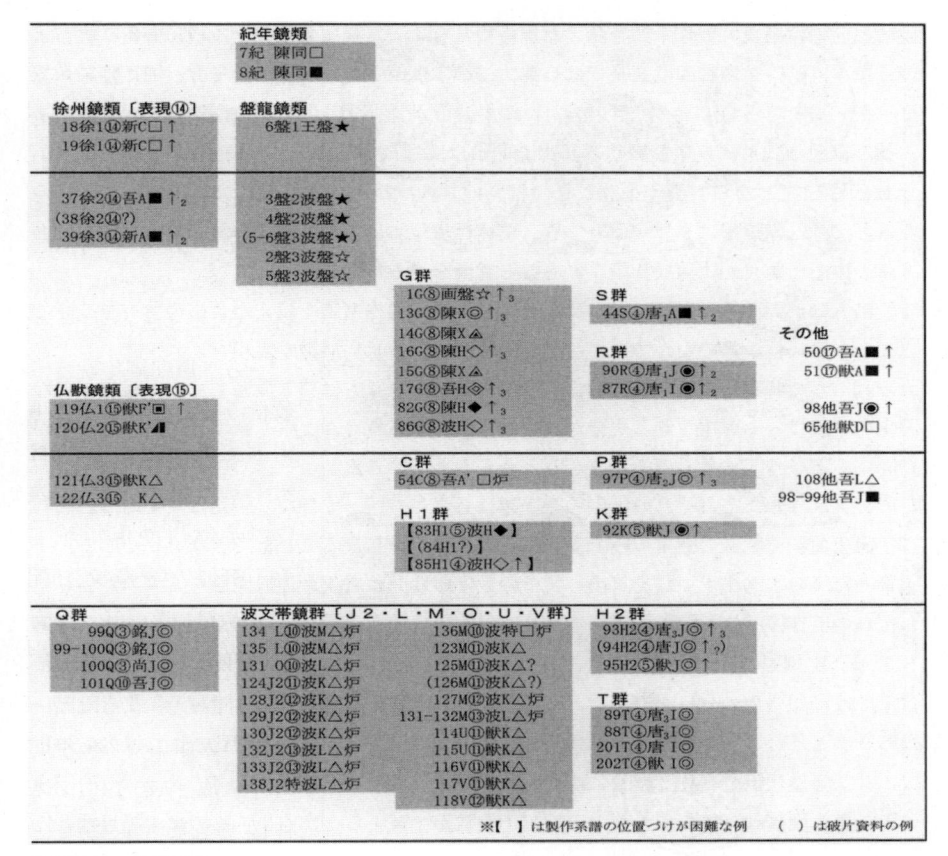

紀年鏡類			
7紀⑪陳同○			
8紀⑪陳同■			

徐州鏡類〔表現⑭〕	盤龍鏡類			
18徐1⑭新C□↑	6盤1王盤★			
19徐1⑭新C□↑				

		G群		
37徐2⑭吾A■↑₂	3盤2波盤★	1G⑧画盤☆↑₃	S群	
(38徐2⑭?)	4盤2波盤★	13G⑧陳X○↑₃	44S④唐₂A■↑₂	
39徐3⑭新A■↑₂	(5-6盤3波盤★)	14G⑧陳X△		その他
	2盤3波盤☆	16G⑧陳H◇↑₃	R群	50⑰吾A■↑
	5盤3波盤☆	15G⑧陳X△	90R④唐₂J◎↑₃	51⑰獣A■↑
		17G⑧吾H◇↑₃	87R④唐₂I◎↑₂	
仏獣鏡類〔表現⑮〕		82G⑧陳◆↑₃		98他吾J◎↑
119仏1⑮獣F'□↑		86G⑧波H◇↑₃		65他獣D□
120仏2⑮獣K'◢				
		C群	P群	
121仏3⑮獣K△		54C⑧吾A'□炉	97P④唐₂Q↑₃	108他吾L△
122仏3⑮　K△				98-99他吾J■
		H1群	K群	
		【83H1⑤波H◆】	92K⑤獣J◎↑	
		【(84H1?)】		
		【85H1④波H◇↑】		

Q群	波文帯鏡群【J2・L・M・O・U・V群】		H2群	
99Q⑩銘J◎	134 L⑩波M△炉	136M⑩波特□炉	93H2④唐₂J◎↑₃	
99-100Q③銘J◎	135 L⑩波M△炉	123M⑪波K△	(94H2④唐₂Q↑₃?)	
100Q⑩尚J◎	131 O⑩波L△↑	125M⑪波K△?	95H2⑤獣J◎↑	
101Q⑩吾J◎	124J2⑫波L△炉	(126M⑩波K△?)		
	128J2⑫波K△炉	127M⑫波L△炉	T群	
	129J2⑫波K△炉	131-132M⑬波L△炉	89T④唐₃J◎	
	130J2⑫波K△炉	114U⑩獣K△	88T④唐₃I◎	
	132J2⑬波L△炉	115U⑩獣K△	201T④唐 I◎	
	133J2⑬波L△炉	116V⑩獣K△	202T④獣 I◎	
	138J2⑫特波K△炉	117V⑪獣K△		
		118V⑫獣K△		

※【 】は製作系譜の位置づけが困難な例　（ ）は破片資料の例

縁神獣鏡の変遷段階

点を景初三(239)年ごろとみつつ，その終焉年代について，前者は3世紀第4四半期以降〔奥野 1982a；福永 1996a；森下 1998b；辻田 2007a 等〕とみなし，後者はおそくとも 260 年代までと想定する〔小林行 1992；岡村 1996；車崎 1999a 等〕。仿製三角縁神獣鏡の製作期間に関して，前者は4世紀第1四半期から半世紀ていどと推測し〔福永 1994c 等〕，後者は3世紀第4四半期ごろに局限されるとみる〔車崎 1999a・2008b 等〕。

　長期編年説の論拠は，紀年銘などにより実年代を推定しうる魏晋代の方格規矩鏡にほどこされた唐草文と，中国製三角縁神獣鏡の各段階のそれとが併行的に変遷をとげること〔福永 1996a 等〕(Ⅳ-図61)や，西晋代の紀年銘神獣鏡と中国製三角縁神獣鏡とで内区図像および銘文の字句の類似がみとめられること〔森下 1998b〕，仿製三角縁神獣鏡の製作開始は，中国王朝との交渉が途絶した4世紀初頭以降とみるのが妥当であること〔福永 1994c 等〕，さらには，特定地域で継続的に築造された「首長」

70　III　三角縁神獣鏡研究の現状

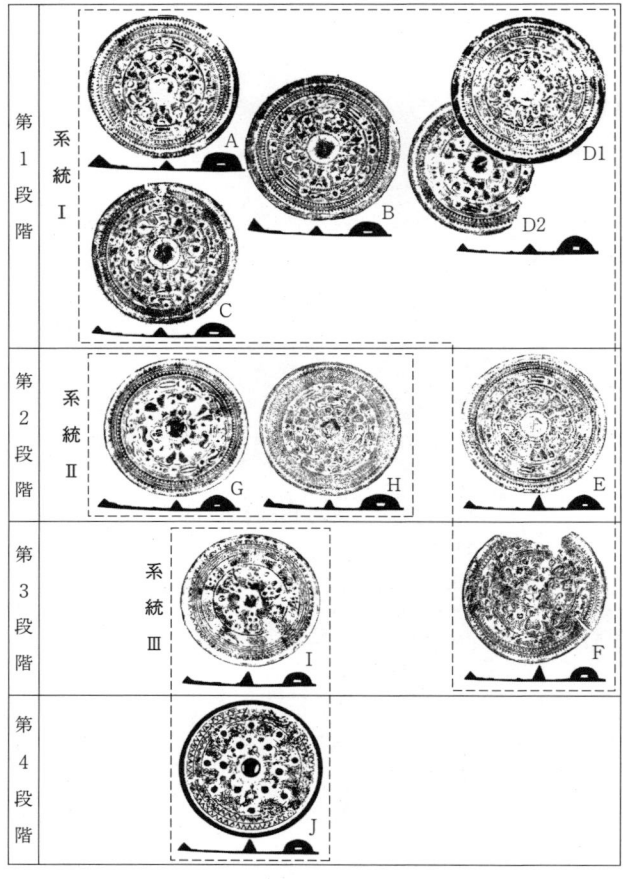

III-図7　仿製三角縁神獣鏡の変遷段階

墳系列の各古墳の新古と副葬された中国製三角縁神獣鏡の各段階の新古とに対応関係がみとめられる例があることから，それ相応の製作年代幅を想定すべきこと〔森下1998b〕などをあげる。

一方，短期編年説は，最新段階とみなしうる中国製三角縁神獣鏡（目録201〈の原鏡〉）と景元四(263)年銘円圏規矩鏡とが，相似た唐草文を配し[4](IV-図65・66)，西晋鏡の可能性が高い仿製三角縁神獣鏡の最新段階と西晋の太康(280-289)年間の神獣鏡とが，類似する神像を有していること〔車崎1999a・1999d 等〕(IV-図67・68)，そして三角縁神獣鏡のヴァリエーションは短期間に編みだされたものであり〔小林行1982；西田1993；岡村1996・2002a 等〕，その証拠に最古の古墳に新しい段階の三角縁神獣鏡までが副葬されていること〔岡村1999a 等〕などを論拠とする。

　両説とも十分な論拠をそなえており，いずれが当を得ているか，にわかな解決は望めない状況といえる。ただ，中国製三角縁神獣鏡の終焉年代が3世紀第3四半期にあることはほぼ動かぬとしても，仿製三角縁神獣鏡の終焉年代を，太康年間の神獣鏡との類似性に求める推測には疑問もある〔王2000a〕。また，中国製三角縁神獣鏡の最新段階と仿製三角縁神獣鏡の最古段階とが同一古墳で共伴する事例が寡少であり(III-表1)，この間に時間的ギャップを想定することも可能である[5]〔福永2005a〕。とすれば，3世紀第3四半期に中国製三角縁神獣鏡が製作を終止してから，しばら

くの時間的ヒアタスをへて，仿製三角縁神獣鏡の製作が始動したとする折衷案が妥当ではなかろうか。

(3) 三角縁神獣鏡と古墳編年

　三角縁神獣鏡は，古墳時代前期の有力古墳に高い頻度で副葬されている。したがって，型式変遷および実年代の検討が進んだ三角縁神獣鏡を，古墳編年に活用するのは，研究の必然の流れである。

　従来，中国製三角縁神獣鏡は畿内中枢での保管をへたのち分配が開始されたとみなされていた〔小林行 1957b〕が，共伴関係などの検討が深化した結果，基本的に製作から流通まで保管によるタイムラグはなく，中国製三角縁神獣鏡が古墳時代前期前半に，仿製三角縁神獣鏡が前期後半に流通し，さほどの時をへずに副葬されたことが判明しつつある。最近では，三角縁神獣鏡を中心にすえて，これと各種の副葬品（石製品・甲冑・仿製鏡等）の古墳における共伴状況の分析が詳細になされ，古墳編年が精緻の度をましつつある〔福永 1996b；大賀 2002；森下 2005b；辻田 2006b〕。

　古墳時代の開始年代，すなわち定型化した前方後円（方）墳の出現年代は，列島の集団関係の一大画期であり，歴史上の重要事象である。その究明には，近年に急速な進捗をみている放射性炭素^{14}C法や年輪年代法などの理化学的分析も有望だが，まだ資料状況や資料的方法が盤石とはいえず，やはり西暦230年代末という製作開始の定点を有する三角縁神獣鏡が最有力の資料といえる。福永伸哉は，出現期の古墳において複数の三角縁神獣鏡が共伴している場合，第一段階（A段階）のみで構成される事例がなく，第二段階（B段階）までをふくむことを根拠に，古墳の出現年代が250〜260年代までさかのぼる可能性を提示している〔福永 2005a〕（III-表1）。三角縁神獣鏡を基準として古墳の出現年代を3世紀半ばとする見解は，いまやほぼ定説化している。

　他方で，特殊器台形埴輪を設置する最古級の前方後円（方）墳に三角縁神獣鏡が副葬されないことから，古墳の出現は三角縁神獣鏡の入手以前に遡上するとの主張もなされており〔奥野 1992b；近藤義 1995・1998；大賀 2002等〕，そうすると古墳の出現年代は3世紀中葉をさらにさかのぼることになる。最古級の古墳に三角縁神獣鏡がふくまれている必然性はなく，ほかの器物との共伴状況をふまえた分析であるだけに，むしろこちらの方が説得力がある。

5 化学成分分析と原料の産地

　銅鏡の化学成分分析は，鉛同位体比分析を中心に推進されてきている。鉛同位体比分析は，青銅にふくまれる鉛の産地同定に有効な方法であり，現在のところ，銅鏡の原料の産地を推定する最有力の化学的方法である。ただし，一部の鉛鉱山をのぞいて，ピンポイントの産地を同定するまでにはいたっておらず，また複数の産地の鉛がブレンドされている場合，それぞれを確実に同定することは困難なようである。また当然のことながら，分析データが示すのは原産地であり，製作地を決定する根拠にはならない。

　鉛同位体比分析の成果からは，中国の南北，韓半島(の南北)，そして日本産の鉛同位体比の分布領域がわかれ〔馬淵他 1987；平尾他 1999〕，また魏の紀年銘鏡と呉の紀年銘鏡の分布領域も瞭然と分離し，中国製三角縁神獣鏡が魏の紀年銘鏡の領域に包含されることが判明している〔馬淵 1996；平尾他 1999・2001 等〕(II‐図25・26)。したがって，鉛同位体比分析の現状の諸データにおいて，「魏鏡説はすべての項目と整合性がよいことが際立っている」といえる〔馬淵 1996, p.29〕。ただし最近，中国製三角縁神獣鏡の鉛同位体比にもっとも近い分布を示すのは岐阜県神岡鉱山の鉛であり，少なくともこの鉛が「添加使用」されたとの反論が提示されている〔新井宏 2007a 等〕。このいずれが妥当か，怱卒に判断をくだすことは控え，鉛同位体比分析の専門家間での議論を期待するとともに，考古学的分析から導出される資料(鏡)の時期および製作地とそれらの鉛同位体比との相関性について，より詳細に追究してゆくべきと考える。

　銅原料の産地に関しては，成分分析とはことなる角度から議論が展開してきた。従来，「銅出徐州」の銘句を三角縁神獣鏡が魏鏡である証拠とみる説〔羅他 1987；樋口 1992 等〕と，徐州府に銅山県が設置されたのは，文献によると清代であることから，これを却下する見解〔王 1981a 等〕が提示されてきた。しかし近年，徐州に位置する薛国故城(山東省滕州市)において，漢代の大規模精錬遺跡が発掘され〔岡村 2005b〕，さらに中条山(山西省)で，文献の初見よりもさかのぼる後漢末～魏代に採掘がおこなわれていたことが明らかになっている〔樋口 1992〕。三角縁神獣鏡の製作地論争の鍵を握る徐州において，漢代の銅山が発見されていることは，はなはだ示唆的である。

6　流通方式と政治史的意義

　三角縁神獣鏡が研究者の強い関心を惹いてきたのは，主として同笵(型)鏡が，畿内地域を中核として列島の広域に分布しており，まさに「大和政権」の政治的伸張を示す器物とみなされたからである〔小林行 1957b〕。小林行雄は，同笵(型)鏡の分有関係の結節点にあたる古墳の被葬者を分配者と想定し，畿内中枢の「第三者的存在」の意をうけ，分配者が各地に下向して三角縁神獣鏡を分配し，徐々に「大和政権」の「勢力圏」を拡張していったとみた〔小林 1955a・1957b 等〕(Ⅳ-図18)。
　三角縁神獣鏡の流通方式を，畿内地域の有力者から列島諸地域の有力者への分配とみる考えは，一部に批判はあるものの，現在，おおむね承認をうけている。ただ，同笵(型)鏡の分有関係の追究は影をひそめ，詳細な編年作業により抽出された各段階ごとの分布状況を通時的に追跡することで，畿内地域を中核とする列島広域の政治的関係の消長をとらえる方向へと，研究の主眼がシフトしている〔福永 1996b 等〕。
　また，三角縁神獣鏡の分布状況の時期的変化は，漸次的な拡大ではなく，時期ごとの政治的局面を反映している可能性が高いことが判明しつつある。地域レヴェルにおいても，内部の小地域に流入する三角縁神獣鏡の面数に時期的な盛衰があり，そこから地域内における諸勢力の消長が把捉されている〔福永 1999c；辻田 2007a 等〕。地域内における再分配の有無については，いかなる現象をもって再分配の証拠とみなしうるのかの検討が不十分なため，議論の深化をみていない。なお近年では，経済人類学において展開をみた「威信財」論の枠組みを三角縁神獣鏡の分配論に導入し，「威信財」である三角縁神獣鏡の分配をつうじて結節・維持される国家形成期の集団関係像を追究する研究視角が顕著である。
　また，三角縁神獣鏡以前の吾作系斜縁神獣鏡・画文帯神獣鏡の列島における分布状況(Ⅳ-図80)も分析にくわえ，古墳出現以前の弥生時代終末期に，すでに広域的な分配システムが組みあがり〔岡村 1999a 等〕，三角縁神獣鏡でそれが拡充され，そして各段階の三角縁神獣鏡の分布状況は，その時期ごとの政治戦略の反映であったとする説が有力化している〔福永 2001a 等〕(Ⅳ-図78・79)。
　他方，画文帯神獣鏡など完形中国鏡の大半が畿内地域に流入したのは，古墳時代開幕期のことであり，三角縁神獣鏡と軌を一にしていたとの反論〔辻田 2001 等〕も，十分な説得力をそなえており，三角縁神獣鏡以前の分配システムについては定見を

III-表1 同一埋葬施設における三角縁神獣鏡の各段階の共伴状況

出土古墳	舶載鏡 A	B	C	D	倣製鏡 I	II	III	IV	V
山口・竹島	1	1							
兵庫・吉島	1	3							
〃 権現山51号	2	3							
〃 西求女塚	4	3							
〃 森尾(別主体か)	1	1							
奈良・黒塚	14	19							
滋賀・古富波山	2								
〃 雪野山		1	3						
愛知・奥津社(伝)	1	2							
静岡・上平川大塚	1	1							
群馬・頼母子	(1)	1							
〃 前橋天神山		1	2						
福岡・石塚山	1	3	3						
〃 原口			3						
大分・赤塚		2	3						
山口・宮洲	1	1	2						
岡山・湯迫車塚	1	8	2						
愛媛・広田神社上			2						
徳島・宮谷		2	2						
兵庫・東求女塚		2	2						
〃 ヘボソ塚			2						
大阪・石切神社(伝)		1	2						
京都・椿井大塚山	12	17	3						
〃 長法寺南原		1	3	2					
奈良・桜井茶臼山	1	5	2						
〃 富雄丸山	1	2	1						
滋賀・大岩山		1	2						
三重・桑名市(伝)			2	3					
群馬・三本木(伝)			3	1					
熊本・芦北郡(伝)			1	2					
兵庫・龍子三ツ塚1号				2					
〃 阿保親王塚				3	3				
〃 城の山				3	3				
大阪・万年山	2	2	1	2					
京都・寺戸大塚(後円)		1	1	2					
奈良・鴨都波1号	1	1	2						
三重・筒野			1	1	2				
岐阜・円満寺山			1	1	2				
愛知・東之宮			2	2	1				
群馬・柴崎	1				1				
大阪・壺井御旅山					4				
京都・園部垣内		1			1				
奈良・佐味田宝塚	1	5	4	2	1	1			
岐阜・長塚(東)			1	1	1				
石川・小田中親王塚				1		1			
山口・長光寺山					3				
岡山・鶴山丸山			1		2	1	3		
大阪・紫金山			1	1	6	1	3		
京都・百々池			1	1	1		1		
〃 長岡近郊(伝)		1					1		
奈良・新山	1	2	1	3	1		1		
〃 新沢500号						(1)	1		
愛知・出川大塚						2			
福岡・一貴山銚子塚					6		2	2	
佐賀・谷口(西)							2	2	
〃 谷口(東)							2	2	1
大阪・ヌク谷北塚							2	1	
岐阜・長塚(西)						1		1	
山梨・甲斐銚子塚				1			1	1	
三重・松阪久保		1							1

註 数値は出土鏡の枚数を示す(未確定の破片を除く)。( )は出土が推定されるもの。

みていない。器物の広域的な分配システムの成立は、畿内中枢を核とする政治的体制の樹立を示唆する以上、その成立時期の究明は、列島社会における政治史的画期が奈辺にあるのかを特定することに直結するため、非常に重要な論点といえる。

三角縁神獣鏡の分配方式に関しては、かつて支持されていた、分配者が諸地域に「宣撫」におもむいて分配する「下向型」〔小林行1965a, p.76；和田晴 1986；川西 1992, p.138 等〕よりも、諸地域から鏡を保管・管理する畿内中枢へと出向く「参向型」が有力視されている〔車崎 1999b；森下 2005a；辻田 2006a 等〕。参向の契機については、畿内中枢の事情にしたがって「倭国のおもだった首長が集ま」ったとみる説〔車崎 1999b, p.195〕と、諸地域の「上位層」の「世代交代」と解する説〔辻田 2006a, p.57〕の2説に割れているが、いずれにせよ、有力者の代替わりを契機とみる点では共通している。

従来、三角縁神獣鏡は王権中枢下に集積され、しばらく保管されたのち、分配に付されたととなえられてきた〔小林行 1957a；川西 1989 等〕。しかし、個々の古墳の埋葬施設に、同一ないし隣接段階の三

角縁神獣鏡が副葬される強い傾向がみとめられることから，基本的に入手(ないし製作)から分配まで時をおかず，スムースにおこなわれたと想定できる〔都出 1989a；福永 2005a 等〕(Ⅲ-表1)。

鏡それ自体とともに，副葬時の配置方式も諸地域に拡散していたとされている〔藤田和 1993；福永 1995a〕(Ⅳ-図81・82)。最近では，副葬配置をふくむ，副葬時における銅鏡のとりあつかいの規範が鞏固に共有されたのは，畿内地域およびその縁辺諸地域であり，以遠諸地域では規範が弛緩することが明らかにされている〔岩本 2004〕が，程度の差はあれ，銅鏡の副葬に関する情報も拡散していることはたしかである。

このような分配システムの政治的機能のみならず，こうしたシステムの失効時の政治的背景についても，検討がなされている。古墳時代前期後葉の後半以降，三角縁神獣鏡の副葬が減少する背景に，この分配を管掌していた旧勢力の没落と新興勢力の擡頭，換言すれば「政権交替」を推量する見解が，多くの論者の賛同をえている〔田中晋 1993；福永 1998c；岸本 2005a 等〕。

このように，三角縁神獣鏡の流通様態を基軸とした政治史的研究は，小林の大系をいっそう深化させ，かつ多様な事象を明らかにしつつある。

7　銘文と信仰

(1)　銘文研究

銘文の釈読には漢籍の知識が不可欠である。しかし，日本における銅鏡研究は，漢籍の素養を十分にそなえない考古学者が多勢を占めてきたため，富岡謙蔵の先駆的かつ深大な研究以後，三角縁神獣鏡の鏡銘の研究は，編年論や系譜論や製作技術論ほどの発展をとげていない。とはいえ，樋口隆康や林裕己による銘文総体を包括する類別的研究〔樋口 1953b；林裕 2006〕(Ⅳ-表4)，林巳奈夫や西田守夫による銘文と内区図像との総合的検討〔林巳 1973・1978・1989；西田 1968・1993 等〕，笠野毅による音韻論的研究〔笠野 1983・1993b 等〕，福山敏男・王仲殊・近藤喬一・笠野・林裕己らによる紀年銘の三角縁神獣鏡の釈読をつうじた製作背景の究明〔福山 1974；王 1981a；近藤喬 1988b；笠野 1994〕，そして「用青同 至海東」「銅出徐州 師出洛陽」をはじめとする個別銘句の釈読など，多くの成果が蓄積されてきたのも事実である。

三角縁神獣鏡の銘文の最大の特質は，多様な銘文の銘句を，とりわけ漢鏡5期〔岡村 1993a〕の方格規矩四神鏡に頻見する樋口 K 式[6]の銘句を多用してつなぎあわせている点である〔林裕 1998〕。Ⅰ章でふれたように，三角縁神獣鏡に採用されている銘式は，多彩な漢鏡の銘式のごく一部にすぎない反面，銘句を頻繁に置換することで，いっけん多様なヴァリエーションをうみだしている点も，顕著な特徴である。押韻が整然としている後漢鏡に比して，三角縁神獣鏡の押韻がしばしば乱れているのは，上古音から中古音への過渡期ゆえの錯乱というより，「銘文の一貫性のなさ，ポリシーのなさ」に由来するとみなしうる〔林裕 1998, p.68〕。他鏡式からパーツを抽出して組みあげる姿勢は，図像文様を構成する姿勢と通底しており，銘文からも三角縁神獣鏡の作鏡姿勢を読みとりうるのである。

このように別個の銘式の銘句を混成する独特の銘文構造にくわえ，使用される銘句や仮借にも，ほかに類例が皆無ないし稀少なものが多いことも判明している〔林裕 1995・1998 等〕。ところが，銘句や仮借におけるそうした稀少な類例が，華北の魏(晋)鏡にもみいだされ，しかも三角縁神獣鏡とほぼ同一の銘文や書体の文字を有する魏鏡までもが抽出されている〔笠野 1998；岡村 1999a；車崎 1999b；福永他 2000〕(Ⅳ-図 85・86)。さらには，三角縁神獣鏡と呉鏡が，その銘句および「書風」において，関連が皆無なことも解き明かされている〔林裕 1995〕。文様や化学成分にくわえて，銘文においても，三角縁神獣鏡は呉鏡とではなく，魏(晋)鏡と強い関係を有しているのである。ただし，従来，避諱字(ひき)あるいは使用時期が限定された字句とされ，三角縁神獣鏡を魏代の作とみなす一証とされてきた「徐州」「師」「保」「昭」にたいし，晋代における使用例〔奥野 1982a；笠野 1998 等〕や別字の可能性〔菅谷 1980〕などが指摘されており，現在ではかつてほど重視されなくなっている。

三角縁神獣鏡の銘文から，工人の出自や動向をとらえ，さらにはこの鏡式の創出背景までも探ろうとする研究が，これまで多く積み重ねられてきた。紀年銘鏡(景初三年鏡・同四年鏡・正始元年鏡)の銘文や「用青同 至海東」などの銘句に立脚した呉工匠東渡説〔王 1981a 等〕は，「予見をもった，やや強引な解釈」〔岡村 1999a, p.151〕ゆえに，最近では支持を弱めている。むしろ紀年銘鏡の銘文は，「この種の鏡が鏡師(鋳師または彫師)の杜地から創りはじめられた，とその由来を記したもの」との解釈が，音韻および仮借をも駆使した立論ゆえに，蓋然性が高い〔笠野 1994, p.339〕。また，「用青同 至海東」の銘句も，工人の列島渡来の証拠ではなく，目録 15 鏡の二つの銘句「刑暮周刻用青同」「君冝高官至海東」のそれぞれ後半三字が合体したものとみるのが定説化しており〔樋口 1992；林裕 1998 等〕，「海東」も日本列島や韓半島

など実在の地名ではなく，樋口K式の主題である仙界を示すと考えるのが妥当である〔岡村 1999a；車崎 1999b；佐伯 2001 等〕。

また，「銅出徐州 師出洛陽」の銘句について，これを魏鏡説の論拠とする立場〔樋口 1992 等〕と，誇大広告的な「虚辞」とする反論〔王 1985c 等〕とが対峙してきた。近年の研究によれば，本章第1節で示したように，三角縁神獣鏡において，尚方の技術系譜と華北(東部)の技術系譜が融合しており〔福永 1991 等〕，とくに華北東部の鏡との共通性が強いこと〔岡村 1999a；上野 2007〕から，この銘句は「官営工房の工人が東方に出向いて現地の工人を組織した」こと〔福永 2005a, p.76〕，つまりは「尚方監作制」による製作を示すものとみる説〔笠野 1993a・1998 等〕が説得的である。

さらに，「陳氏」「張氏」「王氏」といった作鏡者銘や特殊な銘句と，「数人からなる製作者集団」の所産と想定される特定の神獣像形式〔岸本 1989b, p.20〕とが，高い相関性をもって1面の鏡で共存すること[7]が判明しており，その詳細な検討から，複数の作鏡者集団の推移を具体的に追跡するところまで，研究が進展をみつつある〔林裕 1998〕。

(2) 信 仰 論

このテーマは，主として鏡背の図像および銘文，そして副葬時の配置方式に神仙思想の存在がみとめられるか否かをめぐって展開されてきた。肯定説は，神獣像が鏡背面を埋めつくし，神仙世界をえがく銘文が頻見すること，完形鏡副葬が志向されるのは鏡背面の神仙世界が重視された結果と考えうること〔小山田 1992a〕，『抱朴子』に記される「明鏡九寸以上」が三角縁神獣鏡のサイズに，「日月鏡」および「四規鏡」が，それぞれ「頭足分離型配置」および「身体包囲型配置」の副葬配置に対応するとみなせること〔福永 1995a 等〕などを論拠に展開されている。

ただこれらの所説は，『三国志』魏書東夷伝に記載された卑弥呼の「鬼道」や古墳の三段築成といった，神仙思想を連想させる事象に付随する副次的根拠として提示されている観が強い〔重松 1978 等〕。他方，三角縁神獣鏡じたいの分析からは否定的な見解がだされているのである。すなわち，先記したように，三角縁神獣鏡の図像は同種の文様の部品的な組みあわせで構成され，銘文も既成の銘句の合成であり，そこに神仙思想を読みとりえないと説かれている〔林裕 1998；岡村 1999a 等〕。神仙像が配されていることと，神仙思想がそこに表現されていること，そして受容者がそれを理解しえたこととは，かならずしも等号で結ばれるものではなく，個別に論証

すべき論点である。現状の研究成果からいえば，三角縁神獣鏡の図像に神仙思想を読みとるのは，いささか深読みである。

　三角縁神獣鏡には，神仙ではなく仏像風の神像が配されることがある。ガンダーラ仏（ないしマトゥラー仏）の影響がしばしば説かれるが，多くの論者が指摘するように，ガンダーラ仏教がそのまま鏡背に表現されているわけではなく，「流行していた老荘の言をかりて仏理を説く，いわゆる格義仏教」の形であらわされているようである〔小南 1983b；川西 1994(1999)，p.187；岡内 1995 等〕。

　また，三角縁神獣鏡が鏡面ないし鏡背面を外方に向けて副葬され，時に被葬者を囲繞して配置されることを重視し，その背景に遺体を保護する辟邪の観念が存在したと推定する見解が多数だされている〔河上 1997；中村 1999b 等〕。ただし，神仙思想のような体系性を有さない「弥生的な辟邪の伝統的思考」〔寺沢薫 2000，p.310〕を実証的に解き明かすことは，相当に困難であることも事実であり，実証面で説得力のある議論は組みあげられていない。

IV 三角縁神獣鏡の研究史

　本章では，三角縁神獣鏡の研究史をたどり，現在にいたるまでいかなる研究が提示され，積み重ねられ，そしていかなる議論をへて現在にいたっているかを論じる。
　三角縁神獣鏡の研究の歴史は長く，その成果は厖大におよぶ。「三角縁(式)神獣鏡」の名称がうみだされたのは1919年であり，今日まで90年をこえる星霜をへている。その間に提示された研究の数や，まさに汗牛充棟の観がある。I章で述べたように，三角縁神獣鏡は邪馬台国論をはじめ，「日本」古代国家形成論，古墳時代の流通システム論，さらには東アジアの国際交流論にいたるまで，きわめて重要な議論の鍵を握る第一級の資料とみなされてきた。それゆえに，鏡鑑の研究者にとどまらず，専門家の枠をこえて，熱意あふれる無数の議論が展開されてきた。
　なるほど活溌な議論は，研究の発展のためにのぞましいことである。しかし一方で，若干の弊害が生じているのも事実である。第一に，三角縁神獣鏡の資料的な検討から離れ，その欠を奔放な想像でおぎなう考察や，文献記事との安易なすりあわせがいささか目につく。第二に，研究の成果および到達点をふまえず議論を急ぐあまり，先行研究や他論者の研究への誤解や無視が，そしてその結果，諸見解間の齟齬が生じがちになっている。
　議論を実りあるものとし，相互を高めあうという研究のあるべき姿を求めるのであれば，まずは研究の成果と到達点を十分に理解しておく必要がある。むろん，三角縁神獣鏡の研究史をまとめた成果は，これまでいくつか提示されている〔奥野 1982a；近藤喬 1988a；田中琢 1991c・1993a；樋口 1992；藤田友 1999；車崎 2002c；辻田 2007a等〕。これらは意義深い仕事であり，本書においても大いに参照しているが，微瑕がないわけでもない。たとえば，簡潔な整理を目指すがゆえに，当時の主要テーマや研究整理時の重要テーマから逸れる諸研究が漏れおちたり，簡略に片づけられる傾向がみうけられる。しかし研究とは，さまざまな視点が交錯し，生成消滅してゆくなかで深化されてゆくものである。それゆえ，その時々の状況により，現在の目からみれば違和感をおぼえる研究が一世を風靡したこともあれば，先駆的すぎるために埋もれ忘れ去られた研究もあることは，考古学にかぎらず諸学問分野の学史をひもとけばたやすく理解されることである。現在の研究テーマの足場を十分に理解

し，その批判的継承をつうじてさらなる進展をとげてゆくためには，そしてまた，現在の研究テーマを無条件に是とみなす狭隘な立場を脱し，開かれた視座を涵養するためには，生成消滅していった多くの先行研究をふまえるのが有用であろう。これは，いっけん迂路にも思えようが，みずからの立ち位置を十分に確認してこそ，この迂路は研究の捷径になるはずである。また，これは瑕瑾ではないが，上記の仕事はその発表年次が古いものが多いため，研究が飛躍的に進展している近年の状況が十分にわからない憾みがある。それゆえ，三角縁神獣鏡研究の現状を知るためには，かなりの紙幅を割き，上記の研究史整理に近年の諸成果を補足する必要がある。

したがって本章では，三角縁神獣鏡の研究史をかなり叮嚀にたどることをつうじ，およそ1世紀におよぶ研究史のなかで生成し消滅していった多様な論点を，その多様さを保持しつつ整理するという，いささか矛盾した作業を遂行せねばならないことになる[1]。

本章では，時間軸にそって研究史をたどることにする。いくぶんセンスに欠ける論述法ではあるが，論点の叮嚀な抽出には愚直さが必要であろう。とはいえ，年表風の羅列ではいたずらに混乱をまねくだけであろうから，時期区分をしたうえで論を展開してゆくことにする。

本章での時期区分は，田中琢による4期区分[2]〔田中 1993a〕を参考にしつつ，これに若干の改変をほどこして，7期に区分する。すなわち，江戸期を第Ⅰ期，19世紀末から1920年代までを第Ⅱ期，1920年代末から1940年代までを第Ⅲ期，1950年代から1960年代を第Ⅳ期，1970年代を第Ⅴ期，1980年代を第Ⅵ期，1990年代以降を第Ⅶ期とする。近年の区分がやや細にすぎるかもしれないが，論攷数のいちじるしい増加をかんがみるに致し方ない。また，当然ながらこの区分は便宜的なものであり，各時期区分間で截然と様相がわかれるわけではない。

1 第Ⅰ期（江戸期）

出土品として現在に伝わる鏡鑑は，おおむね江戸前期に出土したものが最古になる。三角縁神獣鏡にしても同様であり，江戸期における代表的な出土例をあげるならば，大阪府国分茶臼山古墳の寛永六(1629)年，群馬県赤城塚古墳の延宝四(1676)年，兵庫県阿保親王塚古墳の元禄(1688-1704)年間，大阪府阿為神社蔵鏡の享保十九(1734)年以前，同壺井御旅山古墳の元文(1736-1741)年間，山梨県岡銚子塚古墳の宝

暦十三(1763)年，福岡県豊前石塚山古墳の寛政八(1796)年，山口県宮ノ洲古墳の亨和二(1802)年，広島県潮崎山古墳の文政十(1827)年などが目につくところである。

18世紀後半の安永〜寛政期には，出版・印刷業が進展し，街道交通が整備され，さらには物産会や弄石会などの好古家のネットワークによる古器物および拓影・図面類の展示・交換網が形成されるなど，考古学的研究の萌芽する条件がととのってきていた。鏡に関する著述も，青柳種信の『柳園古器略考』(1822年)，編者不明の『古鏡記』(1795年)および『始鏡雑記』(18世紀後半?)などがあり，鏡を収録した図譜類も，松平楽翁(定信)の『集古十種』(1792年)や藤貞幹の『集古図』(18世紀後半)を筆頭に，比較的多くが知られている〔清野 1955〕。

しかし，三角縁神獣鏡に関していえば，たとえば約200面の鏡鑑図を収録した『集古十種』や各地の名所図会などの地誌類にもみあたらない。また，上述の壺井御旅山古墳の三角縁神獣鏡は，再埋納のさいにこれとともに石櫃におさめられた墨書石への記載から，「元文年是ヲ掘出シ宝暦四年戌二月四日埋」められたことが判明したが，この約50年後に上梓された『河内名所図会』(1800年)では，当墳至近の地にある壺井八幡宮の所蔵鏡の図を収録し，そのうえ同宮には当墳出土の銅鏃が現在まで伝わるにもかかわらず，なぜか当墳出土鏡にはふれていない。

このように，一見すると江戸期には，三角縁神獣鏡についてふれた文献および図譜類は稀例に属する

Ⅳ-図1 『千とせのためし』所載の三角縁神獣鏡

Ⅳ-図2 『鏡研搨本』所載の中国製三角縁神獣鏡

Ⅳ-図3 『鏡研搨本』所載の仿製三角縁神獣鏡

かにみえる。しかし，探索の網目をいくぶんか細かくすれば，三角縁神獣鏡が掲載されている文献および図譜類が若干ながらみつかる。比較的よく知られた著名な文献および図譜としては，岡銚子塚古墳出土鏡(目録[3] 100c)の拓影を載せた『甲斐名勝志』巻之三(1782年)〔山梨県考古学史資料室1965〕や『千とせのためし』(1851年)(Ⅳ-

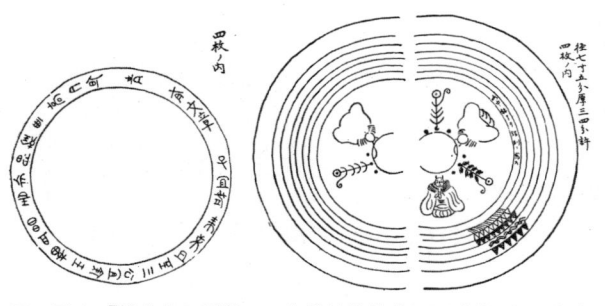

Ⅳ-図4　『観古集』所載の三角縁神獣鏡(福岡県豊前石塚山古墳)　　Ⅳ-図5　三角縁吾作四神四獣鏡(奈良県黒塚古墳)

図1)〔清野 1955；徳田 2007〕がある[4]。阿保親王塚古墳出土鏡(目録136)を掲載した『阿保親王御廟詮議』(文政以後)〔村川 1979b〕は，毛利家の文書であり，2面の三角縁神獣鏡を掲載した『鏡研搨本』(天保以後)〔森下 2004a〕(Ⅳ-図2・3)や『観古集』(18世紀末か)〔清野 1955〕は天下の孤本である。

そしてまた，三角縁神獣鏡をとりあげ，知見を記した文献も幾例か探知しうる。これらは江戸期の鏡鑑研究の水準をうかがう好資料である。ここでは，江戸期における銘文釈読の例を三つばかり紹介しておきたい。

まず第一は，松崎慊堂『慊堂日暦』の天保八(1837)年四月十五日の記事である[5]〔松崎 1980〕。この日記において，鴻儒であり当代随一の金石学者であった狩谷棭斎の蔵鏡およびその銘文の釈読が示されている。そのなかに，「前漢仙人不老鑑」(径七寸二分)ならびに「仙人無双鑑」(径六寸六分)の名を付された2面の鏡があり，それぞれ「吾作明竟甚大好．上有東王父西王母．仙人王喬赤松子．渇次玉泉飢食棗．千秋萬歳不老．浮由天下．由四海兮」「吾作明竟甚大工．上有王子喬赤松子天鹿其麟龍．天下其万世無雙」と読まれている[6]。銘文および面径からこれらは三角縁神獣鏡と考えられ[7]〔森下 2004a〕，ほかの三角縁神獣鏡の銘文例から，この釈読におおむね問題はなく，その水準の高さがうかがえる。

第二は，福岡県豊前石塚山古墳出土鏡の事例である。当古墳から寛政八(1796)年に十数面の銅鏡が出土したことが，古文献に記されている。ここでとりあげるのは，当古墳出土鏡の銘文の摸写の図である(Ⅳ-図4)。清野謙次によると，これは香月なる人物の摸写原文を，考証学者の藤貞幹がこれを写し，それがさらに『観古集』の第一冊に転写されたものである〔清野 1955〕。それゆえ，図面の精度にはいささか信頼性を欠く。しかし，図からは「吾作明鏡甚高■■□青□有文章□子宜■□未英且至三公宜侯王富且昌」と明らかに読みとれる(■は不明字)。この銘文を有する鏡

は，福岡県宇原神社に現在のこされている当墳出土鏡にはみあたらず，のちに散逸したものらしい。なお，これと酷似する銘が，奈良県黒塚古墳12号鏡と同墳31号鏡の三角縁吾作四神四獣鏡（目録036a）（Ⅳ-図5）にあり，「吾作明鏡甚高□佳哉青龍有文章呆子宜孫樂未英位至三公宜侯王富且昌」なる銘とその字体の類似からみて，同笵（型）の可能性が高い。このほか本冊子には，長銘「張氏乍鏡真巧仙人王高赤松子師子辟■出大有渇飲玉泉飢食棗■如金石天相保□」および「吾作明竟甚■工大有■喬以赤松師子■■其■■天■名好世無雙」，短銘「天」「王」「日」「□」および「天王」「日月」「天王日月」「天王」の書き起こし図があり，いずれも三角縁神獣鏡の可能性が高い。

　そして第三に，覚峰律師による大阪府国分茶臼山古墳出土の三角縁吾作四神二獣鏡（目録17）の銘文解釈をあげたい。覚峰は，17世紀後半に活躍した河内駒ヶ谷の金剛輪寺の僧侶であり，『河内名所図会』（1800年）の古器物の記事に大きな影響を与えた好古家である〔三木精1985〕。覚峰は，書簡文のなかで，この鏡の「用青同 至海東」なる銘句にたいし，「鋳工銅を持して我国にて鋳たるもしるべからず。漢土にては日本をも海東諸国の中に入申也」との解釈を与えている。〔白井1958；森1970〕。これは，後述する三角縁神獣鏡の中国（呉）工人渡来製作説の嚆矢となる見解といえるものであった。

　以上のように，江戸期においては三角縁神獣鏡に関する文献や検討は，ごく少数にすぎない。これは三角縁神獣鏡にかぎったことではなく，江戸期には体系的な鏡研究はほとんどおこなわれず，出土鏡の散発的な釈読や紹介にとどまっていた[8]。しかし，なかには上記の諸例や青柳種信による鏡鑑研究〔岡村2008a〕のように，高いレヴェルの釈読や先駆的な解釈がみられることは，重視すべきである[9]。明治期の考古学の特色である有職故実的アプローチや漢文的知識を援用したアプローチは，江戸期にその淵源がある。それゆえ，明治期以降の鏡研究を深く理解するためには，その学的基盤となった江戸期の文献を博捜し，江戸期に蓄積された鏡鑑への知が，明治期の研究にどのていど継承され，いかなる影響を与えたのかについて，詳密に検討することが求められよう〔森下2004a；岡村2008a等〕。

2 第 II 期（19世紀末〜1920年代）

(1) 江戸末期〜明治前半期の状況

　鏡鑑研究は，江戸後期に萌芽したが，文化以降の江戸末期から明治前半期にかけて停滞の様相をみせる。化政期の出版・石摺業の隆盛や，好古家間のネットワークの大規模化，さらには三角縁神獣鏡をふくむ各種鑑鏡の出土の増加と裏腹なこの停滞について，説得力のある説明をくだすことはむずかしい。暫定的な解釈を提示すれば，化政期以降に古物研究が「次第に趣味に堕して，研究に生彩を欠」〔清野 1954，p.295〕くようになったこと，そして明治期にはいり，先史時代研究の専門的トレーニングをうけた東京帝大系の新世代の研究者たちと，古墳時代・歴史時代の古器物を弄玩してきた旧世代の好古家たちのあいだに方法論的な断絶が生じたこと〔清野 1944；鈴木廣 2003〕，などといったところになろうか。一方では，市河米庵『小山林堂書画文房図録』(1848年)や松浦武四郎『撥雲餘興』(1877・82年)など，鏡鑑を掲載したすぐれた図譜も刊行されたが，全体として鏡研究は低調であったといえる。

(2) 体系的鏡鑑研究の始動

　そうした停滞期をへて，日本における本格的な鏡研究は，1890年代後半に始動する。その背景として，「古器旧物保存方」の太政官布告(1872年)を契機に，古墳出土品が(東京)帝室博物館に集中的におさめられたことが大きかった[10]。和島誠一によれば，当時の帝室博物館は，エドワード＝モースの「進歩的な影響」をうけた東京帝国大学の学風とことなり，「徳川期以来のディレッタンティズムの影響を根強く受け」〔和島 1973，p.25〕ていた。本格的な鏡鑑研究の始祖である三宅米吉の論文〔三宅 1897〕が掲載されたのが，帝室博物館主幹の『考古学会雑誌』であったのは，ゆえないことではなかった。

　三宅は，中国清代の古銅器図譜である『西清古鑑』などを参考にしつつ鑑鏡の概説をおこない，さらに部分名称や鏡式の設定もこころみた。しかし，そこで提示された鏡式名は『西清古鑑』から取捨選択したものにすぎず，体系性を欠く不十分なものであった。ただ，奈良県佐味田宝塚古墳出土の三角縁新作徐州銘四神四獣鏡

(目録19)や岐阜県内山1号墳出土の三角縁天王日月・二神二獣鏡などをとりあげ，それぞれに「四神四獣鏡」「日月天王鏡」なる名称を付したことは，三角縁神獣鏡の研究史上の注目すべき一歩といえる。また，文献史料を重視し，国内出土鏡のなかに『三国志』魏書東夷伝倭人条の「銅鏡百枚」がふくまれることを示唆したことも，のちの諸研究の先蹤をなす重要な指摘であった。だが，鏡銘中の「尚方」について，「尚方ト云フモ必シモ漢ノ尚方ニアラス，後人ノ之ヲ写シテ作リシモノ猶尚方作鏡ノ語ヲ襲用セシト見エタリ，故ニ是等ノ名ハ正シク製作者ノ名ヲ示スニモアラズ。サレバ，鏡銘ハ一般ニ歴史上ニ価値少キモノナリ(中略)。鏡銘ハ此クノ如キモノナレハ文章自ラ限リアリ，大抵無学ノ工人ガ時ニ随テ定文句ヲ綴リ合セタルモノナルヘシ」〔三宅1897, p.221〕と断言するにいたっては，いささか文献偏重にすぎた態度であった。

ついで鏡鑑論を展開したのが，八木奘三郎である〔八木1899・1902・1905・1910；中澤・八木1906〕。八木はまず，金属鏡を円鏡と鈴鏡とに分別したうえで，三宅に依拠しつつ部分名称および鏡名を与えた。ただ，その分類は設定基準が曖昧で体系性を欠き，古墳出土の漢鏡を「二神龍虎鏡」「三神三獣鏡」「三神鏡」「四乳鼉龍鏡」「日月天王鏡」「尚方四乳鏡」「六神四獣鏡」「四神四獣鏡」と名づけるだけでは，それが具体的にいかなる鏡に対応するか不分明であった〔八木1899〕。しかし，その3年後には，「漢式鏡」から和鏡までの沿革を明らかにしており，その功は高く評価すべきである〔八木1902〕。さらに，古墳から漢鏡が出土する事実にたいし，「当時已に日漢交通の行はれて居つたことが知れ，又従来古書の記載が過つても居れば粗漏でも有つたと云ふ事」〔八木1905, p.199〕を説いており，銅鏡が文献史料の闕をおぎないうることを示唆している点も注目される。また，八木の論述には，『五雑組』『博古図』など該博な漢籍知識が援用されており，江戸期の考証学的伝統がうかがえることも興味深い〔八木1902〕。

八木にややおくれて鏡鑑研究に着手したのが高橋健自である。鏡鑑全体を俯瞰した体系的研究の鼻祖としての地位は，高橋に帰すのが妥当であろう。高橋は，おそらく八木の影響をうけ，部分名称・外区文様・鈕座文様・乳などを詳細に分類し，漢鏡から和鏡にいたるまでの沿革をえがきだした〔高橋1907a・1907b・1907c・1911b等〕。さらに，古墳時代に相当する「漢式時代」の古墳出土鏡を鏡背文様から13類29種に分類し[11]，その一部を前期(漢魏式)および後期(六朝式)に位置づけた〔高橋1907a〕。そして三角縁神獣鏡は，その分類体系の(二)類である「神像獣形鏡」にふくめている。「神像獣形鏡」は8種に細分され，「三神三獣鏡」「四神二獣鏡」「四神

四獣鏡」に三角縁神獣鏡が包含されている。ほかの類に三角縁神獣鏡がみあたらないことを考慮するならば，三角縁神獣鏡をなんらかのまとまりとしてとらえていた可能性が高い。類としての把握は，研究の前提条件である。してみれば，高橋を三角縁神獣鏡研究の開山とみなしても，的を失してはいないだろう。いわゆる舶載三角縁神獣鏡と仿製三角縁神獣鏡とを分別していない点，仿製三角縁神獣鏡など大半を「漢魏式」にふくめる一方，獣文帯や仏像意匠から一部を「六朝式」に引き下げるなど，高橋の分析は現在の目からみれば問題点もあるものの，当時としてはかなり先駆的な見識を示したものといえる。

また高橋は，1909年に発見されたばかりの群馬県蟹沢(芝崎・柴崎)古墳出土の三角縁□[12)]始元年同向式神獣鏡(目録8)(I-図2)が内包する重要性を即座に理解し，その元号比定をこころみている。高橋は，「鈕縁及び字体は漢代の風を存すけれども，内区の図様自から六朝の風を認め得べし。されば(中略)魏の正始以後に属すべきものにして，更に厳密に考察すれば晋の泰始より宋の泰始までの間に鋳造せられたらむと推定するを適当なりとす」[13)]〔高橋1911a, p.49〕，「魏の正始か」「西晋の泰始位が適当でありませう」〔高橋1914, p.61〕，「銘帯が内部にありますから，これだけは或は魏の正始元年即ち西紀二四〇年に当るものかとも思はれます」〔高橋1914, p.63〕と，旗幟を鮮明にしなかったが，魏の正始(A.D.240-49)あるいは西晋の泰始(A.D.265-74)に位置づけていることは注目される。

(3) 富岡謙蔵による研究の深化

1910年代前半に整序された基盤をうけ，三角縁神獣鏡研究の測鉛をさらなる深みにおろしたのが，富岡鉄斎の令息であり，京都帝国大学東洋史講座の講師として教鞭を執った富岡謙蔵である。その分析は多角的でありつつも深く，富岡により今日の三角縁神獣鏡研究の基本的論点が整備されたといっても過言ではない。富岡は，漢代前後の鏡鑑を計12類に大別したうえで，そのうちの神獣鏡を，「外区に，飛翔せる異禽と疾駆せる怪獣，並に六飛龍の輿を引ける図様あり。銘帯が内行半円形(中略)と四画せる正方形よりなれるもの」と「外縁が，二条の鋸歯紋帯と，其の中間に一条の復線波紋帯より成れるもの」(ママ)〔富岡1916, p.118〕とに二大別した。この「第二種の神獣鏡」とされた後者として例示された12面は，兵庫県ヘボソ塚古墳出土の吾作系斜縁神獣鏡1面をのぞいてすべて三角縁神獣鏡であり，今日と大差ない三角縁神獣鏡の認識に到達していたことがうかがえる[14)]。また，佐賀県谷口古墳出

土鏡などの実例をあげて,「本邦模造」の三角縁神獣鏡の存在を指摘しており,三角縁神獣鏡を「舶載」と「仿製」とに二分する礎も築いたのであった〔富岡 1920c〕。

さらに富岡は,東洋史学者としての該博な漢籍の知識と厖大な実見観察とを武器に,銘文と「形式手法」から三角縁神獣鏡の年代考定と製作経緯についても,重大な見解を披瀝した。以下,その所論を引用しつつ,富岡説について解説する。

富岡は,滋賀県織部山古墳出土鏡や大阪府国分茶臼山古墳出土鏡(Ⅳ-図6)(目録18)などにみられる「銅出徐州 師出洛陽」なる銘句にたいし,「銘文中に見ゆる徐州は,今の支那江蘇省徐州府にして,両漢時代には彭城国なりしが,魏に至り徐州を置き,西晋之を襲ひしが,其の後,幾多の変遷を経劉宋の永初三年,再び徐州彭城郡となる,此の地の首府を今も銅山県といひ,附近に銅鉱多きを以て名あり。此の種の鏡が,徐州の銅を以て製作したるものなる事明なり。師出洛陽の師は,鏡を鋳造する工人を指せるものなる事,漢及び呉の鏡銘中,往々見る所なれど晋に至つては其の祖司馬師の諱を避け,京師を改めて京都と称せし如く,凡て師の字を使用せざる事となれり,今此の銘文中に師の字を用ふるを以て,其の製作の晋時代に非ざる事を知るべし。而して銘中,前述せる東父西母の句あるに考へ,余は此の鏡を以て劉宋の初期に製作せられしものと推定せん」〔富岡 1916, p.120〕とした。つまり,時期が限定される「徐州」なる地名と諱字である「師」の文字が銘文に併存しうるのは,魏代(220-65年)と劉宋初期の永初三年まで(420-22年)であり,さらに東王父・西王母の図像の盛行年代を加味して年代を絞りこみ,三角縁神獣鏡を劉宋初期の作としたのである。

のちに富岡は,西王母の画像が劉宋代以前にすでに存在すること,さらに「洛陽古くは雒陽に作り両者併用をせるが,前漢末以来雒陽のみを(ママ)用ひたること当代の金石文其他の文

Ⅳ-図6 三角縁新作徐州銘四神四獣鏡
（大阪府国分茶臼山古墳）

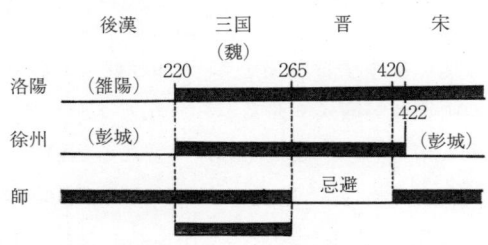

Ⅳ-図7 富岡謙蔵による三角縁神獣鏡の年代の考証

IV-図8 三角縁吾作四神二獣鏡(国分茶臼山古墳)

献に見る所にして,其の再び雒陽と書するに至れるは三国の魏代」であることから,上記の鏡を「必ずしも劉宋となすの要なきを認め」,三国魏の作であると自説を修正し,「第二種の神獣鏡」である「半肉刻神獣鏡」「は起源の後漢にありとするも,盛行せるは三国時代に入りてなる」〔富岡1920b,p.308〕ととなえるにいたった[15](IV-図7)。

この変更は,「第一種神獣鏡」と「第二種神獣鏡」の中間に位置する鏡とみなした蟹沢古墳出土の三角縁□始元年同向式神獣鏡の元号推定にも影響を与え,家蔵の泰始九年同向式神獣鏡と構図および外区文様が類似することと,高橋健自の比定年代にしたがって,当初の劉宋の泰始元(465)年説〔富岡1916〕から,西晋の泰始元(265)年説へとあらためた〔富岡1920b〕。だが,最後まで正始説をとることはなかった。

また富岡は,三角縁神獣鏡の製作経緯についても,国分茶臼山古墳出土の三角縁吾作四神二獣鏡(目録17)(IV-図8)に配された「至海東」の銘句をとりあげ,「文中に見ゆる至海東の句は,支那より本邦朝鮮へ寄贈すべき為に,特に此の銘を表はせるものと考へらる」〔富岡1916,pp.120-121〕と説き,以後の三角縁神獣鏡特鋳説の祖型となる先見に富む説を提示した。「至海東」および「銅出徐州 師出洛陽」の銘文解釈は,後述するように,のちに論争の的となった。

さらに富岡は,三角縁神獣鏡の分布状況の意味するところにまで,分析の手をひろげた。すなわち,「前漢より王莽前後に亘る時代の諸古鏡鑑」が主として九州で発見されるのにたいし,「三国を中心とせる」半肉刻神獣鏡および画象鏡が畿内の古墳に集中する現象を,「大和朝廷」の確立を反映するものとみなし,そして上記の両鏡種が様式や銘文から「北方支那系統」であることから,これを『魏志』の記載と結びつけ「彼の卑弥呼の獲たる銅鏡百面等の蓋し此の類の鏡なりしを推測」したのである〔富岡1920b,pp.328・332・333〕。鏡からみた邪馬台国論の嚆矢である。そしてまた,「同一鋳型にて作られ」た鏡にも注目し,それらが「相距る地点より出土するは,又以て当時の交通其他の状態を窺ふの料とならむ」〔富岡1920b,p.337〕と説いたのは,小林行雄による同笵鏡論の先駆けとなる卓考であった。

以上，富岡の研究の紹介に紙数を割きすぎた観もある。しかし，現在の三角縁神獣鏡研究に与えるその影響力の大きさを考慮すれば，紙幅の贅も致し方ない。以後の三角縁神獣鏡研究は，賛否両説いずれにおいても，富岡の構築した体系を継承する形で進展してゆくことになった。

(4) 王莽鏡「論争」

A 三角縁神獣鏡の製作年代をめぐる論争

富岡謙蔵と高橋健自の2人によりその基礎が固められた三角縁神獣鏡研究は，山田孝雄や中山平次郎，さらには新進の梅原末治および後藤守一が論陣にくわわることで，大正の浮世に花開くことになる。その背景には，学際的研究の機運の高まりや古墳出土資料の増加など，さまざまな要因を考えることができる。とりわけ1910年の「韓国併合」にともなう文化事業として，平壌郊外の楽浪漢墓に調査の鍬がはいり，多数の漢鏡が発見されたこと，そして翌1911年の辛亥革命により曠世の大学者である羅振玉が京都に亡命したことなどを契機に，国内の学者に出土資料や金石資料への関心が高まったことが重要であったとみなせる〔岡村 2009a〕。

さて，大正8(1919)年から同9(1920)年にかけ，考古学界の首座を占める学会誌『考古学雑誌』では，毎号のように鏡鑑論文が誌面を飾り，あたかも鏡鑑専門誌であるかのような様相を呈した。

多彩な論説が誌上を踊ったが，とくに論争の舞台にのぼったのが，三角縁神獣鏡の製作年代であった。その口火を切ったのが，高橋健自の論文「王莽時代の鏡に就いて」〔高橋 1919〕である。すなわち，「王氏作」および「新作」の銘は王莽期(「新」期)の製作を示すと主張し，「肉彫より成る神像獣形の類を表し」「縁が著しき斜面を有しその断面殆ど三角形に近く，鏡面著しく凸面を成してゐる鏡の類」〔高橋 1919，p.3〕として抽出しうる三角縁神獣鏡にも「王氏作」や「新作」の銘が存在するから，三角縁神獣鏡の一部を王莽期(A.D. 8-23)の作と推定したのである。その論拠としては，富岡が魏晋鏡説の証拠とした三角縁新作徐州銘四神四獣鏡(目録18)にみられる「新」は副詞でなく王莽の国号を指す名詞であること，徐州は小地域名ではなく前漢の刺史十三州の一つである「徐州」であることなどがあげられた。なお，ここではじめて，三角縁神獣鏡の属性として「三角縁」がとりあげられていることに注意しておきたい。

この論攷は，すぐさま学界の強い反応を喚びおこし，□始元年鏡の元号比定とも

からんで，多数の論説が提示されることになった。早くもその発表の3ヵ月後に，梅原末治による批判がだされた〔梅原 1919a〕。梅原は，「王氏」が王莽と関係する証拠がないこと，「新作大鏡」銘の「新」が王朝名であるならば「漢作大鏡」銘もあるはずだがそれがないこと，「新」は副詞で「新に」とも解しうること，銘文中にでてくる丹陽や洛陽と同様に徐州も局地的な地名であること，高橋のあげた神獣鏡に類するものが後漢～六朝の紀年鏡にみられ，前漢鏡には存在しないことなどから，高橋の王莽鏡説に反駁したのである。

梅原の批判は多岐にわたるが，その根柢にあるのは，「文様或は銘の一部分に限られたかの憾あるが上に，支那の文献や他の遺物よりする調査の全くな」〔梅原 1920d, p.16〕く，「種々の形式の鏡から彼の王莽鏡と一部分似た銘文あるものを求め出して，これを悉く王莽代の遺品と考定し」〔梅原 1919a, p.10〕ようとする，高橋の研究方針への疑念であった。そして，年号鏡に依拠するだけでなく，「考古学上遺物共存の状態をはじめ鏡そのものゝ様式上や，銘文の解釈，他の遺物との比較研究等―を用ひて別途の考察を試み，其の結果を総括して，こゝに又拠るべき一の確実性を持つた体系」〔梅原 1919a, p.11〕を構築する必要性を高唱したのである。これは師である富岡の研究態度への全面的な信頼であり，傾聴すべき至言であったが，十分にかえりみられることのなかったことは，学界にとって不幸なことであった。

なお梅原は，この論攷中で「半肉刻三角縁神獣鏡」〔梅原 1919a, p.17〕の名称を使用しており，富岡の説を承けてこれを「三国殊に魏代の鋳造」〔梅原 1919a, p.23〕によるものとみなした[16]。

この同年に喜田貞吉が，高橋の王莽鏡論は「比較的薄弱な論拠」に立脚したものであり，富岡の講筵に連なり培ったみずからの鏡鑑観からすれば高橋の王莽鏡論は肯んじえないと，疑義を提示した〔喜田 1919, p.10〕。喜田の疑問は，短期の王莽治世の遺品がかくも多く残存しているのは不合理であること，高橋のあげる10面の王莽鏡のうち9面までが古墳出土品であること，の2点であり，むしろそれらは三国～六朝の作であると主張した[17]。これは説得力のある疑義であったが，一方で「王氏」銘について，「当初の製作品は別として」「旧銘を宜い加減に失敬して，無学な職人が勝手放題に新鏡を鋳出したものが多く，其の銘文の文字の殆ど信用するに足らないのが多いのではありますまいか」〔喜田 1919, p.14〕と，上述の三宅米吉と同じく，銘文の内容への不信を表明していることにも，注意を喚起しておきたい。

このように高橋説はいささか論拠にとぼしく，これにたいし鋭い批判が投げかけられたのである。一方，高橋説に賛意を表した研究者もあった。たとえば，中山平

次郎は高橋説を承けて，蟹沢古墳出土鏡の□始元年を正始元年とみた自説〔中山1919a〕を撤回し，これを王莽前後の更始(A.D. 23-25)ないし初始(A.D. 8)と解した。すなわち，□始元年鏡の鏡背文様にみられる「P字形」(=神座)と獣像の銜える巨が永康元(107)年銘環状乳神獣鏡にも配されており，これまで南朝斉の建武五(498)年銘とされてきた画文帯同向式神獣鏡にもこれらが配されていることから，後者の年代を後漢の建武五(29)年とし，前者を更始ないし初始とみなせば，類似する両鏡を合理的に位置づけうる，というものであった[18]〔中山 1919c・1919d〕。

　後藤守一も，梅原への反批判をつうじて，高橋説を掩護した〔後藤 1920b〕。ただ，『漢書』には「洛陽」と記す例もあること，「新作」の「新」を王朝名とみなすことも可能であること，前漢鏡に類似表現はなくとも「突然の創造と見るも可なるべし」〔後藤 1920b, p. 32〕という論拠だけでは，いくぶん物足らなかった。結局，鏡の出土する古墳の年代も共伴する鏡の年代も不明である現状では，「手法様式によるも，銘文によるも，徐州式の絶対的年代を定め得ざること前述の如しとすれば，是を上して王莽代とするも可なるべく，是を下して三国代とするも亦可なるべし」〔後藤 1920b, p. 35〕と説くにとどまり，二択の年代決定は資料不足の現状では尚早だという，煮え切らない結論に落ち着くことになった。ただし後藤は，三角縁「三神三獣鏡の多くは，或は六朝代に比定すべき」とも記しており〔後藤 1920b, p. 36〕，これ以後は，「三角縁神獣鏡の多くは，後漢末期頃から六朝初期へかけて鋳造されたものとすべきであらう」〔後藤 1926a, p. 142〕とか，「恐らくその多くは魏晋の時代，即ち西紀三世紀代から四世紀代のものが多」〔後藤 1942a, p. 31〕いと述べているように，徐々に魏晋鏡説へと移行していった。

　以上のように，高橋の論攷に端を発した王莽鏡論は多くの研究者を刺戟し，賛成論および反論を簇出させることになったが，実際のところ「論争」とよべるものには発展しなかった。梅原の高橋への批判[19]〔梅原 1919a〕に後藤が反駁〔後藤 1920b〕し，さらにそれに梅原が反論をくわえた〔梅原 1921a・1926〕のが唯一の論争らしい局面であり，相互に論を交換する場面はほとんどなかった。「論争」の渦中にあるはずの高橋本人がこれにくわわることなく，梅原の批判にたいしても，「同氏の論は的なきに矢を放たれたところもあつて，その部分は敢て弁ずる必要がな」〔高橋 1922, p. 37〕い，と梅原の批判を封殺してしまい，「論争」の終結を早めることになった。

　以下でもふれるように，三角縁神獣鏡の研究史を通覧すると，相互の見解を咀嚼したうえで議論を交わすという健全な論争が実に少ないことがみてとれる。以後の三角縁神獣鏡の論争にしばしばみられる誤解や擦れちがいのパターンが，この「論

争」ですでに典型的にみとめられることは，興味深くもあり，もの悲しくもある。

B 三角縁□始元年同向式神獣鏡の年号比定

　富岡の論説や王莽鏡論では，三角縁神獣鏡の製作年代が主要な論点であった。三角縁神獣鏡の年代比定の鍵を握るのは紀年銘であり，それゆえ三角縁神獣鏡における唯一の紀年銘鏡であった三角縁□始元年同向式神獣鏡(I-図2)の元号比定に関して，あまたの見解がだされた。それら諸見解について，以下，列挙する。

　□始元年銘鏡をはじめて学界に報告した高橋は，この年号を「晋の泰始より宋の泰始までの間」〔高橋1911a, p.49〕と論じ，のちに「魏の正始以後」「六朝初期のもの」〔高橋1913, p.90〕，「魏の正始か(中略)西晋の泰始」〔高橋1914, p.63〕，「正始」〔高橋1928〕と微変動を示しつつも，おおむね魏晋の年号とみなした。日本ではじめて鏡銘の体系的な研究をおこなった山田孝雄は，内区が建安年鏡のそれと類似することから魏の正始元年に考定し〔山田孝1915b〕，大村西崖は西晋泰始元年を強く主張した〔大村1915〕。上記したように，富岡は劉宋泰始元年説〔富岡1917〕から，のちに高橋にしたがい西晋泰始元年説に転じ〔富岡1920b〕，中山は，正始元年説〔中山1919a〕から前漢末の初始ないし新末〜後漢初の更始説へと変転した〔中山1919c・1919d〕。梅原は，当初は正始の可能性を示唆し〔梅原1921a〕，ついで高橋説にしたがい西晋泰始説を採り〔梅原1923e・1924c・1925k〕，その後おそらく高橋の変更に再度したがい正始説〔梅原1931・1943〕へと三転したが，一貫して魏晋のものと解した。後藤は西晋の泰始か正始か決定しかねるとして決定を保留しつづけた〔後藤1924・1926a・1942a〕。このように多数の意見がだされたものの，おおむね正始ないし西晋泰始を是とする方向へと，学界の趨勢は収斂していった。

C 後藤守一の型式(学)的研究

　むろん，この時期の三角縁神獣鏡研究は年代観に終始していたわけでなく，ほかにも重要な研究成果が輩出された。その筆頭にあげるべきは，後藤による整然たる分類および型式(学)的変遷研究である〔後藤1920a〕。論文名が「銅鏃に就いて」であるため[20]，知名度はさほど高くないが，先駆的かつ重大な研究成果である。後藤は，まず神獣鏡を「平縁式外区」を有する神獣鏡と「三角縁式外区」を有する「三角縁式神獣鏡」とに大分し，さらに後者を神獣像の配置および銘帯の相違を考慮して三種十式に細分する[21]。そして，従来の高橋案〔高橋1911b〕をさらに体系的に発展させたこの分類にもとづき，五つの視角から三角縁神獣鏡の変遷プロセスを復元

したのである。以下，後藤の変遷案とその証明法について，や
や詳細に紹介しておきたい。

　後藤はまず，神獣像配置にみる「内区区分」に着目し，「二
等分は四等分に先立ち，四等分は八等分に先立ち，六等分に先
立つは，一般の心理的事実として認めらるゝところなり」〔後藤
1920a, p.41〕と考え，三神三獣鏡配置の「第Ⅲ種」が「第Ⅰ
種」（四神四獣鏡配置）と「第Ⅱ種」（二神二獣鏡配置）に後出すること
を示唆する。ついで，「左右相称の均整を保つは，均整の紊れ
しよりも心理上先にあるべし」〔後藤 1920a, p.42〕との立場から，
「第Ⅰ種」内の先後関係をとらえ，もっとも均整のとれた「第
一式」を最古とみなす。そしてそのうえで，「笠松様」（=傘松
文・笠松文・庹節文）を型式（学）的に検討し，「第一式」のものが
「原型」プロトタイプで，「第二式」・「第三式」以降には「ルヂメント型」となり，「笠松様」の
配される「第四式」〜「第八式」以降はさらに後出する形態ととらえるのである。以
上の手続により，「第一式」→「第二式」・「第三式」→「第四式」〜「第八式」の先後順
がみちびきだされる。この分析は，濱田耕作が「考古学の栞」において紹介した
「ルヂメント型[22]」なる型式（学）上の概念〔濱田 1919〕を，もっとも早く導入した事
例の一つとして，日本考古学の研究史上において記念碑的な位置を占めるものであ
る。

　そしてこの変遷案を補強する形で，次に「蓮座様」（=神座）を3種に細分し（Ⅳ-図
9），「第一式」が「（い）式」のみを配し，「第二式」が「（い）式」と「（ろ）式」を併
用し，「第三式」が「（い）式」，「第四式」が「（は）式」，「第五式」・「第六式」が
「（い）式」と「（は）式」をもちい，「第九式」は往々「（は）式」が使われ，「第十式」
には「（ろ）式」と「（は）式」が併存することをたしかめ，そこから「（い）式」→
「（ろ）式」→「（は）式」の変遷順序を想定する。ここでは，セリエーション的な操作
がおこなわれており，濱田により紹介されたオスカー＝モンテリウスの型式（学）的
操作がよく咀嚼されていることがみてとれる。この作業により，「笠松様」の変遷
ではとらえきれなかった，「第四式」〜「第八式」の先後関係がおさえられることに
なる。そしてさらに，銘帯（=内区外周）に配される唐草文帯および獣文帯の相似か
ら，「第四式」と「第五式」，「第三式」と「第六式」と「第八式」，「第二式」・「第
六式」・「第七式」のおおよその併行関係がおさえられる。

　以上の理路整然とした分析手順から，「第一式」を最古とし，「第十式」を最新と

Ⅳ-図9　後藤守一による「蓮座様」の分類

Ⅳ-図10　後藤守一による神像の変容プロセスの研究

する変遷案が導出されるのである。後藤の駆使した方法は，諸属性の相関的変化から変遷をとらえる属性分析であり，1970年代以降の三角縁神獣鏡の編年手法〔小林行 1971；新納 1991；岸本 1995；岩本 2003a・2008a 等〕を大きく先取りしていた。旄節文（「笠松様」）を変遷をとらえる重要基準としたことも，のちの諸研究〔新納 1991；澤田 1993b；福永 1994b 等〕の先駆けとなる視角であった[23]。そしてその変遷案は，おおむね四神四獣鏡⇒二神二獣鏡⇒三神三獣鏡の流れでとらえられており〔田中琢 1993a〕，小林行雄〔小林行 1971〕や福永伸哉〔福永 1994b〕らの編年案と大枠では一致するものであった。それゆえ，この画期的な研究が継承されることなく，小林の細密な研究がこれをのりこえるまで，数十年も学史の篋底に埋もれたままになったのは，実に惜しまれることであった。

この「銅鏃に就いて」のなかで「三角縁式神獣鏡」の名称が使われたことも，「三角縁神獣鏡」なる鏡式名の設定の経緯を考えるうえで注意される[24]。その直後に梅原が「三角縁神獣鏡」の名をもちいたこと〔梅原 1921a・1921b〕で，この名称は学界に定着してゆくことになった。

このほか，後藤の研究成果として，韓半島に三角縁神獣鏡がみとめられないこと，同笵鏡の存在を明確に指摘したこともあげておきたい[25]〔後藤 1926a〕。さらに後藤は，三角縁神獣鏡をふくむ漢鏡の神像を図化し，「背文を構成する要素(エレメント)が，模倣せられている間に，漸次変形していく有様」，すなわち「全く人物文と思はれない程度にまで変って行く」プロセスを説いた。これは，1980年代末以降に注目を浴びる神獣像の図像分析の嚆矢として特筆できる研究視角であった〔後藤 1926b, pp. 39-40〕（Ⅳ-図10）。

後藤は，三角縁神獣鏡の宗教的側面についても先駆的な見解を提示している。たとえば，大型鏡が被葬者の頭上や胸上に鏡面を上に向けて古墳に副葬される現象に注目し，その理由として辟邪や悪霊の防遏という銅鏡の機能を推測しており〔後藤

1923 等〕，1990 年代以降にさかんになる銅鏡の副葬配置論〔藤田和 1993；福永 1995a 等〕や，三角縁神獣鏡が辟邪の機能を有するとの説〔河上 1997；中村 1999b 等〕の先蹤をなしている。くわえて後藤は，傘松文を蓬萊山を表現したとみる「一部学者の説くところ」をしりぞけた〔後藤 1922，p.50〕一方で，博山炉（熏炉）表現を「蓬萊山または博山炉の類を象はしたものと推定」した〔後藤 1926a，p.125〕。

このように後藤が，新鮮かつ鋭利な研究を陸続と学界に問うていた 1920 年代前半，三角縁神獣鏡の分布から，古代の日中交流や古代「日本」の状況，とりわけ邪馬台国および「大和朝廷」の実態を追究する研究がなされていたことも注目される。これについては節をあらためてとりあげることにする。

D　華開く多彩な研究

以上の諸研究のほか，三角縁神獣鏡の文様意匠に宗教思想の反映をみる研究も数多くなされた。たとえば，「当時の鏡背に現はされた図象の多くは神話乃至神仙談に関連して居るものと思ふ」との推測と，古墳出土鏡からうかがえる「現実的信仰は大和民族が未だ仏教の影響を受けなかつた当時に於て最も有勢な宗教思想であつたであらう」〔津田 1916，pp.36・40〕との予測から，「柔和」な男女二神像とともに三角縁神獣鏡に配されている，牙を剝き目を瞋らす獣像を，「神像の大慈に対する大邪の相」と解し，そこに「黄帝蚩尤の神話」〔津田 1916，pp.36-37〕を想起する研究が挙例できる。（三角縁）神獣鏡に道家思想，あるいはその初現的形態である神仙思想が表現されているとの見解は，当時の中心的な国史学者であった黒板勝美によっても提起されていた〔黒板 1923〕。

三角縁神獣鏡に道家思想や神仙思想があらわされているとの説は，現在にいたるまで多くの論者がとなえてきているが，その源流はこの時期に求めることができる。これにたいし，「日本の上代の鏡に神仙が着いて居るから，日本の上代にも道家の思想が入つて居つたとするならば，それは余りに根拠薄弱な推定であると思ふ」との批判もなされた〔原田淑 1930(1940)，p.211〕。

三角縁神獣鏡に表現された仏教的意匠に着眼した中山平次郎の研究も興味深い。中山は，奈良県新山古墳出土の三角縁獣文帯三仏三獣鏡（目録 121）（II-図 16）にみとめられる，神（仏）像の衣の鋭利に突出した皺襞や「円光」表現に注目し，「これが健駄邏式仏像の模倣にあらずして何ぞや」といひたくなる」〔中山 1919e，p.30〕と高唱した。これを皮切りに，中山は，この着想の補強につとめてゆく。とはいえ，鏡背に表現された仏像を重視するのはともかく，神像と脇侍を「本尊仏に対する脇仕」

〔中山 1920, p.12〕と解し,有翼獣・唐草文・獣帯文までも仏教的意匠ととらえ,はては「笠松形」(麁節文)を仏塔や仏教彫像由来の意匠とし,捩文座乳の起源を「健駄邏(ガンダーラ)」式仏教建築材の蓮房文をめぐる芯とみなして,中央アジアのガンダーラ美術が神獣鏡に大きな影響を与えたことを力強く説くのは,少々ゆきすぎのきらいがあった。さらに中山は,鏡背に表現される西王母も,「健駄邏」式作品の意匠を(三角縁)神獣鏡に導入するに際して,同時に採用されたと推測している〔中山 1921〕。この中山説の背景には,1902年の西本願寺探検隊によるガンダーラ調査を契機として,この時期にガンダーラ仏教美術への関心が澎湃として高まっていたことがあったのかもしれない。ほかの鏡鑑論をふくめて,中山の考察にはかなり強引なところもあるが,ガンダーラ美術の三角縁神獣鏡への影響を推定したのは,1990年代以降の諸研究〔川西 1994;中村 1994;岡内 1995;小野山 1999・2002・2003;宮田 2007;小山田 2009等〕の濫觴となるものであった。一方,高橋健自は,三角縁仏獣鏡の神像を「支那固有の神像に求」めることができず,「仏教の興隆に伴へる印度芸術の影響以て徴すべき」ことを主張した〔高橋 1911b〕。また山田孝雄は,三角縁神獣鏡の内区外周に配される「日月天王」の銘が仏教の天王をあらわすと論じた〔山田孝 1915b〕。さらに山田は,銘帯の設置位置を基準に鏡の新古を判別しうることを説くとともに,前漢～王莽代の鏡銘が主として七言で押韻し,六朝期の鏡銘が四六駢儷体の影響をうけて四言句が盛行したことなどを主張した〔山田孝 1915b・1916a等〕。とくに後者の主張は,鏡銘の時期的変遷をとらえた初期の研究として重要である。

なお,大阪府国分茶臼山古墳出土鏡などの「至海東」銘を「支那より本邦朝鮮へ寄贈すべき為」〔富岡 1916, pp.120-121〕のものとみた師説になずまず,「或は当時盛行せる神仙談より東海の楽土を指せるものやも知るべからず」〔梅原 1916a, p.68・1921b〕と,これを神仙思想が表出された句とみた梅原の解釈もまた,当時の思想に言及したものであった。一方,ベルンハルト＝カールグレンは,音韻論と古文献を駆使して鏡銘の釈読を網羅的かつ総合的に推進した金字塔的研究のなかで,富岡の見解を承けつつ,「至海東」の句は,「この鏡が寄贈品として日本に送られるという考えを告げている」と論じている〔Karlgren 1934, p.66〕。

銘文に関連して富岡が,奈良県鏡作神社蔵の三角縁唐草文帯三神二獣鏡(目録89)(Ⅳ-図22)が,その界圏より外側が切断されていることを注視し,「支那製作を証する銘文ありては,都合のあしき事ありし故なるべし」と推測しているのも面白い〔富岡 1916, p.121〕。のちに発見された完形の同笵(型)鏡に銘文がないことから,「この想像は,当らざりし」ことが判明したのだが〔後藤 1920a, p.32〕,このたぐいの

推測は，三角縁惟念此銘唐草文帯二神二獣鏡(目録97)の銘帯が「抹殺」され，斜格子文帯に換えられている理由を，当鏡の「賣者老壽爲侯王」なる銘句，すなわち「売買という手段で鏡を入手し，それに念じると侯王になれる」との銘句が内包する問題に帰した森浩一に，形をかえてひきつがれている〔森 1976a，表紙裏〕。

また興味深い論説として，高橋が三角縁神獣鏡の内区外周にほどこされる獣文帯を「Zodiac」と解し，これが「もとバビロンに起り遂に東西に流布せしものならむとは従来学界の認むるところなり。然るに今この鏡背の獣帯を視るに天蝎雙魚等の族歴然として徴すべきものあり」〔高橋 1907b・1911b，p.38〕ととなえたことをあげたい。この説について後藤守一も，「彼の十二宮とはその数に於いても又形に於いても，直ちに対比すべからず，既に甚だしき変化を経たるものなること明なり」と，安直な対比はしりぞけつつも，その関係については肯定的であった〔後藤 1926a，pp.419-420〕。

以上のように，1920年を前後する時期には，年代論を中心としつつも多彩な三角縁神獣鏡研究が織りなされ，研究が大きく躍進した。この背景には，資料の充実と研究者の関心との幸福な邂逅があったのだろう。多くの論攷中に登場する鏡の学界への報告年次は，群馬県蟹沢古墳出土鏡(1911年)・大阪府国分茶臼山古墳出土鏡(1916年)・同万年山古墳出土鏡(1916年)・奈良県佐味田宝塚古墳出土鏡(1916年)・滋賀県織部山古墳出土鏡(1921年)・同古富波山古墳出土鏡(1921年)・同大岩山古墳出土鏡(1921年)であり，論攷の増加が三角縁神獣鏡への関心の増大と軌を一にしていたことが，明白にみてとれる。古墳時代研究の二大中心であった帝室博物館と京都帝国大学において，それぞれ高橋健自と後藤守一，富岡謙蔵と梅原末治が鏡鑑研究に着手したことも，研究の隆盛に大きく寄与しただろう。資料の充実と研究者の分析深度とが正のフィードバックをえがくという，1950年代と1990年代に再現された理想的な状況が，ここにみとめられるのである。

だが，1920年代半ば以降，三角縁神獣鏡にかぎらず鏡鑑研究は停滞をみせることになる。富岡(1918年)および高橋(1929年)が簀を易え，梅原が欧米留学(1925-29年)後にその関心を大陸へとシフトしたことが大きな要因であろう〔田中琢 1993a〕。後藤も，大著『漢式鏡』〔後藤 1926a〕をまとめたのちは，群馬県赤堀茶臼山古墳などの古墳の発掘や古墳出土品の有職故実的研究，そして一般概説書の著述に意を注ぐようになっていった。そしてまた，上述のように「論争」の不徹底による研究熱の沈静化も，理由としてあげられるかもしれない。そもそも，他雑誌の状況を見渡すかぎり，1920年前後の三角縁神獣鏡研究の活性化は，『考古学雑誌』を主舞台とし

てくりひろげられた局地的現象であり，高橋・梅原・後藤の主力三氏が当誌の鏡研究の表舞台からしりぞいてしまえば，停滞は必然的に生じることであったともいえる。やや深読みになるが，さらなる遠因をさぐるならば，関東大震災(1923年)により帝室博物館がダメージをこうむったことや，治安維持法(1925年)に代表される社会の右傾化により，古代社会の政治史論に，ひいては皇室の淵源につながりかねない鏡鑑研究が躊躇されるようになったことも，あるいは指摘できるかもしれない。

(5) 三角縁神獣鏡と邪馬台国論争

1920年ごろの三角縁神獣鏡研究に関して，もう一つふれておかねばならないことがある。それは，考古学が，鏡研究をおもな武器として邪馬台国論争の論陣にくわわったことである。当時，東洋史学の泰斗であった内藤湖南(虎次郎)と白鳥庫吉が，1910年に時を同じくして世に問うた論攷〔白鳥1910；内藤1910〕により，邪馬台国の所在地論が古代史学界の一大関心事となっていた。これに関連する論説を考古学サイドから展開したのが，高橋健自や梅原末治らであった。

高橋は，後漢～六朝の鏡が畿内から数多く発見されること，宏壮な墳墓や巨大な石棺が当地域に集中していることから，邪馬台国畿内説をとなえた〔高橋1922〕。大和の中心性を，後漢～六朝代の鏡の当地域における分布の稠密性から帰納する論法は，おおむね富岡のそれと同型のものであった。

この論を承け，考古学において蓄積された資料を整序したうえでさらに精緻な論を構築したのが梅原であり，『思想』や『史学雑誌』などの著名誌に自説を発表することで，邪馬台国論に大きな影響を与えた〔梅原1921a・1922e・1923a・1923b・1925a・1925b〕。梅原は，高橋の論の帰結をみとめつつも，出土地が近畿および関東に偏する帝室博物館蔵鏡を軸に論を組みたてる方針を批判し，あたうかぎり他地方の鏡鑑資料を検索して立論し，論の精度を高めた〔梅原1923b〕。そして結論として，「漢代九州に多数に将来した鏡が，三国代に入るや畿内に甚だ多く伝へられ，各地の墓制は内部の構造では多少の相違を示しながらも，外形に於て殆ど同じ式に統括せられて，大和朝廷の勢力がよく西日本を統一した」のであり，「三国代に支那と交通した倭女王卑弥呼と其の耶馬台国とは右の大和朝廷主権者と畿内の大和とに当つべきの甚だ自然」〔梅原1923b, p.31〕なることを，高らかに説いたのであった。

これら考古学サイドからの主張にたいし，文献サイドから橋本増吉や白鳥庫吉らにより反論がくわえられた。とくに橋本は，紙数を傾けて数次にわたり反論をおこ

なっているので，ここでは橋本による反論を紹介する。橋本はまず，鏡の出土は偶然の事情によること，後代に散逸する可能性のあること，その年代比定がいまだ研究途上にあり確乎とした信頼の措けないことなどから，鏡に依拠した邪馬台国論には大きな疑問があると説く〔橋本 1923a・1923b〕。さらにその2年後には，梅原の論攷〔梅原 1923a・1923b〕にたいして，論拠は示しつつもやや感情的な批判を展開した〔橋本

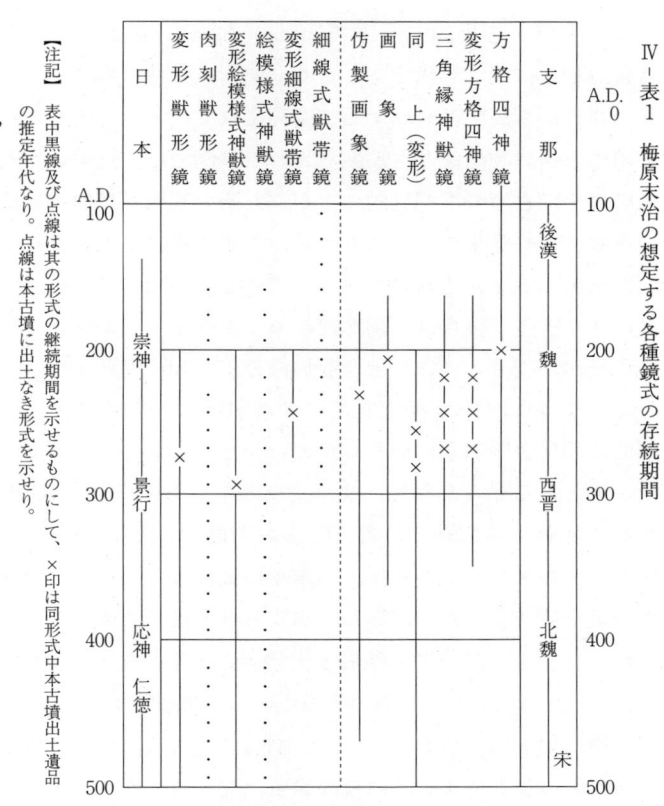

IV-表1　梅原末治の想定する各種鏡式の存続期間

支那	方格四神鏡	変形方格四神鏡	三角縁神獣鏡	同上(変形)	画象鏡	仿製画象鏡	細線式獣帯鏡	変形細線式獣帯鏡	絵模様式神獣鏡	変形絵模様式神獣鏡	肉刻獣形鏡	変形獣形鏡	日本
A.D. 0													A.D. 100
後漢	｜	｜	｜		｜	・	・	・	・	・	・		
魏 200	｜	｜	｜	｜	｜	・	・	・	・	・	・		崇神 200
	×	×	×	×	×	・	・	・	・	・	・	×	
西晋 300	｜	｜	｜	｜	｜	・	・	×	・	×	・		景行 300
北魏 400						・	・	・	・	・	・		応神 仁徳 400
宋 500						・	・	・	・	・	・		500

〔注記〕表中黒線及び点線は其の形式の継続期間を示せるものにして，×印は同形式中本古墳出土遺品の推定年代なり。点線は本古墳に出土なき形式を示せり。

1925a・1925b〕。すなわち，鏡は「一種の器物として長年月を通じ移動性を有するもの」〔橋本 1925a, p.51〕であるうえに，「漢魏式」とか「魏晋式」などというように数百年スパンでしかとらえきれないのだから，本来「記録上の問題で，考古学上の問題ではない」〔橋本 1925a, p.26〕邪馬台国論を，鏡を材料として論じることは危険だと断じたのであった。これは，鏡という一器物から社会論・政治論をおこなうさいに牢記せねばならない緊要な指摘であった。しかし，考古学の「紋様手法等に基いた見解の相違」は「理性よりも寧ろ霊感に訴ふべき性質に属する」〔橋本 1925a, p.35〕だとか，考古学は「適確なる年代には極めて不利なる性質の学」であり，「その学の本分を忘れ，自己の力を超え，なす能はざるをなさんとするが如き病弊に陥るなきを希望する」〔橋本 1925b, pp.79-80〕と一蹴するのは，考古学の他分野への理解も敬意も欠く言であった[26]）。

この批判をうけて梅原は，鏡式ごとの出土数を旧国別に集計して，近畿への鏡鑑の集中現象をあらためて明示するとともに，鏡の移動性を強調する論説にたいし，

二つの分析から反論した〔梅原 1925a・1925b〕。すなわち,第一に,同一墳で共伴する鏡が相互に近い年代であったり,同形式である場合が多いことを根拠に,中国からの将来から長年月をへずして副葬されていると主張したのである。そして第二に,古墳に三角縁神獣鏡などが副葬される事例では,近畿の奈良県佐味田宝塚古墳や大阪府万年山古墳の埋葬施設の方が,九州の福岡県豊前石塚山古墳や大分県赤塚古墳のそれよりも簡素で古いことから,まず近畿に流入した鏡が,のちに九州へと移動したと考えるのが合理的であり,その逆は考えがたいとしたのである〔梅原 1925a〕。このうち前者の視点は,副葬鏡のセット性を年代の指標として重視した点で慧眼であったが,後者については埋葬施設の年代観に問題があった[27]。

このように,1920年代前半に考古学は,三角縁神獣鏡の分析を基軸として,積極的に邪馬台国論争に切りこんでいった。しかし,ここでも実りある議論の応酬はほとんどなされなかった。文献史サイドからの,「本来耶馬台国の問題は魏志に記された記録上の問題で,考古学上の問題ではない」〔橋本 1925a,p.26〕との拒絶にたいし,考古学サイドからは,橋本や白鳥による反論は「史学者のような考古学研究に経験を持たない人々が等しく加えられる批判を繰返されているのであり,われわれからいうと,結局考古学者と史学者とは平行線上を歩いていられたのである」〔後藤 1958,pp.21-22〕と,軽侮の入り混じった諦観が示されたことに,この論争の性格の一端が如実にあらわれている。結局のところ,梅原の外遊も重なり,相互に裨益することの少ないまま,両者の論争は沈淪してゆくこととなった。

3 第 III 期（1920年代末〜1940年代）

(1) 第 III 期前半（1920年代末〜1930年代）

第 III 期については,前半(1920年代末〜1930年代)と後半(1940年代)にわけて記述する。田中琢が指摘するように,1920年代後半ごろから1930年代末にかけて,三角縁神獣鏡にかぎらず鏡鑑研究全体が停滞の様相を呈する〔田中琢 1993a〕。ただし,「研究上の空白期」〔田中琢 1993a,p.455〕と表現されるほど極端な沈滞ではなく,下記のようにいくつか重要な成果もだされている。とくに,写真図録類が数多く上梓され,基礎資料が蓄積されたことは,以後の研究の基盤となる意義深い成果であった。代表的な写真図録をあげるならば,梅原末治が手がけた『泉屋清賞　続編　鏡鑑部』

〔梅原 1927〕・『新修 泉屋清賞』〔梅原 1929〕・『欧米に於ける支那古鏡』〔梅原 1931〕・『漢三国六朝紀年鏡集録』〔梅原 1932a〕・『欧米蒐儲支那古銅精華』鏡鑑部一・二〔梅原 1933c・1933d〕・『紹興古鏡聚英』〔梅原 1939b〕，弘津史文による『防長漢式鏡の研究』〔弘津 1928〕などがあり，1940年代前半までふくめれば，梅原の『漢三国六朝紀年鏡図説』〔梅原 1943〕，後藤の『古鏡聚英 上篇』〔後藤 1942a〕を挙例でき，基礎資料の充実化がうかがえる。

Ⅳ-図11 「伝世」が推定された方格規矩四神鏡(香川県石清尾山古墳群鶴尾神社4号墳)

とりわけ重要な研究成果として，梅原が，香川県石清尾山古墳群からの出土が伝えられる方格規矩四神鏡[28]に，手ずれとおぼしき摩滅と破砕片を綴じあわせるための穿孔がみとめられること(Ⅳ-図11)に着目し，鏡の伝世現象を指摘したこと〔梅原 1933b〕があげられる。これは，のちに華開く伝世鏡論や鏡の保有論の基点となる考察として重要であった。

また，佐藤虎雄が1932年から1937年にかけて，『史迹と美術』誌上に計32回にわたって掲載した「古鏡研究の栞」も興をそそる著述であり，漢鏡から近世の和鏡まで幅広い知見と多彩な角度から通覧されており，鬱蒼たる知の世界が披露されている〔佐藤 1932a等〕。

Ⅳ-図12 分析に供された三角縁神獣鏡(伝京都府寺戸)

そしてこの時期，京都帝国大学および東方文化研究所の所蔵する鏡鑑資料を使用し，三角縁神獣鏡をふくむ鏡の化学成分について理化学的分析が実施されたことが特筆できる〔小松他 1937；梅原 1937a〕(Ⅳ-図12)。舶載鏡と仿製鏡の成分が類似することから，後者が前者を鋳潰して製作されたことを推定するなど，多くの重要な分析成果と解釈が提示された〔梅原 1937a〕。その後，1960年代には田辺義一により青銅製品の成分分析がなされたものの〔Giichi, T 1962〕，理化学的分析が本格的に実施されるのは1980年代を待たねばならなかったことを考えれば，時代を大きく先駆けたその問題意識の高さを高く評価すべきである。

このように，第 III 期前半においても，三角縁神獣鏡をふくむ銅鏡研究はそれなりになされていた。とはいえ，前後の時期とくらべると，やはり研究の低調さはいなめず，田中の指摘にはおおむね首肯せざるをえない。その背景としては，先述のように高橋ならびに後藤が三角縁神獣鏡の研究の一線からしりぞいたことが大きかっただろう。

(2) 第 III 期後半 (1940 年代)

この第 III 期後半には，戦中および敗戦直後の研究・出版環境の悪化のため，研究が活性化しなかった。この時期の特徴として，2 点をあげることができる。それまでの研究の総括的著述がなされたことが第一点，鋳鏡技術への関心がうまれたことが第二点，である。

まず第一点について，梅原と後藤が総括的見解を提示したことを挙示したい。梅原は，紀年鏡の一大図録を上梓し〔梅原 1943〕，二十年来の紀年鏡研究〔梅原 1924c・1925c・1932a・1937d 等〕を総括した。なかでも，三角縁神獣鏡に関連する魏晋代の鏡生産について，「王莽から後漢中葉のものに優れた遺品を見るが，三国分立時代に至つて製作の拙粗となつた事が感ぜられるのであつて，この傾向は南方呉の作品に於いて特に著しい。呉代の作品に較べると北方魏の紀年鏡は，なほその数にとぼしいが，うちに漢代の銘文に見る尚方官工の流れをくんだ遺品を見受け，鋳造に於いても稍々見る可きものを含んでゐて，それが西晋に継承せられてゐる様に見え，やがて建武五年鏡の如き作品に及んだとも解せられる所がある」〔梅原 1943, p.143〕と論じ，魏晋南北朝代の鏡鑑の製作状況に関して，重大な知見を示した。また梅原は，三角縁神獣鏡の製作年代と国内への流入背景について，それまでの自説を総括的にまとめた〔梅原 1940a〕。

いっぽう後藤も，鏡鑑を集成した大冊を編集し〔後藤 1942a〕，それまでの自説をあらためて説くとともに，それにくわえていくつか重要な指摘をおこなった。とりわけ，三角縁神獣鏡において「二神二獣鏡に相対年代の上るものがあるし，銘文あるものから銘文のないものへの進展も考へられる」ことや，三角縁神獣鏡が「神人龍虎鏡を介して画象鏡との聯繋も考へられる」こと〔後藤 1942a, p.29〕，あるいは三角縁二神二獣鏡が画象鏡などと関連を有すること〔高橋勇他 1939〕などといった主張は，注目すべきものであった。とくに後者は，三角縁神獣鏡の系譜を具体的に推測したもので，それに先立ち梅原が示唆し〔梅原 1939b〕，そしておよそ 30 年後に西田

守夫により論が深化される〔西田 1971〕，意義ある着想であった。また，三角縁神獣鏡のなかで二神二獣配置のものを古くみる前者の考えも，のちに樋口隆康の編年観に継承されている〔樋口 1952・1979a 等〕。のみならず，三角縁神獣鏡が中国および楽浪で発見されていないことにたいして，銘文や文様要素や文様構成から中国鏡とみなすべきものが相当数あるとみなし，「北支地方から三角縁神獣鏡の発見を聴くのも，或は近い将来にあるかも知れない」し，実際に「楽浪鏡にこの三角縁神獣鏡に近い様式のものはある」〔後藤 1942a, p.28〕として，吾作系斜縁神獣鏡を例示したり，三角縁仏獣鏡について「これを仏像とせず，仏像彫刻が道家神像の表現に及ぼした一の影響とするもよからう」〔後藤 1942a, p.30〕と説くなど，1920年代の三角縁神獣鏡研究を牽引した斯界の第一人者としての学識を示した。

そして第二点については，梅原が「同笵鏡」の分析をつうじて鏡鑑研究に新たな地平を拓いたことが特筆できる〔梅原 1944a・1946〕。梅原は，文様の細部だけでなく「たま〻生じた笵の崩れや亀裂なども符節を合せた如く同一なる」〔梅原 1944a, p.5〕鏡群を博捜し，それらを同じ鎔笵(ようはん)で製作された「同笵鏡」とみなし，その製作技法を精密に検討するとともに，それらが広域に分布する意味についても考察をくわえた。梅原は，滑石(かっせき)笵や金属笵による複数回の鋳造が一部でおこなわれていた可能性をみとめつつも，一般に同一鋳型では複数回の鋳造にたえがたいと考え，当時発見されていた鏡笵に多量の蠟がふくまれるという，荒木宏による化学成分の分析結果を援用し，同笵鏡の製作工程を推測したのであった。そして，砂型で複数の「蠟の鏡形」(=蠟型)をおこし，各蠟型を砂土でつつんで注銅し，銅と蠟型を置換することで，複数の同笵鏡が製作されたと推論したのである[29]。さらにまた，文様を同じくしながら径のことなる鏡群が存在することを指摘し，これは「一方をば他を踏返し作」る際に「新しく作つた笵の焼締り」〔梅原 1946, p.33〕が生じたためと解した。梅原があげた鏡群には三角縁画象文帯盤龍鏡(目録1)もふくまれており，同文の三角縁神獣鏡の鏡径差を踏み返しの証拠とみる近年の諸見解〔上野勝 1992；安本 2001a；奥野 2001a 等〕の祖型をなしている[30]。

梅原はさらに論を推し進め，同笵鏡がことなる地域から出土する現象に注目し，中国において「同時に作られた遺品が当時一括して舶載せられ，それが後に本邦で」畿内から各地へ「分散した」〔梅原 1946, p.35〕とみるのが自然だと主張し，この現象は鏡鑑の地域別出土数の多寡を主根拠にした旧稿〔梅原 1923a・1923b 等〕の邪馬台国大和説を，さらに補強するものだと説いた。

なおこの時期，三角縁神獣鏡などの神獣鏡の獣像が銜える巨について，古文献を

博覧したうえで後藤による武器(「巨」=「鉅」=「鉤」)説〔後藤 1920a〕を否定し,「巨」は「鐘虡（鐻）」の「虡（鐻）」,すなわち楽器の台座の柱足に由来すると説く,古文献・鏡銘・内区文様を総合的に考証した研究がなされていることも,付記しておきたい[31]〔駒井 1943〕。また,水野清一が,奈良県新山古墳出土の三角縁獣文帯三仏三獣鏡（目録121）の仏像をとりあげ,これが結跏趺坐で禅定印を結ぶなど,ガンダーラ仏をもとにしながらも,はなはだ神仙像的になっていることから,「初期の仏教教学が,老荘の文字をかりた「格義」のようなものであ」ったのと同様に,新来の図像を旧来の老荘的図像の枠組みで受容したことを示唆したのも,注目すべき解釈であった〔水野清 1950, p.63〕。また,銅鏡の宗教的意義を追究した研究として,「鏡と天体信仰との関係,鏡と形見解念との関係,鏡の呪力観念の三方面」に注意を払いつつも,古墳時代に銅鏡が隆盛した主因として,その「物を照らす力」と「除魔力」ゆえに「鏡が死後の生活に必要なもの」であったことを推測した研究も挙示しておく〔前田 1941, pp.234・242〕。

以上をまとめるならば,たしかに第III期の三角縁神獣鏡研究は,第II期ほどの活況は呈さなかった。だが一方で,多数の鏡鑑図録の発刊により基礎資料の充実をみ,第II期以来の研究成果が総括され,伝世鏡や同笵鏡の検討が手がけられるなど,爾後の研究の基盤が堅固に整備された時期でもあった。少なくとも,「研究の空白期」とはいいがたい。

4　第 IV 期（1950年代～1960年代）

(1)　第IV期前半（1950年代）

第III期において整備された資料,総括された諸見解,そして案出された分析視角を苗床とし,新たな三角縁神獣鏡の出土資料を養分として,第IV期に三角縁神獣鏡研究が大輪の花を咲かすことになる。そのなかでもっとも繊細かつ雄渾な咲きぶりを誇った花こそ,小林行雄による一連の研究であった。したがって第IV期は,小林の研究が開始され一冊の書物〔小林行 1961a〕にまとめられるまでの期間,すなわち1950年代はじめから1960年代初頭までを第IV期前半に,小林説が大きな賛同をもってうけいれられる一方で疑義がとなえられはじめる1960年代初頭以降を第IV期後半に二分するのが適当だろう。

なお，1960年代以降については，論攷が増加するため，個別論攷を詳細に紹介することが困難になる。とくに1980年代以降は，加速度的に増大するため，ふれることすらかなわない論攷もある。その点，諒承されたい。

(2) 小林行雄の三角縁神獣鏡研究

小林の三角縁神獣鏡研究は，新資料の発見と連動しつつ深化していった。すでに1947年，大阪府紫金山古墳（Ⅳ-図13・14）の調査において10面もの三角縁神獣鏡を発掘していた小林は，3年後の1950年には，福岡県一貴山銚子塚古墳（Ⅳ-図15）で8面の三角縁神獣鏡を発掘する僥倖にふたたびめぐまれた。

後者の出土鏡に多数の同笵資料が存在することに気づいた小林は，まずそれを古墳編年の材料として活用しようとした〔小林行 1952b・1952f〕。すなわち，伝世の存在により「ほとんど絶望視される」ようになった鏡による古墳の年代決定を，同笵鏡を駆使して再賦活しようとしたのである。小林の論理をたどると，まず2面の同笵鏡が1古墳に副葬されることが少なくなく，2古墳間で2種の同笵鏡を共有する事例があることから，三角縁神獣鏡の輸入・製作からこれが「個人的所有」に帰するまでの期間がおおよそかなり短いことを主張する。そして，三角縁神獣鏡の大量流入以後，鏡の伝世の風はほぼ廃絶し，せいぜい一世代しか伝世しなかったと推測する。さらに，一世代の幅（1単位）が平均30年以下で最大80年と想定したうえで，同笵鏡分有古墳間の時期差は一世代伝世した場合の2単位以内におさまると想定する。そのうえで，三角縁神獣鏡を副葬する最新の古墳よりも新しい時期に築造され，文献史学の成果から5世紀初頭の年代を考定しうる大

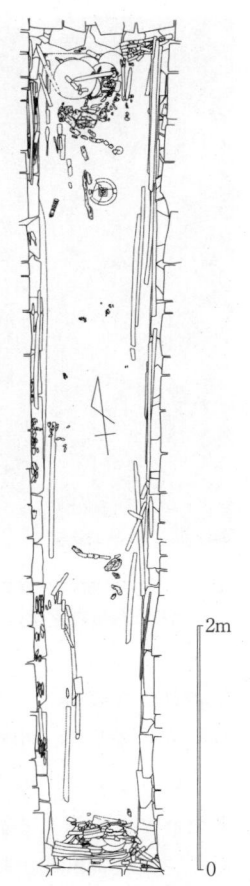

Ⅳ-図13 大阪府紫金山古墳の竪穴式石槨

Ⅳ-図14 紫金山古墳における三角縁神獣鏡の出土状況

阪府誉田御廟山古墳(伝応神陵古墳)から，2単位の最大値である110〜120年(≒(30+80)年÷2×2)を引いた年代，すなわち3世紀後葉を古墳出現の上限とみなしたのである〔小林行1952b〕。

　これは意欲的な作業であったが，仮定に仮定を重ねた机上の論理でもあった。とくに問題であるのが，この論理構成において，三角縁神獣鏡の長期間にわたる製作が考慮されていない点であった。新しい古墳に新しい三角縁神獣鏡がおさめられているならば，当然，古い三角縁神獣鏡を副葬する古墳の年代は遡上するはずだからである[32]。こののち小林は，三角縁神獣鏡を三つの時期にわけたうえで，古墳の出現年代を再考している〔小林行1957a・1961b〕(表Ⅳ-2・3)が，その操作は複雑

Ⅳ-図15　福岡県一貴山銚子塚古墳における三角縁神獣鏡の出土状況

化されたものの，一点をのぞき大枠に変更はない。その一点とは，旧稿では，鏡を分配する機構が「中央」にあったとしても，「常にそこに多量の鏡が貯蔵されていたというよりも，入るにしたがつて，時を移さずにそれが出されたというような状態であつたと考える方が，より実際に近いのではないか」〔小林行1952b, p.20〕と推量し，三角縁神獣鏡の輸入から「個人的所有者」がこれを入手するまでの期間をかなり短くみていたのにたいし，新稿では，「大和朝廷」の「某所」における保有期間を仮設したことである。3期に区分し，それぞれが「大和政権」の分与方針にかか

Ⅳ-表2　同笵(型)鏡を分有する古墳間に想定しうる年代差(nは首長の治世年数)

副葬時期＼分与期間	鏡の分与が同時におこなわれたばあい	鏡の分与が所有者一代の間におこなわれたばあい	鏡の分与が二代にわたっておこなわれたばあい
鏡が受領者の古墳に副葬されたばあい	n	2n	3n
一代後へ伝世されたばあい	2n	3n	4n
二代後へ伝世されたばあい	3n	4n	5n

わっているとすれば，その製作時間幅も当然長くなるはずだが，旧稿の論理が踏襲されているのは明白な矛盾である[33]。おそらく，この矛盾を解消する論理として，「大和朝廷」の「某所」における長期保管や，3期の製作順と配布順との逆転が用意されたのではないか。また，都出比呂志が看破しているように，「自己撞着的で説得的でない」数値の操作から古墳の出現年代を約280年に収斂させたのは，「崇神陵の造営に若干先行する年代を考えるべしとの論理的要請に基礎をお」いていたこと[34]にも注意を払っておく必要がある〔都出 1995, p.15〕。1947年の著作において，正始元(240)年・赤烏元(238)年・赤烏七(244)年の紀年銘鏡を出土する古墳が，最古式の古墳よりもいくぶん新しいことを根拠に，

Ⅳ-表3 種々の条件下で算定された椿井大塚山古墳の築造年代

全期間	250〜400	250〜390	250〜380	n
1　(2n)	320〜330	310〜330	300〜330	80*
2　(3n)	280〜310	270〜310	260〜310	60*
	300	290〜300	280〜300	50
3　(3n)	340〜370	330〜370	320〜370	60*
	350	340〜350	330〜350	50
4　(4n)	300〜350	290〜350	280〜350	50
	320〜330	310〜330	300〜330	40

Ⅳ-図16　椿井大塚山古墳の出土鏡

古墳の出現年代の一案として「二世紀の終りから三世紀のはじめ頃といふ，大体論」〔小林行 1947, p.109〕を提示していた小林が，1972年にこれを別の単行本に再録するに際して，仮名遣いなどをわずかにかえたほか，論拠を変更することなく，当該箇所を「三世紀の中頃から四世紀のはじめという，大体論」〔小林行 1972, p.82〕と書き換えていることは，具体的な論拠によって古墳の出現年代を構築していなかったことを，はからずも示してしまっている。

　小林の年代観について，いくぶん迂遠な説明をおこなったが，それは，現在において議論の焦点になっている三角縁神獣鏡の製作年代幅について，長らく大きな影響力を与えてきた小林の論拠と論理を示す必要があったからである。なお小林は，一貴山銚子塚古墳出土鏡にたいして，笵傷の進行から鋳造の先後関係を推定しているが〔小林行 1952a〕，これは以後の研究の先蹤をなすものであった。

　同笵鏡を古墳編年の材料としてもちいていた小林に，一大転機が訪れた。三十数

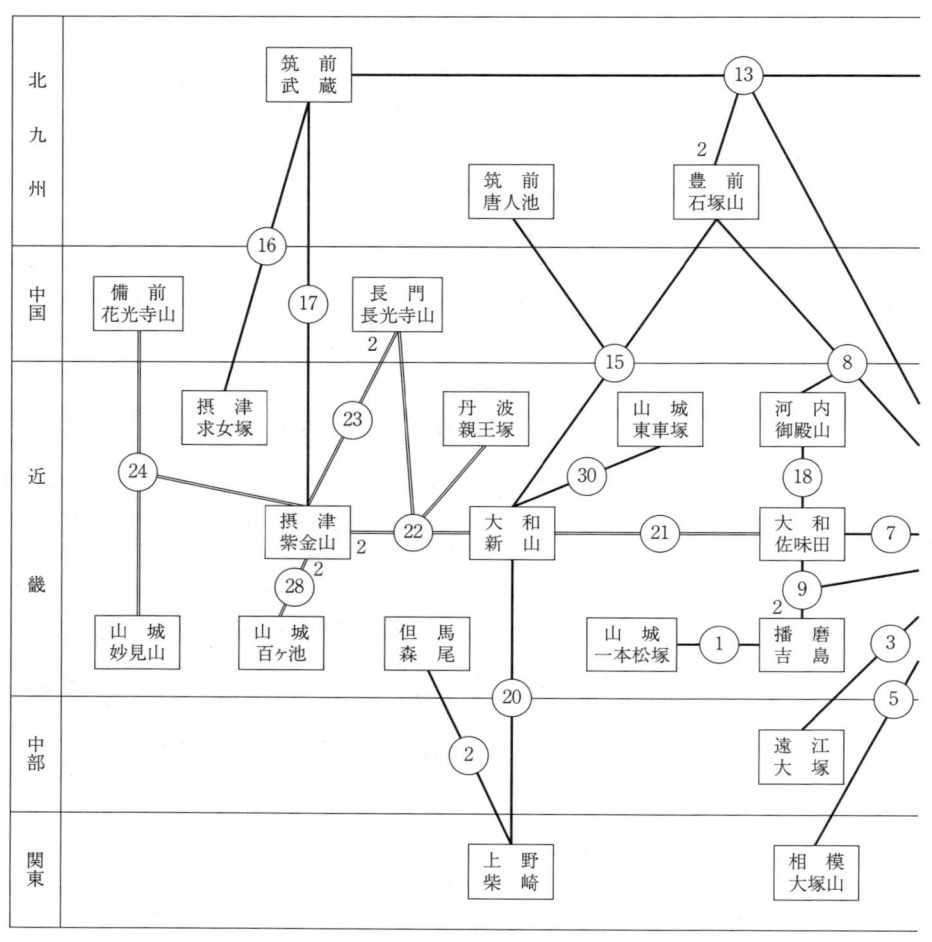

108　Ⅳ　三角縁神獣鏡の研究史

Ⅳ - 図17○　椿井大塚山古墳

註　丸数字は1955年当時に小林が設定した同笵鏡番号。

面もの三角縁神獣鏡が，京都府椿井大塚山古墳から発見されたのである（Ⅳ - 図16）。小林は，この資料と一貫山銚子塚古墳出土鏡および紫金山古墳出土鏡を分析の主軸にすえて，中国鏡に長期保有に起因する摩滅と頭部配置という副葬時における特殊なとりあつかいがみとめられることから，弥生時代に伝世されていた中国鏡が古相の古墳に副葬されたという解釈が導出できること，そして椿井大塚山古墳を中心として，同笵鏡の分有関係（Ⅳ - 図17）が列島広域にひろがっていること，の2点から，次のような結論をみちびきだした。すなわち，諸地域の「司祭的首長」が椿井大塚山古墳の「首長」に三角縁神獣鏡を分与されることにより，伝世鏡を管理すること

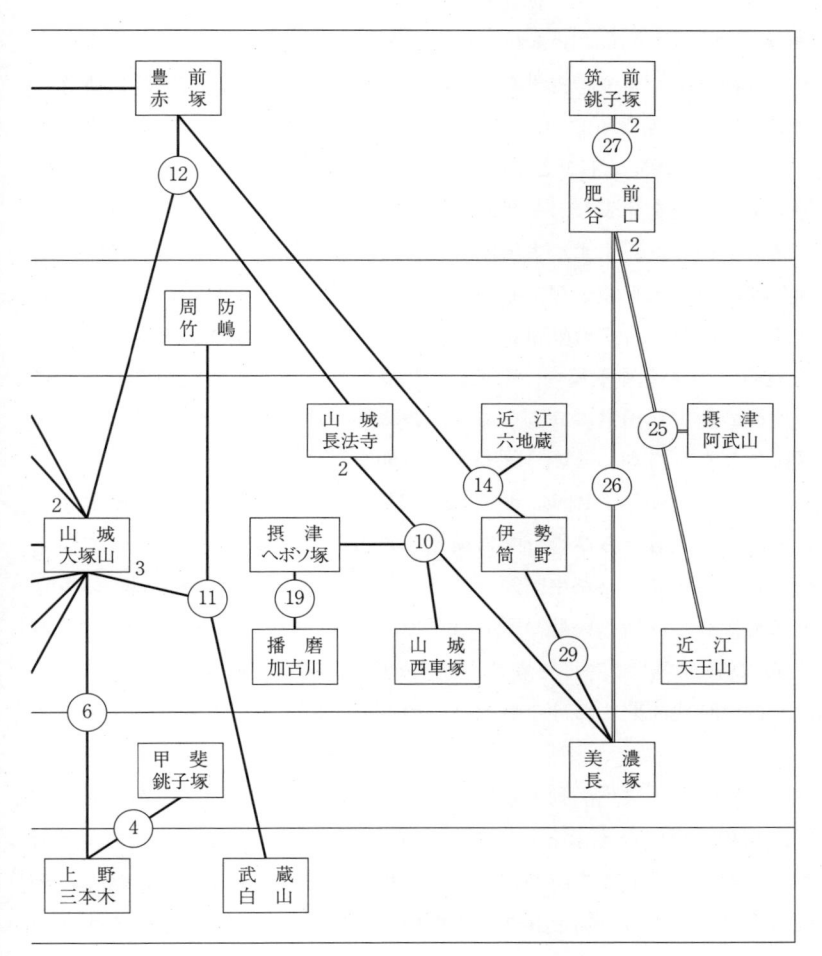

を中心とする同笵鏡分有図

で保証されていた旧来の権威を断ちきって,「大和政権」から世襲的首長権の承認という新たな権威を与えられることになり,新たな権威のもと築造が開始された古墳に伝世鏡を副葬するにいたったのであり,そこに古墳の発生の歴史的意義がある,と説いたのである〔小林行 1955a〕。

　この「古墳の出現の歴史的意義」なる大系的な論文は,伝世鏡と同笵鏡という二つの事象を総合的に解釈することに成功しており,出土鏡の地域別の多寡から「大和朝廷」の優位性を説くにとどまった第Ⅱ期の諸論〔富岡 1920a;高橋 1922;梅原 1923a〕や,同笵鏡の広域拡散の意義を示唆しつつも具体的な立論にはいたらなかっ

た梅原の論〔梅原 1946〕をはるかに上まわる精度とスケールをそなえていた。古墳出現をめぐる政治的状況について考古学から切りこんだ論説として，古墳時代研究のみならず文献史学にも大きなインパクトを与えたのであった〔上田 1959 等〕。小林を「考古学独立の父」〔岡本 1995, p.179〕とよぶのも，ゆえないことではない。

　小林は矢継ぎ早に論攷を発表し，三角縁神獣鏡の政治史的意義についてさらに分析をひろげ，深めていった。まず，古墳副葬品の詳細なセット分析をつうじ，古墳時代前期の副葬鏡群を，伝世鏡と想定しうる方格規矩鏡および内行花文鏡にくわえて三角縁神獣鏡・盤龍鏡・古式の獣帯鏡から構成される「古式鏡群」と，仿製三角縁神獣鏡・仿製鏡・画文帯神獣鏡・「平縁式神獣鏡」からなる「新式鏡群」とに二分した。この鏡群の新古二相案に立脚して，三角縁神獣鏡と仿製三角縁神獣鏡が密接な継起関係にありながらも，その「配布が，時期を異にしていたばかりでなく，中心をも異にしていた」〔小林行 1956a, p.732〕と推察し，この相違を「三世紀中葉に輸入せられた中国鏡の所有ならびに分配に終始した古い型の所有者と，これに加えて，それ以後新しく輸入せられた中国鏡や，あたらしく製作せられた仿製鏡の所有ならびに分配にも参加した新しい型の所有者との，古代における二つの型の首長の文化活動の差異にもとづいて生じたものと見」〔小林行 1956a, p.736〕たのであった。ここに小林は，古墳時代前期における政治社会の進展を段階的にとらえる途を拓いたのである。

　さらに小林は，両者の「文化活動の中枢の性格は，比喩的にではあるが，耶馬台国的なものと，大和政権的なものとしてあらわすことができ」，それぞれを「中国から与えられた器物にある権威を認めて，それを特殊な用途に利用した段階と，そのような権威の象徴たりうる器物を製作する機構をもつにいたつた段階とを代表するもの」〔小林行 1956a, p.740・742〕と考え，両活動の差異の一端は，「古い文化活動が進行している途上において，別に新しい文化活動が擡頭し，それが一部分は在来の加担者を吸収して新しい組織を形成したが，ことごとくは古い組織をおおうことができなかった」〔小林行 1956a, p.737〕ために生じたと推量しており，その考察の先駆性におどろかされる。この推論は，1980年代以降の，三角縁神獣鏡を駆使した「威信財」論[35]〔穴沢 1985a・1985b；松木 1996；河野 1998；石村 2003；辻田 2006a 等〕や「政権交替」論〔田中晋 1993・2009；福永 1998d 等〕に継承されている。

　次いで小林は，先の論攷で予察的に提示した，古墳時代前期における政治的展開について，三角縁神獣鏡を分析の主対象として具体的に解き明かした〔小林行 1957b〕。小林はまず，三角縁神獣鏡の分布に，畿内地域を中心としつつ「中部・関東地区に

4 第 IV 期　111

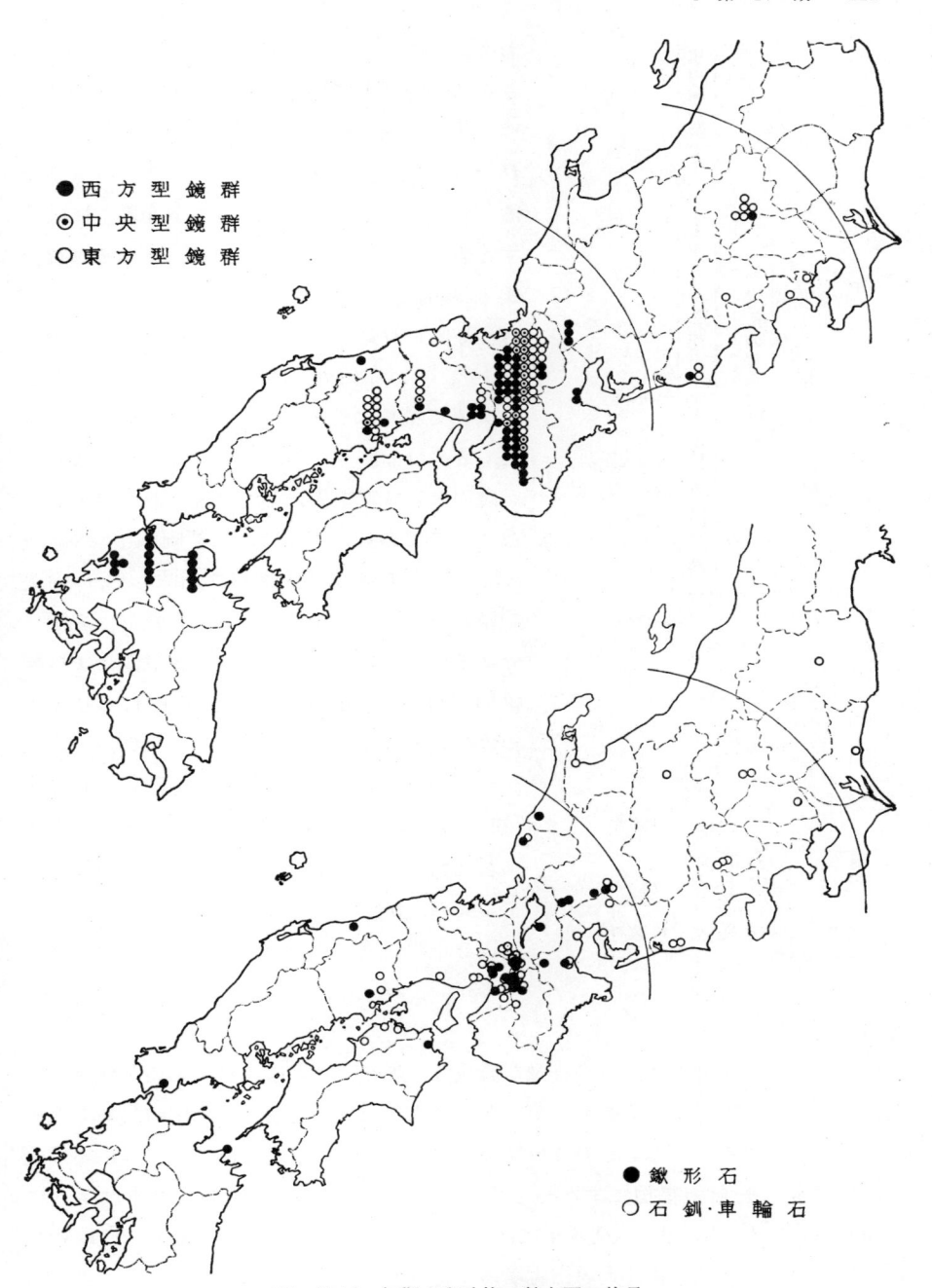

● 西方型鏡群
◉ 中央型鏡群
○ 東方型鏡群

● 鍬形石
○ 石釧・車輪石

Ⅳ-図18　初期大和政権の勢力圏の伸長

およぶもの」と「北九州地区におよぶもの」，さらに畿内地域に稠密に分布するものという三つの「分布圏」が存在するとみてとり，それぞれを「東方型」「西方型」「中央型」の「分布圏」ととらえる。そして，各「分布圏」に分布する鏡群は，その神獣像配列が，それぞれ複像式・「単像式」・吾作銘を有する「複像式」の「鏡式」に対応することを確認する〔小林行 1957b〕。そのうえで，各「鏡式」の同笵鏡の分有関係を精緻に追究することをつうじて，「鏡式」と「分布圏」が対応するのは，各「鏡式」が畿内から時期を異にして分配された結果とみなしたのである。そして，石製腕飾類（＝腕輪形石製品）の分布の時期的推移を加味して，「中央型鏡群」→「西方型鏡群」→「東方型鏡群」の順に分配されたと推定し[36]，三角縁神獣鏡および腕輪形石製品の分配域の時期的変化は，「初期大和政権の勢力圏」の伸張を反映していると高唱したのである（Ⅳ-図18）。そして結論として，「初期の大和政権の勢力圏は，三世紀末には西は北九州をふくみながら，東は濃尾地方にとどまっていたが，四世紀にはいると，やがてその東辺を上野にまでひろげる動きをみせた」〔小林行 1957b，p.25〕と結論づけたのであった[37]（Ⅳ-図19）。

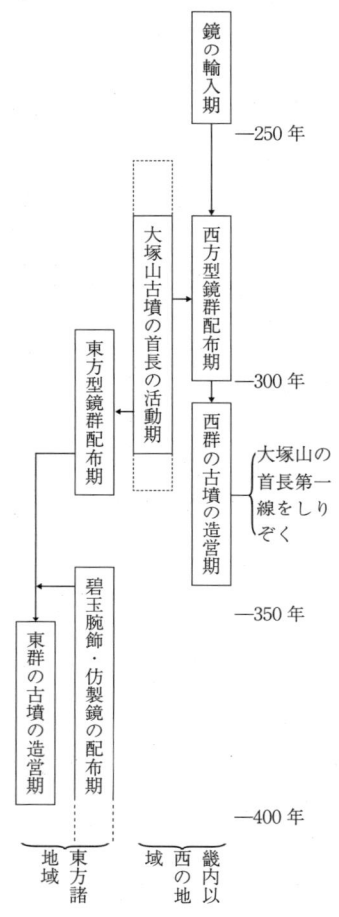

Ⅳ-図19 小林行雄の三角縁神獣鏡配布の論理

　以上のような小林の壮大かつ細緻な論説は，現在の目からみれば未検証仮説のうえに立った危うい立論でもあったが，非常に大きな反響をよび，古墳時代前期の政治状況を考究するもっとも有力な枠組みを提供することになった。これらの諸論攷は，1961年に一冊の書物にまとめられ〔小林行 1961a〕，小林の大系はさらに学界に弘通していった。この間，1956年には岡山県湯迫車塚古墳から11面の三角縁神獣鏡が発見され，小林は椿井大塚山古墳の「首長」がおもに単像式鏡を西日本に重点的に配布したのち，この「首長」とともに湯迫車塚古墳の「首長」が起用されて東

日本へ複像式鏡を分配したという構想をえがきだした〔小林行 1959a・1967c〕。このように，小林の研究は，一貴山銚子塚古墳・椿井大塚山古墳・湯迫車塚古墳における多量の三角縁神獣鏡の発見と連繋しつつ深化をみせていったことがうかがえ，研究者と資料との幸福な関係がみてとれる。このような幸福な状況には，福永伸哉が時をへて1990年代に邂逅することになる。そしてまた，1951年に大阪府和泉黄金塚古墳から景初三年陳是作画文帯同向式神獣鏡(Ⅰ-図3)が検出されたことも，卑弥呼の遣使年次の紀年銘鏡が畿内地域から出土したという点で，小林の見解の追い風となった。

(3) 樋口隆康の三角縁神獣鏡研究

第Ⅳ期前半には，小林の諸説のほかにも，三角縁神獣鏡の研究史上において緊要な成果が提出されている。椿井大塚山古墳の調査を担当した樋口隆康は，三角縁神獣鏡をめぐる議論がはじめて活況を呈した1919年に生を享け，現在にいたるまで三角縁神獣鏡研究を継続しているが，早くも第Ⅳ期前半には，いくつかの重要な成果をあげている。以下，第Ⅳ期前半における樋口の研究成果について解説する。

まず樋口は，鳥取県普段寺1号墳出土の三角縁惟念此銘唐草文帯二神二獣鏡(目録97)(Ⅳ-図20左)の報告に際し，本鏡と同文でありながら文様を改変した2面が存在すること(Ⅳ-図20中・右)，また鋳型が1回の使用にしか耐ええないと考え，これらは「木製の原型」から多くの砂型の「雌型を作り，それから個々の鏡を鋳出す」〔樋口 1952(1983), p.12〕という同型鏡の技法で製作されたと解釈し，これらの鋳

Ⅳ-図20　三角縁惟念此銘唐草文帯二神二獣鏡と文様改変鏡(左：鳥取県普段寺1号墳，中：阿為神社蔵鏡，右：島根県大成古墳)

114   IV 三角縁神獣鏡の研究史

A 三角縁神獣鏡	B 方格(円圏)規矩鏡	C その他
1	9	16
2　　7	10	17
3　　8	11	
4	12　　15	
5	13	18
6	14	

IV - 図21○　三角縁神獣鏡と他鏡式の唐草文の簡略化

造順の復元もおこなった。これは，同型鏡の存在を資料じたいの緻密な観察から導出した最初の研究であり，以後の研究に大きな影響を与えることになった。ただ樋口は，「ところが一方実際の鏡に於ては図文のみならず，鋳型に不用意に印せられた傷痕や，型流れまでが全く一致するものがあって，同一鋳型で二面以上の鏡を鋳出したことも否定できない」〔樋口 1952(1983)，p.12〕と，性急な決定を保留し，慎重な態度を示した。また，これらが「鏡体，鏡質からいって同一作者の同一時期の作であろう」〔樋口 1952(1983)，p.13〕とみなし，同型鏡製作や踏み返しの時期を任意とみなす以後の見解〔網干 1975；奥野 1982a 等〕と一線を画した。

この論攷では，もう一つ重要な分析がなされている。すなわち，三角縁神獣鏡の唐草文と銘文を俎上にのせて，その変遷から三角縁神獣鏡の新古を推測するとともに，他鏡式のそれと比較することで，三角縁神獣鏡の実年代を推究したのである（IV - 図21）。その結果，複雑な唐草文と古相の銘文を配し，さらに複数の神獣像を区別して表現する三角縁二神二獣鏡が，三角縁神獣鏡のなかでも「最古型式」ないし「比較的古い式に属」〔樋口 1952(1983)，pp.15・17〕するとみなした。そして，その年代は，祖型と推測しうる画象鏡の年代や，特徴の共通する後出「形式」の方格規矩鏡および盤龍鏡から，「三国初から更に後漢末まで引上げることも可能」〔樋口 1952(1983)，p.17〕であると説き，さらに最新の唐草文が景元四(263)年銘円圏規矩鏡（IV - 図66）のそれに類似することから，三角縁神獣鏡の下限年代をも示唆したのであった。他鏡式の文様要素と比較することで三角縁神獣鏡の年代を推定するという，

Ⅳ-表4．鏡式と銘式の相関関係

計	その他	三角縁神獣鏡	方格四獣鏡	小型二神二獣鏡	重列神獣鏡	重層式神仙鏡	半円方形帯神獣鏡	環状乳神獣鏡	画像鏡	盤龍鏡	獣首鏡	夔鳳鏡	半肉刻獣帯鏡	細線式獣帯鏡	同向式獣帯鏡	方格規矩四神鏡	内行花文鏡	連弧文銘帯鏡	重圏銘帯鏡	草葉文鏡	四乳虺龍文鏡	蟠螭文鏡	銘式
263	36	10							2	2	20	53	5	14	2	14	104					1	Aa
74	1	54	1		1	5	10	1														1	b
32	3													1							2	26	B
87														2			15	24	39	4	3		C
13																	7	3		3	3		D
65														1			47	15			2		E
23															2	4	8	1	8				F
6																	6						G
13														1		1	11						H
21																1	20						I
8																2	6						J
145		9							17	6		1	17	14	2	79							K
56			2						1	13	1		9	10	20								L
50					2	1						1	4	1	41								M
63			1			2			19	26				4	11								N
5													1	3	1								O
49			1	2					3	10	11	7	6	7	1	1							P
30		3								16	7		2	1	1								Q
41		21							1				10	7	1	1							R
115			5	13	6	22	22	32	4			5	2	4									S
14					14																		T
11		11																					U
計	40	108	9	15	21	23	35	52	82	61	32	57	52	55	12	201	104	88	49	47	7	34	計

1990年代後半以降にさかんになる分析視角〔福永 1996a；車崎 1999a 等〕が，この時点ですでに採用されており，樋口の高い先駆性がうかがえる。三角縁神獣鏡を中国鏡全体においてとらえるという樋口の研究方針は，小林にはやや欠けたものであった。

かくして，第Ⅳ期前半に，三角縁神獣鏡の年代を中国鏡全体のなかで考える樋口と，同笵鏡の分配・分有状況から想定する小林との，二つのアプローチが提出されたわけである。そして，前者からは三角縁神獣鏡の長期的製作が，後者からは短期的製作がみちびきだされたのである。考古資料との対応性や仮定の階梯数の少なさから考えて，樋口のアプローチの方が考古学的に適切であったが，なぜか樋口の論はあまりかえりみられなかった。

中国鏡全体のなかで三角縁神獣鏡を把握しようという樋口のこころみは，銘文研究にも存分にうかがえる。樋口は，中国鏡の銘式（鏡銘型式）をＡ式からＵ式まで計21型式（細分29型式）に分類し，そのなかで三角縁神獣鏡のみにあらわれる銘式（Ｕ

式[38]）,三角縁神獣鏡と密接な組みあう銘式（Ab 式[39]）もあげている（IV‒表4）。三角縁神獣鏡に「尚方作」の銘がなく,「陳氏作」および「吾作」の類が多いこと,異句が混じり,七言の制もくずれていることなど,三角縁神獣鏡の銘文の重要な特徴を明らかにした〔樋口 1953b〕。三角縁神獣鏡の銘文を中国鏡の総体においてとらえた意義深い研究成果であった。

　また樋口は,小林の古墳時代前期の年代観に異議をとなえ,その「所論は同範鏡(ママ)を基にして古墳の年代を決定するというよりは,むしろ同氏の精緻な古墳年代観に従つて,同範鏡(ママ)を含む古墳の年代を推定されたものである」〔樋口 1955, p.33〕と喝破した。さらに,「製作から舶載,個人所有をへて,埋葬に至る経過年代」は「今日の段階では絶対に考古学的には明かにすることのできない」〔樋口 1956, p.15〕と,暗に小林の年代比定の前提を全否定したうえで,鏡を古墳編年に再活用する分析法として,一埋葬施設内における複数の鏡鑑の共伴関係からセリエーションを組む分析法を提案し,その組みあわせから埋葬の時期を推測する指針をえようとした。そして,実際の分析の結果,古相の画文帯神獣鏡と三角縁神獣鏡が共伴する時期と,新相の画文帯神獣鏡が副葬される時期とに二期区分することが可能だと説いたのであった〔樋口 1956〕。そしてまた,中国でえた知見をもとに,中国では三角縁神獣鏡の出土事例もなければ,「銅出徐州 師出洛陽」のたぐいの銘文が存在しないことや,伝世例が少なからずあることなど,のちに重大な論点となる指摘も数多くおこなった〔樋口 1957〕。

(4) 第 IV 期後半 (1960 年代) ── 小林説をめぐる賛否

　小林の同范鏡論は学界に深甚な影響を与えた。諸地域で出土する三角縁神獣鏡を,その地が「大和政権」の勢力圏に組みこまれた物的証拠とみなす解釈が,ひろく受容されていった。しかしその一方で,第 IV 期後半になると,小林の枠組みにたいする疑義や修正案も提示されはじめた。

　本格的な批判の口火を切ったのが,原田大六と内藤晃であった〔内藤 1959；原田 1960a〕。原田は,小林が伝世の根拠とみた鏡の摩滅は,「単なる技術上の下手さ」に起因する「鋳造時の『湯冷え』」〔原田 1960a, p.19〕によるものであり,副葬時における「伝世鏡」の頭部配置も,「決して伝世した鏡であるからどう配列しているというものではなく,古代人の副葬時における思いが,それぞれに作用した」〔原田 1960a, p.17〕ものとみなし,小林が伝世鏡とみた鏡は,「鏡の需要が激増した結果,

中国の古い鏡が，新式の鏡と共に舶載された」〔原田 1960a, p. 19〕にすぎないと断じた。これ以後，原田はくりかえし伝世鏡論を舌鋒鋭く批判することになる[40]〔原田 1962・1966 等〕。いっぽう内藤も，伝世鏡が副葬時に特別あつかいされた事例は例外的であることを強調し，よしんば特別あつかいされていたとしても，それを伝世の証拠とするのは論理の飛躍であると難じた〔内藤 1959〕。また，小林が伝世鏡の考察で記紀を積極的に使用したことについて，律令期以降の政治思想が反映した考えを考古資料の解釈にもちこむことの非を強調したことは，小林にままみられる安易な記紀利用を厳しく戒めるものであった〔内藤 1959〕。これら重要な批判のほか，後藤守一は，「死穢を忌む上代人の生活」〔後藤 1958, p. 25〕において伝世はありえず，中国で伝世されたのち国内に流入したと説き，斎藤忠も中国での伝世をへて4世紀に国内に移入されたとみた〔斎藤 1966〕が，いずれも明確な根拠に欠き，説得力にとぼしかった。

　これら伝世鏡論への疑問にくわえ，同笵鏡論への批判もだされた。たとえば内藤は，小林による「中央型」「東方型」「西方型」の設定や年代決定の仕方を疑問とし，さらに同笵鏡の配布は椿井大塚山古墳の「首長」によるものではなく，「同笵鏡を分有する諸古墳の背後にヤマト政権の権力者の存在を予想」〔内藤 1960, p. 5〕すべきと考えた。甘粕健もこれに賛同し，椿井大塚山古墳と同笵鏡を共有する多数の古墳が，椿井大塚山古墳の首長と関係をとりむすんだとする小林説にたいし，小林の想定する状況は「一人の特定の首長の活動の限度を超えているのではないか」と疑問を発し，むしろ三角縁神獣鏡は「ヤマト政権の中枢部に保管され，国内統一の進行する過程で，各地の首長に供給された」〔甘粕 1966, p. 404〕とするのが無理のない解釈であると主張した。

　さらに，同笵鏡の分与じたいを疑う説も提起された。横田健一は，記紀などの古文献には「地方豪族」に鏡を分与した記事がなく，逆に「地方豪族」から「朝廷」に鏡が移動していることを根拠に，小林説に疑問を投げかけた[41]〔横田 1958〕。横田の疑問を承けて，樋口や森浩一も，多様な流通形態を考慮しない三角縁神獣鏡分配論に異議をとなえ〔樋口 1960b；森 1963〕，斎藤も「下賜・献上・贈答等の方法によって活発に移動し所有された」〔斎藤 1966, p. 92〕と論じた。だが，これらの異論において，考古学的データに根ざして具体的な流通方式が論じられることはなく，問題提起のレヴェルをこえることはなかった。

　このほかに，和泉黄金塚古墳から出土した景初三年陳是作画文帯同向式神獣鏡の銘文中の「作詺詺之」なる銘句に着目した，藪田嘉一郎の見解にふれておきたい

Ⅳ-図22 三角縁唐草文帯三神
　二獣鏡（鏡作神社蔵鏡）

Ⅳ-図23 外区を欠損した仿製
　鏡（坂本不言堂蔵鏡）

〔藪田 1962〕。藪田は，中国鏡には「かくの如き誤筆は全然考えられない」から[42]，これは日本で踏み返したさいに「原銘を潰して新たに附刻」したときに生じた「誤筆」であるとみなし，この景初三年銘の鏡が踏み返されたのは，4世紀後半～末において，「倭女王が魏主より優遇を受けた記念すべき年」を政治的に利用するためであったと推測した〔藪田 1962, pp.8・9〕。いわゆる「後代の符牒――メモリアル・イヤー」説〔岡本 1995, p.182〕の端緒である。また，景初三年の「初」を「和」と読み，景初三年を劉宋の景和三(476)年に，正始元年を劉宋の泰始元(465)年に釈読した高坂好の研究〔高坂 1967b・1968〕もあげておく。

また，小林説批判ではないが，小林の同笵鏡論を継承しつつも，舶載／仿製の基準を修正して，三角縁神獣鏡をふくめた鏡鑑の変遷および分配状況を詳細に追究した原田の考説も，綿密な観察に裏づけられた労作として評価せねばならない〔原田 1961a〕。

以上の小林説批判は，興味深い論点をふくみはするものの，部分的な批判にとどまる憾みがあった。ただ，以下に紹介する森による批判は，小林説の欠点を的確に衝き，のちの小林説批判や王仲殊により体系化される国産鏡説の原型を形づくった点で重要な成果であった〔森 1962〕。

まず伝世鏡論について，小林が特別なとりあつかいとみた事例は2例にすぎず，それらは伝世鏡だからではなく「美しい中国鏡」〔森 1962, p.200〕ゆえに被葬者が愛用した結果とみるのが妥当とする。また，近畿の弥生時代社会に鏡が流入した直接的な証拠はなく，中国における伝世例が多く確認できる以上，古墳出土の後漢鏡は中国で伝世したのちに魏晋鏡と一括して古墳時代に輸入されたと解釈する。同笵鏡論に関しても，魏や呉の紀年鏡が格別古いわけでもない古墳から出土することから，これらは「大和政権」によって分配されたと説き，配布論にも異議をとなえた。

さらに森は，三角縁神獣鏡を魏鏡とする定説にも反旗をひるがえした。三角縁神獣鏡が中国大陸から1面も出土しないことを主根拠として[43]，そして奈良県鏡作神

社に伝わる三角縁唐草文帯三神二獣鏡(目録89)(Ⅳ-図22)が,内区のみで外区を欠くという特殊性を有し,それゆえ所蔵神社の性格とあいまって鏡作工人との関連が想定され,それが「鏡を踏み返す際の原型」か「製作の標準型」〔森 1962, p.205〕かもしれないことを副次的な根拠[44]として,三角縁神獣鏡の製作は「帰化系工人」によって国内でおこなわれたと主張したのである。つまり森は,魏鏡とされる三角縁神獣鏡が中国や韓半島から出土しない矛盾にたいし,「今後の発掘にまつほかはない」〔樋口 1957, p.33〕とか,「魏の時代の墳墓でも発見されるようになれば,きっとたくさん三角縁神獣鏡が,中華民国からも発見されるのではないでしょうか」〔後藤 1947, pp.83-84〕などといった,将来に期待を託す希望論と訣別し,三角縁神獣鏡を国産鏡とみることでこの矛盾を解消しようとしたのである。森の一連の批判点は,のちに多くの魏鏡説批判論者に継承されていった。

そして最後になるが,小林説の批判として,西嶋定生による批判にふれないわけにはいかない。西嶋の,「鏡の分賜ということはあくまで政治的関係の成立に随伴する副次的現象であり」,「鏡の分賜という視角からの政治的関係の追究には限界」〔西嶋 1961, pp.158-159〕があり,したがって定式化された前方後円墳を中心とする諸墳形の伝播と築造から,大化前代の大和政権の国家構造を探るべきとの提言は,小林説の枠組み自体への強力な批判として機能した。西嶋の構想は,古墳の造営じたいから「政権」構造にせまる枠組みを古墳時代研究に与えたが,そのために,三角縁神獣鏡などの諸器物から当該期の政治状況を分析するアプローチを退潮させることにもなった[45]。そして,上記の小林説への諸批判もあいまって,三角縁神獣鏡による政治状況の分析は,一部のすぐれた研究〔川西 1981〕をのぞき,徐々に停滞していった。このアプローチがふたたび隆盛となるのは,「威信財」の観点からの検討に関心がよせられるようになる,1990年代まで待たねばならなかった。

(5) まとめ

以上,長々と小林説批判を紹介したが,批判が多数にのぼるのは,逆にそれだけ小林説の影響の強さを物語っているともいえよう。だが,こうした批判にたいし,小林は正面だってこたえなかった。三角縁神獣鏡の鋳造技法については,蠟型や原型の存在に否定的な見解を示し〔小林行 1962e〕,仿製三角縁神獣鏡の鋳型が石型であった可能性が強いと推量する〔小林行 1965a〕など,新知見を披瀝したが,その一方,学界の議論の的になっていた伝世鏡論と同笵鏡論に関しては,一般向けの書籍でく

りかえし自説を展開するだけで〔小林行 1959a・1959b・1960・1962a・1965a・1967a・1967c〕，上記の批判にたいしては論拠をあげず一蹴しただけであった[46]。

それどころか，こうした小林説批判にたいして，「小林氏の所論のもとをなしている基本的な事実の検討と，小林氏が所論を進めるに当って考慮している，多くの考古学的資料とその理解の仕方に対する検討が，なお充分でなかったから」，「これらの批判は，この問題の発展に，効果的に作用しえなかったように思われる」〔藤沢 1961a, p.69〕とか，「伝世」「に関する小林の事実認識の個々を拒否したとしても，ただそれだけでは，小林の伝世鏡に関する理論的仮説そのものをくつがえしたことにはならない。小林には，現象の認識に導かれながらも，ある意味ではそれをこえた理論が構成されているのである」〔近藤義 1966, p.372〕などの論述に端的にあらわれているように，小林説への批判そのものを封殺するかのような総括もみられた。しかし，小林説の基盤となる事実や考古資料への理解の仕方が十分でないからといって，小林への個々の批判が無効になるわけではないし，そもそも個々の「事実認識」が否定されれば，その土台となる「理論的仮説」が安泰でいられるはずがない。

結局のところ，第Ⅳ期には，小林により三角縁神獣鏡研究は大いに進展させられたが，それへの反論とのあいだで議論が積み重ねられなかったために，論争をへて議論の深化がはたされてゆくという健全な学問のあり方を実現できなかった，ということになろうか。しかし，多くの批判により，さまざまな論点が提示されたことは，爾後の研究につながる大きな学問的収穫であったということはできるだろう。

5　第　Ⅴ　期（1970年代）

(1)　型式分類と系譜論の展開

A　小林行雄の型式分類

第Ⅳ期の華やかな成果と活溌な議論にくらべると，第Ⅴ期の研究はいっけん地味で停滞していたかの観もある。しかしこの時期には，以後の諸研究の土台となる，多くの基礎的研究が着実かつ堅実に進められた。

第Ⅴ期の研究を牽引したのは，第Ⅳ期にひきつづいて小林行雄であった。小林は，第Ⅳ期に推し進めた，同笵鏡に立脚した政治史論から手をひき，三角縁神獣鏡の緻密な型式分類に傾注していった。

まず小林は、中国製三角縁神獣鏡を分析の俎上にのせ、それまで単像式と複像式に大分していた配置分類を細別するべく、神獣像の配置法をその原理にまでさかのぼって分析することで、これを型式分類の基準にしようとこころみた〔小林行1971〕。その結果、22型式にまで細分した各神獣像配置[47]（Ⅳ-図24）と、銘帯の銘文・文様帯・神像の表現・獣像の頭位と頭向・傘松文の配置法・外区内斜面における鋸歯文帯の有無・乳座および鈕座の型式とが有意な相関関係を示すことを確認し、三角縁神獣鏡の神獣像配置が計画的なものであることを傍証した。この詳細な作業により、三角縁神獣鏡の製作原理の解明にむけて大きな一歩が踏みだされ、さらには製作体制や編年研究を究明する基盤がととのえられたのであった。またこの論攷中において、綿密な「同笵鏡目録」が発表されたことも重要である。この目録により、三角縁神獣鏡の全体像を容易に把握できるようになったからである。これは、小林の想定する三角縁神獣鏡の新古順をおおむね反映させて番号が振られたようである〔都出1989a〕。さらに、三角縁神獣鏡の銘文における四言句と七言句を緻密に検討し、三角縁神獣鏡の銘文の特徴や、銘文の種類と神獣像配置との対応関係にまで説きおよぼしていることも、瞠目すべき成果であった（Ⅳ-表5）。

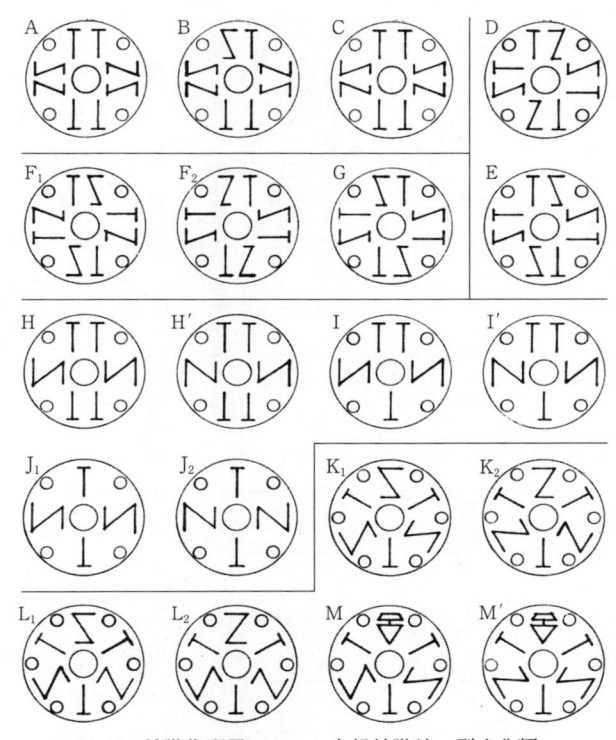

Ⅳ-図24　神獣像配置による三角縁神獣鏡の型式分類

ついで小林は、仿製三角縁神獣鏡の分析にも手をのばした〔小林行1976b〕。そこでは、中国製三角縁神獣鏡の研究において実施したのと同様の、神獣像配置とそのほか諸属性との相関関係をさぐる分析と、仿製三角縁神獣鏡に残された痕跡からその鋳型の種類を追究する分析とがなされている。

IV-表5 三角縁神獣鏡の神獣像配置と鏡銘

型式	某方作銘	吾氏作銘	新王作銘	天王日月銘	天王日月	天王・日・月	長宜子孫	君宜高官
X	4	5						
X		6						
X		7						
X		8						
B			10	11				
B				12				
A			14	19*				
A			15	20				
C				9				
E				13				
F1			21	22				
F1				23				
F2			26*	24				
F2				25				
G				27				
G				28				
J1				31				
J1				32				
J1				33				
J1				34				
J2								35
K1				38		36	37	
K1				39				
L1				41				
L1				42				
L2	40							

註 ＊印は方格内に十字区画のあることを示す。数字は小林の同笵鏡目録番号。

前者の分析においては，神獣像配置を5型式に分類したうえで，これを4種に分類した神像表現(i～iv)・4ないし5型式に分類した獣像表現(i_1～iv)・外区文様・界圏文様・「松毬形」の型式・乳座・鈕座・内区外周文様帯の構成などとの相関関係を仔細に分析することをつうじて，仿製三角縁神獣鏡の「実体の多様さ」を構造的に追究している(IV-表6)。そのすこぶる精細な分析の結果，たとえば「K_1型式鏡」と「K_2型式鏡」とが工人の「流派」を異にする可能性を説くなど，実体の多様さを製作体制のみならず工人レヴェルにまで踏みこんで解釈することが可能となり，のちに小林じしんが展開する製作体制論〔小林行 1982〕の基礎がととのえられた。ただ，体系性よりも「細部分析」に意を注いだため，いくぶん分析が複雑にすぎるきらいもあった。

後者の研究においては，仿製三角縁神獣鏡の製品の欠損および笵傷の綿密な観察をつうじ，これが鋳型に生じた剥離や亀裂により生じたと解し，鋳型の材料は真土であったと推測した。すなわち，「同笵鏡」間で「同一位置に共通した鋳型の欠損」〔小林行 1976b，p.417〕がみとめられること，鋳型の凹所を真土で埋めたり追刻をくわえたとおぼしき痕跡がみられること，「真土の表面を針状の工具で引き掻いてつけたような線」〔小林行 1976b，p.421〕を有するものがあること，三角縁の内側斜面に鋸歯文を追加した例があるが，これは断続的かつ不鮮明であり，「型土面」に押しつけて刻文したと推定できること，さらには鏡背文を中断する細い帯が走っている事例があり，これは破砕した笵を接合して使用した可能性を示すこと〔富岡 1920c；梅原 1955d〕など，緻密な観察に根ざした多くの証拠をかかげて，土型による鋳造を主張したのである。これは三角縁神獣鏡の鋳型を石型とするみずからの旧説〔小林行

Ⅳ-表6　倣製三角縁神獣鏡の同笵鏡の細部属性

番号	外　　　区	斜面	文　様　帯	界圏	型式	神像	獣形	松毬形	乳・乳座	鈕・鈕座
101	鋸・波・鋸・10乳		櫛・唐草　・10乳	弧・鋸	I	i	横		内行花文・損	円　圏
102	鋸・波・鋸・10乳		櫛・唐草　・10乳	鋸	J₁	i・ii	横 i 1	i 2	円	円　圏
103	鋸・波・鋸・10乳		櫛・唐草・波・10乳	鋸	K₂	i・ii	横 i 1	i 6	素	有節重弧
104	鋸・波・鋸・10乳		櫛・唐草　・10乳	鋸	K₂	i・ii	横 i 1	i 6	素	有節重弧
105	鋸・波・鋸		櫛・獣　・10乳	鋸	K₂	ii	横 i 1	ii 2	素	円　圏
106	鋸・波・鋸		櫛・獣　・10乳	鋸	K₂	ii	横 i 2	ii 1	素	素　鈕
107	鋸・波・鋸		櫛・獣　・10乳	鋸	K₂	ii	横 i 2	ii 1	素	有節重弧
108	鋸・波・鋸		櫛・獣　・10乳	鋸	K₂	ii	横 i 2	ii 1	素	有節重弧
109	鋸・波・鋸		櫛・獣　・10乳	鋸	K₂	ii	横 i 2	ii 4/1	素	有節重弧
110	鋸・波・鋸		櫛・獣　・10乳	鋸	K₂	ii	横 i 2	ii 4/2	素	有節重弧
111	鋸・波・鋸		櫛・獣　・10乳	鋸	K₂	ii	横 i 1	i・ii 5/3	素	有節重弧
112	鋸・波・鋸		櫛・獣　・10乳	鋸	K₂	ii	横 i 2	i 6	素	有節重弧
113	鋸・波・鋸		櫛・獣　・10乳	鋸	K₂	ii	縦 ii	i 6	素	有節重弧
114	鋸・波・鋸		櫛・10乳・獣・10乳	鋸	K₂	ii	縦 ii	i 6	素	有節重弧
115	鋸・鋸・鋸		櫛・獣　・11乳	鋸	L₂	ii	縦 ii	i 6	素	有節重弧
116	鋸・波・鋸・櫛		獣・吾・15乳		K₁	ii	横 iii	iii 3	素	円　圏
117	鋸・波・鋸		櫛・獣　・10乳		K₁	iii	縦 iv	iii 6	素	重　弧
118	鋸・波・鋸		櫛・獣　・10乳		K₁	iii	縦 iv		素	円　圏
119	鋸・波		唐草　・9乳		K₁	iv	縦 iv		素	素　鈕

註　数字は小林の同笵鏡目録番号．

1965a〕をあらためたものであった．そしてもう一つ，この論攷において重大な指摘がなされた．すなわち，中国製三角縁神獣鏡を踏み返して製作した倣製三角縁神獣鏡が1例みとめられることが指摘されているのだが，この事実は，中国製三角縁神獣鏡と倣製三角縁神獣鏡との区別を無効化させる論理的帰結を潜在させるものであった[48]．すなわち，これは鋳型の一部改変による製品の差異から気づかれたことであり，もし改変がなされていなければ，「中国鏡としてとりあつかっているもののなかに」，踏み返しの倣製鏡が「混入しているばあいもありうることにな」〔小林行1976b, p.422〕るからである．その帰結の重大さのゆえか，「実証から遊離した想像を避けたいと思うので，踏み返しの技法による作鏡の実例としては，いまは同笵鏡101のみを認めるにとどめておきたい」〔小林行 1976b, p.422〕と深入りをさけている．この踏み返しの問題は，後述のように網干善教が強調することになる〔網干 1975〕．

さらに小林は，その3年後に提出した論文において，内区外周に波文帯をほどこす三角縁神獣鏡の一群(Ⅳ-図25)を抽出し，これに詳悉な分析をくわえた〔小林行 1979b〕．これらの多くは特定の神獣像配置(K_1・K_2・L_1・M・M′)と相関し，界圏内側の鋸歯文を省略するなど新しい要素をもつことなどから，三角縁神獣鏡のなかでも新しい一群であることを明らかにする[49]とともに，この鏡群と共伴する傾向の強いK_1・K_2・L_1・L_2型式の三角縁獣文帯三神三獣鏡，I・I′・J_1・J_2型式の三神二獣鏡お

Ⅳ-図25　三角縁波文帯三神三獣鏡
　　（奈良県新山古墳）

よび三角縁二神二獣鏡も新相に位置づけた。そして，三角縁波文帯神獣鏡どうし，あるいは三角縁波文帯神獣鏡と上記の「型式」が一古墳で共伴している場合，それらを「波文帯鏡群」とよぶことを提唱し，この鏡群が「新型式鏡群」であることを主張したのであった。そしてまた，「波文帯神獣鏡」では「傘松形ではなく博山炉形がしばしば配され，この文様は仿製三角縁神獣鏡の「松毬形」と「1線を画する」ものの，これに類することから，この鏡群の新しさを傍証するとともに，仿製三角縁神獣鏡への影響力の強さを説いた。

　この「波文帯鏡群」は，仿製鏡や腕輪形石製品としばしば共伴し，かつて小林が「新式鏡群」〔小林行 1957b〕とよんだ鏡群の一部に対応するものである。また，この論文中では，「波文帯鏡群」の分配時期が新しいことも示唆されている。とすれば，「古式鏡群」と「波文帯鏡群」の製作時期の先後と分配時期の先後は対応することになり，共伴状況から両者が分離できる以上，両者間にはそれなりの時間差が存在するはずであり，中国製三角縁神獣鏡全体の製作期間をごく短期間と見積もる小林の想定と矛盾をきたすことになる。しかし，以後も小林は，10年前後の短期製作説を主張しつづける〔小林行 1982・1992〕。製作・分配ともに新しく位置づけられた「波文帯鏡群」が，のちの前期古墳編年に反映されなかった〔都出 1979；和田晴 1987〕原因は，ここに胚胎しているのではないか。この点については，前期古墳編年を再構築するにあたって細やかな検討が必要である〔森下 2005b〕。

B　西田守夫の系譜論

　従来，三角縁神獣鏡の祖型に関して，華南の画象鏡や神獣鏡を想定する見解〔梅原 1939b；後藤 1942a；高坂 1967a・1967b・1968 等〕が提示されてきたものの，これらは着想のレヴェルを大きくはこえないものであった。この見解を，厖大かつ緻密な観察により大幅に推進し体系化したのが，それまでも三角縁神獣鏡の図像および銘文の精密な分析をなしとげていた〔西田 1966・1968・1970〕西田守夫であった〔西田 1971〕。この西田の研究により，三角縁神獣鏡の系譜論は大きく深化をとげた。

　西田は三角縁神獣鏡の系譜を精細にたどり，画象鏡・環状乳神獣鏡・対置式（半

円方形帯)神獣鏡・同向式神獣鏡(「階段式神獣鏡」)・方格規矩四神鏡・獣帯鏡の諸要素との共通点が存在することから，これらの諸形式を複合することで三角縁神獣鏡が成立した，と説く。とりわけ画象鏡(Ⅱ-図14)とは，車馬像や「熏炉」(博山炉)や「旄」(=旄節文・傘松文)などの内区図像，平滑な図像表現，榜題や銘文形式，縁部の立ちあがり方，内区の四乳分割など，多くの点で共通することから，この鏡式の三角縁神獣鏡への影響をとくに重要視した。

このように三角縁神獣鏡の系譜について詳細に論じる一方，西田は「その製作地の問題には敢て立入ることを避け」〔西田1971, p.232〕た。しかし，複像式鏡が魏の工人により案出されたとする小林行雄の見解にたいし，「単像式神獣鏡が複像式に近い表現をとる二つの場合として挙げられたのは，ともに対置式神獣鏡であり，それらが殆んど，呉など華南の所産であることは注意をひく」〔西田1971, p.234〕と，華南とのかかわりを示唆しているのは注目される。三角縁神獣鏡を魏が卑弥呼ないし臺与に与えた鏡に比定するには，「尚方作」の鏡銘がいかにも少なく，むしろ景初三年鏡および正始元年鏡をはじめ三角縁神獣鏡の多数を占める陳氏作鏡に画象鏡の影響が色濃くみられることから，「官工の，しかも魏の官工の所産と決定するのは，なお躊躇しないわけにはゆかない」〔西田1971, p.217〕との見解も，この示唆を補強している。これらから，近藤喬一が指摘するように，西田は，そ「の真意を忖度しがたいが，三角縁神獣鏡は魏鏡というよりもむしろ呉鏡の影響下に製作されたものと考えてい」〔近藤喬 1988a, p.15〕たようである[50]。

ただ，次節でとりあげる王仲殊の主張〔王1981a・1985c・1992等〕にも共通することだが，画象鏡じたいの製作系譜や製作地が確定していない段階で，三角縁神獣鏡に華南の影響を推定するのは，いささか尚早の観もあった。そうした推定の当否を論じるに足る資料の整備および分析がととのうのは，岡村秀典や上野祥史による編年大綱の確立〔岡村1993a；上野2000・2001・2006〕を待たねばならなかった。

西田のこの論攷は，要約するのが惜しいほど，三角縁神獣鏡について多彩かつ重要な知見にみちている。たとえば，西田が薬籠中のものとする銘文分析について，いくつか挙例すれば，三角縁神獣鏡は「環状乳神獣鏡，対置式神獣鏡，階段式神獣鏡を初めとする諸形式の神獣鏡の銘文を継承してい」ず，「四神鏡を初めとして，獣帯鏡，殊に形式の近さから見ると，直接には画象鏡の影響が及んでいること」〔西田1971, p.215〕を推定しており，鏡式間における銘文の影響関係を明らかにしている点は，銘文研究における大きな業績であった。さらには，作鏡者銘文などから，鏡式上の系譜にくわえて「作鏡者の社会的系譜もまた，当然検討されるべき問題で

あろう」〔西田 1971, p.233〕と，洞察にみちた重要な提言をおこなった。実際に西田は，三角縁神獣鏡において「「吾作明竟」に始る銘文をもつ鏡の中にも，陳氏の作鏡があることは，文体，書体とともに，内区の図像を参照すれば明らかである」〔西田 1971, p.230〕と説いており，銘文の「文体」や書体から，製作工人（集団）を把捉しようとする姿勢をみせている[51]。なお，この研究視角については，のちに林裕己が精力的に推進することになる〔林裕 1998 等〕。

C 仿製三角縁神獣鏡の系譜論

上述したように，第Ⅳ期および第Ⅴ期に，すでに小林は仿製三角縁神獣鏡の詳細な分析を手がけていた〔小林行 1976b〕。しかし，その系譜や細かな変遷プロセスについては，内区外周の文様帯の分割原理から推定するにとどまっていた。

そうしたなか，仿製三角縁神獣鏡の系譜および変遷過程について緻密な分析をおこなったのが近藤喬一である〔近藤喬 1973・1975〕。近藤は，まず仿製三角縁神獣鏡を「三神三獣獣帯鏡」「唐草文帯三神二獣鏡」「唐草文帯（鳥文帯を含む）三神三獣鏡群」に大分する。ついで，そのうち主流を占める「三神三獣獣帯鏡」を中心に，神像の向き・獣像の頭位・獣帯のあり方・乳の数によりA（AⅠ・AⅡ）～Cの大別3グループ（細分4グループ）に分類し，各グループの諸要素の細密な分析を実施するとともに，その原鏡をそれぞれ「舶載鏡一種だけを原鏡として忠実に模した」もの（Ⅰ段階），「少くとも二種の鏡を原鏡として用いた」もの（Ⅱ段階），「平縁式二神二獣鏡もしくは四獣鏡の影響も考えられる」もの（Ⅲ段階）ととらえた〔近藤喬 1973, p.23〕。そして，各グループはそれぞれ系譜を異にするものの，この順での「製作の時期差」を推測したのであった〔近藤喬 1973, p.23〕。このように近藤は，仿製三角縁神獣鏡の変遷について，原鏡や文様要素の差異を重視して，系統的な理解を示しており，単純な退化モデルにとどまらぬ繊細な変遷観を提示したのであった。

さらに近藤は，鋳型の手直しにより生じたと思われる製品上の痕跡を手がかりに，その鋳造法の考察も手がけた。すなわち，「鏡背面を目でみ，手でふれてみた時，なかに外区の波うったようなゆるやかな起伏を感じとれる」三角縁神獣鏡が存在することにたいし，これは「蠟原型をおこす際の鏡背面のひずみに由来するもの」〔近藤喬 1973, p.20〕ではないかと推測し，また，型落ちによって消えた外区文様が「同笵」の鏡において補修されている事例についても，蠟原型を使用した証拠とみなし，同型鏡技法の存在を示唆した。ただ，前者の推測は，「金型その他を原型として踏み返しを行った時に，鋳物の縮みが生じるという点で，踏み返しが否定的」である

ことから，残る一方の可能性を採用したものであり，踏み返しのさいの縮小を厳密に検証したうえでの立論ではなかった。また，これらの考察は，いずれも中国製三角縁神獣鏡についてのものであり，仿製三角縁神獣鏡の鋳造法については「今後の追求の一つの課題としたい」〔近藤喬 1973，p.23〕と自説の披露をひかえた。鋳型の材質についても，真土型を推定しつつも結論を保留している。

近藤はまた，仿製三角縁神獣鏡にみられる鬆の位置や型落ち，湯流れについての観察所見を述べ，その状況からみて，縦注ぎの鋳造を想定している。のちに小野山節が，平注ぎの物証とした鈕上の小突起〔小野山 1998〕については，「鏡の円を描くために用いられた規矩の心棒の跡」というよりも，むしろ「鋳型の外円の再度の修整が行われたことを意味するのかも知れない」〔近藤喬 1973，p.20〕と推量した。くわえて，仿製三角縁唐草文帯三神三獣鏡（目録204）の同笵鏡の「鈕孔の方向」が「同一位置，同一方向である」ことを指摘し，かつて小林が鈕孔設置施設が一定しない物証とした一貫山銚子塚古墳出土の2面の仿製三角縁獣文帯三神三獣鏡（目録209）の方こそ例外的だと主張した。これについては，後述するように後年，福永伸哉により追認され，検討が深められている〔福永 1992a〕。

またこの時期，樋口が仿製三角縁神獣鏡をⅠ〜Ⅺ類に11分類している[52]〔樋口 1979a〕。

(2) 鋳造技術論

ここまで，小林・西田・近藤の3人に焦点をあて，第Ⅴ期に進展をみせた，三角縁神獣鏡の型式分類および系譜論にふれてきた。それらの研究においては，鋳造技術に関しても細かく追究されていた。考古学をモノの学問とする立場にたつならば，モノの性質や形状を規定する製作技術について分析を深めるべきであるのは当然であり，鋳物である銅鏡の鋳造技術について検討がなされてきたのは，健全かつ正当なことであった。

上記の諸研究をくりかえし述べる煩はさけ，ここでは網干善教と勝部明生の成果について概述する。網干は，小林行雄の同笵鏡論の難点を厳しく批判したうえで，文様を同じくする三角縁天・王・日・月・唐草文帯二神二獣鏡（目録93）の7面を細密に比較検討し，興味深い結論をみちびきだした。すなわち，「甲張り」がまったく同じ箇所に同じ状態で存在することから，これを「蠟型に生起した罅の痕跡」〔網干 1975，p.241〕とみなし，しかも「細部に若干修復，修整の手を加えたこと」〔網干

	鋳造法	資料	原范→	原型→	真土型→
〔1〕	直范鋳造	獣文帯三神三獣鏡（銚子塚）			
〔2〕	直范鋳造・母鏡踏みかえし鋳造	唐草文帯三神三獣鏡（沖ノ島18号）			
〔3〕	鏡原型踏みかえし・蠟型鋳造	仿製三角縁神獣鏡		銅鏡	
〔4〕	鏡原型（中国鏡）踏みかえし鋳造	唐草文帯三神二獣鏡（紫金山・丸山・泉屋）			
〔5〕	特殊鏡原型・真土型鋳造	唐草文帯二神二獣鏡（鏡作神社）		金型	
〔6〕	木型鏡原型・真土型鋳造	唐草文帯二神二獣鏡（普段寺・将軍山・大成）		木型	
〔7〕	蠟原型・踏みかえし鋳造	唐草文帯二神二獣鏡（ヘボソ・南原・長塚）		蠟型	
〔8〕	蠟型鋳造	獣文帯三神三獣鏡（紫金山）他		蠟型	
〔9〕	原范（土范）蠟型鋳造	唐草文帯二神二獣鏡（ヘボソ・南原・長塚）	土型	蠟型	
〔10〕	直范鋳造	鳥獣葡萄背方鏡（正倉院）			
〔11〕	原范（硬質）蠟型鋳造	鳥獣葡萄円鏡（正倉院・香取神宮）		蠟型	
〔12〕	蠟原型・金属鏡型踏みかえし鋳造	鳥獣葡萄背円鏡（正倉院・香取神宮）		蠟型	
〔13〕	蠟原型・踏みかえし鋳造	海獣葡萄鏡（高松塚・西安十里鋪337墓・加藤氏）		蠟型	

Ⅳ-図26　銅鏡鋳造に関

註　鋳型欄で材料を記していないものは真土型による惣型。鏡・鏡型欄で2面表示したものは2面以上の複数鋳造を

1975, p. 242〕がみとめられることから，この7面は同型鏡の技法により製作されたと推定したのである。そして，「何時，如何なる場所においても，鋳造の技術と原料さえあれば，何面でも同じ型式の鏡を製作することは可能である」〔網干 1975, p. 242〕と結論づけたのであった。これは，同時製作―同時分配を前提とする同笵鏡分配論に根柢から変更をせまる主張であった。

鋳 型→	鏡・鏡型→	踏み返し		鏡
		真土型→	鋳 型→	
石・土型				
土 型				
	(蝋型)			
	銅 鏡			
石 型				
	(金型)			

する諸見解の模式図
示す。

　また網干は，小林の同笵鏡分有論にたいしても，強い疑念を投げかけた。小林の論理構成は，三角縁神獣鏡は「五枚の同笵鏡を一つの箱に収めるというような方法で，魏から輸入され」，配布のために「中央から派遣された使臣」が「地方へ宣撫にでかけた時」に「五枚の鏡のうちの一，二枚を自分のものにして，残りの鏡を，目的地の小支配者に，一，二枚ずつ渡した」と考えることができ，「同笵鏡」1セ

ットの面数の上限がさだまっている以上，多種の「同笵鏡」を保有する京都府椿井大塚山古墳および岡山県湯迫車塚古墳の被葬者の配布活動を具体的に復元しうる，とするものであった〔小林行 1957b・1965a, pp. 75-76 等〕。しかし網干は，上記の三角縁天・王・日・月・唐草文帯二神二獣鏡の同笵(型)鏡が7面に達した以上，その論理構成は破綻すると批判したのであった。これは，椿井大塚山古墳と諸古墳間で分有される同笵(型)鏡の総数が『魏書』東夷伝の「銅鏡百面」に相当するとみた当初の想定〔小林行 1955a〕に反して，それ以後に出土数が増加し，同笵(型)鏡を5面1組とみなすと 200 面をこえるという矛盾が生じるにもかかわらず，複数次におよぶ入手を仮設することで論の綻びを弥縫し〔小林行 1967c〕，5面1セットの前提を墨守したことにたいする強い反証となりうる批判であった。

　いっぽう勝部は，従来の同笵鏡／同型鏡の諸説を図解つきで，その論拠を示しつつ叮嚀に紹介しており，非常に有益である〔勝部 1978〕(Ⅳ-図26)。さらに勝部は，豊富な鋳鏡知識から諸研究を吟味したうえで，「神獣形の高肉鋳出はより硬質型材への陰刻を推察させる」ことや，土製の「鋳型は一回の鋳造で壊れてしまうので」「同笵鏡，同型鏡は一つの土鋳型からはつくれない」ことなどを根拠として，「同笵・同型三角縁神獣鏡の鋳造法は硬質原笵から蠟原型をつくり，それを真土で包んで鋳型を作ったと考えるのが一番理解しやす」く，「原笵の素材としては滑石，大理石，木(緻密な桜材が最適か)が想定されるが，石材への陰刻よりも木型の方が彫りやすかったと考えられる」と結論づけた〔勝部 1978, pp. 336・338〕。この蠟原型説は，原笵を「硬質原笵」と想定する点で相違するものの，先述のように荒木宏および梅原末治に端を発し〔梅原 1946, p. 33〕，蠟原型「から土製の二次笵を作り，蠟を流したあと熔銅をそそぎ製品をえる製作技術を想定」する岸本直文や福永伸哉に継承されている〔岸本 1991, p. 174・1996b；福永 1992a・2005a〕。

(3) 魏鏡説と国産説の対峙

A　景初三年鏡の発見と正始元年鏡の確認

　これら着実な研究が進められる一方で，三角縁神獣鏡の製作年代および製作地の手がかりとなりうる重要資料の発見があった。一つは，1972年に島根県神原神社古墳から，三角縁景初三年陳是作同向式神獣鏡(目録7)が発見されたことである〔蓮岡 1972〕(Ⅰ-図1)。これと共伴した土器は，古墳時代前期でも古い時期に属するものであった〔前島他 1976〕。この発見により，本鏡に内区図像構成が酷似する大阪府和泉

黄金塚古墳出土の景初三年陳是作画文帯同向式神獣鏡の製作時期を4世紀後半以降に位置づける解釈〔藪田 1962〕は，成立の余地がせばまり，この2面が魏から入手された鏡である可能性が高まった。もう一つは，東京国立博物館が所蔵する山口県竹島御家老屋敷古墳出土鏡が，西田守夫の綿密な観察により，正始元年の銘をもつことが判明したことであった〔西田 1980〕。この鏡は，群馬県蟹沢古墳および兵庫県森尾古墳から出土した三角縁□始元年陳是作同向式神獣鏡（目録8）（I-図2）と同笵（型）であり，したがって，肝心の部分が欠損しているため，ながらくその元号を確定しえなかった両鏡が正始元年の作であることが判明したのである。

　これらが魏の年号鏡であることが確定したことで，魏より卑弥呼が下賜された「銅鏡百枚」こそ三角縁神獣鏡であろうとみる見解が強まっていった。

　そうしたなか，福山敏男は，神原神社古墳出土鏡・和泉黄金塚古墳出土鏡・蟹沢古墳出土鏡（＋森尾古墳出土鏡）の3種4面の相互に類似する銘文を比較検討し，うち3面にみられる「杜地□出」の銘句を「杜地命出」と釈読し，これらの鏡銘には，「陳氏がもと京師（＝長安：下垣註）の杜の地から命（勅命）によって」洛陽に「出仕した」〔福山 1974(1987), p.121〕ことが記されていると解した（IV-図27）。さらに福山は，この銘文を，魏の青龍三(235)年に，明帝が「銅鋳」を徴発して「銅人」2体および「黄龍」「鳳凰」各1体を新作させたという『三国志』魏書の記事[53]に関連づけて，上記諸鏡の製作背景を次のように推測した。すなわち，魏の明帝が景初元年ごろに，洛陽宮で銅像の移動や

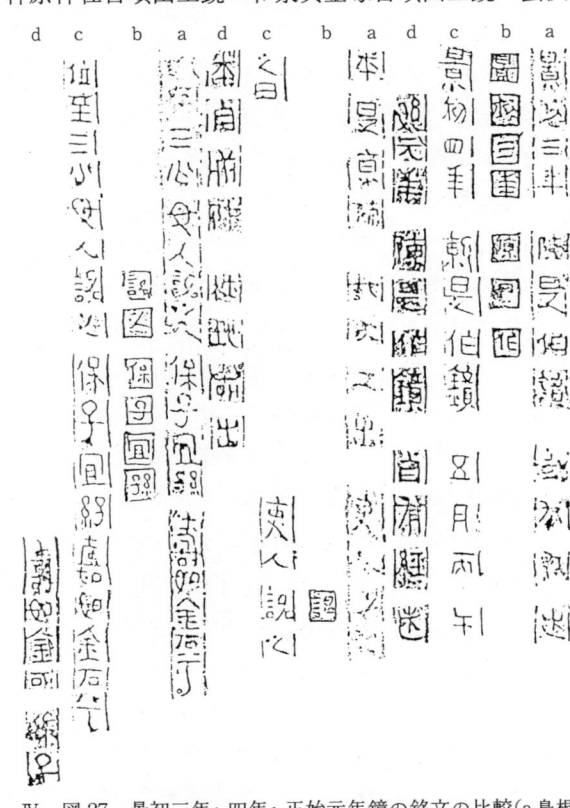

IV-図27　景初三年・四年・正始元年鏡の銘文の比較（a 島根県神原神社古墳，b 大阪府和泉黄金塚古墳，c 京都府広峯15号墳，d 群馬県蟹沢古墳）

鋳銅を中心とする大工事を，多人数を動員して実施した。「陳氏」も皇帝の命をうけ，長安付近の杜陵県から出仕し，鋳造事業に参加した。景初三年に明帝が崩じ，鋳銅事業も打ち切られたが，設備や人手を有していた陳氏は銅鏡の鋳造に手をのばした。こうして陳氏により製作された鏡こそ，これら景初鏡・正始鏡である，と。ほかにも，難釈字句である「母人諸之」については，「人のこれに名付くることなし，つまり形容できぬほど立派であるという意」と解釈し，「自有経述」については，「名工陳氏の作だから，「銘記のあるのが自然だ」という自負を示す」〔福山 1974(1987)，pp.116・120〕と読み解いた。

　福山の研究は，紀年銘を有する三角縁神獣鏡である景初鏡と正始鏡にたいして，はじめて本格的な釈読をおこなったものであった。のみならず，これら諸鏡が製作された歴史的経緯についても論がおよんでおり，銘文の分析が銅鏡研究に有効であることを存分に示した。なお，福山による解釈にたいしては，以後，賛成論〔近藤喬 1983・1988a・1988b；福永 2009 等〕と反対論〔王 1984b；笠野 1994 等〕とがだされている。

　以上のような魏鏡説の有力根拠と裏腹に，森浩一がくりかえし強調したように，三角縁神獣鏡は中国において1面も出土していなかったが，この矛盾を解消しようとする解釈が幾人かにより提示された。たとえば田中琢は，三角縁神獣鏡の平均面径は22.3cmで，標準偏差がわずか1.2cmにすぎず，規格性が高いこと，中国鏡の伝統内にありつつも図案決定に際してさまざまな選択がおこなわれており，「その製作にはかなりの数の工人が関与し，集中的に製作がおこなわれたことも推定できる」こと，同笵により大量生産されていることから，「邪馬台国の女王卑弥呼への下賜品として，魏帝の命によりとくに量産されたもの」〔田中琢 1979, p.60〕だと主張した。これは，かつて富岡謙蔵が，「至海東」の銘から「支那より本邦朝鮮」への「寄贈」〔富岡 1916, pp.120-121〕を推測したのを，規格や製作体制などを根拠にいっそう高いレヴェルで再構築したものであり，実証性をそなえた最初の「特鋳説」といえるものであった。また，樋口隆康も，三角縁神獣鏡が「輸出向きに作られたもの」〔樋口 1978a(1983), p.340・1982 等〕とみた。

B　国産説の展開

　しかし一方で，森浩一が先鞭をつけた三角縁神獣鏡の国産説も，徐々にひろがりをみせていった。森じしん，三角縁神獣鏡魏鏡説の問題点をくりかえし主張していた〔森 1971・1976b・1978a・1983 等〕が，ここでは，「三角縁神獣鏡の大半を日本製と仮定し，その母鏡となった優品の製作地として，公孫氏が建国していた遼東を仮定し

ている」〔森 1970, p.126〕との考えに注目したい[54]。後述するように，近年，三角縁神獣鏡の製作地として徐州地域〔岡村 1995b・1999a；上野 2005a〕や楽浪地域〔白崎 1987b；西川 2000a；辻田 2007a 等〕や渤海湾周辺地域〔福永 1991〕が想定されるが，そうした考えの嚆矢をなす着想であった。

また古田武彦は，大阪府国分茶臼山古墳出土鏡(目録17)に配された「用青同 至海東」の銘句を，「中国の鋳鏡者が中国の銅をもって日本列島（南河内近辺）に渡来し，この三角縁神獣鏡（『海東鏡』）を作った」〔古田 1979a, p.149〕ことを示すものと解した。これは，臆説の域をさほどでない推論であったが，その2年後にだされる王仲殊の論攷〔王 1981a〕に先駆ける解釈であった。さらに，西晋代に成立した『三国志』に「師」の字が使用されていることから，司馬師の諱が晋代に忌避されたことを年代比定の一論拠とする三角縁神獣鏡魏鏡説〔富岡 1916〕には問題があり，そうであれば「景初」「正始」と釈読する根拠がないことなどを強調している〔古田 1973・1979a〕。これらは，以後の魏鏡説批判に継承されてゆく指摘であった。なお，作家として著名な松本清張も，国内での出土数の多さなどから，三角縁神獣鏡をすべて国産とみなした〔松本 1973・1976 等〕。

(4) 政治論そのほか

この時期，第IV期にくらべると低調ではあったものの，同笵鏡分配論を参照した政治論もいくつかだされた〔小田 1970；角川 1970b；甘粕 1971a・1975 等〕。

なかでも，滋賀県大岩山古墳と同天王山古墳，京都府北山古墳と同妙見山古墳のように，同一の古墳群にありながら，それぞれ中国製三角縁神獣鏡と仿製三角縁神獣鏡を副葬している古墳が継続的に造営されていることについて，それは「同じ地域の「政治的結合体」に対して，二段階にわたって鏡を配布し」た結果であり，三角縁神獣鏡の配布をともなう「同盟関係の確認は，ある政治的結合体の首長が交代するたびに行なわれた」〔都出 1970, pp.65-66〕と解した都出比呂志の研究は重要である。というのも，小林行雄の同笵鏡分配論の理窟だと，三角縁神獣鏡の分配により諸地域の「首長」の支配権が承認され，はじめて諸地域で古墳が造営されるようになるのであり〔小林行 1955a〕，古墳の造営域の拡大は三角縁神獣鏡の分配域の伸張と結びつけられていたからである〔小林行 1957b〕。それゆえ，2段階にわたる三角縁神獣鏡の配布がなされたとすれば，「中央鏡群」などの複数の「鏡群」の段階的分配と「大和政権の勢力圏」の段階的伸張とを結びつける小林の大系に再考がうながさ

れることになるからである[55]〔菅谷 1980〕。のちに都出は，三角縁神獣鏡の段階ごとの配布状況を検討するが〔都出 1989a〕，その問題意識の萌芽を，この考察に求めることができるかもしれない。

また，諸地域の古墳から出土する後漢鏡や同笵鏡を，「ある種の国家的任務を帯びて派遣された」「一種の派遣官が，任地におもむくにあたって賜与された」ものか，「中央の諸氏族において伝世された」ものとみた山尾幸久の見解〔山尾 1970b，p.81〕も，一つの興味ある政治史論的解釈として紹介しておきたい。

一方，こうした配布論にたいして樋口隆康は，むしろ「征服者」が「被征服者からその財宝をとりあげる，といった行為の方が自然的」と批判をくわえた〔樋口 1979c，p.297〕。ところで樋口は，「百枚」を大きく超過する三角縁神獣鏡は「銅鏡百枚」とはみなせず，「卑弥呼が，中国からもらった貴重な鏡を簡単に手ばなした」とは考えられず，分配したとしても「一族と家臣に限られたのであって，地方の服属した小首長層まで及んだかは，頗るうたがわしい」ことから，「同形鏡の分布（ママ）から大和政権の全国波及を論ずるのは，かなりの無理がある」とみている〔樋口 1978a，p.341・1979c，p.297・1983・1992等〕。樋口が分配説ではなく献上（略奪）説を採るのは，この理路からみちびきだされているのであろう。

なお，政治論のほかにも，林巳奈夫が三角縁神獣鏡をふくむ神獣像についておこなった，銘文・文献・図像を駆使した名物学的分析が興味深い〔林巳 1978〕。結論として林は，三角縁神獣鏡などの「禽獣」は，不祥を辟除する役割を担い，とくに特定種の獣が選ばれることなく，適当な種類をスペースに応じて適当な数だけ選んで神像のあいだに配していたと述べている。これは，神獣像をはじめとする三角縁神獣鏡の文様が，部品的に組みあわされて構成されていると推測した森下章司や西川寿勝の研究〔森下 1989；西川 1999a・2000a〕の源流となる指摘であった[56]。また，西田守夫の研究成果〔西田 1968〕を参照しつつ，音韻論的分析をつうじて，三角縁神獣鏡の銘文の「奇守」「戯守」「神守」を，それぞれ「奇獣」「奇獣」「神獣」の仮借とみなしたのも卓見であった。この林の考証を参照して，近藤喬一は，鏡作神社所蔵の三角縁唐草文帯三神二獣鏡（目録89）の神像について，鈕をはさんで東王父に対置する「有尾の双神」を「蒼頡と神農より転化したものかも知れぬ」〔近藤喬 1973，p.11〕と推察した。

またこの時期，幾冊かの図録類が刊行され〔鎌谷木 1973；田中琢 1977・1979・1981；樋口 1979b〕，のちの研究に裨益することとなった。そのなかで，前述のように田中琢は三角縁神獣鏡について重要な見解を示し〔田中琢 1979〕，樋口も三角縁神獣鏡に

ついて，自身の長年の研究成果と現状の到達点とを簡潔にまとめた〔樋口 1979a〕。

6 第 Ⅵ 期（1980年代）

(1) 王仲殊の呉工匠渡来製作説

　このように，1970年代の第Ⅴ期には，緻密な基礎研究が推進される一方で，国産鏡説や特鋳説などの基本形がかためられつつあった。とりわけ，三角縁神獣鏡の型式分類や系譜論の着実な深化は，華やかさこそないものの，第Ⅴ期においてもっとも評価すべき研究成果であった。ただ，とくに目だった議論交換もなく，やや停滞の観もいなめなかった。

　そうしたなか，あたかも「青天の霹靂」のように，王仲殊の論文があらわれた〔王 1981a〕。呉の工匠が「日本」へ渡来して三角縁神獣鏡を製作したというその主張は，中国の第一線の考古学者が厖大な考古資料を縦横に駆使して構築したものであっただけに，説得力に富み，日本国内における反響はまことに甚大であった。またたく間に複数の翻訳がだされ〔王 1982a・1982b〕，賛否両論の多くのコメント〔福山 1981・1982；奥野 1982a；直木 1982；森・安本 1982；樋口 1983；森 1983；駒井正 1984a・1984b 等〕がよせられた。

　王の主張は，最初の論文〔王 1981a〕においてほぼその大要が示されたが，その後も論攷を重ねて論拠と資料，考察を充実させていった〔王 1982c・1984a・1984b・1985a・1985b・1985c・1986a・1987a・1987c 等〕。そのため，王説の要約はむずかしいが，あえてこころみれば以下のようになる。

　三角縁神獣鏡を中国製とする従来の説は，この鏡式が中国国内の発掘資料はもとより博物館収蔵資料や各種金石図譜類にもいっさいみとめられないことにくわえて，中国で出土する鏡にみられない「旄」の文様（＝旄節文・傘松文）が三角縁神獣鏡に配されていることなどから，大いに疑問である。一方，三角縁神獣鏡の銘文には「陳氏」「張氏」「王氏」といった作鏡者名があり，中国の工匠が製作したことがうかがえる。中国で出土しない鏡を中国の工匠が製作することにたいしては，中国の工匠が日本に渡来して製作したと想定するのが妥当であり，国分茶臼山古墳出土鏡（目録17）の銘句「用青同　至海東」の「海東」とは，中国からみて日本列島を指すので，この銘は上記の想定を裏づける。中国のいかなる地域の工匠が渡来したかといえば，

三角縁神獣鏡のもととなった三角縁の画象鏡と平縁の神獣鏡は，ともに呉の領域から出土し，魏の領域から出土しないので，前者の工匠が渡来したと考えるのが適当であり，さらに三角縁仏獣鏡のように仏像を鏡などの器物に表現しているのは前者の領域であり，後者の領域にはこのような表現がまったくないことも，この考えを補強する。呉の工人がいかなる経緯で渡来したかといえば，三角縁景初三年陳是作同向式神獣鏡（目録7）および三角縁正始元年陳是作同向式神獣鏡（目録8）に，それぞれ「本是京師 絶地亡出」および「本自荊師 杜地命出」と読める銘句があり，これはもと揚州の京城（呉の都邑）にいた鋳鏡工匠が亡命して異国の地（「日本」）へいたったことを示す。王はこのような推論を展開したのであった。

また，特鋳説にたいしては，その根拠となる銘句「銅出徐州 師出洛陽」について，徐州市で銅を産出した記録はなく，徐州府に銅山県が設けられたのは清代であること，「師出洛陽」については類例が皆無であり，誇大広告的な「虚辞」と解しうることをあげて批判する。「至海東」の銘句についても，主語は「吾」であり，製品ではなく工人が「海東」にいたったことを示すと反論する。さらに，三角縁神獣鏡に特鋳に関する旨が記されていないことも疑問であり，そもそも，他国に銅鏡を特鋳した先例がないのに卑弥呼のためだけに大量に特鋳する理由が不明だとした[57]。

王の論点は，このほかにも多岐にわたり，重要な洞察と識見にあふれている。ただ，個々の論点に関していえば，それらはすでに先行研究により提示されていたものであった〔樋口 1983；田中琢 1991c；岡本 1995；藤田友 1999〕。しかし，そうした論点を，厖大な考古資料と文献史料を該博かつ縦横に駆使して総合的に立論したことこそ，王説の真骨頂であり，それゆえに多くの賛同者をえた。反論もこころみられたが，さほどの説得力はなかった。

(2) 王説をめぐる討論——日中合同古代史シンポジウム

こうした学界の大きな反響をうけ，中日の学者を集えてシンポジウムが開催され，それぞれの立場からの主張と論議が交わされた〔西嶋他 1985a〕。王をふくむ中国人研究者3名が呉工匠渡来製作説を支持し，日本人研究者3名がこれに疑義を発して自説を述べた。シンポジウムの中心となった王の見解は先述したので，他論者の見解を概説する。

王説に賛意を表する徐苹芳は，三国期から南北朝後半期までを3期にわけ，発掘

資料を十分にふまえ，社会背景にも留意しながら，中国鏡生産の状況を論述した〔徐 1985；西嶋他 1985b〕。すなわち，第一期の「三国西晋時代[58]」に魏や西晋の領域では，後漢末以来の戦火の余燼に銅材の不足もあいまって，銅鏡生産はほとんどふるわなかった[59]。その一方，華北とは対照的に，長江流域は後漢末期の動乱期においても，相対的な安定をたもっていたうえに，主要銅鉱がすべて当地域にあったため，呉における銅鏡の鋳造は，会稽郡山陰県(現，浙江省紹興市)と江夏郡武昌県(現，湖北省鄂州市)を中心に空前の隆

Ⅳ-図28　三角縁陳氏作神獣車馬鏡(滋賀県大岩山古墳)

盛をむかえ，各種の神獣鏡および画象鏡を生産した，と論じた。したがって，魏の銅鏡鋳造の状況からみると，倭の女王のために銅鏡の特鋳などできず，与えられたのは三角縁神獣鏡ではなく，当時流通していた方格規矩鏡・内行花文鏡・獣首鏡・夔鳳鏡・盤龍鏡・位至三公鏡(双頭龍文鏡)・鳥文鏡であったと主張した。徐の研究は，中国における銅鏡生産の消長を資料に即して解明した点できわめて重要であった。とりわけ，西晋〜南北朝期の銅鏡の実態を明らかにしたことや，方格T字鏡などそれまで仿製鏡と考えられていた粗笨な銅鏡が，東晋〜南北朝期の中国鏡であるなどといった指摘は，のちの研究に多大な影響を与えた〔川西 1989；近藤喬 1993；森下 1998b；車崎 1999a；上野 2007 等〕。

徐の主張とは対蹠的に，三角縁神獣鏡の魏鏡説および特鋳説を支持する田中琢は，三角縁神獣鏡の系譜を華南にのみ求める王説に疑問を提示し，魏の領域にも神獣鏡があることを挙例して，王説に反論した〔田中琢 1985；西嶋他 1985b〕。くわえて，もし呉の工匠が渡来したならば，なぜ三角縁神獣鏡以外の銅鏡を製作しなかったのか，仿製鏡の工人に影響を与えなかったのか，そもそも当時の日本列島の社会条件からして，数百面もの三角縁神獣鏡を製作しえたのか，などの疑義を発した。さらに，滋賀県大岩山古墳出土の三角縁陳氏作神獣車馬鏡(目録15)(Ⅳ-図28)の銘文「鏡陳氏作甚大工　刑暮周刻用青同　君冝高官至海東　保子冝孫」を読むと，「刑暮周刻」のあとに「用青同」が配されるのは適切だが，「君冝高官」のあとに「至海東」がくるのでは意味がとおらないことを考慮すれば，これと類似する大阪府国分茶臼山古墳出土の三角縁吾作四神二獣鏡(目録17)の銘文「吾作明竟真大好　浮由天下□四海

用青同 至海東」は，前者から「用青同」の句を切りとり後者にはめこんだ産物と考えられるとし，王の釈読に疑問を呈した[60]。「用青同」と「至海東」とが連続しない別の句とするのは，樋口隆康らも強調している解釈である〔樋口 1979a・1983・1992；奥野 1982a；笠野 1998 等〕。また田中は，『三国志』呉書巻60に「海東四郡為広州」との記載があることに注目し，「当時の中国人にとっては，「海東」は，もし具体的な場所を示す地名なら，南の方の広州をさすものだったことにな」るため，梅原末治〔梅原 1916a〕と同様に，「海東」を「仙界」と解して，王説に反駁した〔田中琢 1985・1989, pp. 85-86〕。

さらに田中は，内区外周に文様帯をいれるという三角縁神獣鏡に固有の特徴は，ほかは華北の魏鏡のみにしかみとめられず，しかもそこに配される唐草文が両者で酷似する事例があること，そして「師出洛陽」に類する「名師作之出雒陽」なる銘が，平壌石巌里200号墳出土の流雲文縁方格規矩四神鏡に存在することから，「三角縁神獣鏡は，魏の景元四年銘の規矩花文鏡と同じところ，すなわち魏を含む中国北方の製品であるとせざるを得ない」〔田中琢 1985, p. 60〕と結論づけた。ここで重要なのは，魏鏡の特徴を具体的に抽出し，三角縁神獣鏡との関連が説かれていることである。この論点は1990年代末以降，三角縁神獣鏡の系譜を解き明かす最重要論点の一つになっている〔車崎 1999a；上野 2007；森下 2007a 等〕。他方，特鋳説に関しては，おおむね自説〔田中琢 1979〕をあらためて説くにとどまった。

このシンポジウムでは，意見の一致をみるにはいたらず，議論はおおよそ平行線をたどった[61]。しかし，異説をいだく諸論者が一堂に会して意見を交換し，論点と問題点が整理され，確認されたのは，当時の研究のみならず爾後の研究にたいしても，このうえない財産となるものであった[62]。これを要するに，「呉の渡来工人説」と「中国本土製作論」のいずれにも，その「基本設計を本格的な建物にこれから仕上げていくための努力」〔西嶋他 1985b, p.255〕が必要であることが痛感されたのであり[63]，今後の研究への指針が示されたのであった。

（3） 景初四年鏡論争

呉工匠渡来製作説により屋台骨が揺らいだ三角縁神獣鏡の魏鏡説に，さらなる震動がもたらされた。景初四年鏡の発見である。1986年10月，京都府広峯（ひろみね）15号墳から景初四（240）年の紀年銘をもつ盤龍鏡（IV-図29）が発見され，その直後，これの同笵（型）品（IV-図30）を兵庫県辰馬（たつうま）考古資料館が所蔵していることが公表された。

本鏡は三角縁神獣鏡ではなく，径もそれより
やや小さい（約17 cm）が，三角縁を呈し銘文
も景初鏡・正始鏡に類似するもので，三角縁
神獣鏡との親縁性が高いものである。魏の年
号である「景初」は三年までで[64]，存在する
はずのない「四年」銘が出土した事実にたい
する反響は大きく，たちまち議論が百出した。
議論は，製作地論に集中し，おおむね国産
説・魏製作説・韓半島北部製作説の３説がだ
されたが，前二者が大半を占めた。以下，そ
れぞれの説について簡単に紹介する。

Ⅳ - 図29　景初四年盤龍鏡(1)（京都府広峯15号墳）

　まず国産説である。王仲殊は，元号は国家
の規範であり，存在しえない景初四年の銘を
魏の政府が許すはずもないから，特鋳説は成
立しえないと断じた。そして，本鏡の製作者
が景初三年鏡と同じく呉の工匠である「陳
是」であること[65]から，本鏡も呉の工匠が東
渡して製作したものとみなし，海東の「絶
域」ゆえに改元の知らせがおくれたため，存
在しえない年号が鋳出されたのだと主張した
〔王 1987a等〕。菅谷文則や森浩一らも王説に
同意し，これらを国産鏡とみなした〔奥野

Ⅳ - 図30　景初四年盤龍鏡(2)（辰馬考古資料館蔵鏡）

1987；菅谷 1987a・1987b・1989・1991；森 1987a・1991等〕。
　一方，魏製作説も，この年号銘を自説の裏づけとした。つまり，国産説と魏製作
説の双方が，一つの年号銘を自説に有利な証拠とみなしたのである[66]。いささか奇
妙な光景だが，三角縁神獣鏡の製作地論の論拠と論証法がいかに入り組み，混線し
ているかを逆説的に示している。たとえば田中琢は，景初三年に魏へ遣使した倭の
使者が，翌年に帰国することが確定したため，「この記念すべき二か年の年号を入
れた鏡を製作しはじめ」，「そのうちに翌年を正始と改元することが正式に決定し」
〔田中琢 1989，p.97〕たため，景初四年と正始元年の紀年銘鏡が製作されるにいたっ
たと説いた。これと同様の見解は，ほかにも幾人かにより提示された〔都出 1989a；福
山 1989等〕。また近藤喬一は，改元の実施がおくれる事例が，帯方郡などの「中国

領域内」でみとめられることをあげ，架空の年号の使用例を挙示し，景初四年鏡が魏で製作されたことを示唆した〔近藤喬 1988a・1988b・1989〕。このような見解にたいしては，「年賀状的予定説」を仮説的にとなえるよりも，魏製作説が製作地とみなす洛陽において，改元にともなう新元号の使用の実態や，改元の知らせが諸地域に伝達される期間を実証的に検討すべきだという，菅谷による適切な反論〔菅谷 1989〕や，「鏡作りの工人たちは年号をとても大切に考えていた」から「通常では，改元後の月日に改元前の年号を冠して鏡面に鋳出することは決してあり得ない」〔玉城 1988a，p.337・1988b〕との，やや主観に流れた異論などが提示された[67]。

国産説と魏製作説とが平行線をたどる一方で，それらとことなる第３の製作地説が浮上してきた。韓半島北部製作説である。この説の原型は，上記のように森がとなえ〔森 1970〕，北野耕平も「かりに舶載の三角縁神獣鏡の製作地を日本列島以外の場所に推定」すれば「楽浪郡南部の地域もまた考慮すべき候補地」〔北野 1985，p.247〕との推論をみちびいていた。重松明久もまた，「銅出徐州 師出洛陽」の銘句が「魏朝からの注文をうけた上での，プライベートな工房における製作であることを告げているようにも，うけとれる」とみたうえで，「この種の鏡のかなりの数のものが」「魏と倭との中継地としての役割を果たしつつあった帯方郡周辺で，魏朝の指令によって鋳造されたこともありえたのではなかろうか」と想定した〔重松 1978，p.155・1981，p.50〕。しかし，これらの見解はほとんどかえりみられなかった。

ところが，韓半島北部製作説は，景初四年鏡の発見により，改元の情報の伝達がおくれうる地域として，にわかに注目されることになった。たとえば，吾作銘を中心とする三角縁神獣鏡の銘文が，呉の紀年銘鏡とは密接な関係を示さず，むしろ中国東北部から韓半島北部で発見される鏡の銘文と近い関係を有することに注目しつつも，「これによって短絡的に何らかの結論に導く心算はない」〔白崎 1985，p.91〕と慎重さを示していた白崎昭一郎は，景初四年鏡の出土をうけて，景初三年鏡・景初四年鏡・正始元年鏡の製作地について，「朝鮮半島北部を一つの候補地」とみなすにいたった。そして韓半島北部からもまったく三角縁神獣鏡が出土しない理由については，「公孫氏の滅亡後，庇護者を失った工人たちが日本へ移ったとの仮説」〔白崎 1987b，p.35〕を提示した。この仮説は，森の推測〔森 1970〕を物証により補強したうえで発展させたものであり，のちにこれと同型の解釈が幾人かにより提示されることになる[68]〔大和 1998a・2001；中村 1999a等〕。さらに東洋史学の碩学である宮崎市定も，改元の知らせが遅延しうる地域として帯方郡をあげ，「用青同 至海東」の「海東」が日本ではなく遼東をふくむ韓半島を指すのが通例であることから，中国

の工人が材料を持参して，帯方郡にわたり鋳鏡に従事したと推測した〔宮崎 1987〕。また宮崎は，帯方郡において銅鏡を倭国向きに特鋳していたことも想定している。同様に和田萃も，「中国で発見されない三角縁神獣鏡が，帯方郡で，呉出身の工匠の手により，倭国のために特鋳された，との仮説」を提示した〔和田萃 1988, p. 69〕。

この韓半島北部（および中国東北部）製作説は，1990年代以降，具体的な資料の裏づけをもって徐々に賛同者をふやしてゆくことになる〔福永 1991；森田 1999a・2006；西川 2000a；辻田 2007a 等〕。

なお，賀川光夫や王金林は，呉の工人が魏へ「亡出」して三角縁神獣鏡を製作したと推測する〔賀川 1989a；王金 1989・1992〕。呉の領域で魏の紀年鏡が製作されたこと〔王 1981a；近藤喬 1988a・1988b；樋口 1989・1992〕が指摘されていることをかんがみるに，それほど無稽の考えともいえない。

（4）系統的変遷と製作原理の追究

景初四年鏡をめぐる論争は，たしかに研究を活性化させた。だが，「空中戦」のきらいもあり，物証に即した議論よりも観念的な議論が目だつ局面も多かった。紛紛聚訴，水掛け論に終始した感すらあった。

しかしその一方で，三角縁神獣鏡それじたいに根ざした研究成果もうみだされていた。ここでは，とりわけ重要な成果である奥野正男と小林行雄の研究を中心に解説する。

A　奥野正男による系統的変遷の検討

奥野の三角縁神獣鏡研究は，先駆的な視点にみちた労作である〔奥野 1982a 等〕。まず奥野は，戦後の「考古学界のなかから三角縁神獣鏡の鏡紋や形態を中国出土鏡や年号鏡と比較し，その祖型や発展形態を明らかにする，体系的，全面的な研究をつうじて，その魏鏡説への反論が展開されなかった」〔奥野 1982a, p. 60〕ことを舌鋒鋭く批判する。そして，「三角縁神獣鏡のように，中国・朝鮮からの出土をみない現状では，共通する要素とともに共通しない要素を具体的に示し，これを中国鋳鏡史のながれのなかにおいて，検討することが何よりも重要である」〔奥野 1982a, p. 135〕ことを強調する[69]。そのうえで，三角縁神獣鏡に「幢幡紋」（＝旒節文・傘松文）や文様帯および銘帯上の小乳など，中国鏡にはみられない要素が多々みられることにくわえ，三角縁神獣鏡からいわゆる仿製三角縁神獣鏡までの変遷をスムースに追

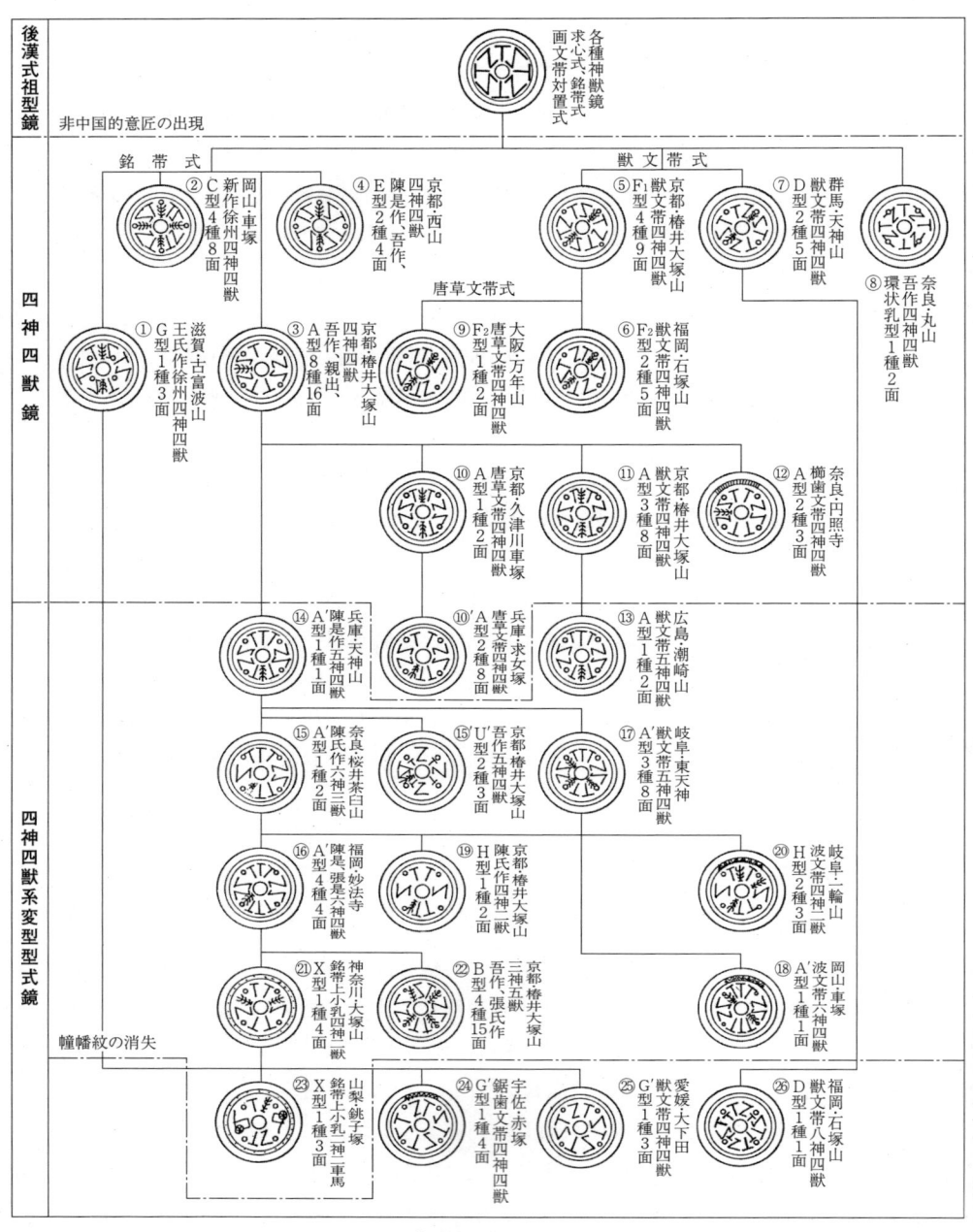

142　Ⅳ　三角縁神獣鏡の研究史

Ⅳ-図31　「四神四獣鏡」の祖型と系譜

跡しうること，そして魏晋鏡説の根拠となる「師」の字の忌避に関して，晋代の尚方作弩機銘に「師」字が使用されていることなどを根拠として，国産説を主張したのである[70]。

奥野の上記の主張も興味深いが，それにもまして重大であるのが，三角縁神獣鏡の型式的変遷を系統的に追究したことであった。すなわち，まず三角縁神獣鏡を「二神二獣鏡」「三神三獣鏡」「四神四獣鏡」の三つの鏡群に分類し，「幢幡紋」の出現と消滅を指標とし，これに内区外周の文様帯の変化などを加味して，各鏡群内の変化をトレースし，これを3段階に編年したのである（IV-図31）。この三角縁神獣鏡の編年は，小林に次ぐ早い時期のもので，論拠と指標を明示していた点ですぐれていた。さらに重要であるのが，「紋様・意匠の発展過程をたどった組列に，同一系統の神像の表現が認められ，異なった系統の神像が混入しないということであって，この組列が同一の原型をもとにした工人群の累代的製品であることを推測」〔奥野 1982a，p.175〕したことであり，のちに検討が深化してゆく三角縁神獣鏡の系統論〔岸本 1989a・1989b・1995；澤田 1993b；小山田 2000a；辻田 2007a；岩本 2008a等〕の第一矢を放ったことである。鏡群間の併行関係への検討が不十分であったことが惜しまれるが，その先駆性には高く評価すべきものがある。

奥野はまた，「幢幡紋」を魏から倭に下賜された「黄幢[71]」を表現したものと想定し，三角縁神獣鏡の製作年代は，この文様が意味をもちうる「正始八年以後から西晋末までのおよそ六十年前後」〔奥野 1982a，p.254〕であり，いわゆる仿製三角縁神獣鏡はそれ以後の所産とみなし，三角縁神獣鏡の製作期間を具体的に推測した。しかも，「後漢代の画文帯神獣鏡に近い古いタイプのものから国産といわれるもっとも新しいものまで，系譜的に紋様や意匠の連続性をたどることができる」ことから，「短時日のうちに生産されたものではなく，少なくとも半世紀以上の製作期間を優に推定しうる」と，証拠だてて製作年代幅を推測したことは，非常に有意義な成果であった。この年代観は，「幢幡紋」＝「黄幢」という仮説に全面的に依拠する点で危うさはあったが，のちに福永伸哉が提唱した年代観〔福永 1994b〕とほぼ一致し，その先駆性を示してあまりある。

なお，白崎昭一郎も，三角縁三神三獣鏡を俎上にのせて，諸要素の変化からその変遷過程を詳細にえがきだしている〔白崎 1984〕。結論として，三角縁三神三獣鏡は三神六乳型の環状乳神獣鏡と対置式神獣鏡に起源を有し，従説よりも製作時期が遡上する可能性を推定したが，この見解はのちに，神（仏）像の手足表現の型式変化に着目した小野山節に継承された〔小野山 2003〕。ただ，これらの見解は，古墳におけ

る共伴状況や他器物との共伴関係をまったく考慮していないところに大きな難点があり，説得力にとぼしかった。

B 小林行雄による製作原理の検討

奥野が三角縁神獣鏡内部の系統変化の実態に鋭く切りこんでいった一方，三角縁神獣鏡の製作原理を追究し，その製作経緯にまでせまったのが小林行雄である〔小林行 1982〕。小林の論攷はごく短いものであったが，非常に重要な視点がふくまれていた。小林は，製作原理の分析をつうじ，三角縁神獣鏡の製作経緯を以下のように推測した。すなわち，景初三年に魏へと遣使してきた倭にたいする下賜鏡として，径一尺の「銅鏡百枚」をそろえて新鋳することになり，不馴れな大型鏡製作を未熟な弟子もまじえて短期間でなしとげるための方法を案出せねばならなくなった。その結果，鏡背を十字形に分割し，分割線上に突出した乳を配置することで，図文の拡大および模作を容易にする方法を採用した。それでも，初期の製品では製作に混乱をきたしたが，工夫により徐々に模作は容易になった。また，鏡の大きさを強調するために，縁部を厚くし，ついには三角縁が創出された。そして，複雑な外区文様をやめて鋸歯文と複線波文の組み合わせへと統一し，内区外周に移した画文帯を分断して単純な獣文帯に変化させるなどの試行錯誤をへて，ついに短期間で大量の鋳型をつくる最終解決案として，同笵鏡の鋳造にふみきることになった，と。

この推測案は，三角縁神獣鏡の特質をその製作原理および製作経緯にまでさかのぼって説き明かし，その製作状況にたいして深い洞察を与えたものであった[72]。福山敏男や近藤喬一が『三国志』魏書を基軸にすえて考証した，当時の魏の青銅器生産の状況〔福山 1974；近藤喬 1983・1988a 等〕を，三角縁神獣鏡じたいに即して考察した卓説であった。ただ，三角縁神獣鏡を「銅鏡百枚」とする前提が論証されない以上，仮説の域をこえない弱点も内包していた。実際，「銅鏡百枚」は三角縁神獣鏡にかぎらず，多様な後漢（・魏晋）鏡群がふくまれるとみる見解は，すでに幾人かにより提示されていた〔樋口 1978a；王 1981a 等〕し，これ以後もさかんに主張されている〔徐 1985；小林三 1985；森 1985；大和 1998a；車崎 1999b；寺沢薫 2000・2003；董 2001；平野 2002；辻田 2007a 等〕。しかし，小林のこの推論は，資料の綿密な観察に裏づけられた説得力をそなえていたため，以後おおくの論者により継承され，充実をみてゆくことになった〔森下 1989；岡村 1996・1999a・2002a；西村俊 1998；西川 2000a 等〕。

(5) 製作技術論

　製作原理の分析にとどまらず，この時期には，鋳造技術に関する重大な考察もなされた。とりわけ，八賀晋が実施した分析は，画期的な意義を有する。すなわち八賀は，同一文様をもつ中国製三角縁神獣鏡(三角縁天・王・日・月・唐草文帯二神二獣鏡〈目録93〉)と仿製三角縁神獣鏡(仿製三角縁獣文帯三神三獣鏡〈目録207〉)とを1セットずつ選び，それぞれにたいして笵型の修整および補修，寸法の計測，笵傷の進行状況などについて綿密な観察をおこない，その鋳造方法を推論したのであった〔八賀 1984・1990〕(Ⅳ-図32)。その結果，前者の8面は，細部の寸法が同一であり，笵型のくずれによる補修痕がまったくみられず，さらに文様面に残る亀裂痕も，共通した損傷以外に新しく派生したり進行している傷が存在しないことなどから，「原鏡から複数の笵型をおこし，それぞれの型から鋳出した，いわゆる同型鏡による方法」で製作されたと推定

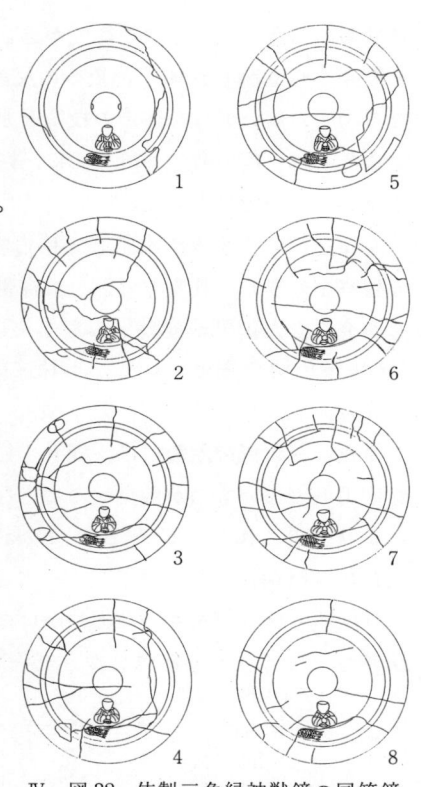

Ⅳ-図32　仿製三角縁神獣鏡の同笵鏡(目録207)の笵傷進行状況模式図(1亀塚，2野中，3紫金山，4長光寺山A，5長光寺山B，6出土地不明，7伝伊勢，8兔ヶ平)

した。一方，後者の9面については，笵型のくずれを補修した痕跡がみられるうえ，亀裂痕が派生したり進行したりしていることから，「同一の笵から一面づつ順に鋳造された同笵鏡」であり，「鋳造ごとに際しての笵型の物理的な損傷は，それの抜本的な修整や部分的な補修を加えながら，消耗しきるまで同笵鏡を鋳造しつづけた」と結論づけた〔八賀 1984〕。

　八賀の分析は，1セットずつの分析にとどまったものの，中国製三角縁神獣鏡と仿製三角縁神獣鏡の鋳造法がことなることを実証的に示しえており，意義深い仕事であった。また，後者の9面に，踏み返しなどによる別型が存在した形跡がないことを指摘し，「分与などを受けて所有した鏡を，さらに地域をはなれた所で新たに笵型を作成し二次的に鋳造分与がおこなうことがなかったこと」を説き，「三角縁

146　Ⅳ　三角縁神獣鏡の研究史

神獣鏡の鋳造には一定の規律性があったこと」を推測しているのは，中国製三角縁神獣鏡から立論した網干善教への反論としては十全ではなかったが，「何時，如何なる場所においても，鋳造の技術と原料さえあれば，何面でも同じ型式の鏡を製作することは可能」〔網干 1975，p.242；菅谷 1991〕などといった主張にたいして，自重をうながすものではあった。

　文様を同じくする熊本県城ノ越古墳出土鏡と鳥取県普段寺2号墳出土鏡（目録49）の観察をつうじ，乳座や外区，文様帯の段差にみられる差異から，これらを踏み返しが介在した鋳型改変鏡とみなした研究〔富樫他 1982〕もあげておきたい。なお，同笵（型）鏡の諸研究にたいし，小林三郎が詳細な学史整理をおこなっている〔小林三 1988〕。

　また，三角縁神獣鏡には，鈕孔や鈕頭が鋳放しで研磨されていなかったり，明確な使用痕のないものが散見することなどから，これを葬具ととらえる見解が幾人かにより主張されている〔森 1962・1978a・1983；菅谷 1980・1989；森他 1982；柳田 1986 等〕。三角縁神獣鏡に棺外副葬が目立つこと〔菅谷 1980 等〕とあいまって，杜撰なつくりと棺外副葬というぞんざいなあつかいなどを根拠として，三角縁神獣鏡が魏による特鋳鏡ではなく日本列島で製作された葬具とする見方〔河上他 1999；白石 1999a；寺沢知

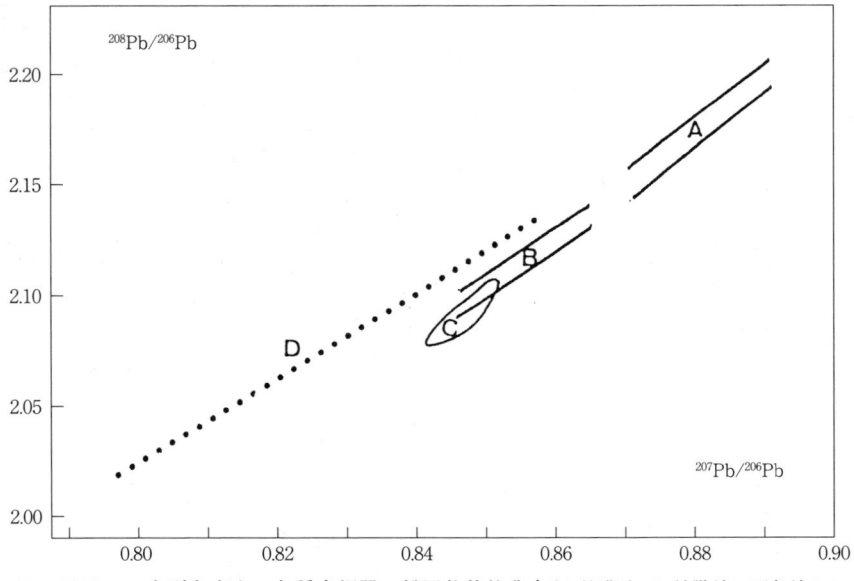

Ⅳ- 図33　日本列島出土の各種青銅器の鉛同位体比分布（A 前漢鏡，B 神獣鏡・画象鏡など後漢中期～三国・晋の鏡，C 日本産の鉛鉱石，D 多鈕細文鏡・細形銅利器のような朝鮮系遺物）

1999等〕は，以後も今日にいたるまでくりかえし提示されている。

(6) 理化学分析の本格化

銅鏡製作への理解を深化させるためには，その原料にたいする知見を深める必要がある。その点，この第VI期に，銅鏡の原料に関して本格的な理化学分析が開始されたことは特筆すべきである。とりわけ，三角縁神獣鏡の鉛同位体比の分析が進捗をみたのがこの時期である〔馬淵 1981；馬淵他 1980・1982・1983・1987等〕。鉛は質量を異にする4種の同位体 $^{204}Pb・^{206}Pb・^{207}Pb・^{208}Pb$ の混合物であり，その混合比すなわち同位体比は，鉛鉱床の性格と生成年代により相違する〔馬淵 1981・1996等〕。それゆえ，鉛同位体比は，銅鏡にふくまれる鉛の産地の指標となり，三角縁神獣鏡の製作地を追究する第一級のデータになりうるのである（IV-図33）。そして実際に，中国製三角縁神獣鏡の大部分が類似した鉛同位体比をとることが判明し，その製作の時期および場所がかぎられている可能性が示唆されたこと〔馬淵 1981〕，三角縁神獣鏡には中国の鉛が使われており，岐阜県神岡鉱山などの日本産鉛や韓半島産鉛が使用されていないこと〔馬淵他 1987〕などが指摘されたのは，三角縁神獣鏡の製作地論に新たな判断材料をもたらす興味深い成果であった。ただ，分析者らは，鉛が中国産であったとしても，それが三角縁神獣鏡の製作地が中国産であることを意味するわけではないと，拙速な解釈に直行することなく，慎重な態度を保持した〔馬淵他 1987等〕。

(7) 銘文解釈の進展

第VI期以降に大きくクローズアップされてきた三角縁神獣鏡の製作地論において，銘文の釈読が大きなウェイトを占めてきた〔福山 1974；古田 1979；王 1981a・1984b；樋口 1983等〕。しかし，錆や傷，鋳上がり不良などのため判読しがたい文字を自説に都合よく附会して読んだり，いささか強引な釈読がなされたため，主観的な解釈どうしの水掛け論におちいる局面もあった。

田中琢は，こうした風潮を戒め，「三角縁神獣鏡の銘文は，すべてが文字どおりに読み取れるものではなく，いろいろな銘文の部分部分を適当に組み合わせたり，あるいは，省略したと見るべきものが非常に多」く，「銘文をそのまま何とか意味がとれるように読むことは，こじつけた読みかたになるおそれのあるものが少なく

ない」〔田中琢 1989, p.86〕と論じたが，妥当な主張であった。前述したように，三角縁神獣鏡の銘文に切れ切れの銘句の組み合わせが存在することは，以前から指摘されていた〔樋口 1979a 等〕。奥野正男は，西田守夫〔西田 1968・1971〕による分析成果を継承する形で，三角縁神獣鏡の銘文が各種の鏡式の銘文を一定の成句としてとりいれており，「その銘文の個々の成句を一つの文章として工人の渡来や原料の搬入に結びつけて解釈するのは妥当とは考えられない」〔奥野 1982a, p.216〕と警鐘を鳴らしたが，これも三角縁神獣鏡の銘文の特質を見透した言であった。

　こうして，銘文の一字一句の解釈に腐心するよりも，まずは，三角縁神獣鏡の銘文を中国鏡全体のなかに構造的に位置づける作業が先決であることが，徐々に共有されていった。しかしこの態度は，すでに 1950 年代に樋口隆康が実践的に提示していたものであった〔樋口 1953b〕。

　なかでも注目されるのは笠野毅の一連の研究であり，詠唱句としての銘文という視点や藤堂明保の音韻論〔藤堂 1965〕などを存分に駆使して，中国鏡銘文の総合的な解釈を推進していった〔笠野 1980・1983・1984・1987〕。笠野による，三角縁神獣鏡をふくめた銘文の総合的解釈は壮観であり[73]，笠野は第 VII 期にいたるまで銘文研究を主導しつづけている。ただ，三角縁神獣鏡の銘文の総合的な検討が本格的に始動するのは，1990 年代後半以降になってからであった〔林裕 1995・1998 等〕。

(8) 政治史論

　ここまで，資料じたいに即した三角縁神獣鏡の諸研究について概観してきた。その一方で，さほど活溌ではなかったものの，三角縁神獣鏡にもとづく政治史論もなされていた。

　なかんずく川西宏幸の研究は，小林行雄の同笵鏡論および伝世鏡論を深化させるこころみとして重要であった。前者については，同笵鏡の分有関係の分析をつうじ，京都府椿井大塚山古墳の被葬者を介した古い時期の「地方経営」に引きつづいて，「前期畿内政権」が遂行した新しい時期の「地方経営」の実態を追究した。すなわち，その「地方経営」には「大和西部勢力」が関与したととらえた。具体的には「大和西部」の奈良県佐味田宝塚古墳と同新山古墳とで，その同笵鏡分有古墳の分布に東西の相違がみられることから，それぞれ「東方経営」と「西方経営」に参画したと推測したのであった〔川西 1981〕。そして，後者については，前期古墳から出土する中国鏡主要鏡式の地域別分布数を比較し，近畿地方に分布の中心をおく吾作

系斜縁神獣鏡・画文帯神獣鏡・三角縁神獣鏡・盤龍鏡を「近畿型鏡種」とよび，複雑な資料操作をほどこしたうえで，「原畿内政権」が「2・3世紀の交」にこれらを管理しはじめ，1世紀ほどのちになり分与が開始されたと結論づけた〔川西 1989〕。管理の存否はともかくとして，「近畿型鏡種」の指摘は重要であり，のちに岡村秀典が検討を深めてゆくことになる〔岡村 1990・1999a 等〕。また川西は，内行花文鏡や方格規矩四神鏡を中心とする「非近畿型鏡種」にことごとく破鏡が存するのと対極的に「近畿型鏡種」に破鏡をみない現象の背景に，「原畿内政権」による「管理の発現」を推測したが，この視角は結論こそちがえど，辻田淳一郎による精緻な分析に継承されている〔辻田 2001・2007a・2007b〕。

　さらに，都出比呂志の検討成果もはなはだ重大である〔都出 1989a〕。古墳時代の政治史論を体系的に推進していた都出は，三角縁神獣鏡に関しても重要な指摘をおこなっており，以後に究底されてゆくことになる分析視角を数多く提供した。まず都出は，小林の同笵鏡番号に依拠して三角縁神獣鏡を新古7群（中国製5群・仿製2群）に細分し[74]，一埋葬施設における各群の共伴状況を吟味した（Ⅳ-表7）。これは，「型式学」的検討をおこなうさいのきわめて当然かつ初歩的な手続きであったが，意外なことに，三角縁神獣鏡の研究ではこれが最初のこころみであった。そして，最古の前方後円墳とみなされる椿井大塚山古墳に「Ⅰ群」から「Ⅳ群」までふくまれていることから，当古墳の出現時期が三角縁神獣鏡の製作開始よりかなり後出すると主張し，古墳の出現年代に関して重要な論拠を示した。

　さらに都出は，各群ごとの地域別分布を検討し（Ⅳ-表8），いずれの時期も畿内地域に中心があるものの，時期ごとに変動をみせることを明示するとともに，型式の新古の順に分配されたと考えられることから，東方に古相の三角縁神獣鏡が流入した年代は古く遡上すると論じた。これは，古相の三角縁神獣鏡が畿内に保管され，最後に東方へ分配されたとする小林説〔小林行 1957b〕を否定し，ひいては畿内地域の東方への影響をおそくみる従説に再考をうながすものであった[75]。いいかえれば，小林が同笵鏡の分有関係を基軸として，三つの段階における分布状況の変化を抽出し，その背景に「大和政権の伸長」を想定したのにたいし，都出は，各段階の各地域における分布総数の変動を摘出することをつうじ，各時期ごとの固有の政治状況を追尾したといえる。三角縁神獣鏡の小期ごとの分布を解析することで，古墳時代前期の政治状況にせまる視角は，のちに福永伸哉により精緻化されることになる〔福永 1996b・1998c・2005a 等〕。

　なお，この時期前後の三角縁神獣鏡の配布論に関しては，諸地域における再分配

IV　三角縁神獣鏡の研究史

IV-表7　一埋葬施設における三角縁神獣鏡の各段階の共伴状況

鏡　　群	I 重列 X	II 複44	III 単・8	IV 33獣	V 33波	VI 33(小林・仿製鏡)	VII
鏡式番号	1～9	10～30	31～53	54～65	66～71	101～116	117～119
1　兵庫・吉島	○	○					
2　岡山・車塚	○	○	○				
3　群馬・天神山			○				
4　京都・大塚山	○			○			
5　奈良・茶臼山 ＊		○		○			
6　福岡・石塚山 ＊		○		○			
7　大阪・万年山		○		○			
8　京都・寺戸大塚 ＊		○		○			
9　京都・南原		○		○			
10　大分・赤塚		○		○			
11　兵庫・ヘボソ塚		○		○			
12　兵庫・西野山		○			○		
13　三重・筒野				○	○		
14　愛知・東之宮			○		○		
15　岐阜・円満寺山			○		○		
16　大阪・紫金山			○	○		○	
17　奈良・新山			○	○		○	
18　奈良・佐味田	○		○			○	
19　岐阜・長塚			○		○		○

註　＊は盗掘などのために，欠けたものがある可能性を示す。「鏡式番号」は〔小林1971〕による。

IV-表8　三角縁神獣鏡の各段階の地域別分布

	九州	四国	山陰	山陽	畿内	三重～東海	関東
I群　重列・紀年銘	3	0	3	31	38	7	17
II群　44複像	4	2	2	13	62	13	5
III群　8・単像	16	3	3	9	47	19	2
IV群　33獣	32	7	7	3	36	7	7
V群　33波	11	0	0	28	22	0	39
VI群　33新1	25	0	5	18	45	2	5
VII群　33新2	＊3			＊2		＊3	

註　＊は数が少ないので実数で示す。各地域の数字はパーセント。

活動を想像した論説が続出したこと〔岡崎他1978；甘粕1986；久保1986；近藤喬1988a；田中琢1991b・1993b；岩崎1993〕が，目新しい現象であった。とはいえ，その大半は論拠にとぼしい想像論であった。

そしてまた，以後の三角縁神獣鏡の配布論に大きな影響を与えた論攷として，穴沢咊光の威信財論に依拠した研究が重要である〔穴沢1985a・1985b・1995〕。穴沢は，

「三角縁神獣鏡がいったい何処でつくられたなどというもんだいは，それほど重要ではなく」，「もっと大事な」「問題とは，三角縁神獣鏡は「なんのために」「どのようにして」日本各地に配布されたのか，という問題ではないだろうか？」と問いかけ，製作地論に偏向する研究動向を批判し，「我々のなすべきことは，このような遺物の分布がいかなる社会的条件のもとに，いかにしておこり，歴史的にどのような意味をもつか，ということを解明することでなければならない」と提言した。そして，そのこころみとして，経済人類学の威信財論を三角縁神獣鏡配布論に導入し，「三角縁神獣鏡の分布は」「まさに，威信財システムそのものズバリである」と結論づけた〔穴沢 1985a, p.2・1985b, p.1〕。この穴沢の視角により，三角縁神獣鏡による政治論が賦活されることになり，以後，後述するように，三角縁神獣鏡＝威信財という考えは学界に弘通するにいたる。

三角縁神獣鏡を中心とする銅鏡が地方の「首長」の手にわたる契機に関して，春成秀爾が，「(1)大和部族同盟の長から派遣された代理者が諸地方の諸部族内を和戦混えて「巡幸」し服属した首長に配布する」，「(2)大和部族同盟の主宰する外征その他の事業に参加した首長の勲功に対して与えられる」，「(3)各地の首長の継承儀礼に大和部族同盟は使臣を派遣し，その場で授与する」，「(4)各地の首長は就任すると，大和部族同盟の長へ就任のあいさつをかねて朝貢する。その返礼として賜与される」，「(5)大和部族同盟の長ないしは諸首長の就任式に参列した各地の首長なりその使者に対して就任の引出物として配布される」〔春成 1984, p.227〕，と5パターンに細分したのも，興味深いこころみであった。ただし，論拠と実例があげられていないため，パターンの認定基準が不分明である憾みがあった。このパターン化は理念型的分類にとどまり，各パターンの当否と資料的裏づけについては，のちの研究に託されることになった〔川西 1992；森下 2005a；辻田 2007a・2007b 等〕。なお春成は，(1)(2)が従来の有力説であるが，(3)の可能性が強いと主張している。

このほか，三角縁神獣鏡の「傘松文様」が，皇帝ないし王の意志の授与を象徴する「節」の原理をあらわしたものと解釈し，三角縁神獣鏡の同笵鏡の分有ネットワークは，この「「節」という原理」すなわち「中国の皇帝による支配原理が，列島内において展開された一つの記録」〔新納 1989, p.160〕ととらえる新納泉の論説は，三角縁神獣鏡の歴史的・政治的意義を抽出した研究として興味を惹く。とりわけ，「「節」に示されるような」「王と王との個別的な支配従属関係」が「列島内の王たちの間にも影響を与え，各地の王が畿内の王に朝貢をおこない，その返礼として各種の品物を得る，といったような関係が構築され」〔新納 1989, p.160〕，この関係が

のちに装飾付大刀などの刀剣類に継承されたとの構想は，川口勝康による刀剣賜与論〔川口 1987・1993 等〕を，実証レヴェルでより高次に編成しうる興味深いものであった。ただし，「列島内の王たちがこの「傘松文様」の意味を知っていたことは確かであろう」〔新納 1989, p.154〕という立論の前提には，なんらかの根拠が必要と感じる。

(9) そのほかの諸論説

以上の諸論のほかに，三角縁神獣鏡の副葬状況や配置法から，当該期の宗教思想や三角縁神獣鏡にたいする価値意識を想像する研究もあらわれた〔用田 1980；今尾 1989；森 1990c 等〕。配置法や多量副葬などから道家思想の影響が説かれたこと〔重松 1978・1981；森 1983；今尾 1989〕や，副葬状況から三角縁神獣鏡の価値の低さが説かれたこと〔菅谷 1980；森 1990c 等〕は，以後の論説にも継承されていったが，とくに論拠は深められていない。

また，一埋葬施設で共伴する副葬鏡群の組成から，編年を構築しようとする研究も手がけられた〔千葉 1986；今井 1992・1993〕。この方法は，かつて樋口隆康が開発したものであった〔樋口 1956〕。千葉博之は，副葬鏡の組成から前期古墳は4期に編年しうること，三角縁神獣鏡の輸入が複数期にわたること，三角縁神獣鏡の仿製が他鏡式の仿製よりも先行することなど，示唆に富む検討結果を提示した〔千葉 1986〕。しかし，鏡式の設定じたいが十全でなかったこともあり，さほどはかばかしい成果はあがらなかったようにみうけられる。

三角縁神獣鏡を古墳時代の編年基準に利用することは，以前からおこなわれていた[76]が，三角縁神獣鏡は「大和政権」により保管され，分配地域でも伝世するとの考えがあったため，三角縁神獣鏡の新古を古墳の新古に対応させて構築した編年案は提示されなかった〔小林行 1957b；都出 1979；和田晴 1987〕。三角縁神獣鏡の長期保管を「やや苦しい論理」とみたり〔白石 1979〕，「発生期の古墳に三角縁神獣鏡の保有率が高いことは，そのまま，それらの古墳の年代が鏡の輸入の時期から，あまり隔らないことを示す」〔甘粕 1971a, p.81〕と解して，古墳の出現年代を遡上させようとした見解も一部にはあったが，上記の都出の分析〔都出 1989a〕などもあり，一般化しなかった。なお後述するように，この見解は，京都府椿井大塚山古墳よりも古相の三角縁神獣鏡の組みあわせを有する古墳（兵庫県権現山51号墳・同西求女塚古墳・大阪府安満宮山古墳・奈良県黒塚古墳等）が増加したことにより，現在では定説化するにいた

っている。

ともあれ、この第VI期には多様な研究が花開いていった。濱田耕作が富岡謙蔵の著書『古鏡の研究』〔富岡1920a〕の序文劈頭において道破した「凡そ古鏡の研究に三方面あり。一は其の質料の化学的研究にして、金属の性質合金の成分等を明にするにあり。二は其の形状紋様の型式学的研究にして、形態と文様の発達変化を理論的に配列するに在り。三は其の銘文の文献的研究にして、記銘の意義を究め又た史実との交渉を知るにあり。此の三者の研究を綜合するに於いて、始めて古鏡の研究を完くするを得可し」〔濱田1920, p.1〕なる古鏡研究の理想形に、ようやく実現の緒がみえはじめたということになろうか。

7 第 VII 期（1990年代～）

(1) 第VII期のテーマおよび分析視角

第VI期(1980年代)は、王仲殊の提説を契機とする三角縁神獣鏡の製作地論争にはじまり、次いで景初四年鏡論争が華々しく展開された一方で、系統的変遷や製作原理に関する検討、そして鋳造技術論や銘文論、配布論や年代論など、多岐多彩な研究が着実に進められた。製作地論のみならずこれらの諸テーマも、おおむね第VI期に「基本設計」が整備されたと評価できる。その「基本設計」を礎として、研究が大きく進展をみせているのが、この1990年代以降の第VII期である。現在までつづくこの第VII期の研究は、堅実な分析にもとづくレヴェルの高い研究から思いつきの放言まで、まさに百花斉放、馥郁たる花から徒花まで多様に咲きみだれている。その研究論考の数たるや、第VI期までの総数をはるかに上まわり、加速度的な増大を示している。とはいえ、これらの諸研究を総覧するならば、以下のような研究テーマおよび分析視角の組みあわせとしてとらえることも不可能ではない。

まず、テーマとしては、
(A)系譜／系統論
(B)編年論
(C)製作技術論
(D)分配／威信財論
(E)信仰論

に大分できる。

　そしてこれらを追究する分析視角としては，
　　　（I）遺物分析 ……………（Ia）文様，（Ib）形状，（Ic）銘文，（Id）鋳造法・鋳造
　　　　　　　　　　　　　　　実験，（Ie）原料組成
　　　（II）遺構／空間分析 ……（IIa）共伴，（IIb）副葬状況，（IIc）分布
におおよそわけうる。

　諸研究を概観すると，テーマ（A）と視角（Ia）～（Ie）・（IIc）が，テーマ（B）と視角（Ia）～（Ic）・（IIa）が，テーマ（C）と視角（Ia）・（Ib）・（Id）が，テーマ（D）と視角（IIb）・（IIc）が，テーマ（E）と視角（Ia）・（Ic）・（IIb）が組みあう傾向が，いささか微弱ながらもみとめられる。

　とりたててすぐれたテーマ分類ではないし，当然，一論文が複数のテーマや視角を併有することもある。とはいえ，第VII期の多彩な研究状況を理解する一助にはなろうから，以下では，上記のテーマ分類と研究視角分類を念頭におきつつ，諸研究の整理をこころみようと思う。また，ここまでの記述は，研究史および研究論点をたどることを主目的としていたため，批判的なコメントは差し控えてきたが，第VII期の諸研究は将来の研究の方向に直截かかわってくるゆえ，いささか言辞が厳しくなる局面もあるだろう。諒承されたい。

　　（2）　椿井大塚山古墳出土鏡の公開

　第VI期と第VII期を画する出来事として，京都府椿井大塚山古墳出土鏡の公開と，その図録〔京都大学文学部考古学研究室編 1989〕の発刊をあげたい。前者により，戦後における三角縁神獣鏡の本格的研究の基点となった資料の詳細がひろく知られるようになり[77]，後者に掲載された「三角縁神獣鏡目録」と岸本直文・森下章司・岡村秀典の諸論攷が，以後の諸研究の一始点となったからである。「三角縁神獣鏡目録」は，詳悉なデータベースとして爾後の研究に大いに資したし，後述するように，岸本による神獣像分類に立脚した三角縁神獣鏡の系統的編年論〔岸本 1989a〕，森下による三角縁神獣鏡の製作原理論〔森下 1989〕，岡村による画文帯神獣鏡配布論〔岡村 1989b〕は，以後の研究に多大な影響を与えた。したがって，この基点としての意義を重視して，これ以降，現在までのおよそ20年の期間を第VII期とする。なお，この第VII期は研究の量が飛躍的に増大しており，一つの期間として一括するには研究量からしてほかの時期との釣りあいがとりづらいこと，また研究の現在を照射

する必要があることなどから，奈良県黒塚古墳において大量の三角縁神獣鏡が出土した1997年末を境に，第VIII期を設定するのがよいかもしれない。ただ本章では，まとめてVII期として記述する。

(3) 系譜・系統論

　三角縁神獣鏡を魏鏡とみなした従説にたいし，王仲殊が多様な出土資料を駆使して呉工匠渡来製作説をとなえ〔王 1981a・1985c 等〕，幅広い議論が捲きおこったことに触発されるかのように，第VII期には新進の研究者による系譜／系統論が隆盛をみる。とりわけ，岸本直文と福永伸哉の論考が，画期的な役割をはたした〔岸本 1989a・1989b；福永 1991 等〕。前者は製作系統から三角縁神獣鏡の内的関係に，後者は製作技法から三角縁神獣鏡と他鏡式との外的関係にせまったものともいえる。第VII期は，この両者の分析を起爆剤として，系譜／系統論がいちじるしい進展をみせつつある。そこでまず，両者の論攷を解説する。

A　岸本直文による製作系統論

　岸本は，神獣像表現の差異に製作者(集団)の相違が明確に反映していると考え，これを約17の表現形式に分類し(IV-図34・IV-表9)，各表現形式が神獣像配置や文様帯などの諸属性と明瞭に相関することを確認し，多様な三角縁神獣鏡を系統的に整理する。そのうえで，各表現形式はそれぞれ数人からなる製作者集団の手によるものと推測し，各表現形式でまとまる鏡群の相互関係を整理することにより，製作者集団の動向にまで踏みこもうとしたのである〔岸本 1989a・1989b〕。分析の結果，三角縁神獣鏡の作鏡者集団は，神獣鏡の表現および配置，文様帯や特定のモチーフの点でまとまる「四神四獣鏡群」「二神二獣鏡群」「陳氏作鏡群」の三つの作鏡者集団(「三派」)に大分できることを明示するとともに，「三派」は文様帯を交換したり文様配置および特定モチーフを共有するなど相互に関連を有しつつも製作単位としての強い独立性を保持し，新規の神獣像配置をうみだしつつ，分派・融合しながら系統的に推移していったことを明らかにしたのである(IV-図35)。そして，「三派」が製作した鏡群の祖形を中国鏡諸鏡式に求め，各派内における変遷プロセスを追うと同時に，共通する要素や配置から「三派」間の併行関係をおさえることで，三角縁神獣鏡の系譜・系統，さらにはその製作動向にいたるまで，おおむね体系的に解明しえている〔岸本 1989a・1989b〕。

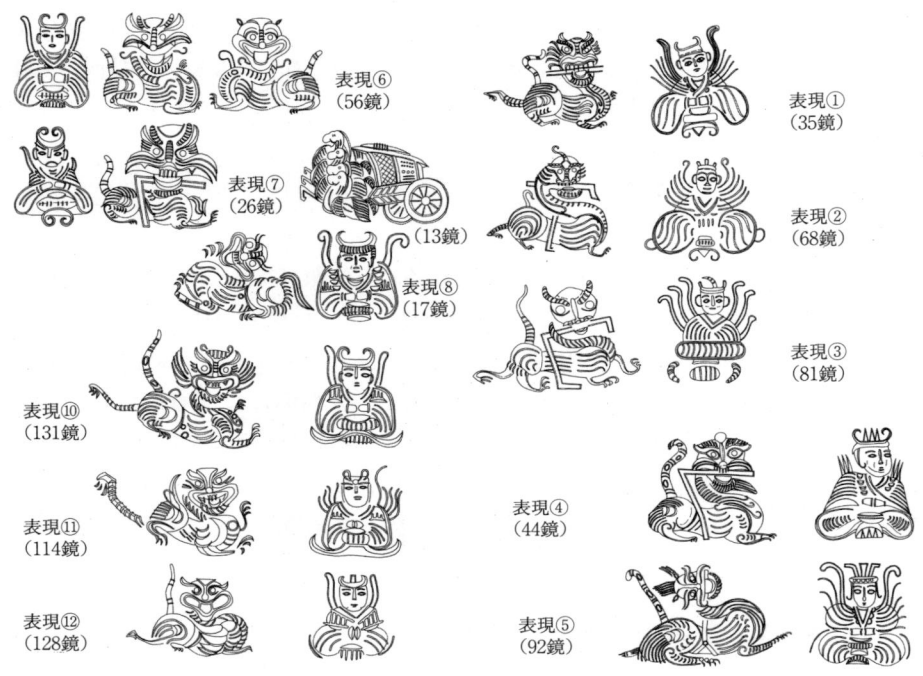

156   IV 三角縁神獣鏡の研究史

表現⑥（56鏡）
表現⑦（26鏡）
（13鏡）
表現⑧（17鏡）
表現⑩（131鏡）
表現⑪（114鏡）
表現⑫（128鏡）
表現①（35鏡）
表現②（68鏡）
表現③（81鏡）
表現④（44鏡）
表現⑤（92鏡）

Ⅳ-図34　三角縁神獣鏡の主要神獣像表現

　さらには，仿製三角縁神獣鏡についても，神獣像を軸にすえた検討をつうじ，「中国鏡の忠実な模倣の段階」（「複合段階」）→「中国鏡の神獣像の融合がみられ，仿製鏡が定型化した段階」（「定型段階」）→「第二段階からの退化と変形が進み，もはや神獣像表現の上では，模倣した中国鏡から大きく逸脱したものになる段階」（「退化段階」）の3段階に整理している〔岸本 1989a・1989b〕。この三つの段階は，それぞれ近藤喬一による「Aグループ」「Bグループ」「Cグループ」〔近藤喬 1973〕にほぼ対応するものである。また近藤と同様に，中国製三角縁神獣鏡と仿製三角縁神獣鏡とのあいだに「あいまいなものではない」「明確な一線」が存在し，「両者の鏡作りの体制の違い」〔岸本 1989b, p.39〕を主張している。

　この岸本の研究は，精緻さと総合性とをかねそなえたすぐれた成果である。また，表現④・⑤が新古に二分される可能性や表現⑧の特異性など，のちに指摘される論点についても，論中で明確に言及しており，多くのすぐれた研究がそうであるように，以後の研究に十分に開かれた内容を有している。

　さらにまた，具体的な分析は提示されなかったものの，一埋葬施設における共伴関係や，小期ごとの分布状況についても，概略的ながらも見通しが述べられている。

Ⅳ-表9　三角縁神獣鏡の主要神獣像表現

	神　　　像	獣　　　像
①	小突起による瞳をもつ。衿や袂のひだが写実的。外向きの縁飾りをもつ。多くの翼をのばし，一番上のものは三重線が突帯である。	大きく口を開き上下の歯牙で巨を銜む。太い眉と鼻梁をもち頬のふくらみがある。体部の羽毛表現に優れ，足を大きく後方にのばす。
②	Ｖ字の衿から単線多条の翼をのばし，袂が手と離れ独立する。袂の脇に円形のふくらみ。袖の二重線は残るが手の表現が形骸化する。	鼻先と両頬のふくらみが三つの突起になる。角状の表現がある。羽毛の表現は形骸化し，足や尾も矮小化する。
③	輪郭線でふちどった横長の突帯を腰にわたす。Ｖ字の衿と内彎する弧線で上半身を表す。よく目立つ太い翼を三本ほどのばす。	太い眉と鼻そして大きな目をもつ。下顎は小さく巨を銜む。首は異様に長く，体部は細く数本の平行線による形骸化した羽毛をもつ。
④	顔は豊満でやや横を向く。鼻筋が通り頬がふくらむ。渦に三山を加えた冠をもつ。半円を並べた縁飾りをもち，翼は三角形である。	頭頂のふくらみから鼻梁が降り先端がふくらむ。横に睫がのびたような表現をとる。首は太く体部の羽は写実的で腹に巨がとりつく。
⑤	頭が四角く三山冠をかぶり，額に突起がある。縦長のＶ字の衿に横向きの縁飾りをもつ。翼は最上段のみ突帯表現とし間に珠点を入れる。	頭頂はふくらみ耳と鹿角状の角をもつ。鼻筋は通り頬は豊かで大きな目をもつ。上顎の先が下方に巻く。羽は豊かでふさふさと垂れる。
⑥	丸顔。袂にはひだが三本あり，体部は輪郭線で囲む。上半身はひだで表すものと，横線上に縦線をのばす表現（縦縞上衣）のものがある。神座の下部には縦線を加え両側に雲気を張り出す。	二種あり。角状のものをのばす龍は，上顎を大きく開き三角形の歯牙がつく。頭が丸く耳をもつ虎は，口をひと続きに表し顔の両側に房をのばす。いずれも横縞のある先の丸い鼻をもつ。
⑦	⑥と基本的に同じだが，袂と衿がひと続きになり，縁飾りは痕跡程度になる。	⑥の龍が退化したもの。角状突起の末端が目をとりまき，目の横に羽毛表現が加わる。
⑧	顔はふくよか。衿は緩い弧で半円を重ねた縁飾りをもつ。縦縞上衣。翼は突帯による。	⑥が退化したものだが，龍虎を一区画に組合せることはない。
⑨	衿のあわせや手が異様になり，両側をひだがとりまく。縦線を加えた神座と雲気が目立つ。	⑥の一種のみが退化変形したもの。体部の構成や羽の表現が形骸化している。
⑩	衿は緩い弧で縦縞上衣をもつ。体全体を輪郭線で囲み雲気が張り出す。翼は一対程度。	頭頂は逆三角形で横縞のある鼻をもち，角からひと続きの大きく開いた口をもつ。
⑪	⑩とほぼ同じだが額に突起をもち翼は線表現。	⑩とほぼ同じだが足がやや形骸化したもの。
⑫	両肩と左右の袂の四つの肉が目立ち間に手の痕跡がある。縦縞上衣が衿と結びつく。	口は単線表現となり歯牙は二本だけとなる。角は先を上に曲げる。体部は細く形骸化。
⑬	⑩に似る。錆のため詳細不明。	口は逆三角形で直線的。足は細いが尾は長く乳上にのびる。巨を銜む。

　前者については，一埋葬施設における共伴関係において「三派の型式組列は互いにほぼ矛盾なく対応しており，出土古墳の新古にほぼ対応するようである」ことから，「副葬にいたる時期に差が生じる程度に製作の年代幅があったこと，かつ副葬が順次なされたこと」を想定している〔岸本 1989b, p. 40〕。後者については，各表現形式の鏡群の分布の変遷が，小林の説くように「西方鏡群」⇒「東方鏡群」という段階的変化〔小林行 1957b〕を示さないことから，小林説の再検討の必要性を提示している

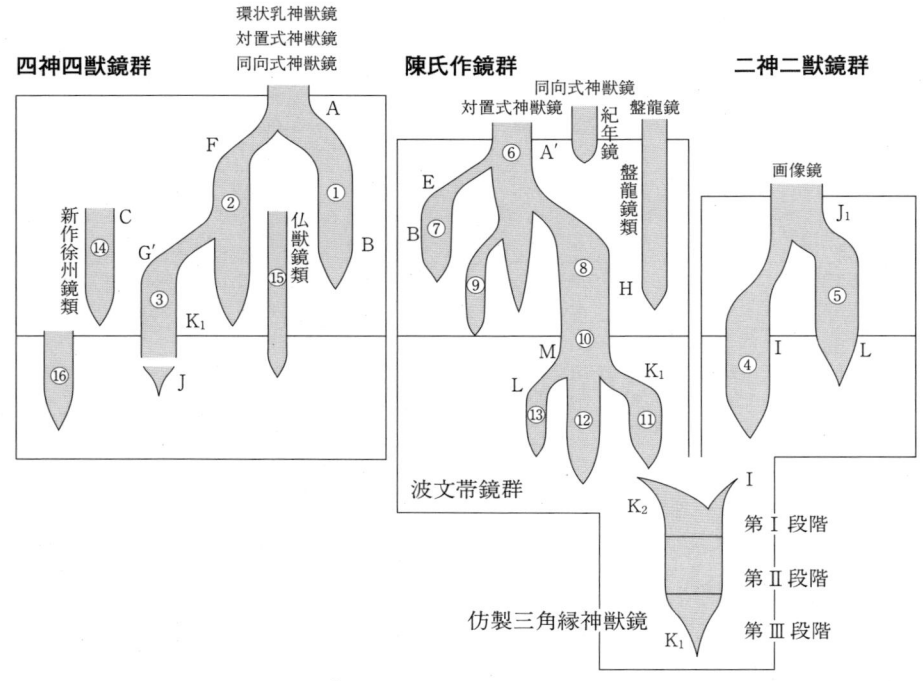

IV－図35 三角縁神獣鏡の「三派」とその変遷

〔岸本 1989b〕。

　ただし，この見通しに十分なデータ的裏づけがくわえられたのは，以後しばらくたってからである〔岸本 1995・1996a〕。さらにまた，三角縁神獣鏡の編年に照準をすえていなかったため，各派内における具体的変遷過程および三派内の併行関係について再検討の余地があること〔澤田 1993b〕，仿製三角縁神獣鏡の分析において神獣像表現の設定がおこなわれず，中国製三角縁神獣鏡の分析と相違したことについて十分な説明がなされていないことなど，若干の課題も残している。とくに，一埋葬施設における共伴関係を具体的に吟味していないことは，三派間の併行関係のチェックを鏡の文様要素のみにゆだねてしまった点で，型式的検討として点睛を欠くといわざるをえない。なお，この難点は，後述するように，それ以前およびこれ以後の多くの型式的検討に共通してみとめられるものでもある。

　この岸本の成果にたいして，「二神二獣鏡群」が「陳氏作鏡群」から分岐したととらえ，二派に修正する案〔澤田 1993b〕(IV－図52)や，表現形式の一部を細分し，神像上半身・「気」・衣文の形状から「A」・「B」2形式が併存する一系統的な変遷を

考える見解〔小山田 2000a〕(Ⅳ-図53)など，異論も提示されている。しかし，表現形式の設定や，まとまりとしての三(二)派の認定にたいしてはおおむね見解の一致をみているといってよい。そうした一致を足場として，各派内の変遷過程や三派間の併行関係などを，神獣像表現・乳・傘松文・内区外周文様・断面形態など多様な要素から精密に位置づけてゆく作業が，現在，着実に進められている〔澤田 1993b；小山田 2000a；車崎 2002c；村田 2004；岩本 2005c・2008a；辻田 2006b・2007a 等〕。これら諸論者による三角縁神獣鏡の変遷案については，後節で紹介することにする。一方，仿製三角縁神獣鏡に関しては，後述するように，設計原理や形態的な共通性を分析軸として，中国製三角縁神獣鏡とはややことなる方法論的視点から分析が進められてきている〔福永 1992d・1994c；岩本 2003a 等〕。

B 福永伸哉による製作系譜論

前記したように，三角縁神獣鏡の系譜に関して，これを華南の呉鏡に求める説〔高坂 1968；王 1981a・1985c 等〕と華北に求める説〔富岡 1920a；小林行 1965a；田中琢 1985等〕とがあった。両説ともに，第Ⅵ期にはすでに相互に論拠を提示しつくし，膠着状況を呈していた。そうしたなか，鈕孔入口部の形態や外周突線など，それまで着目されてこなかった斬新な視点から製作系譜論を展開したのが福永伸哉である。

福永はまず，通有の中国鏡には数少ないが，三角縁神獣鏡には顕著にみられる長方形鈕孔と外周突線が，呉鏡にほとんどなく[78]，魏の紀年鏡や魏の領域から出土する銅鏡に数多く

Ⅳ-表10 魏の紀年鏡の鈕孔形態

年 号	西暦	鏡 式		出土地または所蔵	鈕孔形態
黄初二年	221	同向式神獣鏡		伝湖南省長沙出土	円
黄初二年	221	同向式神獣鏡	①	湖北省鄂城五里墩14号墓	(半円)
黄初二年	221	同向式神獣鏡	①	湖北省鄂城 630 工区	(円)
黄初三年	222	同向式神獣鏡	②	伝浙江省紹興出土	半円
黄初三年	222	同向式神獣鏡	②	スウェーデン王立博物館	(半円)
黄初四年	223	対置式神獣鏡	③	五島美術館	円
黄初四年	223	対置式神獣鏡	③	東京国立博物館	円
黄初四年	223	対置式神獣鏡		湖北省鄂城 630 工区	(半円)
景初三年	239	三角縁神獣鏡		島根県神原神社古墳	長方形
景初三年	239	画文帯神獣鏡		大阪府和泉黄金塚古墳	長方形
景初四年	240	盤龍鏡	④	京都府広峯 15 号墳	長方形
景初四年	240	盤龍鏡	④	辰馬考古資料館	長方形
正始元年	240	三角縁神獣鏡	⑤	群馬県柴崎古墳	長方形
正始元年	240	三角縁神獣鏡	⑤	兵庫県森尾古墳	長方形
正始元年	240	三角縁神獣鏡	⑤	山口県竹島古墳	?
正始五年	244	画文帯神獣鏡		五島美術館	楕円形
甘露四年	259	獣首鏡		五島美術館	長方形
甘露五年	260	獣首鏡	⑥	黒川古文化研究所	長方形
甘露五年	260	獣首鏡	⑥	書道博物館	半円形
景元四年	263	規矩鏡		五島美術館	長方形

註　鈕孔形態に括弧をつけたものは未実見だが図や写真で判定。鏡式欄の丸番号は同型鏡を示す。

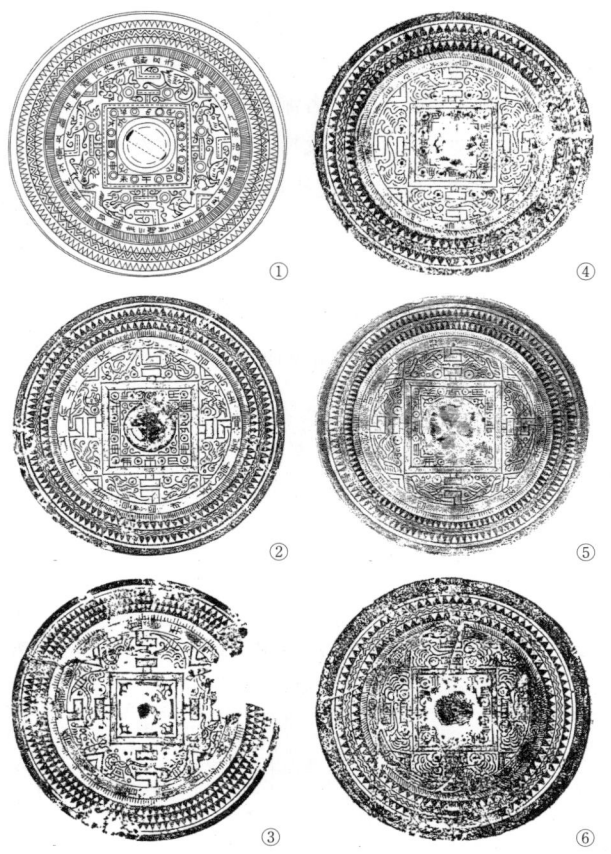

160　Ⅳ　三角縁神獣鏡の研究史

Ⅳ-図36　「規矩鏡の特異な一群」(①青龍三年方格規矩四神鏡〈大田南5号〉17.4 cm，②方格規矩四神鏡〈椿井大塚山〉18.4 cm，③方格規矩四神鏡〈大営村8号〉15.7 cm，④方格規矩鳥文鏡〈出羽三山博〉19.3 cm，⑤方格規矩鳥文鏡〈向野田〉18.4 cm，⑥方格規矩鳥文鏡〈三道壕1号〉16.6 cm)

みとめられることを，堅実な資料観察から明らかにする(Ⅱ-図3・7；Ⅳ-表10)。ついで，鈕孔形態は，ブリッジ(中子)を設置する足場として鋳型を多少削りこんだ形状に起因し[79]，鋸歯文―複線波文―鋸歯文からなる外区の最外周にほどこす外周突線は，施文する必然性のない文様であること[80]から，これら鏡工人に「見過ごされそうな手法」の「伝習には直接的な技術指導が必要であ」り，そうした手法(「流儀」)が共通する三角縁神獣鏡と関連鏡群の「製作工人たちは，系譜的にかなり近い位置にいたこと」を推測する〔福永 1991, pp.37・46〕。そして，他鏡式との比較をつうじ，長方形鈕孔は官営工房をふくむ魏鏡の系譜をひき，外周突線は，吾作系斜縁神獣鏡など中国北方の鏡群と関連が深いことを明らかにしたうえで，両者は三角縁神獣鏡や一部の規矩鏡(「規矩鏡の特異な一群」)をのぞき1面の鏡で共存しない傾向にあることから，それぞれ独立していた両手法が三角縁神獣鏡において結合されていることを解明したのである。そして結論として，「限定された工房」において「魏の官営工房とつながりのある工人群と，これとは別に斜縁二神二獣鏡などを製作していた工人群が合体して製作にあたった可能性」を推測し，その製作地として「渤海周辺」を示唆している[81]〔福永 1991, pp.48-49〕。

さらに福永は，中国北方に分布がかたよる「規矩鏡の特異な一群」(Ⅳ-図36)と三角縁神獣鏡との共通点を抽出することで，三角縁神獣鏡の系譜に関する自説を堅固なものにしている。すなわち，正Ｌ字文や外周突線など方格規矩鏡としては異例の表現を有する「規矩鏡の特異な一群」と三角縁神獣鏡とは，長方形鈕孔と外周突線にくわえ，内区外周の唐草文帯や呉鏡に稀少な傾斜端面などといった，中国鏡では少数派に属する要素において高度な共通性がみいだせ，さらにこれらの要素は魏の紀年銘鏡にも確認できることから，三角縁神獣鏡の出自も中国北方の魏鏡に求めうるとするのである〔福永 1992c・1994a 等〕。

福永による三角縁神獣鏡の系譜論は，鈕孔形態や外周突線といったいっけん些細な，しかしそれゆえに工人の特徴や動向を強く示す要素から，着実かつ鮮やかな結論をみちびきだしたものである。確実なデータに裏づけられたその立論は，それまで状況証拠から散発的に主張されてきた，三角縁神獣鏡の製作地を中国東北地方とみなす説〔森 1970；北野 1985；白崎 1987b；宮崎 1987；和田萃 1988 等〕とは一線を画すものである。福永の一連の研究は，三角縁神獣鏡の系譜論のレヴェルを一気にひきあげることになり，三角縁神獣鏡の特質や製作技法，製作地や製作背景にいたるまで多様な論点を接続する可能性を伐り拓いたと評価できよう。

C 近年の製作系譜論

三角縁神獣鏡の系譜および製作地を華北に求める見解は，福永の研究を前後していくつかあらわれ，その後も徐々に物証と論拠をかためつつ，現在にいたっている。

たとえば岡村秀典は，三角縁神獣鏡と強い親縁関係にある吾作系斜縁神獣鏡(安徽省北部・韓半島北部)や乳を有する斜縁同向式神獣鏡(安徽省寿県・江蘇省盱眙)が魏の領域から出土することを指摘するとともに，さらに紀年

Ⅳ-図37 斜縁同向式神獣鏡(1)(徐州滕州市)

Ⅳ-図38 斜縁同向式神獣鏡(2)(愛知県東之宮古墳)

からみて三角縁神獣鏡と同時期の青銅製弩機に，官営工房で陳氏が製作したことや，魏の官署が河内郡と徐州とに存在したことを裏づける銘文があることに注目し，三角縁神獣鏡の系譜が徐州など華北にあることを示唆する〔岡村 1989c〕。その後も岡村は物証の補強につとめ，日本列島では潤沢に出土する一方，中国では例の少ない上方作系浮彫式獣帯鏡・吾作系斜縁神獣鏡・四乳をもつ飛禽鏡・小型の画象鏡・斜縁同向式神獣鏡などは，山東南部～江蘇・安徽北部で製作された「徐州系」の銅鏡であり，これらが三角縁神獣鏡と密接な関係にあることを説き，「徐州鏡」の伝統をもつ工人が三角縁神獣鏡の成立に関与したことを強調している〔岡村 1995b・1998・1999a・2001a・2005b 等〕。とりわけ，徐州の滕州市などで出土している斜縁同向式神獣鏡(Ⅳ-図37)が，日本列島でも愛知県 東之宮古墳(Ⅳ-図38)などから出土しており〔岡村 1999a・2005b；森下 2007a 等〕，東之宮古墳出土鏡が最近まで三角縁神獣鏡(旧目録12)とみなされていたことは，岡村の推定の堅固な傍証となろう。漢鏡の総合的編年を完遂した研究者の言であるだけに，岡村の所説は説得力に富んでいたが，数量的データを提示しなかったため，すみやかな理解はえられなかったように思われる。

なお，魏の官署が徐州など他地域にも設置され，そこで銅鏡など青銅器が製作されていたとの説は，笠野毅により，「魏の尚方」が「中央の事務官・技官を地方の工官に派遣し，その監督のもとに器物を作り，中央に供給させる」という，「尚方監作制」なる「システム」を推定する説へと発展させられている[82]〔笠野 1993a・1998，p.165〕。こうした説にたいしては，賛同説〔車崎 1999d 等〕もあれば反対説〔今尾 2000〕もあり，賛同説にしても想定する内容について，明確に一致をみていないようである[83]。

現在，三角縁神獣鏡の製作地に関する岡村の推測にさらなる実証的裏づけを与え，研究を推進しているのが，上野祥史と森下章司である。

上野は，後漢中期～西晋期における神獣鏡(環状乳神獣鏡・対置式神獣鏡・同向式神獣鏡・重列神獣鏡)の作鏡系譜とその盛衰を時系列的にとらえた労作のなかで，「従来は「江南での製作」と評価されてきた神獣鏡にたいして，銘文や外区周縁文様，神像表現などにおいて銭塘江系(江南)とはっきり区別できる華北東部系の存在」を抽出し，これらは岡村のいう「徐州系」に関連すると想定している〔上野 2000，p.66〕。また，日本列島出土の神獣鏡は，「華北東部系」が多い反面，「銭塘江系」や「長江中流域系」がきわめて少ないことを，数量データを提示しつつ明示している〔上野 2000〕(Ⅳ-図39)。そして上野は，画象鏡などの分析を加味したうえで，2世

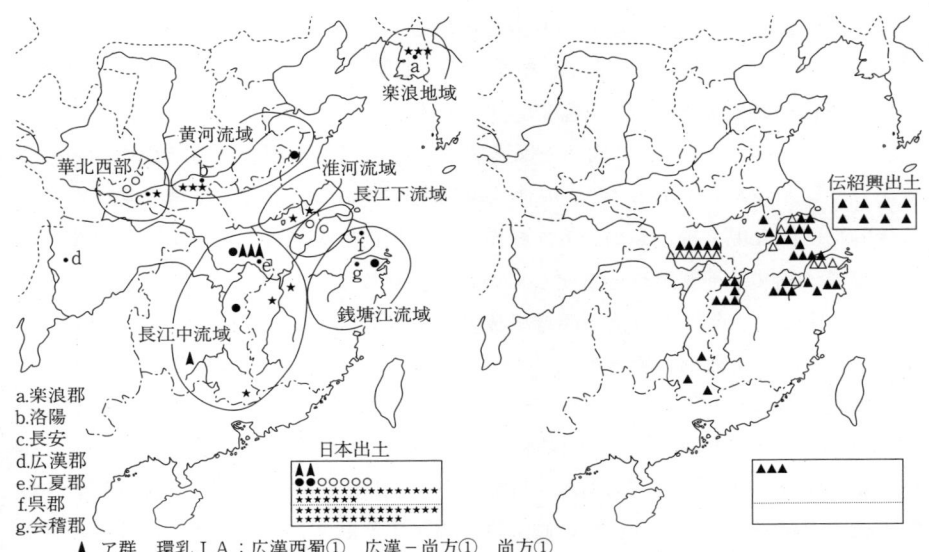

a. 楽浪郡
b. 洛陽
c. 長安
d. 広漢郡
e. 江夏郡
f. 呉郡
g. 会稽郡

▲ ア群　環乳ⅠA：広漢西蜀①　広漢−尚方①　尚方①
　　　　環乳ⅠB：尚方①　上方①
●○イ群　環乳ⅡA：尚方B　上方B　三羊B
　○　　環乳ⅡB：尚方B　上方B　三羊②B　青盖②　黄盖②　陰氏②　王氏B　顔氏B
★ ウ群　環乳ⅡC：上方B　同向ⅠA：陳是②　対置Ⅰ：袁氏？
△ カ群　重列ⅠA：朱氏⑤
▲ キ群　対置ⅤA：朱(氏)⑥　彭(氏)⑥　師徐伯C1　青盖C2

Ⅳ-図39° 　神獣鏡の作鏡系譜と分布

註1)　地図中の郡は郡治を指す。
　2)　作鏡者のうしろの記号は対応する銘文型式を示す。①〜⑦は銘文A1〜A7，Bは銘文B，？は銘文型式不明のもの。□呉郡の作鏡者銘，＿＿陳氏。
　3)　日本出土枠の破線以下では，同型鏡の出土数を示す。

紀後半〜3世紀の楽浪郡出土鏡と日本列島出土鏡において「華北東部系」が圧倒的多数を占め，その背景には「華北東部地域―楽浪郡―倭国という流れ・ネットワーク」が存在したことを明らかにしている〔上野2001・2005a, p.133〕。こうした状況証拠にくわえ，「天王日月」という銘句や画象鏡における博山炉，吾作系斜縁神獣鏡・斜縁同向式神獣鏡などといった，三角縁神獣鏡と関連の深い要素や鏡式が華北東部系にかぎられることなどから，三角縁神獣鏡が華北東部系に深いかかわりをもつ魏鏡であることを推定している〔上野2001・2005a・2006・2007〕。とくに西田守夫が三角縁神獣鏡と関連の強い要素とみなした「天王日月」の銘句や画象鏡の博山炉（熏炉）などが華北東部系の要素であることを突きとめたことは，三角縁神獣鏡の系譜を解明するうえできわめて大きな意義を有する。

　さらに最近の論攷で上野は，緻密な分析に立脚しつつも，より幅広い視座から，

三国～南北朝時代の銅鏡生産のあり方を俯瞰し，そのなかで三角縁神獣鏡をとらえている〔上野 2007・2009〕。上野によると，この期間の鏡生産は，新たな鏡式を創出せず，漢代の鏡を対象とする模倣製作を主体としていた。3世紀の模倣製作は，「漢鏡を対象としつつも，当代的な図像表現，図像構成を創出する「創作的模倣」であ」り〔上野 2007, p.189〕，とくに神獣鏡生産において，華北・華南ともに在地の伝統的な図像表現を継承しつつも，模倣生産の指向性を異にし，前者は画文帯神獣鏡，後者は銘文帯神獣鏡へと特化していった。そして，このような「南北対照的な神獣鏡生産は，3世紀末の統一西晋以後」，「華南呉郡系（旧 銭塘江系：下垣註）での生産に収束し」，「4世紀を境として「踏み返し」を基調とする」「踏返模倣」の「製作へと転換した」〔上野 2007, p.189・2009〕と，資料を縦横に駆使して説き明かしている（II-図50）。そのうえで，三角縁神獣鏡を俎上にのせ，原鏡と推測される画文帯神獣鏡（環状乳・同向式・対置式）および画象鏡の系譜を検討し，前者の対置配置・獣像表現・方格の「天王日月」銘・画文帯に由来する獣文帯などの属性，後者の神獣像配置および博山炉がいずれも華北に由来することを明らかにしている。そして結論として，三角縁神獣鏡の製作に華南の工人が関与していた可能性は低く，三角縁神獣鏡は「華北地域の画文帯神獣鏡の模倣製作と位置づけ」ている〔上野 2007, p.189・2009〕。

　文様要素の分析をつうじた作鏡系譜の抽出とその変遷および系譜間関係に主眼をおいた上野にたいして，森下は，諸系譜（「系統群」）の分布状況を分析軸にすえて検討をおこなっている〔森下 2003・2007a・2007b〕。森下は，上野の作鏡系譜の分類にほぼ立脚しつつ，魏晋の規矩鏡を中心とする「華北―北部系」を設定するなど修正をくわえたうえで，各系統群の分布の興味深い状況を明らかにしている（III-図1；IV-図40）。とくに「華北―東部系」を三つの小系統に細分し，それぞれの分布差から「地域系統」差を推測しており，いわゆる徐州鏡の実態にさらに踏みこむ足がかりを提示している。三角縁神獣鏡に関しては，新しい段階のものと「華北―東部系」のA系に属する「袁氏作」系画象鏡の双方に，外区の唐草文や博山炉の採用，内区図像配置の点で共通性がみとめられるという，重要な指摘をおこなっている〔森下 2005c・2007a〕。この事実からは，華北東部において三角縁神獣鏡が継続的に生産された可能性が示唆されよう[84]。

　このように，三角縁神獣鏡を華北東部の作鏡系譜に関連づける研究が提出されている一方，西川寿勝は，中国各省およびその周辺の計24地域における後漢鏡諸鏡式の分布傾向を調べ，三角縁神獣鏡の製作地を楽浪郡付近と推察している〔西川

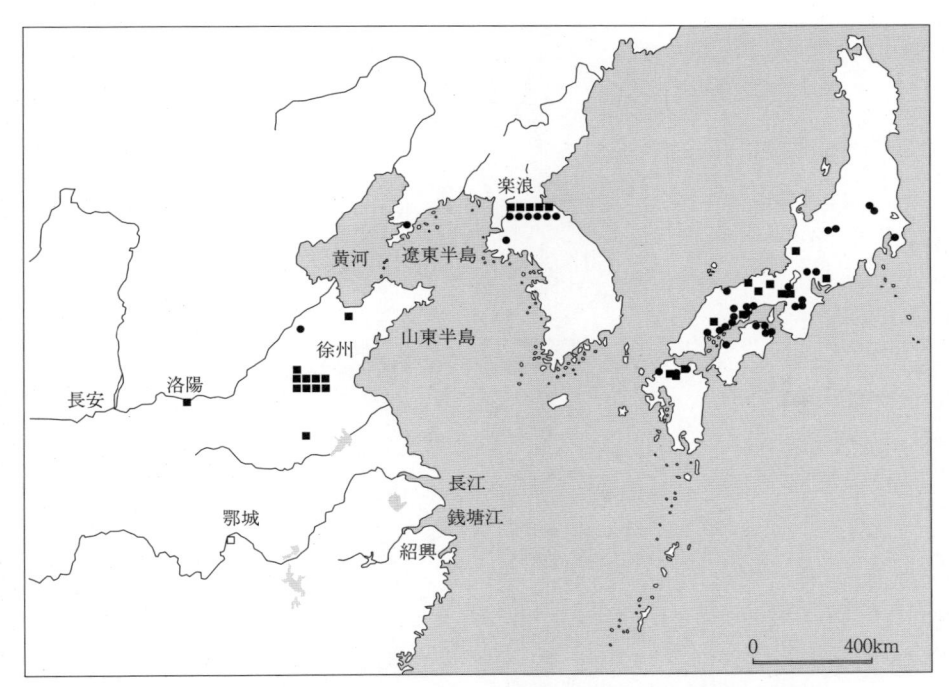

Ⅳ-図40—1　後漢後期～西晋期の各系統群の分布①——華北‐東部系(■飛禽文鏡, ●「上方作」系獣帯鏡。2世紀後半～3世紀はじめ)

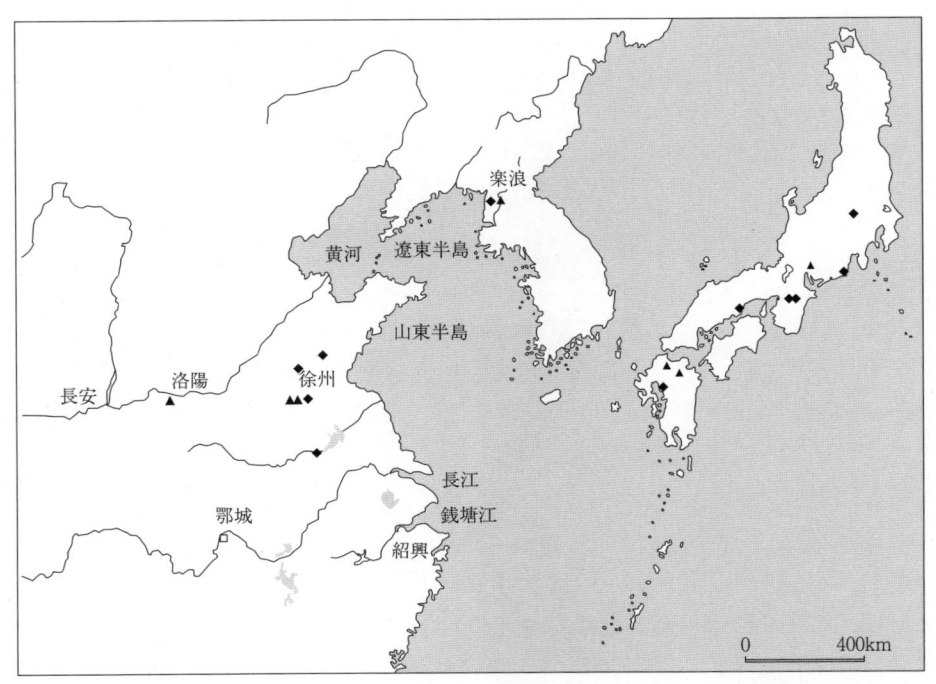

Ⅳ-図40—2　後漢後期～西晋期の各系統群の分布②——華北‐東部系(▲斜縁同向式神獣鏡, ◆「袁氏作」系画象鏡。2世紀末～3世紀前半？)

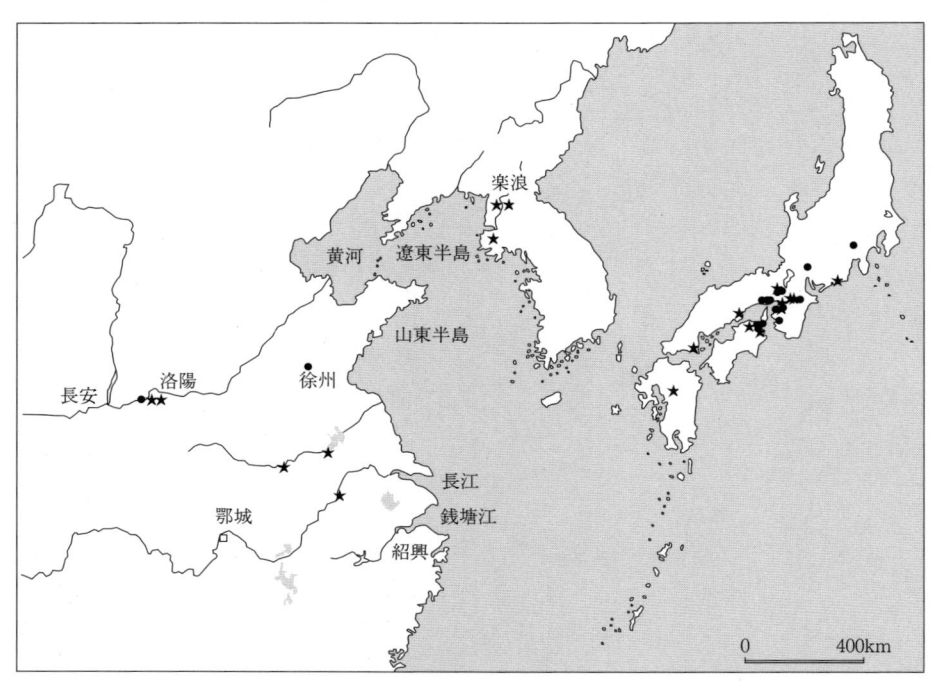

Ⅳ-図40—3　後漢後期～西晋期の各系統群の分布③——華北-東部系(●画文帯環状乳神獣鏡—上野ⅡC式，★画文帯同向式神獣鏡。2世紀後半～3世紀はじめ)

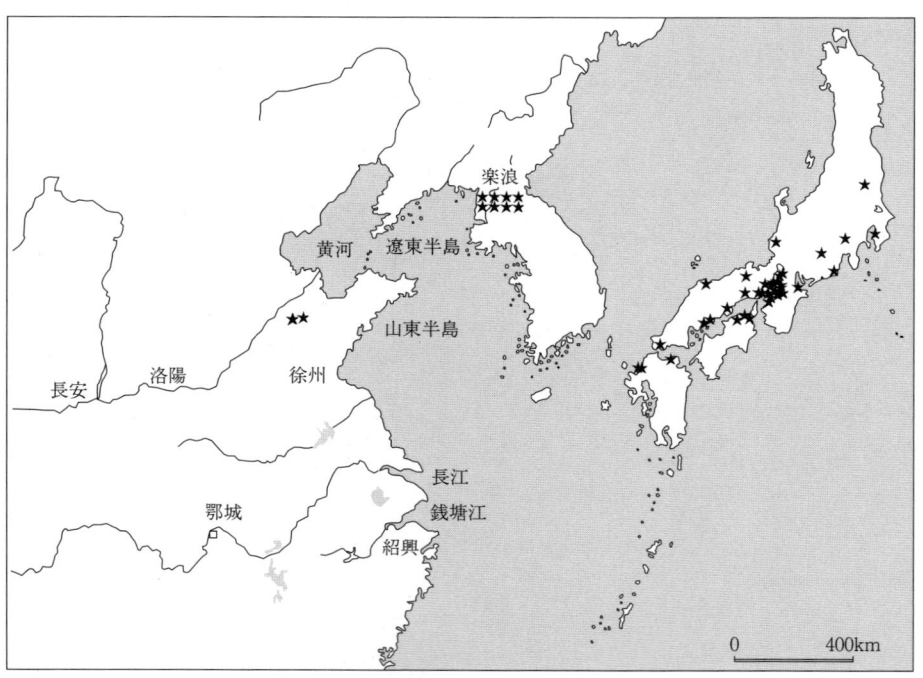

Ⅳ-図40—4　後漢後期～西晋期の各系統群の分布④——華北-東部系(★斜縁神獣鏡・四獣鏡。3世紀)

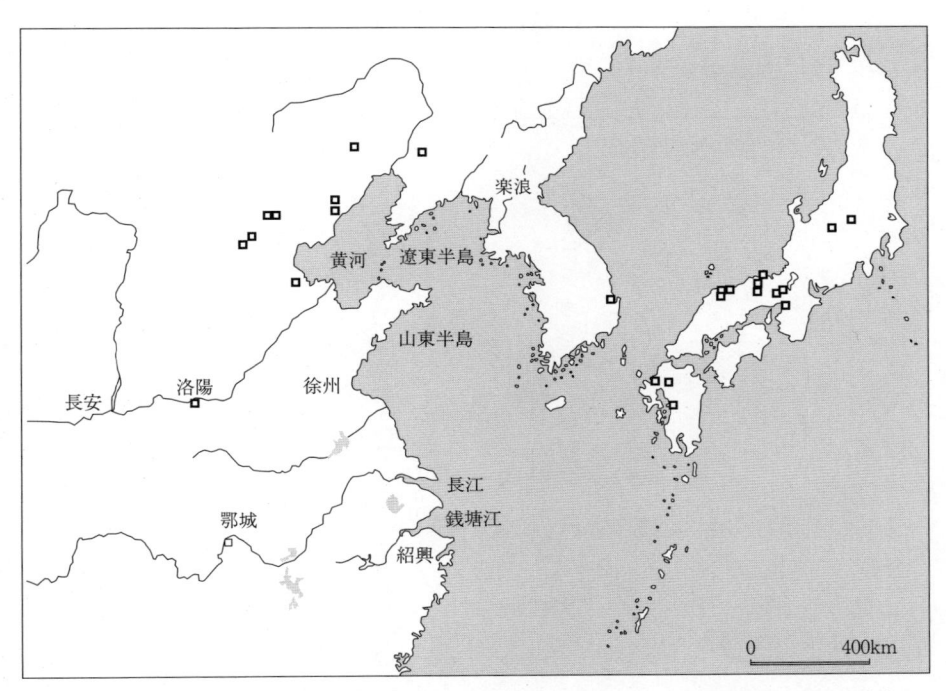

Ⅳ-図40—5　後漢後期～西晋期の各系統群の分布⑤——華北-北部系(□魏晋規矩鏡・関連鏡。3世紀中～後半)

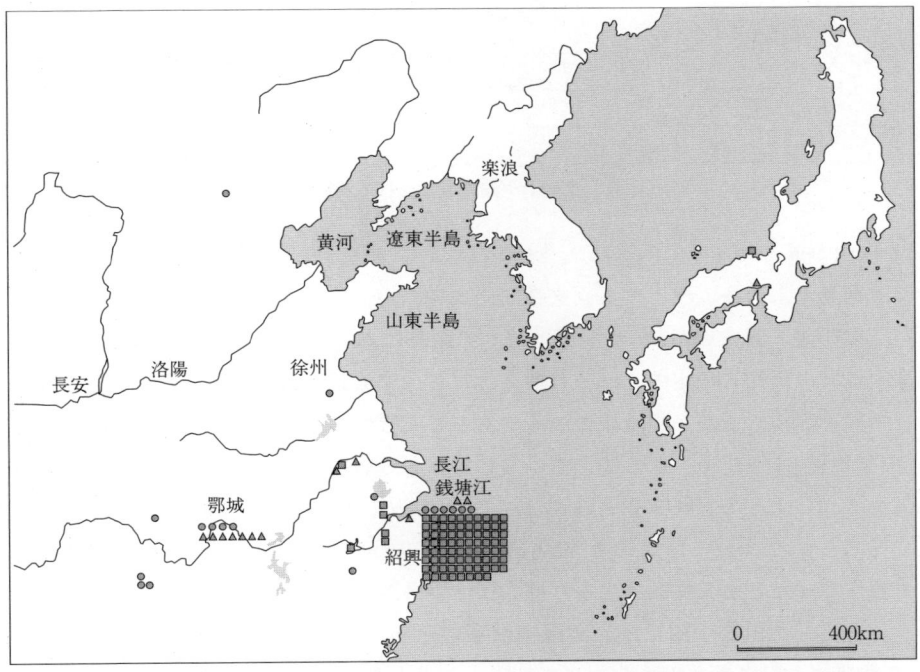

Ⅳ-図40—6　後漢後期～西晋期の各系統群の分布⑥——銭塘江系(■画象鏡—広画面式，●画文帯環状乳神獣鏡—上野ⅢA・B式，▲銘帯重列式神獣鏡—上野Ⅰ式。2世紀後半～3世紀前半)

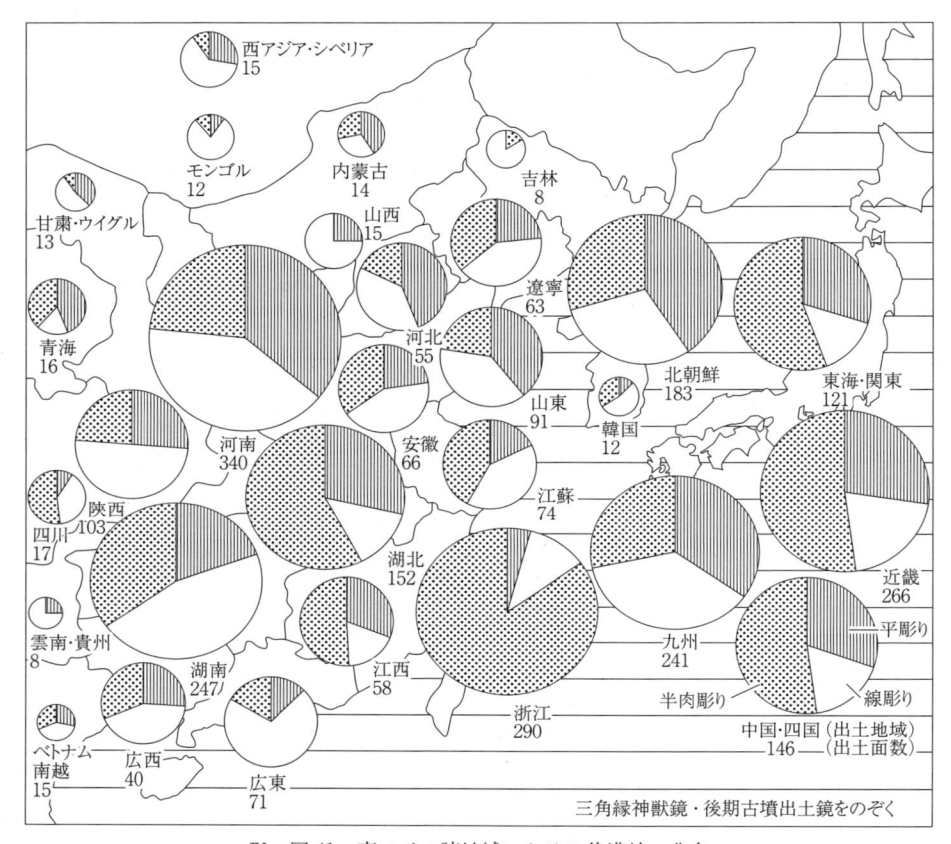

168　Ⅳ　三角縁神獣鏡の研究史

Ⅳ-図41　東アジア諸地域における後漢鏡の分布

1999a・1999b・2000a 等〕(Ⅳ-図41)。すなわち，中国本土でほとんど発見されないが，日本列島から数多く出土する画文帯同向式神獣鏡・吾作系斜縁神獣鏡・上方作系浮彫式獣帯鏡・飛禽鏡は，「楽浪郡地域」で顕著にみとめられることから，これらは楽浪地域の製作と想定でき，それゆえこれら「楽浪鏡」と構成要素などが近似する三角縁神獣鏡もまた，当地域の所産であると主張するのである。西川の所説には，「典型鏡種」「亜鏡種」なる概念をつうじて，各地域における銅鏡生産の様態を解き明かそうとするなど興味深い論点がふくまれるが，楽浪郡出土鏡が「華北東部系」で占められること〔上野 2000 等〕を考慮するならば，三角縁神獣鏡が「楽浪郡地域」で製作されたとする推論は，より幅広い作鏡系譜に包括させて再考する必要もあろう。また，辻田淳一郎は，三角縁神獣鏡の原鏡となった「鏡式構成の共通性」と「各段階における新たなモデル／モティーフ導入の可能性」の２点を主論拠として，

「楽浪郡および帯方郡とその周辺」をその製作地の最有力候補とみている〔辻田 2007a〕。

これらのほか，個別的な事例になるが，「尚方作」銘の三角縁神獣鏡と文様面で親縁性を有する奈良県佐味田宝塚古墳出土の尚方作神獣車馬画象鏡（Ⅳ-図 42）や群馬県前橋天神山古墳出土および愛媛県朝日谷2号墳出土の尚方作二禽二獣画象鏡（Ⅳ-図 43）に酷似する銅鏡が，中国本土で発見されており（e.g. 河南省洛陽市岳家村30号墓出土鏡・『小檀欒室鏡影』所載鏡）（Ⅳ-図 44・45），三角縁神獣鏡の系譜を考えるうえで重要な示唆を与える[85]〔柳田 1971；岡崎 1977；笠野 1998；車崎 1999b 等〕。佐味田宝塚古墳出土鏡と三角縁尚方作二神二獣鏡（目録 100）については，「書体までほぼ一致する」との主張も提示されている〔車崎 1999b, p. 185〕。付言すれば，前記したように，三角縁神獣鏡に「尚方作」の作者銘が稀少なことが魏鏡説に不利な点とされてきた〔西田 1971〕が，これらの画象鏡が「尚方作」の銘を有し，さらに「尚方作」銘の三角縁神獣鏡は神獣像表現から「陳氏作鏡群」に属すること〔岸本 1989b〕を根拠に，「尚方で作られた三角縁神獣鏡がきわめて少ないのは鏡銘の字面上のことであって，実は陳氏の鏡は尚方の製品で，しかももっとも鏡種が多いこと」が推定されている〔笠野 1998, p. 179〕。三角縁神獣鏡の作鏡系譜の実体をうかがう一つの手がかりになろう。

以上のように，三角縁神獣鏡の系譜ないし製作地について，洛陽の尚方工人の関与をどのていど見積もるかに関して若干の相違を内包しつつも，華北（華北東部）を

Ⅳ-図 42　尚方作神獣車馬画象鏡(1)(奈良県佐味田宝塚古墳)

Ⅳ-図 44　尚方作神獣車馬画象鏡(2)(河南省岳家村30号墓)

Ⅳ-図 43　尚方作二禽二獣画象鏡(1)(愛媛県朝日谷2号墳)

Ⅳ-図 45　尚方作二禽二獣画象鏡(2)(『小檀欒室鏡影』所載)

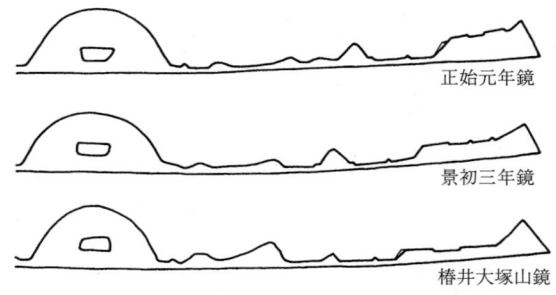

IV-図46　創出期の三角縁同向式神獣鏡の断面形態

（図中ラベル：正始元年鏡／景初三年鏡／椿井大塚山鏡）

重視する点で，多くの論者がおおむね見解の一致をみつつある。堅固な物証に根ざした立論である以上，それも当然のことではあるが，今後は新資料の収集や作鏡系譜間関係のさらなる追究，そして化学成分分析などを加味して〔森下2001a〕，論のいっそうの精緻化と総合化が目指されるべきであろう。三角縁神獣鏡を倭製とみなす立場にしても，工人の出自を追究してゆくうえで，こうした検討は必要不可欠である。

D　三角縁神獣鏡の成立プロセス

こうしたいわばマクロな系譜論にたいし，よりミクロな観点から三角縁神獣鏡の成立プロセスを解明しようとするアプローチも活潑になされている。この観点は，前節でふれたように，小林行雄が先鞭をつけたものであった〔小林行1982・1992〕。

岡村秀典は，紀年銘鏡を中心とする初現期の三角縁神獣鏡および景初三年陳是作画文帯同向式神獣鏡の分析をつうじ，短期間（数年）のあいだに「図像構成とその表現，銘文の長短，断面形態などに決して小さくない変異」がみとめられること（IV-図46；IV-表11）から，景初三年から正始元年にかけての三角縁神獣鏡の創出過程に際して，自然な型式変遷とはことなる試行錯誤があったと考え，その背景には特殊な製作状況，すなわち倭人への「特鋳」が考えられると主張する〔岡村1996・1999a・2002a, p.177〕。そして最近では，「銅出徐州　師出洛陽」の銘文と考えあわせ，「もともと洛陽に工房をもっていた」「「陳」氏をはじめとする三角縁神獣鏡の工人」のほか，「徐州鏡の伝統をもつ工人たちも動員され」，徐州から運ばれた銅原料を使用して，「漢代の徐州鏡」を「模作の対象」として，「試行錯誤のうえ画文帯神獣鏡から「景初三年」銘の三角縁神獣鏡が創作された」〔岡村2005b, p.137〕と，具体的に説き明かしている。

西村俊範も，これら初現期の三角縁神獣鏡および景初三年陳是作画文帯同向式神獣鏡の分析をつうじ，後者から正始元年銘をもつ三角縁神獣鏡への変化は，「試行錯誤的に」「中国製のオリジナルの神獣鏡をさまざまのレベルで模倣」しようとした志向のなかで，「恐らくごく短い期間の間に連続的におこったもの」であり，これは「一人の鏡作り工人（陳氏）が鏡製作に要する手間・暇の節約・省力化を追求し

Ⅳ-表11　三角縁神獣鏡創出期の同向式神獣鏡の変異

		祖　型	A　鏡	B　鏡	C　鏡	D　鏡
内区	鈕　　座	有節重弧紋	有節重弧紋	素　円	有節重弧紋	有節重弧紋
	円環・乳	円　環	乳	乳	乳	乳
	紋 様 帯	半円方形帯（銘）	半円方形帯（銘）	半円方形帯（銘）	銘帯＋櫛歯紋	銘帯＋櫛歯紋
外区	斜面鋸歯紋	○	○	○	×	○
	紋 様 帯	画 紋 帯	画 紋 帯	鋸 歯 紋	鋸 歯 紋	鋸 歯 紋
	断　　面	平　縁	平　縁	平　縁	三 角 縁	三 角 縁

註　A．景初三年画文帯神獣鏡(和泉黄金塚古墳)，B．半円方形帯同向式神獣鏡(安満宮山古墳)，C．景初三年三角縁神獣鏡(神原神社古墳)，D．正始元年三角縁神獣鏡(蟹沢古墳)。

て行った過程ともみなすことが出来る」と論じている〔西村俊 1998, pp.91-92・2000b〕。なお，この西村の論考においてふれておくべき重要な点として，初現期の三角縁神獣鏡および景初三年陳是作画文帯同向式神獣鏡において，文様への理解や技術水準がいちじるしく劣ることから，これらを「プロの人間ではなく，かといって中国域外に居住する中国鏡の本質を何も理解できない素人でもない，本場のノンプロレベルの人間こそが最もふさわしいのではなかろうか」〔西村俊 1998, p.94〕と推測していることをあげうる。この推測は，「魏の官営工房とつながりのある工人群と，これとは別に斜縁二神二獣鏡などを製作していた工人群が合体して製作にあたった可能性」〔福永 1991, p.49〕という，上記した福永伸哉の推論と響きあうものであり，三角縁神獣鏡の製作背景および製作経緯を追究するうえで非常に重要な指摘である。

　さらに森田克行も，初現期の三角縁神獣鏡を綿密に検討し，景初三年画文帯同向式神獣鏡や景初四年盤龍鏡などの「試作鏡群」から，「景初三年，正始元年のように小さく屹立して分厚く外区がつくられるもの，あるいは縁がサジ面をとる」「定型化する以前の三角縁神獣鏡」である「原初三角縁神獣鏡」をへて，「縁の断面がきれいな三角形をしている」「定型三角縁神獣鏡」にいたる変遷プロセスをえがきだしている〔森田 1998a・1998b, p.16・1999a・1999b・2006〕。そして，「試作鏡群」と「原初三角縁神獣鏡」こそが「銅鏡百枚」の実態であることを強調し，現在発見されている8形式14面をそれにあてる。森田の所説の肝要な点は，「試作鏡群」および「原初三角縁神獣鏡」と「定型化三角縁神獣鏡」とのあいだに，その製作体制の面で明確な一線をひいていることである。その当否は今後の検討にゆだねられねばならないが，「銅出徐州　師出洛陽」の銘を，洛陽にて「試作鏡群」「原初三角縁神獣鏡」を製作したのち，ひきつづき工人（工房）が「定型化三角縁神獣鏡」を製作す

るために「洛陽から徐州に程近い海東へやって来」たという、「工房移動の経過」を示す証拠とみなし〔森田 1999a, p.101〕、工房の移動は「倭国への特鋳鏡ゆえの措置」であり、これを機に「実質的な生産は官営工房から民に移管され」、以後は「特需品として」「直取引に近い」形で倭国にもたらされるようになった〔森田 2006, p.49〕との推論には注目できる。なんとなれば、多量の三角縁神獣鏡が、「特鋳」品として複数次にわたり魏王朝から倭へと下賜された〔田中琢 1985；福永 1996a；都出 1999a；岸本 2001 等〕という不合理〔王 1981a・1994a；徐 1985；菅谷 1991；白石 1999a 等〕が緩和されるからである。

以上のように、近年の緻密な検討により、三角縁神獣鏡の製作プロセスは、ミクロなレヴェルで判明してきている。それらの成果は、おおむね小林行雄の推測〔小林行 1982・1992〕を裏づけつつも、新資料の増加を追い風として、さらに実証的かつ詳細なレヴェルで再構築されつつあるといえる。

たとえば、これまで三角縁神獣鏡の成立プロセスに関して、画象鏡を中核とする多様な鏡式が合成されたとの考え〔西田 1971 等〕にたいしても、修正がくわえられつつある。福永伸哉は、三角縁の形状が画象鏡から三角縁神獣鏡へ継承されたとする西田守夫の推定〔西田 1971〕にたいし、「画象鏡に多い、端面が急傾斜で鋭く立ち上がる形状の縁」「は型式的に古い三角縁神獣鏡には逆にあまり見られ」ず、むしろ「顕著な傾斜端面を」「持つ鏡を製作していた工人群が、外区や縁の厚みを増した鏡を造る必要に迫られた時、一つの方策として初期の三角縁を生み出した可能性」が高く、三角縁が徐々に形成されていったという別案を提起している[86]〔福永 1994a, p.8〕。要するに、出来あいの三角縁が画象鏡から三角縁神獣鏡に採用されたのではなく、三角縁神獣鏡の形成プロセスのなかで傾斜端面を発展させて誕生したと考えるのである。同じく断面形態の分析をつうじて、三角縁の形成プロセスを追った岩本崇は、急角度にたちあがる縁部の基部が外区外縁を画するガイドラインの機能を有すること、大型鏡で立体感ある内区文様に必要かつふさわしい外区および縁部が必要とされたことが、三角縁の誕生した理由とみなし、その背景に「大量生産を意図した特殊な製作事情がかかわっていた可能性」を想定している〔岩本 2008a, p.37〕。また森田は、初現期の三角縁神獣鏡には画象鏡の要素はなく、むしろ魏代の方格規矩鏡の関与が濃厚であると思量している〔森田 1999a〕。

その一方、三角縁神獣鏡の複数系統のうち、その初現期に画象鏡の影響が濃厚な系統があるとの見方もある〔岸本 1995；車崎 2002c〕。また、三角縁という「縁の特徴そのものが、画象鏡の継承であ」り、景初三年画文帯同向式神獣鏡にしても、その

7 第 VII 期 173

Ⅰ・Ⅱ

Ⅲ

仏像

Ⅳ

Ⅴ

仿製

同向式神獣鏡　対置式神獣鏡

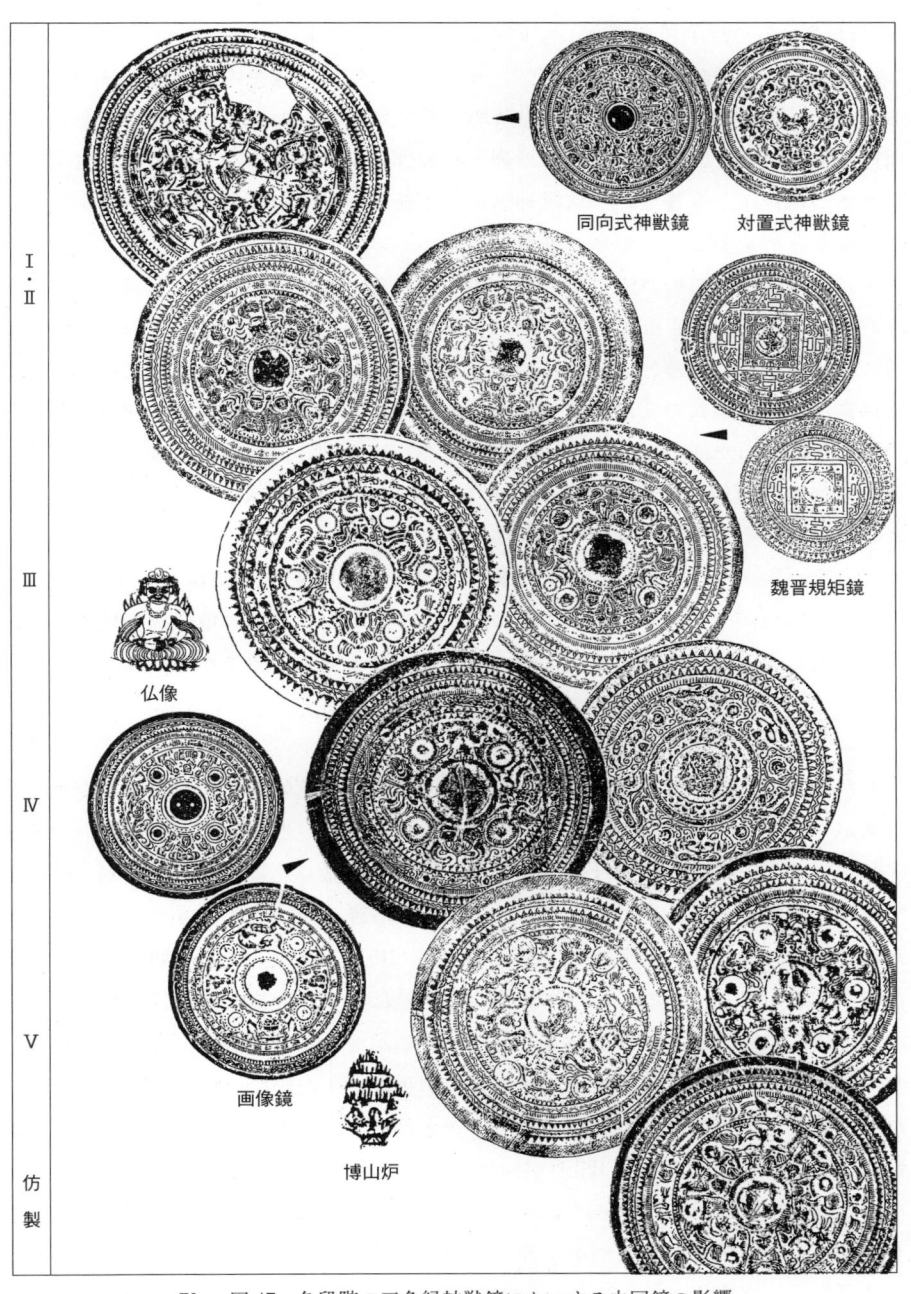

魏晋規矩鏡

画像鏡

博山炉

Ⅳ - 図47　各段階の三角縁神獣鏡にたいする中国鏡の影響

外区はほとんど画象鏡を継承しているとの見解もある[87]〔車崎 1999b, p. 184・2000b〕。したがって, 三角縁神獣鏡の成立プロセスについては, 長足の進展をとげつつはあるものの, 根幹的な部分において見解の一致に逢着していないのが現状である。三角縁神獣鏡の成立プロセスは, その編年や製作体制の復元に深くかかわる重大な問題であるだけに, 今後も, 三角縁神獣鏡の系統論とからめて, 多様な角度からさらに綿密な分析をおこなってゆく必要がある。

また, 他鏡式の影響が成立時のみに限定されないことや, 既存の要素のみが導入されているわけではないことも判明してきている。すなわち, 各段階の三角縁神獣鏡に, 博山炉や仏像など, 他鏡式の要素や新意匠が導入されていることや, 唐草文や銘文など, 他鏡式の変遷と軌を一にする要素があることが, 徐々に明らかにされつつある〔澤田 1993b；福永 1996a；森下 2005c 等〕(IV - 図47)。このことは, 三角縁神獣鏡の製作地や製作体制を闡明するうえできわめて重大である。なぜなら,「工人側と大陸の間をその都度行き来して製作にあたったというような極端な想定を別にすれば, それらがすべて大陸において製作されたと理解するのがもっとも自然」〔福永 1996a, p. 18〕だからである[88]。製作地の問題はもちろんとして, 他鏡式の要素を継続的に導入しうる製作体制の実態について, さらなる究明が望まれる〔森下 2005c〕。

E　魏晋鏡の検討の進展

本章第6節でふれたように, 徐苹芳が三国西晋～南北朝期の銅鏡生産の姿を的確にえがきだしたこと〔徐 1984・1985・1992〕が契機となり, 当該期の銅鏡にたいする研究熱が高まった。徐の研究は, 厖大な発掘資料を透徹した視座から体系的に整理しており, 説得力にあふれていたが, いくつかの瑕瑾がないわけでもなかった。たとえば, 後漢の建安元(196)年から西晋の建興四(316)年までを,「第一期」の「三国西晋時代」として一括している点や, 華北の銅鏡に関する分析が洛陽付近にかたより, 周辺地域への検討が不十分であった点などを挙示できる。むろん, 魏代の墳墓資料が絶無に近く, 周辺地域の出土資料の報告が少なかった当時の状況を考えれば, これらの瑕疵を責めるのは不適当であろう。とはいえ, 中国製であれ倭製であれ, 魏晋期における華北(東部)との関連が検出されはじめた三角縁神獣鏡の系譜や製作地などを考究するには, 120年にもおよぶ長期間を「三国西晋時代」として一括したり, 洛陽以外の華北の分析が不十分である状況は, 再検討すべき重要課題として, 銅鏡研究者に痛感されるようになっていった。

そうしたなか, 1990年代にはいると, 華北における銅鏡生産が解明の途につき

はじめる〔福永 1991・1994a・1998a；岡村 1995b・1999a・2005b；車崎 1999a・2002c；上野 2000・2005a・2007；森下 2003・2007a等〕のと軌を一にするように，魏晋代の銅鏡生産の実態についても究明が進められていった。

先述したように，三角縁神獣鏡の系譜に関して重大な成果を世に問うた福永伸哉は，方格規矩鏡・円圏規矩鏡(「特異な規矩鏡の一群」)(Ⅳ－図36)を基軸として，魏晋期の銅鏡の特徴についても詳細に論じている〔福永 1992c・1994a・1995b・1998a・1999f・2005a；福永・森下 2000等〕。これら福永による一連の緻密な研究を承け，魏晋鏡全体を総覧し，その位置づけをおこなった研究も，幾人かの論者によってなされている。おおむね，「模倣鏡」あるいは「倣古鏡」(「仿古鏡」「復古鏡」)を生産の基調とみなす見解が大勢を占めているといってよい。

早い時期の研究として，立木修は，黄巾の乱などによる社会情勢の混乱のため，2世紀後半以後は華北・華南ともに銅鏡生産がいちじるしく衰えたと説き，また建安式重列神獣鏡が楽浪郡出土鏡に存在しないことを主論拠として，この混乱により2世紀末～3世紀前半に楽浪郡と中国本土との交通がほとんど途絶えたと解釈する[89]。そして，3世紀以降の華北では，「旧式鏡」をモデルとした「倣古鏡」の生産が若干おこなわれたものの，生産方式の主体をなしたのは既存の鏡の「踏返し」であったと論じている〔立木 1994a・1994b〕。この考えは，魏晋代の華北における銅鏡生産について，徐のようにたんに「後漢以来の旧式鏡を作」〔徐 1985，p.72〕っていたとはみなさず，「倣古」という製作志向の存在を指摘した点で重要な成果であったが，論の骨子となる踏み返し鏡の認定に難を残した〔柳田 2002〕。なお，三角縁神獣鏡をふくめた当該期の銅鏡の踏み返しの問題については，本節で後述する。

「模倣鏡」あるいは「倣古鏡」を魏晋代の鏡生産の特質とみる見解は，上野祥史や車崎正彦，森下章司らが孜々として推し進めている〔森下 1998b・2003・2007a；車崎 1999a・1999b・1999d・2000b・2001b・2002c；西川 1999a・1999b；上野 2006・2007・2009等〕。

森下は，華北の銅鏡生産を体系的に把握し，3世紀第2四半期以降には，2世紀の鏡の特徴を引き継ぎつつ，「模倣鏡」が主体となることを明らかにしている。森下の主張を要約すれば，次のようになる。当該期における中国鏡の技術的衰退や粗雑化は，地域的変異をみせつつ，二つの画期をへた。2世紀第4四半期の「第1の画期」には，繊細な文様表現と鮮明な鋳上がりを誇る多彩な鏡群が生産された。これらの鏡群が完全に姿を消す3世紀第2四半期が「第2の画期」であり，これ以降の銅鏡は，「それ以前に作られていた漢鏡を模倣あるいは変形したものがほとんどとなり，新たな文様の創造は認められなくな」り，「真土に精緻な文様を表現する

技術はほぼ失われ，粗い表現がめだつようになる」とともに，「同型品が多くなり，多量生産指向が強くな」り，こうした変化は4世紀までつづいてゆく，と〔森下1998b, p. 8〕。とくに森下は，魏晋代の「模倣方格規矩鏡」を分析の俎上にのせ，3世紀第2四半期の「甲群」から4世紀第2四半期の「丁群」までの変遷過程を叮嚀に追跡することで，上記の想定を具体的に裏づけている〔森下 1998b〕。

また，車崎は，後漢後期から西晋期にかけての紀年鏡を網羅的にとりあげ，その年号と鏡式との相関関係を検討することで，魏(晋)鏡の特質および製作背景について，以下のような重要な見解を提起している〔車崎 1999a・1999b・1999d・2000b・2001b・2002c 等〕(II-表1)。すなわち，太和元(227)年までの魏の紀年銘鏡は呉鏡の特徴をそなえているが，これは呉が魏王朝の冊封をうけていたため，鏡が呉の領域(会稽郡)で製作され，方物として魏王朝に貢上されていたことの反映である。しかし，黄龍元(229)年に孫権が呉皇帝として独立したのちは，入手がかなわなくなったために，魏において銅鏡生産が本格的に開始され，呉鏡とまったく形式のことなる魏の年号鏡が出現した。青龍三(235)年以降の魏鏡の特徴は，「漢鏡におけるさまざまな鏡式を復活再生した」「種々雑多な鏡」〔車崎 1999a・2002c, p. 181 等〕が製作されたことであった。このように約言できる。さらに，「三角縁神獣鏡も，対置式神獣鏡や画象鏡あるいは環状乳神獣鏡・同向式神獣鏡・龍虎鏡などさまざまな形式の鏡の要素を複合して継承しているのであれば，これもまた倣古鏡の一種とみてよかろう」〔車崎 1999d, p. 400〕と，作鏡姿勢における三角縁神獣鏡と魏鏡との類同性をあげていることも，三角縁神獣鏡の系譜を解明するうえで非常に重要な指摘である。

そしてまた，先述のように上野は，三国〜南北朝時代の銅鏡生産の基調は漢鏡の模倣製作にあり，3世紀の「同時代の図像表現を用いて漢鏡を模倣した「創作模倣」」から，4世紀を境として「漢鏡を踏み返して図像をそのまま転用することを基本とした「踏返模倣」」へ推移したことを具体的に立証している〔上野 2007・2009, p. 48・2010〕。さらに，3世紀の銅鏡生産の特色として，継続性をもつ模倣生産がみとめられること，そしてとりわけ神獣鏡生産において南北の指向性に相違がみられることを明らかにしている。そのうえで，三角縁神獣鏡を，華北地域において「同時代的あるいは，直近の過去の」各種の画文帯神獣鏡を「より主要なモデル」とした「模倣製作」〔上野 2007, p. 202〕ととらえ，その終焉については，創作模倣が終幕をむかえた4世紀前後を示唆している〔上野 2009〕。

このように，魏晋鏡の検討が進捗した結果，三角縁神獣鏡をその枠組みのなかで把握しようとするスタンスが，現在，主流になりつつある。たとえば銘文において

も，三角縁神獣鏡の銘文は呉鏡とはまったくことなり，むしろ青龍三年方格規矩鏡などの魏鏡に共通することが明らかにされている〔林裕 1995・1998・2006 等〕。また，三角縁神獣鏡の銘文が，「単位熟語を任意に取り出し多用した（適当につなぎ合わせた）」「継ぎ接ぎだらけの妙技の銘文」〔林裕 1998, pp.65-66〕であることも，三角縁神獣鏡が「さまざまな形式の鏡の要素を複合して継承している」という上述の構成的特質を裏づける現象である。さらに，鉛同位体比の分析結果においても，魏の紀年鏡と中国製三角縁神獣鏡とが同じ分布範囲にはいることも，両者の関連を強く示している〔馬淵他 1991；馬淵 1996；平尾他 2001 等〕（II-図 26）。銘文および鉛同位体比分析の研究動向については後記する。

なお車崎は，中国から出土する魏晋代の銅鏡に大型鏡が寡少であることを指摘し，このことが大型鏡である三角縁神獣鏡が中国で出土しない理由の一つと解している〔車崎 1999b・2000b 等〕。魏晋代の遺跡で「大型の鏡がみつかるようになれば，三角縁神獣鏡があらわれる確立（ママ）はかなり大きい」〔車崎 2000b, p.29〕かどうかはさて措くとして，魏晋代の銅鏡を博捜したうえでの推測であるだけに，三角縁神獣鏡が中国大陸から出土しないことにたいする説明として示唆に富んでいる。

F　仿製三角縁神獣鏡＝西晋鏡説の提言

上記したように，文様・形状・銘文など多くの点において，三角縁神獣鏡と魏（晋）鏡との密接なつながりが明らかにされつつある。そうした検討の副産物というべきか，魏晋鏡の実態が解明されてゆくにつれ，従来は仿製とされてきた銅鏡が魏晋の作である事例が判明してきている〔西嶋他 1985b；西田 1989；森下 1995a・1998b；車崎 1999a・1999b 等〕。そして，副産物というにはあまりにも重大なこととして，仿製三角縁神獣鏡と（魏）晋鏡との深いつながりが指摘されていることを特記したい〔車崎 1999a〕。

それ以前にも，仿製三角縁神獣鏡とほかの仿製鏡とのあいだに，外区文様や面径の規格性，文字使用の有無や仕上げの精粗，そして同笵鏡技法の有無などにおいて，大きな差異があることは気づかれていた〔清水康 1990；森下 1991・1993a 等〕。しかし，その差異については，「製作者の違い」〔森下 1991, p.20〕や，仿製三角縁神獣鏡に「特異な意図」がこめられたゆえの「異質の感」〔車崎 1993d, p.70〕などに起因すると解釈されてきた。いささか臆測になるが，こうした背景には，銅鏡製作が粗雑化する魏晋代の鏡生産の実態が不分明であったこと以上に，仿製鏡は粗笨で中国鏡は精緻であるとの根強い固定観念があったように思われる。

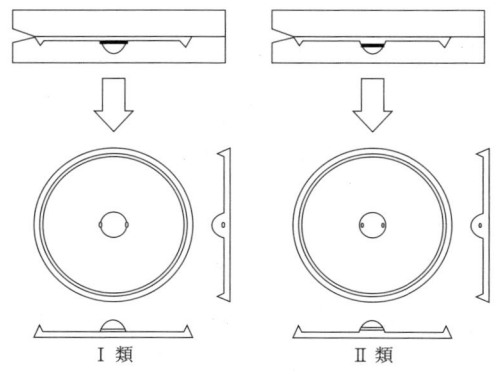

Ⅳ-図48 鈕孔製作技法の類型模式図

　このような風潮を転轍させたのは，日本で出土する簡略化・粗雑化した鏡を一律に仿製鏡とみなすことはできず，東晋・南朝からの伝来品もあるという，徐苹芳による重大な提言であった〔西嶋他 1985b〕。この提言により，「日本の古墳から出土して，"仿製鏡"と呼ばれてきた鏡についても，日本製か，東晋・南朝の時期に鋳られた鏡かを，精しく調査することなしに，習慣に従って分類するのは意味がなくなってしま」〔西田 1989, p.10〕い，「中国出土鏡の厳密な検討をふまえたうえで，あらためて中国鏡と倭鏡を厳格に峻別すべき」〔車崎 1999d, p.390〕ことが認識されるようになったのである[90]。

　そうした状況のなか，車崎正彦が，いわゆる中国製および仿製の三角縁神獣鏡の「銘文の書式・書体，図紋の作風・癖，等々は」「倭鏡とは異質で」「呉鏡ともつながる要素はほとんどない」が，「魏晋諸形式とは，共有する特徴をもっている」などの理由から，仿製三角縁神獣鏡が西晋鏡であることを高らかに提唱したのである〔車崎 1999a・1999b・1999d・2002c, p.187〕。この考えは，中国製三角縁神獣鏡から仿製三角縁神獣鏡にかけての図文の形骸化が，魏晋代における方格規矩鏡のそれと同調していることや，以下で述べるように，仿製三角縁神獣鏡が，その特徴において，仿製鏡ではなく魏晋鏡と親和性が高いことを，合理的に説明しうるものである。

　車崎による仿製三角縁神獣鏡＝西晋鏡説は，明快でなおかつ資料に裏づけられていたため，大きな反響をよんだ。ただ，強い反論〔王 2000a・2000b〕がほとんど提示されていない一方で，積極的な賛成論〔岩本 2003a〕も表立ってみられていないのが現状である。事が重大なだけに，旗幟を鮮明にすることを忌避している感すら漂っている。最近では辻田淳一郎が，この説の採用により生じる「前期古墳での副葬年代のずれ」を難点とし，波文帯鏡群と仿製三角縁神獣鏡との画期を重視して，通説どおり仿製三角縁神獣鏡を列島での所産とみている〔辻田 2007a, p.221〕。

　しかし，中国製三角縁神獣鏡と仿製三角縁神獣鏡とのあいだに，相違点よりも共通点が顕著であることは，否定できなくなってきている。たとえば，双方ともに長方形鈕孔を有しており[91]〔福永 1991〕，中国・韓半島・日本列島の銅鏡の鈕孔形態を幅広く検討した秦憲二の研究においても，この両者は鈕座と鈕孔底辺とが接してい

ないことが多い「II類」鈕孔であり，鈕座と鈕孔底辺とが接する「I類」鈕孔の仿製鏡とは相違している[92]〔秦 1994a・1994b〕(IV-図48)。また森下や岸本直文も，仿製三角縁神獣鏡は製作技法や文様の系譜などの点で，むしろ中国製三角縁神獣鏡とのつながりがきわめて強いことを指摘している〔岸本 1993；森下 1994〕。さらに新納泉も，中国製三角縁神獣鏡から仿製三角縁神獣鏡への型式的移行は「やや飛躍的」であるものの，「それまでの」前者の「変化の方向に従」っているのであり，「その断絶を過度に強調することには問題があり，製作体制の再編という現象以上のことを遺物自身から読みとることは困難である」と説いており〔新納 1991, p.183〕，これは「これまで「舶載鏡」と仿製鏡として区別してきたものの差が，実はない」〔岸本 1993, p.53〕ことを示唆する[93]。最近では岩本崇が，原鏡の中国製三角縁神獣鏡から仿製三角縁神獣鏡への移行が，型式差はありつつも系統的な連続性を有することを指摘し，両者間の「変化は決してスムーズではない」ものの，そ「の関係は同一系統内での型式学的に連続する変化としてとらえることができる」と論じている[94]〔岩本 2003a, p.30〕。とくに，仿製三角縁神獣鏡の中心的な系統が「陳氏作鏡群」の流れをくむことが明らかにされていることは，両者の深い関連を示してあまりある〔岩本 2003a〕。

　こうした点を考慮するならば，中国製三角縁神獣鏡と仿製三角縁神獣鏡とを，時間差をもった同一系統の鏡式ととらえる車崎の推論は，相当の説得力をそなえている。一方，これまで挙示されてきた仿製三角縁神獣鏡と仿製鏡との共通点には，再検討が必要になってきている。従来，両者に共通する特徴として，(1)文様の粗雑さや思想性の欠如，(2)小乳の付加による多乳志向〔田中琢 1977〕，(3)獣像肩部の円形文〔田中琢 1979〕，(4)仿製三角縁鳥文帯三神三獣鏡と仿製方格規矩四神鏡の鳥文の類似〔近藤喬 1973〕，(5)仿製鏡である鼉龍鏡に三角縁をもつ事例がみとめられること〔車崎 1993d 等〕，などがあげられてきた。しかし，(1)については，上述したように魏晋鏡の一大特質であることがわかってきた以上，根拠として薄弱である。(2)についても，仿製三角縁神獣鏡の乳は，原鏡の三角縁獣文帯三神三獣鏡の内区外周の乳に，ほかの仿製鏡の乳は方格規矩鏡などの小振りな乳にそれぞれ由来し，起源を異にする可能性が指摘されている〔岸本 1996b〕し，そもそも前者は内区外周文様帯に，後者は内区にほどこされるという相違がある。(3)についても，仿製鏡の獣像の肩部円形文は吾作系斜縁神獣鏡に由来する可能性が高い〔赤塚 1998；岩本 2003a〕。さらに(4)の鳥文も，仿製方格規矩四神鏡のそれは系列内部で変遷を追うことができ，仿製三角縁神獣鏡の鳥文とは形状も起源も系統もちがう。(5)に関しても，あ

げられた事例が2例ではこころもとないし，鼉龍鏡の当該資料は，仿製三角縁神獣鏡の初現期よりも時期が一段階くだるものである。

以上のように，仿製三角縁神獣鏡を西晋鏡とみなす見解は，現状の資料からみてかなり妥当性が高いといえる。例外的な資料ではあるが，仿製三角縁神獣鏡に類似する稚拙な神像を配する中国製器物(Ⅳ-図49)が存在することも，この見解を裏づけよう。そして，この見解をうけいれるならば，仿製三角縁神獣鏡に関する従来の多くの推論のみならず，三角縁神獣鏡全体についての議論に，ひいては仿製鏡全体の議論にも多大な変更がせまられることになる[95]。ただしその一方で，鋳造法においては，中国製三角縁神獣鏡と仿製三角縁神獣鏡とのあいだに明瞭な一線が存在することが示されており〔八賀 1984；福永 1992a 等〕，両者を安易に同一視することは避けねばならない。それだけに，今後，慎重に検討を重ねてゆくことが求められる。

Ⅳ-図49 鉛製揺銭樹の神像

なお近年，仿製三角縁神獣鏡の製作・分配の管掌者を，奈良県西部の馬見(うまみ)古墳群の被葬者集団，なかでも新山古墳の被葬者に想定する見解が散見する〔藤田和 1994・1997・2002；徳田 2003 等〕。当古墳(群)が各段階の三角縁神獣鏡を保有していること，そして後述するように，当古墳群を「頭足分離型」の銅鏡副葬配置の発信地とみなすことなどをその根拠としているが，前者の根拠は，鏡の集積を原鏡の集積と短絡しうるのか検討が必要であるし，後者の根拠はデータが不十分なため臆測の域をこえない。そもそも，たまたま発掘された古墳が，三角縁神獣鏡の製作や分配の中枢をになっていた人物の奥津城であるという推論〔小林行 1955a；近藤喬他 1971 等〕は，あまりにも偶然の僥倖にたよった楽観論ではなかろうか[96]。

(4) 編 年 論

岸本直文による，神獣像の分類にもとづく検討〔岸本 1989a・1989b〕は，三角縁神獣鏡の系統を解き明かすことをその眼目としていたが，諸系統の変遷を詳細に追跡する作業は，当然ながら三角縁神獣鏡じたいの型式変遷(編年)論でもあった。岸本の重厚かつ緻密な分析を契機として，第Ⅶ期の開始と軌を一にするかのように，

三角縁神獣鏡の編年論が活況を呈してゆくことになった。

なお，あたりまえのことではあるが，型式変遷（段階設定）から推定される相対年代と，紀年銘や理化学的年代決定法や交差年代から導出される実年代および絶対年代とは，別の方法原理によるものであり，別個にあつかわねばならない。したがって，本項では，型式変遷（段階設定）と実年代の議論を区別して進めることにする。

A　型式変遷・段階設定

(a)　三角縁神獣鏡の型式変遷・段階設定

第VII期における三角縁神獣鏡の型式変遷研究の先陣をきった岸本の論文では，変遷の指標として，三つの作鏡者集団（「三派」）それぞれにおける神獣像の退化や配置の変化を重要視している〔岸本 1989a・1989b〕。ただこの論考は，三派の系統分析を主目的としていたため，神獣像表現と文様帯の交換現象，さらには文様配置や特定モチーフの共有事例を手がかりとして，三派間の併行関係について若干は追究していたものの，三角縁神獣鏡全体の変遷案を明確に提示したものではなかった。しかしそれは，立論の不備ではなく，むしろこの論の基底にある系統観に誠実にしたがった結果であったと考える。つまり，各作鏡者集団は独立性が強く，さらに「三角縁神獣鏡が漢代の神獣鏡や画像鏡などの複合により生みだされた」ことを勘案すれば，三派間でいっけん類似した変遷過程や要素がみとめられたとしても，それは「変化の方向と系譜を示す手がかりにはなるけれども，これらが時間的に並行して製作された可能性は十分に考えられ，時間の経過による変化と単純にとらえることはでき」ず，「その要素を適宜とりいれ，変化のあり方が一方向でないこと」もありうるからである〔岸本 1989a, p.58〕。ふたたび岸本の言をかりていいかえれば，「複数の系列からなる三角縁神獣鏡全体を，統一的なモノサシで並べることは難し」く，「新しい要素の採用などの事象が，系列の異なる鏡群では，時間的なズレをもって推移したことも十分に考えられ，鏡群の併行関係を確認する作業は，慎重な検討を要する」〔岸本 1995, p.347〕のである。要するに岸本の論考は，その分析が緻密で誠実であるがゆえに，諸系統の独立性とその存立条件を十分に考慮した場合には，諸系統を包括する総体的な変遷案を構築することが困難になるという事実を，開示してしまっているのである。この点は，以後の三角縁神獣鏡の型式編年を評価するうえで肝要である。

ただ，その一方で岸本は，仿製三角縁神獣鏡の変遷については，わりと単純な一系統的な退化モデルでえがきだし，三段階の変遷プロセスを想定している〔岸本

1989a・1989b〕。ただこれは，方法論の非一貫性を示しているのではなく，中国製三角縁神獣鏡と仿製三角縁神獣鏡とにおける製作者集団および製作体制の差異が，分析結果にあらわれた結果と思われる。

とはいえ，岸本のように諸系統の独立性を重んじる論説は少数派であり，むしろ以後の研究は，複数の要素を基準にして三角縁神獣鏡全体の変遷大系をとらえようとするアプローチが，大勢を占めている。

たとえば，新納泉は，(1)外区断面の薄平化とそれにともなう段落ち部の斜面鋸歯文の消失，(2)内区文様の粗雑化および立体感の喪失と外区の扁平化とを埋めあわせるための，乳の発達と多用化，(3)神獣像や傘松文などの文様の退化，(4)内区外周文様帯(銘帯・獣帯・唐草文帯)の簡略化，などを指標として，三角縁神獣鏡全体の変遷の流れを鮮やかに整理している〔新納 1991〕(Ⅲ-図5)。各指標の変遷はいわゆる型式(学)的なものであり，各指標の変化はスムースで相互に連関しているようであり，はなはだ説得力に富む変遷案になっている。さらに，「文様は必ずしも精緻なものから崩れたものへと一直線的に変化するものではな」く，「文様の特徴や配置等には複線的な型式系列が認められ」ることに留意しており，一系的な変遷観をしりぞけてもいる〔新納 1991, pp. 177・183〕。だが，結果的には，「全体を通じて，銅の使用を減少させ，文様等を簡略化させるという退化の傾向が一貫している」といった結論にあらわれているように，一系的な変遷案となっている〔新納 1991, p. 183〕。むろん，諸系統の独立性を無条件に是とする必然性はなく，一系的変遷を実際にたどるのであれば，なんら問題はない。しかし，新納が結論的に提示した「三角縁神獣鏡型式変遷略図」(Ⅲ-図5)では，「変遷の図式とはうまく整合しない」「鏡はリストからはづしていること」〔車崎 2000b, p. 17〕や，各指標の相関性の程度がほとんど示されていないこと，そして紀年銘鏡をふくむ初現期の三角縁神獣鏡にも，薄い外区断面や斜面鋸歯文の欠落した事例がみとめられること〔岡村 1996・2002a 等〕など疑問点が残り，結果的に単純退化モデルとなったその変遷観については，再吟味も必要と感じられる。

なお，鏡体の薄平化と連動して軽量化してゆく現象については，最近，数値データを駆使して主張されている〔清水康 2008〕。ただ，各段階ごとの重量の変化をみると，中国製三角縁神獣鏡の第3段階〔岩本 2008a〕と仿製三角縁神獣鏡の第3・4段階〔岩本 2003a〕とで，断絶的な軽量化が生じており，単純な軽量化プロセスはみとめられない(Ⅳ-図50)。むしろ，波文帯鏡群の画期性と中国製／仿製三角縁神獣鏡の連続性・類似性が注目される。また，三角縁神獣鏡の重量データに関して，同笵

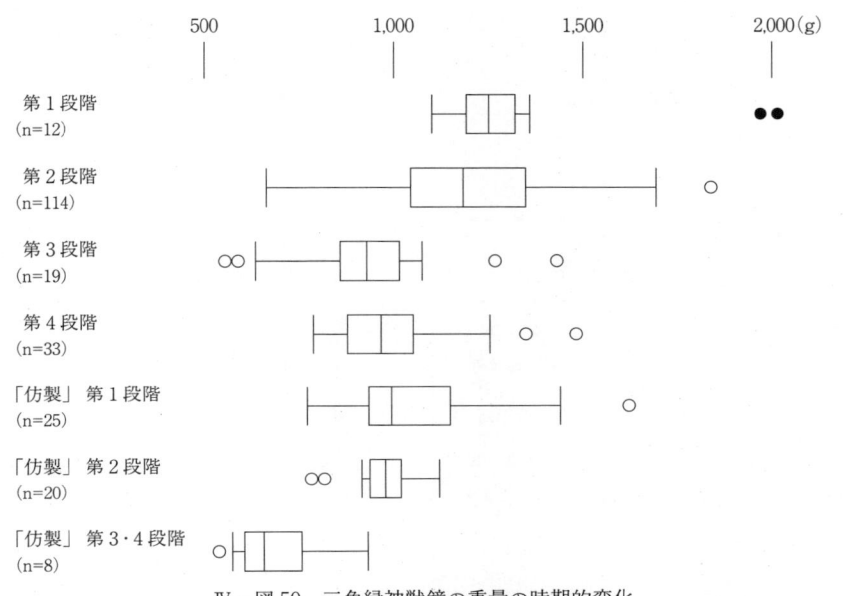

Ⅳ-図50　三角縁神獣鏡の重量の時期的変化

註　段階は〔岩本 2003a・2008a〕に，重量データは〔小西 2009〕による．

(型)鏡でも重量に明確な差がある事例が確認できるが，同一古墳出土の同笵(型)鏡では差が僅少であること，三角縁神獣鏡以外の中国鏡の同笵(型)鏡でも重量差が小さいこと，そして三角縁神獣鏡の同笵(型)鏡で推定される鋳造順序と重量の軽重順とは相関しないことなどが指摘されている〔小西 2009〕．

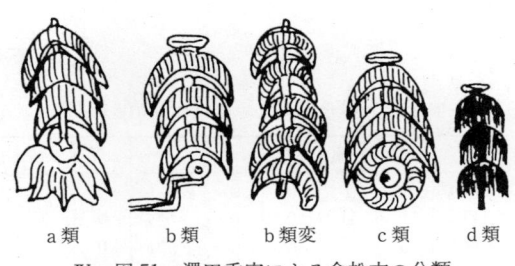

Ⅳ-図51　澤田秀実による傘松文の分類

a類　b類　b類変　c類　d類

また澤田秀実は，岸本の検討成果を評価しつつも，「三派」の「相互の細かい並行関係などは十分に示されておらず」，「鏡式間の厳密な同時性を論じる場合に問題が残されている」と批判したうえで，新納の分析視座を継承し，傘松文(Ⅳ-図51)と乳の型式組列を基軸として，「三派」の併行関係を追跡している〔澤田 1993b, p.18〕．そして，傘松文と乳の変遷が相関することから，これを基準に三角縁神獣鏡を計5段階に復元している(Ⅳ-図52)．ただ，提示されたデータをみるかぎり，その相関性はさほど明確ではなく，澤田自身が指摘するように，「傘松紋様の各類型が神獣鏡像の表現単位でまとまる」〔澤田 1993b, p.23；岩本 2008a〕こと(Ⅳ-表12)を

184　Ⅳ　三角縁神獣鏡の研究史

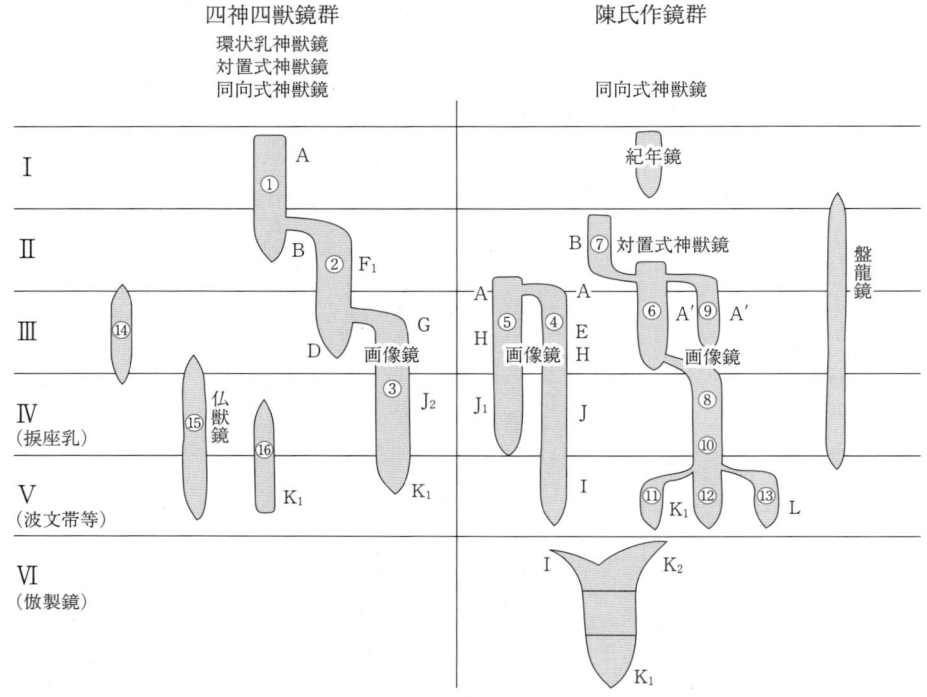

Ⅳ-図52　澤田秀実による三角縁神獣鏡の二系統とその変遷

Ⅳ-表12　神獣像配置と傘松文の分類との関係

	a類	b類	c類	d類		a類	b類	c類	d類
表現①	5	1	0	0	表現⑥	0	2	5	0
表現②	1	11	0	0	表現⑦	0	3	0	0
表現③	0	0	0	0	表現⑧	0	1	3	0
表現④	0	2	7	0	表現⑨	0	3	0	0
表現⑤	0	0	2	6	表現⑭	0	0	3	0

考慮するならば，澤田の分析結果は，三派の独立性を示しこそすれ，その併行関係を十分に把握しきれていないように思える．ともあれ，三角縁神獣鏡の初現期から独立していた「二神二獣鏡群」が，画象鏡から捩文座乳を導入したと考える岸本にたいし，澤田は，捩文座乳(Ⅳ-図51，c類)が傘松文の簡略化過程のなかで誕生したとみなし，そうであれば「二神二獣鏡群」は傘松文を配する「四神四獣鏡群」よりも後出し，文様配置の変遷などを加味して，「二神二獣鏡群」が「「陳氏作鏡群」の影響下に製作が開始され，捩文座乳の採用と相前後する段階に画像鏡の要素を取り入れ，分岐した」〔澤田 1993b，p.34〕ととらえた点は，岸本の変遷案および系統観と無視できない相違をうんでいる．後述するように，捩文座乳の出現時期を奈辺に想定するかで，三角縁神獣鏡の編年案のみならず古墳の出現年代まで

大きく変動するため，この論点はきわめて重要である。

　こうした変遷案を承け，岸本は，新納の方法と検討結果とを妥当なものとみなしたうえで，4段階区分の新納案をさらに細分・深化させた5段階の変遷案を提示している〔岸本 1995〕。また，一部の資料の位置づけを保留した新納とことなり，「古墳の年代を考える上で有効な材料となる性質上，すべての三角縁神獣鏡について扱うのが望ましい」との現実的要請から，全資料を網羅的に各設定段階に位置づけたことは，以後の古墳編年の指標として重宝がられることになった〔岸本 1995, p.116〕。とはいえ，新納の指標をおおむねうけいれている一方で，「三角縁神獣鏡には作り手の側の系統差が確かにあ」り，「新たな要素の採用が各系統によって時間的ずれをもつことも予想しなければなら」ず，「各系統内においては変化がスムーズに追えるが，ほかの系統との並行関係を確認する作業は容易ではない」以上，「資料個々」においては「位置づけの不可能なものや，逆に機械的なあてはめが必ずしも妥当ではないと思われるものがでてくる」といった疑問を表明しているため，系統差と時間差の弁別を解決しきれないまま便宜的かつ機械的に設定された段階案になっている感が否めない〔岸本 1995, p.116〕。諸系統の独立性を高く見積もる旧稿の変遷案〔岸本 1989a・1989b〕と，特定要素の系統横断性を想定する点で諸系統の独立性を低く見積もる新たな変遷案〔岸本 1995〕とは，そもそもあいいれないのであり，旧稿の考えをほぼ温存したうえで新たな観点を接ぎ木しても，不整合が生じるのはむしろ当然のことである。三角縁神獣鏡に複数の系統の存在を想定し，「資料個々」のあり方を重んじる車崎正彦が，「むしろ最初の編年案のほうが図紋の変遷を忠実にトレースしているようにおもわれます」〔車崎 2000b, p.17〕と述懐している[97]のは，けだし当然のことといえる。

　なお，三角縁神獣鏡を単系統的にとらえる見方もある。小山田宏一は，岸本が工人集団の系統差とみなす相違を，神獣像の造形の際に使用する「型」の差異に由来すると推測し，「三角縁神獣鏡の多様な鏡群は複数の工人系譜に由来する現象ではなく，型式学的にみて一系統の鏡である」と説く〔小山田 2000a, p.149〕。そして，岸本の「四神四獣鏡群」と「陳氏作鏡群」におおむね相当する「A形式」と「B形式」を抽出したうえで，前者から後者が考案されて分岐したことを示すとともに，その併行関係を傘松文を軸としてとらえ，5段階の変遷プロセスをみちびきだしている〔小山田 2000a〕(Ⅳ-図53)。他方，辻田淳一郎も，小山田の分類を基本的に踏襲して三角縁神獣鏡を「A系」と「B系」に二分し，断面形態を加味しつつ，小山田と同じく表現①を起点とした前者から後者への分岐を推定している〔辻田 2007a〕。

様相	新納区分		A 形式	B 形式
様相1	1段階(傘松形1式)		(AI) 表現①	(BI)
様相2	2段階(傘松形2式)	a	表現②	表現⑦a
様相3		b	(AII) 表現⑤a	(BII) 表現⑦b / 表現④a / 表現⑭
様相4 a	3段階(傘松形3式)	a		表現④b / 表現⑥
様相4 b		b	表現⑤b / 表現③	表現⑧
	4段階(捩文座乳)	a		表現⑩
様相5		b		表現⑪ / 表現⑫ / 表現⑬

Ⅳ-図53 小山田宏一による三角縁神獣鏡の一系統的変遷

　辻田は，二分したまとまりを「系統」の語で指示しているが，小山田と同様に，これらを複数の製作者集団に起因するものではなく，基本的に「同一製作者集団内におけるヴァリエーション」ととらえている[98]〔辻田 2007a, p.180〕。
　以上のような，外区形態および傘松文・神像などの属性変化を主要な指標とした，新納・澤田・岸本・小山田・辻田らの変遷（段階設定）案にたいして，福永伸哉は，神獣像配置を主要な指標とする段階設定案を提示している。すなわち，舶載A段階＝内区四分割タイプで，主体は岸本表現分類①⑦〔岸本 1989b〕に紀年鏡をくわえたもの，舶載B段階＝内区四分割タイプのうち，A段階のものと捩文座乳を配するものをのぞいたもの，舶載C段階＝内区四分割タイプと六分割タイプがともにあり，捩文座乳を有する一群，舶載D段階＝内区六分割タイプにかぎられ，波文帯や獣文帯が配されるもの，という4段階に整理している[99]〔福永 1994b・1996a・1998c・2003a・2005a 等〕。内区の分割方式を重視した都出比呂志の段階設定〔都出 1989a〕を継承しつつも，それ以降の研究成果がもりこまれ，設定した指標も明快で

時期	代表例の模式図	所属鏡目録番号と特徴	時期	代表例の模式図	所属鏡目録番号と特徴
I-a	201	201 202 舶載鏡の踏み返しによって製作された段階。内区4乳+文様帯10乳の三神二獣鏡のみあり。踏み返した鋳型の図文に改変を加えた例もある。	III-a	234	233 234I 237I 同乳鏡I群。変形した方形配置。神獣像大きく変化し内区6乳+文様帯10乳の三神三獣鏡だが，直径21cm前後に縮小。233には銘文有り。
I-b	228	203 227A 228A 223A 同乳鏡A群。舶載鏡の図文にきわめて忠実な仿製が開始された段階。三神二獣鏡と三神三獣鏡が併存。乳は舶載鏡に近い台形配置。	III-b	235	235J 236J 同乳鏡J群。4乳の方形配置が1箇所のみになり，仿製開始以来の原則崩壊。内区6乳+文様帯10乳の三神三獣鏡はこの段階で消滅。直径は21cm前後。
I-c	225	204A 205B 216B 224C 225C 226C 230C 229C 232K 231K 同乳鏡B・C・K群の三神三獣鏡に統一。乳は変形した台形配置。直径22cmと24cmの2者あり。	IV-a	238	238M 239M 242M 福島鏡M 243M 250M 240 同乳鏡M群。内区6乳+文様帯12乳という新たな三神三獣鏡登場。直径は240を除いては21cm台。
II-a	213	206D 215D 207D 213E 211E 210 同乳鏡D・E群。直径22cm前後，内区6乳+文様帯10乳の獣文帯三神三獣鏡に規格化される。乳は正確に整った方形配置。	IV-b	249	249N 252N 245 同乳鏡N群。文様帯の乳は9個に減少。直径はN群が20.8cm，245が22.2cm。
II-b	209	208F 209F 217G 221G 同乳鏡F・G群。乳の方形配置にやや崩れが生じ始める。直径22cm前後，内区6乳+文様帯10乳の三神三獣鏡。	IV-c	244	244O 247O 同乳鏡O群。文様帯の乳は最少の8個に減少。直径21cm台。内区主文区の大きさは直径の2分の1程度になる。
II-c	214	212H 214H 219L 222L 220 218 錦鏡 同乳鏡H・L群。方形配置の変形進む。直径22cm前後，内区6乳+文様帯10(11)乳の三神三獣鏡。	V	坂本鏡	248 253 坂本鏡 松崎鏡 同乳鏡は未確認。内区5乳に減ずるもの出現。内区主文区は直径の2分の1未満になる。仿製三角縁神獣鏡の終末段階。

IV-図54 仿製三角縁神獣鏡の「同乳鏡」の変遷(目録番号の後のアルファベットは同乳鏡の群を示す)

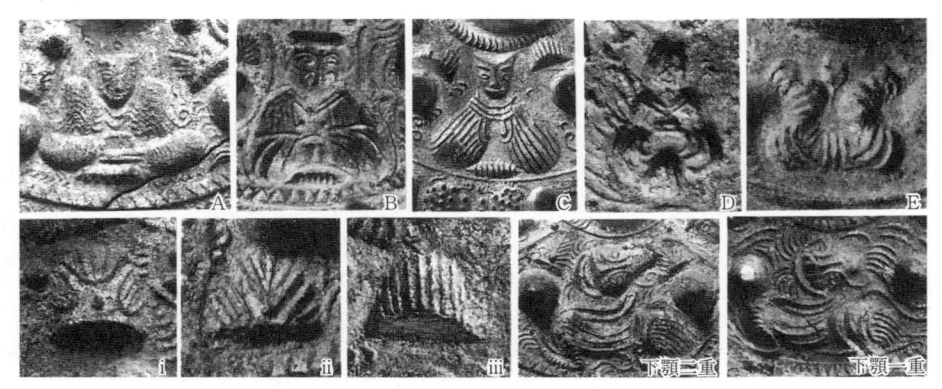

IV-図55　仿製三角縁神獣鏡の神像・松毬形・獣像の表現

図文要素 時期	内区乳数			文様帯乳数					乳配置		神像の表現					獣体の向き		松毬形の表現			外区文様帯数	
	4乳	6乳	5乳	10乳	11乳	12乳	9乳	8乳	台形	方形	A	B	C	D	E	右	左	i	ii	iii	3帯	2帯
Ⅰ-a	●			●					●		●					●		●			●	
Ⅰ-b	●	●		●					●			●				●		●			●	
Ⅰ-c		●			●	●			●				●			●				●	●	
Ⅱ-a			●	●						●	●					●			●		●	
Ⅱ-b			●	●						●		●				●			●		●	
Ⅱ-c			●	●						●			●			●			●		●	
Ⅲ-a			●	●						●				●		●				●	●	
Ⅲ-b			●	●						●				●			●			●	●	
Ⅳ-a		●			●					●				●			●	松毬形文様消滅			●	●
Ⅳ-b		●			●	●				●					●		●				●	●
Ⅳ-c		●					●			●					●		●					●
Ⅴ	●	●					●	●		●					●		●				●	●

IV-図56　属性の相関から構築した仿製三角縁神獣鏡の編年案

あり，わかりやすさとしては随一の案となっている。ただ，単純明快な案である反面，「単純」さを志向するあまり系統差などがさほど吟味されていないきらいもある。とくに，後節で述べるように，捩文座乳の使用時期を単一段階に絞りこんでいる点は，実年代や系統論に関して岸本らと大きな見解の相違をうみだしている。

いっぽう福永は，中国製三角縁神獣鏡の段階設定案がやや大局的であったのとは対極的に，仿製三角縁神獣鏡に関しては，かなり詳細な変遷プロセスを描出している〔福永 1992d・1994c・2005a〕。福永は，同笵関係にないにもかかわらず，内区6乳

IV-表13 一埋葬施設における仿製三角縁神獣鏡の共伴関係

遺跡名＼鏡の時期	舶載	I-a	I-b	I-c	II-a	II-b	II-c	III-a	III-b	IV-a	IV-b	IV-c	V
大阪府壺井御旅山古墳			2	2									
大阪府紫金山古墳	1	1		5	3								
岡山県鶴山丸山古墳	①	1	1		①								
奈良県新山古墳	7			1	1								
京都府百々池古墳	2			1	1								
奈良県新沢500号墳				1	①								
愛知県出川大塚古墳					2								
山口県長光寺山古墳					3								
福岡県銚子塚古墳					1	4	1	2					
大阪府ヌク谷北塚古墳								2					
佐賀県谷口古墳西棺								2					
〃　　　　東棺								1	1				
岐阜県長塚古墳西棺					1				1				
福岡県沖ノ島18号遺跡	1						①	1		1	1		
〃　　17号遺跡				1								1	1

註　数字は出土枚数。数字を丸囲みしているものはこの古墳からの出土が推定されるもの。

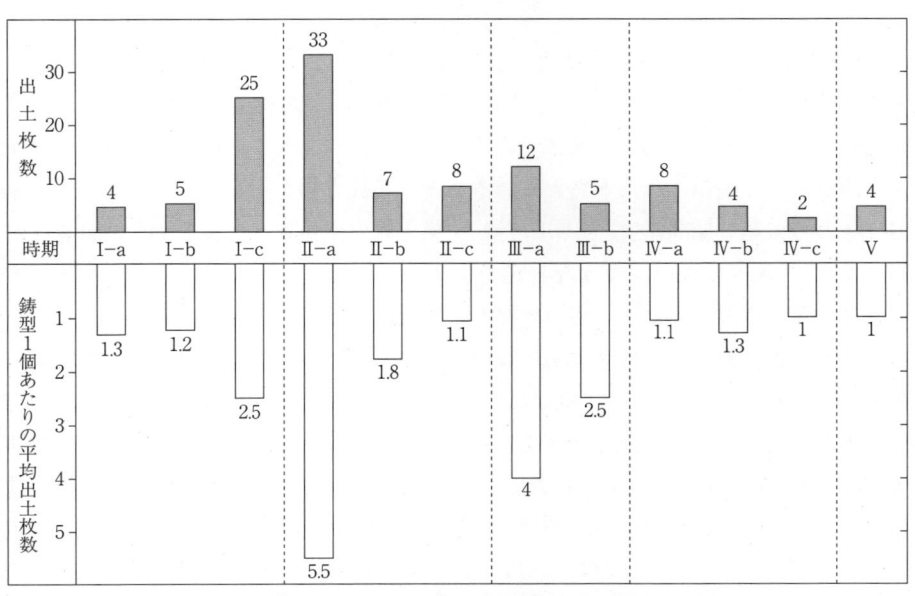

IV-図57　仿製三角縁神獣鏡の小期ごとの生産数の推移

出土枚数：
- I-a: 4
- I-b: 5
- I-c: 25
- II-a: 33
- II-b: 7
- II-c: 8
- III-a: 12
- III-b: 5
- IV-a: 8
- IV-b: 4
- IV-c: 2
- V: 4

鋳型1個あたりの平均出土枚数：
- I-a: 1.3
- I-b: 1.2
- I-c: 2.5
- II-a: 5.5
- II-b: 1.8
- II-c: 1.1
- III-a: 4
- III-b: 2.5
- IV-a: 1.1
- IV-b: 1.3
- IV-c: 1
- V: 1

と内区外周文様帯10乳の配置がほとんど一致する鏡群（「同乳鏡群」）が存在することを発見し（IV-図54），これら各鏡群はそれぞれ面径もきわめて近く，「同じデザイン原図をもとに製作された可能性」を想定しうることから，原鏡となった中国製三

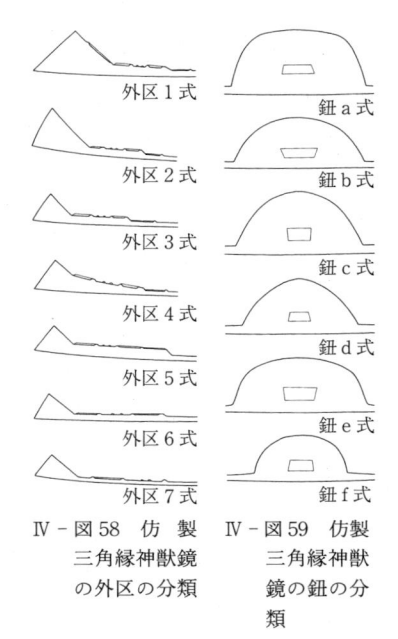

角縁神獣鏡の乳配置から遠ざかってゆく過程をたどることで，各同乳鏡群の前後関係を明らかにしうると考えた。そして実際に，抽出した15群の同乳鏡群における乳配置の前後関係は，神獣像表現の形骸化・獣像の体向・松毯形(Ⅳ-図55)の簡略化・内区および内区外周文様帯の乳数・乳配置形態・外区文様帯数の変遷と明確に相関することを明らかにし(Ⅳ-図56)，大分5期・細分12小期の変遷案(段階設定案)を打ちたてたのである[100]〔福永 1994c, p.50〕(Ⅳ-図54)。この案は，製作原理という器物の諸特質の本質的規定因に立脚している点できわめて説得的である。のみならず，諸要素の変遷の相関性も高く，さらに各古墳(埋葬施設)における共伴関係(Ⅳ-表13)も，ほとんどが「同じ小期あるいは隣接する小期のもの」〔福永 1994c, p.63〕であり，はなはだ精度の高い仕上がりとなっている。そして，小期ごとの生産数の推移(Ⅳ-図57)から，古墳時代前期における仿製三角縁神獣鏡の需要の変動ならびにその社会的背景まで肉薄し，さらには，各小期の鏡は「同じデザイン原図を用いて製作されたと考えられること，鈕孔方向が一致することなどからみて，きわめて短い期間に」「同一工房で」「集中的に製作された鏡群である可能性が高」く，「月産何枚というような一定の生産ペースで日々製作が続けられたというよりも，発注者の意向によってその都度必要枚数分の集中生産が行われた」とみなし，その生産体制にまで踏みこんでいる[101]点は，きわめて高く評価すべき成果である〔福永 1992d・1994c, pp.56・63〕。

　福永が復元した仿製三角縁神獣鏡の変遷プロセスは一系統的なものであり，賛同者〔徳田 2003〕もあるが，異論もだされている。森下章司は，小林行雄による神獣像の分類〔小林行 1976b〕を時系列に整理しつつ，「a系」「b系」の二系統の存在を想定している〔森下 1991〕。最近では，三角縁獣文帯三神三獣鏡の一種に起源する「a系」，三角縁唐草文帯三神二獣鏡を原型とする「b系」にくわえ，別の三角縁獣文帯三神三獣鏡を原型とする「c系」に3分類し，基本的に省略化の方向で変遷したととらえている〔森下 2005g〕。

　近年の三角縁神獣鏡研究において目覚ましい成果をあげている岩本崇は，仿製三

Ⅳ-表14　属性の相関による仿製三角縁神獣鏡の諸鏡群

	鈕						乳			内区区画			鏡群
	a	b	c	d	e	f	i	ii	iii	界圏	圏帯	圏線	
外区1式	◎						◎			◎			A
外区2式		◎					◎			◎			B
			◎				◎			◎			C
外区3式				◎			◎			◎			D
					◎			◎		◎			E
						◎	△	◎		◎			F
外区4式				◎			◎	○				◎	G
外区5式					◎				◎			◎	H
外区6式			△			◎	△	◎			○	◎	I
外区7式							◎					◎	J

註 ◎：主体的に存在，○：存在，△：わずかに存在。

角縁神獣鏡に複数の系統が存在することを強調し，積極的に検討を推進している〔岩本 2001c・2003a・2005c〕。岩本はまず，仿製三角縁神獣鏡があくまでも仿製鏡であるという理解ゆえに，その製作を「一系統的・一系列的にとらえることが可能であるという評価」が生じ，そのため「とくに製作者集団などの違いに基づく系統の整理や型式組列の検討といった基礎的な研究をほとんどふまえることなく，年代論に終始してきた感が強い」と，系統的観点が稀薄な従来の研究を批判する〔岩本 2003a，p.2〕。そして分析方法についても，文様の細部表現が系統整理や系統間関係の復元の手がかりとして有効であることをみとめつつ，「鏡の文様は，それが配されるスペースといった物理的な制約や機能面以外の要因で，容易に変化する可能性が高い」〔岩本 2003a, p.7〕ことを指摘し，従来の研究の限界点を浮き彫りにする。そのう

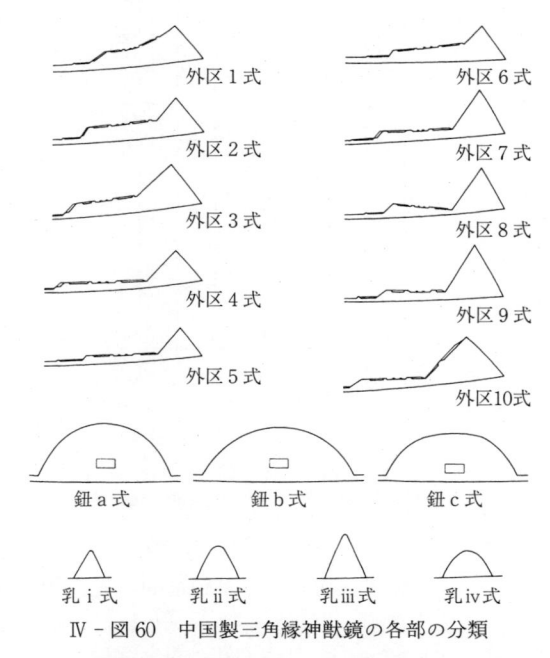

Ⅳ-図60　中国製三角縁神獣鏡の各部の分類

Ⅳ-表15　属性の相関による中国製三角縁神獣鏡の諸鏡群

	鈕			乳				鏡群
	a	b	c	i	ii	iii	iv	
外区1式	◎			◎	△			A
外区1式	◎			◎	△			B
外区2式		○					○	C
外区2式			○	○				D
外区3式	◎			◎				E
外区4式	◎			◎				F
外区4式	◎				◎			G
外区4式	◎						◎	H
外区4式		○					○	I
外区5式	◎			◎				J
外区5式	◎				◎			K
外区5式	◎					◎		L
外区5式	◎						◎	M
外区5式		○		◎				N
外区5式			○				○	O
外区6式	○					○		P
外区6式		○			△	◎		Q
外区7式	○			○				R
外区7式		○			・○			S
外区8式	◎					◎		T
外区9式	◎				◎			U
外区10式	○	○		◎				V

註　◎：主体的に存在，○：存在，△：わずかに存在。

Ⅳ-表16　中国製三角縁神獣鏡の形態・系統・規格の対応関係

形態	系統	規格	形態	系統	規格
A群			I群		
B群	Ba群	B1群	J群	Ja群	J1群
B群	Bb群	B1群	J群	Jb群	J1群
B群	Bc群	B2群	J群	Jc群	J2群
B群	Bd群	B2群	K群		
B群	Be群	B2群	L群		
B群	Bf群	B3群	M群		
C群			N群		
D群			O群		
E群	Ea群	E群	P群		
E群	Eb群	E群	Q群		
E群	Ec群	E群	R群		
F群	Fa群	F1群	S群		
F群	Fb群	F2群	T群		
G群			U群		
H群	Ha群	H1群	V群		
H群	Hb群	H2群			

註　アミは規格において主体をなす系統。

えで，挽型の形状という，器物の形態を決定する本質的要素を重視すべきことをとなえ，挽型の形状を反映する外区および鈕の形態（Ⅳ-図58・59）をとくに鋭感的な型式属性と想定する。そして，外区形態を基準として，これと鈕形態・内区区画・乳の形状といった形態的属性との対応関係からA～Jの計10鏡群を設定し（Ⅳ-表14），これらの鏡群を神獣像表現の描法の異同を軸に系統区分し，鏡群間の先後関係および系統関係を追究したのである。その結果，仿製三角縁神獣鏡は，規格の点で高いまとまりを有する複数の鏡群に分割でき，これらは相互にある程度の関連を有しつつ「製作者集団を異にする大きく三つの系統により製作され」たことを明らかにし，さらに「原形とよびうる三角縁神獣鏡の形態的特徴から遠ざかっていく」4段階の変遷プロセスを明快に導出している〔岩本 2003a, pp. 21・26・35〕（Ⅲ-図7）。

さらに岩本は，形態的特徴および系統の抽出に重きをおいた分析方法を中国製三角縁神獣鏡にも適用し，一貫した方法論的視座から，中国製三角縁神獣鏡および仿製三角縁神獣鏡の総合的変遷案を構築しえている。岩本はまず，従来の研究の多くが，傘松文や捩文座乳をもって諸系統の併行関係を定める指標としてきたことを批判し，前者の型式的差異は神獣像表現の差異と対応し，後者の採用が同時という保証がないことから，「特定要素だけではなく，共有されるさまざまな要素で系統間の定点をみいだし，これを反復して併行関係を想定するのがもっとも穏当」だと説く。そして，型式を抽出し，型式間の併行関係を決定ないし検証するためには，できるかぎり時間差をふくまず，かつ製作時期や製作者集団との関連性を強く示す適度なサイズの生産単位として，「形態の異同に基づく規格」を抽出する必要性を強調し，さらに「古墳における共伴関係を参考に，複数の系統の併行関係を検証・決定する必要がある」と強く主張する〔岩本 2008a, pp.2-3〕。そのうえで，仿製三角縁神獣鏡の分析と同様の方針で，中国製三角縁神獣鏡を，外区・鈕・内区乳の形態的異同（Ⅳ-図60）にもとづいて計22鏡群に分類し（Ⅳ-表15・16），岸本の系統案および新納の変遷基準に依拠しつつ，4段階の系統的変遷をえがきだしているのである。

　岩本の型式変遷の研究は，三角縁神獣鏡全体を，挽型の規格に起因する銅鏡の形態を基軸にすえ，多様な要素をこれに無理なく包括したうえで，その詳細な変遷を

Ⅳ-表17　断面形状の共通する三角縁神獣鏡

鏡番号	鏡　　名	面径(cm)	表現・鏡群	配置
25	吾作三神五獣鏡	22.5	⑦	B
32	吾作四神四獣鏡	22.6	⑦	E
33	陳・是・作・竟・四神四獣鏡	22.4	⑦	E
45	天王日月・唐草文帯四神四獣鏡	22.2	⑤	A
48	天王日月吉・獣文帯四神四獣鏡	22.5	⑤	A
60	天王日月吉・獣文帯四神四獣鏡	22.2	⑥	A
52-53	吾作四神四獣鏡	22.0	⑦	A
53	張是作四神四獣鏡	21.8	⑨	A
67	吾作四神四獣鏡	22.3	⑦	D
55	画文帯六神四獣鏡	21.8	⑥	A′
64	天王日月・獣文帯四神四獣鏡	21.7	②	D
70	天王・日月・獣文帯四神四獣鏡	22.0	②	F1
74	天王・日月・獣文帯四神四獣鏡	23.6	②	F2
75	天王・日月・獣文帯四神四獣鏡	23.5	②	F2
77	天王・日月・獣文帯四神四獣鏡	23.6	②	F2
114	獣文帯三神三獣鏡	22.0	⑪	K1
115	獣文帯三神三獣鏡	22.1	⑪	K1
123	波文帯三神三獣鏡	21.5	⑪	K1
127	波文帯三神三獣鏡	21.4	⑫	K1
209	獣文帯三神三獣鏡	22.2	E	K2
212	獣文帯三神三獣鏡	22.3	E	K2
234	獣文帯三神三獣鏡	21.7	G	K1
235	獣文帯三神三獣鏡	21.7	G	K1

註　表現・鏡群は〔岸本 1989b；岩本 2003a〕，配置は〔小林 1971〕の分類を使用する。

系統的に追跡しえており、きわめて妥当な論である。そして実際、挽型(II-図23)の形状が三角縁神獣鏡の分析に有効であることは、最近の三次元形状計測の結果、同笵・同型でないにもかかわらず同一の挽型から作製された可能性の高い鏡群が、同一の神獣像表現グループや同一系統に認められる事例が判明したことにより、大いに補強されている〔岩本2005b〕(III-図3；IV-表17)。ただ、少数ながらも、作鏡者

IV-表18 神獣像の表現と配置による中国製三角縁神獣鏡のセリエーション分析

出土地	表現・配置記号
兵庫・森尾(別主体)	正始　⑭C
群馬・三本木	①B　⑦A　⑧X
滋賀・雪野山	盤龍　④A　⑭A
兵庫・西求女塚	①A　⑦B·2　⑦D　④A　⑥A　⑭A
大阪・国分茶臼山	⑭C　⑧X
滋賀・古富波山	①B　①G　⑧H
兵庫・吉島	盤龍　①A？　④A·2
愛知・奥津社	盤龍　①A　他D
奈良・伝丸山	盤龍　①環　⑥A
静岡・上平川大塚	①B　②同向
大阪・安満宮山	特環
兵庫・権現山51号	①B　⑦B　④X　⑧H
山口・竹島	正始
岡山・湯迫車塚	盤龍　①特　④X·2　⑥A　⑭C　⑧X·2　②同向
京都・椿井大塚山	盤龍　①U　①B　①A·5　⑦B·3　⑦E④X　④A　⑥A　⑭A　⑧H　②同向·2
福岡・石塚山	①A　他D
群馬・天神山	⑥A
鳥取・旧社村	
山口・宮ノ洲	盤龍
滋賀・大岩山	盤龍　⑧X
奈良・桜井茶臼山	⑥A·2　⑧A
京都・園部垣内	⑥A
京都・寺戸大塚	
兵庫・東求女塚	
三重・伝桑名	
京都・百々ケ池	
徳島・宮谷	
大阪・石切	
大分・赤塚	盤龍
京都・長法寺南原	
福岡・原口	
兵庫・ヘボソ塚	
三重・筒野	
岐阜・長塚東棺	
岐阜・円満寺山	
兵庫・親王塚	
奈良・佐味田宝塚	①U　④A　⑥A　⑭C　⑭A　⑧X　⑧A
愛知・東之宮	
熊本・芦北	
大阪・万年山	盤龍　①A　①F　⑥A
奈良・新山	⑦E
兵庫・城の山	
群馬・蟹沢	正始
兵庫・三ツ塚	

集団(「製作系譜」)をこえて同一の挽型を共有する事例があることは，このほかの共通要素と同様に，独立性をもった作鏡者集団間の併行関係を検証する証拠というよりも，作鏡者集団の独立性を否定する証拠とも解しうる。岩本の成果は大きいが，それだけに，作鏡者集団(「製作系譜」)個々の独立性とそれら相互を連結する共通要素という，論理的には背反する二項を関連づける作業は，今後も慎重かつ精密に進

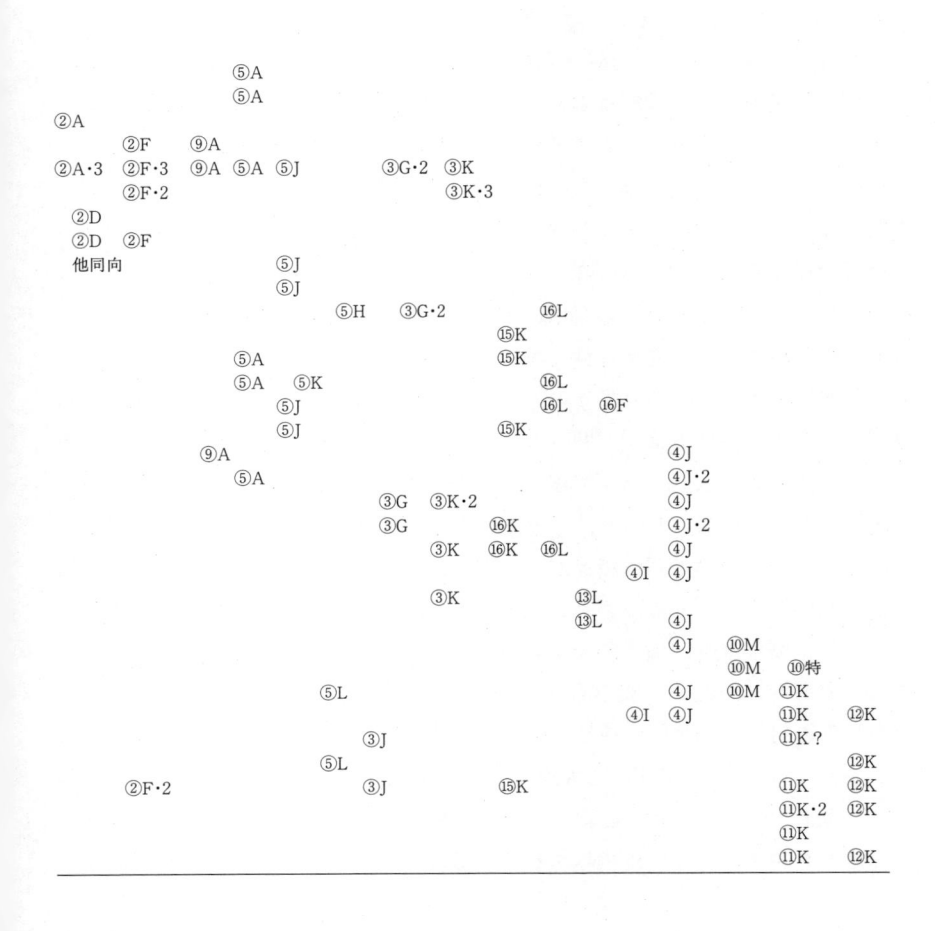

---

　　　　　　　　　　　⑤A
　　　　　　　　　　　⑤A
②A
　　　　②F　　⑨A
②A・3　②F・3　⑨A　⑤A　⑤J　　　　③G・2　③K
　　　②F・2　　　　　　　　　　　　　　③K・3
　　②D
　　②D　②F
　　他同向
　　　　　　　　　　⑤J
　　　　　　　　　　⑤J
　　　　　　　　　⑤H　　③G・2　　　⑯L
　　　　　　　　　　　　　　　⑮K
　　　　　　　⑤A　　　　　　　⑮K
　　　　　　　⑤A　⑤K　　　　　⑯L
　　　　　　　　　⑤J　　　　　　⑯L　　⑯F
　　　　　　　　　⑤J　　　　　⑮K
　　　　⑨A　　　　　　　　　　　　　　④J
　　　　　⑤A　　　　　　　　　　　　　④J・2
　　　　　　　　　③G　③K・2　　　　　④J
　　　　　　　　　③G　　⑯K　　　　　④J・2
　　　　　　　　　　　③K　⑯K　⑯L　　④J
　　　　　　　　　　　　　　　　　　④I　④J
　　　　　　　　　　　③K　　　　⑬L
　　　　　　　　　　　　　　　　⑬L　　④J
　　　　　　　　　　　　　　　　　　　④J
　　　　　　　　　　　　　　　　　　　　　⑩M
　　　　　　　　　　　　　　　　　　　　　⑩M　　⑩特
　　　　　　　　⑤L　　　　　　　　　④J　　⑩M　⑪K
　　　　　　　　　　　　　　　　　　④I　④J　　　⑪K　⑫K
　　　　　　　　　　③J　　　　　　　　　　　　　⑪K?
　　　　　　　　⑤L
②F・2　　　　　　③J　　　　　⑮K　　　　　　　⑪K　⑫K
　　　　　　　　　　　　　　　　　　　　　　　⑪K・2　⑫K
　　　　　　　　　　　　　　　　　　　　　　　⑪K
　　　　　　　　　　　　　　　　　　　　　　　⑪K　　⑫K

めてゆかねばなるまい。

(b) 見解の齟齬とその原因

　以上のように，三角縁神獣鏡の変遷(段階設定)案は，諸論者により提出され，精密の度をくわえつつ現在にいたっている。中国製三角縁神獣鏡は4〜5段階，仿製三角縁神獣鏡は3〜5段階の変遷をへたとみなす点で，おおむね見解の一致に達しているようである。しかし，「いずれの説も「舶載」三角縁神獣鏡を4ないし5段階にわけますので，いっけん同じようにみえます。しかし個々の鏡の位置づけを検討してみると，じつはまったく違っています。4ないし5段階にわけるという一致だけに目をうばわれて，あたかも三角縁神獣鏡の編年はできあがっているようにおもわれていますが，実際にはまだまだ問題が多いとおもっています」〔車崎 2000b，p.11〕との発言が端的に示しているように，各論者の説く個別段階の内容はさほど一致していない(資料2参照)。仿製三角縁神獣鏡に関しても，諸論者が提示する段階設定や個々の資料の帰属段階はおおよそ近似しているが，その変遷プロセスを一系統的とみなすか複系統的ととらえるかに関して，看過できない相違がみとめられる。古墳編年の材料とするだけであれば，大きな問題はないかもしれないが，製作系譜や製作体制を究明しようとするならば，これらの相違を解消すべく検討を積み重ね，分析を深化させてゆかねばならないだろう。

　結局のところ，こうした相違の基底には，三角縁神獣鏡の諸系統の独立性を高く見積もる立場と，これを相対的に低く見積もり，諸系統を横断的につらぬく共通要素から段階設定しうるとする立場とのちがいが横たわっていると思量される。三角縁神獣鏡には複数の製作者集団が関与しており，その文様も複数の鏡式を模倣・複合しており，単純な一系的モデルで理解しがたいことは，諸論者のあいだでおおむね共通理解となっている。しかし，そうした関与や模倣の度合い，さらには系統観の細部については，諸論者間で相違があるため，これを解消せぬまま，特定の共通要素が併行関係を検証しうるか否かの判断や，段階設定の当否などについて議論したところで，結局は水掛け論に終始することになりかねない。

　こうしたジレンマのなか，森下章司は発想を転換し，「型式編年を前提とせず，逆に出土状況の組み合わせからみて，どこまで区分を見出せるかという視点」を導入している。すなわち，中国製三角縁神獣鏡の神獣像表現〔岸本 1989b 等〕および神獣像配置〔小林行 1971〕が，個別埋葬施設での共件事例においていかなる組みあわせ関係を示すかを調べ，そうした組みあわせ関係の総体的遷移から当該資料群の変遷

プロセスをえがきだす，セリエーション分析を実施している〔森下 1998b, p.2・2005b・2006b〕。そして，中国製三角縁神獣鏡のセリエーション分析においては，「A群」「B群」「C群」の大きく三つのまとまりが設定できると結論づけている[102]（Ⅳ-表18）。森下の分析は，いくつかの論考で追認されており〔大賀 2002；福永他 2003；岩本 2005c・2008a；辻田 2006a・2007a〕，諸系統の併行関係をさぐる手がかりとして期待できる。ただ，諸系統の同時性をとらえる有効な手がかりではあるが，これのみにより三角縁神獣鏡の系統的変遷を明らかにできるわけではない。あくまで，型式的分析と共伴関係とを分析の両輪として，相互の検討成果の「キャッチボール」により，確度と精度を深めてゆくべきであろう〔森下 1997〕。

B 実年代

(a) 三角縁神獣鏡の実年代

　以上，第Ⅶ期に提示されている三角縁神獣鏡の型式変遷／段階設定案について，縷述してきた。そして，それら各案は詳細なレヴェルで構築されてはいるものの，系統観や編年指標の相違などから見解の一致にはいたっておらず，今後もさらに検討を進めてゆく必要があることを指摘した。

　ところで，型式変遷や段階設定を提示しても，それだけでは編年として十全とはいえない。段階の先後順を確定し，それらに年代を，できれば実年代を与えてこそ，編年作業はおおむね達成されるのである。したがって，以下では，三角縁神獣鏡の実年代およびその存続期間について，第Ⅶ期にどのような研究がなされているのかを示すことにする。

　前述したように，中国製三角縁神獣鏡の実年代について，大正期にはすでに，魏晋代を盛期とすることで意見の一致をみていた。こうした考えは，若干の異論が提示されはしたものの，その後も定説的な位置を占めつづけた。その存続期間に関しては，魏晋期を中心とする100年前後が想定されることが多かった〔梅原 1962a；樋口 1979a 等〕。いっぽう小林行雄は，その存続幅をかなり短く見積もり，最終的に8〜12年とみた（註33）参照）。ただ，上記したように，小林はその製作期間を短期とみたものの，「畿内某所」における管理と諸地域における伝世を想定したため，3世紀なかばの製作開始から4世紀末ごろの副葬の完了までに，100年をこえる長期間を推定することになった。この推定は，結果的に梅原末治や樋口隆康らによる存続期間と同じとなっているが，製作期間をはじめ，その内容に関してまったく相違するものである。小林の推論は，未検証仮説を重畳させた危ういものではあったが，

Ⅳ-図61 三角縁神獣鏡と関連鏡群の唐草文の比較(①オンタリオ鏡〈唐草文①〉,②三角縁神獣鏡〈目録44:唐草文①〉,③景元四年鏡,④嚴窟鏡〈唐草文②〉,⑤三角縁神獣鏡〈目録201:唐草文②〉,⑥三角縁神獣鏡〈目録76〉)

製作時期と副葬時期を等値することなく,流通(配布)―保有―副葬までの器物のライフサイクルを考慮にいれていた点で,究明してゆくべき豊かな論点を内包しているものでもあった。

なお,以下では,論者によりその内容や論拠にちがいがあることは承知のうえで,前者のように三角縁神獣鏡の製作期間を長期とみる説を「長期編年説」,後者のように10～20年程度の短期間ととらえる説を「短期編年説」と呼称することにする。この呼称は,基本的に中国製三角縁神獣鏡に関する記述で使用するが,仿製三角縁神獣鏡をふくめて使う場合もあることをことわっておく。

小林の推定は,『三国志』魏書東夷伝における倭の遣使記事に影響されている観もなきにしもあらずだが,緻密な型式的検討をへたうえで,三角縁神獣鏡の多様な型式的変異が短期間に生じたものとみた点で説得力をそなえていた。一方,古墳編年からすると,古墳時代前期の初期から末期までの古墳に三角縁神獣鏡が副葬されていることが明白になっていた。つまり,型式的検討では短期的製作を推定する考えにも説得力はあったが,古墳編年と対照させるならば長期的製作ないし長期的存続の案に明らかに分があり[103],遺物じたいの分析と共伴関係にもとづく分析とで,結論に大きな断層が生じていたのである。岡村秀典の言をかりるならば,これは,「短期編年は三角縁神獣鏡の特異な製作状況を重視した論であるのにたいし,長期編年は前期古墳の編年論を射程に立論したもの」であるがゆえの事態ということもできるかもしれない[104]〔岡村1996,p.81〕。以下で述べるように,この相違は現在にいたるまで解決をみておらず,三角縁神獣鏡の実年代および存続期間をめぐる議論の焦点となっている〔福永他2003等〕。

一方,仿製三角縁神獣鏡の実年代については,仿製鏡と考えられてきたこともあり,古墳時代前期の後半期に位置づけられるだけで,中国の銅鏡や歴史事象に関連させてその実年代が論じられることは少なかった。しかし第Ⅶ期にはいると,中国製三角縁神獣鏡と仿製三角縁神獣鏡との連続性が,さらには一貫性が判明してきたこと(前項参照)で,両者を関連づけつつその実年代および存続期間を推測する検討も緒につきはじめている。

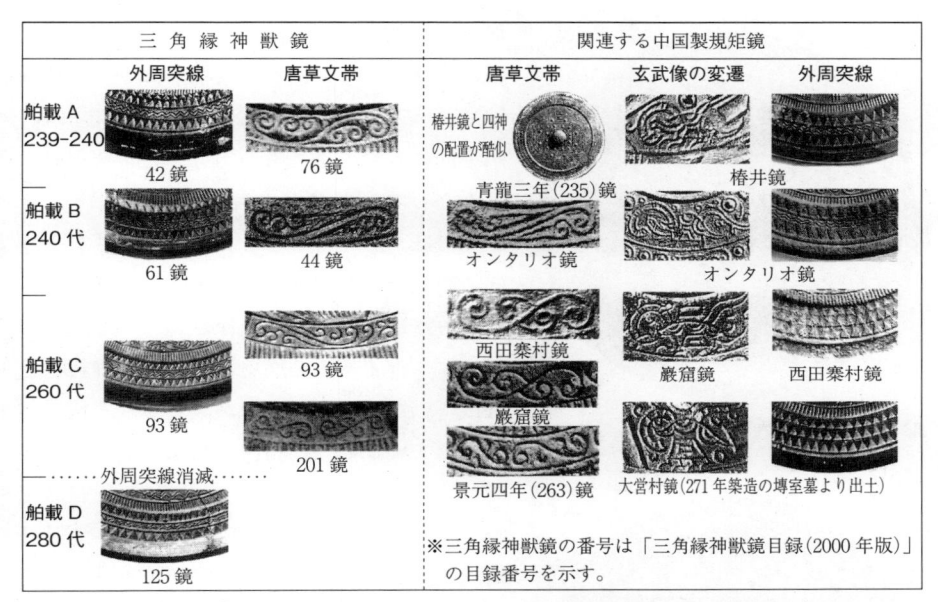

三角縁神獣鏡		関連する中国製規矩鏡		
外周突線	唐草文帯	唐草文帯	玄武像の変遷	外周突線

舶載A 239-240
42鏡 / 76鏡 / 椿井鏡と四神の配置が酷似 青龍三年(235)鏡 / 椿井鏡 / 椿井鏡

舶載B 240代
61鏡 / 44鏡 / オンタリオ鏡 / オンタリオ鏡

舶載C 260代
93鏡 / 93鏡 / 201鏡 / 西田寒村鏡 / 厳宿鏡 / 西田寒村鏡

……外周突線消滅……
景元四年(263)鏡 / 大営村鏡(271年築造の塼室墓より出土)

舶載D 280代
125鏡

※三角縁神獣鏡の番号は「三角縁神獣鏡目録(2000年版)」の目録番号を示す。

Ⅳ-図62 図文要素の共通性にもとづく三角縁神獣鏡と関連鏡群の年代

　三角縁神獣鏡の実年代について，もっとも実証に根ざした検討を展開しているのが，第Ⅶ期の研究において主導的な位置を占めつづけている福永伸哉である。福永は，紀年銘や共伴遺物などから実年代を推定できる他形式の中国鏡との比較検討をつうじて，三角縁神獣鏡の各段階（A〜D段階〔福永 1994b等〕）の実年代を考証する〔福永 1996a等〕。具体的には，実年代が推定できる魏晋代の「規矩鏡の特異な一群」の唐草文の推移と，三角縁神獣鏡の各段階のそれとの併行性（Ⅳ-図61）を主根拠に，外周突線の出現率や長方形鈕孔の存続期間などを補足材料として，「A段階は紀年銘のとおり239〜240年，B，C段階は240年代〜260年代，D段階は270年代以降という値」〔福永 1996a, p.19〕を弾きだしている（Ⅳ-図62）。

　さらに福永は，これら各段階を，『三国志』魏書および『晋書』に記載された景初三(239)年・正始四(243)年・正始八(247)年ごろ・泰始二(266)年における倭からの朝貢記事，270年代後半〜290年ごろの東夷諸国の入貢記事と関連づけ，「第1回目にA段階，第2回目，第3回目にB段階のものを入手し，やや型式的に開きが感じられるC段階のものが266年の朝貢時に」，そして「D段階のものは」「東夷から多数の国が入貢した270年代後半から290年頃の間に下賜されたもの」〔福永 1996a, p.19〕と推測している。実年代の推論に政治史的背景を積極的に利用する姿勢は，仿製三角縁神獣鏡の実年代を考定するさいにもみとめられ，その製作開始年

Ⅳ－図63　泰始六(270)年銘の画文帯環状乳神獣鏡

Ⅳ－図64　泰始九(273)年銘の画文帯同向式系神獣鏡

代を「晋朝内部の混乱，朝貢先の楽浪，帯方郡の消滅，さらに西晋の滅亡」により三角縁神獣鏡入手が不可能となった「4世紀の第1四半期のうちに求めるのがもっとも合理的」とみなしている〔福永 1994c，p.67〕。

なるほど，考古資料を史的事象にリンクさせる姿勢は重要であり，堅実な資料操作をへているだけに実証性は担保されている。しかし，ピンポイントの歴史事象と考古資料とを直截に結びつけうるか否か，さらなる検討が欠かせまい。とくに仿製三角縁神獣鏡の製作開始年代については，賛同者は多い〔林正 2002；岸本 2005b；辻田 2007a 等〕ものの状況証拠的な論拠にすぎず，仿製三角縁神獣鏡が西晋鏡である可能性が浮上してきた現状においては，なおさら再検討の要がある。

このように福永は，三角縁神獣鏡じたいの分析から半世紀ほどの製作期間を推定し，長期編年説に与する。この考定を，共伴状況から補強しているのが森下章司である。先述したように森下は，三角縁神獣鏡のセリエーション分析をつうじて三つのまとまりを抽出しているが，これらが前期古墳の新古に対応し，とりわけ，兵庫県南部の六甲地域や京都府南部の乙訓地域のように，一地域における数世代の首長墳系列の新古と出土鏡の新古とが一致する事例があることから，「三角縁神獣鏡全体の年代幅を極端に短く見積もることができないのは明らか」と，短期編年説をしりぞける〔森下 1998b，p.4〕。さらに，泰始六(270)年銘環状乳神獣鏡(Ⅳ-図63)や泰始九(273)年銘同向式神獣鏡(Ⅳ-図64)などの「模倣鏡」にみられる模倣の手法や内区図像や銘文の字句に，三角縁神獣鏡との共通点がみとめられること[105]，そしてこうした模倣現象が活潑におこなわれた下限は270年代の西晋前期で，それ以降は「模倣鏡」が衰退し，これらと連動した変化をみせる三角縁神獣鏡は，模倣が衰退したあとにもう一段階設定できることから，「三角縁神獣鏡の下限

を，3世紀第4四半期におくことができる」と，論拠をくわえてこの推測を裏づけている〔森下 1998b, p. 14〕。

また，三角縁神獣鏡の製作期間を3世紀第2四半期～第4四半期とみなす上記の見解に賛意を表する岩本崇〔岩本 2005c〕は，「終焉段階」および「終焉直前段階」の仿製三角縁神獣鏡を副葬する古墳の副葬品の詳細な検討をとおして，仿製三角縁神獣鏡の製作の下限を古墳時代中期初頭に求めている〔岩本 2005a〕。

他方，短期編年説も論拠を示しつつ提起されている。岡村秀典は，初現期の三角縁神獣鏡の分析結果を根拠として，三角縁神獣鏡の多様性は時間差ではなく，むしろ「多様な二流工人がさまざまな漢鏡の要素を模倣・合成して三角縁神獣鏡をつくったため」に短期間のうちに生じた変異幅であることを強調する〔岡村 1996・1999a, p. 187・2002a〕(IV - 図46, IV - 表11)。そして，「三角縁神獣鏡には編年の指標とされる諸要素に整合性をもった相関が認められず」，「最古の古墳に第三ないし第四段階までがふくまれていること」を，三角縁神獣鏡の各段階が短いことの証拠とみなす〔岡村 1996・1999a, p. 187〕。さらに，当該期の社会情勢を考慮して，周辺諸地域が安定にむかった西晋期には，魏王朝のように三角縁神獣鏡をもって倭を厚遇する必然性がなくなったと考察している〔岡村 1999a・2002b〕。そして結論として，「卑弥呼の時期に古式鏡，壹与の時期に新式鏡が与えられたと考えるほうが無難」〔岡村 1996, p. 82〕であり，その存続期間をおよそ20年程度と推量している[106]〔岡村 1996〕。岡村が引用する西田守夫も，「三角縁神獣鏡が製作されたのは長期間ではなかったらしい」と想定し，短期間のうちに「めまぐるしい神像と獣形の配置の組みかえ，その他の図紋の追加と廃止」をおこなったとみている〔西田 1993, p. 86〕。

車崎正彦も，最新段階の中国製三角縁神獣鏡と景元四(263)年銘円圏規矩鏡に配された唐草文(「芝草紋」)が類似することなどを論拠に，岡村の短期編年説を支持している〔車崎 1999a・1999d 等〕。また，仿製三角縁神獣鏡について，これを中国鏡とみなす車崎は，その最終段階にみられる「頭と両肩と両膝とを5つの瘤状に表現する神像」が西晋太康(280-289)年間の神獣鏡に配される神像「の特徴に一脈通じる」こと[107]〔車崎 2002c, p. 188〕(IV - 図67・68)から，仿製三角縁神獣鏡の存続期間についても，「二七〇年頃以降，二〇年から最大四〇年」という短期間を想定する〔車崎 1999a, p. 70〕。要するに車崎は，中国製三角縁神獣鏡を魏鏡，仿製三角縁神獣鏡を西晋鏡とみるのである。そして最近では，太康元(280)年を境に西晋の紀年鏡の形式が変化し，ここに仿製三角縁神獣鏡の終焉を想定し，さらに4年ごとに魏へと遣使したとする小林行雄の想定〔小林行 1992〕を西晋への遣使にも適用したうえで，「も

ちろん確証などあるはずのない仮定の話」とことわりつつも，次のような推測を披瀝している。すなわち，中国製三角縁神獣鏡を現在の計5段階から計7段階に細分すれば，魏への朝貢が想定できる景初三(239)年・正始四(243)年・正始八(247)年・嘉平三(251)年・正元二(255)年・甘露四(259)年・景元四(263)年の計7回に対応し，西晋への遺使が推測できる泰始二(266)年・泰始六(270)年・泰始十(274)年・咸寧四(278)年の計4回は，「岩本崇の四段階編年と符合する」と揣摩している〔車崎 2008b, pp. 103-104〕。さすがに解釈過剰の感は拭えない。

また，シンポジウムの発言ではあるが，小山田宏一は三角縁神獣鏡と土器型式との共伴状況から，「舶載に分類される三角縁神獣鏡の生産期間は，二〇年から三〇年ぐらいと考えられます。三角縁神獣鏡が出土する古墳の年代幅をみれば，短期としか考えようがない」〔福永他 2003, p.122〕と述べている。ただ，土器型式からいかにして「二〇年から三〇年」という年代幅をみちびきだせるのか，いささか理解に苦しむ。

このように，中国製三角縁神獣鏡の実年代については，その製作開始年代を景初三(239)年ごろとみる点で一致している[108]が，その終末年代をおそくとも260年代までとする短期編年説〔小林行 1992；岡村 1996；車崎 1999a 等〕と3世紀第4四半期以降〔奥野 1982a；福永 1994c・1996a；岸本 1995；森下 1998b；辻田 2007a 等〕とみる長期編年説とが対峙して現在にいたっている。仿製三角縁神獣鏡の製作期間に関しては，当該期の社会情勢を考慮して，4世紀第1四半期から半世紀前後ととらえる立場〔福永 1994c 等〕が多数を占めるが，これを中国鏡と照応して3世紀第4四半期ごろとみる見解〔車崎 1999a・2008b 等〕にも説得力がある。おおむね，諸論者の実年代観は，「舶載三角縁神獣鏡が景初三(239)年からおよそ半世紀間，仿製三角縁神獣鏡がこれに続く4世紀初頭から約70〜80年間という理解」〔福永 2005a, p.166〕と，中国製・仿製三角縁神獣鏡をあわせて「景初三年(二三九)から咸寧六年(二八〇)まで約四〇年間作られた」との説〔車崎 2008b, p.102〕とを長短二極とするあいだにおさまるといってよい。

(b) 長期編年と短期編年の相違と融和

長期編年説と短期編年説のいずれを採るかで，三角縁神獣鏡の製作期間のみならずその製作体制，さらには古墳編年まで大きく変異してくる。それゆえに，安易な決定は避け，慎重に証拠を積み重ねるとともに，諸論者間で議論をかわしてゆくことが要請されるのである。そこで次に，両者の差異を生じさせている原因などにつ

いて，若干の指摘をしたい。

　既述したように，景初三年鏡および正始元年鏡が三角縁神獣鏡のなかで型式的に最古段階に属することから，三角縁神獣鏡の製作開始年代については，240年ごろということでほぼ意見の一致をみている。相違は，その終末年代および存続期間において生じている。この相違を突き詰めれば，前述のように，諸論者の系統観のちがいに起因しているのであるが，とりわけ相違が顕現しているのが，乳の捩文座の採用時期に関してである。この文様を，他鏡式との関係がみいだせず傘松文からの変化を想定できる特殊な文様とみる論者は，これを三角縁神獣鏡の最新段階ないしその一段階前に想定する〔新納 1991；澤田 1993b；福永 1994b・1996a・2005a；辻田 2007a 等〕。一方，各系統(製作集団)の独立性を重視し，系統ごとに特定文様の採用時期にずれがある可能性を重視する論者は，比較的初期の段階から複数段階にわたり，この文様が採用されていたと推測する〔岸本 1989b・1995；森下 1997；車崎 2002c；岩本 2008a 等〕。たとえば岸本直文は，内区を四分割する「二神二獣鏡群」の大ぶりな捩文座乳は，幅広の円座や珠文圏座などをほどこした乳で内区を四分割する画象鏡に由来すると推測したうえで，傘松文を有する「四神四獣鏡群」と捩文座を配する「二神二獣鏡群」の両者において，神像や唐草文が同一である事例を提示して，「捩文座乳の使用不使用の違いは，配置の相違からくるものと思われる」と説いている〔岸本 1995, p.113〕。

　捩文座乳の採用時期をめぐる見解の相違は，いっけん些細なことにみえるが，三角縁神獣鏡の実年代に大きな影響をおよぼしている。先述のように福永は，三角縁神獣鏡と紀年鏡に配される唐草文の類似関係を，実年代を推定する重要な基準としている。その要をなす照合は，捩文座を有する三角縁唐草文帯三神二獣鏡(目録201〈の原鏡〉)(IV－図65)と景元四(263)年銘円圏規矩鏡(IV－図66)に配されている唐草文の類似によってなされており(IV－図61)，これにより4段階変遷における第3段階の実年代を決定しているのである〔福永 1996a〕。ところが，この鏡はかつて仿製三角縁神獣鏡とみなされたこともあるもので〔小林行 1976b〕，岸本や車崎正彦はこれを中国製三角縁神獣鏡の最新段階とみなしているのである〔岸本 1995；車崎 1999a〕。この相違が，三角縁神獣鏡の終末年代を，景元四年の近辺に求める〔車崎 1999a〕か，それより一段階あとに想定する〔福永 1996a〕かのちがいを生じさせているのである[109]。

　現状では，三角縁唐草文帯三神二獣鏡(目録201〈の原鏡〉)の唐草文が仿製三角縁神獣鏡のそれにスムースにつながってゆくこと〔車崎 1999a〕，傘松文には複数の系譜があり〔小野山 1999〕，捩文座を傘松文の退化形態と一概にみなせないことなどの点

IV-図65　三角縁唐草文帯三神二獣鏡
（大阪府紫金山古墳）

IV-図66　景元四(263)年銘の円圏規矩鏡

で，前者の主張に若干の分があるように感じられる。また，三角縁神獣鏡の最新段階を，「270年代後半から290年頃の間に下賜されたもの」〔福永 1996a, p.19〕とみていた福永も，最近の見解では「270年代後半から280年頃の間に下賜されたもの」〔福永 2005a, p.97〕，「二八〇年代の製作か」〔福永 2003a, p.40〕といくぶん古くシフトさせており，長期編年説と短期編年説との相違は緩和されつつあるようである。

中国製三角縁神獣鏡の製作を短期におさめて考える場合に問題となるのが，三角縁神獣鏡をはじめとする副葬品の組みあわせが，少なくとも3段階(仿製三角縁神獣鏡をふくめるとさらに2段階以上)の変遷をたどっており，それなりに長期の存続期間が想定されることと，齟齬をきたすことである。この点について明快な説明はいまだなされていないが，中国製・仿製三角縁神獣鏡の各段階間に断絶性がみとめられることを論拠に，三角縁神獣鏡は各段階のあいだに時間的なヒアタスをはさみながら断続的に生産されていたとする考え〔福永 1992d・2005a；澤田 1993b；福永他 2003の福永・岸本発言等〕は，この齟齬を解消しうる観点として興味深い。

そして，仿製三角縁神獣鏡の製作年代については，もっとも短期に見積もると，「泰始元年(二六五)から咸寧六年(二八〇)まで約一五年間」〔車崎 2008b, p.102〕，もっとも長期に考えれば，その製作開始が270年ごろに〔車崎 1999a〕，その最終段階が中期初頭頃〔岩本 2005a〕に求められ，その存続期間はのべ1世紀前後におよぶことになる。しかし，前者の案では，副葬品の組みあわせからみた古墳の段階区分と大きな不整合が生じ〔森下 1998b等〕，後者の案を採ると，長くとも半世紀程度と推定されている中国製三角縁神獣鏡の存続期間との差が著大になりすぎる。

しかし，前者の案は，仿製三角縁神獣鏡の最終段階(IV-図67)の神像表現が，太

康元(280)年墓出土の神獣鏡(Ⅳ-図68)にみられる「頭と両肩と両膝を大きく盛り上げて五つの瘤状に強調させた表現」と「かなりよく似ていること」がその主論拠になっている〔車崎 1999a, p.68〕のだが，このような神像表現は，伝千葉県鶴巻所在古墳や三重県浅間山古墳出土鏡(Ⅳ-図69)，徳島県丈領古墳などといった古墳時代後期ごろの仿製鏡にもみとめられる表現であり，仿製三角縁神獣鏡の年代を考定する論拠としてはさほど強いとはいえない。後者の案については，中国製三角縁神獣鏡の製作終了と仿製三角縁神獣鏡の製作開始とのあいだにタイムラグを推定し，仿製三角縁神獣鏡の製作開始時期を4世紀初頭までさげ〔福永 1998e〕，さらには仿製三角縁神獣鏡の最末期段階は形骸化が極端に進んでいることから，その直前段階とのあいだに時間的ヒアタスを見積もることで，不整合を緩和することも可能かもしれない。

Ⅳ-図67　最終段階の仿製三角縁神獣鏡(福岡県沖ノ島16号遺跡)

Ⅳ-図68　西晋太康年間と推定される神獣鏡

C　古墳編年とのかかわり

(a)　古墳編年への三角縁神獣鏡の活用

　三角縁神獣鏡の変遷段階や実年代について検討が進んだことを承け，これを古墳編年に積極的に活用する研究が前面にあらわれてきている。それまでも，三角縁神獣鏡を古墳編年の一指標にもちいた論考はあったが〔都出 1979；和田晴 1987；広瀬 1992〕，同一期の指標に中国製三角縁神獣鏡と仿製三角縁神獣鏡とを併置し，三角縁神獣鏡の変遷順と古墳の新古とを対応させていないなど，指標として有効に作用していなかった〔森下 2005b・2006b〕。これは，一つには，

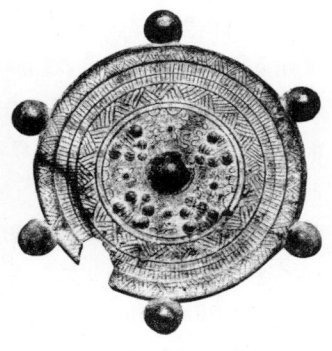

Ⅳ-図69　古墳時代後期の仿製鏡(三重県浅間山古墳)

三角縁神獣鏡の編年が十分に達成されていなかったためである。だが，それよりも，三角縁神獣鏡の製作・流通時期と古墳への副葬時期とのあいだに複雑なプロセスを想定する，小林行雄いらいの考えが根強かったためと思われる[110]。

このような従来の見解にたいし，一埋葬施設において同一もしくは隣接段階の三角縁神獣鏡が共伴する傾向が強いことを証拠として，三角縁神獣鏡の製作から副葬までの過程がスムースであることが指摘されたこと〔都出 1989a〕(IV－表7)を契機として，三角縁神獣鏡編年を古墳編年の重要指標として活用しようとする機運が高まってきている。

たとえば福永伸哉や岸本直文，岩本崇らは，都出比呂志の分析法を継承し，三角縁神獣鏡が一埋葬施設で共伴する場合，同一段階および隣接段階である場合が大多数を占めることから，三角縁神獣鏡が古墳編年に有効であることを示している〔福永 1994c・1996b・1998c・2001a・2005a；岸本 1995・1996b；岩本 2003a・2005c・2008a〕(IV－表19)。また先記のように，森下章司らは，三角縁神獣鏡の属性として抽出した神獣像表現と神獣像配置が埋葬施設においてどのように共存しているかというセリエーション分析をおこない，中国製三角縁神獣鏡はおよそ3群にわかれることから，中国製三角縁神獣鏡の製作・副葬期である古墳時代前期前半を3期前後に区分できることを説いている[111]〔森下 1998b・1998c・2005b・2006b；大賀 2002；岩本 2005c・2008a；辻田 2006b・2007a〕(IV－表18)。

さらに，こうした成果に立脚して，三角縁神獣鏡と石製品・甲冑・仿製鏡などとの共伴傾向を吟味することをつうじて，従来の前期古墳の時期区分〔都出 1979；和田晴 1987；広瀬 1992等〕を修正ないし細密化する研究も活潑になされている〔福永 1996b；大賀 2002；森下 2005b；辻田 2006b等〕。とくに最近では，三角縁神獣鏡を編年の基軸的指標とする論考〔大賀 2002；森下 2005b；辻田 2006b〕も散見し，古墳編年の鍵を握る存在として，その評価が高まりつつある。三角縁神獣鏡の段階設定と実年代比定の検討を推進している福永は，三角縁神獣鏡を主要指標として古墳時代前期を，前Ⅰ期（中国製三角縁神獣鏡C段階まで；3世紀後葉）・前Ⅱ期（同D段階まで；4世紀前葉）・前Ⅲ期（仿製三角縁神獣鏡Ⅱa段階まで；4世紀中葉）・前Ⅳ期（同Ⅱb段階以降；4世紀後葉）に4期区分する〔福永 1996b〕。それ以降の編年研究はこの案をより精緻化する方向に進んでいるといえる。ただ，三角縁神獣鏡には，長期保有など編年の障碍となる現象もみとめられる〔森下 1998a〕。それゆえ，三角縁神獣鏡を副葬する個別古墳の時期を，三角縁神獣鏡だけからピンポイントでおさえることは不可能であり，ほかの副葬遺物や埋葬施設，埴輪などの編年との整合性を追究する作業が不可欠であることを，自覚しなければならない。

なお，三角縁神獣鏡と他器物との共伴分析の結果，これまで仿製鏡の出現に先行するとされてきた仿製三角縁神獣鏡〔小林行 1962a・1965a；近藤喬 1975；和田晴 1986〕が，

Ⅳ-表19 一埋葬施設における三角縁神獣鏡の共伴関係(1990年代半ばまで)

古墳名	三角縁(舶載) A	B	C	D	三角縁(仿製) Ia	Ib	Ic	IIa	IIb	IIc	III	IV・V
山口・竹島	1	1										
兵庫・吉島	1	3										
〃 権現山51号	2	3										
〃 西求女塚	3	2										
〃 森尾(別主体か)	1	1										
滋賀・古富波山	2	1										
〃 雪野山		3										
愛知・奥津社(伝)	1	2										
静岡・上平川大塚	1	1										
群馬・頼母子	?	1										
〃 前橋天神山		2										
福岡・石塚山	1	3	3									
〃 原口			3									
大分・赤塚		2	3									
山口・宮洲	1	1	2									
岡山・湯迫車塚	1	8	2									
愛媛・広田神社上			2									
徳島・宮谷		2	1									
兵庫・東求女塚		2	2									
大阪・石切神社(伝)		1	2									
京都・椿井大塚山	12	17	3									
〃 長法寺南原		1	3									
奈良・桜井茶臼山	1	5	2									
〃 富雄丸山	1	2	1									
滋賀・大岩山		1	2									
三重・桑名市(伝)			3									
群馬・三本木(伝)	2		1									
熊本・芦北郡(伝)			1	1								
兵庫・龍子三ツ塚1号				2								
〃 ヘボソ塚			1	2								
〃 阿保親王塚				3								
〃 城の山				3								
大阪・万年山	2	2	1	1								
京都・寺戸大塚(後円)		1		1								
三重・筒野			1	1								
岐阜・円満寺山			1	2								
愛知・東之宮			2	2								
群馬・蟹沢	1			1								
岐阜・長塚(東)			1	1	1							
石川・小田中親王塚				1		?						
大阪・壺井御旅山					2	2						
京都・園部垣内		1		1			1					
奈良・佐味田宝塚	1	5	3	2			1					
山口・長光寺山								3				
岡山・鶴山丸山			1		1	1		3	1			
大阪・紫金山			1		1		5	3				
京都・百々池			1	1			1	1				
奈良・新山	1	2	1	3			1	1				
〃 新沢500号							1	?				
愛知・出川大塚								2				
京都・長岡近郊(伝)		1								1		
福岡・一貫山銚子塚								1	4	1	2	
佐賀・谷口(西)											2	
〃 谷口(東)											2	
大阪・ヌク谷北塚											2	
岐阜・長塚(西)								1			1	
山梨・甲斐銚子塚			1								1	
三重・松阪久保		1										1

・古墳の配列は築造の順序ではない
・数値は出土鏡の枚数を示す
 (型式未確定の破片を除く)
・? は出土が推定されるもの
・アミは3枚以上出土の古墳

註 1990年代半ばまでの出土事例。最新の表はⅢ-表1を参照。

一部の仿製鏡に後出することが判明したこと〔森下 1991；岸本 1996b；林正 2000 等〕も，従来の銅鏡の変遷観のみならず副葬品編年の通念に変更をせまる重要な成果である。

(b)　三角縁神獣鏡による古墳の出現年代の検討

　このように，三角縁神獣鏡の段階設定と実年代にたいする検討が進むにつれ，一つの重要な論点が浮上してきた。すなわち，古墳[112]の出現年代である。これまでも，古墳の出現と三角縁神獣鏡の副葬開始とは，軌を一にする現象と推測されてきた〔小林行 1955a；近藤義 1983 等〕が，第 VII 期において研究が進展した結果，三角縁神獣鏡の出現年代をより詳細に検討しうるようになり，古墳の出現年代についてより具体的に論ずることが可能になってきている。

　福永伸哉は，都出比呂志の先駆的研究〔都出 1989a〕を発展的に継承し，出現期の古墳において複数面の三角縁神獣鏡が共伴する場合，4 段階区分のうち第 1 段階（A 段階）のみで構成される事例がなく，第 2 段階（B 段階）までの組成を示す事例（奈良県黒塚古墳・兵庫県西求女塚古墳・同権現山 51 号墳）がみとめられることから，出現期の古墳の築造が「C 段階配布以前，すなわち 260 年代[113]に遡る可能性」を指摘している〔福永 1996a, p. 21・2001・2005a 等〕(III－表 1)。つまり，三角縁神獣鏡の流入開始後，若干の時をへてその副葬が開始されたと解するのである。この指摘は，弥生時代の遺跡・墳墓から魏鏡がいっさい出土しないことを論拠に，古墳時代の開始年代を 3 世紀第 2 四半期に求める森下章司の主張〔森下 1998b〕とも齟齬をきたさない。この年代観は，仮定に仮定を重ねた従来のそれ〔小林行 1957a；都出 1982 等〕よりも実証性に富むことから，徐々に賛同者をふやし〔白石 1999a；都出 1998a・1998b 等〕，いまや定説化しつつあるといってよい。

　一方，こうした年代観にたいして，いくつかの立場から異論が提示されている。一つは，土器編年からの異論である。石野博信は，三角縁神獣鏡を副葬する古墳に共伴する土器は布留 1 式前後で，とくに京都府椿井大塚山古墳の土器は「普通に言えば四世紀後半」であり，三角縁神獣鏡の副葬開始は古墳の出現よりも遅れることを示唆する[114]〔石野博 1995・1999・2006 等〕。小山田宏一もまた，出土土器の時期から，三角縁神獣鏡は「布留 0 式新から布留 1 式の早い段階という限定された時期」に製作され，それ以前の奈良県箸墓古墳や同西殿塚古墳の時期には三角縁神獣鏡は製作されていなかったと推測する〔小山田 1994・1996・2000a, p. 149〕。

　三角縁神獣鏡の副葬（入手）開始が古墳の出現に後出するとの見解は，特殊器台形埴輪と三角縁神獣鏡との非共伴性（IV－図 70）などを根拠に，箸墓古墳などの最古相

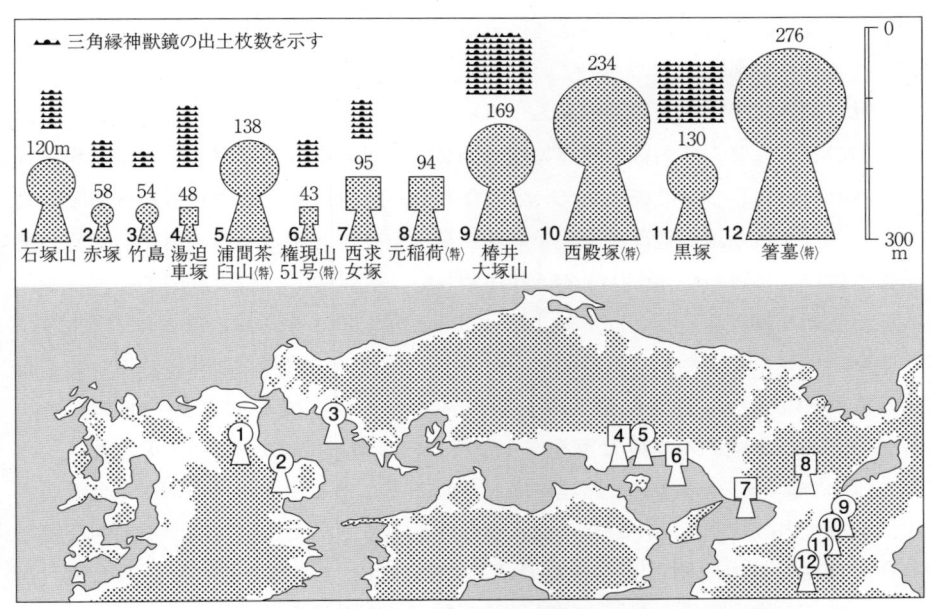

Ⅳ – 図70° 出現期の前方後円(方)墳と三角縁神獣鏡・特殊器台形埴輪
註　墳丘図の上の数字は墳長(m)。〈特〉は特殊器台形埴輪の出土を示す。

1 石塚山 120m / 2 赤塚 58 / 3 竹島 54 / 4 湯迫車塚 48 / 5 浦間茶臼山 138〈特〉/ 6 権現山51号 43〈特〉/ 7 西求女塚 95 / 8 元稲荷 94〈特〉/ 9 椿井大塚山 169 / 10 西殿塚 234〈特〉/ 11 黒塚 130 / 12 箸墓 276〈特〉

の「古墳の築成時に，いまだ大和中枢が中国から三角縁神獣鏡を量的に入手していなかった可能性」を説く近藤義郎の主張と響きあう〔近藤義 1995・1998, p.149〕。これと同様の見解は，奥野正男や石野博信らも提示しており〔奥野 1992b；石野博 1995；大賀 2002・2005；北條 2002等〕，静かな潮流をなしつつある。一方，箸墓古墳と墳丘規格を同じくする各地の前方後円(方)墳から三角縁神獣鏡が出土していることから，三角縁神獣鏡の副葬開始と前方後円(方)墳の出現との併行性を推定する見解[115]〔岸本 2004a〕や，箸墓古墳の造営された布留0式併行期に三角縁神獣鏡を副葬する古墳が存在することを強調する久住猛雄の意見〔久住 2006〕もある。ただ，久住のあげた事例はわずかであるうえに，伝出土資料をふくみ，さらに土器の詳細な時期区分とその地域間の併行性については諸論者により相違があるなどの問題点もある。しかし，三角縁神獣鏡の副葬開始以前に古墳がすでに造営されている可能性は十分に考慮すべきことであり，布留0式古相併行期に三角縁神獣鏡が出現しているか否かが，今後の論点になると予想される[116]。

　ともあれ，内容が不分明な箸墓古墳を定点に古墳編年を組みあげ，当墳への三角縁神獣鏡の副葬を想定し，そうした想定に準拠して，副葬品などの内容が判明しているほかの諸古墳の時期や造営背景を推測するという本末転倒かつ不可解な事態に

たいし，異論がとなえられつつあることは，議論を考古学的に高めてゆくうえで歓迎すべきことである。

これと関連して，三角縁神獣鏡およびそれ以前の日本列島出土鏡とその共伴土器との検討をつうじ，三角縁神獣鏡の副葬開始を3世紀第3四半期以降とみる異論も提示されている〔寺沢薫 2005a・2005b〕。すなわち，庄内式新段階や布留式古相段階の土器と共伴する中国製鏡は，漢鏡7期相当期の製作が想定される「退化型式」の鏡や復古鏡（および踏み返し）のたぐいが目立ち，日本列島での個別事例や中国における出土時期を勘案すれば，前者の上限は3世紀第2四半期以降，後者は3世紀第3四半期「でもやや後倒し」の時期になるから，三角縁神獣鏡が副葬されはじめる布留0式新相段階は，3世紀第3四半期以降だ，という論理である〔寺沢薫 2005a・2005b, p.33〕。示唆的な指摘を多々ふくむ魅力的な検討ではあるが，「退化型式」や復古（および踏み返し）の認定に無理が感じられるところもままみられ[117]，「出現期古墳出土鏡に当該時期にそぐわない鏡式が存在すること，または文様が不鮮明な鏡の存在を踏返し鏡で説明しようとしている」〔柳田 2002, p.6〕感も否めず，むしろ，銅鏡の年代から弥生時代末期～古墳時代前期初頭の実年代を遡上させうる材料になりうるようにも思われる。ただし，従来の「伝世鏡」の認定も主観に流れることが多かったことを考えれば，この提起は深くうけとめる必要がある。とはいえ，次項で論じるように，踏み返しの認定基準に関して見解の統一がなされていない現状〔笠野 1993a；立木 1994a；清水克他 2002；柳田 2002 等〕を打破しないかぎり，議論の展望は開けないようにも思える。

上記の異論は，他鏡式や土器などとの共伴状況の検討にもとづいて提起されたものであった。一方，三角縁神獣鏡じたいの分析から導出されている異論もある。森下は，捩文座乳を配し斜面鋸歯文がほとんどないために，従来の変遷案では新しく位置づけられてきた神獣像表現⑧（表現④を一部ふくむ）〔新納 1991；澤田 1993b；岸本 1995；福永 1996a 等〕が，古墳での共伴関係では古い段階の三角縁神獣鏡と共伴する傾向が強いことをあげ，再検討をうながしている〔森下 1997・2005b〕。この提言はひるがえって，捩文座乳の出現を中国製三角縁神獣鏡の後半段階まで下げる見解〔澤田 1993b；福永 1994b・1996b 等〕にたいして，説得力をもつ反論になりうる。捩文座や表現⑧の出現時期を遡上させる推定には，車崎正彦や岩本崇が賛意を示し〔車崎 2002c；岩本 2008a〕，岸本も同意を示唆している〔福永他 2003〕。

これにたいし福永は，一部の捩文座乳が遡上する可能性を考慮しつつも，三角縁神獣鏡を多量に副葬していた黒塚古墳や西求女塚古墳から捩文座乳を配する資料が

まったく出土していない事実は,「捩文座乳以前の三角縁神獣鏡だけが存在していた時期が一定期間にわたって継続していた」ことを強く示唆していると反論する〔福永 2003a・2005a, p.89〕。古墳における組みあわせ関係を重視したこの反論は実証的であり,説得力がある。

捩文座乳は,三角縁神獣鏡全体をとおした「型式学」的分析や個別古墳の出土状況においては新相の様相をみせ,各系統の個別的変遷や三角縁神獣鏡の共伴状況全体を通覧した場合には,古相の様相がうかがえるという,あい矛盾した姿を呈しているといえる。解決の糸口はみいだしにくいが,前者の分析成果を重視するならば,捩文座乳は古相と中相の中間にあり,現状では古相に属しているかにみえるが,いずれは中相に分離されると予想するのも可能であろう。あるいは後者の分析成果を妥当とすれば,系統ごとに流通―入手―副葬の系列がことなっていたとみるのも一案かもしれない。

ただし,捩文座乳を新しく位置づける立場にしても,これらの要素を有さない古相の三角縁神獣鏡群が,黒塚古墳・西求女塚古墳・兵庫県吉島古墳などでみとめられることから,三角縁神獣鏡を複数段階に分割したうちの第2段階には古墳が出現したとみており〔福永 1996a・2005a;都出 1998a・1998b 等〕,捩文座乳を古相ととらえる立場と,古墳出現年代に関して実質的な懸隔はほとんどないともいえる。しかし,前者の立場は,「舶載A段階」と「舶載B段階」が,「型式学」的には分離できるが「副葬鏡の組み合わせの上では分類しがたい」ことは,その「製作時期が1人の首長の政治活動期間の長短に左右されないほどに接近していたことを示唆」〔福永 2005a, p.87〕すると説くことにあらわれているように,「型式学」の結果をより重視し,前後二段階の製作―流入―流通(分配)を推測しているのにたいし,後者の立場は,古相が組みあわせのうえで分離しえないことに重きをおき,単一段階の短期的な製作―流入―流通(分配)を想定しており〔車崎 2002c;大賀 2003 等〕,方法論上の相違が大きい。なお,註102)で付記したように,「型式学」の正統な方法論という観点からみた場合,後者の方が妥当であろう。

ここまでの記述から察せられるように,この相違は,推論の表面的な近似とは裏腹に,上記した系統観の差異などをふくめ,三角縁神獣鏡の解釈全体にかかわるものである。同様に,三角縁神獣鏡の型式変遷・段階設定・実年代についても,大枠では見解の一致をみつつあるが,内実においては多様な差異を内包している。そうした差異をときほぐしつつ検討を深めてゆくことが,爾後の研究に望まれるが,文様の分析のみから系統を考察するのにはやはり限界があり,後述する製作技術や理

化学的分析などをあわせて総合的に議論してゆくことが要請されよう。

(5) 製作技術論

第VII期には，三角縁神獣鏡の製作技術論も大幅な進捗をみている。それら諸研究は，(A)鋳型製作・設計論と(B)鋳造技術論とに，おおむね大分できるだろう。以下では，この便宜的な区分にしたがって記述する。

A 鋳型製作・設計論

(a) 鋳型の製作に関する議論

三角縁神獣鏡は鋳造品である以上，鋳造に先だち鋳型(鏡范)が製作される。鋳型における鏡背相当部の成形から施文にいたる技術に関しても，この第VII期には，検討が飛躍的な進展をみせている。

まず，鏡背相当部の成形ついては，岩本崇による注目すべき分析があげられる。岩本は，縁部内斜面や鈕に残る同心円状の型挽痕や，鈕頂部にみられる挽型の心棒痕とみられる小突起の存在〔近藤喬 1973〕から，三角縁神獣鏡の形態の大枠が挽型によって形成されたことを確認したうえで，詳細な観察をつうじて，断面形態が一致する非同笵(型)の鏡群を抽出し，三角縁神獣鏡には挽型を共有する鏡群が幅広く存在することを明らかにしている〔岩本 2005b〕(III - 図 3 ; IV - 表 17)。こうした鋳型製作におけるまとまりは，仿製三角縁神獣鏡において，同笵(型)鏡でないにもかかわらず乳の配置が厳密に一致する鏡群(「同乳鏡」)〔福永 1992d・1994c〕(IV - 図 54)や，笵(型)を異にするものの笵傷が共通する鏡群〔森下 2005g・2005h〕としても検出されている。前者は，「鋳型を造る際にもっとも基本となる要素について記したデザイン原図」に起因するまとまりと推定され〔福永 1994c, p.55〕，後者については，後述する「二層式鋳型」〔鈴木勉 2003〕を共有していたため，その下層范に生じた亀裂も共通して鋳出された可能性が提示されている〔森下 2005g・2005h〕。

こうしたまとまりの抽出は，三角縁神獣鏡の具体的な製作技術を復元してゆくうえで，非常に重要な成果である。それだけでなく，三角縁神獣鏡の製作体制を究明する大きな手がかりともなりうる。すなわち，「同乳鏡」間や挽型を共有する鏡群間で神獣像表現が相違する事例がみられること〔福永 1992d；岩本 2005b〕は，同一の原図や同一の挽型で作製された鏡群に複数の工人が関与していることを示しており，工人編成を復元する有効な手がかりとなる。また，挽型や「二層式鋳型」を共有す

る鏡群は，短期間に同一の場所で製作されたと考えるのが妥当であり，「同乳鏡」も鈕孔の設置方向および湯口の方向が一致することから，「短期間のうちに同一工房で製作された」と認定できること〔福永 1994c, p.56〕など，このような「まとまり」が，同一時空間上の製作単位である可能性はかなり高い。そして，乳配置や形態などを同じくする同一のフレームを複数つくり，短期のうちに単一ないし複数の工人がそれらを製品として仕上げてゆく製作体制は，「大量生産という側面」〔岩本 2005b, p.428〕に深くかかわっているとみなすことができる。実物資料の精密な観察に裏づけられたこの論の帰結は，同型鏡や踏み返し鏡が任意の時空間で製作されたと説く後述の諸見解〔菅谷 1991；奥野 1998a；安本 1998等〕にたいして，重要な反論となりうるものである。

　なお，笵傷が鏡背の四方に走る事例があることをおもな根拠として，三角縁神獣鏡が四分割鋳型で鋳造されていたとみる考えが提示されている〔小野山 1998〕。鋳型を四分割しておけば，鋳造後に鋳型をとりはずしやすく，同じ鋳型を複数回もちいるのに都合がよいとの想定は興味を惹くが，四分割というには笵傷の走向が不整であること，笵傷の認定がやや恣意的なこと，鋳造強度の点で問題があること〔福永 2005a〕など，疑問が多々残る。

(b)　三角縁の創出理由

　三角縁神獣鏡の名称が端的に示すように，断面が三角形を呈する縁がこの鏡式の一大特徴である。鋳型の成型時に三角縁も同時に挽きだされること〔岩本 2005b等〕をかんがみるに，この縁の形態はなんらかの製作意図に起因するはずである。その意図について，いくつかの推定がなされているが，鏡体の強化とみる見解と，鋳造時の必要性とみる見解とが多数を占める。前者は，三角縁にすることで大型化した鏡体に強度が確保されると推定する〔小林行 1992；福永 1994a等〕が，平縁の大型鏡が存在している以上，三角縁が鏡体の強度を実際に高めるか否か，力学的な証明が必要である。大型化した鋳型を平らに保持するべく，三角縁が考案されたとする説〔小野山 1998〕も，縁の三角形化と鋳型の平坦化との関連がわかりかねる。後者は，原笵から蠟原型や「泥笵」をとりはずすことを容易にする効果〔福永 1994a；董 2001, p.17〕や，鋳造直後の収縮による鋳造欠陥を回避する効果〔董 2001〕，さらには三角縁にすることで湯口の幅が広がる効果〔近藤喬 1983〕などを推測している。これらのほかにも，三角縁にすることで見栄えをよくしたなどの主観論はさておくとして，原鏡の画文帯神獣鏡の半円方形帯や画文帯の省略分を三角縁でおぎなって大型鏡に仕

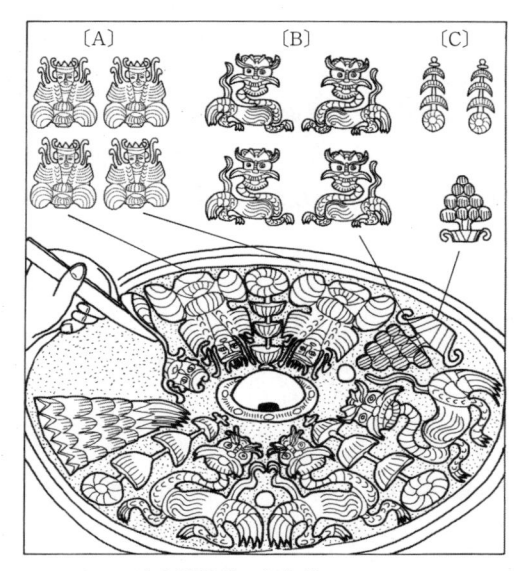

Ⅳ-図71 貼金神獣鏡の製作模式図（〔A〕同じ型をなぞって切りぬかれた図像群，〔B〕反転させると相似形になる図像群，〔C〕節・香炉・宝来山など，図像の一部分）

上げたと説く見解〔西村俊 1998〕があるが，それならば幅広の平縁にした方がよほど径を拡大できるのだから，説得力にとぼしい。最近では，立体感あふれる内区文様とバランスをとることにくわえ，縁の立ちあがり基底部を文様割付のガイドラインにするためという，施文上の機能を推察する岩本崇の見解がある〔岩本 2008a〕。

(c) 施文法に関する議論

鋳型の鏡背相当部のフレームに関する検討のほか，施文についても精密な分析もなされている。とりわけ森下章司による施文原理の解明〔森下 1989〕は，三角縁神獣鏡の製作原理および製作体制に肉薄しうる重要な成果である。すなわち，神獣像表現などが共通する中国製三角縁神獣鏡において，同じ単位文様を採用しつつも意図的に配置が組み換えられる現象をみいだし，単位文様をパーツとして計画的に組み換えながら配備することで，多様な文様構成がうみだされていたことを明らかにしているのである（Ⅲ-図4）。そして，そうした現象の背景に，大量生産への志向という，同笵手法と表裏一体をなす製作体制上の特質があったと結論づけている。さらに森下は，製作流派と文様配置との相関性を説く岸本直文の推定〔岸本 1989a・1989b〕と自説とを総合的に解釈し，「文様構成や配置の基本は，流派を越えた存在によって支配され」，「各流派に一定の基準のもとに基本的な文様構成が割りふられ，文様構成・配置をできるだけ変えるという原則において，それぞれ独自に組みかえが活発におこなわれ」るという製作原理を導出している〔森下 1989, p.67〕。

森下の想定する生産方式は，大量生産を志向する同笵（型）技法が三角縁神獣鏡において盛行したことと合致し，また生産量とヴァリエーションの確保を同時に可能とする方式である点で，上記の「同乳鏡」および挽型の共有現象とも軌を一にするものである。また，三角縁神獣鏡の銘文の構成法が単位熟語を任意にとりだし継ぎ

あわせたものであること〔林裕 1998〕も，森下の想定を支持する現象といえよう。ただ，仿製三角縁神獣鏡の段階になると，その「単位文様は画一的で，文様を組みかえる余地がな」〔森下 1989，p. 67〕くなるにもかかわらず，「同乳鏡」が出現し，挽型の共有現象も依然として活潑であることと若干の矛盾をきたすので，その点についてなんらかの説明が必要になる。

単位文様を部品として自在に組みあわせるという，三角縁神獣鏡の文様構成原理について，近年いくつかの知見がくわえられている。西川寿勝は，『三国志』魏書東夷伝倭人条の「銅鏡百枚」を「金銀象嵌鏡などの宝飾鏡あるいは貼金・鍍銀の鏡」と推測し，金銀板からなるパーツを貼りつけて製作するこれらの文様構成原理をとりいれつつ，「銅鏡百枚」の「宝飾鏡を模倣して創出，青銅で量産された」「配布用量産鏡」こそ三角縁神獣鏡であると推測する〔西川 1999b，p. 110・2000a，p. 147〕（Ⅳ-図71）。発想としては面白いが，十分な論拠に裏づけられていない想像論でもある。

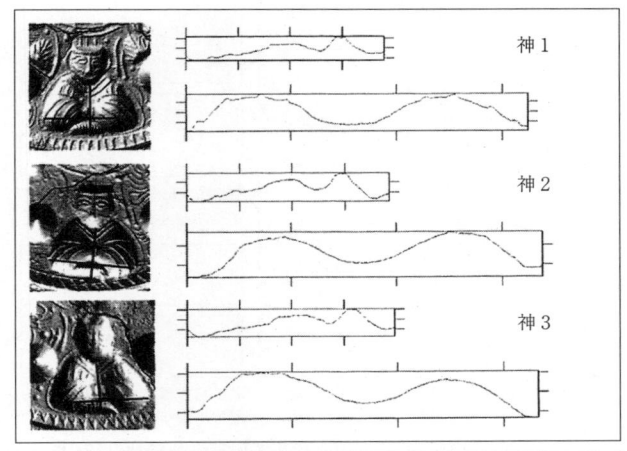

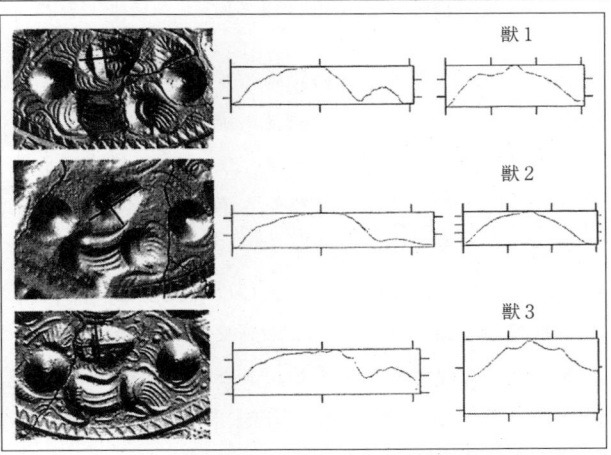

Ⅳ-図72　神獣像の断面が一致する仿製三角縁神獣鏡(1)（岐阜県矢道長塚古墳）

また小山田宏一は，工人が神獣像の輪郭レヴェルの粗い「型」を使い，真土に押しこまれた文様の細部を加工することで，変化に富む図像をつくりだしていたことを想定している〔小山田 2000a〕。そして実際に，仿製三角縁神獣鏡において，1面の

出川大塚古墳出土鏡〈目録213〉神像の横断面比較

長塚古墳出土鏡〈目録235〉獣像の横断面・神像の縦断面比較

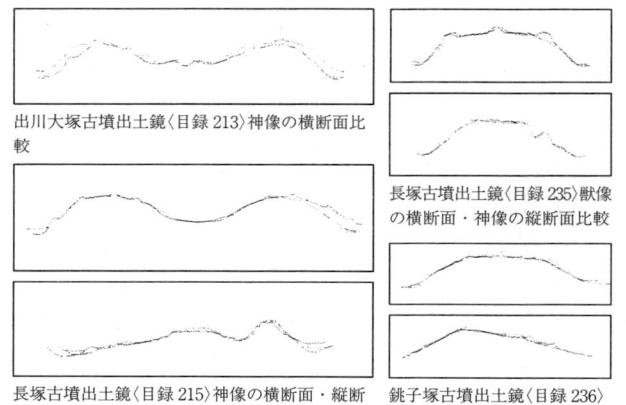

長塚古墳出土鏡〈目録215〉神像の横断面・縦断面比較

銚子塚古墳出土鏡〈目録236〉神像の横断面・縦断面比較

Ⅳ－図73　神像の断面が一致する仿製三角縁神獣鏡(2)

鏡背にほどこされた複数の神獣像の断面形が一致する事例(目録213・215・235・236)(Ⅳ－図72・73)がみとめられることから,「施文具として型(スタンプ)が用いられた可能性」が指摘されている〔山田隆2005, p.431〕(Ⅱ－図24)。さらに, これらの仿製三角縁神獣鏡では, 個々の神像で頭部と胴体の軸にずれがあり, 頭部と胴体の距離にも差がみとめられ, 顔面や衣紋の表現がすべての神像でことなることから, 頭部と胴体の型は別個であり, 細部表現まで彫りこんでいない外形のみの単純な型であったことも推定されている〔山田隆 2005〕(Ⅱ－図24)。これは, 鈴木勉が綿密な観察から推定した「顔だけの型, 膝だけの型などを作り, 各部位ごとに生乾きの鋳型に押し込む方法の可能性」〔鈴木勉 2003, p.24〕を, 三次元形状計測の精密なデータから裏づけた実証性の高い成果である。今後は, 山田じしんが明記しているように, この施文法が目録200番台の一部の仿製三角縁神獣鏡にかぎられるものであるか否か, また個別の鏡をこえて型が共通する事例が存在するか否かを追究してゆくこと〔山田隆 2005〕が, 三角縁神獣鏡の製作体制をより緻密に解明するための課題となろう。

　鏡背の施文に関しては, 鈴木が詳細な観察をへたうえで,「技術移転」の視座から重要な指摘をおこなっている〔鈴木勉 2000a・2000b・2002・2005 等〕。鈴木の考察は多岐にわたるが, とくに重要であるのが, 三角縁神獣鏡の「オーバーハング」表現にみられる「深い襞を作って文様を際立たせようとするへら押しの技術」は, 画文帯神獣鏡の薄肉彫りのように習得に修練を要する「直接継承型技術移転」によって継承されたものではなく, 薄肉彫り技術を「見よう見まねで」「真似て, かつ薄肉彫り鏡群に負けない派手で疑似立体感を実現」しようとした「形状模倣型技術移転」をつうじて考案された技術であったとみる推察である〔鈴木勉 2000b, p.229〕。鈴木は, 深くへら押しして文様を目立たせる「オーバーハング」の技術は, 三角縁神獣鏡に特徴的なものであり, 薄肉彫りの技術を保有していない地域に源流を求めるべきと

主張しており，三角縁神獣鏡の技術的系譜を追究するうえで重大な提言である[118]〔鈴木勉 2000b・2002〕。また鈴木は，黒塚古墳12号鏡と同31号鏡のように，同笵(型)鏡で神像に修正のへら押しがなされている事例において，工具や襞表現の相違などから別の工人が修正をおこなったと推定している〔鈴木勉 2000b・2002・2005〕。工人編成や作鏡体制の細部にせまりうる意義深い指摘といえよう[119]。

B 鋳造技術論

(a) 笵傷（および補刻修正）の検討による鋳造技術論

鋳造技術に関しては，近藤喬一や八賀晋らが推進した緻密な実物観察にもとづく検討〔近藤喬 1973；八賀 1984 等〕を継承した研究と，鋳造実験をベースにした研究とが着実に進められている。

なかんずく，笵傷の緻密な観察をつうじて鋳造技法を推定するという，第Ⅵ期(1970年代)に八賀晋が深化させたアプローチ〔八賀 1984〕が，発展的に継承されている。岸本直文は，権現山51号墳出土鏡をはじめとする5面の三角縁陳是作四神二獣鏡（目録16）において，笵傷が進行する現象を確認し(Ⅳ-図74)，八賀が三角縁神獣鏡天・王・日・月・唐草文帯二神二獣鏡（目録93）を「同型鏡」技法によるとした観察結果〔八賀 1984〕を尊重しつつ[120]，中国製三角縁神獣鏡にはこれとことなる鋳造技法が存在したと推定する〔岸本 1991〕。具体的には，目録16鏡群において笵傷は進行するものの，製品が「平滑な鋳膚」をとどめており，高温の注湯により鋳型の膚が相当に傷むであろう「同笵鏡」技法とは考えられないことから，「決定的な根拠はない」とはしつつも，「土製の原笵から蠟原型をおこし，それから土製の二次笵を作り，蠟を流したあと熔銅をそそぎ製品をえる製作技術を想定」し，笵傷の進行は「蠟原型を繰り返し起こす過程で原笵が損傷したもの」と推定している〔岸本 1991, pp.173-174・1996b, p.91〕(Ⅱ-図22)。これと同様の結論は，三角縁日・月・獣文帯三神三獣鏡（目録110）の観察からも導出されている〔大谷 1997〕。

つまり，中国製三角縁神獣鏡の鋳造技法として，金属原型を使用した「同型鏡」技法〔八賀 1984〕と，蠟原型を介在させた「同型鏡」技法〔近藤喬 1973；岸本 1991〕との2技法が挙示されたわけである。岸本が正しく指摘するように，わずかな事例をもってすべての中国製三角縁神獣鏡の鋳造技法を裁断することは妥当ではなく〔岸本 1991〕，さらなる観察事例の蓄積が痛感される。岸本はその後も，写真観察などから，目録44鏡群など29例の中国製三角縁神獣鏡の同笵(型)鏡群において笵傷が進行することを指摘し，自説を補強している〔岸本 1996b〕。しかし，撮影角度や照明

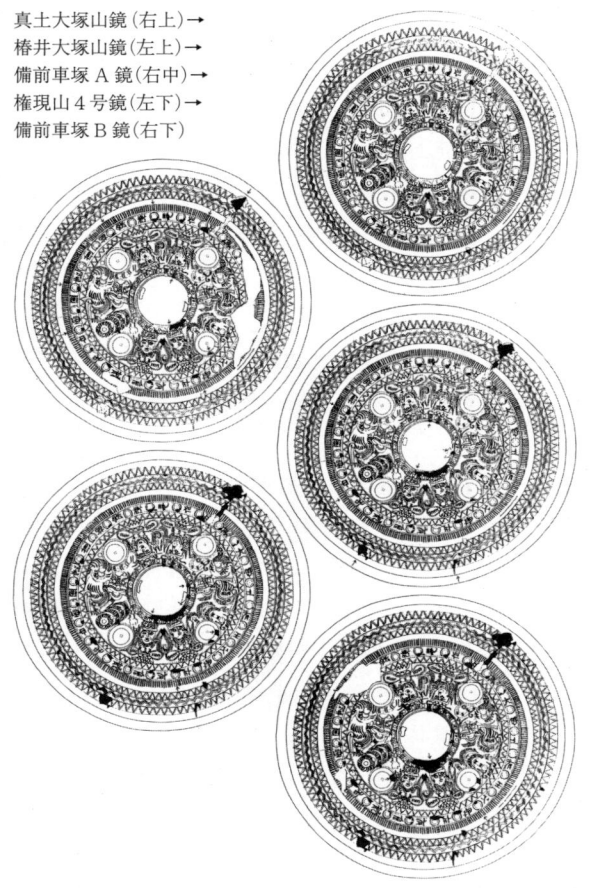

真土大塚山鏡（右上）→
椿井大塚山鏡（左上）→
備前車塚A鏡（右中）→
権現山4号鏡（左下）→
備前車塚B鏡（右下）

Ⅳ-図74　三角縁陳是作四神二獣鏡（目録16）における笵傷の進行

などの影響により，写真観察では限界をきたすことも，留意すべきことである。

その点，堅実かつ網羅的な実物観察に立脚して，同笵（型）鏡ごとに中国製三角縁神獣鏡の鋳造技法を検討する藤丸詔八郎の一連の研究〔藤丸 1997・1998・2000・2002a・2004・2005・2006・2007・2008a・2008b 等〕は貴重である。藤丸は，一連の考察の初発となる論攷で，三角縁天王日月・獣文帯三神三獣鏡（目録105）の6面において，進行する笵傷は修補しない一方で，共通する鋳潰れの原因となった笵の崩れが補刻される現象をみいだす。そして，もしこれが蠟原型によるとすれば「蠟原型に付着した小さな笵片を除去する一方で，古い傷が凸部となって現れる部分は放置したままという二律背反するような工人の作業を想定せざるを得な」くなるため，一つの土製原笵を連続使用する同笵鏡技法を推測するのが妥当とみなすのである〔藤丸 1997・1998, p.3〕。

重要な指摘であるが，「鋳潰れが共通して認められ，しかもその鋳潰れが同じ位置に同じ形状で一定して起っている現象が観察されれば，これらの同笵（型）鏡群はむしろ同笵鏡の製作技法によるものと推定したい」として，笵傷の進行と共通する鋳潰れの修補が同時にみられない目録19鏡群・目録35鏡群・目録70鏡群・目録123鏡群も同笵鏡技法によるものと推測するのは，いささか拡大解釈のきらいがあり，みずからが設定した堅実な論拠を自身の手で崩しているかの感もある〔藤丸

1997・1998, p. 4・2002a・2006〕。

 とはいえ，鋳膚をさほど痛めることなく笵傷を進行させる鏡群が存在しうることを実物に即して指摘したことは，鋳膚が傷んでいないことを理由に，こうした鏡群は同笵鏡技法では不可能であり，蠟原型を介在させる同型鏡技法であると判断した岸本の見解〔岸本 1996b〕にたいする重要な修正案となる。また，蠟原型から二次笵を製作する工程が不合理であること，そして同笵鏡技法が可能であることを，遠藤喜代志ら鋳金家の実験成果や見解〔中口 1972；石野亨 1977；北九州鋳金研究会 1997〕を援用して補強していることも，その議論の説得力を増さしめている[121]〔藤丸 1997・2000〕。くわえて，従来，同型鏡技法や踏み返し技法による製作が想定されてきた目録 97 鏡群および目録 201 鏡群〔樋口 1952；小林行 1976b 等〕を，さらに綿密に検討し，両者とも一般的な同型鏡技法ではなく，同笵鏡技法をベースとしつつ途中で踏み返しが介在することを看破していること〔藤丸 2000・2006〕は，同文の一鏡群に複数の技法が複合されることを指摘する最近の諸研究〔鈴木勉他 1998；今津 2005；水野敏他 2005 等〕の先駆をなす意義深い成果である。

 他方，福岡県平原墳墓出土の同文の内行花文鏡に共通してみられる，金属原型を踏み返したさいの湯回り不良に起因するとされる「シワ」〔岡村 1993a〕と同様の凹線が，同笵（型）の三角縁神獣鏡にも観察されている〔岸本 1996b〕ことも，重要な現象である。金属原型の使用と笵傷の増加・進行は両立しえないため，同笵鏡技法や蠟原型技法でも，同文の鏡群間で「シワ」の共有が生じるのか，あるいは金属原型でも笵傷の進行・増加が起こるかのいずれかであろう〔岸本 1996b〕が，現状ではいずれが正しいのか有効な証拠がなく，議論は「お手上げ」状態である〔福永他 2003, p. 137〕。

 笵傷に関して，森下章司が提示した分析成果が，新しい局面を拓くものとして重要である。森下は，笵ないし型を異にするにもかかわらず，線状の（笵）傷を共有する 4 組の仿製三角縁神獣鏡の鏡群が存在することを指摘する〔森下 2005g・2005h〕。この現象は，「文様の異なる鏡群間でも鋳笵ないし型に共通するものがあった」ことを示している〔森下 2005h, p. 414〕。それゆえこのような鏡群は，デザイン原図を共有する仿製三角縁神獣鏡の「同乳鏡」群〔福永 1994c〕や挽型を共有する三角縁神獣鏡の鏡群〔岩本 2005b 等〕と同様に，製作の時空間および工人の強いまとまりを明快に裏づける。森下は，「現時点での一案」とことわりつつも，異笵・異型鏡間で線状傷が共通する結果を生じさせうる製作技法として，鈴木勉が鋳造実験をつうじてその有効性を明らかにした「二層式鋳型」が使用されていた可能性を想定する

〔森下 2005g, p.293・2005h〕。つまり、異笵・異型鏡間で共通する傷は、「下型と、その凹みに真土を塗った上部との二層式鋳笵」の「下層の笵に生じた深い亀裂によるものであり、表面の真土を塗りなおしたり彫りなおしたりして新たな文様の笵を製作した際、その亀裂を覆いきれずに継承されたものと考える」のである〔森下 2005h, pp.415-416〕。これは、笵傷の実態と、後述する最近の鋳造実験の果実とを、矛盾なく解き明かした重要な成果である。また、こうした鋳造方式が想定される以上、これらの鏡群は「一定の限られた時期に、同一ないし共通の笵型を利用した強い関連をもつ工人によって製作された」ことになり〔森下 2005g, p.294〕、三角縁神獣鏡の生産体制を復元するうえで重要な手がかりになる。今後は、「二層式鋳型」以外でもこうした現象を生じさせうるのか否か、また中国製三角縁神獣鏡にもこうした鏡群が存在するか否かを明らかにする必要があろう。

　そして最近では、三次元形状計測の緻密なデジタルデータを存分に活かした鋳造方式の分析が、積極的に推進されている。たとえば、同笵(型)鏡群において、鋳造を重ねるごとに乳頂部が崩れてゆく現象や、笵の補刻および修正などが、三次元形状計測データどうしの緻密な照合をつうじて明らかにされている〔今津 2000a；水野敏他 2005a・2005c・2005d 等〕。また、笵傷の精密なデータ解析にもとづき、同文の三角縁神獣鏡の鋳造技法について、同笵か同型かの択一ではなく、それらが複合されていたとの推定がなされている〔鈴木勉他 1998；今津 2005〕。とりわけ、同笵技法による製作工程のなかで二次笵の複製がなされ、同文の鏡群の製作系列が分枝状に派生してゆくという興味深いモデルが提起されている〔水野敏他 2005 等〕。このような製作のあり方は、「時と場合によって、「同笵」技法を用いたり、挽型を共有して三角縁神獣鏡の製作がおこなわれた」という点で、三角縁神獣鏡の製作に「非常にルーズな側面があった」とみる岩本崇の見解〔岩本 2005b, p.426〕とも結びつきうる。あるいは、大量生産への現実的かつ柔軟な対処と評価することもできよう。

　ともあれ、三角縁神獣鏡の技術的系譜を十全に解き明かすためには、画一的な技法を想定してこれを三角縁神獣鏡の全体にあてはめる態度を棄却し、「全ての鏡について個別に製作技法を検討する必要性」〔鈴木勉他 1998, pp.2-3〕があり、それが実践的にはたされつつあるのが現状である〔藤丸 1997・1998・2000・2002a・2004・2005・2006・2007・2008a・2008b；水野敏他 2005 等〕。

(b)　鈕孔の検討による鋳造技術論

　鈕孔の設置方向から鋳造技術にせまるアプローチからも、大きな成果がうみださ

れている。福永伸哉は，同笵(型)鏡群内における鈕孔の開口方向を分析し，確認しえた資料のうち，中国製三角縁神獣鏡では約半数が開口方向を異にする一方，仿製三角縁神獣鏡では原則的に一致することを確認し，前者が「蠟原型を用いる同型鏡の技法」で，後者が「鋳型に何度も湯を流し込む同笵鏡の技法」で製作されたと推定している〔福永 1992a, p.57・2005a 等〕。三角縁神獣鏡の鋳造技法にせまりうる重要な推定ではあるが，鈕孔の中子が堅固に設置されているとの前提にもとづく立論であり，中子を簡易に設置していたならば同笵鏡技法でも鈕孔方向の異同が生じるとの異論もだされている[122)]〔藤丸 1998〕。

　一方，今津節生は，「同型の技法では鋳型に残った鈕孔の痕跡を加工して同じ位置に鈕孔の型となる粘土をはめ込むことができる。しかし，同笵の技法では鋳型に残る鈕孔の痕跡を消した後に，鈕孔の型となる粘土を新たに貼り付けるので同じ場所に鈕孔を作ることは難しい」〔今津 2005, p.455〕と，福永と正反対の推論を展開しており，今後の議論の展開が注目される。

　また，論攷ではなく座談会における発言であるため厳密な裏づけを欠くが，鈕孔形状の類似から，同笵(型)鏡において類似した中子を使用する場合があったことや，京都府長法寺南原古墳から出土した三角縁天・王・日・月・唐草文帯二神二獣鏡（目録93）のように，「中子の長い板」「を分割して使ったとしか考えられない」事例が指摘されている〔福永他 2003, p.66〕。

(c)　「踏み返し」をめぐる議論

　以上の議論は，文様を同じくする複数の三角縁神獣鏡が，基本的に同型鏡技法か同笵鏡技法で鋳造されたと想定している。その一方，「踏み返し」によりこれらが生産されていたと説く主張も数多くなされている。それらの主張は，二重にぶれた線の存在および複数箇所における文様の鋳造不良，そして同文の三角縁神獣鏡間における面径の相違，という2点を主論拠としている。

　前者について，樋口隆康らは，景初四年盤龍鏡の銘文に，踏み返し時における真土の二度押しに起因する二重線の存在を指摘する〔樋口 1992；西川 2000a 等〕。また，笠野毅は，多くの三角縁神獣鏡に，こうした文様の二重表出のほか，踏み返しを示す複数の湯口に由来する複数箇所の文様の鋳造不良などが観察されることを強調している〔笠野 1993a〕。

　後者に関しては，同笵(型)鏡群内で面径が一致しないことをとりあげ，踏み返しにより面径が縮小するという鋳造技術者の発言を根拠に，これらが踏み返しにより

生産されたと説く〔上野勝 1992；奥野 1998a・1998c・2001a；安本 1998；白崎 1999〕。

　三角縁神獣鏡の踏み返しが広範になされていたとすれば，原型の保管・移動を必要としない点で，同型鏡技法による場合よりもなお，時空間をたがえた生産が可能であったことになる[123]。そうであれば，三角縁神獣鏡の生産体制や流通システムの解釈に，ひいてはその歴史的意義の解釈にまで，大きな変更がせまられることになる。しかし，一部の三角縁神獣鏡において，踏み返しがおこなわれていたことはたしかである〔小林行 1976b；西田 1976；田中琢 1981；藤丸 2000等〕が，上記の論拠をもって広範な踏み返しを認定するには，以下にあげるような大きな問題点がある。

　まず，前者の論拠にたいしては，二重線は「原型をもとに同型鏡を製作する場合には起こりうる現象であるから，絶対的な根拠になら」ず，複数箇所における文様の鋳造不良も，「原型から踏み返しをやればよいわけで」，「繰返し踏み返しをする」「必要性がな」いとの反論がくわえられている〔柳田 2002, p.24〕。文様の不鮮明を根拠とすることにたいしても，鋳造後の研磨の存在を忘却し，「実物の立体的な観察不足と銅鏡製作工程や鋳造直後の銅鏡にどのような研磨工程があるのか，またその技術がどのように変遷するのかを承知していない」「理論上の論考」にすぎぬとの批判がだされている〔柳田 2002, p.1〕。

　後者の論拠は，報告書や図録類に記載された法量データに依拠しているが，面径の計測値は，破損や錆化の状態，さらには計測者の計測法や計測精度により変異することを看過した議論である。実際には同笵（型）鏡群内の面径にほとんど差がないことが，三角縁神獣鏡を数多く実見した研究者によって指摘されていること〔八賀 1990；車崎 2000b；福永他 2003等〕を，重くみなければならない。車崎正彦は，「私が調べたかぎり，三角縁神獣鏡の同型鏡の大きさは1mm以上違わない」とまで述べている〔車崎 2000b, p.22〕。報告書類の二次的データを鵜呑みにした立論は信頼性がはなはだ低いため，面径から踏み返しの存在を想定するのであれば，まずは実物の厳密な実見観察に立脚した検討が不可欠である。一方，踏み返し鏡が原鏡よりも縮小するという，伝統的鋳鏡者に端を発した説〔勝部 1978；樋口 1979a・1992等〕にたいし，踏み返しによる収縮は確認できず，拡大することもあるという鋳造実験の結果も提示されている〔清水康他 1998；三船 2002；鈴木勉 2003〕。そうであれば，同笵（型）鏡群内で面径が同一であっても，踏み返しがなされているという主張もありうるかもしれないが，現状のデータからみるかぎり，論理的には「どちらともいえない」とするのが正しい。

　このように，三角縁神獣鏡の幅広い踏み返しを想定する説は，現状では十分な論

拠に裏づけられていないというべきである。他方で，三角縁神獣鏡以外の鏡式における踏み返しの存在が，しばしば推測されている〔菅谷 1980；立木 1994a・1994b；西川 2000a；清水克他 2002；寺沢薫 2005a・2005b 等〕。たしかに5世紀代のいわゆる「同型鏡群」には，踏み返しが確実にみとめられる〔川西 2004 等〕ものの，それ以前の鏡式における踏み返しについては反論も多く〔岸本 1996b；福永 2000a；柳田 2002 等〕，もしそれらが踏み返しにより生産されていたとしても，それを敷衍して三角縁神獣鏡に踏み返しを想定することはできない。結局のところ，現状では三角縁神獣鏡の「踏み返しには明確な判断方法がない」〔水野敏他 2005〕のであり，三角縁神獣鏡に広範な踏み返しを想定するならば，新たな論拠を提示することが求められよう。

(d) そのほかの鋳造技術論

以上で概説した，同笵鏡技法・同型鏡技法・踏み返し技法に関する諸議論のほか，湯口などの鋳銅技術や，鋳造後の研磨などの処理技術についても，検討がおこなわれている。

まず湯口に関して，仿製三角縁神獣鏡の湯口が同笵(型)鏡ごとに一定であるとの指摘が，すでに第IV期以前になされていた〔小林行 1961b；近藤喬 1973〕が，その理由については，「鋳型の材質に規定されるものであろうか」との推測にとどまっていた〔近藤喬 1973, p.17〕。福永は，仿製三角縁神獣鏡の湯口の位置が一定になる理由を，鈕孔の開口方向が一致することなどと関連づけて考察し，それは鋳枠の形に規定されたためであり，「鋳型全体の形態や鋳込む際の鋳型の向きなどともかかわる重要事項であ」ったと推定している〔福永 1992d, p.497・2005a〕。また，今津節生は，実見した三角縁神獣鏡 260 面のうちで湯口の位置が推定できた 140 面を網羅的に分析し，湯口の位置が岸本直文の製作者集団(「三派」)〔岸本 1989b〕と相関することから，「同文様鏡群は基本的に同じ工人集団で製作され続けた可能性が高い」と推定している〔今津 2000b・2005, p.455〕。「湯口の位置は鏡の制作者のみが知り得る情報」〔今津 2005, p.455〕であるから，湯口の位置に法則性が存在することは，広範な踏み返しを否定する有力な証拠となりうる。のみならず，鋳型製作者と鋳造者との関連性，ひいては作鏡体制を追究してゆくえうえできわめて重要な手がかりになりえよう。

また，三角縁神獣鏡の注銅法については，鋳型を立てて注ぐ「縦注ぎ」がおおむね定説となっている〔近藤喬 1973；今津 2005 等〕(IV‐図75)が，近年，鈕頂にままみられる小突起を，鋳型を寝かせて注ぐ「平注ぎ」の証拠とみる見解が提示されている〔小野山 1998〕(IV‐図76)。しかしこれは，諸論者が推定するように，挽型の心棒の

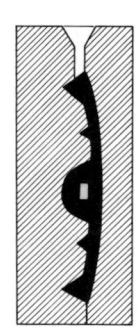

痕跡と理解すべきであろう〔近藤喬1973；岩本 2003a・2005b 等〕。

鋳造後の処理技術については，仿製三角縁神獣鏡の，とりわけ鏡背や縁部の研磨および仕上げが粗いことが，精緻な観察をつうじて明らかにされている〔森下 1993a・2005f；岩本 2003a・2005b 等〕。中国製三角縁神獣鏡と仿製三角縁神獣鏡とで，外区の研磨の有無など仕上げ工程に相違がみとめられることも指摘されている〔水野敏他 2005〕。また，同笵(型)鏡群において，鏡縁や鈕などの仕上げがことなるという重要な観察所見が提示されている〔中井 2007〕。この所見をもって，同笵(型)鏡群の個々の鏡がことなる時期に，ことなる場所で製作された証拠とみなしうるかもしれない。しかし，日本の例で時代もくだるが，『延喜式』内匠寮式には「鋳工二人」「磨十八人」とあり〔香取 1912；小林行 1962e・1965a〕，鋳造者と研磨者が別個であった可能性があり，むしろ製作工程ごとに複数の工人が存在した証左とみることもできよう。そしてまた，仿製三角縁神獣鏡に補修痕が顕著なことも指摘されている〔森下 1993a・2005f〕。

今後は，中国製三角縁神獣鏡の鋳造後処理との比較はもちろんのこと，三角縁神獣鏡の処理技術全体の体系的な解明が期待される。とくに近年，顕微鏡を駆使した観察や三次元形状計測データの検討など，微細レヴェルでの分析が開始しており，こうした分析から研究が進捗してゆくであろう。

C 鋳造実験の進展

以上みてきたように，笵傷や鋳型の補刻修正，鈕孔や湯口の検討をつうじて三角縁神獣鏡の鋳造技術を推定する研究は，大幅に躍進をとげつつある。しかし，同文の鏡群の製作技法一つをとってみても，同笵技法か同型技法か，あるいは踏み返し技法であるのか，決定的な案がだされていないのも事実である。これにはさまざまな要因が考えられようが，製品から遡及して製作法を推論せざるをえないという方法論上の困難がその大きなウェイトを占めているように思う。それゆえしばしば，伝統的鋳鏡者の知見を援用して推論の補強がはかられるのであろう。しかし，鈴木勉が道破しているように，その多くが江戸期に盛行した技術である伝統技術の方が，現代の技術よりも3世紀代の技術に近いと考えるのは，「技術が継続的発展的に進

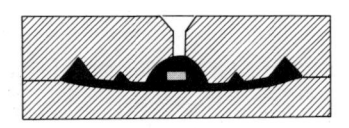

Ⅳ-図76 「平注ぎ」の模式図

Ⅳ-図75 「縦注ぎ」の模式図

化するという誤った技術史観」であり,「遺物から発せられる情報を優先して考える」ことこそ重要である〔鈴木勉 2003, p.26〕。また, 伝統的鋳鏡業者や現在の鋳金研究者の知見を根拠とした見解どうしが矛盾することが多々生じていることが, 議論の進展をはばんでいる側面すらみうけられる。これまた鈴木が的確に述べているように,「技術者の発言や判断は」「全ての事実が「ある一定の条件下では」という前段の『条件語』がつくことに注意する必要があ」〔鈴木勉 2003, p.18〕り, これをふまえないならば, 製作技法の推論は空論に堕しかねないであろう。

したがって, 三角縁神獣鏡の製作技法については, 鏡体の綿密な観察のみならず実際の鋳造の成果をもふまえて, これらを総合して考究してゆくことが求められるのである。そして, 鋳造の成果を研究のデータとして活用するためには, 鋳造の条件および方法を明白にし, さらに多彩な条件・方法のもとでおこなうことがのぞましい。その点において, 近年さかんになされつつある, 製作条件および製作方法を明示した鋳造実験の成果は, きわめて重要である。以下, 代表的な実験成果を例示する。

遠藤喜代志らは, 土製原笵から三角縁神獣鏡を鋳鏡し, 笵型の土質および塗型(土笵膚面への黒鉛の塗布)が十分であれば, 同笵鏡の製作が可能であることを示している〔北九州鋳金研究会 1997；藤丸 1997〕。むろん, 現代の技術により可能であるからといって, 実際にその技法で三角縁神獣鏡が製作されたことにはならないが, 同笵技法が可能であることを実際の鋳造をもって証したことの意義は大きい。銅鏡の鋳造実験を精力的に継続している三船温尚らは, 踏み返すと面径が縮小するという従来の説にたいし, 鋳型の土質などによってはほとんど収縮せず, 逆に膨張することすらあること, 鏡背の凸状の反りは鋳造後の熱処理による可能性があること,「挽き型ゲージ」使用の可能性があることなど, 重大な実験成果を数多く提示している〔清水康他 1998；三船 2002 等〕。

そしてなかんずく, ここまで幾度かふれてきた, 鈴木らによる鋳造実験〔鈴木勉 2001・2002・2003・2004 等〕は, さまざまな条件を明確に設定し,「観察→推定→実験→検証(観察)→推定→再実験→……」の「検証ループ法」なる観察推定法をつうじて, 三角縁神獣鏡の鋳造方法にせまる厳密かつ入念なものである[124]〔鈴木勉 2003, p.21〕。鈴木らの実験成果は多岐にわたるが, とくに, 堅牢な「二層式鋳型[125]」をもちいて, 同笵鏡の製作に成功するとともに, 三角縁神獣鏡に顕著な「突線」(線状傷)を再現したことの意義は甚大であり, 三角縁神獣鏡の製作技法の解明に大きな足跡を刻んだものと評価できる[126]。くわえて, 一層式鋳型で鋳造すると原型より

もかならず収縮するが，二層式鋳型ではほとんど収縮せず，拡大することもあること，二層式鋳型では文様の鮮明度はかならずしも同笵鏡の鋳造順序の先後を反映せず，同文の鏡間で鮮明度に大きな差異がみられる場合，踏み返しの可能性が考えられること，さらに笵傷は二層式鋳型ではほとんど成長せず，一層式鋳型では成長すると鋳型が破損するので，笵傷の長さは鋳造の先後ではなく湯流れの良否に左右されることなど，詳細な実験成果に根ざした主張は，文様の鮮明度や笵傷の成長，面径の縮小から同笵鏡の鋳造順を想定する従来の諸研究を根柢から覆す重大なものである。さらに，同笵鏡は可能ではあるが，一組の鋳型で十数面も鋳造したとは想定しがたく，鋳型が何度か補修されたことを示す事象が看取されること，鏡背の凹線はひびを補修するために充塡した真土の膨張に起因すること，抜け勾配をつけることが同笵法にとってきわめて重要な技術要素であり，抜け勾配がなかったりオーヴァーハングする文様を有する鏡は，加速度的に損傷が進むため，当初より鋳型の複数回におよぶ使用は想定されていなかった可能性が高いこと，鏡体の反りが鋳造法を推測する大きな手がかりとなることなど，今後の研究に著大な影響を与えるであろう重大な実験成果を提示している。

D 小　結

以上みてきたように，第VII期の三角縁神獣鏡の製作技術論は，(A)鋳型製作・設計論と(B)鋳造技術論とを2軸として研究が進められている。緻密な実物観察に立脚した議論と，堅実な鋳造実験とが両輪となり，ときにあい対立する見解がだされつつも，大局的には相補しつつ，議論は確実に深化をみせている。とくに長年にわたり議論の俎上にのせられてきた，三角縁神獣鏡の鋳造方式に関する検討の進展はめざましい。同笵技法か同型技法か，あるいは踏み返し鏡かという択一的かつ排他的な推測は影をひそめ，三角縁神獣鏡の製作にはさまざまな製作方式が併存し，ときに(あるいはしばしば)それらが組みあわされて製作が実施されていたとの推定が，精密な分析をつうじて，多くの論者により提示されている〔藤丸1997；鈴木勉他1998；鈴木勉2003；岩本2005b；水野敏他2005等〕。鈴木らの言をかりるならば，使用目的にかなった製品を製作すべく，製作時の状況に応じて最適な工程を選択していた，ということになる[127]〔鈴木勉他1998〕。実物の痕跡から導出された，モノづくりの実態に即した柔軟な解釈であり，説得力に富んでいる。

今後は，個別鏡式の網羅的な検討をつうじて，その製作方式を逐一究明するとともに，それら諸製作方式が製作時期や製作者集団〔岸本1989a等〕に対応するか否か

を検討することで，三角縁神獣鏡の製作体制が有機的かつ立体的に闡明されてゆくものと期待される。そしてさらに，当該期の中国鏡の製作方式との関連にまで追究の手をのばすことで，中国鏡全体のなかに三角縁神獣鏡を位置づけることが，十分な実証性をもって可能になろう。

(6) 理化学分析

　同位体比分析を中心とする三角縁神獣鏡の化学成分分析は，第Ⅵ期に本格的に始動し，着実にデータを蓄積しつつ現在にいたっている。とりわけ精力的に鉛同位体比の組織的・網羅的測定を推進している馬淵久夫と平尾良光らは，三角縁神獣鏡の製作地や系譜を解明するうえで枢要なデータを提示している。

　馬淵と平尾は，中国の南北および韓半島の南北の四者から産出する鉛鉱石の同位体比が区別できること，日本と大陸も高い確率で区別できること[128]を明示し〔馬淵他 1987〕，近年ではその成果をさらに発展させ，魏の紀年銘鏡と呉の紀年銘鏡の鉛同位体比が截然とわかれ，前者は中国製三角縁神獣鏡の領域内に分布することを明らかにしている〔馬淵 1996；馬淵他 1991；平尾他 1999・2001・2002 等〕(Ⅱ-図25・26)。中国産の鉛が日本列島にもちこまれて三角縁神獣鏡が製作された可能性を完全には否定できないし，現状の分析では鉛同位体比から魏と呉の鉛鉱石を判別できないが〔馬淵 1996〕，データの示すところにしたがえば，魏鏡説が整合性の高さの点で有力となり，「成分比も鉛同位体比も，あるまとまりのある同系統の原料でできている点は特注説(ママ)に都合がよい」ようである〔馬淵 1996, p.29〕。

　また，中国製三角縁神獣鏡と仿製三角縁神獣鏡が，ともに中国産の鉛をふくみつつ，その分布領域を異にすることも明らかにされている〔馬淵 1996 等〕。これは，兵庫県相生市に所在する大型放射光施設 SPring-8 において実施した，三角縁神獣鏡にふくまれる微量成分の放射光蛍光分析の結果とも齟齬しない〔泉屋博古館古代青銅鏡放射光分析研究会 2004・2008〕(Ⅱ-図27)。しかし，データを通覧するかぎり，中相までの中国製三角縁神獣鏡と新相および仿製の三角縁神獣鏡とで分布が二分でき，前者は魏～西晋初頭の模倣鏡(仿古鏡)と共通するとの指摘もなされている〔大賀 2002〕。実際，SPring-8 の実験データをみても，仿製三角縁神獣鏡と西晋鏡とが比較的近い領域に分布する傾向が看取され〔泉屋博古館古代青銅鏡放射光分析研究会 2008 等〕，中国製および仿製の三角縁神獣鏡のつながり〔車崎 1999a〕を暗示している。

　一方，こうした推測にたいし，異論もいくつかだされている。とりわけ，三角縁

神獣鏡の鉛は出自のことなるもののブレンドだという見解が目立っている。実際，鉛同位体比分析には，異質の材料の混合に関する情報を直截に提供しないため，分析数値が，単一産地の組成を示すとはかぎらないという弱点がある〔馬淵 1981；新井宏 2006 等〕。たとえば，堅田直らは，馬淵らの提示したデータに多変量解析をかけ，三角縁神獣鏡には中国産と韓半島産の混合鉛や日本産鉛に近いもの，さらには未知の産地のものもふくまれる可能性を指摘する〔堅田他 1992〕。また，各地域の鉛の混合パターンを詳細に分析し，三角縁神獣鏡そのほかの銅鏡の鉛同位体比と比較した新井宏は，「三角縁神獣鏡の鉛分布は仿製鏡など日本等で作られたと考えられている」銅製品の「鉛とは一致するが，真の中国鏡とは全く異なって」おり，「常識的」には日本列島で三角縁神獣鏡が製作された蓋然性を説き，岐阜県神岡鉱山が三角縁神獣鏡ともっとも近いことから，鉛の産地も日本列島産であることを示唆している[129]〔新井宏 2006, p.71・2007a〕。また新井は，SPring-8 の方法論じたいにも，強い疑義を投げかけている〔新井宏 2006・2007a 等〕。新井は，微量成分のアンチモンが錫にふくまれるとする SPring-8 の分析前提を批難し，アンチモンは銅鉱石の不純物に由来し，それゆえ銀／錫およびアンチモン／錫の微量成分比をあつかう SPring-8 の分析は無意味と断じている〔新井宏 2006・2007a 等〕。しかし，この批判にも反論がなされている[130]〔泉屋博古館古代青銅鏡放射光分析研究会 2008〕。新井の論には興味深い点もあるが，分析条件や試料の条件，分析機械や分析者の相違を無視して，分析結果の数字のみを比較し，さらに自身に都合のよいデータを過大に評価する傾向がある点が，やや気になる。実際，資料の統計処理や重みづけなどに大きな難点があることが批判されている〔下司 2009〕。

このように，近年の理化学分析により，三角縁神獣鏡の製作地および系譜を考えるうえで示唆的な多くの知見がえられているが，分析者（および解釈者）間で意見の統一が達成されていないのが現状である。しかし，意見の統一を座してまつのではなく，「文様や形式について他種類の鏡と比較するという考古学の方法論を，材料の化学的及び同位体化学的特性に適用する方法」〔馬淵 1996, p.9〕を錬磨してゆく必要を痛切に感じる。

そしてまた，第Ⅶ期の化学成分分析において，製作地や系譜に関する成果にくわえ，もう一つ興味深い分析結果がえられている。それは，同型（笵）鏡間で，鉛同位体比が測定誤差の範囲をこえて相違する事例が多くみいだされていることである〔馬淵 1981；山崎他 1992・1998；平尾他 2001 等〕。要するに，この現象は，同型（笵）鏡が「一つのルツボで融解した青銅で同時に鋳造されたとは考え難く」，「同じ文様の鋳

甲方式

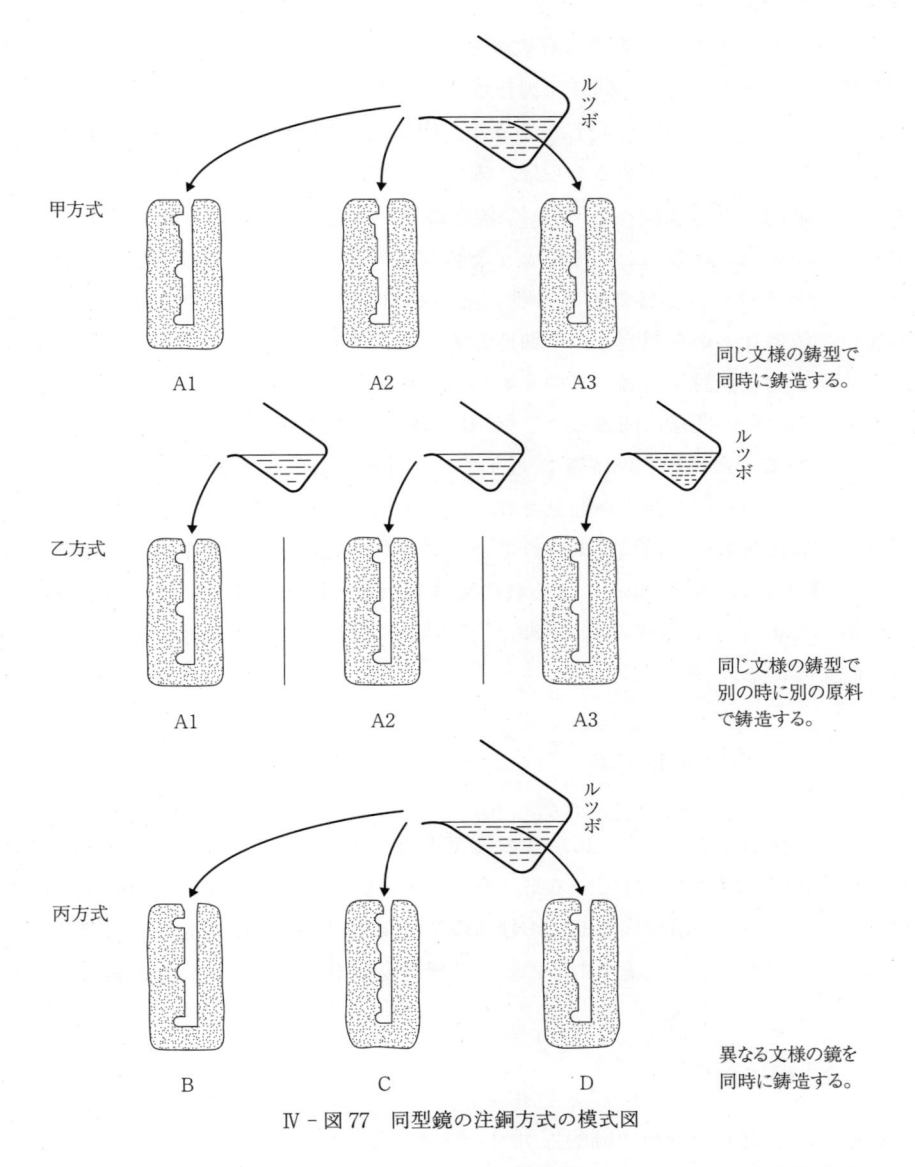

A1　A2　A3

同じ文様の鋳型で同時に鋳造する。

乙方式

A1　A2　A3

同じ文様の鋳型で別の時に別の原料で鋳造する。

丙方式

B　C　D

異なる文様の鏡を同時に鋳造する。

Ⅳ-図77　同型鏡の注銅方式の模式図

型で別の時に別の原料で鋳造する」「乙方式」で製作されていたことを示唆するのである〔山崎他 1992, p.250・1998, p.87〕(Ⅳ-図77)。ただ一方で，少数ではあるが，同型(笵)鏡間で鉛同位体比が近似し，「同じ文様の鋳型で同時に鋳造する」「甲方式」で製作された可能性のある組が指摘されていることは看過できない〔山崎他 1992 等〕。

このような現象をごく普通に解釈するならば，同型(笵)鏡はそれぞれ別の時点で製作されることが一般で，同時に製作されることもあったとみるのが妥当ということになる。しかし，前項で記したように，同型(笵)鏡間の製作に大きな時間差を見積もりがたいことを考慮するならば，成分や組成がある程度の振れ幅をもつ鉛をもちい，短期間のうちに次々と同型(笵)鏡を鋳造したという解釈も十分にありうるのではないかと思う。しかし，そのような解釈はあくまでも仮定にすぎず，物証によりその当否を裏づける必要がある[131]。ともあれ，こうしたミクロな成果により，今後は，笵傷などから想定される鋳造方式と，化学成分分析から導出される鋳造方式との総合的な検討が進展してゆくものと予想される。

なお，銅原料の問題に関連して，徐州には銅山の存在を示す文献記事がないことが主張されてきたが〔王 1981a等〕，近年では，徐州にふくまれる江蘇省中南部や江蘇省と山東省の省境で銅山が発見され，また山西省の中条山は文献に記されているよりも古い後漢末～魏代に採掘されていることが，考古学的な発掘によって明らかになり〔樋口 1992；岡村 2005b〕，さらに山東省滕州市の薛国故城で，漢代の大規模精錬遺跡が発掘されており〔岡村 2005b〕，三角縁神獣鏡の製作地を考えるうえで大きな示唆を与える。

(7) 分配・威信財論

ここまで例示してきたように，この第VII期には，三角縁神獣鏡それ自体の詳細な分析が大幅な躍進をとげているが，その一方で，三角縁神獣鏡の空間的な分布や出土状況などから古墳時代前期における政治的現象を追究する研究も，活況を呈している。以下では，分配論を中心に，三角縁神獣鏡からなされる政治史論について述べてゆくことにする。

A 分配論

最近の政治史的研究の中軸的なアプローチとなっているのが，威信財[132]の視座にもとづいた分配論である。日本考古学に威信財の概念を導入した穴沢咊光の言をかりれば，三角縁神獣鏡の分布は，「首長制社会や初期国家」において「支配者が，めったに手にはいらない遠来の珍しい威信財の入手ルートをにぎり，威信財を配下の小首長に分与することにより支配」するという「威信財システム」を「そのものズバリ」示している〔穴沢 1985a, p.3・1985b, p.1〕。さらに穴沢は，「三角縁神獣鏡の

畿内からの地方配布はまさに威信財システムそのものであり，世界の考古学の研究史の中で威信財の配布がこれほど見事に実証された事例は他に類をみない」とまで称揚する〔穴沢 1995, p. 413〕。かくして，穴沢の提起を契機として，第VII期には三角縁神獣鏡の分配・流通システムから当該期の有力者間関係を窺知しようとする研究が，大いに隆盛をみることになった。小林行雄が三角縁神獣鏡や腕輪形石製品などの「宝器」の分配をつうじて論じた内容〔小林行 1957b 等〕を，欧米の構造マルクス主義人類学的ないし新進化主義的タームで呼び換えて扮飾したきらいもないではないが，議論じたいは着実に精密の度をくわえつつある。以下，三角縁神獣鏡の分配を論じた諸研究を概観する。

(a) 福永伸哉による分配論

　福永伸哉は，型式学的変遷および共伴関係にその妥当性を担保された自身の設定段階を駆使して，各段階における三角縁神獣鏡の分布状況の変動を追跡し，その変動の背景に興味深い政治的現象をみいだす〔福永 1994b・1996b・1998b・1998c・2001a・2005a〕。すなわち，三角縁神獣鏡とは，「邪馬台国勢力が，魏晋の権威を後ろ盾にして日本列島規模での政治的主導権を確立していく際の，一つの切り札」であると仮説したうえで，三角縁神獣鏡の「古相」段階における「西方政策」は，「より多く分布する瀬戸内沿岸をメインルート，数量的にやや少ない日本海沿岸を迂回ルートとして確保しながら，対中国交渉の継続をはか」ることであり，「東方政策」は，「C」段階までに「濃尾平野低地部」が空白であることが示すように，「狗奴国」と推定される当該地域へ「包囲網的な政策」を実施することであり，「D」段階以降に当該地域に流入が開始するのは，「邪馬台国勢力」が優位のうちに「狗奴国」との抗争を終熄させたことの反映とみるのである[133]〔福永 1998c, p. 10・p. 11・2001a, p. 171・2005a, p. 46〕。そして，仿製三角縁神獣鏡の前半段階には西方重視の政策がなされたが，後半段階には威信財としての地位から陥落し，その歴史的役割が終焉をむかえると説く〔福永 1994c〕。

　さらに福永は，三角縁神獣鏡が出現する前後における列島での銅鏡のあり方にも考察をくわえ，三角縁神獣鏡の出現背景とその歴史的意義をより鮮明に浮かびあがらせている。福永は，三角縁神獣鏡の流入以前の弥生時代末期にはすでに，画文帯神獣鏡が「三角縁神獣鏡に先だって，それとほぼ同じ体制のもとに畿内から地方に配布された」と説く岡村秀典の創見〔岡村 1989b・1990・1992, p. 108・1999a 等〕（IV - 図80）を発展的に継承し，画文帯神獣鏡と三角縁神獣鏡はともに，「中央政権」が神仙

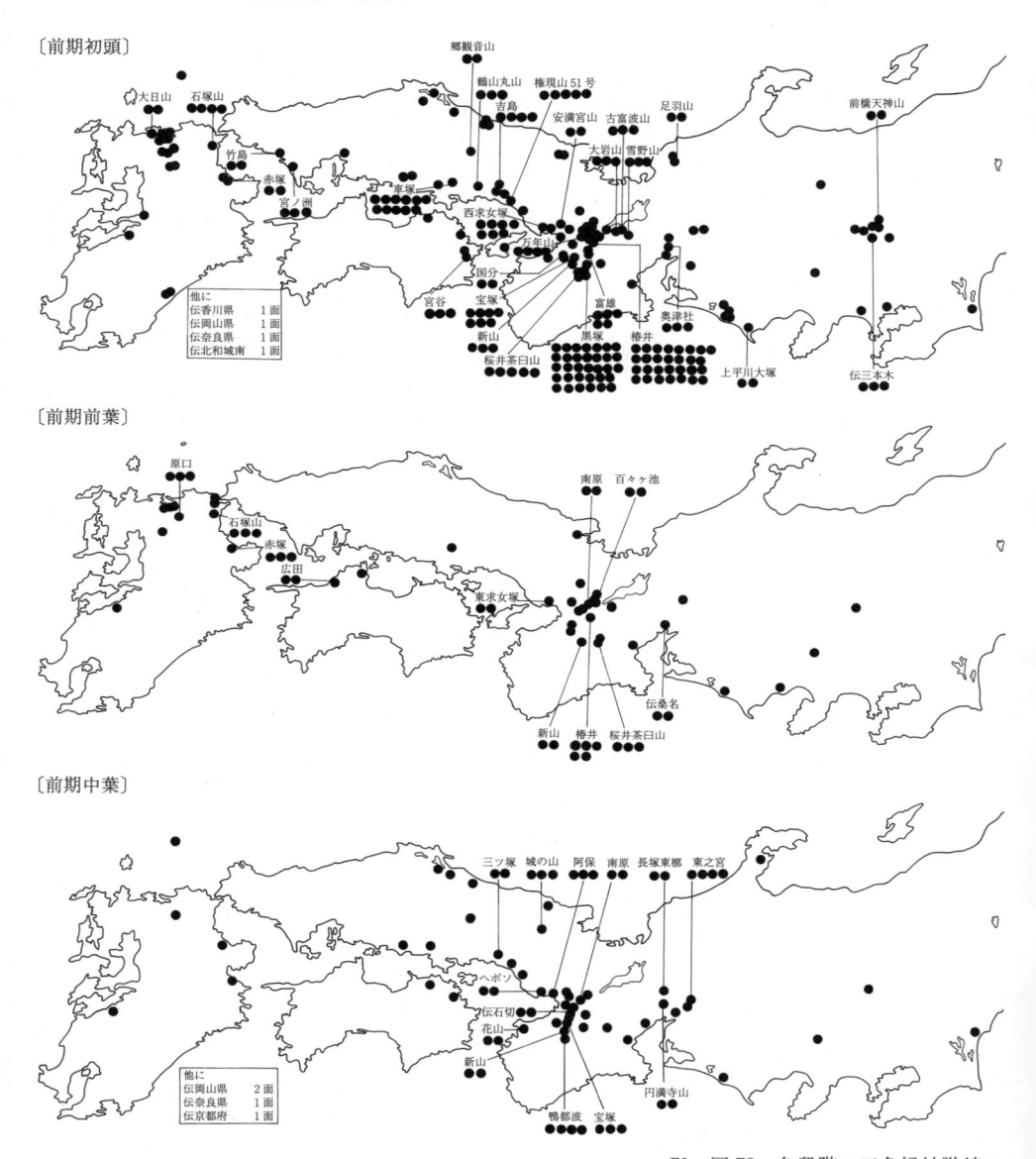

232 IV 三角縁神獣鏡の研究史

〔前期初頭〕

大日山　石塚山　　　　　　　　郷観音山
　　　　　　　　　　　　鶴山丸山　権現山51号
　　　　　竹島　　　　　　　吉島　　　　　　　足羽山　　　　　前横天神山
　　　　赤塚　　　　　　　　　安満宮山　古冨波山
　　　宮ノ洲　　　車塚　　　　　　大岩山 雪野山
　　　　　　　　　　西求女塚
　　　　　　　　　　　　　万年山
　　　　　　　　　　国分
　　　　　　　　　宮谷　宝塚　　　富雄
他に　　　　　　　　　　　　　　　　　奥津社
伝香川県　1面　　　　　　新山　　黒塚　椿井
伝岡山県　1面　　　　　桜井茶臼山　　　　　　上平川大塚　　　伝三本木
伝奈良県　1面
伝北和城南　1面

〔前期前葉〕

　　　原口　　　　　　　　　　南原　百々ヶ池
　　　　　石塚山
　　　　　赤塚
　　　　広田　　　　　　　東求女塚

　　　　　　　　　　　　　　　　　伝桑名
　　　　　　　　　　　　　新山　椿井
　　　　　　　　　　　　　　桜井茶臼山

〔前期中葉〕

　　　　　　　　　三ツ塚　城の山　阿保　南原　長塚東棚　東之宮

　　　　　　　　　　　　ヘボソ
　　　　　　　　　　伝石切
　　　　　　　　　　花山　　新山
他に　　　　　　　　　　　　　　　　円満寺山
伝岡山県　2面
伝奈良県　1面　　　　鴨都波　宝塚
伝京都府　1面

Ⅳ-図78　各段階の三角縁神獣鏡の

〔前期後葉前半〕

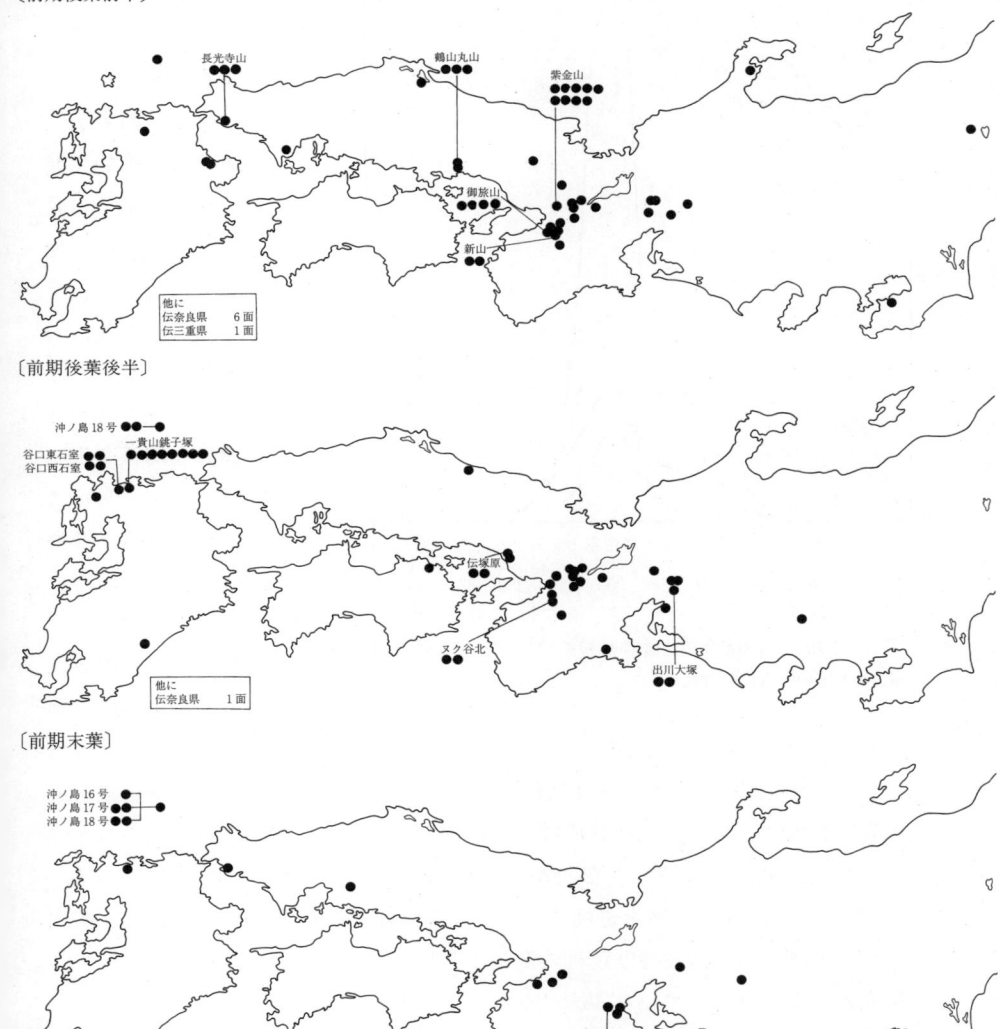

長光寺山　　鶴山丸山　　紫金山

御旅山
新山

他に
伝奈良県　6面
伝三重県　1面

〔前期後葉後半〕

沖ノ島18号　　一貴山銚子塚
谷口東石室
谷口西石室

伝塚原

ヌク谷北　　　　出川大塚

他に
伝奈良県　1面

〔前期末葉〕

沖ノ島16号
沖ノ島17号
沖ノ島18号

伝美杉村

他に
伝奈良県　1面
伝鹿児島県　1面

分布（時期は〔大賀 2002〕による）

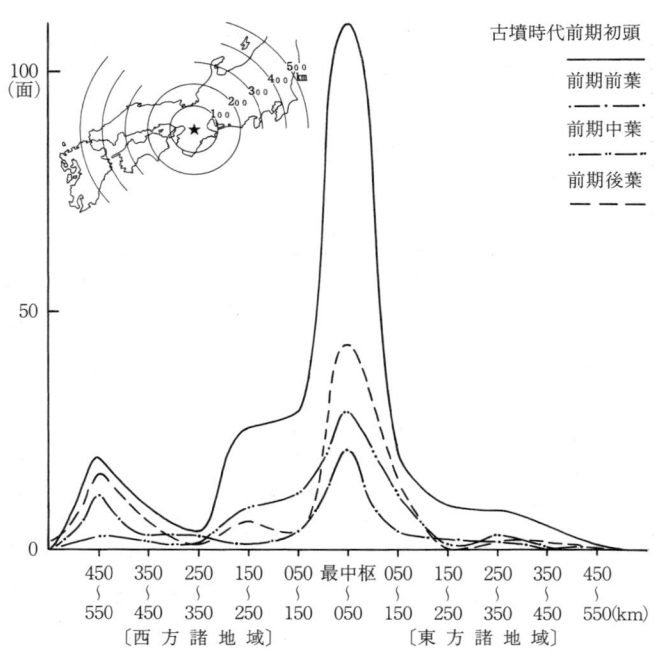

IV-図79　各段階の三角縁神獣鏡の分布パターンの推移
註　★は畿内最中枢(奈良県天理市)。

思想および儀礼的戦略を付帯して活用した器物とみなす。そのうえで，前者から後者への拡大的発展は「中央政権」の発展に，両鏡式の諸地域における分布状況は「これらを独占的に入手・配布した邪馬台国政権と地域との微妙な関係変化」に，それぞれ密接に関連していると推察する〔福永 2001a・2005a, p. 181 等〕。さらにまた，古墳時代前期前半に仿製の神獣鏡が製作されないことを重視し，その背景には，三角縁神獣鏡を中核的な「威信財」とする「中央政権」「による神獣鏡製作の管理，さらに霊器として神獣鏡を用いる儀礼の管理によって，宗教的権威を保持するという企図が隠されて」いると説く。そして，前期後半以降に仿製神獣鏡(「新式神獣鏡」)が出現し，増加したのは，「新興勢力」が三角縁神獣鏡を避けつつ新たな神獣鏡を創出したためであると推定し，三角縁神獣鏡から仿製神獣鏡への変化の背景に「政権内の主導勢力の交替という政治変動」を読みとっている〔福永 1998c, p. 14・1999a・1999b・2005a, p. 226〕。

このように，三角縁神獣鏡を，中央政権が「象徴的器物の入手・製作・配布コントロール，統合的な葬送儀礼の創出と複雑化といった儀礼の管理を通じて，列島各地の首長に対する政治的主導権を強化」させてゆくための，すぐれて政治的な器物ととらえる福永の見解〔福永 1999b, p. 62〕は，弥生時代末期から古墳時代前期を一貫した視座から実証的に把捉しえている点で，説得力に富んでいる。

しかし，このように構築された枠組みにたいして，反論もなされている。とくに，三角縁神獣鏡に先行して，画文帯神獣鏡が弥生時代末期に日本列島へもたらされて

いたとする想定には異議が多い。たとえば，辻田淳一郎は，古墳出現期前後における日本列島出土の中国鏡諸鏡式を網羅的にとりあげ，鏡式ごとの盛行時期や具体的内容，さらには地域別の出土数を緻密に検討し，「3世紀第1四半期において画文帯神獣鏡の畿内からの「配布」が想定でき」ず，画文帯神獣鏡などの「完形中国鏡の畿内地域への大量流入は，三角縁神獣鏡の流入と軌を一にしたものである可能性が高い」と結論づけている〔辻田 2001, pp. 82-83・2007a〕。また寺沢薫は，庄内式期における銅鏡の大量流入を積極的に評価するものの，「画文帯神獣鏡を主体とする鏡群の列島への流入」を「3世紀第2四半期」の現象ととらえる〔寺沢薫 2005a, p. 15〕。

こうした批判にたいし福永は，画文帯神獣鏡と三角縁神獣鏡の古墳における共伴事例を検討し，画文帯神獣鏡は「A段階」および「B段階」の中国製三角縁神獣鏡との共伴例が過半数を占めていることなどから，その流入時期の古さが裏づけられるとしている〔福永 2005a・2005b〕。重要な指摘ではあるが，古相の三角縁神獣鏡と同時に画文帯神獣鏡が流入を開始したとしても，同様の現象は生じうるのであり，緻密な分析に根ざした辻田の主張にたいする反論としては，いささか論拠が弱い。なお最近，三角縁神獣鏡以前に画文帯神獣鏡の流入および分配を想定する論者が，辻田の実証的な批判に応えることなく，言及すらせずに自説をくりかえす局面がみうけられるのは，少々気にかかるところである。

この論点は，三角縁神獣鏡が流入する以前の政治的状況と，以後のそれとの連繋性の有無を追究してゆくうえできわめて重大であり，今後の検討の深化が強く望まれる。現状で，福永らの主張と辻田の主張を秤量すれば，具体的な物証により精密に組みたてられている後者に分があるように感じられる。しかし1点述べておくならば，「箸墓古墳の成立と各地での古墳の出現およびそこにおける三角縁神獣鏡の副葬開始とが連動している」〔辻田 2007a, p. 203〕との記述が端的に示すように，箸墓古墳の造営＝古墳時代の開幕＝三角縁神獣鏡の副葬開始とみる辻田の見解には，再検討が必要ではないか。本節第(3)項で論じたように，箸墓古墳の造営期にあたる布留0式の古段階には三角縁神獣鏡が副葬されていない可能性があり，年輪年代などから当該期は3世紀前半に遡上する可能性がある。このことを加味すれば，（庄内式新段階～）布留0式古段階に画文帯神獣鏡が流入を開始し，布留0式新段階に三角縁神獣鏡の流入・副葬が開始したと考える余地も生じるのであり，そうした場合，上記の対立点はかなり緩和されうるのではなかろうか。

また，「新式神獣鏡」に立脚する政治史論にも問題がある。「新式神獣鏡」の出現と増加を政治的変動に結びつける根拠として，従来の政治勢力が（製作・）分配を管

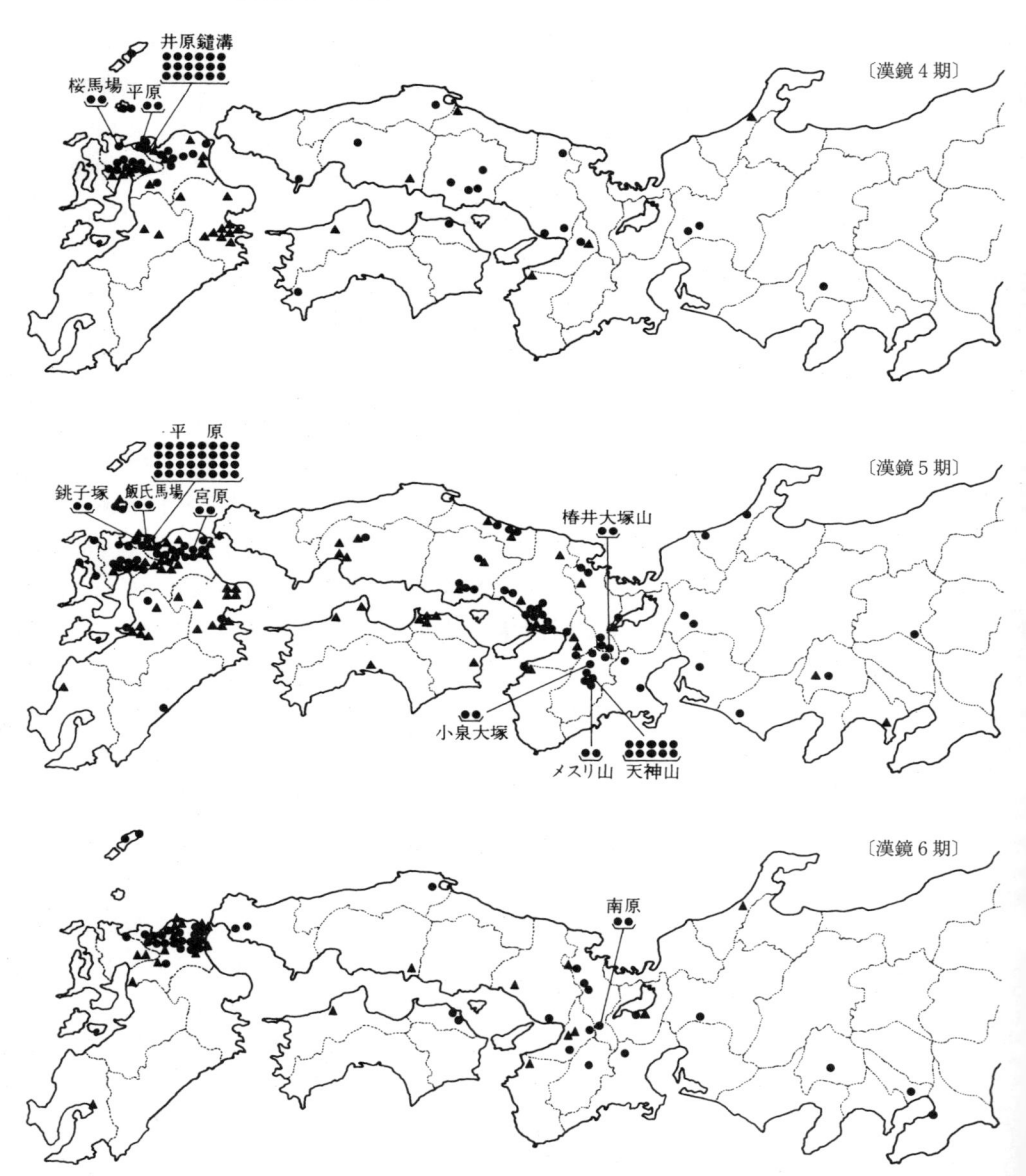

236　IV　三角縁神獣鏡の研究史

〔漢鏡4期〕

〔漢鏡5期〕

〔漢鏡6期〕

IV-図80　各段階の漢鏡の日本列

7 第 VII 期   237

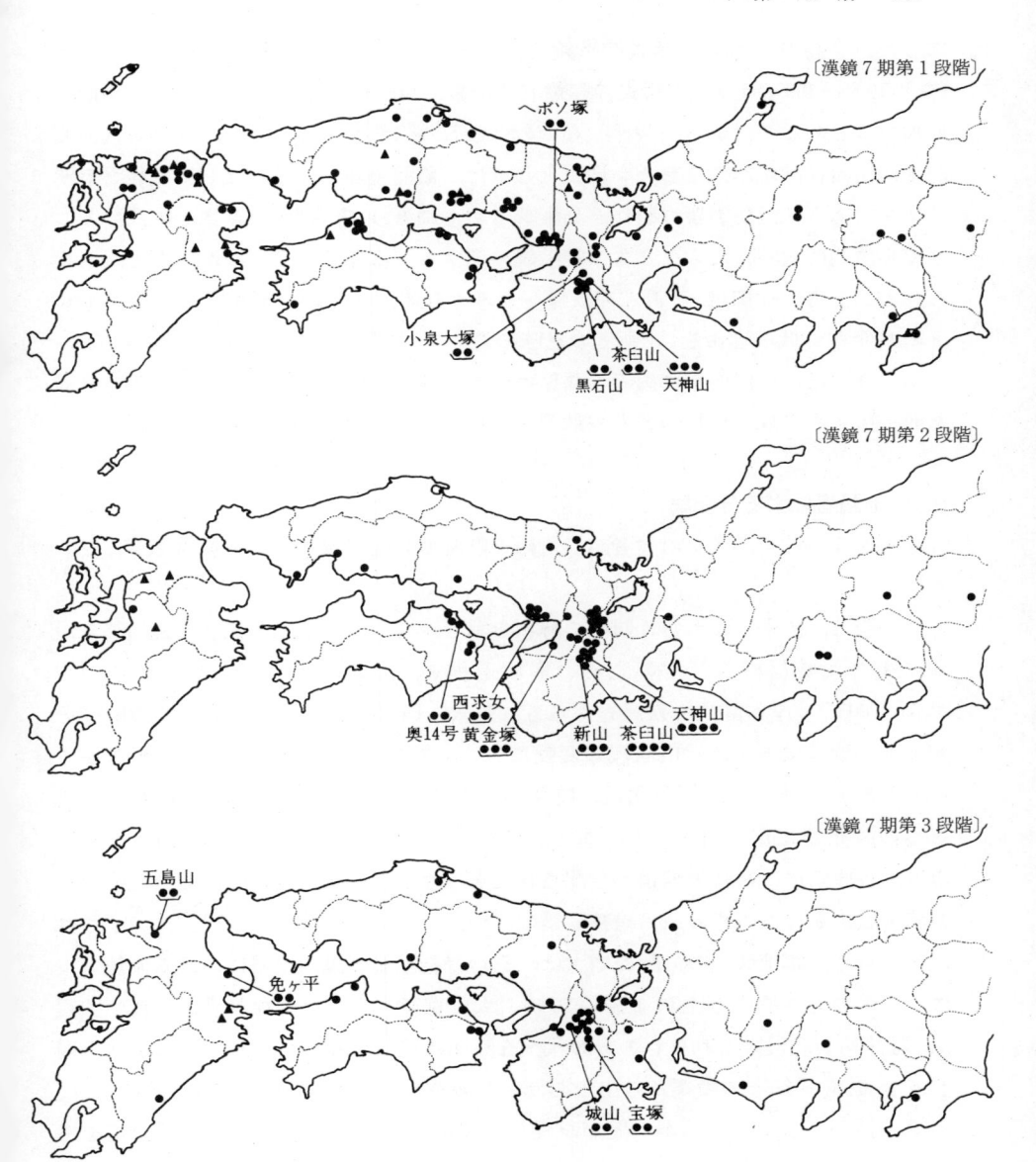

〔漢鏡7期第1段階〕

ヘボソ塚

小泉大塚
黒石山 茶臼山 天神山

〔漢鏡7期第2段階〕

奥14号 黄金塚
西求女
新山 茶臼山 天神山

〔漢鏡7期第3段階〕

五島山

免ヶ平

城山 宝塚

島における分布（●完形鏡，▲破鏡）

掌した三角縁神獣鏡と「新式神獣鏡」とが一古墳で共伴しないことがあげられる〔福永 1999a・1999b 等〕が，「新式神獣鏡」は仿製三角縁神獣鏡が減少してゆく時期に増加しはじめるのだから，共伴しないのはむしろ当然である。また，古墳時代前期前半に仿製神獣鏡がふるわない理由としては，鼉龍鏡などを頂点として面径とデザインを対応させた仿製鏡の製作—分配システムにとって，神像と獣像を配置することで必然的に大型になってしまう神獣鏡のデザインはふさわしくなかったとも考えられる。一方，辻田は，「新式神獣鏡」をふくむ前期後半の仿製鏡と三角縁神獣鏡との共伴率が低い理由を，「両者の意味の違い」に帰している〔辻田 2007a, p. 273〕。だがそれでは，前期前半に両者の共伴率が高い理由が解けない。なお，古墳時代前期前半にも，少数ながら仿製の神獣鏡が製作されていることも付記しておきたい。

(b) 他論者による分配論

　福永のほかにも，多くの論者が三角縁神獣鏡の分配状況について検討をおこなっている。

　岩本崇は，福永とおおむね同様の解釈を示しつつも，仿製三角縁神獣鏡の終末段階に生じた威信財としての意義の崩壊過程を，詳細にえがきだしている〔岩本 2005a・2005c〕。岸本直文や森岡秀人らも，福永と同様に，三角縁神獣鏡の段階的分配とその背景にある政治的状況の変動について検討をおこなっている〔岸本 2004b；森岡 2006 等〕。また，森下章司は，時期がくだるにつれ，仿製三角縁神獣鏡の「地方への配布の比重が高まった」ことを指摘する〔森下 1993a, p. 119〕。一方，徳田誠志は，各段階に三角縁神獣鏡が分配されたとみなす福永説にたいし，関東地方などの諸地域における古相の三角縁神獣鏡は，仿製三角縁神獣鏡の盛期以後に分配されたととらえ，諸地域への分配の増大は，三角縁神獣鏡の畿内地域における価値低下によるものと推測する〔徳田 1997b・2003〕。大賀克彦もまた，自身が設定した中国製3段階・仿製3段階それぞれの分布状況を克明に追跡する点で，福永と分析法を同じくするが，「個々の墳墓から出土した三角縁神獣鏡や画文帯神獣鏡は，枚数に関らず一括して配布され，かつ配布を受けた段階内に副葬を終えたという前提を導入」した結果，日本海岸諸地域や東方諸地域へは基本的に前期中ごろまで三角縁神獣鏡が流通しないという，独自の見解をみちびきだしている〔大賀 2003〕。

　以上のような分配者サイドに重点をおいた研究にたいし，近年，受領者サイドに焦点をあてた研究があらわれつつある。その代表的論者は辻田であり，「鏡を受領する側の視点から論を立ち上げることによって」「地域間関係の特質を明らかにす

ることが可能になる」と考え，九州北部・山口県南部・兵庫県南部など諸地域への三角縁神獣鏡などの分配―受容の様態を詳細に検討している〔辻田 2007a, p.294・2007b 等〕。岩本もまた，東海地方への三角縁神獣鏡の流入状況を時系列的に追跡し，前期中葉の「波文帯鏡群」の段階を境に，各段階の三角縁神獣鏡が小地域に継続的に流入するようになる現象をみいだし，その背景として，この時期に「首長権が地域において受け継がれてゆくシステム」が「定着した」ことを推定している〔岩本 2008b, p.20〕。

要するに，辻田や岩本の研究にみるように，列島レヴェルでの分配方式の検討のみならず，諸地域に三角縁神獣鏡が流入するあり方を吟味することをつうじて，「中央政権」と諸地域の有力者の，さらには諸地域内における有力者どうしの関係態およびその推移にせまる研究も，進捗の度をくわえているのである〔福永 1999c・2005a・2005b・2008；辻田 2005a・2007a・2007b；岩本 2008b 等〕。

B 分配論と政治史論

上記した三角縁神獣鏡の分配に関する諸見解は，若干の相違を内包しつつも，三角縁神獣鏡の流通に政治的意図の介在を推定し，この器物の段階的な分配(流通)状況から古墳時代前期の政治的・社会的動態を推察している点で通底している。他方，こうした段階的な分配(流通)論とはややことなる視座から，当該期の政治状況を闡明しようとする研究もあまたなされている。

威信財の観点からなされる，三角縁神獣鏡の政治史的意義の議論がその代表格であろう〔松木 1996；河野 1998；福永 1998c；大賀 2003；石村 2003；辻田 2006a・2007a 等〕。たとえば松木武彦は，三角縁神獣鏡などを上位とする複数階層構造を有する威信財体系を構想する〔松木 1996〕。通時的な重層性を勘案しつつ，共時的な構造を摘出した松木にたいし，石村智は威信財の流通パターンを理念型的に三分し，「①循環する威信財」「②分配される威信財」「③生産される威信財」という通時的な変遷プロセスをえがきだし，画文帯神獣鏡にくわえて三角縁神獣鏡を「②分配される威信財」の典型例ととらえている〔石村 2003・2004〕。また，河野一隆や大賀克彦は「生産型威信財」「非生産型威信財」など，威信財の性格を分類し，中国製三角縁神獣鏡を代表的な「非生産型威信財」とみなしている[134]〔河野 1998；大賀 2003〕。

なお，厳密には威信財論ではないが，三角縁神獣鏡を，「首長の持ち物を貸与されたり，その持ち物のコピーを受け取った者と首長との間に，一種の義務関係，上下関係」を生じさせる「不可譲の富 inalienable wealth」とみなす佐々木憲一の主

張も注意される〔佐々木 2001・2003, p.11〕。ただし,「不可譲の富」の提唱者であるアーネット=ワイナーの論〔Weiner 1992〕では,自己(自己集団)のアイデンティティの源泉となる器物を譲渡せずに保有しつづけたり,他者に占有を許可しても所有権を保持することで,威信が獲得されると説かれているのであるから,積極的に分配されることに意義がある三角縁神獣鏡を「不可譲の富」とみなすのは勇み足である。

　近年,仿製鏡や石製品など,三角縁神獣鏡と緊密に関連しつつ分配された器物について検討が深められつつあることも指摘しておきたい〔車崎 1993c；新井悟 1997；岡寺 1999；林正 2002 等〕。こうした器物の分配の様態を検討することで,三角縁神獣鏡の流通様態を逆照射しうるとともに,当該期の流通システムにおける三角縁神獣鏡の位置づけが究明されてゆくことになろう。とはいえ,三角縁神獣鏡と共伴すれば威信財だとみるような安易な立論は,戒められるべきである。

　また,三角縁神獣鏡の威信財としての意義の衰退と,古墳時代前期後半以降の政治変動(「政権交替」)とを連動した現象ととらえる議論もさかんである[135]。田中晋作は,畿内地域において,三角縁神獣鏡と古墳時代中期以降に出現する定型化甲冑(帯金式甲冑)との共伴事例が僅少であること,そして少数の共伴事例は「新興」的な古墳にみられ,しかも古相の中国製三角縁神獣鏡が副葬されていること,さらに中期以降の王権中枢である大阪府古市古墳群および同百舌鳥古墳群に三角縁神獣鏡が存在しないことなどの現象を,「百舌鳥・古市古墳群成立に際して」,「新興の勢力と旧来の勢力の交代にあたり,前者が各勢力の取り込みにあたってその時期の最新の機能を備えた甲冑を供給し,対して,それを阻むために後者からは」,「仿製とされる三角縁神獣(盤龍)鏡ではなく,より古い鏡式の三角縁神獣鏡を供与した」ことの反映と解釈する〔田中晋 1993, pp.190-191・2001・2008・2009 等〕。福永もまた,仿製三角縁神獣鏡の衰退と筒形銅器・巴形銅器など新たな器物の登場を,前者を配布していた「大和盆地東南部の伝統的勢力」から後者の分配を管掌した「大和盆地北部,河内平野の新興勢力」へと政権のイニシアティヴがうつった物証とみなしている〔福永 1998c, p.19・1998d・1999c〕。福永の想定にたいしては,他器物の検討からも同様の現象が指摘されている〔岡寺 1999；林正 2002 等〕。

　一方,田中の推定にたいしては,三角縁神獣鏡にかぎらず銅鏡が長期保有されることは通有のことであり,「その背景についての解釈は,三角縁神獣鏡に限らず鏡全体の長期保有・伝世の状況を説明するものである必要がある」〔森下 1998a, p.32〕との要請や,三角縁神獣鏡と帯金式甲冑の非共伴傾向は,各々の配布勢力の差異ではなく,威信財としての性格の差異に起因するとの批判〔岩本 2005a〕も提示されて

いる[136]。ただ，たとえ中国製三角縁神獣鏡が仿製三角縁神獣鏡の3倍をこえる数量を誇るとはいえ，帯金式甲冑に時期的に近い仿製三角縁神獣鏡ではなく，時期的に隔絶した中国製三角縁神獣鏡ばかりが帯金式甲冑に共伴している現象は看過しえず，なんらかの政治的・社会的現象を反映している可能性も否定できない。

　先述したのでくりかえし述べないが，三角縁神獣鏡をめぐる動向は，日本列島のみにとどまらず東アジア世界の動勢と関連づけて，しばしば論じられる〔福永 1998c 等〕。その視座ははなはだ重要であり，三角縁神獣鏡こそ中国王朝の冊封体制下に倭が組みこまれた物証とみる説は魅力的である[137]〔岡村 1989c・1999b 等〕。ただし，たとえば中国製三角縁神獣鏡の国内流入の停止の背景についてみても，西晋末期の動乱を原因と推定する〔福永 1994c 等〕か，西晋王朝の倭への関心の後退に求める〔岡村 1999b・2002b〕かにより，大きく変動してくる。三角縁神獣鏡の実年代や存続期間が確定していない現状では，かような説に一定の限界があることを自覚しておく必要があろう。むろん，三角縁神獣鏡を日本列島製とみるならば，工人の倭への渡来を想定するにせよ，ことなる歴史像がえがかれることになる。

　三角縁神獣鏡の分配方式についても，議論が進展をみせている。中国製・仿製三角縁神獣鏡が分配元に集積され，諸地域の有力者へと分配されるあり方に関して，一埋葬施設に同一ないし近接段階の三角縁神獣鏡が副葬される事例が大半を占めることから，入手ないし製作から分配までさほどの時をおかず，スムーズになされていたことが推定されている〔福永 1998b・1998c・2001a・2005a；岩本 2003a・2005c 等〕（Ⅲ-表1，Ⅳ-表13）。

　これと対蹠的に，「政権交替」論にからめて，時期の新しい古墳に副葬されている古相の三角縁神獣鏡は，分配元に長期保有されたのち供与されたものであるとの見解も提示されている〔田中晋 1993 等〕。他方，こうした事例では，古相の三角縁神獣鏡がまとまって副葬される傾向があるため，受領先で一括して長期保有されたとする見解も提示されている〔森下 1998a；福永 2005a 等〕。都出比呂志や福永は，この現象の政治史的意義をさらに追究し，その背景に「被葬者の生前の政治活動歴」を，すなわち，前期前半に三角縁神獣鏡の配布をうけていたが，途中で政治的主流からはずれ分配に浴さなくなり，前期後半以降にふたたび「畿内の新しい覇者として台頭した大首長と関係を結」んだという「政治活動歴」を想定している〔都出 1992, pp. 163・169；福永 1998c・1998d 等〕。

　これらのいずれが正鵠をえているのか，さらなる検討が必要であるが，三角縁神獣鏡の流通—保有パターンを探究する重要な論点である。「古墳編年において三角

縁神獣鏡に期待される役割は，個々の出土古墳の年代を決定するといった直接的なものではなく，製作，配布，副葬の諸段階についてのモデルをつくることにある」との森下の言を，実践し推進してゆくべきと考える〔森下 1997, p.17〕。

　三角縁神獣鏡が諸地域にもたらされる具体的な方式については，「中央から派遣された使臣が，地方へ宣撫にでかけた時」に配布されたととらえる小林行雄の説〔小林行 1965a, p.76〕を継承して，川西宏幸は，「畿内へ出向く参向型」ではなく「畿内から赴く下向型」を想定している〔川西 1992, p.138・2000〕。和田晴吾も，仿製三角縁神獣鏡の分配方式を「下向型」の枠組みでとらえ，「新しく帰属する首長や代がわりの首長にそれを承認する形で鏡が送られたのであろう」と推量している〔和田晴 1986, p.285〕。これは，先述の春成秀爾のパターン(3)〔春成 1984〕に相当する解釈である。一方，最近では，車崎正彦のように「倭国のおもだった首長が集まる機会」とみるか，辻田のように「各地の上位層」の「世代交代を契機」とみなす（春成のパターン(4)）かの相違はあるものの，「参向型」を支持する論者がふえつつある〔車崎 1999b, p.195；森下 2005a；辻田 2006a・2007a・2007b, p.25等〕。「中央政権」の有力者にせよ，諸地域の有力者にせよ，その代替わりを契機に三角縁神獣鏡が分配された〔岸本 1996b等〕と考えるならば，「参向型」の方が理解しやすい。

　そして，分配の契機の実態を推量するにあたり示唆的であるのが，笵傷の進行から仿製三角縁神獣鏡の鋳造順を想定した場合，同一古墳で出土する2面の同笵(型)鏡がしばしば近接する順序にあるという事実である〔八賀 1984；森下 2005g〕。この事実からは，同笵(型)の仿製三角縁神獣鏡の生産⇒分配⇒受領にいたる流れが，短期的かつスムースであった可能性が読みとれるのである〔森下 2005g〕。「参向型」を支持したうえで，仿製三角縁神獣鏡の同笵(型)鏡が短期的に製作されたとの推定〔福永 1994c〕をみとめるならば，分配の契機として，「中央政権」の有力者の代替わりに際して諸地域の有力者が同時に一堂に会するような状況は考えがたくなる。なぜならば，製作順序にしたがって保管し，分配したと考えないかぎり，上記の現象は生じがたいからである。逆に，諸地域の有力者の代替わりに分配者が下向し，分与したと推定した場合，同笵(型)鏡群が短期的に製作されたとみる以上，製作されるや否や，諸地域にもたらされていたことになるわけだから，諸地域で同時多発的に代替わりが生じていたことになり，広範かつ同時多発的な「王殺し」でも想定しないかぎり不合理である。このように消去法的に考えれば，代替わりをふくむ「中央政権」におけるなんらかの契機に，諸地域の有力者が次々とおとずれ，その際に分与されたとみるのが，現状ではもっとも適合的な説明になるように思われる。ただし，

この推定が正しければ，仿製三角縁神獣鏡を中国製とみる見解〔車崎1999a等〕はしりぞけられることになる。それでも中国製とするならば，製作順序が配布順序に反映される形で輸入─(保管)─分配がなされたか，諸地域の有力者が個別に中国大陸へ「参向」し入手していたか，あるいはたんなる偶然とみるのかという，いささか無理な想定を採用せざるをえなくなる。このように，製作順序と分配順序とが対応するとの指摘は，かなり重大な問題を波及させる。したがって，同笵(型)鏡群における製作順序の確定と，そもそも同一古墳に副葬される三角縁神獣鏡の製作順序が近接する確率が有意なものかなど，討究を深めてゆくべき喫緊の課題である。

なお，具体的な分配方式には言及していないが，三角縁神獣鏡を副葬する古墳において，墳丘の築造規格類型と三角縁神獣鏡の段階とが相関することを根拠に，墳丘の「築造企画と鏡の双方が，新たに作成・入手したものを順次配布」していたとみる澤田秀実の推定〔澤田1993a, p.27〕は，築造規格という情報と三角縁神獣鏡という器物とが，配布において深い関連があったことを示唆した点で興味深い。この観点は，王陵級古墳を頂点とする墳丘規格と三角縁神獣鏡の特定段階とが対応することから，両者が深い関連を有しながら創出・分配されていたと推測する岸本の見解に，発展的に継承されている〔岸本2005b等〕。

C　分配論への諸批判

上記のように，三角縁神獣鏡をめぐる政治的現象は，主として分配論の視座から議論されてきた。だが一方で，三角縁神獣鏡の分配じたいに疑義を呈する見解も数多く提示されている。それらはおおむね，三角縁神獣鏡は列島を比較的自由に流通し〔菅谷1980；平野1998・2002等〕，畿内地域の特定古墳における集中現象は，「中央政権」から諸地域への分配ではなく，むしろ後者から前者への献納の結果だと想定している〔樋口1992・2000；平野1998・2002等〕。これらは，分配一元論への批判として一定の有効性があり，「複合的な鏡の動線」〔平野2002, p.187〕を提言している点で重要ではあるが，十分な論拠を提示していない憾みがある。『日本書紀』『古事記』『風土記』などの古伝承における神鏡献上記事が，しばしば論拠の軸にすえられるが，これらの記事には，後世の潤色および造作の痕跡が濃厚にあり〔泉谷康1977等〕，依拠するには問題が多すぎる[138]。その点，『三国志』魏書東夷伝倭人条における魏帝の詔書をとりあげ，「銅鏡百枚」は詔書や印綬に対応する「国信物」ではなく，「別貢物」に該当し，これら多くは「方物」としてよりも「交易品」として輸入されたとみるのが適切とみる説〔平野1998・2002〕は，明確な論拠を提示しており重要

である。ただ，貢直に対応する賜物と，特別な賜物とが倭人条において書きわけられていること〔堀 1993〕をもって，三角縁神獣鏡が交易品とまで推論できるかどうか，問題なしともしない[139]。

D　そのほかの政治史的研究

以上のほかにも，さまざまな視座から三角縁神獣鏡を分析した政治史論がくりひろげられている。とりわけ，埋葬施設における三角縁神獣鏡の配置方式を論じた研究が多くなされている。

後述する（本節第(9)項）ように，三角縁神獣鏡が棺外に副葬されることをもって，その政治的価値の低さを説くやや主観的な議論〔森 1978a；中村 1999b 等〕がある一方，この第Ⅶ期には，銅鏡の配置方式じたいを総合的に分析することをとおして，さまざまな配置方式の背景にうかがえる政治的意義を追究する研究が前面にでてきている。

その先鞭をつけたのが藤田和尊である。藤田は，三角縁神獣鏡などの複数の銅鏡が埋葬施設に配置される方式を，「頭部集中型」と「頭足分離型」に類型化し，これら2類型の分布状況とその盛行時期とに法則性が看取されることから，銅鏡の配布と副葬配置方式とは密接に関連する政治的現象だととらえ，両方式の背後に特定の政治勢力の活動を想定する〔藤田和 1993〕（Ⅳ-図81・82）。具体的には，「頭部集中型」が近畿地方では淀川以南，「頭足分離型」が淀川以北と奈良西南部というように明確に分布がわかれ[140]，近畿以外でも前者の卓越する地域・後者の卓越する地域・両者の混在する地域が抽出でき，それらの相違は銅鏡およびその副葬配置方式を分配した政治活動を反映しているとみなす。そして，「Ⅰ期」（古墳時代前期前半ごろ）における「鏡配布者は」「頭部集中型の鏡副葬配置を採ると推定される，大和東南部勢力であ」ったが，そののち「Ⅱ期」（前期後半ごろ）になると「頭足分離型の鏡副葬配置を採ると推定される馬見古墳群の被葬者が鏡配布者に加わり」，「大和東南部・北部勢力」と協力あるいは分担して，諸地域へ「鏡副葬配置の因習と共に実際に鏡を配布」することで，「大和政権のさらなる伸長に努めた」と結論づけている〔藤田和 1993, pp. 49・53〕。

一方，三角縁神獣鏡の副葬配置を検討した福永は，藤田の見解にたいして，類型判定の不確実さや「頭足分離型」の盛行期と馬見古墳群の時期との微妙なずれ，さらには銅鏡の配布と葬送時における副葬配置という別次元の問題とが直結されていることを批判する。そして，むしろ「頭足分離型」は「身体包囲型」とともに三角

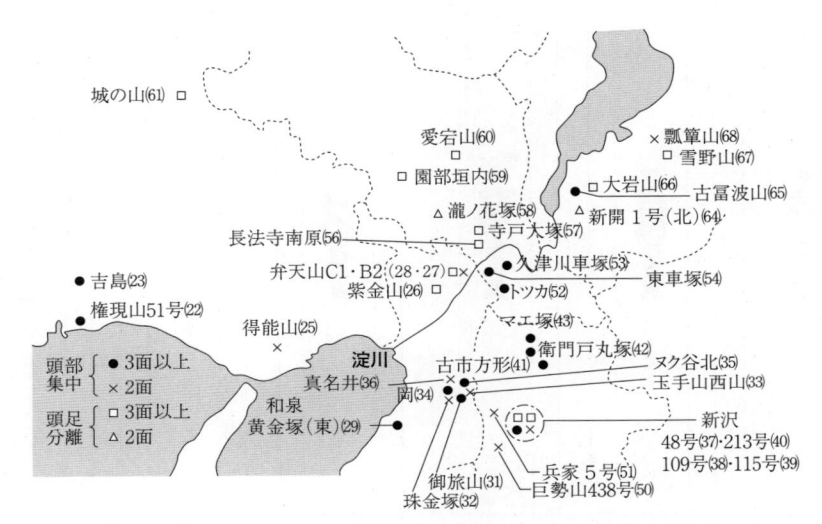

Ⅳ-図81　近畿における「頭部集中型」と「頭足分離型」の分布

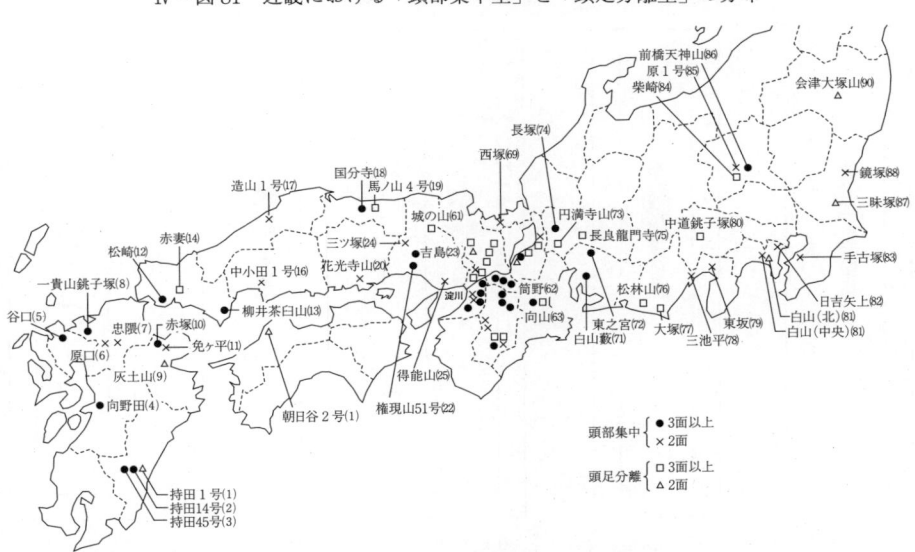

Ⅳ-図82　日本列島における「頭部集中型」と「頭足分離型」の分布

縁神獣鏡に顕著な副葬配置方式であり，これらの出現は三角縁神獣鏡の出現と時期を同じくしている可能性が高く，さらにこうした副葬配置方式が副葬品のセットなどと良好な相関関係を有することから，「頭足分離型」や「身体包囲型」という「配置方式の創出自体が三角縁神獣鏡を含む副葬鏡群の成立と関連しているとともに，その情報が」，「大和東南部」の勢力が主導する「三角縁神獣鏡の配布などを媒

IV　三角縁神獣鏡の研究史

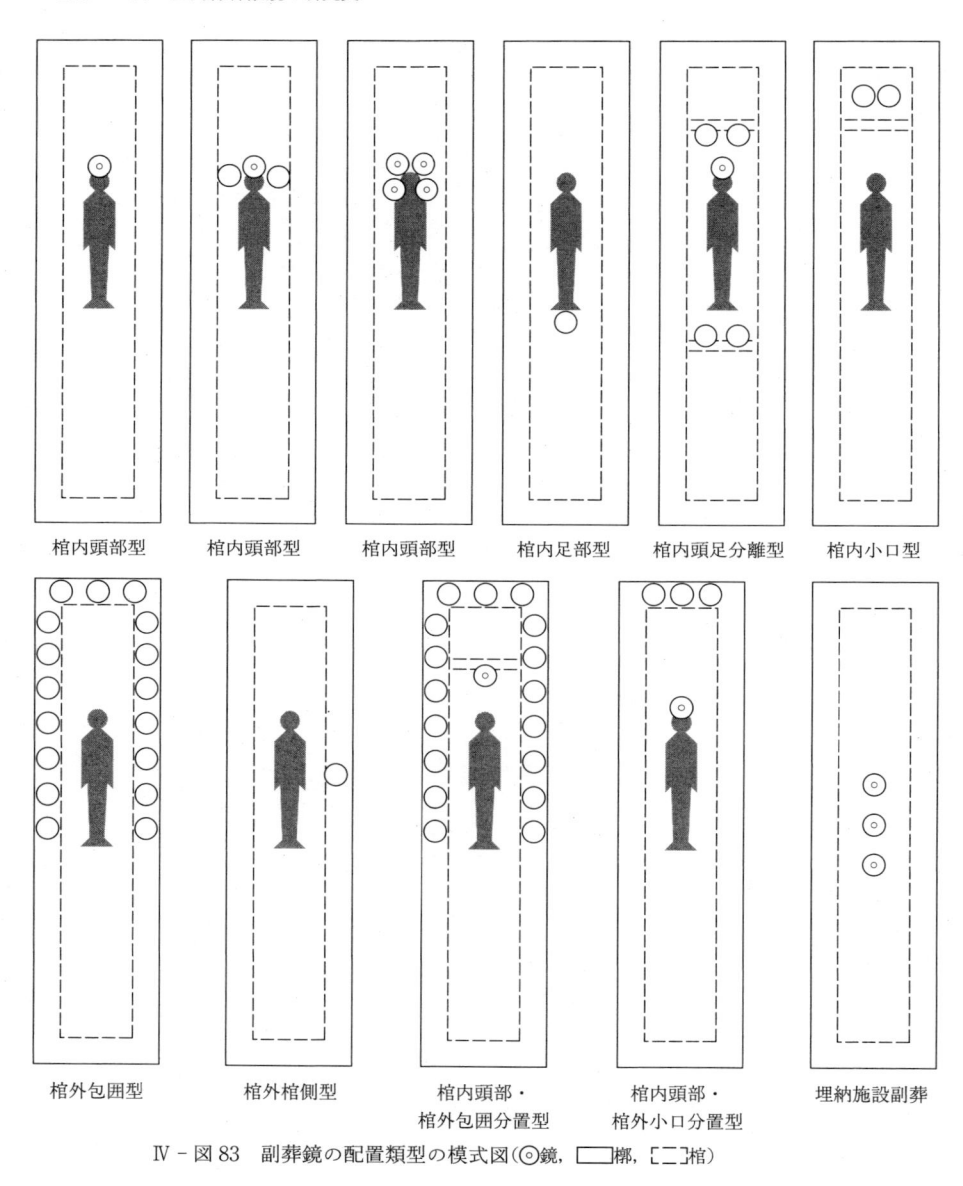

棺内頭部型　棺内頭部型　棺内頭部型　棺内足部型　棺内頭足分離型　棺内小口型

棺外包囲型　棺外棺側型　棺内頭部・棺外包囲分置型　棺内頭部・棺外小口分置型　埋納施設副葬

IV-図83　副葬鏡の配置類型の模式図（◎鏡，▭槨，[⊏⊐]棺）

介とする首長間の交渉の中で伝達，共有されていた可能性が高」く，創出の背景に神仙思想の介在を想定している〔福永 1995a, p. 35・1998e・2005a〕。また，副葬位置を鏡の価値の高低に直結させる見解〔菅谷 1980；中村 1999b 等〕に反駁し，「場のもつ性格の違いと関連づけてとらえるべき」ことを提言し，むしろ儀礼参加者への顕示的

効果をはたしうる「棺外副葬段階の儀礼こそ中央政権によって創出された前期古墳の葬送儀礼において最重要の場面」であり，棺外副葬を志向する三角縁神獣鏡の政治的意義を強調していることも，注目にあたいする指摘である〔福永 1999b・2003a，p.42・2005a，p.297等〕。ただ，儀礼参加者がいかなるポジショニングをとっていたか不分明である以上，実証性を欠く難点がある。

なお，福永の批判にたいし藤田は，「頭足分離型」の創出を古墳出現期まで遡上させる福永の推定が，「攪乱部分などに鏡が存在したかもしれないという可能性にのみ依存」した薄弱なものであり[141]，さらに「鏡が配布されるということは，配布先にはその使用法や取り扱いなどに関する情報も，同時に伝達されているとみなければならない」と，再反論をおこなっている〔藤田和 1997, pp.67-68〕。

一方，従来の副葬配置方式にくわえて，副葬時の鏡面の向きや副葬鏡の来歴といった観点から三角縁神獣鏡の配置論を展開しているのが岩本崇である〔岩本 2004・2005c〕。岩本は，三角縁神獣鏡などの銅鏡の配置を詳細かつ多角的に検討し，抽出した諸類型ごとに配置位置(Ⅳ-図83)や鏡面の向き，さらには共伴品目において強い相関関係が存在することを明らかにしている。そして，そのような銅鏡のとりあつかいにおける規範は，畿内地域およびその縁辺諸地域においては鞏固であるが，以遠諸地域になると弛緩する傾向があることから，そうした規範は「畿内政権を中心とした首長間ネットワーク」「のなかで伝達・共有されたものである可能性」を指摘する〔岩本 2004, pp.87・102〕。さらに，古墳時代前期中葉を境として，特定の配置類型に強い共通性がある「古相段階」と，新たな配置類型が出現するとともに配置類型に多様性があらわれる「新相段階」とに二分でき，後者における諸類型は，埋葬施設の簡略化にともなう葬送儀礼の簡素化にたいして，儀礼行為としての銅鏡の副葬配置が柔軟に対応するなかでうみだされたと説いている。

岩本の見解は，銅鏡配置の時空間的な変異の背景に，「畿内政権」との紐帯の強弱を推測しつつも，特定の政治勢力の関与を想定せず，むしろ葬送時の実践の変化を重視している点で，藤田や福永の論とは一線を画している。頭部付近に配置されることの多い来歴が古い銅鏡と，棺外に選択的に配置される三角縁神獣鏡との差異が，「鏡の保有形態の差」に，さらには「鏡が果たした役割の差」に起因すると推定している[142]〔岩本 2004, p.106〕こととあわせて，三角縁神獣鏡と人間(集団)との実践的かかわりの面から三角縁神獣鏡を究明するこころみとして，高く評価すべきである。

また，配置論のほかに，三角縁神獣鏡を性差や「聖」などといった視座から読み

解こうとするこころみを挙例しておきたい。

　寺沢知子は，三角縁神獣鏡が，原則として男性に副葬される鏃類や甲冑と共伴することがきわめて多く〔川西他 1991；川西 1999〕，女性の埋葬にともなわないことから，三角縁神獣鏡は「男性首長層間の関係性」を媒介する器物であったと結論づけている〔寺沢知 1999・2000，p.261・2006〕。三角縁神獣鏡と性別を結びつける着想は面白いが，論拠が薄弱で，論証が循環論法に陥っているとの批判もなされている〔清家 2004〕。また，鏃類や甲冑などといった男性的性格の強い器物は，三角縁神獣鏡だけではなく，これをふくむ面径 20 cm 超の大型鏡ときわめて強い共伴傾向を示す。したがって，三角縁神獣鏡という鏡式レヴェルでとらえるよりも，仿製鏡をふくむ銅鏡全体を総体的にとらえたうえで，「男」性的性格の強い副葬器物と副葬鏡の面径との相関性を推測する方が，資料の実態に即しているだろう。

　三角縁神獣鏡を「聖」的な器物とみなす見解は，これまでも明に暗に提示されていたが，近年では，銅鏡をその機能的性格から「神まつりの司祭者としての首長がもつ祭器としての鏡」と「呪的権能をもつ被葬者の葬送に欠かせない呪具としての鏡」とに二分し，三角縁神獣鏡を後者の代表格とする想定〔白石 1999a, p.108〕や，三角縁神獣鏡を「共同体のシンボルという聖的側面と威信財という俗的な側面とをあわせもつ器物」ととらえる説〔岩本 2005a, p.62〕などが提示されている。しかし，「聖」や「呪」といった感性的な用語を，無定義のまま使用して議論をしたところで，結局は感性に訴えかける議論に終始しかねないし，実際に終始している。まずは，立論の最低限の手続きとして，概念構成を明確化することが必要である。ついでながら，「銅鏡百枚」や三角縁神獣鏡を「軍資金に相当する交換財」〔西川寿 2002b・2003a, p.32〕や「原始貨幣」〔清水康 2008〕とみなし，その経済的意味を説く見解がだされているが，奇の衒いをこえるだけの論拠が提示されていない。

E　小　　結

　以上のように，第 VII 期における三角縁神獣鏡の政治史論，なかでも分配論は，近年にいたって精緻さをましつつある。とくに，分配の契機や下向型・参向型といった分配のパターンについて，詳細な考察がなされている。それにとどまらず，近年では，配置方式や保有のあり方をも検討したうえで，流通から受領，保有をへて副葬にいたるまで，三角縁神獣鏡のライフ・パスが具体的に解き明かされつつある。しかし他方で，「中央政権」から諸地域への分配にたいする疑義もだされ，また鈕孔がしばしば鋳放しで，使用の痕跡が稀薄なことなどから，威信財としてよりも葬

具としての性格を強調する説も提示されている。したがって，この分野の研究でも，いまだ決定的な鉄案はだされていないというべきであろう。今後は，使用の痕跡の稀薄さと，長短の差はあれ保有期間を想定する保有論とを総合化してゆくこと，また製作体制と流通―保有―副葬のあり方とを総体的に把握すること，さらには他器物の流通―保有―副葬の方式との関連について考察を重ねてゆくことが必要になると考える。

(8) 銘文研究

A 林裕己の大系的研究

1980年代の第Ⅵ期に活性化しはじめた銘文研究は，第Ⅶ期にはいって進捗の度をくわえつつある。とりわけ，後漢代～魏晋代の銅鏡を総覧したうえで三角縁神獣鏡の銘文の特質を明らかにした林裕己の一連の研究が特筆される〔林裕 1995・1998・2006〕。林は，三角縁神獣鏡の銘文には，「非常に古くからある熟語，後漢代に多用された熟語，三角縁神獣鏡のみに用いられた熟語，及び晋代に引き続き使用された熟語」が混在しており，それらは非常に独自性が強く，とくにその銘文構造や用語法，使用される熟語および語句（例：「幽律三剛」「銅出徐州」「配徳君子」「清而且明」「身有文章」「口銜巨」等）や仮借（「泉」＝「全」，「奇」＝「戯」等）に類例のない独特なものが多く，樋口隆康によるK式〔樋口 1953b〕系統の熟語を「任意に取り出し多用した（適当につなぎ合わせた）思想のない」「継ぎ接ぎだらけの妙技の銘文」であることを明快に解き明かしている〔林裕 1998, pp.65-66・68〕。これは，三角縁神獣鏡の銘文の特質を浮き彫りにするのみならず，この鏡式が各種鏡式の要素を合成して創出したものであるとの見方〔西田 1971；車崎 1999d 等〕を，銘文の面からも裏づける重要な成果といえる。

このように，「三角縁神獣鏡の銘文は，他の神獣鏡諸形式とは隔絶した独自のものであ」る一方，これと関連の深い銘文をもつ銅鏡が，青龍三年銘鏡など魏（晋）代の方格規矩鏡や北方系統の画象鏡など，華北の製品にみられること，さらには三角縁神獣鏡と呉鏡の銘文が，「書風」や使用語句などにおいて「関連は全くない」ことから，三角縁神獣鏡が魏鏡であると主張する〔林裕 1995・1998, pp.61・65〕。そしてまた，三角縁神獣鏡内において銘文が神獣像表現の相違をこえて一致することは，これが当時の中国鏡にない鏡式で，新たに創出された可能性が高いことと考えあわせて，これが「特別な体制で作られた規格品」〔林裕 1998, p.64〕であること〔田中琢

1979；岸本 1989b 等〕によるとみなしている。そして，最近の論攷では，さらに一歩ふみこみ，基本的に同時代の流行銘文か新規作成銘文を利用する一般の鏡銘とは対照的に，三角縁神獣鏡の銘文が「当時の銘文と新作銘文と多数の古い銘文[143]を参照していること」から，「三角縁神獣鏡作成の背景には国家や朝廷といった強大な権力の裏付けがあった」とまで，推論を前進させている[144]〔林 2006, p.96〕。

さらに林は，「張氏」「王氏」「陳氏」などの工人ごとに使用する熟語に差異があることを指摘し，銘文から三角縁神獣鏡の製作経緯や工人集団の消長にまでせまっている〔林裕 1998〕。この当否は今後の検討にゆだねられるが，文様などから導出された工人群の推移との対応関係を吟味することで，より綿密に工人の消長をとらえる途を拓いた点は高く評価できよう。

林の研究は，三角縁神獣鏡の個別銘文にとらわれることなく，中国鏡全体のなかで三角縁神獣鏡の銘文の位置づけをとらえるという，樋口隆康が提唱しかつ実行していた鏡銘の大系的研究をさらに深化させたものといえる。その樋口も，三角縁神獣鏡の銘文を集成しこれを 21 パターンに分類するなど，着実な検討をつづけている〔樋口 1992・2000〕。

B　音韻論的研究

第 VI 期の銘文研究の先鞭をつけた笠野毅も，押韻論やこれに立脚した仮借の抽出などをつうじ，重要な成果を披瀝している〔笠野 1993b・1994・1998〕。とくに笠野は，厖大な銘文を検討し，仮借と推定される例を抽出している〔笠野 1993b〕が，これは仮借を多用する三角縁神獣鏡の確実な銘文釈読に資するところが大きい。そして後述するように，これらの成果にもとづき，三角縁神獣鏡の製作地論の鍵を握ってきた目録 7・8 鏡などの銘文を，音韻論に裏づけられた仮借から読み解いているのは説得力がある〔笠野 1994〕。また，富岡謙蔵いらい，使用時期が限定されるとして，三角縁神獣鏡の製作時期を推定する手がかりとされてきた地名「徐州」「洛陽」および避諱字「師」「保」「昭」を再検討し，これらのうち「まったく問題のないのは洛陽だけになる」ことを明らかにしていることは，銘文のみに依拠した安易な年代考証論に警鐘を鳴らすものといえる〔笠野 1998, p.149〕。

仮借に関連して，西田守夫は，三角縁神獣鏡の文様と銘文との対応関係を吟味する，林巳奈夫が先駆けたアプローチ〔林巳 1978〕を推進し，獣像の銜える「巨」と傘松文の正体を突きとめている〔西田 1993〕。すなわち，「巨」に関しては，後漢や呉の（画文帯）環状乳神獣鏡に「天禽四守　銜持維剛」の銘と巨状の物体を銜える獣像が

配されることから,「三角縁対置式系神獣鏡の銘文の"神守"衛巨の巨」とは,「天の東西南北の四角に繋がれた大綱,つまり維剛」であり,巨は「鉅」の仮借と結論づけている〔西田 1984・1993, pp. 89・99〕。傘松文については,三角縁王氏作徐州銘四神四獣鏡(目録79)(Ⅳ-図84)の銘「仙人執節坐中庭」が神像の脇に配される「傘松文様」に対応するとみなし,これが節,すなわち「旄節」であることを実証的に裏づけている。さらには西田は,旄節とはすなわち「昴宿」であり,天地をつなぎとめる「維剛」とともに当時の宇宙観が鏡に投影されているとまで推論を深めている〔西田 1993〕。

Ⅳ-図84 三角縁王氏作徐州銘四神四獣鏡(Freer Gallery of Art 蔵鏡)

押韻論に関して,森博達は,三角縁神獣鏡の銘文が押韻も乱れ句形の長短も一定しない拙劣なもので,とりわけ大阪府和泉黄金塚古墳出土の景初三年陳是作同向式神獣鏡「は,押韻の意識すらなく,そのうえ俗語を交えた,きわめて格調の低い銘文」であることから,魏の皇帝がこのような「「朕はアホなり」と言うに等しい銘文」をつくらせるはずはなく,特鋳説が成立しえないことを口をきわめて力説する〔森博 2001, p.65・2003〕。ただ,同時期の魏晋鏡の銘文の分析をふまえた検討ではない点,押韻の乱れが確実に論証されていない点,俗語の根拠としてあげる「母人」をはたして俗語と断定しうるか〔佐伯 2006〕など,さらなる検討が必要であると感じる。

C 字体レヴェルによる系譜研究

字体レヴェルでの類似から,三角縁神獣鏡と魏晋鏡の親縁関係を推測する研究もなされている。

たとえば,岡村秀典は,河北省易県燕下都武陽台東採集の方格規矩鳥文鏡の銘文(Ⅳ-図85―2・86中)と静岡県松林山古墳出土の三角縁吾作二神二獣鏡(目録101)の銘文(Ⅳ-図85―1・86左)とが,特殊な字句から表記法まで一致することに注目し,そのうえ「不自然な「鏡」や「独奇」の字形,「人べん」のくせなど,銘文の筆跡が同一工人の手になるとしか考えられないほどよく似ている」と主張する〔岡村 1999a, p.159〕。福永伸哉および森下章司も,「同一工人とは断定できないまでも,両

IV－図85－1 三角縁吾作二神二獣鏡（静岡県松林山古墳）

IV－図85－2 方格規矩鳥文鏡（河北省燕下都武陽台東）

IV－図85－3 仿製三角縁吾作三神三獣鏡（福岡県一貴山銚子塚古墳）

IV－図86 三角縁神獣鏡と魏晋鏡の銘文の類似（左：松林山古墳，中：燕下都，右：一貴山銚子塚）

鏡の製作工人が近い系譜に属していた可能性は高い」〔福永他 2000, p.132〕こと，あるいは「少なくとも工人どうしが特異な銘文を参照しあえる近い関係にあったこと」〔福永 2005a, p.96〕を想定している[145]。燕下都採集鏡は魏代の「規矩鏡の特異な一群」と推定されており〔福永 1996a〕，三角縁神獣鏡と魏鏡との関連性を強く示している[146]。さらに，仿製三角縁吾作三神三獣鏡（目録233）の銘文（IV－図85－3・86右）は，逆字であるなどの相違はあるものの，この2面と，とくに燕下都採集鏡と「単なる引き写しでは両者の類似を説明できない」ほど類似することが指摘されており，「魏晋の規矩鏡群と仿製三角縁神獣鏡とのつながり」も推定されている〔福永他 2000, p.132〕。

いま1例，三角縁尚方作二神二獣鏡（目録100）と奈良県佐味田宝塚古墳出土の尚方作神獣車馬画

象鏡(Ⅳ-図42)の銘文が「書体までほぼ一致する」ことが指摘されている〔車崎1999b, p.185〕。本節第(3)項において記したように、これらに群馬県前橋天神山古墳および愛媛県朝日谷2号墳出土の二禽二獣画象鏡(Ⅳ-図43)をくわえた3種4面の鏡鑑は、中国河南省洛陽の岳家村磚瓦廠から出土した「三角縁神人車馬画像鏡」(Ⅳ-図44)と密接な関連がみてとれ、三角縁神獣鏡の系譜および製作地に大きな示唆を与えるものである〔岡崎1977；笠野1998；車崎1999b等〕。なお、佐味田宝塚古墳出土の尚方作神獣車馬画象鏡は、鋸歯文―複線波文―鋸歯の外区文様構成を有する画象鏡で外周突線をほどこした唯一の例であり、しかも長方形鈕孔を有することを根拠に、福永伸哉は本鏡を「三角縁神獣鏡の一変種」とみなしている〔福永2005a, p.25〕(註85)参照)。

D　個別銘文・個別銘句の検討

　三角縁神獣鏡の製作地問題をめぐり重大な論拠とされてきた景初三年銘鏡・景初四年銘鏡・正始元年銘鏡や、「用青同　至海東」「銅出徐州　師出洛陽」といった個別の銘文についても、検討が深められている。前者については、笠野が、仮借字の抽出などをつうじて各鏡銘を綿密に検討し、京師長安の杜地から命により洛陽に出仕したと説く福山敏男の解釈〔福山1974〕や、揚州京城の鏡師が辺境地日本に亡命したとみなす王仲殊の釈読〔王1981a〕をしりぞけ、「この鏡がもともとは鏡作り師(鋳物師または型彫り師)である杜地から作りはじめられたものである」旨を記した銘文と解している〔笠野1994, p.336〕。最近では光武英樹が、音韻論的知識と方法論の重要性を説き、上古音から中古音への過渡期ゆえに例外的な用法が使用されていた三国時代特有の用法を摘出したうえで、これら紀年銘鏡を釈読するこころみがなされている〔光武2006a・2006b〕。重要なこころみであるが、その当否は、当該期の用字法の総体を把握したうえで、三角縁神獣鏡の個別銘文をとらえかえす作業をつうじて、験されなければならないだろう。

　「用青同　至海東」の銘句について、これを中国工人が(銅をたずさえて)日本列島へ渡来し銅鏡を製作したとみる説〔古田1979a；王1981a・1985c等〕は影をひそめ、近年では、本来それぞれ別の句に属する前3字と後3字とが前後に配されたとする説〔樋口1992；笠野1998；林裕1998等〕が有力化している。そして、このうち「海東」については、これを日本列島とみる見解〔王1981a等〕は減り、韓半島〔白崎1999等〕や山東半島付近から渤海東岸にかけての地域〔森田1999a〕など特定地域を想定する説や、「至海東」の意味を確定することは困難とする立場〔笠野1998〕もあるが、実在の地

域ではなく仙界を指したものとする考えが大勢を占めつつある〔岡村 1999a；車崎 1999b；樋口 2000；佐伯 2001 等〕。

「用青同 至海東」の句が，銘文や文献の解釈を中心に展開されているのにたいし，「銅出徐州 師出洛陽」の銘句は，銅鏡じたいの製作状況や分布状況とからめて議論が進められている。たとえば福永は，外周突線や長方形鈕孔といった製作技術の系譜からその可能性が推定される，「官営工房の工人が東方に出向いて現地の工人を組織した」という状況は，「師出洛陽」「用青同 至海東」などの銘句を「無理なく説明できる」と論じている〔福永 2005a, p.76〕。また，岡村秀典は，決定は保留しつつも，「徐州系」の銅鏡の分布状況とこの銘文との関連から，徐州での製作の可能性を示唆する[147]〔岡村 1999a〕。一方，先述したように森田克行は，洛陽で「試作鏡群」および「原初三角縁神獣鏡」を製作したのち，山東省から渤海東岸の「海東」に移動して「定型化三角縁神獣鏡」を製作したという「工房移動の経過」を，「銅出徐州 師出洛陽」および「用青同 至海東」の銘が明示していると，ダイナミックな想定を展開する〔森田 1999a, p.101〕。ともあれ，中国遼寧省三道壕1号墓出土の方格規矩鳥文鏡に「同出余州」なる銘が配されており，これが三角縁神獣鏡と関連の深い「規矩鏡の特異な一群」であることが端的に示すように，銘文・製作技術・文様のいずれにおいても，中国東北地方の製作系譜ないし製作工人が三角縁神獣鏡の製作に関与していたことが明らかになりつつある[148]。他方で林裕己や樋口隆康は，この銘が「雒陽」での製作を示すと推定している〔樋口 1992；林裕 1995 等〕。

以上のように，第VII期には銘文研究も大きく進展をとげつつある。ただ，率直にいえば，銘文のみの検討に終始したり，文様などの分析への補足として援用されることが多く，銘文研究と別視角からの検討とが十分に総合化されていないのが現状である。「銘文を構成する熟語の抽出と鏡式との関係の明確化」〔林裕 1998, p.68〕をはじめとして，多彩な視角からの検討と連接する努力が必要不可欠といえよう。

(9) 信 仰 論

三角縁神獣鏡なる名称が示すとおり，この鏡式の鏡背には，複数の神仙像と聖獣像が配されている。このようなデザインを鏡背文様に採用し，さらにこうしたデザインの銅鏡が日本列島の社会で受容された背景に，道教や神仙思想の流行があったと想定する研究が，多数なされている。一方，古墳の埋葬施設における配置など，その副葬状況から三角縁神獣鏡の宗教的性格を揣摩せんとするスタンスも比較的多

くみられる。これら二つの研究視角はしばしば強く結びついているが、解説の便宜上、以下では両者をわけて解説する。

A　鏡背文様からのアプローチ

三角縁神獣鏡の鏡背に道家思想、なかんずく神仙思想が表現されているとする見解が、数多く提示されている〔重松 1978；小山田 1992a；福永 1998c；松崎 1998；大和 2001；広瀬 2003 等〕。この見解は、『三国志』魏書東夷伝に記された卑弥呼の「鬼道」、埋葬施設における水銀朱の大量使用、さらには墳丘の三段築成や後述する三角縁神獣鏡の副葬方式などを神仙思想と関連づける説としばしば結びつき、古墳出現前後の日本列島で神仙思想が受容された一証とみなされることが多い。しかし、神仙像を配する銅鏡の受容をもって、神仙思想の受容と即断することにたいし、批判の意を表明する論者も多く〔原田淑 1930；小林行 1965a；和田萃 1995；岡村 2001a；西川 2002a 等〕、実際に論証が不十分で主観的な主張が目立つのも事実である。三角縁神獣鏡に神仙思想の反映を看取する説は、副葬状況などを加味してなされていることが多いので、次項でふたたびふれることにする。

Ⅳ-図87　三角縁獣文帯四神四獣鏡（群馬県赤城塚古墳）

なお、神仙思想に関連して、三角縁神獣鏡の鏡背に、「日月星辰としての機能を持つ」「旄（昴）や"乳"」を「"神獣"」が「維綱」を銜えて繋留するという宇宙観が表現されているとの解釈〔西田 1993, p.99〕も、林巳奈夫の先駆的研究〔林巳 1978・1989〕を進展させたものとして再記しておく。

一方、三角縁神獣鏡の一部の神像に仏像風のものがあること（Ⅱ-図16；Ⅳ-図87・88）を根拠に、仏教思想の影響を推定する説もだされている〔川西 1994；中村 1994；森 1994；岡内 1995；岡村 1999a；小野山 1999・2002・2003；宮田 2007；小山田 2009 等〕。

川西宏幸は、三角縁神獣鏡の仏像は、「外来のガンダーラ様式を映したものと、中国の伝統的な神仙像の様式に彩られたものとに分離され」、図柄やその組みあわせの背後に、「仏伝や本生からの示唆が汲みとれること」などを指摘している〔川西

Ⅳ-図88　三角縁獣文帯三仏三獣鏡（岡山県一宮天神山1号墳）

1994〈1999〉, p.159〕。面白い着想ではあるが，本生や仏伝を三角縁仏獣鏡の図像に読みとろうとするのは，あげられた根拠からすると，牽強附会のきらいがある。さらに川西は，三国期における仏教活動を文献から裏づけたうえで，このような「神仙像で充たすべき鏡背に仏像を採りいれた鏡は」「老荘の言をかりて仏理を説く」という「仏理の玄学化」を，つまりは「格義仏教」を「器物のうえで示」すものであったとまで分析を深めている〔川西 1994〈1999〉, pp.183・187〕。この見解は，仏教が当初，神仙道の一種として受容され，仏像表象も従来の神仙像を流用して表現されていたという考え〔水野清 1950；西田 1966；小南 1983b；施翠 1990；王 1992；岡内 1995；岡村 1999a 等〕を，より具体的に究明したものと評価できる。なお，三角縁神獣鏡に仏伝ないし本生を読みとる見解は，仏獣鏡としてもっとも名高い群馬県赤城塚古墳出土の三角縁獣文帯四神四獣鏡（目録119）（Ⅳ-図87）を分析した宮田裕紀枝によりさらに推し進められている〔宮田 2007〕。宮田は，当該鏡の内区に釈迦の「出家」から「成道」までが表現されていると説いているが，うがちすぎで無理がある。

ところで，後漢初期の仏教初伝いらい，仏教と縁故の深い徐州地域〔西田 1966 等〕が，三角縁神獣鏡の系譜と緊密なかかわりをもつこと〔岡村 1999a 等〕は示唆的である。それゆえ，三角縁仏獣鏡の製作地を「徐州仏教を育んだ北方系仏教の普及地」とみる推定には説得力がある〔岡内 1995, p.580〕。三角縁神獣鏡の仏像表現を江南の系統とみなす説〔王 1982c・1985c・1992；中村 1994 等〕にたいし，近年では，北方の魏の仏像との関連を説く論者が増加しているといえる〔川西 1994；岡内 1995；笠野 1998；岡村 1999a〕（Ⅳ-図89）。最近では，後者の見解が優勢になりつつあるが，魏の領域から仏教思想を表現した器物がほとんど出土していないことも事実である。この現象を，戦乱による破壊や，仏像を副葬する習俗がなかったことに帰する〔川西 1994；岡内 1995〕のは，いささか苦しい解釈であろう。さらなる論拠の整備が必要であろう。

ともあれ，三角縁神獣鏡の仏像風の表現がなにに起源を有し，どの地で創出されたのかという問題は，三角縁神獣鏡の製作地や系譜にとどまらず，中国における仏像表現の受容の経緯，ひいては仏教の受容史の考究に新たな視角を提供することに

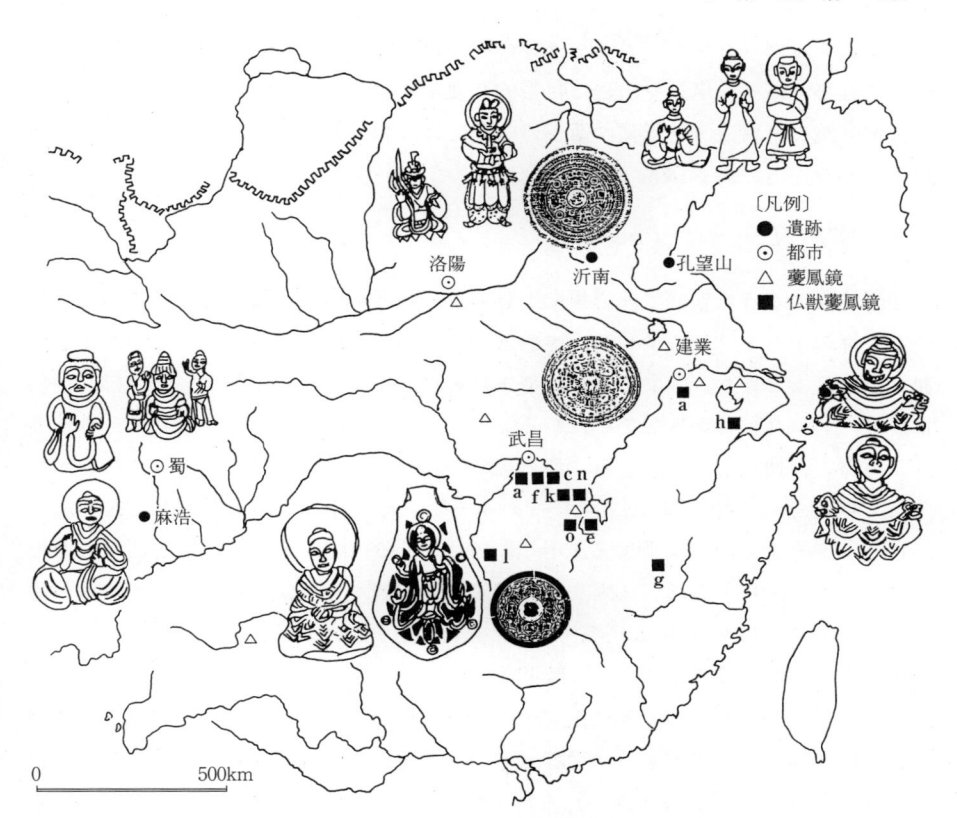

Ⅳ-図89　中国における初期仏像表現の地域差

なろう。

　鏡背文様の個別要素に仏教思想の影響をみてとる見解も多い。上述の川西や岡内三眞や中村潤子らも，結跏趺坐・禅定印・腕釧・焰肩などの要素を仏教思想の影響とみているが，とりわけ三角縁神獣鏡と仏教思想との連繋を強調しているのが小野山節である。小野山は，傘松文の大半を占める「塔傘松形」が，屋根瓦(三日月形の縦平行線)や相輪(頂部の横棒)，法輪(「捩文圏」および捩文座乳)からなる仏塔[149]を，三角縁四神四獣鏡の複像式の神像が釈迦仏と多宝仏を表現したものとみなしている〔小野山 1999〕。なるほど敦煌第305窟(隋代)をみると，並座する二仏のあいだに小塔があり，二獣が侍すなど，三角縁神獣鏡の図像を髣髴させないでもない。しかし，いまだ物証が不十分である。さらに最近では，三角縁神獣車馬鏡を，「須大拏太子本生話の布施物語を図像化したもの」〔小野山 2002, p.184〕と推測しており，三角縁神獣鏡への仏教思想の流入を高く見積もっている。しかし，「須大拏太子本生話」すな

わちヴィシュヴァンタラ＝ジャータカの主題は，実子の布施で頂点に達するかぎりない布施心であり，車馬や山岳は付帯的な要素にすぎない。車崎が説くように，三角縁神獣鏡の車馬は，東王父の西王母訪問という画象鏡の画題を継承したものと理解するのが妥当である〔車崎 2008a〕。

B　副葬状況からのアプローチ

　埋葬施設における副葬状況を根拠として，三角縁神獣鏡に神仙思想がこめられていたと推定するアプローチも活潑である。小山田宏一は，破砕されることの多い以前の銅鏡とことなり，画文帯神獣鏡や三角縁神獣鏡が完形で副葬されるのは，神仙世界をえがいた鏡背が重視されたからだと想定する。そして，その背景に「神仙界への憧憬と神仙思想に対」する「ある程度の理解」が日本列島に広まったことがあったと推量し，「創出された古墳祭式のイデオロギー体系化の装置として神仙思想が重要な働きをしたと推測する」〔小山田 1992a, pp.59-60〕。この小山田説にたいして辻田淳一郎は，若干とはいえ画文帯神獣鏡にも破鏡や破砕鏡が存在し，それらが弥生時代末期に集中する事実から，ほかの諸鏡式と同様に，「古墳時代前期になると完形鏡の副葬が一般化するという時期差」の問題と解している〔辻田 2007a, p.122〕。

　また，三角縁神獣鏡の流入に先立つ弥生時代末期に，画文帯神獣鏡など神仙思想の濃厚な銅鏡を，倭人がすでに受容していたと想定する福永伸哉は，三角縁神獣鏡を「まさにその役割を引き継いだものであった」とみなす〔福永 2001a, p.76〕。福永はさらに，三角縁神獣鏡が「径九寸（約22cm）」以上の規格を墨守したこと，副葬状況において顕著な「頭足分離型配置」および「身体包囲型配置」が，『抱朴子』に「日月鏡」や「四規鏡」と記される[150]神仙術における銅鏡使用法に類することから，正統な神仙術が日本列島においてそのままの形でとりこまれたとは考えにくいものの，三角縁神獣鏡の使用法に神仙思想の影響がうかがえ，「神仙術の霊器」としての性格が付与されていたと説く〔福永 1995a・1998c・1998e・1999b, p.58・2000b・2001a・2005b 等〕。

　福永が，中国大陸の神仙思想の影響を想定するのにたいし，寺沢薫は三角縁神獣鏡を「神仙と辟邪のための呪具」とみなし，「そこには何かしら弥生的な辟邪の伝統的思考を感じずにいられない」〔寺沢薫 2000, pp.309-310〕と，いささか主観にかたむいた見解を披瀝している。これに関して，竪穴式石槨に立てかけるなどの副葬状況から，三角縁神獣鏡に「辟邪」など遺体を保護する機能を推量する論が数多くなされているが，臆測の域をこえていない。少なくとも，鏡面が外向する場合と内向す

る場合，布帛で包んだり木箱におさめたりする場合としない場合における意味の異同を明らかにせぬまま，一概に「辟邪」と声高に主張しても説得力はない。

　ところで，三角縁神獣鏡に「辟邪」の機能をみる議論においては，これが棺外に立てかけられることをもって，棺内に副葬される銅鏡よりも重要性が低い葬具と推定することが多い〔菅谷 1980；森 1983；中村 1998・1999b；石野博 1999 等〕。棺外副葬をもって倭人が三角縁神獣鏡を軽視していたとする推測にたいしては，「あまりに現代的な解釈である」〔岡村 1999a, p.189〕とか，「副葬品配置における棺内，棺外の違いが優劣の関係にあることをデータを集積した上でまず示すことが最低限の手続きであろう」〔福永 1998a, p.122〕などの批判がなされており，棺内／棺外という副葬配置の位置的差異に副葬品の価値の高下と直結させる立論[151]の粗さを衝いている。とはいえ，葬具とみる見解は，棺外副葬志向や鈕孔の非研磨といった明確な論拠を提示してもいるので，その当否について議論を深めてゆく必要がある。

　最後に，三角縁神獣鏡の副葬状況から神仙思想を探る興味深い検討事例として，川口博之による分析をあげておきたい。川口は，奈良県黒塚古墳において，神仙思想が濃厚と推定する銘「王喬」「赤松子」「師子辟邪」「師子天鹿」を有する三角縁神獣鏡が，「東北隅にやや厚いとはいえ，ほぼ四隅に集中する」ことをみいだしている〔川口 1998, p.38〕。偶然の可能性も考慮すべきであるが，銘文の意味と副葬状況との相関関係を探る視点は，当該期の倭人が三角縁神獣鏡をいかにとらえていたかのみならず，その銘文読解能力や思想にせまりうる展望を秘めているように思われる。

C　小　　結

　以上みてきたように，三角縁神獣鏡に神仙思想や仏教思想の影響を推察する議論がさかんになされている。一方，神仙思想が三角縁神獣鏡に投影されているとの見方にたいして，三角縁神獣鏡の銘文は任意の句の合成であり，そこに神仙思想は読みとれないとする意見〔林裕 1998〕や，神仙的な図像の配列を根拠に，神仙「思想」の存在を想定したり，倭人がその「思想」を理解していたととらえるのは議論の飛躍だとする批判も多い〔小林行 1965a；岡村 1999a・2001a；西川 2002a・2006a〕。

　こうした批判をふまえて，こんご議論を深めてゆくべき点を挙示するならば，次のようになろう。第一に，三角縁神獣鏡の製作された当時に神仙思想が成立していたか，成立していたとすればいかなる内容であったか，後代の神仙思想と同様の内容であったかどうか，明らかにしておかねばならない。第二に，三角縁神獣鏡の祖

形や関連鏡群に神仙像が潤沢に配されていたとしても，製作者がその像の意味を理解していたかは，別に論証しなければならない問題である。そして第三に，製作者が三角縁神獣鏡に神仙思想を表現したとしても，それが流入地の倭においてそのままの形で受容されていたとはかぎらず，どのていど咀嚼されて受容されていたかを明らかにしなければならない[152]。この3点をさほど考慮せずに，状況証拠をもとに三角縁神獣鏡とは神仙思想が表現された器物であると高唱したり，後代の神仙思想と三角縁神獣鏡に具象された思想とは別物として一蹴しても，議論の深化はかなわない。肯定説にせよ批判説にせよ，緻密な文様分析と倭での使用法および副葬法の吟味をつうじて議論を重ねてゆかねばなるまい。

(10) ま と め

以上，第VII期の諸研究について長々と紹介してきた。研究が加速度的に活性化し，多様な論点から多彩な議論がくりだされていることが実感されるだろう。研究が活況を呈しているのはよろこばしいことであるが，その反面，本節をテーマ別に分割して記述したものの，とりたてて大きな違和感がないことが示すように，研究の細分化は明らかに進行の一途をたどっている。これは，研究が深化し，論点が細分化した結果，実証性を担保しつつ複数のテーマを横断する研究が困難になりつつあるということでもある。「三角縁神獣鏡を理解するために，三角縁神獣鏡だけを見ていたのでは駄目で」，「漢・六朝代の中国鏡を十分把握していなければならない」〔樋口 1992, pp.133-134〕どころか，三角縁神獣鏡の総体を把握することすら難儀な事態になりつつある。

多彩な議論を吟味し，三角縁神獣鏡の特質や歴史的意義を，さらには当該期前後における銅鏡の大系内における位置づけを，ひいては古墳時代における三角縁神獣鏡の製作・副葬の意義などを十全に解き明かしてゆくためには，研究の全体像を把捉し，諸テーマを連接することが，なによりも必要である。さもなければ，今後，ますます研究が蛸壺化し，相互の無理解による不毛な論争がくりかえされてゆくことになりかねない。このような，研究の進展に必然的にともなう閉塞化という逆境をいかに超克してゆくかが，今後の大きな課題として諸研究者の双肩にかかっている。

だが最近，一線の研究者が一堂に会し，多彩なテーマについて相互の見解を交換する座談会が開かれたこと〔福永他 2003〕や，三次元形状計測プロジェクトにおいて

共同研究がなされたこと〔水野敏他編 2005a・2005b〕は，この苦境を打開する契機になりうる重要なこころみであった。また，浩瀚な図録の刊行〔車崎編 2002等〕や三次元形状計測の精密なデータの公開〔宮内庁書陵部編 2005；水野敏他編 2005a・2005b〕も，閉塞を打ち破り研究の門戸をひろげうる点で，歓迎すべき成果である。

　このように，三角縁神獣鏡をめぐる現在の研究状況は，研究の進展と多彩な論点の展開というのぞましい事態と，それにより出来する研究の閉塞化と研究者の相互理解の稀薄化という芳しからぬ事態とが併存した状態といえるのである。近年，共同研究やシンポジウム，図録やデータの公開により，議論の閉塞化および相互理解の稀薄化は緩和されてはいる。しかし，諸論点の全体を鳥瞰し，議論を積み重ねてゆくためには，研究の流れと到達点について交通整理が必要な状況であることを痛感せざるをえない。本章を過分に詳細に記した理由も，畢竟そこにある。

V 三角縁神獣鏡研究の将来

1 三角縁神獣鏡研究の展望

　前章までの諸章において，三角縁神獣鏡の内容や特質，系譜や思想的意味，そしてその研究史について説明をくわえてきた。とりわけ，研究史とそこから導出されてきた論点に焦点をあて，大幅に紙幅を費やし，細部にわたって縷々述べてきた。繁雑になりすぎ，むしろ混乱を助長した観もなきにしもあらずだが，諸研究を切りつめて記述することで論点が忘却され，誤解を拡大再生産する愚をおかすよりも，むしろその複雑さを複雑なまま提示することで，読者が入り組んだ論点と対立点を認識することをうながす方針を採ることにした。

　論点が論点を生み，対立点が対立点を派生させてゆき，厖大な論点に埋め尽くされてゆくことは，いかなる研究分野においても，研究が進展するにつれ出来する現象である。それら厖大な論点の森へ分けいり，迷わぬよう道筋をみいだしてゆくことは，困難で苦しい作業である。「卑弥呼」や「邪馬台国」といった蠱惑的な語に幻惑され，これらを三角縁神獣鏡と結びつけて俗耳に心地よい議論を捻りだすことは，そうむずかしいことではない。しかし，多くの場合，三角縁神獣鏡じたいの分析や研究の到達点にたいする理解がおろそかになり，結局のところ混迷を深めさせるだけとなっている。また，目新しい用語や概念で三角縁神獣鏡を解釈しようとする研究もままみられる。新たな観点から研究に新風を吹きこむ効果もあろうが，研究史をふまえないために，先学の見解を言葉をかえてくりかえす仕儀となったり，前車の轍を踏み，同じ隘路をさまよう結果に終わることも，これまた多い。

　むろん，研究史を網羅し知悉しなければ研究ができないと説いているわけではない。学史の簏底に埋もれた諸研究の捜索に耽溺するあまり，肝心の三角縁神獣鏡じたいの研究がおろそかになったり，研究史にとらわれるあまり，斬新な視角が阻碍され，厖大な先行研究に圧し潰され，意気を沮喪せしめられるなどといった弊害が生じることもありうる。

しかし，研究の全体像を把握し，その到達点と問題点とをふまえぬまま，闇雲に研究に着手したところで，上記したような難関に早晩つきあたらざるをえまい。なるほど厖大な先行研究をみると，三角縁神獣鏡研究の鉱脈は掘り尽くされたかの印象もうけるかもしれない。しかし，研究史を振り返ると，戦前から今日にいたるまで，「三角縁神獣鏡の研究はますます精緻の度をくわえ，厖大な研究が積み重ねられている」といったたぐいの言が，しばしば発せられてきたことを知る。だが，そこで研究を停止せず，たゆまず新たな分析視角を摸索し，着実な検討を推進してきたからこそ，たとえば1950年代の小林行雄，90年代の福永伸哉らにより研究のブレイクスルーがはたされ，また新たな発掘資料も存分に活かされてきたのである。

そしてまた，本書を通読すればわかるように，三角縁神獣鏡研究はますます多岐にわたり，詳悉になってきているが，究明すべき論点はまだまだ汲みつくされておらず，多彩な論点の大半が未解決である。かつて，縄文時代研究の前提条件として，縄文土器の編年網の細密化に邁進した山内清男は，大家からの「その煩にたえず」といった批判にたいし，「「余り分け過ぎる」というブレーキは落伍者の車についていた」と一蹴し，山内らによる一徹な編年作業により，縄文土器の緻密な編年網が構築され，現在の縄文研究の基礎が整序された。

同様に三角縁神獣鏡研究も，先行研究と資料の海にたじろがず，その深みへと沈潜してゆくことで，さらなる展望が拓けるであろう。のみならず，ここまで述べてきたように，三角縁神獣鏡は多くの研究テーマに連接しうる可能性に満ちた器物であり，三角縁神獣鏡研究の深化は，とりもなおさず多彩な研究テーマの進展につながる。思いつくままに列挙すれば，魏晋代の銅鏡生産体制（および器物生産体制），当該期における詩文・文学の姿，音韻システムの実態および上古音から中古音への変容状況，鏡背に鋳出された仏像および聖獣が示唆する中央アジアからの思想的・美術的影響，さらには大陸と倭国との政治的関係，古墳時代前期における日本列島の政治システムおよび流通方式，そして古墳編年およびその実年代，列島諸地域における器物の保有形態などなど，大はユーラシアレヴェルの交流や東アジアの国際関係から，小は諸地域における器物の保有状況まで，多様きわまりない研究テーマを解き明かす鍵を，三角縁神獣鏡は握っているのである。

逆にいえば，三角縁神獣鏡の実証的研究をおろそかにしたまま，拙速にこれらのテーマに結びつけるならば，多くの研究テーマを混迷に陥れることになりかねないということでもある。とりわけ，古墳時代開始期の政治状況を究明する最重要の手がかりと考えられ，さらにはしばしば，邪馬台国の所在地論争の最重要物証とみな

されるなど，学界のみならずマスコミを捲きこみ百花斉放の議論を惹き起こすだけに，事は重大である。十分な養分を吸い，ますます鮮やかに咲き誇るであろう花と，徒花あるいは根腐れした花とを見分けて研究を推進してゆく研究姿勢が求められる。

　着実な分析を堅実に積み重ね，多様な論点を十分に咀嚼したうえで，実証性を担保しつつこれらを多彩なテーマへと総合化してゆくこと。当たり前であるが，だからこそ忘却されがちで，かつ実践が困難な作業こそ，資料と先行研究に溢れかえった現在において求められる研究態度であろう。本書を編んだのも，その一助となることを願ってゆえのことである。

　ただ筆者は，三角縁神獣鏡研究の今後の展望に関して，いくぶん楽観視している。なるほど一方で，加速度的に増加する情報の波に呑みこまれ，三角縁神獣鏡研究の全貌を把握することがますます困難になってきている。その研究成果も，卑弥呼や邪馬台国論争に安易かつ煽情的に結びつけられ，社会に正しく還元されないことが多いのが現状である。さらにまた，考古学をめぐる情勢も，ひきつづく不況とあいまって苦しさを増してきている。

　しかし他方，本書で示してきたように，近年，若手・中堅の研究者を中心に，実証的な研究が堅実に積み重ねられており，三次元計測など新たな視座からの研究も着手されている。系譜／系統・製作体制・編年・製作技術・理化学分析・分配／威信財論・銘文・信仰など，いずれのテーマにおいても，活溌かつ緻密な研究が進捗をみている。

　さらに，重要な考古学的発見が陸続となされていることも，研究の大きな追い風となろう。昨年（2009年）にかぎっても，三角縁神獣鏡研究にかかわる重大な発見が相次いだ。奈良県桜井茶臼山古墳の埋葬主体（および墳頂部）の再調査が実施された結果，主体部をとりかこむ巨大木柱の丸太垣が検出され，竪穴式石槨内には大量の水銀朱が使用されていることが判明し，多量の三角縁神獣鏡をふくむ厖大な数の鏡片が採取された。また，三世紀代において列島最大規模を誇った集落遺跡である同纒向遺跡の発掘調査が本格的に始動し，三世紀前半ごろと推定される超大型の建物群跡が検出され，三角縁神獣鏡の密集地である当地が当時の政治的拠点であることがほぼ確定した。さらに，同遺跡内の箸墓古墳の年代が，加速器質量分析法（AMS）による分析の結果，240～60年ごろである可能性が示された。この提説の当否は今後の検証にゆだねられるが，「箸墓＝卑弥呼の墳墓」説に弾みをつけ，今後の三角縁神獣鏡の政治史的研究にも影響をおよぼしてゆくだろう。目を中国大陸に転じれば，河南省安陽市の「曹操高陵」から，「魏武王」の銘を刻んだ石牌などが出土し，墓

室の壁画や墓室内の状況,そして出土人骨の年齢などから,曹操の奥津城である可能性が高いことが,年の瀬に報じられた。初報段階のため,迂闊な判断は避けたいが,魏初の王陵クラスの内容が判明した意義はきわめて大きい。これまで魏代の墳墓や副葬品の実態は,曹丕による薄葬政策のため,ほとんど知られておらず,魏代の器物と三角縁神獣鏡との関連性を知る手がかりが僅少であっただけに,重大な発見として続報に注視したい。

とりわけ,桜井茶臼山古墳から多量の三角縁神獣鏡が出土したことの意義は,はなはだ大きい。過去の出土資料とあわせ全384点,推定80面以上の副葬数が算出され[1],そのうち三角縁神獣鏡が26面以上あると報道された。資料の全容および詳細については,整理中のため不明な部分が多く,本書に十分に反映させえないのが遺憾であるが,現段階の情報から確実にいえる点を指摘しておきたい。まず,黒塚古墳につづいて,王権膝下の奈良東南部の古墳から三角縁神獣鏡の多量埋葬が確認されたことにより,三角縁神獣鏡が王権中枢を頂点として列島広域を被覆する関係締結財としての性格を有することが,ますます確実となった。また,桜井茶臼山古墳は黒塚古墳より一段階後出する時期の古墳であり,奈良東南部において継続的に三角縁神獣鏡の多量副葬がなされていた蓋然性がきわめて高くなった[2]。これに関して本墳は,全長200mをこえる王陵級古墳から三角縁神獣鏡が多量に出土した初例でもある[3]。三角縁神獣鏡を副葬する古墳の頂点に王陵級古墳が君臨し,その被葬者が三角縁神獣鏡の流通に強く関与していた可能性が,物証により補強されたわけである。他方,多量副葬墳の通例とことなり,本墳出土鏡の主体を占めるのが,三角縁神獣鏡ではなく別鏡式の中国製鏡であることも,三角縁神獣鏡の性格を究明するうえで示唆的である。三角縁神獣鏡以外の中国製鏡が5面より多く出土した前期古墳(の一埋葬施設)を列挙すると,兵庫県西求女塚古墳(5面)を例外として,奈良県桜井茶臼山古墳(推定約40面〜),同大和天神山古墳(19面),同小泉大塚古墳(10面前後),同佐味田宝塚古墳(7面〜),(同ホケノ山墳墓(7面〜))と,奈良県に限定され,しかもその東南部が過半を占めていることがわかる。三角縁神獣鏡とこれ以外の中国鏡諸鏡式がいかなる関係にあり,それぞれいかなる意味を有していたのか,旧来の伝世鏡論・同笵鏡論を刷新する研究の高まりが,今後期待される〔辻田2007a等〕。

三角縁神獣鏡研究の歴史を繙くと,研究と発見とが縒りあいつつ進展してきたことが瞭然としている。1920年代前後に三角縁神獣鏡研究が澎湃と湧き起こった背景には,兵庫県森尾古墳や大分県赤塚古墳などでの新発見資料,さらには群馬県蟹

沢古墳・大阪府国分茶臼山古墳・同万年山古墳・奈良県佐味田宝塚古墳・同新山古墳などの旧出土資料の報告が，相次いでなされたことがあった。1950年代に，同笵鏡分析を基軸として小林行雄が飛躍的に進展させた研究は，福岡県一貴山銚子塚古墳・岡山県湯迫車塚古墳・大阪府紫金山古墳・京都府椿井大塚山古墳における大量の三角縁神獣鏡の発見を十二分に活用したものであった。そして1990年代の研究の躍進は，兵庫県権現山51号墳・同西求女塚古墳・大阪府安満宮山古墳・滋賀県雪野山古墳，さらには奈良県黒塚古墳における多数の三角縁神獣鏡の発見と相即的な関係にあった。今世紀にはいり，しばらく複数面の三角縁神獣鏡の出土を聞かなかったが，今回の桜井茶臼山古墳における多量発見には，2010年代の新たな研究ステージの前触れとして，大きな期待をよせたい。

　このように，三角縁神獣鏡研究をめぐる最近の状況は，緻密かつ実証的な研究が前進し，関連鏡群をふくめた資料が国内外で次々と発見されてゆくなど，この数年で加速度的に充実の度をくわえてきている。むろん，三角縁神獣鏡をめぐる問題のすべてが解決するわけではなく，むしろ次々と討議事項が増えてくるであろう。しかしそれは，研究の成熟を示すものであり，歓迎すべき事態である。かような理由で筆者は，三角縁神獣鏡研究の将来について，いささか楽観的に展望しているわけである。

2　三角縁神獣鏡研究の課題と指針

　とはいえ，三角縁神獣鏡研究の課題や今後進むべき方向を楽観的に傍観しているだけでは，いくぶん無責任な態度であろう。したがって最後に，Ⅲ章およびⅣ章第7節と重複するきらいもあるが，三角縁神獣鏡研究の課題および指針について私見を提示したい。

　多数のテーマや視座を横断するかたちで三角縁神獣鏡を総合的に解明することが理想であり，めざすべき到達点であることはいうまでもない。しかし，これら諸テーマ・諸視座が錯綜と入り乱れた研究の現状において，にわかに全貌を解明しようとするのは現実的ではない。まずは，テーマごとに検討を推進しつつ，それらを連接してゆくことで，堅実に総合化への道のりを歩むべきであろう。したがって，以下，テーマごとに課題と指針を，手短に提示する。

A　系譜論・製作地論

　三角縁神獣鏡の特徴や性格を探る最重要テーマである系譜論では，三角縁神獣鏡がほかの中国鏡諸鏡式といかなる系譜的連関のもと創出されたかについて，検討が大きく進展している。後漢末から魏晋代の銅鏡生産の地域的特徴が明らかにされるにつれ，華北東部および北部の諸鏡式が三角縁神獣鏡の創出に深く関与していた可能性が，きわめて高くなった〔福永 2005a；上野 2007 等〕。また，これまで列島内での生産が当然視されていた仿製三角縁神獣鏡が，西晋鏡である可能性も浮上してきた〔車崎 1999a〕。

　前者に関して，三角縁神獣鏡は，その面数・文様構成原理・分布など多くの点で異質性の高い鏡式であり，その異質性を，地方生産に由来するとみるか，倭国の朝貢にたいする大量賜与品という特殊な政治体制下の所産とみるか，あるいは倭における製作ゆえとみるかが，系譜論・製作地論の焦点となっている。現状のデータからは，華北東部ないし北部，あるいは双方の工人集団に尚方工人がくわわった編成で創出・生産されたととらえるのが，もっとも穏当な推定である。しかし，華北東部および北部の諸鏡式の編年的位置づけがいまださだまっていないことが，研究上の足枷となっていることは否めない。

　後者については，仿製三角縁神獣鏡が，中国製三角縁神獣鏡と型式的に連続し，ほかの西晋鏡と類似性がみとめられる一方，仿製鏡とはその様相を大きく異にすることから，その蓋然性は高い。他方，三角縁神獣鏡をすべて仿製鏡と考える見方は，専門研究者にはほぼみられなくなったが，依然として根強い。しかしいずれにおいても，仿製鏡を綿密に検討したうえで，三角縁神獣鏡との関係が論じられることはほぼ皆無で，いささか不可思議な事態といえる。

　以上の状況をかんがみて，今後必要となるのは，中国本土にとどまらず，日本列島や韓半島をふくむ広大な東アジア諸地域で展開した銅鏡生産の諸系統について，個々の地域に根ざしてその動向および年代的位置づけを明らかにするとともに，系統同士の影響関係をおさえることで，銅鏡生産の広範な系統網を闡明する視座であろう〔森下 2007a〕。

B　製作体制論

　三角縁神獣鏡はほかの中国鏡諸鏡式にくらべ，異質性が目立つが，その一方，鏡式としてのまとまりや規格性が顕著にみとめられる。綿密な実物の観察・分析をつ

うじ，これらの特性が特殊な多量生産体制に起因することが明らかにされてきた。銅鏡製作にさほど精通していない華北東部(・北部)の工人と尚方に関わりの深い工人からなる数グループの工人集団が，特定の機会に集められ，相互に連絡を有しつつ，定型的・規格的な大型鏡を多量生産したとみるのが，現在もっとも妥当性の高い推定である。しかし，個々の工人集団グループの編成内容や規模，その出自などについては，いまだ闡明になっていない。工人グループ間の交渉の程度についても，一部の文様モチーフや挽型の共有現象から推定されているにすぎない。そもそも，三角縁神獣鏡の製作体制の特質を究明するには，当然ながらほかの中国鏡諸鏡式の生産体制との異同を明らかにする必要があるが，この問題については，出土地が明確な資料が十分にないなど，資料上の制約を主因として，まだ十分に深化されていない。

仿製三角縁神獣鏡について，これを列島製・中国製のいずれとみるにせよ，中国製三角縁神獣鏡から仿製三角縁神獣鏡への連続性は明らかであり，その移行において，いかなる技術伝達がなされ，いかなる体制のもと製作が継続されていったのか，その具体的内容に関する分析も，まだ深める余地が大きい。

三角縁神獣鏡の製作体制論には，以上のような課題が積みあがっているが，今後，それらをより詳細に検討してゆくにあたって争点となるのは，個々の分析データよりも，むしろデータと製作集団の活動とを対応させる認定基準ではないかと予想する。つまり，いかなるデータ群が製作集団の単位やその動態を反映するのかを認定する基準を明確にしてゆくことが，三角縁神獣鏡の製作体制の実態を解明するうえで肝要になってゆくものと考える。そのためには，製作集団の特質を強く反映するであろう製作技術に迫る細密な実物資料の分析や，技術と人間集団との対応関係を経験的に抽出しうる製作実験の推進が，いっそう重要さをますことになるだろう。

C　製作技術論

実際，実物資料の綿密な観察に根ざした製作技術論も，計画的な製作実験も，近年に大幅な進展をみた。とりわけ，三次元計測や冶金の専門家による鋳造実験の成果が特筆できる。従来の同笵技法／同型技法／踏み返し法の択一論は事実に整合せず，むしろこれら諸技法が併存し，時にこれらを複合して同文の製品を多量生産していたこと，仿製三角縁神獣鏡においては「二層式鋳型」が使用され，デザイン原図をもとに文様を構成し，生産がおこなわれていた可能性が高いこと，さらに少なくとも仿製三角縁神獣鏡の一部では，スタンプ型が使用されていたことなど，重大

な新知見が提示されている。

　これらの事実は，三角縁神獣鏡が一定のヴァリエーションを確保しつつ，短期間のうちに多量の製品を生産する作鏡方針を裏づけており，その製作体制および製作背景の特殊さを傍証している。

　ただ，同文の鏡群を柔軟な姿勢で多量に生産していたとはいえ，個々の鏡あるいは同文鏡群ごとの製作技術〔藤丸 1997 等〕の全体像は，まだ明らかにされていない。今後において求められる研究は，個々の同文鏡群の網羅的な検討を実施し，その製作技術を復元するとともに，それらの製作技術が，製作工人集団の単位と対応するか否かをたしかめたうえで，三角縁神獣鏡全体の製作体制の特質と変容プロセスを解明してゆくことであろう。さらに，三角縁神獣鏡の関連諸鏡式の製作技術と比較することで，同時期の中国鏡生産のなかに三角縁神獣鏡を位置づけることも可能になるであろう。

D　編　年　論

　細密な型式（学）的研究と製作体制の分析とにより，三角縁神獣鏡の系統的変遷の実態もかなり判明してきた。また，その実年代についても，創出期の一部の資料に紀年銘が存在し，また紀年銘を有する中国鏡諸鏡式と共通する特徴がみとめられることなどから，かなりの精度をもって弾きだされている。

　考古学的研究において，資料の年代的位置づけの確定はきわめて重要であり，諸視角からの研究の準拠点となる。逆にいえば，編年研究の深化は，研究の可能性を拡幅しうるわけである。三角縁神獣鏡の編年を精密に仕上げることで，魏晋代の中国鏡諸鏡式との関係をより詳細にとらえることが可能になり，当該期の銅鏡生産体制に迫る大きな手がかりがえられることになる。また，日本列島の前期古墳は，三角縁神獣鏡を代表的な副葬品とするため，この鏡式は，いまだ確固としない前期古墳編年を構築する最重要の資料となりうるし，古墳の出現年代を推測する決定的な根拠を提供する。さらにまた，その編年上の段階を確定することにより，その分布状況の時期的変化をもとに，古墳時代前期における汎列島的な政治動向の詳細を解き明かすアプローチも可能になる。

　ただ，中国製を 4～5 段階，仿製を 3～5 段階に区分し，中国製の初現年代を 240 年ごろとみる点では，諸論者の編年案は一致をみているが，個々の資料の帰属段階や中国製・仿製の存続期間に関して，無視できない相違がある。前者の相違が生じる基底には，三角縁神獣鏡を独立性の高い複数系統の工人の所産とみなし，系統ご

との独自的変化を想定する立場と，各系統の独立性を低く見積もり，全体が連動的・一律的に変化するとみる立場とのちがいが横たわっている。それゆえ，三角縁神獣鏡の変遷段階をより精密に解明するためには，従来重視されてきた文様要素だけでなく，工人集団のグループの個性を反映するであろう断面形態〔岩本 2008a〕や鋳銅法〔今津 2005〕などといった製作技術の特徴を加味してゆくことが必要となろう。

また，存続年代に関し，長期編年説と短期編年説とのいちじるしい相違も，解決すべき喫緊の課題である。中国製・仿製三角縁神獣鏡の終焉年代に関して，長期編年説では，それぞれ3世紀第4四半期以降と4世紀後半ごろとみなし，短期編年説では，それぞれ260年代までと3世紀第4四半期ごろと推定しており，あまりに齟齬が大きい。現状の前期古墳編年からすれば，長期編年説に妥当性があるが，短期編年説も中国鏡諸鏡式との堅実な対照をへたうえで構築されており，説得力がある。この齟齬を解消しないかぎり，前期古墳の実年代を決める資料として，三角縁神獣鏡を使用することには躊躇せざるをえない。実年代が判明している中国鏡諸鏡式との綿密な比較対照と，古墳における三角縁神獣鏡のセリエーション分析および他器物との共伴関係の堅実な分析とを両輪として，検討を進めてゆくことが，地道ではあるが解決への捷径となろう。

E　理化学分析

1980年代以降，データが着実に積み重ねられ，その研究上の可能性に期待が寄せられてきているのが，鉛同位体比分析を軸とした理化学分析である。その結果，鉛同位体比の分布領域において，中国の南北・韓半島（の南北）・日本産の鉛が区別でき，魏の紀年銘鏡と呉の紀年銘鏡も明確に分離でき，さらに中国製三角縁神獣鏡が魏の紀年銘鏡と同一の領域内にあることが判明している〔馬淵 1996 等〕。近年，SPring-8で実施された微量成分分析の結果も，中国製三角縁神獣鏡に中国産の原料が使用されている可能性を支持し，徐州に位置する山東省薛国故城で，漢代の大規模精錬遺跡が発掘されていることも，中国製三角縁神獣鏡が魏鏡である可能性を補強している。

しかし，鉛同位体比分析では，複数の産地の鉛がブレンドされている場合，それら個々を同定することは困難である。実際，ブレンド論の立場から，日本産鉛を使用したとの説も唱えられており，趨勢はまだ完全には定まっていない。また，鉛同位体比のデータが示すのは鉛の産地であり，原材料の移動を考慮する必要があり，鉛産地すなわち製品の製作地とはならない。

したがって，鉛同位体比分析などの理化学分析の成果と考古学的分析の成果とを拙速に結びつけることには慎重であるべきで，それぞれの方法論に立脚して方法論を磨き，堅実に分析を積み重ねつつ，相互の成果および見解を参照しあって総合的な解釈を構築してゆくことが理想となろう。たとえば，型式(学)的研究の成果として，三角縁神獣鏡の製作工人のグループや編年段階，さらには三角縁神獣鏡と中国鏡諸鏡式との系譜的関係が示されているのだから，それらの成果と理化学分析の成果とを比較検討することは有意義であろう。

F 政治史論と流通論

三角縁神獣鏡が日本考古学(および古代史)において重要視されてきたのは，なによりもその政治史的な意義ゆえである。すなわち，製作時期や数量の多さから，魏と倭国との政治的関係を示す「銅鏡百枚」に該当する鏡式とみなされ，さらに同笵(型)鏡が畿内地域を核として列島の広域に拡散している状況をもとに，古墳出現期における「大和政権」の政治的伸張プロセス，あるいは列島広域の政治的関係の消長が読み解かれてきた〔小林行 1955a・1957b；福永 1996b 等〕(IV - 図78・79)。近年では，より詳細に分布状況を追跡しつつ，威信財論や儀礼管理の観点を援用して，(初期)国家形成論などといったいっそう大きな枠組みのなかで，その分配・流通を理解しようとする姿勢が顕著である〔福永 2005a 等〕。また，諸地域内における分布状況の時期的変化から，地域内の勢力変動を読みとる研究や，受領者サイドに焦点をあてる視座も，前面にあらわれつつある〔辻田 2007a 等〕。流通方式に関しても，いっそう細密かつ具体的となり，最近では「参向型」が有力化し，王権中枢の有力者や諸地域の有力者の代替わりなどといった特定の機会に分配されたとの見解が一般的になりつつある。

しかし，威信財論の枠組みを三角縁神獣鏡にあてはめただけの研究や，認定基準を提示せずに再分配の存在を主張する説など，十分

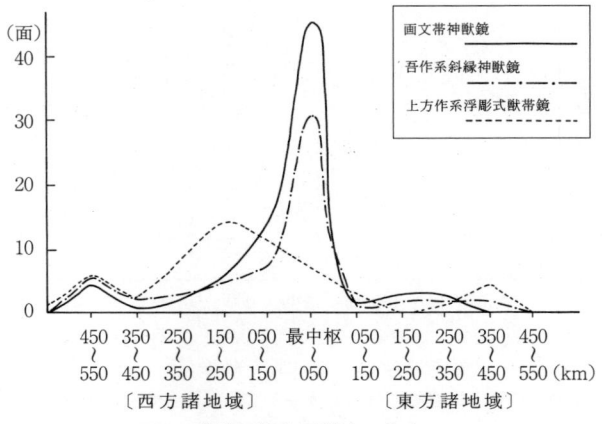

V - 図1 漢鏡7期主要鏡式の分布パターン
註 「最中枢」からの距離はIV - 図79を参照。

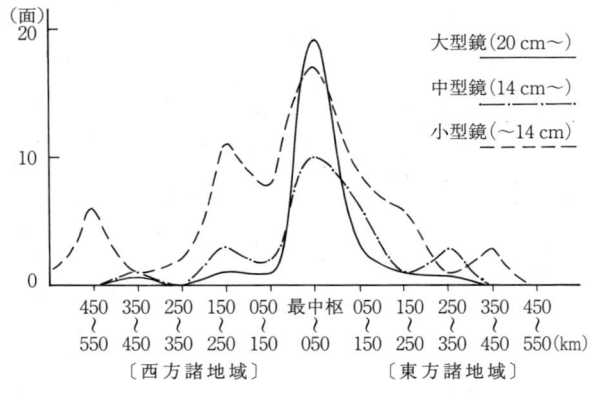

272　V　三角縁神獣鏡研究の将来

V-図2　倣製鏡の分布パターン(1)(前期前葉〜中葉)

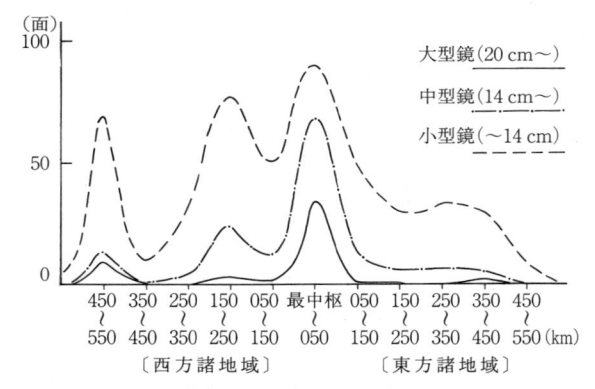

V-図3　倣製鏡の分布パターン(2)(前期後葉)

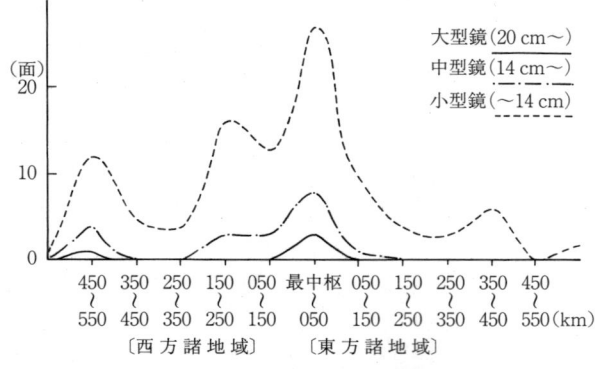

V-図4　倣製鏡の分布パターン(3)(前期末葉〜中期初頭)

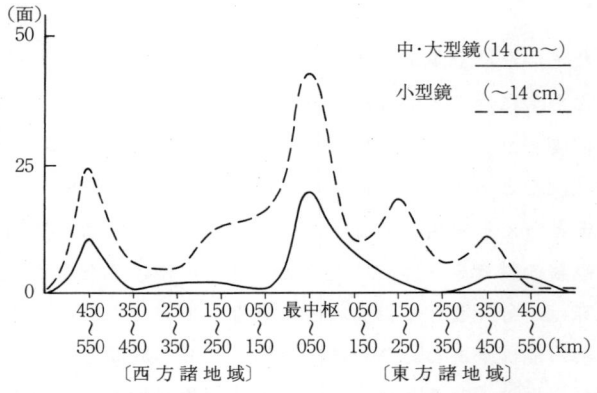

V-図5 仿製鏡の分布パターン(4)(中期前葉〜後葉)

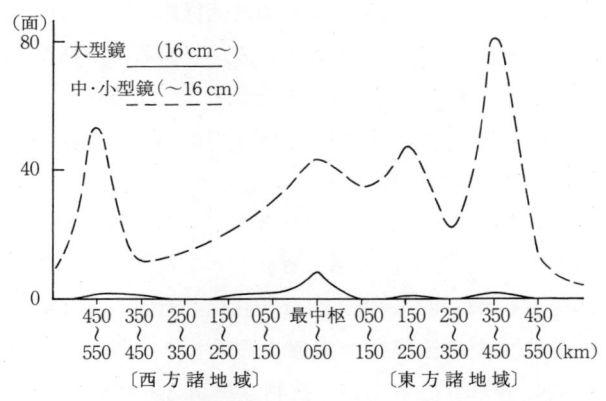

V-図6 仿製鏡の分布パターン(5)(中期末葉〜後期前葉)

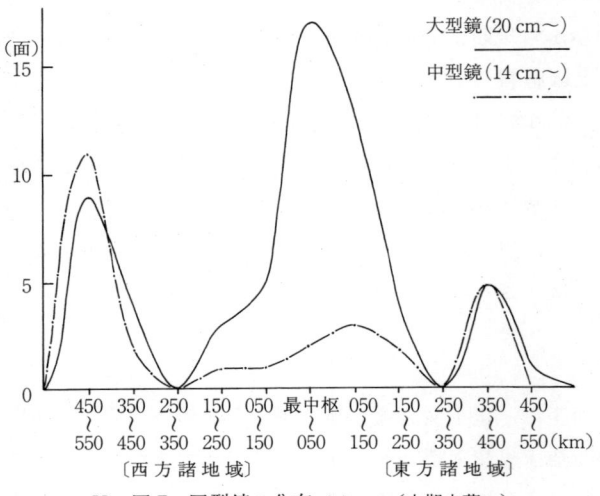

V-図7 同型鏡の分布パターン(中期中葉〜)

な資料および分析に裏づけられていない立論も，依然として多い。現在において必要な視角は，おおよそ以下のふたつになるのではなかろうか。

　第一に，汎列島レヴェル・旧国レヴェル・小地域レヴェル・古墳群レヴェルなど，多層的な空間レヴェルで分布状況をとらえ，かつ同時に古墳群レヴェル・古墳レヴェルでの保有状況〔森下1998a〕をとらえる視角である。この作業により，流通―受領―保有―副葬までの三角縁神獣鏡の動きを具体的に突きとめる途が拓けるだろう。そもそも，三角縁神獣鏡の意味は，分配者と受領者とでことなっていたであろうし，授受の局面ごとに相違していた可能性もある。さらに，流通―受領の局面と，有力集団内での保有の局面，副葬の局面のそれぞれにおいて，この器物がはたした機能もことなろう。三角縁神獣鏡の流通様態から，古墳時代前期の政治関係をとらえるアプローチは，いまだ有効である。しかし，多様な局面におけるこの器物の機能および意義，そしてこの器物を媒介として結節される有力集団間関係をつぶさに究明してゆくことで，当時の政治関係の実態をより詳細に浮かびあがらせることが可能になるのではなかろうか。

　そして第二に，上記のようなミクロな視角を涵養する一方，列島レヴェルの分布パターンを長期的に鳥瞰するマクロな視角も，推進してゆくべきである。三角縁神獣鏡とそれ以前の諸鏡式の分布状況を対照し，弥生時代末期ごろから古墳時代前期にかけての政治変動の実態を復元するアプローチ〔岡村1999a；福永2005a等〕（Ⅱ-図38；Ⅳ-図80；Ⅴ-図1）は，批判も提示されている〔辻田2007a等〕が，大枠では有効であると考える。しかし，それらの分析は三角縁神獣鏡で打ち止められ，数量的にその数倍に達し，しかも前期前葉から後期まで長期的にわたって存続する仿製鏡，そして中期の同型鏡の分布状況は軽視されている。だが，これらの分布パターン（Ⅴ-図2～7）も，その時々の社会・政治状況を反映して変動しており，弥生時代から古墳時代全時期にかけての分布パターンを通観してこそ，三角縁神獣鏡の流通様態が示す意味も，その背後にある政治的状況もより闡明できよう。

　つまり，従来の研究にくわえて，以上のふたつの視角を併行して推し進めることで，三角縁神獣鏡の政治史的研究はさらなる展開をとげてゆくものと思う。

G　信仰論と銘文研究

　三角縁神獣鏡の鏡背には，西王母・東王父をはじめとする図像および銘文が鋳出されており，そこに神仙思想や道家思想を読みとる研究もなされてきた。古墳での副葬方式に，辟邪の思想や『抱朴子』における道家的な鏡の使用法が反映している

との見解も提示されてきた。

　面白い見解ではあるが，多くの所説は，銅鏡じたいの綿密な分析に裏づけられたものというより，卑弥呼の「鬼道」や古墳の三段築成，埋葬施設における水銀朱の大量使用などといった，神仙思想を連想させる事象に副えて論じられているにすぎない感が強い。実物資料に根ざした検討成果にしたがえば，三角縁神獣鏡の図像は同種の文様をパーツ的に組みあわせて構成されており，銘文も任意の銘句の合成であり，そこに神仙思想を読みとることはむずかしい〔岡村 1999a；林裕 1998 等〕。そもそも，考古資料から信仰の実相を読み解くのは至難であり，三段築成などにみる状況証拠や文献史料を援用したところで，現状の議論は，牽強附会の域をでていないと結論せざるをえない。

　三角縁神獣鏡に神仙思想がこめられていたとの仮説を検証してゆくためには，まず第一に，三角縁神獣鏡の同時代(魏晋代)に神仙思想が成立していたか否か，成立していたとすればそれがほかの考古資料にいかに反映しているかを明らかにしておかなければならない。第二に，三角縁神獣鏡に神仙の図像や銘文が配されていたとしても，それらの意味を製作工人が理解して配置したか否かを究明する必要がある。鏡背の構成パーツとして，あるいは流行の文様として採用しただけであれば，そこに神仙思想を読みとることはできないからである。第三に，もし三角縁神獣鏡に神仙思想が表現されていたとしても，それを受容者側の倭人がどのていど理解して使用していたかを明確にしなければならない。この３点に配慮せず，神仙思想論をくりひろげたところで，おのずと限界があろう。これらの検証には，鏡背文様や副葬状況の緻密な分析が必要不可欠であり，神仙思想との関連性を探りだすことを目的とした部分的な検討では，感覚的な議論からのブレイクスルーは期待できない。

　他方，鏡背に鋳出された銘文も，当時の思想や信仰の姿に迫りうる重要資料である。任意の字句の合成が目立つ三角縁神獣鏡の銘文から，思想や信仰の実態を解明することには一定の限界もあるが，三角縁神獣鏡に顕著な銘句を検討し，鏡背文様と銘文との関連性，そして同時期の諸鏡式の銘文との比較を追究することで，この限界を克服しうると考える。

　上記の諸テーマと比較すると，銘文の研究はこれまで相対的に低調であったが，思想や信仰の究明にとどまらない大きな可能性を内包している。いくつか挙例すれば，たとえば三角縁神獣鏡の銘文は，漢鏡５期の方格規矩四神鏡に頻見する銘句を多用するという特徴があるが，これは魏晋鏡において漢鏡の鏡式がさかんに復古されたことと軌を一にした現象であり，この時期の銅鏡生産の姿勢を銘文からも明ら

かにしうる。また,「陳氏」「張氏」「王氏」などの作鏡者銘と特定の神獣鏡表現とが相関性をみせることなどから,製作工人グループの出自や動向,さらには三角縁神獣鏡の創出経緯を復元することも,今後の研究の深化によっては可能となるかもしれない〔林裕 1998〕。のみならず,これまで銅鏡研究において射程にはいることがほとんどなかったが,当時の音韻体系や文学の動向をとらえることも,有望なアプローチである。たとえば三国西晋期は,上古音から中古音への過渡期と推定されているが,押韻や仮借をふんだんに使用する三角縁神獣鏡は,当時の音韻システムに迫りうる重要な物証である。また,同時期の中国鏡諸鏡式と同様,三角縁神獣鏡の銘文は四言句と七言句を頻用するが,これは魏代に興隆した建安文学において,その詩のほとんどが五言詩であったことと対照的であり〔岡村 2009b〕,当時の詩文の多様なあり方を示唆する。

このように,三角縁神獣鏡研究の課題はまだ山積しているが,課題の山を掘り進めることによって,多様で豊かな研究成果がうみだされてゆくことが期待できる。そのためには,資料・分析・解釈の堅実な積み重ねと,それらの絶え間ないフィードバックがなされなければならないが,近年の研究動向をみると,それらいずれにおいても,期待をよせるにたる成果が蓄積されている。それゆえ筆者は,三角縁神獣鏡研究の将来にたいし,いささか楽観的な展望を示すわけである。

ただ,先行研究とデータが厖大に膨れあがった必然の結果として,これまでの諸研究で解明されたこといまだ不分明なこと,継承すべき方法論と批判すべき点,さらには研究の前提としておさえるべき基礎データなどを十分に把握することが,ますます困難になりつつあることは,研究の将来に翳を落としかねない。それゆえ,本書では,将来の研究に資することを目的として,先行研究の交通整理をつうじて論点を抽出し,資料集成をおこなった次第である。

今後,三角縁神獣鏡研究がさらに進展し,この 2010 年代が,新たな研究ステージとして輝かしい成果に満ちあふれてゆくことを祈念して,筆を擱きたい。

註

[I]
1) 『三国志』魏書東夷伝の本文には「景初二年」とあるが,「三年」の誤りとする定説にしたがう。
2) ただし,「日本」列島は当時,「国家」と呼べるほど鞏固なまとまりを確立していなかったため, この語は不正確である。畿内地域の政体を核とする列島の諸政体と中国王朝および東アジアの諸政体との(諸)関係とよぶのがより正確だが, 煩瑣になるので便宜的にこの語を使用する。
3) 三角縁神獣鏡の製作地については, 長い論争があり, いまだ結着はついていない(IV章参照)。しかし, 近年の研究からみて, 中国大陸の華北において製作された可能性が高まっている。本書では, とくにことわらないかぎり, 華北製作説の立場から記述する。
4) 内容が詳細でないものの, 泰始二年以後の, 倭と中国王朝の関係を伝える記事として,『梁書』東夷伝に,「復立卑弥呼宗女台与為王。其後復立男王, 並受中国爵命」との記載がある。また,『晋書』帝紀には, 3世紀第4四半期に東夷諸国が連年のごとく西晋王朝へ朝貢しており, このなかに倭国がふくまれる可能性が指摘されている〔大庭 1981〕。以下, 参考までにそれらの記事をかかげる。

   咸寧二(276)年……「東夷八国帰化」,「東夷十七国内附」
     三(277)年……「西北雑虜及鮮卑, 匈奴, 五渓蛮夷, 東夷三国前後十余輩, 各帥種人部落内附」
     四(278)年……「東夷九国内附」
   太康元(280)年……「東夷十国帰化」,「東夷二十国朝献」
     二(281)年……「東夷五国朝献」,「東夷五国内附」
     三(282)年……「東夷二十九国帰化, 献其方物」
     七(286)年……「東夷十一国内附」
     八(287)年……「東夷二国内附」
     九(288)年……「東夷七国詣校尉内附」
     十(289)年……「鮮卑慕容廆来降, 東夷十一国内附」,「東夷絶遠三十余国, 西南夷二十余国来献」
   太熙元(290)年……「東夷七国朝貢」
   永平元(291)年……「東夷十七国, 南夷二十四部並詣校尉内附」

[II]
1) 樋口があげる銘式は以下のとおりである。
   K式 吾作明竟(または陳氏作竟)甚大好 上有仙人不知老……
   Qa式 尚方作竟佳且好 明而日月世少有……
   Ra1式 吾作明竟甚大好 上有東王父西王母……

　　　　Ra2式　　陳是作竟甚大好　上有王父母……
　　　　Rb1式　　張氏作鏡真巧　仙人王喬赤松子……
　　　　Rb2式　　吾作明竟甚大工　上有王喬赤松師子　天鹿……
　　　　Rc式　　 吾作明竟甚大好　上有神守及龍虎身有文章……
　　　　U式　　 新作大(明)鏡　幽律三剛　配德君子　清而且明　銅出徐州　師出洛陽……
　　　なお，この樋口の分類にたいして，近年，林裕己による修正案が提示されている〔林裕 2006〕。

2)　たとえば，三角縁神獣鏡に特有の「甚大工」の銘句は，「鏡陳氏作甚大工　刑暮周刻用青同　君冝高官至海東　保子冝孫」(目録15)，「吾作明竟甚大工　刑母雕刻用青同　保子冝孫」(島根県造山1号墳出土の魏代の方格規矩鏡)，「泰始九年三月七日　張氏作青同竟甚大工　青且明」(泰始九年銘張氏作同向式神獣鏡)にあり〔田中琢 1985等〕，「甚獨奇」の銘句は，「吾作明竟甚獨奇　保子冝孫富無訾」(目録101)および「吾作明竟甚獨　保子冝孫富無訾　奇」(目録233)のほか，「吾作明鏡甚獨奇　保子冝孫富無訾」(河北省易県燕下都武陽台東採集の魏(晋)代の方格規矩鳥文鏡)において共通し〔福永他 2000〕，「同出徐州」の銘句は，「王氏作竟甚大明　同出徐州刻鏤成(後略)」(目録79)と「吾作大竟真是好　同出余州　青且明兮」(遼寧省遼陽市三道壕1号墓出土の魏代の方格規矩鳥文鏡)にみとめられる〔福永 1996a〕。

　　　また，「尚方作竟佳且好　明而日月世少有　刻治今守悉皆右　長保二親冝孫子　冨至三公利古市告后世」(目録100)と「尚方作竟佳且好　明而日月世少有　刻治今守悉皆右　長保二親冝孫子　冨至三公利古市　傳告后世樂無已」(奈良県佐味田宝塚古墳出土の魏代の尚方作神獣車馬画象鏡)や，「吾作竟自有紀　辟去不羊冝古市　上有東王父西王母　令人長命多孫子」(目録50)と「吾作竟有文章　辟去不羊冝古市　上有東王父西王母　令人長命多孫子」(伝奈良県奈良市山村出土の神獣龍虎画象鏡)のように，銘文がほぼ一致する事例もある〔笠野 1983；車崎編 2002等〕。

3)　車崎正彦は，三角縁神獣鏡をふくむ魏晋代の銅鏡が，「漢代の鏡に描かれた図紋本来の思想的規範から逸脱する傾向が顕著にみられる」ことを重視しつつも，「その図紋に思想的裏づけをもたないはずはなく，思想の表現方法あるいは表現する思想の内容が違っていたにすぎないのであろう」と評価している〔車崎 1999d, p. 393〕。

4)　ただし，三角縁神獣鏡の鋳型も古墳時代の仿製鏡の鋳型も未発見である。

5)　同文の鏡群については，岸本直文が主張するように，「同じ笵だとわかれば同笵鏡と言い，同じ原型からであったら同型鏡と言えばいいのですが，それが不明なものの総称としては同文鏡という」のが現実的な呼称法だろう〔福永他 2003, p. 128〕。

6)　施文法や施文工具については，原田大六の先駆的研究や鈴木勉の最近の研究に詳しい〔原田 1961a；鈴木勉 2002〕。

7)　中国鏡の沿革については，〔梁 1940～42；後藤 1942a・1942b；樋口 1979a；孔他 1984(1991)；周 1993；段編 1998；車崎編 2002；施正 2003；管 2006〕などが詳しい。このところ，中国において鏡鑑をあつかった図録および書籍が堰を切ったように出版されており，今後いよいよ中国古鏡の実態が明らかにされてゆくものと期待される。

8)　紀元190年代の画期については，車崎のほかにも指摘がある。たとえば上野祥史は，神獣鏡を計6期に編年したうち，第二期および第三期が漢鏡7期に相当するとし，第三期の開始を紀元190年ごろとする〔上野 2000〕。また，徐苹芳は，三国期から南北朝後半期までの銅鏡の様相を3期に区分したうち，第一期の「三国西晋時代」の開始を建安元年に設定している〔徐 1985〕。

9) 吾作系斜縁神獣鏡については，鏡式じたいの変遷〔村松 2004；実盛 2009〕ならびに系譜〔岡村 1999a；上野 2005a・2006；森下 2007c 等〕の面では，最近の研究により明らかにされつつあるが，紀年銘や共伴資料を欠くため，その製作年代はいまだ判然としない憾みがある。岡村秀典は，かつてこの鏡式を漢鏡7-3期に位置づけ，3世紀前半の製作を想定していた〔岡村 1989c・1990・1999a〕が，最近ではそれ以降の魏鏡とみている〔岡村 2001a・2005a〕。ただ，福永伸哉は「後漢末期〜三国初期にかけて製作された可能性が高い」と説き〔福永 2001a, p.71〕，車崎正彦は，「2世紀末あるいは3世紀初頭のおそらく短期間の製作」と推測し〔車崎 2002b, p.95〕，森下章司は「画文帯同向式神獣鏡との共通性からみると，2世紀後葉から3世紀前半の鏡式」ととらえ〔森下 2007c〕，上野祥史は3世紀前半を考えている〔上野 2006〕ように，諸論者の見解は，おおむね2世紀末〜3世紀前半でまとまりつつあるようである。なお，この鏡式の作像系譜については，華北東部系の劉氏系の画象鏡に求めることができ〔上野 2006 等〕，これに「半肉彫り表現が取り入れられ，それからさらに外区紋様や銘文などを定型化させて成立した」と推定できる〔実盛 2009, p.110〕。

10) 他方，漢鏡7期の鏡群のほとんどが，古墳時代の開始以降に，三角縁神獣鏡とともに列島にもたらされたとする異論もある〔辻田 2001 等〕。

11) ただし立木修は，華南においても鏡生産の基調は踏み返しであると推定している〔立木 1994a・1994b〕。

12) たとえば魏の文帝曹丕(そうひ)は，黄初三(222)年に以下の詔を発している。

「冬十月甲子，表首陽山東為寿陵，作終制曰，「(中略)故営此丘墟不食之地，欲使易代之後不知其処。無施葦炭，無蔵金銀銅鉄，一以瓦器，合古塗車，芻霊之義。棺但漆際会三過，飯含無以珠玉，無施珠襦玉匣，諸愚俗所為也」」(『三国志』魏書文帝紀)。

なお，中国本土からは，三角縁神獣鏡だけでなく，魏晋代の大型鏡もほとんど発見されていないが，その理由として，薄葬の風の浸透のために大型鏡が副葬されなかったことを想定する有力な説がある〔笠野 1998；車崎 1999d 等〕。ところで2009年末，河南省安陽市安豊郷西高穴村の「曹操高陵」から，「魏武王」の銘を刻んだ石牌などが出土し，さまざまな証拠から曹操の墳墓である可能性が高いことが報じられた。続報を待ちたい。

13) 呉が魏に方物を貢上していたことは，『三国志』呉書孫権伝の黄初二(221)年の注の「荊，揚二州，貢有常典」との記事からうかがえる〔近藤喬 1988a；車崎 1999d〕。一方，王仲殊は貢上説をとらず，魏王朝の正朔を奉じていたために，呉において魏の年号を有する銅鏡が製作され，黄武(222-229年)の年号を樹てたのちも，「これまでと同じく魏と好を通じており，この事情から」，双方の国の年号が銅鏡に使用されたとみる〔王 1981a・1986c(1992, p.205)・1987a〕。

14) 魏末の正元元(254)年，少帝曹髦が即位に際して，尚方の諸工が技巧に流れた華美な御物を製作することをやめさせる詔を発しており，これを当該期の銅鏡が形骸化・簡略化をたどる一因とみる見解が提示されている〔車崎 1999b・1999d〕。この奢侈禁令は，車崎によると，司馬懿(しばい)が実権を掌握していた時期の政策であり，司馬氏の王朝である西晋において，この「質実剛健な政策」が「いっそう貫徹」され，その結果「晋代以降の鏡が粗略」となったという〔車崎 1999d, p.406〕。なお参考までに，当該の詔を以下にかかげる。

「減乗輿服御，後宮用度，及罷尚方御府百工技巧靡麗無益之物」(『三国志』魏書少帝紀)。

[III]
1) なお，湖北省鄂州市の蓮花村戴家山から出土した青羊盤龍鏡〔丁編 2002〕には，「同出□雒陽」の銘句があり（森下章司氏のご教示による），「銅出徐州　師出洛陽」の句が事実を反映していない可能性も残る〔王 1981a 等〕。
2) 中国製三角縁神獣鏡の同文鏡群の製作法として，原笵から複数の蠟原型を製作し，この原型をもとに同文の製品を製作する同型技法の一種を想定する福永伸哉は，同文の製品間で鈕孔方向がことなる現象をとりあげ，「後者の作業に複数工人が携わ」り，「二次笵製作移行の作業が日をあけて何日後かに実施された」ために，どの方向に鈕孔を開口させるか共有されなかったと推測している〔福永 1992a, pp. 57・60〕。また，鋳造後の仕上げ工程に関しては，同文の鏡群内で，鏡縁や鈕などの仕上げ処理が相違する事例が抽出されており〔中井 2007〕，鋳造後に複数の集団が仕上げ処理に関与していた可能性もありうる。
3) これに関連する記事として，史料的価値はほぼ皆無だが，青柳種信が『柳園古器略考』（1822年）に記した挿話を，参考までにあげておく〔清野 1955；岡村 2008a〕。
　「余が友西原晃樹 柳川侯の臣称庄右衛門松蔭舎と号す 云，昔年江戸に在て宋版の三国志を見たり，其中に魏志の倭伝に，女王の求に因て舶三艘に鏡を積で，皇国に贈りし由見へたり。今の三国志にはこの事なしと語れり。余古鏡を好む癖ありて，多くの古鏡を見しに，古冢より出る物は，十に七八は異邦の製也。神宝にあるものは，多くは倭鏡なり。世間に流伝する物は倭漢相半す。かゝれば舶三艘を以て鏡を皇国に運ぶといふもの，必虚ならじ。然らずは漢魏の古物，千載の今にかく多く伝はるべきや」。
4) ただし目録 201 鏡（の原鏡）については，捩文座を配することを根拠に，4 段階変遷の第三段階に位置づける見解〔福永 1996a 等〕や，3 段階変遷の第二段階に位置づける見解〔辻田 2007a〕がある。それを是とした場合，中国製三角縁神獣鏡の終焉年代は一段階くだることになる。
5) この時間的ギャップは，これら両段階の三角縁神獣鏡に時期的に併行する仿製鏡の共伴状況においても確認できる。
6) 「尚方作竟真大巧，上有仙人不知老，渇飲玉泉飢食棗，浮游天下敖四海，徘徊神山採芝草，壽如金石為国保」〔樋口 1953b〕（句末の。印は拙訓を示す）。
7) このほか，神獣像形式と銘文の字体・銘末の記号の種類・方格銘の使用の有無とが対応する事例も散見する。

[IV]
1) とはいえ，諸説をすべてとりあげることも，諸論者の意図を細大漏らさず記すことも，筆者の能力をこえる。それでも筆者は，これまでの論争や議論が実りなきものに終わりがちであったのは，他論者の見解への無理解や無視によるところが大であったと考えるので，今後の研究に役立てるべく，あたうかぎり多様な見解をとりあげるようつとめたく思う。
　また，三角縁神獣鏡の論争や議論の歴史をふりかえると，見解の相違を学閥のちがいに帰す論法がしばしばみられる。とりわけ，いわゆる学術誌や学術書ではない書籍に目立つ論法である。学閥がまったく存在しないとまでは思わないが，議論や論争において問うべきは論拠および論理である。他論者の見解を学閥の相違で切り捨てる態度は，なんらかの根拠をあげているようで，じつのところ議論じたいを拒絶している点で，無理解や無視よりも質が悪い。したが

って，本書では学閥について明示的にはふれないことにする。

　さらにこれと関連して，諸見解を一括して批判する立場も，本書では基本的に採らない。研究史をたどると，たとえば「三角縁神獣鏡国産説は結局のところ」云々や，「魏鏡説は総じて」云々といったたぐいの記述をしばしばみかける。しかし，国産説にせよ魏鏡説にせよ，論者によって論拠も論法もことなるのであり，これらをひとまとめに批判するのは，議論に誠実な態度とはいえないし，議論の深化を拋棄した態度ですらある。他説の論理や論拠を十分にふまえたうえで議論を発展させることこそ，あるべき議論の姿であろう。

2) 田中は，19世紀末から1920年代までを第一期，第二次世界大戦参戦までを第二期，1950年代までを第三期，そして1990年代前半までを第四期と区分する〔田中琢 1993a〕。
3) 本書において使用する目録Nなる用語は，〔京都大学文学部考古学研究室編 1989〕において作製された「三角縁神獣鏡目録」に付された番号である。本論では，これを修正補訂した成果〔森下・千賀編 2000；福永 2005a；岩本 2005c〕を参考にし作成した番号を使用している（資料2参照）。
4) 『千とせのためし』に掲載された三角縁神獣鏡（IV-図1）については，かつて清野謙次が図示しつつ，「何十度かの木版刷が行はれた丈けに，申分のない精巧なる描写の色刷を示して居」り，「江戸期鑑本中で最も美事に図されて居る」と絶賛している〔清野 1955, p. 308〕。最近，徳田誠志が本鏡を詳細に検討し，これが奈良県佐味田宝塚古墳出土鏡（目録29）と同笵（型）である可能性が高いことを指摘している〔徳田 2007〕。
5) ここでの狩谷棭斎蔵鏡に関する記述と註6)および9)の記事は，森下章司が作成したレジュメ（2006年6月6日『中国古鏡の研究』京都大学人文科学研究所）に依拠している。なお，狩谷棭斎蔵鏡については，上記の『鏡研搨本』なる冊子にその一部が収録されていることを，森下が詳細に報告している〔森下 2004a〕。
6) 森下作成のレジュメに掲載されている静嘉堂所蔵の『慊堂日暦』のマイクロフィルムと照合してみると，〔松崎 1980〕には若干の誤りがあるので，本論のように訂正しておく。また，「其㸰」の各字の偏に「Φ」形の記号が付されている。ほかの箇所を確認していないので明言できないが，偏の省略を示した記号と考えられる。
7) 徳田は，『千とせのためし』所載鏡が，「前漢仙人不老鑑」ではないかと推測している〔徳田 2007〕。
8) 清野は，その理由として「拓本の技術が進まなかつた為め，図を描くのがむづかしかつた為め，実物の出土が少なかつた為めに，鏡に年代的序次を附する所迄は思ひ到らずして，唯興味を感じて居た丈け」〔清野 1944, p. 298〕であったことをあげる。
9) たとえば，小林行雄は，毎日新聞紙上に，「「師子天鹿其㸰龍」という句がある。大正期に後半の三字を「其義龍」と読んだ人があるが，それでは意味がわからない。戦後になって別の学者が「其㸰」の二字に鹿偏を補って読めばよいことに気づいた。これで「獅子・天鹿・麒麟・龍」と，四種の聖獣の名を並記したものであることが判明した。これだけの解決に，四十年の歳月が経過している」〔小林行 1984〕と書いている。だが，上述のようにこの銘文は，四十年どころかすでに1830年代に，「其㸰」の偏に記号を打って，「天鹿其㸰龍」と釈読されている〔森下作成レジュメ 2006〕。戦後，江戸期の文献を探索する姿勢が，日本考古学（少なくとも古墳時代研究）から消えたが，そのため迂路を余儀なくされることもあった。これも，そうした一例と

10) 一方，東京帝国大学には，おもに先史時代遺物が収集された。なお，帝室博物館は，1900年にこの名称に定まるまで，改称がくりかえされた。本書では，便宜的に帝室博物館の名称をもちいる。

11) この論攷が一書にまとめられたさい，14類31種に増補されている〔高橋 1911b〕。

12) 本鏡の紀年銘が「□」始元年と表記されるのは，発掘時の破砕により，銘帯の当該部分が欠失しているためである。そして，1917年に発掘された兵庫県森尾古墳出土鏡も，運悪く当該部分が欠損していた。このため，確実な元号比定ができなかったのである。

13) この一文の直後に，「魏志に正始元年倭女王に鏡を贈れる記事見ゆれど，よもやこの鏡にはあらざるべし」〔高橋 1911a, p. 49〕と記しているのは興味深いが，惜しいことに根拠があげられていない。

14) 富岡は，のちにこの「第二種神獣鏡」に相当する「半肉刻神獣鏡」を「大形のもの」と「小形のもの」とにわけ，おおむね前者に三角縁神獣鏡，後者に吾作系斜縁神獣鏡をふくめており〔富岡 1920b〕，両者の分離を志向していたことがうかがえる。さらにまた，高橋と同じく，この「半肉刻神獣鏡」を，神獣像の数を基準にして，(イ)「二神二獣鏡」から(ヌ)「六神四獣鏡」まで計10式に細分している。

15) ただし，〔富岡 1920a〕は富岡の早逝後，梅原が生前の聞き書きをまとめた梗概であり，これがどこまで精確に富岡の見解や真意を反映しているか明確ではない。

16) 梅原は，三角縁神獣鏡の(一部の)年代について，この見解にたどりつくまでに，「劉宋初期」〔梅原 1916a, p. 67〕，魏～六朝中期〔梅原 1916c〕，「三国時代より六朝時代」〔梅原 1916b, p. 53〕，「三国の製作」〔梅原 1917a, p. 386〕，「魏晋若しくは其以前」〔梅原 1918, p. 26〕と微妙な変更を重ねている。

17) なお喜田は，三国～六朝の鏡が「比較的彼の地に存することが少く，却つて我が国に多い」〔喜田 1919, p. 17〕ことの理由として，魏の文帝が布いた薄葬令をあげている。1960年代以降に議論の争点になる，中国から三角縁神獣鏡が出土しないことへの先駆的解釈である。中国で三角縁神獣鏡が出土しない主因に魏の薄葬令をあげる考えは，以後も多くの論者が採用している〔樋口 1978a；笠野 1998；車崎 2002c 等〕。

18) ただ中山は，海獣葡萄鏡のような隋代の鏡が，「王莽鏡」の意匠を継承していると主張するさいに，「王莽代前後の鏡鑑が隋代に至つて復活さるゝ運命に際会したならば，漢建武五年鏡の如き浮彫文様を有する鏡も亦同じ運命を担ふて居るやうである」〔中山 1919d, p. 9〕と述べている。つまり，王莽代の意匠が，後世の隋代に復古されたと主張するのである。しかし，その理窟からいえば，「王莽代前後の鏡鑑」が魏晋代に「復活」していても，別によいのではないか。

なお，後述するように，このような「復活」に関して，三角縁神獣鏡の文様要素および銘文が，前代の諸要素を合成させ復活させていることが明らかになりつつある〔西田 1971；林裕 1998；車崎 1999d〕。それゆえ，三角縁神獣鏡の銘文と「王莽鏡」との関連の深さから，前者を新代(1世紀初頭)の作とする三木太郎の説〔三木 1992a・1998〕には無理がある。

19) 梅原は，批判の第一矢〔梅原 1919a〕ののちにも，反論の重要な論拠を提示している。たとえば，「雒陽」→「洛陽」への改称を補強する資料として，楽浪漢墓出土漆器の始建国五年紀年銘文に改称地名がでてくることをあげ，そしてまた守屋孝蔵旧蔵の太康三(282)年銘対置式神獣鏡

の銘文が「新作徐州」銘三角縁四神四獣鏡と同様に四字句であり，王莽代の四字句＋三字句の対句とはことなることを説いている〔梅原 1926〕。さらには，兵庫県森尾古墳において，三角縁新作徐州銘四神四獣鏡と□始元年鏡が別個の埋葬施設から出土しており，前者を王莽代の作とすれば，後者の泰始ないし正始とおよそ250年のへだたりが生じ不合理であることもあげる〔梅原 1921a〕。この指摘は，鏡が副葬されるまでの来歴を考える視点として興味深いが，当墳のもう1基の埋葬施設から前漢代の唐草文帯方格規矩鏡が出土しているので，梅原の批判も十全とはいえない。

20) この論文は連載方式で1919年から掲載がはじまり，最初は銅鏃の分析がなされていた。それが，連載途中で捲きおこった王莽鏡「論争」に応ずるかのように，銅鏃の年代決定には共伴品目の検討が必要とのいささか強引な理窟によって，三角縁神獣鏡の分析に論文の主眼がシフトしていった。

21) 後藤の分類は以下のとおりである。

　　第Ⅰ種（四神四獣鏡）…第一式（徐州式四神四獣鏡）・第二式（徐州式的四神四獣鏡）・第三式（獣帯式四神四獣鏡）・第四式（唐草紋帯式四神四獣鏡）

　　第Ⅱ種（二神二獣鏡）…第五式（唐草文帯式二神二獣鏡）・第六式（獣帯式二神二獣鏡）・第七式（神人龍虎鏡(ママ)式二神二獣鏡）

　　第Ⅲ種（三神三獣鏡）…第八式（獣帯式三神三獣鏡）・第九式（ゾディアック式三神三獣鏡）・第十式（波紋式三神三獣鏡）

なお，第九式はすべて現在の分類でいう仿製三角縁神獣鏡であり，第七式には吾作系斜縁神獣鏡がふくまれている。

この6年後に後藤は，神獣鏡をまず三角縁と平縁(ひらぶち)に二分し，次に配置方式で階段式と放射線式に二分し，さらに四神四獣鏡・二神二獣鏡・三神三獣鏡に三分し，最後に内区外周の文様帯で分類している。その結果，三角縁神獣鏡は11の型式に分類され，「獣文帯四神四獣鏡」や「唐草文帯四神四獣鏡」など，現在のものにかなり近い分類名称が案出された〔後藤 1926a〕。

22) ルジメント（痕跡器官）は，型式（学）的方法の重要概念であり，濱田の的確な定義を引用すれば，「嘗ては一の 機能(フワンクション) を有せし部分が，後ち其の意義を失ひて唯だ痕跡を止むるもの」〔濱田 1919, p.63〕である。

23) また後藤は，「陳是作竟」「陳氏作竟」の銘を有する第二式・第六式・第七式の鏡が，その手法の類似から，「同一の者，又は少くも数代の間に製せられし」〔後藤 1920a, p.44〕ことを説き，その製作期間の短さを指摘していることも，のちに小林行雄が採る短期編年説の萌芽として特筆される。

24) 本論文中において「三角縁神獣鏡」の名称が1ヵ所で使われている〔後藤 1920c〕が，おそらく誤植であろう。

25) なお，この現象について梅原は，次のような重大な解釈を披瀝する。まず，白神壽吉所蔵の楽浪梧野里出土の簡略化した方格規矩鏡が，画象鏡などと同様の三角縁を有することに注目し，漢代から魏晋代にかけて，元来は平縁であった方格規矩鏡が三角縁へと変化していったと推測する。そして，韓半島北部出土鏡は漢代の平縁のものが多い事実から，三角縁神獣鏡の類が当地域にみあたらないのは，三角縁神獣鏡と当地域出土鏡の盛行期に先後差があるためと解釈するのである〔梅原 1924a〕。この見解は，楽浪出土鏡が建安年間以前のものとする立木修の指摘

と一脈通ずるものがある〔立木 1994a・1994b〕。また，予察レヴェルながらも，平縁から三角縁への生成プロセスを推測した最初期の研究として注目できる。なお梅原は，西晋鏡の内区文様が平面的で半肉彫の呉鏡といちじるしく相違することや，南北朝時代には戦乱により鋳鏡が衰微したことなども説いている〔梅原 1924a・1925d〕。これは，両晋南北朝時代の銅鏡生産の実態および地域性に注目する1980年代後半以降の研究〔徐 1985；近藤喬 1993；上野 2007 等〕の先駆である。

26) また，魏晋鏡を副葬する古墳が魏晋代の造営とはかぎらないとの指摘は重いが，「同一型式の古墳であるからといって，必ずしも同一時代のものとして認むべきでないという場合も予想しなければならない」〔橋本 1925b，p.79〕との主張にいたっては，「ひとしくこれを古墳墓と称するが中にも，あまたの流派系統あるべく，同一時代のもの，必ずしも同一形式にあらず，同一形式のもの，また必ずしも同一時代にあらず，古式のもの必ずしも新式のものよりも古からず，新式のものまた必ずしも古式のものより新しからず」〔喜田 1914(1971)，p.489〕という遺物の消長観と同じく，考古学的方法への不信をあからさまに表明したものといえる。

27) 梅原は，簡素なものが複雑なものに先行するととらえており，奈良県佐味田宝塚古墳などの粘土槨を福岡県豊前石塚山古墳などの竪穴式石槨よりも古くみるという，現在では否定された考えにたっていた。この考えは鏡の新古観にもつらぬかれており，堅実な資料操作により三角縁新作徐州銘四神四獣鏡を古式とみなす後藤の案〔後藤 1920b〕を，「徐州鏡の完美を古く置くは型式発達上如何にも不自然なり」〔梅原 1921a，p.64〕と却下し，「最も精巧の域に達せる徐州式の神獣鏡を中心に置き，比較的短き期間に盛行せし一類として取扱ふの寧ろ当れる」〔梅原 1921a，p.61〕と論じた。しかし，「比較的短き」としながら，併載された図では，西暦200年から300年すぎまでの100年以上の存続幅が表現されており，三角縁神獣鏡の輸入から副葬までの短期性を説く自説と矛盾をきたしている(IV–表1)。〔梅原 1925b〕のなかで伝世の否定を示唆する主張をしているだけに，この矛盾は腑に落ちない。なお梅原は，三角縁神獣鏡の存続幅を長期に見積もる考えを，のちまで保持しつづけた〔梅原 1962a〕。

28) 本鏡は，石清尾山古墳群からの出土が伝えられてきたものの，副葬古墳を正確に特定できなかった。しかし，1981年に本古墳群の鶴尾神社4号墳を発掘調査したさい，補修孔をうがった残り4分の1の破片が竪穴式石槨内から出土し，出土古墳が判明した。

29) この梅原の「同笵鏡」案にたいして荒木は，同笵鏡の呼称は現実に同一の笵から直接につくられたものに限定すべきであり，梅原の復元した蠟型技法による鋳鏡法は「同型鏡」とよぶべきと反論した。この反論にたいし梅原は，「厳密な用語として氏の示教は如何にも尤もな事」だが，現状の資料では「一々の場合に就いて，両者を区別することが不可能であつて」，「同型鏡と見ることもなほ一の可能な解釈にとゞまる実状にあつては」「厳密な用語の使用を期し得ない」と説き，「同笵鏡なる文字を」「直接間接に一つの笵から出たものを含む広い意味に使用する」〔梅原 1946，p.32〕と，現実的な提言をおこなった。しかし，現在においても，同笵鏡と同型鏡の区別は現在でも確定的でなく，「同笵鏡」の用語をもちいる場合，その多くは，梅原のいう意味で使用している。なお，荒木の具体的な研究については，『古鏡鋳造の技法』〔荒木 1942〕のほか知られていないが，梅原論文中に引用された情報は当書にはみいだせず，荒木の研究の全容は不明である。

30) これ以前に富岡謙蔵は，京都府久津川車塚古墳出土の三角縁唐草文帯四神四獣鏡(目録41)と

同八幡東車塚古墳出土の三角縁尚方作二神二獣鏡（目録100）をとりあげ，「原型を取りて其の儘に模造せるもの」〔富岡 1920c，p. 367〕と述べており，梅原も後者を「二番若しくは三番型と見るべく，質のよくない点から推すと我が国で彼の遺品を其の儘型に移して作つたものと解すべきであらう」〔梅原 1925e〕と論じており，踏み返しを示唆している．

31）なお，駒井の主張にたいして梅原が，三角縁神獣鏡のなかに明らかに兵器を銜える獣像があることを例示して厳しく反論し，再考を強くうながしている〔梅原 1944b〕．

32）あるいは小林は，奈良県佐味田宝塚古墳など，前期古墳でも新しい様相を呈する古墳から古式の三角縁神獣鏡が出土することと，伝世は一世代までとの前提とを組みあわせ，三角縁神獣鏡の短期的な製作を考えたのかもしれない．

33）小林は晩年，三角縁神獣鏡の製作年代幅を 8〜12 年とみた〔小林行 1992〕が，それより早くに，「古式鏡群」〔小林行 1957b〕である「単像式三角縁神獣鏡」を「卑弥呼の第二回朝貢か，あるいは台与の朝貢によって入手したものである可能性がある」〔小林行 1967c，p. 324〕としたり，仿製三角縁神獣鏡と同じく「新式鏡群」にふくまれる吾作系斜縁神獣鏡〔小林行 1957b〕を例示して（ただし，そこで小林があげている滋賀県安土瓢箪山古墳出土鏡は，現在では仿製鏡とされるものである〔森下 1991〕），「台与が晋に朝貢した機会に鏡を入手したとすれば，この種の鏡かもしれぬ」〔小林行 1967b，p. 304〕と述べている．このように，前述の梅原とことなり，三角縁神獣鏡研究に着手した早い時期から，この鏡式の製作期間をかなり短く見積もっていたことがわかる．

34）要するに小林は，『古事記』『日本書紀』（および『延喜式』）の記載を信頼し，行燈山古墳（崇神天皇陵古墳）を崇神天皇の陵墓とみなしたうえで，最古の古墳は，前方後円墳として整斉な形態をとるこの古墳よりも若干さかのぼると考え，当時，崇神天皇の歿年を A.D.312 年とする文献史学の最新成果〔笠井 1953〕に照らして，古墳の出現年代を 280 年ごろと推測したのである．なお，小林の論拠となった笠井倭人の論文において，「本論を草するに当り」「特に小林先生よりは，終始格別の示教と激励とを賜つた」〔笠井 1953，p. 26〕との謝辞が述べられていることを，小林の論理を理解する一助として付記しておく．

35）1990 年代以降に活況を呈することになる，三角縁神獣鏡による「威信財」論は，その源流の一端を経済人類学に求めることができる〔穴沢 1985a〕が，他方でこの議論の原型は小林によってもきずかれている．ところで，この両者は別個のものではなく，小林の三角縁神獣鏡分与論は，威信財論の始祖的な位置を占める広義の経済人類学者であるブロニスロウ＝マリノフスキーや社会学者のエミール＝デュルケームの言説に影響をうけているとみる見解がある〔山 2007・2008〕．すなわち，山泰幸によると，1940 年代に和辻哲郎がマリノフスキーの学説を詳細に解説しており〔和辻 1942〕，小林が和辻の論をしばしば引用していること，そして和辻の論と小林の論との類似性からみて，小林が和辻を介してマリノフスキーの所説を導入した可能性を指摘している〔山 2007・2008〕．小林がマリノフスキーの著作に接していたこと〔横山 1994；都出 2003〕を考えあわせれば，この指摘は妥当であろう．ただ，これにくわえて，小林が心酔していた折口信夫が，鏡を「日の御子」に寄りくる外来魂の象徴とみなし，鏡に霊魂が付着することを暗示し〔折口 1926〕，そして「諸国」から献上させた「神霊」を「諸国」に再分配することを述べていること〔折口 1933〕も，天照大神からニニギノミコトへの銅鏡授与の神話を引用しつつ議論を展開した，小林の初期の三角縁神獣鏡分与論〔小林行 1955a〕になんらかの影響を

与えていると想定しうる。実際，小林は，「私が梅原末治先生の学説を継承している伝世鏡の問題にしても，折口先生の司祭者不死のお説を参考にしなければ，他の学者の異論を排除して，こうまで確信は持てなかったであろう。集め加えて余ることなく，分かち与えてつきることがないという，先生の「みたまのふゆ」のお説を知らなければ」，「同笵鏡の分与の問題にも，これほどの執着は持てなかったかもしれない」〔小林行 1967b，p. 2〕とまで書き記している。

36) この論攷〔小林行 1957b〕中では明言していないものの，中国鏡と比較しつつ複像式鏡群の創出を推定していることを考慮すれば，小林は複像式鏡群を単像式鏡群よりも古くみていたと想定できる。のちに小林は，この考えを同笵鏡番号の先後で示唆している〔小林行 1971〕が，本論文中で与えられた「鏡式番号」の先後順が同笵鏡番号の順とほぼ対応していることも，この想定を裏づける。つまり小林は，鏡群の新古と分配の順序を逆転させて構想を組みあげていたのである。そしてその逆転は，「輸入の時期や事情の相異か，あるいは製作者の相異にもとづく包装の相異によつて」，畿内某所で，「自然に鏡群別に保管された」〔小林行 1957b，p. 15〕ことによるとみた。この逆転については，県（あがた）と西方鏡群の分布形成の相関性を説いた上田正昭の県論と構想を同じくしていた結果とみる見解もある〔都出 1988・1989a・1995〕。実際，後年に上田は，「小林先生の有名な同笵鏡論の論文」に「示唆を受け」ており，「国史研究室に小林さんがおみえになりまして，少し討論したことがあり」，「したがって小林先生と無関係にやったということではなく，討論は少ししている」〔上田正昭先生華甲記念会編 1988，p. 198〕と，内幕を明かしている。

37) ただ小林は，「中央型の分布圏」を「四世紀初期までの状態を示すものと見るならば」，「西方型の分布圏は，それ以後，四世紀の後半まで」に「平面的に投影されたもののひろがりとなる」〔小林行 1957b，p. 16〕と論じているように，配布時期と分布圏の形成とを区別している。

38) 「新作明鏡，幽律三剛，銅出徐州，師出洛陽，彫文刻鏤，皆作文章，配徳君子，清而且明，左龍右虎，傳世有名，師子辟邪，取捨大吉，保子宜孫」〔樋口 1953b〕。

39) 「天王日月」〔樋口 1953b〕。

40) 一方，原田は，「三角縁神獣鏡を安易に献上したり贈答用にしたということはありえなかった。それは中央政府からの下賜だけであったといってよかろう」との主張〔原田 1975，p. 67 等〕や，「数回にわたる舶載，数回の分配ということが畿内中枢から行われたのを疑うことはできないであろう」〔原田 1961a，p. 125〕などの主張が示すように，同笵鏡の配布については強い賛意を示していた。なお，「湯冷え」とは，鋳込み（注湯）時に熔銅が鋳型にまわりきる前に凝固するために，文様が模糊となる現象のことであり，原田の指摘以後，考古学界でひろく知られるようになった。ちなみに「湯冷え」なる用語は，鋳造業界ではいっさい使用されておらず，「原田の造語か，あるいはラッピング工として原田がはたらいていた職場周辺の用語」らしい〔清水康 他 2002，p. 13〕。

41) この横田の所見は，「中央」から諸地域への銅鏡の分配を否定したものとして，しばしば引用されるが，横田は「朝廷」から諸地域へ鏡が一元的に分与されることに異をとなえたのであり，分与じたいを否定したわけではない。実際に横田は，「朝廷」が地方神に幣帛として奉った鏡が「族長」らの手もとにとどまったり，「地方へ遠征した中央貴族が，土地の婦人，とくに豪族の婦女に関係を有し，鏡を与えた」り，「天皇の後宮に入った」「地方豪族の女が」「郷里へ帰るとき，天皇より与えられた鏡を携えて帰った」り，「中央官司となって上京し」た「地方豪

族」「が大和へ出て鏡を手に入れ，持ち帰る」などといった分与パターンも推測している〔横田 1958, p. 42〕。

42) 中国鏡にも誤字や脱文は多数みられるので，この藪田の主張は忽卒な誤りにすぎない。なお，この「詔詺」なる銘について，「動詞をだぶらせるのも，中国の語法からいえばおかしいけれど，百済ないし朝鮮半島系の語法からするとありうる」が，被指示語がなく文法が崩れているので，百済式の素養は受けているが百済人ではない人間，すなわち列島の人間の製作を示すと説く見解もある〔古田 1973・1985, p. 118〕。他方，これは軍事勅命である「詺詺」の誤筆であり，詔書に記すべき文を鏡に鋳込んだものであり，特別製作の下賜品であることを明示する語とみる解釈もある〔黒田 1984〕。どちらも過剰解釈のきらいがある。

43) なお森は，三角縁正始元年陳是作同向式神獣鏡(目録8)については，「普通の三角縁神獣鏡とは文様が異なる」ゆえに中国鏡とみた〔森 1962〕が，以後の考察では，藪田の見解〔藪田 1962〕をうけいれ，自説をあらため国産鏡とみなしている〔松前他 1978 等〕。

44) この三角縁唐草文帯三神二獣鏡(目録89)は，近藤喬一が，「Bタイプ」の仿製三角縁唐草文帯三神二獣鏡の成立に関与したと考える一群にふくまれるものである〔近藤喬 1973〕。したがって，現在の研究水準からみると，たとえ鏡作神社蔵鏡を「原型」ないし「標準型」とみとめえたとしても，それは仿製三角縁神獣鏡の「原型」ないし「標準型」ということになる。

なお，筆者は実物を実見していないので明言はできないが，界圏の部分で破損した三角縁神獣鏡の断面を研磨すれば，このような状態になると考えることができる。たとえば，坂本不言堂(東京都)の蔵鏡 M82 の仿製神頭鏡(IV-図23)は，実見したところ，まさにそのような状態を呈している〔樋口・林巳 2002〕。この推定は，鏡作神社の周辺の遺跡環境「を考えるとき，鏡作神社近傍の古墳から出土した鏡に手が加えられ，ある時期からそれを御神体として奉祀したとの想像」〔和田萃 1995, p. 50〕により補強しうるかもしれない。

45) 西嶋のほかにも，三角縁神獣鏡が当該期の政治的関係において副次的な意義しか有さなかったとみる文献史学者はわりあいに多い。たとえば平野邦雄は，鏡は玉・剣とならぶ身分表示の物的手段とみなし〔平野 1987〕，鬼頭清明は，「鏡の分与は一つの身分表示ではあり得ても国家機構の存在を示すものとはいえない」〔鬼頭 1993, p. 132〕と述べている。

46) たとえば，同笵鏡への批判にたいしては，「技術者のおちいりやすい，歴史を見うしなった技術論」〔小林行 1962e, p. 249〕だとして原田大六の批判を一蹴し，樋口隆康の同型鏡論にたいしても「あまりにも鋳造技術に暗すぎる発言である」〔小林行 1962e, p. 250〕と切り捨てている。他方，伝世鏡論批判にたいしては，原田の批判を，「背文に対する解釈のみをもって，あたかも中国鏡の伝世を否定しえたかのごとき言辞をもてあそんでいるのは，速断もはなはだしい」〔小林行 1961a, p. 157〕と厳しい言辞を投げかけ，内藤晃の批判についても，静岡県松林山古墳の埋葬施設に関する内藤の解釈にたいし，「あまりにも非常識」〔小林行 1961a, p. 157〕と，拒絶の意志をあらわにしている。また，内藤および原田の批判を一括して，「いずれもその立論のうちに，考古学的認識の不足を露呈した観があった」〔小林行 1962f, p. 261〕と，根拠を示すことなく非難をくわえている。

47) なお，この論攷を単行本に収録するさい，総計25型式にあらためられている〔小林行 1976a〕。他方，同年の論攷において，「神像と獣形との配置の変化によって生まれる三角縁神獣鏡の型式数は，細別すれば三〇ばかりにもなる」〔小林行 1976c, p. 145〕と記しているが，図示されてい

るのは19型式のみである。

48) 本段落の以下の記述は，筆者の推測が多分にまじっており，小林の本意とかけ離れているかもしれないことをことわっておく。ところで小林は，この5年後におこなった発表で，「現在同笵鏡としてとりあつかっている鏡の中に，踏み返しによって再製した鋳型を用いたものが，まったくないということではない。踏み返した鋳型を用いた鏡については，化学的な分析などの方法によって確認しえた段階で，それを仿製鏡として分離するつもりである」〔小林行 1981, p. 51〕と述べており，三角縁神獣鏡の踏み返しに関する問題意識を維持していたことがうかがえる。

49) 本論文の註において述べられているように，小林は以前からこの一群（「波文帯三神三獣鏡」）を新相に位置づけていた〔小林行 1957b 等〕。

50) 一方，別の論攷で西田は，三角縁陳是作四神二獣鏡（目録16）の「宜遠道相保」の銘句をとりあげ，「中国製を暗示すると解することもできる」とも述べている〔西田 1982, p. 17〕。

51) 他方，小林行雄は，内区の「主文の構成法があまりにも多岐にわたること」から，鏡銘にあらわれる「陳氏」を「工人名とみるよりも，発注者名と解釈するほうが妥当性が多いかと考え」，「吾作」の「吾」についても，「おそらく発注者を限定しないための配慮から考案した表現であろう」とみた〔小林行 1971, pp. 119・123〕。

52) ただし，XI類とされた「二神二獣鏡」の2面（奈良県大和天神山古墳出土鏡）は，現在では「斜縁同向式系二神二獣鏡」として西晋鏡と認定されている〔車崎 2002c〕。

53) 「魏略曰，是歳徙長安諸簴・駱駝・銅人・承露盤。盤折，銅人重不可致，留于霸城。大発銅鋳，作銅人二，号曰翁仲，列坐於司馬門外。又鋳黄龍，鳳皇各一，龍高四丈，鳳高三丈余，置内殿前」（『三国志』魏書明帝紀 注）。

54) 同年に刊行された対談集でも，森は遼東半島を重視する発言をしているが，「そうすると案外，公孫氏と，三角縁神獣鏡なんかが結びつく可能性も，零とはいえないと思います」〔森編 1970, p. 145〕と，やや歯切れが悪い。

55) ただし，どちらも近畿地方の事例であり，この地方は「中央鏡群」「西方鏡群」「東方鏡群」，さらには「波文帯鏡群」や仿製三角縁神獣鏡の分配域のいずれにも相当するから，とくに矛盾はないとの反論も成立しうる。なお小林は，大岩山古墳に中国製鏡4面，天王山古墳に仿製鏡2面が副葬されている事実にたいして，当地域の弥生時代の「大首長」の地位を継承したこの2代の「首長」が，「畿内の王権の承認をえて，さらに確固たるものになったことであろう」と論じており〔小林行 1962a, p. 267〕，とくに自説との矛盾を感じている様子はない。

56) これに類する所見として，上田宏範が，三角縁四神四獣鏡を分析するなかで，「これら類似の諸鏡を見てゆくと，その間に通じての構成要素があり，それがそれぞれ場合に応じて取捨選択せられ，一つの構図を形成しているのが知られるのである。即ち或るものでは獣の組合せを変え，或る部分では笠松図様を省略し，銘帯を唐草文で飾るなどして，一定の規則のもとにではあるがその間自在な取扱いをしているのが見られる」〔上田宏 1952, pp. 38-39〕と述べているのが注目される。ただ上田は，諸鏡間の相違を，製作時間差に起因する形の崩れとみている。

57) これにたいしては，内蒙古準格尔旗（ジュンガル）西溝畔の戦国墓に副葬されていた「銀虎頭節」および「虎豕咬闘文金飾牌」が，戦国時代の趙国で製作されたもので，これら中原になじみのうすい器物が遊牧系の首長へ下賜するべく製作されたことをもって，反論がなされた〔近藤喬 1988a・

1988b〕。また，樋口隆康は，ウクライナのスキタイ王墓から出土する黄金製頸飾が，黒海沿岸のギリシア人によって，スキタイ人の嗜好にあうデザインとして製作されたものであることなどを指摘している〔樋口 1992〕。さらに石村智は，自身の研究フィールドである太平洋諸島において，政治的上位にあるトンガが，その技術により製作した鼈甲製装飾具を，政治的下位にあたるフィジーに贈与する事例をあげ，このように「配る相手によって威信財を特注生産して配り分けている」〔石村 2003, p. 37〕ことは，三角縁神獣鏡の場合にも該当すると論じている。穴沢咊光も，物証をあげていないため説得力にとぼしいが，「未開社会との交易用の特別の品がつくられることは，ほかにいくらでも類例がある」〔穴沢 1985b, p. 1〕と述べている。ただ，これらは「鏡」の特鋳例ではないので，王への反論としては，あまり有効にはたらきえない。

58) 徐は，後漢末の建安元(196)年から東晋代の建興四(316)年までの120年間を，まとめて「三国西晋時代」としており，当該期の銅鏡生産の動態を追尾するにはかなり粗い時期区分である。これは，薄葬令の影響もあり魏の墳墓資料が少ないために，魏代と西晋代を分離できないからである。これが徐の議論の瑕疵となっている。

59) これにたいして樋口隆康は，徐の見解の大勢はみとめつつも，三国時代の紀年銘銅器には，魏の中尚方鋳造の熨斗・香炉・弩機など十数点が知られているという，岡崎敬が明らかにした事実〔岡崎 1965〕をもって，「青銅の鋳造は魏でも十分になされていたとみることができる」〔樋口 1992, p. 224〕と反論をくわえた。

60) ここで田中は，「鏡作り工人に既成の銘文が与えられて，それを写した」〔西嶋他 1985b, p. 246〕と，重要な考えを提示している。ただし，この種の考えは，すでに奥野正男が，「用青同」の銘句をとりあげて，七言句の一部が移る現象を指摘している〔奥野 1982a〕。

61) 論争という観点で，シンポジウムをみわたすならば，論拠の質および量からみても，論者のディベート力からみても，呉工匠渡来製作説の方に相当の説得力があるように思える。少なくとも，「両者がっぷり四つで相讓らず」〔福永 2005a, p. 13〕などとは，とてもいえないと感じる。

62) たとえば，のちに三角縁神獣鏡研究を大いに推進することになる車崎正彦は，「私事をいえば，若き日に聴講した，このシンポジウムの衝撃が，まさに倭鏡と魏晋鏡との区分を考え始めたきっかけであった」〔車崎 2002c, p. 181〕と，このシンポジウムが自身に与えた多大な影響を，感慨深く記している。

63) 引用により，文意が若干かわったが，田中の本意を躙るものではないと考える。

64) ただし，その事情はやや複雑であり，景初から次の元号「正始」への改元に関して多くの解釈が提示された。というのも，魏の明帝は景初三年正月一日に死去し，斉王芳が皇帝位を嗣いだが，正月が忌日になるのを避けるため，翌年一月を後十二月とし，その翌月から正始元年とする詔を景初三年十二月に発布し，実施したという錯雑とした事態が生じていたからである。そのため，皇帝崩御の翌年にはかならず改元する前例から，工人も翌年の改元をあらかじめ知っていたはずだとみる立場〔王 1987a；菅谷 1989 等〕と，正式な改元が決定されるまで景初年を使用しつづけたとの見解〔田中琢 1989 等〕とが，対峙することになった。

65) 王は，「鏡銘の文字と辞句からすると，景初三年銘画文帯同向式神獣鏡をつくった陳是と，景初四年銘盤龍鏡をつくった陳是とは，疑いもなく同一人である」と主張している〔王 1992, p. 217〕。

66) ただし，景初などの紀年銘鏡を，魏への遣使を記念して倭で後代に製作したとの考え〔藪田

1982；松前・森 1978〕は，景初四年鏡の発見によって，ほぼ完全に潰えることになった〔岡本 1987a；田中㻾 1989・1991a〕。存在しない年号を後代に記念して利用することなど，およそありえないからである。

67) ただし，魏製作説は，景初三年から正始元年にかけての作鏡状況を「通常」であったと考えていないので，この異論は重要な指摘ではあるものの，強い有効性はもたない。

68) このほか，王金林は，景初鏡の「絶地亡出」は呉を捨て魏へ奔ったという意味で，正始鏡の「杜地命出」は「魏の報恩にむくいて倭国に出発した」と解せるとし，呉の鏡師が魏の洛陽へおもむいて尚方の鏡師となり，そこで景初鏡や正始鏡を製作したのち，正始元年に「日本」へ渡り，残りの三角縁神獣鏡を製作したと考えている〔王金 1989，p. 51・1992〕。王仲殊説と白崎説，さらには後述の賀川説との折衷的解釈といえる。

なお，これらの説をみとめれば，かりに中国大陸や韓半島で三角縁神獣鏡が出土したとしても，国産説は否定されないことになる。なぜならば，最新の三角縁神獣鏡が出土しない以上，その三角縁神獣鏡の製作以後に「日本」に渡来したと説明する余地が残されることになるからである。さらにまた，たとえ新相の三角縁神獣鏡が出土したとしても，一般に新相とされる三角縁三神三獣鏡を古相とみなす見解が，少数派ながらも存在するため〔白崎 1984；小野山 2003〕，この見解を援用することで説を弥縫することも不可能ではなくなるのである。しかし逆にいえば，日本で三角縁神獣鏡の鋳型が発見されたとしても，中国で古い段階の三角縁神獣鏡が製作されたのち，工人が日本へ渡来して新相段階の三角縁神獣鏡を製作したと説く論理も成立する余地があるということでもある。

したがって，中国大陸ないし韓半島において複数の段階の三角縁神獣鏡あるいはその鋳型が出土するか，日本において複数の段階の三角縁神獣鏡の鋳型が出土しなければ，製作地論争の決定打にはならないだろう。ただ，古田武彦や菅谷のように，「もし今後5面や10面中国や朝鮮半島で出てきたとしても話になりません。というのは奈良朝の貨幣が長安から出た例がありますが，それは日本列島からそこへ行ったと当然考えるべきであって，逆に中国が日本の注文に応じて大量に作って日本列島に送ってその残存物が長安に若干あるとは考えられません。数量的にいって当然日本で作ったものです」〔古田 1985，p. 112〕とみなす立場もあり，製作地論争を究極的に決定づける証拠の出現は，今後も期待できないかもしれない。

したがって，「新資料が二つ三つ加わっても，いや何倍増加しても安泰な」「安心な分布論」にたいし，三角縁神獣鏡の日本列島説は，「一つでも加わると，たちまち崩壊する」「不安な分布論」〔佐原 1985，p. 118〕とは，一概にいえないのである。ただし，一方で王仲殊は，「もし，中国で本当に三角縁神獣鏡が出て，特にその三角縁神獣鏡の鋳型が出たとすれば，もちろん私は，私の意見・学説を撤回します」〔王他 1997，p. 109〕と発言している。

69) たとえば奥野は，田中㻾が三角縁神獣鏡と中国鏡の「「共通するところ」だけを強調し」，「共通しない要素については完全に無視する」点を批判する〔奥野 1982a，p. 134〕。この批判には一理あるものの，三角縁神獣鏡と仿製鏡の共通点と相違点の比較に関していえば，これを綿密かつ具体的におこなっている田中〔田中㻾 1979・1981 等〕にたいして，奥野は表面的にとどまっている。

70) ただ，奥野は「晋代」であることをくりかえし強調するが，引用資料の「晋代」に西晋代のものはなく，すべて東晋代のものである〔近藤喬 1988a〕。これでは逆に，西晋代に司馬師の諱

を忌避したとの説を，裏づけることにもなりうる。なお奥野は，国産説を主張しつつも，中国大陸や韓半島との関係の継続を主張している。したがって，たとえ三角縁神獣鏡が，断続的に魏晋鏡の要素を採用していた〔森下 2005c〕としても，奥野にとってそれは国産説の否定材料にはならないことになる。

71）「其八年，太守王欣到官。倭女王卑弥呼与狗奴国男王卑弥弓呼素不和。遣倭載斯烏越等詣郡，説相攻撃状。遣塞曹掾史張政等，因齎詔書・黄幢，拝仮難升米，為檄告喻之」（『三国志』魏書東夷伝）。

72）小林は，景初四年銘盤龍鏡にたいしても，この見方から整合性ある解釈を与えている。すなわち，本鏡に盤龍鏡としては異例の4乳が配されているのは，大型鏡製作を容易にするための設計上の十字区画をつくるためであったと解したのである（毎日新聞1986年11月1日記事）。

なお小林は，1989年に逝去したが，その遺稿に，銘文を基軸にすえて三角縁神獣鏡を中心に各種鏡式の関係を追究した大部の考察が存在している。これまで，1980年代以降の小林の（鏡）研究に関して，「執筆活動を1980年代前半で終え」〔福永 2005a, p.1〕たとか，「王仲殊をはじめ国内外の研究者の批判に，当の小林は正面から答えることをしない。彼は現在もなお営々と同笵鏡の新しい資料の確認と，中国製三角縁神獣鏡の分有関係表を新たに発表し続けているだけである」〔近藤喬 1988a, p.86〕などといった評価がくだされ，実際，公表された銅鏡関係の原稿も皆無に近い〔都出 2003〕。しかしこの遺稿は，三角縁神獣鏡の成立経緯および他鏡式とのつながりを，銘文から解き明かした，新知見にみちた重要な作業であり，小林が強い熱意をもって三角縁神獣鏡の研究を継続していたことが瞭然とみてとれる。小林が病床で準備していたという「鏡に関する画期的な新論文集」〔穴沢 1994a, p.208〕がこれに相当すると思われる。まさに「中国鏡のなかにおける三角縁神獣鏡の位置を明確にする綜合的な研究を意図したもの」である〔田中琢 1993a, p.458〕。本論攷群の刊行に漕ぎつけることなく小林が幽冥境を異にしたのは，三角縁神獣鏡研究上において実に惜しまれることである。ただ，この論攷群は，近々発刊される予定である（『小林行雄考古学選集』第四巻〈真陽社〉に収録予定）。

73）たとえば笠野は，鏡銘の分析をつうじて鏡の意義を追究し，それは「清明なる天気を受けた鏡は，天地自然・人間社会の法則規範に法とり，服鏡者に清明なる道徳を具備させる」〔笠野 1983, p.290〕ことだと説く。その論拠として，「明鏡を服取すれば，清明になれる」〔笠野 1983, p.274〕ことを示す2例の銘文を提示するが，その両例とも「銅出徐州」銘の三角縁神獣鏡である。笠野の解釈は興味深いこころみではあるが，「継ぎ接ぎだらけの妙技の銘文」〔林裕 1998, p.66〕である三角縁神獣鏡のみを直接的な根拠としているぶん，危うさもかかえこんでいる。

74）ただし都出は，三神三獣配置の中国製三角縁神獣鏡である「Ⅳ群」および「Ⅴ群」が，仿製三角縁神獣鏡である「Ⅵ群」および「Ⅶ群」と「三分割原理で共通し，しかも型式的な連続性がたどれる」ことから，これらが仿製鏡である可能性も指摘している〔都出 1989a, p.44〕。

75）都出はのちに，「古い型式，新しい型式も順番どおり，古いものはやはり古く配られたと考えた方がいいのではないかと，私は考えております。しかし，ほかの要素をも加えて総合していきますと，先に東に配られて，九州は後だというふうには言えません。ほぼ同時期に東にも西にも配られているのじゃないか」〔都出 1991b, p.116〕と，自身の見解を簡潔にまとめている。

76）たとえば，前述の樋口は，「やはり古墳編年の第一の資料である地位は他に譲らない」〔樋口 1955, p.32〕と断言している。

77) なお，椿井大塚山古墳の1953年次の発掘報告書〔梅原 1964〕は，刊行をめぐるトラブル〔小林行 1965b〕から，原本と別刷をあわせて百数十部しか世にでなかったという〔穴沢 1994b〕。一般の報告書にくらべ，たしかに流通数は少ないが，参照はさほど困難であったわけではなく，一部でささやかれている，「報告書はほんの数人しか見れなかったわけだから(中略)"学問のひとり占め"といわれても，反論できまい」〔藤田友 1999, p. 93〕といったたぐいの非難は，「反論」云々以前にまったく的はずれである。
78) 魏の黄初(A.D. 220-226)の紀年銘を有する銅鏡が，例外的に円形鈕孔である。しかし，王仲殊が明らかにしたように，当時の呉は魏に従属しており，これらの銅鏡は，そうした政治状況下において呉の領域で製作された魏の年号鏡であり〔王 1981a〕，逆に福永の議論を補強する〔福永 1994a〕。また，三角縁神獣鏡において例外的に円形鈕孔を志向する事例は，福永が指摘するように，三角縁神獣鏡のうち創出期のものや変則的なタイプに属するもの，あるいは徐州系の斜縁同向式神獣鏡〔福永 2005a〕や偽作の疑いがある品である。
79) 福永は最近の著作で，鈕孔形態を鋳型の「「足がかり」の反映とするにはやや大きすぎる長方形鈕孔を持つ例もあることから，現在は中子断面形の違いによるものとの解釈に傾いている」〔福永 2005a, p. 32〕と，別の可能性を提示している。実際，三船温尚らの鋳造実験では，中子は粘土水(埴汁)で接着している〔三船 2002〕。
80) 一方で，外側の鋸歯文と三角縁とのあいだに施文の「ガイドライン」として外周突線をほどこしたとみたり〔鈴木勉 2002〕，「外枠がきちっとする」効果があったと考える〔福永他 2003の車崎発言, p. 65〕など，合理的な理由を想定する説もある。
　　ところで鈴木勉は，福永が長方形鈕孔を「見過ごされそうな手法差」ととらえていることにたいして，「長方形の鈕孔はそれだけ手間が掛かるのであるから，何らかの必要があって採用されたものと考えなければなら」ず，鈕紐となる「繊維物質の使い方次第で何処でも生まれ得る典型的な実用的形態要素である」から，「それをもって技術的系譜(工人系譜と福永氏は言う)を追うことは出来ない」〔鈴木勉 2002, pp. 39-40〕と批判する。しかし福永は，他の工人集団が模倣しようとしても「見過ごされそうな手法差」について論じているのであるから，この批判はいささか的を失している。それに，「何処でも生まれ得る」要素であるならば，なぜこれらの要素が後漢末～魏晋期の華北に集中するのであろうか。鈴木の指摘には聴くべきところが多いが，「一度高度な表現技術を手に入れた工人は，技術を誇りに思うためにたとえ社会がその高度な技術を必要としなくなっても技術を捨てられないものだという」〔鈴木勉 2002, p. 44〕などといった記述にうかがえるように，"工人とはかくあるべし"との信念から考古資料を裁断しようとする傾向もままみられ，資料の時空間的分布をやや軽視している点に，若干の疑問も感じる。
81) 福永は，渤海周辺で三角縁神獣鏡が製作された背景として，「公孫氏の勢力下で銅鏡製作を行っていた工人集団が，公孫氏滅亡後，魏によって再編成され，卑弥呼下賜用の鏡製作にあたった可能性」〔福永 1991, p. 55〕を提示している。この推測は，上記した「魏の官営工房とつながりのある工人群」と中国東北部の「工人群が合体し」た製作体制や，「銅出徐州 師出洛陽」の銘文とも整合する見解として，非常に興味深い。
82) この「尚方監作制」が笠野の想定するとおりのものであれば，王室工房たる尚方の工人が関与したとされる三角縁神獣鏡〔福永 1991・1994a；笠野 1998等〕が，洛陽以外の地域で製作されていたとしても不都合はなくなり，「三角縁神獣鏡にみられる江南の強い影響は，尚方監作制

による南方の地方官の製作と考える余地があることなど，魏鏡説にとって不都合な部分や弱点はかなり改善される」〔笠野 1998, p.166〕ことになる。

83) これに関して福永伸哉は,「その体制とは，官営工房の工人のもとに地方の製作工人が動員，組織されたようなものだったであろう」〔福永 1994a, p.9〕という官営工房主導の見解から,「その体制とは，官営工房の工人と地方の工人たちが合同で動員あるいは組織されたようなものだったとみるのが，現時点ではもっとも妥当である」〔福永 2005a, p.43〔傍点下垣〕〕という，地方の製作工人の自律性を評価する方向へと，いっけん些細だが重要な自説の変更をおこなっている。

84) ただ森下は，両者の共通性が「単なる模倣によるものか，製作者のつながりを示すのか課題としておきたい」と，慎重な立場を崩していない〔森下 2007a, p.38〕。森下が作成した地図では，三角縁神獣鏡の製作地は明示されていない〔森下 2007b〕。

85) とりわけ，佐味田宝塚古墳出土の尚方作神獣車馬画象鏡は，鋸歯文―複線波文―鋸歯文の外区文様の最外周に外周突線をほどこし，しかも長方形鈕孔であることから，福永はこの鏡を「三角縁神獣鏡の一変種と考えるのが妥当であろう」とみなし，三角縁神獣鏡に編入している〔福永 2005a, pp.25・342〕。

86) この観点は，福永も指摘しているように，かつて田中琢が「三角縁神獣鏡の中だけを見ても，縁の形が平縁に近いと言ってもいい，わずかに三角状になったものから，頑丈な三角縁まで様々あります。これは三角縁そのものが，三角縁神獣鏡が作られる中で形成されていったと考えることもできるのではないか」〔田中琢 1985, p.60〕と論じている。ただし福永は，三角縁のもとになった縁を厚くするというアイデアが，吾作系斜縁神獣鏡からとりいれられた可能性も想定している〔福永 1994a〕。

　なお，このように福永が，初現期の三角縁神獣鏡に画象鏡が与えた影響を小さく見積もっていることは，その編年案にも強く反映している。とりわけ，三角縁神獣鏡の早い段階から画象鏡の影響をみてとる岸本直文が，画象鏡経由とみなしうる捩文座乳の導入を古く推定する〔岸本 1989a・1989b〕のと対照的に，福永はその導入を三角縁神獣鏡の後半段階に想定しており〔福永 1994b 等〕，そこから両者の編年案に大きな相違が生じているのである。この相違は，三角縁神獣鏡の系譜や出現背景にとどまらず，さまざまな論の相違をもたらすことになる。一例をあげれば，次項で論じるように，捩文座乳の導入期を奈辺とみるかにより，三角縁神獣鏡の実年代観に看過できない相違が生じるのである。

87) 景初三年画文帯同向式神獣鏡と密接な関係があり，これと「ほぼ同時に」製作された安満宮山古墳出土の平縁同向式神獣鏡が平縁であることから，この車崎の見解を否定する意見もある〔岩本 2008a〕。

88) 一方，奥野正男は，「正始八年以後から西晋末までのおよそ六十年前後」に製作された「幢幡紋のある三角縁神獣鏡」が，倭において製品水準を維持しながら製作されつづけえたのは,「帯方郡との冊封関係のもとで鋳鏡工人の往来が可能だったため」と考えている〔奥野 1982a, p.254〕。

89) この解釈にたいして，呉と公孫氏との頻繁な通交が史書に記されていることなどから，「黄巾の乱以後，楽浪が混乱し，中国本土との交通が途絶えたという理解には疑問があり，そのような解釈がよしんば許されても，そこから進んで鏡の年代を導くのは，考古学の方法から大きく

逸脱しているといわざるを得ない」と，手厳しい批判もくわえられている〔岡村 1995b, p.17〕。
90)　そもそも不思議なのが，三角縁神獣鏡を倭で製作された仿製鏡とみなすか否かをめぐり，実に多くの議論が重ねられてきたにもかかわらず，肝心の仿製鏡の実態をふまえた議論がほとんどなされてこなかったことである。仿製鏡と三角縁神獣鏡との異同が，資料にもとづいた論拠をあげることもなく滔々と論じられてきたことは，かえすがえすも不思議である。あからさまにいえば，知的怠慢である。
91)　仿製三角縁神獣鏡を倭製とみなす福永は，かつて「古墳時代の仿製鏡のなかには，大きく分けると三角縁神獣鏡および一部の神獣鏡，獣形鏡などの長方形鈕孔を持つグループと，内行花文鏡，方格規矩鏡，夔龍鏡などの半円形鈕孔を持つグループが併存し」，両グループは「系統を異にする別個の工人群であった」ととらえていた〔福永 1991, p.51〕が，のちに「仿製三角縁神獣鏡の場合，鈕孔下辺が鈕座よりも高い位置に留まるものが多いのに対して，獣形鏡や神獣鏡のそれは鈕孔下辺が鏡背面と同じ高さにまで下降するという違いがある」ことから，「これらを長方形鈕孔の仿製鏡として同じ工人系譜の製作に帰することは妥当でない」と，見解をあらためている〔福永 2005a, p.34〕。ここに，仿製三角縁神獣鏡とほかの仿製鏡との連繋の一大根拠が絶たれ，三角縁神獣鏡と仿製三角縁神獣鏡との連続性の強さが，さらに炙りだされたことになる。
92)　ただし秦によると，鈕孔入口部の形態では，中国製三角縁神獣鏡のほとんどが中国鏡と，仿製三角縁神獣鏡のほとんどが仿製鏡と共通するという〔秦 1994b〕。ただ筆者の実見経験からすると，いささか疑問である。
93)　他方で岸本は，神獣像表現において両者間で「明確な一線をひくことができ」ることにくわえ，後者では神獣像表現と文様帯との対応関係が崩れており，「両者の鏡作りの体制の違い」が大きいことも指摘している〔岸本 1989b, p.39〕。両者を拙速に結びつけず，「「舶載」・仿製の別を一度とりはらい，全体を通しての検討を積み重ねることが必要であろう」というのが，岸本の本意のようである〔岸本 1993, p.54〕。
94)　岩本は「仿製」三角縁神獣鏡というふうに，括弧つきで仿製三角縁神獣鏡を表現することで，仿製鏡と仿製三角縁神獣鏡との差異を暗示している〔岩本 2003a 等〕。
95)　たとえば，この見解をみとめるならば，三角縁神獣鏡の倭製説が成立する余地は，かなりせばまることになる。文様や製作技術上の接点がほとんどないにもかかわらず，中国製三角縁神獣鏡と仿製鏡が倭において共存しえたのは，三角縁神獣鏡を製作した「鏡式単一の特殊専従工房」とそれとは別個の工房群が個別に稼働していたからだという理窟〔楠元 1994, p.515〕が，いくらかの説得力をそなええたのは，同様に接点のない仿製三角縁神獣鏡と仿製鏡も併存していたと考えられていたからである。仿製三角縁神獣鏡が西晋鏡となってしまえば，この理窟を成立させる足場が失われてしまうのである。
　なお，いわゆる仿製三角縁神獣鏡のほかにも，三角縁神獣鏡を仿製したと思われる鏡（群）が抽出されている。たとえば，三角縁神獣鏡の仿製品として，「倭製神像鏡」の一部〔荻野 1982〕や「倣製獣形文鏡類」〔小林三 1982〕，「倣製神獣鏡類 四神四獣鏡系」の一部〔小林三 1982・1985〕，そして個別事例になるが，三角縁唐草文帯二神二獣鏡（目録90）を模倣したと推定できる，岡山県鶴山丸山古墳および伝香川県大川郡出土の二面の仿製鏡〔松本他 1983；岩本 2000〕，さらに近年では傘松文をほどこした鏡〔森下 1998d〕といったものがあげられている。仿製三角

96) なかんずく、こうした議論の多くが、みずからが発掘ないし関与した古墳や自身の所属機関の所蔵の出土古墳をとりあげ、その被葬者を三角縁神獣鏡の製作管掌者や分配者たる地位の栄に浴させているのだから、疑念もひとしおである。

97) ただし車崎は、岸本による段階設定案にたいし、「いくつか修正したいとおもっている点もありますが、しかし岸本さんの編年は、いまもっとも精度が高いものでありまして、これからの三角縁神獣鏡の編年は、岸本さんの編年を微調整するかたちで進むだろうとおもいます」〔車崎 2000b, p. 17〕と、高い評価をくだしている。

98) ただし、別の論攷で辻田は、「A系とB系の両者は、それぞれ型式学的な系譜関係を指すものとして設定しており、実体的な製作工人集団などの単位を示すものではない」と論じており〔辻田 2006b, p. 14〕、辻田が製作者集団をどうとらえているか、いまひとつわかりかねる。

99) なお福永は、舶載A・C・D段階の出土数がそれぞれほぼ同数であるのにたいし、舶載B段階のみその2倍の出土数を数えることから、将来的にこの段階が二分されることを予測している〔福永 1994b 等〕。

100) この変遷案は、同乳鏡群がA→B・C・K→D・E・F・G→H・L→I→J→M→N→O という9段階の変遷をみせることにもとづいたものである〔福永 1994c〕。福永の最新の研究では、新たに確認された同乳鏡を追加して、A→B・C・L(旧K)→D・E・F・G→H・M(追加)・N(旧L)→I(追加)・J(旧I)→K(旧J)→O(旧M)→P(旧N)→Q(旧O)→R(追加)という11段階の変遷に変更されているが〔福永 2005a〕、変遷順序にはまったく変更がないあたりにも、分析の精度と確度がうかがわれる。

101) これまでも、中国製三角縁神獣鏡については、その断続的生産の可能性が指摘されている〔澤田 1993b；福永他 2003 等〕。ただそれは、複数次にわたる倭(倭国)の遣使のたびに三角縁神獣鏡の特鋳がおこなわれたという推測〔田中琢 1985 等〕に結びついているようで、十分な論拠をそなえた検討成果はだされていない。

102) 森下の最近の案〔森下 2005b〕では、
　　　A群…神獣像表現①⑦④⑭⑥⑧⑤②
　　　B群……………③⑤(配置L・K)⑮⑯
　　　C群……………⑩⑪⑫⑬④(配置I・J)
となっている。

　なお、こうした分析は、「型式学」的方法としては異様なものと映るかもしれない。しかし、日本考古学において「型式学の祖」とされるオスカー＝モンテリウスが、青銅器編年のさいにとった資料操作法は、まず資料の形態分類をおこない、一括資料における各類の組成を集積してセリエーションを構築するというものであり、そうしたセリエーション現象を補説する仮説として「型式学」的変化を挙示したのであり〔山中 2004〕、むしろ資料の型式的変遷を提示するだけで共伴関係にふれない従来の三角縁神獣鏡研究の方が、異様なものとすらいえるのである。

ただ小林行雄は，かれの作製した同笵鏡番号の順をみるかぎり，古墳における三角縁神獣鏡の共伴関係を重視していた節がある。

103) ただ，古墳時代前期末ごろの古墳に古相の三角縁神獣鏡が副葬されていることが多いことは，小林の推論に有利にはたらいた。なお，三角縁神獣鏡の製作は短期だが，管理―流通―保有―副葬まで長期間であったとする小林の想定は，三角縁神獣鏡が古墳編年の材料としては不適当であるという，現在の古墳時代研究にも根強く残る偏見に大きな影響を与えていると思われる。

104) むろん，長期編年説にたつ福永や森下は「三角縁神獣鏡の特異な製作状況」に留意しているので，この岡村の要約はいささか大雑把にすぎる。とはいえ，両者ともに前期古墳編年に意を注いでいることも事実である〔福永 1996b；森下 2005b・2006b〕。以下にかかげる，シンポジウムにおける諸論者の発言〔福永他 2003〕には，短期編年論者と長期編年論者との古墳編年にたいする態度のちがいが瞭然とあらわれている。

「鏡の編年と日本の古墳編年とは厳密には一致しない。これはしょうがない。お手上げだから，鏡は鏡，古墳は古墳で別々に議論するべきだと思うわけです」〔p. 115，岡村発言〕。

「もし短期編年に立ってしまうと，仿製三角縁神獣鏡をどこに入れるかということが問題になってくるわけですよ。それが三世紀に上がってくると，仿製三角縁神獣鏡をもつ古墳の編年がかなり難しくなる」〔p. 124，福永発言〕。

「古墳の始まりの年代を」「前へもっていって短くしたときの問題点は，前期古墳の編年が無茶苦茶になってしまうという一言に尽きると思うんです」〔p. 126，森下発言〕。

105) 一方，短期編年説にたつ岡村秀典は，これら 270 年代の西晋の紀年(泰始)銘神獣鏡を，「三角縁神獣鏡と大いにちがっている」とみる〔岡村 1999a, p. 175〕。

106) ただし，岡村の実年代観は，「下限を厳密に決めることはできないが，二六六年の西晋への朝貢が一つの目安であり，おそらくこれより下ることはないだろう」〔岡村 1999a, p. 175〕とか，「三角縁神獣鏡の製作はせいぜい一〇年あまりで，二六五年に成立した西晋王朝には継続しなかった」〔岡村 2001a, p. 52〕とか，「三世紀後半の西晋代まで続いたということは難しいのではないか」〔福永他 2003, p. 116 の岡村発言〕といった発言からうかがえるように，わずかなブレがある。後述するように，中国製三角縁神獣鏡の最新段階を西晋初頭まで下降させうるか否かという微妙かつ重大な問題が，このブレの背後にうかがえる。

107) 王仲殊は，車崎が仿製三角縁神獣鏡との共通性を説く太康元年墓出土の「四神四乳鏡」は，仿製三角縁神獣鏡にくらべ径が 10.4 cm と小さいこと，外区文様もことなること，乳の数も 4 つであり，通有の仿製三角縁神獣鏡の 6 乳と相違することなどをあげ，「「太康元年墓」出土鏡と三角縁神獣鏡との違いはあまりに大きく，並べて論じることのできる対象とは言えない」と，車崎の推定に強い反意を示している〔王 2000a, p. 129〕。なお，この論攷で王は，仿製三角縁神獣鏡を「続製三角縁神獣鏡」とよびかえることを提唱している。

108) ただし，三角縁神獣鏡を倭製とみなす寺沢薫や小山田宏一は，これを 3 世紀第 3 四半期ないし第 4 四半期以降の製作とみている〔小山田 1994；寺沢薫 2005b〕。

109) なお，新納泉や澤田秀実は三角縁唐草文帯三神二獣鏡(目録 201)を仿製三角縁神獣鏡とみなしている〔新納 1991；澤田 1993b〕。この考えを採り，かつ本鏡と景元四年鏡との併行性を重視するならば，仿製三角縁神獣鏡の製作時期の一点が A.D. 263 年とふれあうことになる。

110) ただし小林は，古相の三角縁神獣鏡⇒三角縁波文帯神獣鏡⇒仿製三角縁神獣鏡という時期的

変遷を，石製品などの副葬品目の消長と対応させる編年案を考案していた〔小林行 2010b〕。しかし諸事情により，この先駆的見解が世にでなかったことは惜しまれる。

111) こうして抽出された3群について，諸論者のあいだでさほど大きな相違がないため，やや精密さを欠くことになるが，以後これらを古相・中相・新相と呼称して論を進めることにする。

112) ここでいう「古墳」の出現とは，「定型化」した前方後円（方）墳の出現を指す〔近藤義 1983〕。

113) 最近では，「C段階配布以前，すなわち250年代～260年代前半」と，年代を10年ほど上方修正している〔福永 2005a, p.99〕。

114) ただ石野の論理には根本的な問題がある。石野は，三角縁神獣鏡が「三世紀」の土器と共伴する例がないことを根拠に，「だから新しいんだろう。つくったのは四世紀前半ぐらいだろうと思うんです」〔水野正他 1999, p.140〕と発言しているが，そもそも土器じたいの年代観が，かつて小林行雄が三角縁神獣鏡から推測した古墳の開始年代を基盤として組みたてられているのである。近年，三角縁神獣鏡の分析により古墳の開始年代が遡上させられている以上，「四世紀前半」の土器も遡上するのが理の当然である。要するに，石野の推論は逆立しているのである。

115) ただし岸本は，「王墓」およびこれと同規格の「相似墳」とが，「おおむね同世代の範囲および次世代までにはおさまる」と予想している〔岸本 2005b, p.54〕。この論理を一貫させるならば，内容の不明な箸墓古墳とその相似墳を同時期と断定することはできず，それよりも古相に属する可能性も十分にありうる。

116) なお，布留式土器と共伴した木製品の年輪年代の分析からは，「布留式古段階の上限は」「紀元270年頃」〔森岡他 2006, p.581〕，「布留様式は二四〇～二五〇年が上限」〔森岡 2005a, p.264〕と推定されている。ただし，分析事例数はさほど多くなく，共伴状況が確実に同時性を保証する事例はさらに尠少となり，データの蓄積が待たれるところである。

117) たとえば，銘文の「明」を「明」にすることを「二次的な製作による模倣鏡を思わせる要素」〔寺沢薫 2005b, p.23〕としているが，「明」は「明」の古体であり，後漢鏡にしばしばみられるし，「作」を「乍」につくることを「退化型式ないしは仿古鏡の踏み返しであろうか」〔寺沢薫 2005b, p.23〕と解しているが，銘字の増画・省画は珍しくない現象である。また，福岡県藤崎遺跡第2地点出土の方格規矩渦文鏡を漢鏡7期の「退化型式」とみなしているが，これは小型ゆえに文様要素のとぼしさから，新しく位置づけられがちであるが，漢鏡5期に帰属する可能性が高いものである〔車崎 2000b〕。

118) これに類する見解として，三角縁神獣鏡の鏡背文の「高浮彫り」は鏡背面との接合部位が不明瞭であることを根拠に，中国製の神獣鏡と鋳型の製作法がことなるとする見解がある〔董 2001〕。しかし，ほぼ呉鏡と三角縁神獣鏡との比較に終始しており，魏晋鏡が検討されていない点，実見にもとづかない製作技術論である点に，大きな問題が残る。

119) なお，施文工具から作鏡状況や工人編成にせまる研究は，原田大六が先駆的な業績を残している〔原田 1961a〕。鈴木の分析は，原田の分析視角をより精緻に展開したものとみることができる。ただ，神像の鏨表現の相違を別工人の関与の証拠とみなすことには異論はないが，へら工具のちがいを工人のちがいとする論拠として，へら押しは鋳型製作の最終工程で「鋳造工人にとって自分の存在価値を決める場面」であるため，「大切な施文の工程を他人に任せるはずがない」と主張する〔鈴木勉 2002, p.49〕のは，いささか主観的にすぎるだろう。

120) ただ岸本は，八賀の観察した目録93鏡について，「八賀はすべてに共通する笵傷と固有の笵

121）　同笵鏡が技術的に可能とみる鋳金家の見解がある一方で、伝統的な和鏡製作に従事する山本鳳龍のように、砂（土）笵による同笵鏡製作は不可能と説く鋳金家もある〔樋口 1960b・1992 等〕。こうなると、自説の補強のために無闇に鋳金家の見解を援用したところで、水掛け論におちいりかねない。鈴木勉が正しく指摘するように、「技術者の発言や判断」には「全ての事実が「ある一定の条件下では」という前段の『条件語』がつくことに注意する必要」があり、「実験条件や方法」や「その結果が及ぼす範囲」を吟味しておかねばならない〔鈴木勉 2003, p. 18〕。

122）　つまり、中国製三角縁神獣鏡が同型技法で製作された根拠にはならないということである。また逆に、中国製三角縁神獣鏡の残りの半数が鈕孔方向を同じくする以上、これらのうちに同笵鏡技法で製作されたものが存在する可能性も残ることになる。福永は、「図像文様や鈕孔形態の共通性からみて同一工房あるいは関係の深い複数工房で製作されたと思われる舶載三角縁神獣鏡のうちの、ある部分を同型鏡、他の部分を同笵鏡の手法で作り分けねばならぬ理由を求める方が困難」ゆえに、「同じ図像文様の舶載三角縁神獣鏡は原則として同型鏡の手法によって製作されたと考えることができる」としている〔福永 1992a, p. 52〕が、後述するように、一つの同笵（型）鏡群が同一の技法で製作されているとはかぎらないとの指摘〔鈴木勉 他 1998；今津 2005；水野敏他 2005 等〕もあり、この観点から再考する必要もあろう。

123）　ただし、先記したように、「同乳鏡」や挽型を同じくする鏡群、笵傷が共通する非同笵（型）鏡群が存在することからみて、任意の時空間での三角縁神獣鏡の生産はおよそ考えがたい。また、3世紀前半ごろの画文帯同向式神獣鏡などを踏み返した5世紀代の同型鏡群のように、時期をたがえて踏み返された場合とはことなり、同文の三角縁神獣鏡では「鈕孔の造りや鋳肌の雰囲気などが異質なものに」変質していないことから、「「原鏡」から隔たった任意の時期に踏み返し鏡が量産されたと認めることは難しい」との見解も提示されている〔福永 2005a, p. 143 等〕。

124）　森下の言葉をかりれば、「過去の技術を復元するため」の「観察結果と復原実験との間で」の「キャッチボール（検証ループ）を繰り返してゆくこと」ということになる〔森下 2005h, p. 415〕。

125）　鈴木によると、「二層式鋳型」とは、全体が粘土製の陶製鋳型（陶笵）と推測される一層式鋳型にたいして、真土と粘土を混合して乾燥・焼成した下層の煉瓦状板のうえに、真土または砂と粘土を混合した鋳型を貼りつけ、この上下2層を土製ないし木製の堅牢な型枠ではめこんだ鋳型のことである。これを乾燥すると、下層の煉瓦状板はひとたび乾燥・焼成しているので、もはやほとんど収縮しない一方、このうえに貼りつけた鋳型だけが収縮しようとするため、そこにヒビが発生し、鋳湯する銅がそのヒビに入りこむ結果、製品に突線が生じるとのことである。

126）　ただし鈴木は、「同笵法は可能」「であるからといって、三角縁神獣鏡が同笵法で作られたということではないことを強調しておかなくてはならない。三角縁神獣鏡の調査研究のなかで、「同笵法」も視野に入れて検討すべきであることがわかったにすぎない」と、堅実かつ慎重なスタンスをつらぬいている〔鈴木勉 2003, p. 55〕。

127）　同型鏡の鋳造数の多寡は、「うまくいけば5面以上でも製作可能だが、そうでない場合には少数しか得られないという」「製作時の技術的な要因」に規定されると考える福永の推定〔福永

1992a, p. 56〕も、製作状況に応じた工人の柔軟性ある対応をとらえたものといえる。

128)　日本の岐阜県神岡鉱山が唯一、三角縁神獣鏡の鉛と近似した同位体比を示す可能性がある〔馬淵他 1982〕。しかし、馬淵らは、たしかに「A式図」(^{Pb}208／^{Pb}206 を Y 軸、^{207}Pb／^{206}Pb を X 軸とした分布図)では近似するが、「B式図」(^{207}Pb／^{204}Pb を Y 軸、^{206}Pb／^{204}Pb を X 軸とした分布図)では離散することが判明しており、それゆえ三角縁神獣鏡には神岡鉱山の鉛が使われていなかったと説いている〔馬淵他 1987〕。ただ、後述するように、新たな分析視角から、神岡鉱山を三角縁神獣鏡の鉛の候補地として重視する見解もある〔新井 2006〕。

129)　一方で新井は、別の論考において、「遼寧省近辺から朝鮮半島経由で青銅鏡やその原料がやって来た可能性」も考慮している〔新井宏 2001a, p. 21〕。

130)　まず第一に、新井は、銅鉱石にアンチモンがふくまれるのが定説であるかのように断ずるが、銅鉱石にアンチモンは稀少で、錫鉱石内に存在するとの見方も強い〔田辺 1968；久野 1981 等〕。第二に、たとえ鉱石の銅にアンチモンがふくまれていたとしても、精練銅にアンチモンが残存して混入しているとは考えにくく、精練したインゴットや銅製品を原材料にしていた可能性の高い銅鏡に、銅由来のアンチモンがふくまれるとは考えがたい。

131)　同型(笵)鏡間の鉛同位体比の異同と、製作順序との対応関係を検討するのも一案である。たとえば、三角縁天王日月・獣文帯四神四獣鏡(目録 46)の鉛同位体比は、山口県竹島御家老屋敷古墳・神奈川県加瀬白山古墳の出土鏡各 1 面と、京都府椿井大塚山古墳出土の 3 面(M13・M14・M15)は、鉛同位体比において前二者と後三者でことなり、後三者のうち M13 と M15 は近似し、M14 はこれとわずかにことなっている〔山崎他 1998〕。後三者(少なくとも M13 と M15)が同一のルツボの原料で製作された可能性がある以上、笵傷などから想定される製作順序において、前二者が後三者の前後に位置づけられるならば、上記の解釈が妥当である蓋然性が高くなる。ただこの検証法は、同型(笵)鏡内に、踏み返しなどの介在により複数の系列が存在している場合には、検討は困難であるし、鋳型の乾燥期間などにより、鋳型の製作順序と鋳造順序とが逆転することもありうる点で、十全ではない。なお、同笵(型)鏡内で重量が大きく相違する事例がある一方、同一古墳出土の同笵(型)鏡では差が相対的に寡少であること〔小西 2009〕は、この現象に関連することかもしれない。

132)　威信財なる用語の定義については、「物質的な生存には必要ないが、社会関係を維持するためには不可欠の生産物」〔Ekholm 1977, p. 119〕、「稀少な原料やかなりの技術的熟練や高度な労働投資を要する製作物、またはローカルシステムの外部からしか入手できないもの(たとえば異国からの貿易品)」〔Haselgrove 1982, pp. 81-82〕、「めずらしい遠来の珍宝で持ち主の社会的威信を高めるような財貨」〔穴沢 1985a, p. 3〕、「それを持つものと持たざるものとの間に、政治的・経済的格差を伴う、階層的な上下関係を社会的に取り結ぶ財」〔河野 1998, p. 58〕、「長距離交易によってもたらされる貴重品で、共同体内で威信を発揮するもの」〔石村 2003, p. 18〕などがある。「原料および製品の稀少性・遠隔(外部)性」「製作の困難性」「社会関係の維持・構築への必要不可欠性」といったおおまかな共通項はあるが、明確な定義がないのが現状である。威信財の特質や社会的機能については、〔Friedman & Rowlands 1977；石村 2003；辻田 2006a〕などを参照されたい。

133)　これと関連する見解として、邪馬台国と狗奴国の和約時に、「狗奴国王はまず多量の鏡を与えられたであろうし、その後も邪馬台国王はいくたびかこの国の王に鏡を与えて、懐柔しておか

ねばならなかったとおもわれる」〔山尾 1970a, pp. 24-25〕と述べる山尾幸久の見解をあげておく。ちなみに、この論攷において山尾は、狗奴国の所在地を京都府南部に比定している。

134) なお、この両氏は、威信財が畿内の有力者から諸地域の有力者へと一方的にもたらされ、墳墓内への埋葬（＝「廃棄」＝「破壊」）をつうじて交換の環が強制的に断ち切られることで、畿内の有力者を優位とする負債関係が固定されるという独自の論理を提唱している。しかし、威信財システムにおける交換財は器物に限定されるわけでなく、給付にたいして労働力や女性などの反対給付がなされることは、交換論の常識である。労働力や女性の動きは考古学からの証明がきわめてむずかしいが、この動きを無視して負債論を提言するのはいささか軽率である。
　　ところで、「小林行雄の三角縁神獣鏡の配布という歴史的実体は、アジア的生産様式論の専制君主的な支配者像をイメージして描かれたものであり、本来的には互酬制下の交換活動で意味を持ち得るべき威信財の概念は、アジア的生産様式論とはそぐわないものである」という河野の指摘は、威信財システム論を小林の論理体系に安易に接ぎ木することにたいする警鐘として重要である〔河野 1998, p. 73〕。ただ、威信財は互酬制下ではなく再分配経済下の産物とみるのが一般である。

135) ただし、以下で紹介する田中晋作は、三角縁神獣鏡の社会的・政治的重要性の低下よりも、その供与勢力の役割の衰下を重要視している〔田中晋 1993 等〕。

136) 田中晋作の推論の根本的な欠陥は、特定古墳群から特定の器物が出土しないことを根幹にして、論が構築されていることである。佐原の言をふたたびかりるならば、「一般に、考古資料が豊富に「在る」ことに依存する議論は安心であって、「無い」現状に寄りかかった議論は不安」なのであり、田中の議論はまさに「不安な分布論」の典型である〔佐原 1985, p. 118〕。実際、田中はかつて奈良県大和(オオヤマト)古墳群に三角縁神獣鏡がみられないことから、三角縁神獣鏡の配布者は当古墳群の被葬者ではないと説いていた〔田中晋 1983〕し、田中琢もまた、「原則的には贈与する者はそれを手元にとどめておく必要」がないから、大和古墳群から三角縁神獣鏡が出土しない現象こそ、当古墳群の所在地域「に三角縁神獣鏡の贈与行為の発信地があった可能性」が想像できるとする特異な論理を案出していた〔田中琢 1991b, p. 242〕。しかし、これら「不安な分布論」に立脚した推論は、黒塚古墳における三角縁神獣鏡の大量出土により瓦解した。同じく特鋳説も、「中国では絶対出ないことを前提にしている」という点で、危うさを内包している〔車崎 2000b, p. 23〕。

137) 一方、三角縁神獣鏡を日本列島製とみる小山田宏一は、この鏡式を「東アジア世界の多極化にともない中国王朝の冊封体制が形骸化する中、倭国が中国王朝の世界秩序の倭風化のもとに独自の政権形成を始めた時代の鏡」とみなし、冊封体制からの離脱を契機として成立した「首長間ネットワークの編成装置」の一端をになう器物ととらえている〔小山田 1994, p. 11〕。

138) 古文献に銅鏡の献上記事が多い一方で、分配記事がほとんどみとめられないことにたいし、かつては分配「の事実を中央では語り伝えなかった」〔小林行 1967a, p. 98〕と説明され、近年では、周代の青銅器銘文のあり方を参照しつつ、こうした文献と実態との齟齬は、「王など上級者からの賜与と恩寵」に表出される「君臣関係」を正当化する記載が志向されたため〔岡村 2001b, p. 354〕、などと説かれている。ただ、前者は強弁の観があり、後者は文献の編纂背景を考慮すべきという重要な内容をふくむものの、参照対象が地理的・年代的に離れているため、いささか説得力に欠く。一方、諸地域から「中央政権」に銅鏡を献上したと想定する論者は、

「征服者が服属者の宝物を取り上げるというのが征服者の一般の心理」〔樋口 2000, p.183〕とか，「征服者は略奪することはあっても，自分のほうから与えるような発想はふつうはないもんなんです。被征服者はいろいろなものを中央に奉るものなんですよ」〔河上他 1999, p.125 の河上発言〕といった見解が端的に示しているように，略奪や献上を一般的とみている。しかし，こうした見解は，首長制社会など前国家段階の社会において賜与が通有の物流形態であることを無視したものといわざるをえない。

139) たとえば岡村秀典は，倭人条の当該箇所において「銅鏡百枚」が通常の返礼品と別記されていることから，これを「ふつうの答礼品にはない」「政治的な付加価値をもって特別に贈られたもの」〔岡村 1999a, p.171〕と解釈している。

140) ただし，藤田の検討事例には誤認が散見する。大局は動かないかもしれないが，議論の精度を高めるには再検討が必要である。

141) 福永は最近，弥生時代末期ごろの奈良県ホケノ山墳墓が「頭足分離型」の副葬配置を採用している可能性が高いこと，三角縁神獣鏡と関連の深い鏡群を副葬する中国北京特別市の大営村墳墓において「頭足分離型」の副葬配置がみられることをあげて，この副葬配置が古墳出現期まで遡上するとみる自説の補強をはかっている〔福永 2005a〕。

142) 岩本はさらに推論を深め，「棺内の遺体頭部付近に置かれるような鏡は，被葬者が属する集団においてとくに大きな意味をもつ器物であり，三角縁神獣鏡を含むそれ以外の鏡は，集団どうしのつながりのなかで重要な意義をもつ器物であったと想定できるであろう」と論じている〔岩本 2004, p.106〕。

143) 川西宏幸も，三角縁神獣鏡「の銘は高踏的で，古風をとどめて」いることを指摘している〔川西 1999(1994), p.192〕。

144) そう考えた場合に問題となるのが，三角縁神獣鏡の主要な模倣対象となった神獣鏡を「同時代的あるいは，直近の過去の鏡式」とみる上野祥史の研究成果〔上野 2007, p.202〕と矛盾をきたすことである。両者の分析とも説得力があるため，折衷的な解釈を示せば，文様は同時代の鏡式から，銘文は古い鏡式から採用したか，あるいは銘文も同時代の他鏡式から導入したということになろうか。三角縁神獣鏡の銘文は同時代の方格規矩鏡に類似し〔林裕 1998 等〕，「天王日月」などの句は画文帯神獣鏡と共通する〔上野 2000〕ので，後者の案が妥当であろう。

145) シンポジウムの発言であるが，森下は，「字は似ていると思います。ただ，細かいクセに差があるので，同一とは言えません。それから，鳥の文様が松林山古墳の鏡にも易県の鏡にも入っているのですが，この文様が全然似ていないんですよ。(中略)同一工人の作というのはむずかしいかなと思います」と述べている〔福永他 2003, p.55〕。

146) ただし，以下で示すように，燕下都鏡は仿製三角縁吾作三神三獣鏡の銘文にも酷似しているが，これは福永が「IIIa 段階」〔福永 1994c 等〕に位置づけているものである。福永は，文様面でも，松林山古墳出土鏡が属する中国製三角縁神獣鏡の「C 段階」と燕下都鏡の属する魏鏡との年代的な併行関係（および系譜的近似性）を論じている以上，仿製三角縁神獣鏡の「IIIa 段階」と燕下都鏡との同時期性も承認しなければならなくなる。ところが福永は，「C 段階」の中国製三角縁神獣鏡と「IIIa 段階」の仿製三角縁神獣鏡を，それぞれ「260 年代」と「4 世紀第 3 四半期」と推論しており〔福永 2005a〕，「工人どうしが特異な銘文を参照しあえる近い関係にあった」にしては，あまりにも年代の差が開きすぎる。100 年近い期間をおいても類似する製品を

製作できたとすれば，中国製三角縁神獣鏡の系譜と実年代を魏晋鏡との文様の類似関係から推定する福永の方法は危うくなる。そのうえ，中国製三角縁神獣鏡と仿製三角縁神獣鏡との製作時間差を考える通説にも疑念が突きつけられることになりかねない。とすれば，字体レヴェルでの銘文の類似が時間的併行性（および系譜的近接性）を示すとする前提を破棄するか，両者の設定段階を変更するか，あるいは燕下都鏡および松林山古墳出土鏡の銘文が，仿製三角縁吾作三神三獣鏡の類銘文と時間的断絶を示す証拠を提示する必要がある。

147) 岡村はその後，「漢鏡の系譜と「銅出徐州　師出洛陽」という三角縁神獣鏡の銘文などから洛陽の人工（ママ）と徐州系の人工（ママ）が製作に関与したと考えていますが，製作地のことはわかりません」〔福永他 2003, p.26 の岡村発言〕と，さらに慎重論にかたむいている。

148) こうした見解にたいし，笠野は，「作鏡の実態がこの銘文に表現されているとすれば，三角縁神獣鏡の製作地は，徐州でも洛陽でもなく，第三の未知の土地」と考えられると論じている〔笠野 1998, p.165〕。笠野は「第三の未知の土地」について明言はしていないが，前記した「尚方監作制」下における「南方の地方工官の製作」を「考える余地」があることを提示している〔笠野 1998, p.179〕。

149) 小野山は，西田守夫が傘松文を旄節とみなす論拠とした「仙人執節坐中庭」の銘句（目録79）を，「塔傘松形文様を用いた工人の一部は，これが塔に由来する文様であることにあまりこだわっていなかったのではないかと推測できる証拠」〔小野山 1999, p.19〕としているが，普通に考えて，この銘句は，傘松文が塔ではない明証とみなすべきだろう。

150) 「或用明鏡九寸以上自照，有所思存，七日七夕則見神仙，或男或女，或老或少。一示之後，心中自知千里之外，方来之事也。明鏡或用一，或用二，謂之日月鏡。或用四，謂之四規鏡。四規者，照之時，前後左右各施一也。用四規，所見来神甚多」（『抱朴子』内篇巻之十五 雑応）。なお，『抱朴子』は，東晋の道家である葛洪（かっこう）が4世紀初頭（317年ごろ）にあらわした神仙書である。

151) 銅鏡の副葬方式全体を通覧したうえで立論している藤田和尊にしても，「葬送にあたっての祭祀主催者（おそらくは次代の首長）が被葬者個人にとって，より重要度が高いと判断したものが棺内に入れられ，それ以外は棺外に配置される」ことを「ほぼ誤りはない」こととみなしている〔藤田和 1993, p.30〕が，その根拠は示されていない。

152) これは，三角縁神獣鏡を倭製とみる場合も同様である。

[V]

1) ただ，小片群から元来の完形数を復元することは非常にむずかしい。筆者は，破片からでも同笵鏡番号を特定しうる三角縁神獣鏡を基準として，三角縁神獣鏡の推定完形面数÷三角縁神獣鏡の破片数×総出土破片数が，完形数の本来の近似値であると考えている。

2) 筆者自身，いくつかの研究会において，三角縁神獣鏡の分析をつうじて本墳の政治史的評価に触れているが，成文化したものはない。この機に，ごく簡単に私見を述べておきたい。本墳出土の三角縁神獣鏡は，中国製三角縁神獣鏡を三（四）段階に編年したうち〔大賀 2002；岩本 2008a〕，二（三）段階までのものがふくまれ，相対的に第二（三）段階のものが目立っている。この段階の三角縁神獣鏡は，畿内地域から瀬戸内中・東部に密集する前段階とはうってかわって，九州北部の分布が相対的に高まり，畿内地域と九州北部に二極化する。そして次の第三段階には，九州北部の分布が激減し，畿内地域を核として瀬戸内中部と東海西部を両端とする円弧を

えがく主要分布域が形成されるのである(Ⅳ-図78)。三角縁神獣鏡の分布状況をなんらかの政治現象の反映とみてよければ，このような分布の脈動の背景には，大きな政治変動を想定しうる。これを解く鍵を握るのが，第二段階の三角縁神獣鏡を多く副葬する有力古墳であり，おそらくこの時期からさほど降らない時期に築造された本墳・京都府椿井大塚山古墳・福岡県豊前石塚山古墳と考える。これら三墳は，本墳を頂点とする相似墳である可能性があり〔豊岡2004；岸本 2005b〕，さらに円筒埴輪の出現後にもかかわらず二重口縁壺を墳頂に配列する祭式を採用するなど，共通点が目立ち，被葬者(集団)の深い関係を示唆している。さらにいえば，近年における三角縁神獣鏡の実年代研究の成果に照らせば，おおよそ第三段階は260(～70)年代以降に，第二段階はおそらく250(～60)年代ごろに製作・輸入され，そののち諸地域に流通したと推定できる。これを『三国志』魏書東夷伝から察知される政治動乱と結びつけることも不可能ではないが，その種の推論は文献史料と考古資料の凭れあいになる危険があるので，これ以上は述べない。

3) なお，桜井茶臼山古墳の北方約4kmの地に，これに後出する王陵級古墳である行燈山古墳(伝崇神陵古墳)と渋谷向山古墳(伝景行陵古墳)が所在するが，渋谷出土と伝えられる三角縁波文帯三神二獣博山炉鏡(目録134)は，後者から出土した可能性がある。

資　料

1 三角縁神獣鏡関連論文

◇ 本書で引用した三角縁神獣鏡と直接に関連のない文献をふくむ.

相川龍雄　1938　「□始元年鏡と出土古墳について」『上毛及上毛人』第253号,上毛郷土史研究会
相川龍雄　1944　「上野国邑楽郡西丘神社の神獣鏡」『考古学雑誌』第34巻第3号,日本考古学会,pp. 162-165
愛知県清洲貝殻山貝塚資料館編　1993　『特別展　青銅鏡　鏡にうつる愛知のクニ』愛知県清洲貝殻山貝塚資料館
青木敬　2001　「石製腕飾類の副葬―前期古墳の評価をめぐって―」『東京考古』第19号,東京考古談話会,pp. 27-45
青木政幸編　2008　『銅鐸から銅鏡へ』展観の栞34,辰馬考古資料館
青山博樹　2003a　「復元の目指すもの」福島県文化振興事業団・福島県文化財センター白河館編『福島県文化財センター白河館　研究紀要2002』福島県教育委員会,pp. 1-2
青山博樹　2003b　「会津大塚山古墳出土三角縁神獣鏡の観察―三角縁神獣鏡製作技法の一例―」福島県文化振興事業団・福島県文化財センター白河館編『福島県文化財センター白河館　研究紀要2002』福島県教育委員会,pp. 3-14
赤塚次郎　1998　「愛知県東之宮古墳について」東海考古学フォーラム岐阜大会実行委員会編『第6回東海考古学フォーラム岐阜大会　土器・墓が語る　美濃の独自性～弥生から古墳へ～』東海考古学フォーラム岐阜大会実行委員会,pp. 248-257
赤塚次郎　2005　「鏡」赤塚編『史跡東之宮古墳調査報告書』犬山市埋蔵文化財調査報告書第2集,犬山市教育委員会,pp. 24-43
赤塚次郎編　2005　『史跡東之宮古墳調査報告書』犬山市埋蔵文化財調査報告書第2集,犬山市教育委員会
秋山日出雄・網干善教　1959　『室大墓』奈良県史跡名勝天然記念物調査報告第18冊,奈良県教育委員会
浅田芳朗　1933　「播磨国漢式鏡発見地名表」『播磨』第2巻第2号
浅田芳朗　1937　「姫路市南郊発見の一古鏡」『郷土文化』第7輯
足立鍬太郎　1927　「最近調査したる駿東富士の古墳につきて」『静岡県史蹟名勝天然紀念物調査報告』第3集,静岡県
穴沢咊光　1985a　「三角縁神獣鏡と威信財システム(上)」『潮流』第4報,いわき地域学会,pp. 1-3

穴沢咊光　1985b　「三角縁神獣鏡と威信財システム(下)」『潮流』第5報，いわき地域学会，pp.1-3

穴沢咊光　1994a　「小林行雄博士の軌跡―感性の考古学者の評伝―」角田文衞編『考古学京都学派』雄山閣出版，pp.178-216

穴沢咊光　1994b　「梅原末治論―モノを究めようとした考古学者の偉大と悲惨―」角田文衞編『考古学京都学派』雄山閣出版，pp.218-296

穴沢咊光　1995　「世界史のなかの日本古墳文化」古代オリエント博物館編『江上波夫先生米寿記念論集　文明学原論』山川出版社，pp.401-424

阿部久雄　2001　「三角縁神獣鏡の統計鑑定」『東アジアの古代文化』109号，大和書房，pp.190-201

網干善教　1975　「三角縁神獣鏡についての二，三の問題―唐草文帯二神二獣鏡の同型鏡に関連して―」橿原考古学研究所編『橿原考古学研究所論集』創立三十五周年記念，吉川弘文館，pp.231-264

網干善教編　1992　『紀伊半島の文化史的研究』考古学編，清文堂出版

網干善教・笠井保夫　1968　「岐阜県南濃町円満寺山古墳調査報告」『関西大学考古学研究年報』第2号，関西大学考古学研究会，pp.1-26

網干善教・伊達宗泰・森浩一・山田良三・猪熊兼勝・堀田啓一・寺沢知子・菅谷文則　1981　「500号墳(茶臼山古墳)」伊達編『新沢千塚古墳群』　奈良県史跡名勝天然記念物調査報告第39冊，奈良県教育委員会，pp.23-78

尼崎市教育委員会編　1986　『尼崎の文化財』

甘粕健　1966　「古墳時代の展開とその終末」近藤義郎他編『日本の考古学』IV 古墳時代(上)，河出書房新社，pp.389-455

甘粕健　1971a　「古墳の成立・伝播の意味」岡崎敬・平野邦雄編『古代の日本』第9巻研究資料，角川書店，pp.65-94

甘粕健　1971b　「画期的な伝世鏡と同笵鏡の理論」直木孝次郎・甘粕・井上光貞・薗田香融・護雅夫・吉井巌『シンポジウム　日本歴史』2　日本国家の形成，学生社，p.45

甘粕健　1974　「すすむ政治的統合」門脇禎二・甘粕編『日本民衆の歴史』1民衆史の起点，pp.76-94

甘粕健　1975　「古墳の形成と技術の発達」『岩波講座　日本歴史』1原始および古代1，岩波書店，pp.273-321

甘粕健　1984　「古墳文化の形成」井上光貞・永原慶二・児玉幸多・大久保利謙編『日本歴史大系』1古代文明の形成，山川出版社，pp.210-233

甘粕健　1986　「古墳時代における筑紫」『岩波講座　日本考古学』第5巻 文化と地域性，岩波書店，pp.223-254

甘粕健　1987　「古墳の伝播と四世紀の地域政権」西嶋定生・平野邦雄・白石太一郎・山

尾幸久・甘粕・田辺昭三・門脇禎二著『空白の四世紀とヤマト王権——邪馬台国以後』角川選書179, 角川書店, pp. 75-93

甘粕健　1989　「1964年の発掘調査の成果とその意義」会津大塚山古墳測量調査団編『会津大塚山古墳測量調査報告書』pp. 7-10

甘粕健　2004　『前方後円墳の研究』同成社

甘粕健・今井尭・大塚初重・金井塚良一・菊地康明・原島礼二　1982　「前方後円墳の出現」『シンポジウム　古代東国と大和政権』新人物往来社, pp. 7-47

天羽利夫・髙島芳弘・魚島純一　1992　『四国の古墳』徳島県立博物館

新井悟　1997　「古墳時代倣製鏡の出現と大型鏡の意義」『考古学ジャーナル』No. 421, ニュー・サイエンス社, pp. 8-13

新井悟・石渡美江・近藤さおり・岸本泰緒子・折茂克哉 2009　「ユーラシア大陸鏡集成第一版」『博望』第7号, 東北アジア古文化研究所, pp. 93-117

荒井登志夫　2005　『前方後円墳の世紀―日本古代史解明の手引Ⅱ―』歴研[謎解き]ブックレット, 総合出版社[歴研]

新井宏　1999a　「金属を通して歴史を観る(10)　三角縁神獣鏡(1)同笵鏡論」『BOUNDARY』15巻10号, コンパス社, pp. 24-29

新井宏　1999b　「金属を通して歴史を観る(11)　三角縁神獣鏡(2)踏み返し鏡」『BOUNDARY』15巻11号, コンパス社, pp. 39-43

新井宏　1999c　「金属を通して歴史を観る(12)　三角縁神獣鏡(3)製作面数」『BOUNDARY』15巻12号, コンパス社, pp. 50-53

新井宏　2000a　「金属を通して歴史を観る(13)　三角縁神獣鏡(4)追論」『BOUNDARY』16巻1号, コンパス社, pp. 48-51

新井宏　2001a　「鉛同位体比による青銅器の鉛産地推定をめぐって」『考古学雑誌』第85巻第2号, 日本考古学会, pp. 1-30

新井宏　2001b　「金属を通して歴史を観る(30)　青銅器の中の微量成分」『BOUNDARY』17巻9号, コンパス社, pp. 47-52

新井宏　2002a　「金属を通して歴史を観る(32)　三角縁神獣鏡は中国鏡か(1)」『BOUNDARY』18巻10号, コンパス社, pp. 34-39

新井宏　2002b　「金属を通して歴史を観る(33)　三角縁神獣鏡は中国鏡か(2)」『BOUNDARY』18巻11号, コンパス社, pp. 31-37

新井宏　2005　「鉛同位体比から見た三角縁神獣鏡の製作地―舶載紀年鏡等の複製問題を通して―」『情報考古学』日本情報考古学会, Vol. 11 No.2, pp. 1-14

新井宏　2006　「鉛同位体比から見て三角縁神獣鏡は非魏鏡―副葬期で鉛が変る奇妙な舶載鏡群と関連して―」『東アジアの古代文化』129号, 大和書房, pp. 54-83

新井宏　2007a　『理系の視点からみた「考古学」の論争点』大和書房

新井宏　2007b　「鉛同位体比から見た三角縁神獣鏡(抜粋)」『東アジアの鏡文化～卑弥呼の鏡は海を越えたか～』pp. 19-24

荒木宏　1942　『古鏡鋳造の技法』

飯島義雄・小池浩平　2001　「古墳時代銅鏡の制作方法の検討(二)—三角縁神獣鏡における成分による大きさの変化—」『群馬県立歴史博物館紀要』第22号, 群馬県立歴史博物館, pp. 21-30

生澤英太郎　1957　「古代の鏡作氏に対する一考察—思想的方面を中心にして—」『神道史研究』第5巻第4号, 神道史學會, pp. 40-47

井口善晴　1965　「小木出土の三角縁神獣鏡」『いちのみや考古』第6号

井口善晴　2004　「―資料紹介―北和城南古墳出土品(奈良国立博物館蔵)」『鹿園雑集』第6号, 奈良国立博物館研究, pp. 137-141

池上悟　1983　「三角縁神獣鏡(さんかくえんしんじゅうきょう)」江坂輝彌・芹沢長介・坂詰秀一編『日本考古学小辞典』ニュー・サイエンス社, p. 133

池上悟　2003　「大英博物館所蔵のゴーランド・コレクションについて」『立正考古』立正大学考古学研究会, pp. 7-23

池田市立歴史民俗資料館編　1996　『池田市立歴史民俗資料館平成8年度特別展「古代国家の黎明」—4世紀と5世紀の狭間で—』池田市立歴史民俗資料館

池田祐司・久住猛雄編　2004　『藤崎遺跡15』福岡市教育委員会

池畑耕一　1988　「薩摩の考古学者白尾国柱」『黎明館調査研究報告』第2集, 鹿児島県歴史資料センター黎明館

井沢洋一　1986　「那珂八幡古墳と副葬の三角縁神獣鏡について」『考古学雑誌』第72巻第1号, 日本考古学会, pp. 106-118

井沢洋一・米倉秀紀編　1986　『那珂八幡古墳 昭和59・60年度の重要遺跡確認調査及び緊急調査概報』福岡市埋蔵文化財調査報告書第141集, 福岡市教育委員会

井沢元彦　1998　「三角縁神獣鏡はクールにみよう」『This is 読売』9巻1号, 読売新聞社, pp. 304-309

石川悦夫　1994　「南九州」埋蔵文化財研究会編『倭人と鏡 その2—3・4世紀の鏡と墳墓—』第36回埋蔵文化財研究集会, 埋蔵文化財研究会, pp. 269-274

石川悦夫　2001　「西都原13号墳(墳丘出土古墳時代遺物編)」『特別史跡西都原古墳群発掘調査報告書』第2集, 宮崎県教育委員会

石崎景三　1981　『鉄剣と鏡が語る邪馬台国』新人物往来社

石田孝　1982　「三角縁神獣鏡は卑弥呼に与えるための特注製鏡」『季刊 邪馬台国』11号, 梓書院, pp. 82-84

石田孝　1983　「三角縁神獣鏡は, やはり特注製鏡である――福本正夫氏に答える」『季刊 邪馬台国』17号, 梓書院

石田孝　1988　「始遣魏使は,景初二年か,三年か―改元法と日暦干支が検証する―」『歴史評論』No.456, 校倉書房, pp. 33-54
石田成年　1986　「松岳山古墳群85‐1次調査　茶臼塚古墳(85‐1次調査)」竹下賢監修『柏原市埋蔵文化財発掘調査概報』柏原市文化財情報1985‐I, 柏原市教育委員会, pp. 19-50
石野瑛　1935　「中郡大野村真土大塚山古墳調査概記」『考古集録』第二, 武相考古会
石野瑛　1936　「砂丘を利用したる古墳例―相模国中郡大野村真土大塚山古墳―」『考古学雑誌』第26巻第4号, 考古学会
石野瑛　1940　「相武出土の鏡鑑に就いて」『考古学雑誌』第30巻第1号, 日本考古学会, pp. 49-59
石野亨　1977　『鋳造　技術の源流と歴史』産業技術センター
石野博信　1995　「前期古墳の新事実」石野編『季刊 考古学』第52号 前期古墳とその時代, 雄山閣出版, pp. 14-16
石野博信　1999　「邪馬台国と倭国」高槻市教育委員会編『邪馬台国と安満宮山古墳』吉川弘文館, pp. 110-124
石野博信　2006　「三角縁神獣鏡の副葬位置と年代――卑弥呼はかかわったか」奈良県歴史地理の会監修『三角縁神獣鏡・邪馬台国・倭国』新泉社, pp. 10-28
石野博信・高島忠平・武末純一・常松幹雄・寺沢薫・村上恭通・森岡秀人・柳田康雄・山尾幸久　2006　「シンポジウム　邪馬台国時代のツクシとヤマト」香芝市二上山博物館編『邪馬台国時代のツクシとヤマト』学生社, pp. 224-289
石野博信(司会)・福永伸哉・宇垣匡雅・赤塚次郎・車崎正彦　1999　「シンポジウム　前方後円墳の出現」石野編『季刊 考古学』別冊8 前方後円墳の出現, 雄山閣出版, pp. 75-99
石野博信・柳田康雄・菅谷文則・橋本博文・鈴木靖民・原島礼二　1988　「シンポジウム3 鏡をめぐって」石野博信他『古墳はなぜつくられたか――倭王権形成史の再検討』大和書房
石野博信・柳田康雄・菅谷文則・橋本博文・鈴木靖民・原島礼二　1988　「シンポジウム4 鏡と土器をめぐって」石野博信他『古墳はなぜつくられたか――倭王権形成史の再検討』大和書房
石部正志　1980　『大阪の古墳』大阪文庫2, 松籟社
石村智　2003　『威信財システムからの脱却』国立民族学博物館平成14年度特別共同利用研究員研究成果報告
石村智　2004　「威信財システムからの脱却」考古学研究会編『考古学研究会50周年記念論文集 文化の多様性と比較考古学』考古学研究会, pp. 279-288
石村智　2008　「威信財交換と儀礼」設楽博己・藤尾慎一郎・松木武彦編『弥生時代の考

古学』7 儀礼と権力，同成社，pp. 127-139
石山勲編　1979　『九州縦貫自動車道関係埋蔵文化財調査報告』XXVII，福岡県教育委員会
泉武　1985　「伝都祁村出土鏡」『都祁村史』都祁村史刊行会
和泉市教育委員会編　2005　『和泉黄金塚古墳・平成の発掘調査—文化財の保存と活用を目指して—』和泉市教育委員会
泉谷康　1977　「出雲の服属と神話」遠藤元男編『古代の地方史』第7巻総論，朝倉書店
出雲考古学研究会編　1985　『荒島墳墓群』古代の出雲を考える4，出雲考古学研究会
泉森晈　1973　「奈良県出土鏡鑑地名表」泉森編『磐余・池ノ内古墳群』奈良県史跡名勝天然記念物調査報告第28冊，奈良県教育委員会，pp. 171-181
泉森晈　1998　「三角縁神獣鏡とその周辺」『日本古代史と遺跡の謎・総解説』自由国民社
泉森晈　2003　「古墳に鏡を副葬する意味」園田学園女子大学歴史民俗学会編『「鏡」がうつしだす世界—歴史と民俗の間—』そのだ歴史民俗ブックレット1，岩田書院，pp. 9-24
泉森晈編　1973　『磐余・池ノ内古墳群』奈良県史跡名勝天然記念物調査報告第28冊，奈良県教育委員会
泉森晈編　1982　『新山古墳群』奈良県遺跡調査概報1980年度，奈良県立橿原考古学研究所
遺跡発行会　1985　「愛媛県出土古鏡図録」『遺跡』第27号，遺跡発行会
伊勢野久好　1988　「三重県の前方後方墳」『古代』第86号，早稲田大学考古学会
伊勢野久好　1991　「旧一志郡内の首長墓」『天花寺山』一志町・嬉野町遺跡調査会
一瀬和夫　1994　「覇権のゆくえ　大阪府の前期古墳と鏡」埋蔵文化財研究会編『倭人と鏡その2—3・4世紀の鏡と墳墓—』第36回埋蔵文化財研究集会，埋蔵文化財研究会，pp. 283-310
一瀬和夫　1995a　「中国鏡の中の三角縁神獣鏡」大阪府立近つ飛鳥博物館編『平成7年度春季特別展　鏡の時代—銅鏡百枚—』大阪府立近つ飛鳥博物館図録5，大阪府立近つ飛鳥博物館，pp. 90-97
一瀬和夫　1995b　「銅鏡をつくる」大阪府立近つ飛鳥博物館編『平成7年度春季特別展　鏡の時代—銅鏡百枚—』大阪府立近つ飛鳥博物館図録5，大阪府立近つ飛鳥博物館，pp. 102-103
一山典　1991　「阿波の前期古墳」古代学協会四国支部第5回大会事務局編『四国・瀬戸内の前期古墳』古代学協会四国支部
一山典編　1989　『第10回埋蔵文化財資料展　阿波を掘る—発掘調査10年の歩み—』徳島市教育委員会
一山典・三宅良明　1992　「徳島県徳島市宮谷古墳」『日本考古学年報』43(1990年度版)，

日本考古学協会
伊藤秋男　1998　「古墳の祭祀と鏡」文化財課編『尾張古代史セミナー』(3)―まつりと信仰―，春日井市教育委員会，pp. 25-51
伊藤秋男　2005　「各務原市内の三角縁神獣鏡と中・近世の鏡」『木曾川学研究』2，木曾川学研究会，pp. 40-43
伊藤秋男編　1977　『白山藪古墳発掘調査報告』人類学研究所紀要第6号，南山大学人類学研究所
伊藤禎樹　1966　「岐阜県南濃町東天神1号墳出土の三角縁神獣鏡」『古代学研究』第46号，古代学研究会，pp. 16-18
伊東信雄・伊藤玄三　1964　『会津大塚山古墳』会津若松史別巻1，会津若松市史出版委員会
伊都国歴史博物館編　2006　『平原遺跡出土品国宝指定記念特別展　大鏡が映した世界』伊都国歴史博物館図録3，伊都国歴史博物館
井上光貞　1965　『日本の歴史』1 神話から歴史へ，中央公論社
井上稔　1987　「「景初四年」銘鏡の謎を追う――「景初四年」の銘鏡は，「倭人伝」記載の銅鏡なのか？」『歴史研究』第319号，新人物往来社
今井堯　1977　「古墳の副葬遺物」甘粕健編『考古資料の見方〈遺物編〉』柏書房，pp. 246-282
今井堯　1992　「吉備における鏡配布体系」近藤義郎編『吉備の考古学的研究』下，pp. 23-45
今井堯　1993　「(講演)前方後円墳体制時代の倭と豊」『地域相研究』第20号下，地域相研究会，pp. 64-91
今井堯　1997　「青龍三年銘鏡と三角縁神獣鏡」『歴史研究』第437号，新人物往来社，pp. 62-65
今井堯　1998　「黒塚古墳と三角縁神獣鏡論義」『歴史研究』第443号，新人物往来社，pp. 62-65
今尾文昭　1984　「古墳祭祀の画一性と非画一性」橿原考古学研究所編『橿原考古学研究所論集』第六，吉川弘文館，pp. 111-166
今尾文昭　1989　「鏡―副葬品の配列から―」『季刊 考古学』第28号 特集 古墳には何が副葬されたか，雄山閣出版，pp. 43-48
今尾文昭　1993　「古墳と鏡」高倉洋彰・車崎正彦編『季刊 考古学』第43号 特集 鏡の語る古代史，雄山閣出版，pp. 30-34
今尾文昭　2000　「弩機銘文にみる魏・呉と銅鏡」『東アジアの古代文化』103号，大和書房，pp. 68-95
今尾文昭編　1984　『大和考古資料目録』第11集 前期古墳資料(1)，奈良県立橿原考古学

研究所附属博物館
今津節生　2000a　「欠陥と修正から鏡の製作技術を探る」森下章司・千賀久編『大古墳展―ヤマト王権と古墳の鏡―』東京新聞, p.89
今津節生　2000b　「三角縁神獣鏡の湯口―鋳造欠陥から湯口を推定する―」森下章司・千賀久編『大古墳展―ヤマト王権と古墳の鏡―』東京新聞, pp.232-233
今津節生　2005　「三角縁神獣鏡の湯口と鈕孔」水野敏典・山田隆文編『三次元デジタル・アーカイブを活用した古鏡の総合的研究　第2分冊』橿原考古学研究所成果第8冊, 奈良県立橿原考古学研究所, pp.453-458
今津節生・鈴木勉・河上邦彦　2001　「三角縁神獣鏡, 三次元データ・ベースの構築」『日本文化財科学会第18回大会研究発表要旨集』
今津節生・古谷毅・徳田誠志・森本国宏　2004　「三角縁神獣鏡三次元デジタルアーカイブの活用～新しい遺物観察方法を目指して～」『日本文化財科学会第21回大会研究発表要旨集』pp.184-185
今津節生・増田智仁・古谷毅・鈴木勉・平井孝憲　2002　「三次元デジタルデータベースを活用した同笵・同型鏡における差異の解析」『日本文化財科学会第19回大会研究発表要旨集』
今津節生・森本国宏・千賀久　2005　「博物館展示における三次元デジタル・アーカイブの活用」『日本文化財科学会第22回大会研究発表要旨集』pp.354-355
岩崎卓也　1967　「銅鐸と伝世鏡」『史潮』第100号, 大塚史学会, pp.6-14
岩崎卓也　1987　「「三種の神器」の周辺」増田精一編『比較考古学試論―筑波大学創立十周年記念考古学論集―』雄山閣出版, pp.70-102
岩崎卓也　1988　「青銅鏡」『長野県史』考古資料編全1巻(4)遺構・遺物, 長野県, pp.529-534, 565-572
岩崎卓也　1989　「古墳分布の拡大」白石太一郎編『古代を考える　古墳』吉川弘文館, pp.36-72
岩崎卓也　1993　「関東の前期古墳と副葬鏡」『翔古論集　久保哲三先生追悼記念文集』真陽社, pp.114-129
岩崎卓也　1994　「古墳のひろがりと古墳の出現」『長野県考古学会誌』71・72, 長野県考古学会, pp.75-98
岩瀬透　1981　「南濃町の古墳より出土した鏡」『東天神古墳群6・7・8号墳』南濃町文化財発掘調査報告II, 南濃町教育委員会・龍谷大学考古学資料室
岩永省三　1987　「伝世考」岡崎敬先生退官記念事業会編『東アジアの考古と歴史　岡崎敬先生退官記念論集』中, 同朋舎出版
岩永省三　1997　『歴史発掘』⑦金属器登場, 講談社
岩野見司　1975　「尾張の三角縁神獣鏡―付・古墳出土鏡の集成―」『月刊 歴史手帖』3

巻12号，名著出版，pp. 20-25
岩野見司　1976　「愛知県海部郡佐織町奥津社の三角縁神獣鏡について」『考古学雑誌』第62巻第2号，日本考古学会，pp. 63-69
岩野見司編　1976　『愛知の古鏡』毎日新聞社
岩本崇　2000　『三角縁神獣鏡と前期古墳』平成11年度京都大学修士論文
岩本崇　2001a　「伝福岡県二丈町付近出土の仿製三角縁神獣鏡」『古代文化』第53巻第6号，(財)古代学協会，pp. 32-38
岩本崇　2001b　「仿製三角縁獣文帯三神三獣鏡」梅本康広・森下章司編『寺戸大塚古墳の研究』I 前方部副葬品研究篇，向日丘陵古墳群調査研究報告第1冊，向日市埋蔵文化財センター，pp. 16-19
岩本崇　2001c　「三角縁神獣鏡と寺戸大塚古墳出土鏡の組み合わせ」梅本康広・森下章司編『寺戸大塚古墳の研究』I 前方部副葬品研究篇，向日丘陵古墳群調査研究報告第1冊，向日市埋蔵文化財センター，pp. 61-67
岩本崇　2003a　「「仿製」三角縁神獣鏡の生産とその展開」『史林』第86巻第5号，史学研究会，pp. 1-39
岩本崇　2003b　「風巻神山4号墳出土鏡をめぐる諸問題」古川登編『風巻神山古墳群』清水町埋蔵文化財発掘調査報告書VII，福井県清水町教育委員会，pp. 91-102
岩本崇　2004　「副葬配置からみた三角縁神獣鏡と前期古墳」『古代』第116号，早稲田大学考古学会，pp. 87-112
岩本崇　2005a　「三角縁神獣鏡の終焉」『考古学研究』第51巻第4号，考古学研究会，pp. 48-68
岩本崇　2005b　「三角縁神獣鏡の規格と挽型」水野敏典・山田隆文編『三次元デジタル・アーカイブを活用した古鏡の総合的研究 第2分冊』橿原考古学研究所成果第8冊，奈良県立橿原考古学研究所，pp. 423-429
岩本崇　2005c　『墳墓副葬品と古墳時代の社会』2005年度京都大学博士学位論文
岩本崇　2005d　「三角縁神獣鏡と古墳祭祀」『東アジアにおける鏡祭祀の源流とその展開』國學院大學21世紀COEプログラム 考古学・神道シンポジウム予稿集
岩本崇　2006　「伯耆国分寺古墳の再検討」『大手前大学史学研究所紀要 オープン・リサーチ・センター報告』第6号，大手前大学史学研究所，pp. 123-142
岩本崇　2008a　「三角縁神獣鏡の生産とその展開」『考古学雑誌』第92巻第3号，日本考古学会，pp. 1-51
岩本崇　2008b　「三角縁神獣鏡と東海地方の前期古墳」中井正幸・鈴木一有編『季刊 考古学』別冊16 東海の古墳風景，雄山閣，pp. 13-21
岩本崇　2009a　「山陰の鏡と古墳——三角縁神獣鏡を中心に—」第37回山陰考古学研究集会事務局編『第37回山陰考古学研究集会 山陰の古墳出土鏡』pp. 1-10

岩本崇　2009b　「交野ヶ原の銅鏡と古墳時代前期」枚方市教育委員会・枚方市文化財研究調査会編『歴史シンポジウム　交野ヶ原の前期古墳』pp. 32-37

岩本崇　2010　「三角縁神獣鏡と前方後円墳出現期の社会」菊池徹夫編『比較考古学の新地平』同成社

岩本崇編　2008　『龍子三ツ塚古墳の発掘調査』大手前大学史学研究所・龍子三ツ塚古墳調査団

岩本崇編　2009　『龍子三ツ塚古墳群の発掘調査』大手前大学史学研究所・龍子三ツ塚古墳調査団

ヴィクター＝ハリス・後藤和雄編　2003　『ガウランド　日本考古学の父』朝日新聞社

上田三平　1920　『福井県史蹟勝地調査報告』第一冊，福井県内務部

上田三平　1923　「鍋山古墳」『石川県史蹟名勝調査報告第一輯』石川県

上田三平　1927　「宮山古墳」『奈良県に於ける指定史蹟』第1冊，史蹟調査報告第3号，内務省

上田三平　1928　「銚子塚を通して観たる上代文化の一考察」『史学雑誌』第39編第9号，史学会

上田三平　1930　「銚子塚古墳附丸山塚古墳」『史蹟調査報告』第五輯，文部省，pp. 29-34

上田三平　1942　「大丸山古墳主体部構造の特異性」『考古学雑誌』第32巻第9号，考古学会

植田千佳穂編　1993　『考古企画展　ひろしまの青銅器』広島県立歴史民俗資料館

上田宏範　1952　「四神四獣鏡」檜崎彰一・上田・島田清・川端眞治『兵庫県赤穂郡西野山第三号墳』有年考古館研究報告第一輯，有年考古館，pp. 37-40

上田宏範　1961　「茶臼山古墳出土の古鏡群」上田・中村春寿著『桜井茶臼山古墳　附櫛山古墳』奈良県史跡名勝天然記念物調査報告，奈良県教育委員会，pp. 79-82

上田正昭　1959　「古代国家の政治構造」上田著『日本古代国家成立史の研究』青木書店，pp. 121-219

上田正昭　1998　「黒塚古墳と三輪王権」『東アジアの古代文化』96号，大和書房，pp. 7-18

上田正昭先生華甲記念会編　1988　『古代の探究』学生社

上野勝治　1992　「鋳造面からみた三角縁神獣鏡」『古代学研究』第128号，古代学研究会，pp. 1-13

上野利夫・近江昌司・吉田裕彦編　1986　『教祖百年祭記念　天理大学附属天理参考館図録』天理大学出版部

上野晴朗　1975　「古墳時代」中道町史編纂委員会編『中道町史』上巻，中道町役場，pp. 439-562

上野祥史　2000　「神獣鏡の作鏡系譜とその盛衰」『史林』第83巻第4号，史学研究会，pp. 30-70

上野祥史　2001　「画象鏡の系列と製作年代」『考古学雑誌』第86巻第2号，日本考古学会，pp. 1-39

上野祥史　2003　「盤龍鏡の諸系列」『国立歴史民俗博物館研究報告』第100集，国立歴史民俗博物館，pp. 1-23

上野祥史　2005a　「後漢の鏡とその後」山口県立萩美術館・浦上記念館編『鏡の中の宇宙』シリーズ山東文物⑥，山口県立萩美術館・浦上記念館，pp. 128-134

上野祥史　2005b　「鏡の生産と流通からみた四川をめぐる地域間関係」『シルクロード学研究』24 四川省における南方シルクロード（南伝仏教の道）の調査研究，シルクロード学研究センター，pp. 107-118

上野祥史　2006　「画象鏡の模倣について―図像分析の立場から―」『原始絵画の研究』論考編，六一書房，pp. 349-362

上野祥史　2007　「3世紀の神獣鏡生産―画文帯神獣鏡と銘文帯神獣鏡―」『中国考古学』第七号，日本中国考古学会，pp. 189-216

上野祥史　2008　「ホケノ山古墳と画文帯神獣鏡」岡林孝作・水野敏典編『ホケノ山古墳の研究』奈良県立橿原考古学研究所研究成果第10冊，奈良県立橿原考古学研究所，pp. 255-261

上野祥史　2009　「古墳出土鏡の生産と流通」『季刊　考古学』第106号，雄山閣，pp. 48-51

上野祥史　2010　「神獣鏡の生産実態―イメージからの脱却―」『泉屋博古館紀要』第26号，泉屋博古館，pp. 71-78

上林史郎　2002　「副葬品配置が意味するもの」大阪府立近つ飛鳥博物館編『未盗掘古墳の世界―埋葬時のイメージを探る―』平成14年度春季特別展，大阪府立近つ飛鳥博物館編図録27，大阪府立近つ飛鳥博物館編，pp. 73-80

魚澄惣五郎・武藤誠　1957　『芦屋市史』史料編2考古学資料編

宇治市歴史資料館編　1986　『特別展図録　よみがえる古墳文化』宇治市歴史資料館

碓井洸　2006　『三角縁神獣鏡と邪馬台国――古代国家成立と陰陽道』交友印刷

内田俊秀　1982　「福岡市藤崎遺跡出土三角縁二神二車馬鏡の保存科学的立場からの観察」浜石哲也・池崎譲二編『福岡市西区　藤崎遺跡』福岡市埋蔵文化財調査報告書第80集，福岡市教育委員会，pp. 137-139

内野熊一郎　1987　『中国古代金石文における経書讖緯神仙説攷』汲古書院

宇野愼敏　1987　「御座古墳群」『埋蔵文化財調査室年報』3昭和60年度，北九州市教育文化事業団埋蔵文化財調査室

宇野愼敏編　1999　『御座古墳群』北九州市埋蔵文化財調査報告書第237集，北九州市教

育文化事業団埋蔵文化財調査室
梅木謙一編　1998　『朝日谷2号墳』松山市文化財調査報告書第63集,松山市教育委員会
梅沢重昭　1975　「群馬県地域における初期古墳の成立(一)」群馬県史編さん委員会事務局編『群馬県史研究』第2号,群馬県,pp.1-16
梅沢重昭　1976　「群馬県地域における初期古墳の成立(二)」群馬県史編さん委員会事務局編『群馬県史研究』第3号,群馬県,pp.1-30
梅沢重昭　1981　「北山茶臼山古墳」『群馬県史』資料編3 原始古代3,群馬県史編さん委員会
梅沢重昭　2003　「高崎市域の古墳出土鏡について」『高崎市史研究』第18号,高崎市,pp.1-74
梅原末治　1914　「摂津の古墳墓」『考古学雑誌』第4巻第8号,考古学会,pp.32-48
梅原末治　1916a　「河内国分松岳山船氏墳墓の調査報告」『歴史地理』第28巻第6号,日本歴史地理学会,pp.49-74
梅原末治　1916b　「河内枚方町字萬年山の遺蹟と発見の遺物に就きて」『考古学雑誌』第7巻第2号,考古学会,pp.50-53
梅原末治　1916c　「大和国佐味田宝塚の構造と其の出土の古鏡とに就て」『考古学雑誌』第7巻第3号,考古学会,pp.32-44
梅原末治　1917a　「再び河内松岳山船氏の墳墓に就いて」『歴史地理』第29巻第4号,日本歴史地理学会,pp.68-71
梅原末治　1917b　『泉屋清賞』鏡鑑部
梅原末治　1918　「丹波国南桑田郡篠村の古墳(特に方形墳に就て)」『考古学雑誌』第9巻第1号,考古学会,pp.11-34
梅原末治　1919a　「所謂王莽鏡に就いての疑問　高橋健自氏の「王莽時代の鏡に就いて」を読む」『考古学雑誌』第10巻第3号,考古学会,pp.9-27
梅原末治　1919b　「八幡町西車塚」『京都府史蹟勝地調査会報告』第一冊,京都府,pp.92-95
梅原末治　1920a　「山城国久津川車塚古墳と其の遺物」『久津川古墳研究』関信太郎,pp.1-59
梅原末治　1920b　「山城国八幡町の東車塚古墳」『久津川古墳研究』関信太郎,pp.61-70
梅原末治　1920c　「川岡村岡ノ古墳」『京都府史蹟勝地調査会報告』第二冊,京都府,pp.53-59
梅原末治　1920d　「〔附録〕富岡先生と古鏡研究に就いて」富岡謙蔵著『古鏡の研究』丸善,pp.1-17
梅原末治　1920e　「向日町向神社附近ノ古墳」『京都府史蹟勝地調査会報告』第2冊,京都府,pp.74-77

1 三角縁神獣鏡関連論文

梅原末治　1921a　『佐味田及新山古墳研究』岩波書店
梅原末治　1921b　「近江国野洲郡小篠原大岩山の一古墳調査報告(近江に於ける主要古墳の調査録 其一)」『考古学雑誌』第 12 巻第 1 号, 考古学会, pp. 23-38
梅原末治　1921c　「栗太, 野洲両郡に於ける二三の古式墳墓の調査報告(近江国に於ける主要古墳の調査録 其二)」『考古学雑誌』第 12 巻第 2 号, 考古学会, pp. 1-8
梅原末治　1921d　「栗太, 野洲両郡に於ける二三の古式墳墓の調査報告(二完結)(近江国に於ける主要古墳の調査録 其二)」『考古学雑誌』第 12 巻第 3 号, 考古学会, pp. 21-31
梅原末治　1921e　「周防国那珂郡柳井町水口茶臼山古墳調査報告(上)」『考古学雑誌』第 11 巻第 8 号, 考古学会, pp. 24-38
梅原末治　1921f　「周防国那珂郡柳井町水口茶臼山古墳調査報告(下)」『考古学雑誌』第 11 巻第 9 号, 考古学会, pp. 10-19
梅原末治　1922a　「摂津武庫郡に於ける二三の古式墳墓(一)(摂津の古墳墓続編其二)」『考古学雑誌』第 12 巻第 12 号, 考古学会, pp. 9-20
梅原末治　1922b　「摂津武庫郡に於ける二三の古式墳墓(二)(摂津の古墳墓続編其二)」『考古学雑誌』第 13 巻第 2 号, 考古学会, pp. 1-6
梅原末治　1922c　「周防国都濃郡下松町宮洲発見の古鏡」『歴史地理』第 40 巻第 3 号, 日本歴史地理学会, pp. 1-6
梅原末治　1922d　「大和御所町附近の遺蹟(南葛城郡三室と秋津村との古墳)」『歴史地理』第 39 巻第 4 号, 日本歴史地理学会, pp. 13-23
梅原末治　1922e　「上代近畿の文化発達に就いて」『思想』第 13 号, 岩波書店, pp. 111-128
梅原末治　1922f　「大枝村妙見山古墳ノ調査」『京都府史蹟勝地調査会報告』第三冊, 京都府, pp. 51-66
梅原末治　1922g　「棚倉村平尾ノ古墳」『京都府史蹟勝地調査会報告』第三冊, 京都府, pp. 79-82
梅原末治　1923a　「考古学上より観たる上代の畿内(一)」『考古学雑誌』第 14 巻第 1 号, 考古学会, pp. 21-31
梅原末治　1923b　「考古学上より観たる上代の畿内(二)(完結)」『考古学雑誌』第 14 巻第 2 号, 考古学会, pp. 26-37
梅原末治　1923c　『因伯二国に於ける古墳の調査』鳥取県史蹟勝地調査報告第二冊, 鳥取県
梅原末治　1923d　『梅仙居蔵日本出土漢式鏡図集』山川七左衛門
梅原末治　1923e　「但馬国神美村の古墳と発見の遺物」『藝文』第 14 巻第 10 号, 京都文学会, pp. 1-21

梅原末治　1923f　「豊前宇佐郡赤塚古墳調査報告」『考古学雑誌』第14巻第3号，考古学会，pp. 7-20

梅原末治　1923g　「寺戸ノ大塚古墳」『京都府史蹟勝地調査会報告』第四冊，京都府，pp. 36-43

梅原末治　1924a　「北朝鮮発見の古鏡」『東洋学報』第14冊第3号（『鑑鏡の研究』大岡山書店，1925年，pp. 134-227 に収録）

梅原末治　1924b　『桃華盦古鏡図録』富岡益太郎

梅原末治　1924c　「支那年号鏡の二三の新資料」『藝文』第15巻第5号（『鑑鏡の研究』大岡山書店，1925年，pp. 48-65 に補訂収録）

梅原末治　1924d　「豊前京都郡の二三の古墳」『中央史壇』第9巻第6号

梅原末治　1925a　「本邦古代の状態に対する考古学的研究に就いて（第一回）」『史学雑誌』第36編第4号，史学会

梅原末治　1925b　「本邦古代の状態に対する考古学的研究に就いて（第二回）」『史学雑誌』第36編第5号，史学会，pp. 40-61

梅原末治　1925c　「年号銘ある支那古鏡の新資料」『歴史と地理』第15巻第1号，日本歴史地理学会（『鑑鏡の研究』大岡山書店，1925年，pp. 66-87 に補訂収録）

梅原末治　1925d　『鑑鏡の研究』大岡山書店

梅原末治　1925e　『桃陰廬和漢古鑑図録』下冊，関信太郎

梅原末治　1925f　「武庫郡住吉町呉田の求女塚」『兵庫県史蹟名勝天然紀念物調査報告書』第二輯，兵庫県，pp. 42-51

梅原末治　1925g　「武庫郡精道村打出発見の古鏡」『兵庫県史蹟名勝天然紀念物調査報告書』第二輯，兵庫県，pp. 51-56

梅原末治　1925h　「武庫郡本山村マンパイのヘボソ塚古墳」『兵庫県史蹟名勝天然紀念物調査報告書』第二輯，兵庫県，pp. 57-68

梅原末治　1925i　「印南郡北濱村大字牛谷発見の古鏡」『兵庫県史蹟名勝天然紀念物調査報告書』第二輯，兵庫県，pp. 75-79

梅原末治　1925j　「揖保郡香島村吉島古墳」『兵庫県史蹟名勝天然紀念物調査報告書』第二輯，兵庫県，pp. 86-95

梅原末治　1925k　「出石村神美村の古墳」『兵庫県史蹟名勝天然紀念物調査報告書』第二輯，兵庫県，pp. 95-107

梅原末治　1925l　「城崎郡今津の小見塚古墳」『兵庫県史蹟名勝天然紀念物調査報告書』第二輯，兵庫県，pp. 108-114

梅原末治　1926　「三角縁神獣鏡年代考定上の一二の新資料に就て」『史林』第11巻第1号，史学研究会，pp. 73-80

梅原末治　1927　『泉屋清賞』続編　鏡鑑部

梅原末治　1929　『新修 泉屋清賞』住友吉左衛門
梅原末治　1931　『欧米に於ける支那古鏡』刀江書院
梅原末治　1932a　『漢三国六朝紀年鏡集録』岡書院
梅原末治　1932b　「龍子の三ツ塚古墳」『兵庫県史蹟名勝天然紀念物調査報告書』第九輯，兵庫県，pp. 81-93
梅原末治　1933a　「鏡」梅原著『讃岐高松石清尾山石塚の研究』京都帝国大学文学部考古学研究報告第 12 冊，京都帝国大学文学部，pp. 26-28
梅原末治　1933b　「自余の発見遺物」梅原著『讃岐高松石清尾山石塚の研究』京都帝国大学文学部考古学研究報告第 12 冊，京都帝国大学文学部，pp. 77-83
梅原末治　1933c　『欧米蒐儲 支那古銅精華』四 鏡鑑部一，山中商会
梅原末治　1933d　『欧米蒐儲 支那古銅精華』五 鏡鑑部二，山中商会
梅原末治　1934a　「支那古鏡概説」内藤湖南監修『刪訂 泉屋清賞』住友吉左衛門，pp. 149-172
梅原末治　1934b　「鏡鑑部解説」内藤湖南監修『刪訂 泉屋清賞』住友吉左衛門，pp. 173-220
梅原末治　1934c　『大阪府下に於ける主要な古墳墓 其三』大阪府史蹟名勝天然紀念物調査報告第五輯，大阪府
梅原末治　1935　『山城国長法寺古墳出土品(其一)』奈良帝室博物館歴史図録二
梅原末治　1936　『山城国長法寺古墳出土品(其二)』奈良帝室博物館歴史図録三
梅原末治　1937a　「古鏡の化学成分に関する考古学的考察」『東方学報』京都 第 8 冊，東方文化学院京都研究所，pp. 32-55
梅原末治　1937b　「乙訓村長法寺南原古墳の調査」『京都府史蹟名勝天然紀念物調査報告』第 17 冊，京都府，pp. 1-22
梅原末治　1937c　「備前行幸村花光寺山古墳」日本古文化研究所編『近畿地方古墳墓の調査』二，日本古文化研究所報告四，日本古文化研究所，pp. 67-82
梅原末治　1937d　「漢三国六朝紀年鏡銘集録増補(其六)」『史学』第 16 巻第 3 号，三田史学会，pp. 117-130
梅原末治　1938a　『支那考古学論攷』弘文堂書房
梅原末治　1938b　「備前和気郡鶴山丸山古墳」日本古文化研究所編『近畿地方古墳墓の調査』三，日本古文化研究所報告九，日本古文化研究所，pp. 30-52
梅原末治　1938c　「美作郷村観音山古墳」日本古文化研究所編『近畿地方古墳墓の調査』三，日本古文化研究所報告第九，日本古文化研究所，pp. 53-75
梅原末治　1939a　「川辺郡小浜村赤鳥七年鏡出土の古墳」『兵庫県史蹟名勝天然紀念物調査報告書』第 14 輯，兵庫県，pp. 6-15
梅原末治　1939b　『紹興古鏡聚英』桑名文星堂

梅原末治　1940a　「上代古墳出土の古鏡に就いて」考古学会編『鏡剣及玉の研究』吉川弘文館, pp. 1-23
梅原末治　1940b　「筑前宗像神社所蔵の古鏡について」『考古学』第 11 巻第 3 号, 東京考古学会
梅原末治　1943　『漢三国六朝紀年鏡図説』京都帝国大学文学部考古学資料叢刊第一冊, 桑名文星堂
梅原末治　1944a　「上代鋳鏡に就いての一所見」『考古学雑誌』第 34 巻第 2 号, 日本考古学会, pp. 1-14
梅原末治　1944b　「神獣鏡の「口衛巨」の図様に就いて」『東方学報』京都　第 14 冊第 3 分, 東方文化研究所, pp. 131-135
梅原末治　1946　「本邦古墳出土の同笵鏡に就いての一二の考察」『史林』第 30 巻第 3 号, 史学研究会, pp. 18-39
梅原末治　1951　『古鏡図鑑』黒川古文化研究所収蔵品図録第一冊, 黒川古文化研究所
梅原末治　1952　「岡山県下の古墳発見の古鏡」『吉備考古』第 85 号, 吉備考古学会, pp. 1-13
梅原末治　1953　『肥前玉島村谷口の古墳』佐賀県文化財調査報告書第 2 輯, 佐賀県教育委員会
梅原末治　1955a　「漢三国六朝紀年鏡総目」『考古学雑誌』第 40 巻第 4 号, 日本考古学会, pp. 10-20
梅原末治　1955b　「乙訓郡寺戸大塚古墳」『京都府文化財調査報告』第 21 冊, 京都府教育委員会, pp. 3-21
梅原末治　1955c　「向日町妙見山古墳」『京都府文化財調査報告』第 21 冊, 京都府教育委員会, pp. 48-73
梅原末治　1955d　「附　乙訓郡西南部發見の古墳遺物」『京都府文化財調査報告』第 21 冊, 京都府教育委員会, pp. 74-80
梅原末治　1958　「漢鏡とその文字」下中邦彦編『書道全集』第 2 巻, 平凡社, pp. 13-21
梅原末治　1961　「日本上古の鋳鏡」『MUSEUM』No. 123, 美術出版社, pp. 8-13
梅原末治　1962a　「日本出土の中国の古鏡(一)―特に漢中期より後半代の古鏡―」『考古学雑誌』第 47 巻第 4 号, 日本考古学会, pp. 1-19
梅原末治　1962b　「古鏡より観た日本の上古」『史林』第 45 巻第 6 号, 史学研究会, pp. 97-106
梅原末治　1964　「椿井大塚山古墳」『京都府文化財調査報告』第 23 冊, 京都府教育委員会, pp. 1-61
梅原末治　1969　『持田古墳群』宮崎県教育委員会
梅本康広　2001　「既往の調査」梅本編『寺戸大塚古墳の研究』I 第 6 次調査報告篇, 向

日丘陵古墳群調査研究報告第1冊，向日市埋蔵文化財センター，pp. 9-20

梅本康広・森下章司編　2001　『寺戸大塚古墳の研究』I 前方部副葬品研究篇，向日丘陵古墳群調査研究報告第1冊，向日市埋蔵文化財センター，pp. 51-57

卜部行弘　2004　「銅鏡」卜部編『前方後方墳―もう一人の主役―』奈良県立橿原考古学研究所附属博物館特別展図録第62冊，奈良県立橿原考古学研究所附属博物館，pp. 72-79

卜部行弘編　2004　『前方後方墳―もう一人の主役―』奈良県立橿原考古学研究所附属博物館特別展図録第62冊，奈良県立橿原考古学研究所附属博物館

江藤正澄　（年次不明）　『福陵雑纂』(自筆本)

王金林　1989　「鏡師陳是と神獣紋飾の源流」『別府大学紀要』第30号，別府大学会，pp. 41-52

王金林　1992　『弥生文化と古代中国』学生社

王士倫編　2006　『浙江出土銅鏡　修訂本』文物出版社

王仲殊　1981a　「関于日本三角縁神獣鏡的問題」『考古』1981年4期，科学出版社，pp. 346-358

王仲殊　1981b　「それは日本に渡った中国工匠が作った――三角縁神獣鏡の問題について」『朝日ジャーナル』23巻40号，朝日新聞社，pp. 102-106

王仲殊　1982a　「日本の三角縁神獣鏡の問題について」『季刊 邪馬台国』11号，梓書院，pp. 28-53（張明澄訳）

王仲殊　1982b　「日本の三角縁神獣鏡の問題について」井上光貞編『日中古代文化の接点を探る』山川出版社（岡崎敬訳）

王仲殊　1982c　「関于日本的三角縁仏獣鏡――答西田守夫先生」『考古』1982年6期，科学出版社，pp. 630-639

王仲殊　1984a　「日本三角縁神獣鏡綜論」『考古』1984年5期，科学出版社，pp. 468-479

王仲殊　1984b　「景初三年鏡和正始元年鏡的銘文考釈」『考古』1984年12期，科学出版社，pp. 1118-1126

王仲殊　1985a　「景初三年鏡和正始元年鏡銘文補釈」『考古』1985年3期，科学出版社，pp. 267-268

王仲殊　1985b　「呉県，山陽和武昌―従銘文看三国時代的銅鏡産地―」『考古』1985年11期，科学出版社，pp. 1025-1031

王仲殊　1985c　「日本の三角縁神獣鏡について」王・徐苹芳・楊泓・直木孝次郎・田中琢・田辺昭三・西嶋定生著『三角縁神獣鏡の謎　日中合同古代史シンポジウム』角川書店，pp. 19-39

王仲殊　1986a　「"青羊"為呉郡鏡工考――再論東漢，三国，西晋時期呉郡所産的銅鏡」『考古』1986年7期，科学出版社，pp. 639-646

王仲殊　1986b　「呉の「鏡氏陳世」製作の神獣鏡を考える」『奈良国立文化財研究所特別公開講演会要旨』奈良国立文化財研究所

王仲殊　1986c　「呉鏡師陳世所作神獣鏡論考」『考古』1986年11期, 科学出版社

王仲殊　1987a　「論日本出土的景初四年銘三角縁盤龍鏡」『考古』1987年3期, 科学出版社, pp. 265-271

王仲殊　1987b　「日本で出土した景初四年銘の三角縁盤竜鏡について論ず」『季刊 邪馬台国』32号, 梓書院(竹下ひろみ訳)

王仲殊　1987c　「"黄初","黄武","黄龍"紀年鏡銘辞綜釋」『考古』1987年7期, 科学出版社, pp. 635-645

王仲殊　1989　「論日本出土的呉鏡」『考古』1989年2期, 科学出版社, pp. 161-177

王仲殊　1992　『三角縁神獣鏡』学生社(尾形勇・杉本憲司編訳)

王仲殊　1994a　「論日本出土的青龍三年銘方格規矩四神鏡―兼論三角縁神獣鏡為中国呉的工匠在日本所作―」『考古』1994年8期, 科学出版社

王仲殊　1994b　「日本出土の青龍三年銘方格規矩四神鏡について―呉の工匠の三角縁神獣鏡為日本製作説を兼ねて―」『京都府埋蔵文化財情報』第54号, 京都府埋蔵文化財調査研究センター

王仲殊　1997　「基調講演」王・樋口隆康・西谷正著『三角縁神獣鏡と邪馬台国』梓書院, pp. 15-36

王仲殊　2000a　「仿製三角縁神獣鏡の性格といわゆる舶載三角縁神獣鏡との関係を論ず(上)」『東アジアの古代文化』102号, 大和書房, pp. 124-136(熊倉浩靖訳)

王仲殊　2000b　「仿製三角縁神獣鏡の性格といわゆる舶載三角縁神獣鏡との関係を論ず(下)」『東アジアの古代文化』103号, 大和書房, pp. 158-167(熊倉浩靖訳)

王仲殊・樋口隆康・西谷正　1997　「パネル・ディスカッション」王・樋口・西谷著『三角縁神獣鏡と邪馬台国』梓書院, pp. 71-122

汪勃　2000　「銅鏡に見る神獣紋様・銘文の配置」『阡陵』関西大学博物館彙報 No.41, 関西大学博物館, pp. 10-11

大石良材　1975　『日本王権の成立』塙選書80, 塙書房

大分県立宇佐風土記の丘歴史民俗資料館編　1989　『古墳文化の世界―豊の国の支配者たち―』平成元年度秋季企画展図録, 大分県立宇佐風土記の丘歴史民俗資料館

大賀克彦　2002　「古墳時代の時期区分」古川登編『小羽山古墳群』清水町埋蔵文化財発掘調査報告書V, 清水町教育委員会, pp. 1-20

大賀克彦　2003　「紀元三世紀のシナリオ」古川登編『風巻神山古墳群』清水町埋蔵文化財発掘調査報告書VII, 福井県清水町教育委員会, pp. 72-90

大賀克彦　2005　「前方後円墳が築かれるとき―古墳時代前期の中心と周辺―」『東海史学』第39号, 東海大学史学会, pp. 19-32

大垣市文化財保護協会編　1991　『よみがえる矢道長塚古墳―平成2年度発掘調査によせて―』大垣市教育委員会

大形徹　1992　「松喬考―赤松子と王子喬の伝説について―」『大阪府立大学紀要』人文・社会科学第40巻，大阪府立大学，pp. 43-60

大久保一郎　2008　「三角縁神獣鏡の謎」『古代史家よりみた万葉集』溪水社

大阪市立博物館編　1967　『大阪市立博物館蔵品目録』大阪市立博物館

大阪市立美術館編　1969　『田万コレクション　東洋美術展』大阪市立美術館

大阪府立泉北考古資料館編　1987　『泉北考古資料館だより』No. 31 冬季特別展　大阪府の古鏡展，大阪府立泉北考古資料館

大阪府立近つ飛鳥博物館編　1995　『平成7年度春季特別展　鏡の時代―銅鏡百枚―』大阪府立近つ飛鳥博物館図録5，大阪府立近つ飛鳥博物館

大阪府立近つ飛鳥博物館編　2002　『平成14年度春季特別展　未盗掘古墳の世界―埋葬時のイメージを探る―』大阪府立近つ飛鳥博物館図録27，大阪府立近つ飛鳥博物館

大阪府立近つ飛鳥博物館編　2006　『平成18年度秋季特別展　応神大王の時代』大阪府立近つ飛鳥博物館図録42，大阪府立近つ飛鳥博物館

大阪府立弥生文化博物館編　1991　『卑弥呼の世界―平成三年秋季特別展―』大阪府立弥生文化博物館

大下武　2001　「［覚え書き］①　出川大塚古墳について」文化財課編『尾張古代史セミナー』(5)東海とその周辺地域，春日井市教育委員会，pp. 91-113

大谷幸一　2002　「三角縁神獣鏡と渦巻きについて」『古代史の海』第28号，「古代史の海」の会，pp. 4-24

大谷宏治　1997　「鏡の製作技術について―寺谷銚子塚古墳出土三角縁神獣鏡とその同型鏡を中心に―」網干善教先生古稀記念論文集刊行会編『網干善教先生古稀記念　考古学論集』上巻，網干善教先生古稀記念会，pp. 457-476

大塚初重　1970　「東国古墳の成立」杉原荘介・竹内理三編『古代の日本』第7巻 関東，角川書店，pp. 69-93

大塚初重　1992　「銅鏡」静岡県編『静岡県史』資料編3 考古三，静岡県，pp. 525-549

大塚初重編　1991　『図説 西日本古墳総覧』新人物往来社

大塚初重・小林三郎　1962　「佐賀県杢路寺古墳」『考古学集刊』第4冊，東京考古学会，pp. 53-65

大塚初重・小林三郎編　1983　『古墳辞典』東京堂出版

大塚初重・小林三郎編　2002　『続日本古墳大辞典』東京堂出版

大塚初重・小林三郎・熊野正也編　1989　『日本古墳大辞典』東京堂出版

大塚初重・戸沢充則編　1996　「三角縁神獣鏡　さんかくぶちしんじゅうきょう」大塚・戸沢編『最新日本考古学用語辞典』新創社，p. 132

大場磐雄　1929　『鏡鑑』日本考古図録大系第二輯，日東書院
大場磐雄　1935a　「鑑鏡」『日本考古学概説』日東書院，pp. 131-141
大場磐雄　1935b　「漢式鏡」『考古学』哲学全集第16巻，建設社，pp. 202-212
大場磐雄　1948　「鏡鑑」『日本考古学新講』あしかび書房，pp. 179-186
大庭脩　1969　「漢代の節について―将軍假節の前提―」『関西大学東西学術研究紀要』2，pp. 33-39
大庭脩　1981　「三・四世紀における東アジア諸族の動向」井上光貞・西嶋定生・甘粕健・武田幸男編『東アジア世界における日本古代史講座』第3巻 倭国の形成と古文献，学生社
大村西崖　1915　『支那美術史　雕塑篇』仏書刊行会図像部
大村直　1999　「卑弥呼の古墳」武光誠・山岸良二編『邪馬台国を知る事典』東京堂出版，pp. 344-365
大村俊夫他　1978　『山陰の前期古墳文化の研究』I 東伯耆・東郷池周辺，山陰考古学研究所記録第2，山陰考古学研究所
大和岩雄　1998a　「三角縁神獣鏡と卑弥呼の鬼道」『東アジアの古代文化』97号，大和書房，pp. 124-153
大和岩雄　1998b　「三角縁神獣鏡と神仙思想と水銀朱」『東アジアの古代文化』98号，大和書房，pp. 172-199
大和岩雄　2001　「三角縁神獣鏡と神仙思想」『東アジアの古代文化』107号，大和書房，pp. 90-115
大和岩雄　2004　「『三角縁神獣鏡の伝来と神仙思想の流伝』を読む」『東アジアの古代文化』119号，大和書房
岡内三眞　1995　「鏡背にみる仏教図像」滝口宏先生追悼考古学論集編集委員会編『古代探叢IV―滝口宏先生追悼考古学論集―』早稲田大学出版部，pp. 551-585
岡崎敬　1965　「漢・魏・晋の「尚方」とその新資料」『東方学』31輯，東方学会，pp. 39-58
岡崎敬　1968　「日本発見の古鏡(山梨県)」『甲斐考古』5の4，山梨県考古学史資料室
岡崎敬　1971a　「日本の古代金石文」岡崎・平野邦雄編『古代の日本』第9巻 研究資料，角川書店，pp. 374-434
岡崎敬　1971b　「山梨県三珠町鳥居原発見の呉・赤烏元年四神四獣鏡とその銘文」『甲斐考古』8の1，山梨県考古学史資料室，pp. 1-3
岡崎敬　1974　「長崎県・佐賀県・熊本県における「古鏡」発見地名表稿」『九州文化史研究所紀要』第19号，九州大学九州文化史研究施設，pp. 119-146
岡崎敬　1977　「日本の登場と魏志倭人伝」岡崎著『図説　中国の歴史』3 魏晋南北朝の世界，講談社，pp. 187-198

岡崎敬　　1979　「鏡」岡崎編『宗像 沖ノ島』I 本文，宗像大社復興期成会，pp. 303-327
岡崎敬　　1981a　「四国における「古鏡」発見地名表」『史淵』第118輯，九州大学文学部，pp. 195-226
岡崎敬　　1981b　「北九州市・福岡県（豊前）における「古鏡」発見地名表稿―九州大学文学部考古学研究室作製―」『創立五十周年記念論文集』九州大学文学部，pp. 610-638
岡崎敬編　1975　「北九州市・福岡県（豊前）における「古鏡」発見地名表稿―九州大学文学部考古学研究室作製―」『史淵』第112輯，九州大学文学部，pp. 619-638
岡崎敬編　1976a　『日本における古鏡　発見地名表　九州 I』東アジアより見た日本古代墓制研究
岡崎敬編　1976b　『日本における古鏡　発見地名表　四国』東アジアより見た日本古代墓制研究
岡崎敬編　1977a　『日本における古鏡　発見地名表　近畿地方 I』東アジアより見た日本古代墓制研究
岡崎敬編　1977b　『日本における古鏡　発見地名表　近畿地方 II』東アジアより見た日本古代墓制研究
岡崎敬編　1977c　『日本における古鏡　発見地名表　中国地方』東アジアより見た日本古代墓制研究
岡崎敬編　1977d　『日本における古鏡　発見地名表　東北地方』東アジアより見た日本古代墓制研究
岡崎敬編　1978a　『日本における古鏡　発見地名表　近畿地方 III』東アジアより見た日本古代墓制研究
岡崎敬編　1978b　『日本における古鏡　発見地名表　東海地方』東アジアより見た日本古代墓制研究
岡崎敬編　1978c　『日本における古鏡　発見地名表　関東地方』東アジアより見た日本古代墓制研究
岡崎敬編　1978d　『日本における古鏡　発見地名表　北陸・甲信越地方』東アジアより見た日本古代墓制研究
岡崎敬編　1979a　『日本における古鏡　発見地名表　九州地方 I』東アジアより見た日本古代墓制研究（増補改訂版）
岡崎敬編　1979b　『日本における古鏡　発見地名表　九州地方 II』東アジアより見た日本古代墓制研究
岡崎敬編　1979c　『宗像 沖ノ島』I 本文，宗像大社復興期成会
岡崎敬編　1979d　『宗像 沖ノ島』II 図版，宗像大社復興期成会
岡崎雄二郎・原田律夫・松本岩雄　1978　「出雲における同笵鏡の新例―島根県八日山1号墳出土の三角縁神獣鏡をめぐる二・三の問題―」『考古学雑誌』第63巻第4号，日

本考古学会, pp. 16-27

小笠原敦子　1998　「三角縁神獣鏡って何？　邪馬台国への扉を開くカギになるか」『卑弥呼の鏡――三角縁神獣鏡(黒塚古墳出土鏡)』サンデー毎日臨時増刊 1998年3月4日号, 毎日新聞社, pp. 20-23

小笠原敦子　1998　「鏡背に刻まれた年号は何を語る？」『卑弥呼の鏡――三角縁神獣鏡(黒塚古墳出土鏡)』サンデー毎日臨時増刊 1998年3月4日号, 毎日新聞社, pp. 28-31

小笠原善治編　2002　『伊豫の鏡～鏡に映しだされた古代伊豫～』松山市教育委員会・松山市考古館

岡田唯吉　1932　『郷土博物館第7回陳列品目録』鎌田共済会

岡田唯吉　1937　「茶臼山古墳」『香川県史蹟名勝天然紀念物調査報告』第8巻, 香川県

岡寺良　1999　「石製品研究の新視点―材質・製作技法に着目した視点―」『考古学ジャーナル』No. 453, ニュー・サイエンス社, pp. 24-27

岡林峰夫編　1998　『大田南古墳群／大田南遺跡／矢田城跡　第2次～第5次発掘調査報告書』京都府峰山町埋蔵文化財調査報告書第18集, 峰山町教育委員会

岡村秀典　1984　「前漢鏡の編年と様式」『史林』第67巻第5号, 史学研究会, pp. 1-42

岡村秀典　1986　「中国の鏡」金関恕・佐原眞編『弥生文化の研究』第6巻　道具と技術II, 雄山閣出版, pp. 69-77

岡村秀典　1988　「西王母の初期の図像」高井悌三郎先生喜寿記念事業会編『高井悌三郎先生喜寿記念論集　歴史学と考古学』pp. 49-71

岡村秀典　1989a　「三角縁神獣鏡研究の現状」京都大学文学部考古学研究室編『椿井大塚山古墳と三角縁神獣鏡』京都大学文学部博物館図録, 京都大学文学部, pp. 55-57

岡村秀典　1989b　「椿井大塚山古墳の意義」京都大学文学部考古学研究室編『椿井大塚山古墳と三角縁神獣鏡』京都大学博物館図録, 京都大学文学部, pp. 68-72

岡村秀典　1989c　「三角縁神獣鏡と伝世鏡」白石太一郎編『古代を考える　古墳』吉川弘文館, pp. 142-170

岡村秀典　1990　「卑弥呼の鏡」都出比呂志・山本三郎編『邪馬台国の時代』木耳社, pp. 3-26

岡村秀典　1992　「浮彫式獣帯鏡と古墳出現期の社会」出雲考古学研究会編『出雲における古墳の出現を探る―松本古墳群シンポジウムの記録―』出雲考古学研究会, pp. 98-115

岡村秀典　1993a　「後漢鏡の編年」『国立歴史民俗博物館研究報告』第55集, 国立歴史民俗博物館, pp. 39-83

岡村秀典　1993b　「福岡県平原遺跡出土鏡の検討」高倉洋彰・車崎正彦編『季刊　考古学』第43号　特集　鏡の語る古代史, 雄山閣出版

岡村秀典　1995a　「漢・六朝代の紀年鏡」『考古学ジャーナル』No. 388，ニュー・サイエンス社，pp. 2-3
岡村秀典　1995b　「楽浪出土鏡の諸問題」『考古学ジャーナル』No. 392，ニュー・サイエンス社，pp. 15-20
岡村秀典　1996　「中国鏡からみた弥生・古墳時代の年代」埋蔵文化財研究会編『第40回埋蔵文化財研究集会　考古学と実年代』第Ⅰ分冊発表要旨集，埋蔵文化財研究会，pp. 79-84
岡村秀典　1998　「三角縁神獣鏡は魏の鏡」『卑弥呼の鏡――三角縁神獣鏡（黒塚古墳出土鏡）』サンデー毎日臨時増刊1998年3月4日号，毎日新聞社，pp. 68-71
岡村秀典　1999a　『三角縁神獣鏡の時代』歴史文化ライブラリー66，吉川弘文館
岡村秀典　1999b　「漢帝国の世界戦略と武器輸出」福井勝義他編『人類にとって戦いとは』①戦いの進化と国家の形成，東洋書林，pp. 186-206
岡村秀典　2001a　「古墳の出現と神獣鏡」『東アジアの古代文化』107号，大和書房，pp. 42-59
岡村秀典　2001b　「倭王権の支配構造―古墳出土祭器の象徴性―」岸和田市教育委員会編『考古学の学際的研究―濱田青陵賞受賞者記念論文集Ⅰ―』昭和堂，pp. 335-358
岡村秀典　2002a　「景初三年銘三角縁神獣鏡の図像と系譜」蓮岡法暲・勝部昭・松本岩雄・宮沢明久・西尾克己・山崎修編『神原神社古墳』加茂町教育委員会，pp. 168-178
岡村秀典　2002b　「考古学からみた漢と倭」白石太一郎編『日本の時代史』1 倭国誕生，吉川弘文館，pp. 210-243
岡村秀典　2002c　「中国からみた森尾古墳方格規矩四神鏡」豊岡市出土文化財管理センター編『森尾古墳　出土品が語る』とよおか文化財リーフレット2，豊岡市教育委員会，pp. 7-9
岡村秀典　2005a　「前漢鏡の宇宙」山口県立萩美術館・浦上記念館編『鏡の中の宇宙』シリーズ山東文物⑥，山口県立萩美術館・浦上記念館，pp. 124-127
岡村秀典　2005b　「三角縁神獣鏡の成立―徐州鏡との関係を中心に―」山口県立萩美術館・浦上記念館編『鏡の中の宇宙』シリーズ山東文物⑥，山口県立萩美術館・浦上記念館，pp. 135-137
岡村秀典　2005c　「雲気禽獣紋鏡の研究」川越哲志先生退官記念事業会編『考古論集 川越哲志先生退官記念論文集』川越哲志先生退官記念事業会，pp. 815-830
岡村秀典　2007　「古鏡研究一千年―中国考古学のパラダイム転換―」『大手前大学史学研究所オープン・リサーチ・センター講演会　古代中国の探求』大手前大学史学研究所オープン・リサーチ・センター，pp. 5-16
岡村秀典　2008a　「宋明代の古鏡研究―青柳種信の参考にした漢籍―」『九州と東アジア

の考古学―九州大学考古学研究室50周年記念論文集―』下巻, 九州大学考古学研究室50周年記念論文集刊行会, pp. 793-803
岡村秀典　2008b　「墳墓から王権の成立を読み解く―東アジアにおける王位の継承と王陵の形成―」富山市教育委員会埋蔵文化財センター編『『婦負』のクニ成立のころ―四隅突出型墳丘墓から前方後方墳へ―』王塚・千坊山遺跡群国指定記念　平成19年度「婦負の国　弥生フォーラム」記録集, 富山市教育委員会, pp. 6-18
岡村秀典　2008c　「中国鏡の年代」春成秀爾・西本豊弘編『新弥生時代のはじまり』第3巻　東アジア青銅器の系譜, 雄山閣, pp. 129-137
岡村秀典　2008d　「漢鏡2期における華西鏡群の成立と展開」『東方学報』京都　第83冊, 京都大学人文科学研究所, pp. 332-296
岡村秀典　2009a　「前漢鏡銘の研究」『東方学報』京都　第84冊, 京都大学人文科学研究所, pp. 1-54
岡村秀典　2009b　「魏の民間歌謡と鏡銘」『東アジアの古代文化』137号, 大和書房, pp. 35-38
岡村秀典　2010　「景初三年における三角縁神獣鏡の成立」龍田考古学会編『先史学・考古学論究』Ⅴ　甲元眞之先生退任記念　下巻
岡本健一　1987a　「「景初四年」鏡の行方」『東アジアの古代文化』51号, 大和書房, pp. 44-49
岡本健一　1987b　「三角縁神獣鏡」『東アジアの古代文化』別冊　古代史必携①邪馬台国の時代, 大和書房, pp. 52-55
岡本健一　1995　「卑弥呼の鏡――銅鏡百枚」『邪馬台国論争』講談社選書メチエ52, 講談社, pp. 141-226
岡本健一　1998　「黒塚古墳と四道将軍―被葬者論のために―」『東アジアの古代文化』96号, 大和書房, pp. 71-87
岡本健一　2001　「卑弥呼の〈好物〉――『倭人伝』の再定義の試み」『東アジアの古代文化』107号, 大和書房, pp. 79-89
岡本健一・高橋徹　1999　「対談「卑弥呼を追って」マスコミが見た邪馬台国問題」大庭脩編『卑弥呼は大和に眠るか』文英堂, pp. 223-313
岡本稔　1971　「淡路島の遺跡概観」『古代文化』第23巻第5・6号, 古代学協会
岡本稔　1974　「古墳文化時代」『洲本市史』
岡山県立博物館編　1974　『特別展　岡山県の原始・古代』岡山県立博物館
岡山市教育委員会編　1975　『吉備中山総合調査報告』岡山市教育委員会
小川栄一　1931　『郷土研究資料』第1号, 岐阜師範学校郷土研究室
小川五郎　1927　「長門国厚狭郡厚狭町西下津古墳調査報告」『山高郷土史研究会考古学研究報告』山高郷土史研究会

小川貴司編　2005　『弘版 美濃古鏡鑑』美濃百踏記 資料編 第1巻，美濃百踏記刊行会
荻野繁春　1982　「倭製神像鏡について」『福井工業高等専門学校研究紀要』人文・社会科学第16号，福井工業高等専門学校，pp. 61-90
奥野敦史　1998　「大和・黒塚古墳から三角縁神獣鏡33枚」『卑弥呼の鏡──三角縁神獣鏡（黒塚古墳出土鏡）』サンデー毎日臨時増刊1998年3月4日号，毎日新聞社，pp. 16-19
奥野正男　1980　「三角縁神獣鏡の謎を解く─非中国的な「幢幡紋」という意匠に注目することにより三角縁神獣鏡国産の可能性をさぐる─」『歴史と人物』第10年第6号，中央公論社
奥野正男　1981a　「三角縁神獣鏡の研究─その祖型と系譜論を中心に─」『歴史読本』1981年4月号，新人物往来社
奥野正男　1981b　『邪馬台国はここだ──鉄と鏡と「倭人伝」からの検証』毎日新聞社
奥野正男　1982a　『邪馬台国の鏡─三角縁神獣鏡の謎を解く─』新人物往来社
奥野正男　1982b　「邪馬台国問題と三角縁神獣鏡の国産」『季刊 邪馬台国』11号，梓書院，pp. 54-81
奥野正男　1982c　「三，四世紀代の首長権継承と三角縁神獣鏡」『東アジアの古代文化』30号，大和書房，pp. 82-103
奥野正男　1982d　「三角縁神獣鏡は国産だった」『歴史読本』1982年4月号，新人物往来社
奥野正男　1984a　「三角縁神獣鏡の謎」『臨時増刊 歴史と旅』第11巻第11号
奥野正男　1984b　「三角縁神獣鏡が立証する邪馬台国の東遷」『歴史読本』1984年6月号，新人物往来社
奥野正男　1987　「「景初四年」は存在したか─国産説の有力資料─」『東アジアの古代文化』51号，大和書房，pp. 35-37
奥野正男　1988　「古鏡──古代史の謎を解く青銅器」『別冊 歴史読本』1988年9月号，新人物往来社
奥野正男　1992a　「三角縁神獣鏡の国産説」古田武彦編『古代史討論シンポジウム「邪馬台国」徹底論争』(2)，新泉社
奥野正男　1992b　『大和王権は広域統一国家ではなかった』JICC出版局
奥野正男　1997a　「三角縁神獣鏡・盤龍鏡の編年」『季刊 邪馬台国』61号，梓書院
奥野正男　1997b　「青龍三年銘鏡は卑弥呼の鏡か」『季刊 邪馬台国』63号，梓書院
奥野正男　1998a　「三角縁神獣鏡と初期ヤマト政権(上)─同型鏡の銘文は後代でも複写される─」『東アジアの古代文化』96号，大和書房，pp. 19-33
奥野正男　1998b　「三角縁神獣鏡と初期ヤマト政権(上)─同型鏡の銘文は後代でも複写される─」『東アジアの古代文化』96号，大和書房，pp. 19-33

奥野正男　1998c　「三角縁神獣鏡と初期ヤマト政権(下)―同型鏡の銘文は後代でも複写される―」『東アジアの古代文化』97号，大和書房

奥野正男　1998d　「邪馬台国の鏡」『三毛の文化』第30号，中津地方文化財協議会，pp. 1-16

奥野正男　1998e　「年号や銘文があれば魏鏡と言えるか」『季刊　邪馬台国』65号，梓書院

奥野正男　1999　「三角縁神獣鏡の基礎知識」『歴史研究』第453号，新人物往来社，pp. 14-19

奥野正男　2001a　「三角縁神獣鏡の「ふみ返し」による量産」『東アジアの古代文化』107号，大和書房，pp. 13-26

奥野正男　2001b　「卑弥呼の鏡は後漢式鏡，三角縁神獣鏡は古墳時代の国産鏡」樋口隆康・平野邦雄監修『シンポジウム　邪馬台国が見えた』学生社，pp. 62-79

奥野正男　2009　「三角縁神獣鏡の製作地論争・私記」『東アジアの古代文化』137号，大和書房，pp. 39-44

奥村探古　1897　「摂津国武庫郡おとめ塚」『考古学会雑誌』第1編第6号，考古学会

小栗鐵次郎　1930　「上野村名和に於ける古墳」『愛知県史蹟名勝天然紀念物調査報告』第八，愛知県，pp. 32-44

小郷利幸　2000　「鏡について」小郷編『田邑丸山古墳群・田邑丸山遺跡』津山総合流通センター埋蔵文化財発掘調査報告5，津山市埋蔵文化財発掘調査報告第67集，津山市教育委員会，pp. 76-77

小郷利幸・草原孝典・馬場昌一　1999　「吉井川，砂川流域の古墳の測量調査(3)」『古代吉備』21，古代吉備研究会，pp. 165-191

尾崎喜左雄　1970　「前橋市天神山古墳の出土鏡」『考古学雑誌』第55巻第3号，日本考古学会，pp. 75-78

尾崎喜左雄　1971　「後閑天神山古墳」『前橋市史』第一巻　原始・古代，前橋市

長田光雄　1974　「倭人伝の銅鏡百枚」『歴史研究』第164号，新人物往来社

尾関章編　1989　『特別展　濃飛の古墳時代』岐阜県博物館

小田富士雄　1970　「畿内型古墳の伝播」鏡山猛・田村圓澄編『古代の日本』第3巻　九州，角川書店，pp. 67-89

小田富士雄　1981　「宇部市松崎古墳出土の古鏡」小野忠熈編『松崎古墳　松崎古墳緊急発掘調査報告　山口県宇部市藤山区』宇部市文化財資料第1集，宇部市教育委員会，pp. 12-18

小田富士雄　1988　「豊前・宇佐新発見の仿製三角縁神獣鏡」鎌木義昌先生古稀記念論文集刊行会編『鎌木義昌先生古稀記念論集　考古学と関連科学』鎌木義昌先生古稀記念論文集刊行会，pp. 213-221

小田富士雄・近藤喬一・都出比呂志・真野和夫・柳沢一男・長嶺正秀　1991　「討議　石塚山古墳を探る」小田・長嶺編『石塚山古墳の謎』海鳥社，pp. 149-201
小田富士雄・真野和夫・小倉正五　1974　「豊前・宇佐地方における古式古墳の調査」『考古学雑誌』第60巻第2号，日本考古学会，pp. 57-72
小野山節　1998　「三角縁神獣鏡の鋳造法と同笵鏡」『史林』第81巻第1号，史学研究会，pp. 1-37
小野山節　1999　「三角縁神獣鏡の傘松形に節・塔二つの系譜」『郵政考古紀要』第36冊，pp. 1-25
小野山節　2002　「三角縁神獣鏡の車馬図像―須大拏太子本生話の図像化―」藤澤一夫先生卒寿記念論文集刊行会編『藤澤一夫先生卒寿記念論文集』帝塚山考古学研究所，pp. 175-186
小野山節　2003　「神仏像手足の型式と三仏三獣鏡の年代」『中国考古学』第3号，日本中国考古学会，pp. 1-18
小野山節他編　1968　『京都大学文学部博物館考古学資料目録』第2部　日本歴史時代，京都大学文学部
折居正勝　1987　「入門・卑弥呼の鏡――研究史と参考文献」『季刊　邪馬台国』32号，梓書院
折口信夫　1926　「小栗外伝(餓鬼阿彌蘇生譚の二)」『民族』第二巻第一号(『折口信夫全集』第二巻，中央文庫Z1-2，中央公論社，1975年，pp. 353-370に収録)
折口信夫　1933　「宮廷儀礼の民俗学的考察―采女を中心として―」『國學院雑誌』第39巻第8号(『折口信夫全集』第十六巻，中央公論社，pp. 243-281，1955年に収録)
恩賜京都博物館編　1942　『池田庄太郎氏蔵　古鏡特別陳列目録』恩賜京都博物館
何堂坤　1992　『中国古代銅鏡的技術研究』中国科学技術出版社
甲斐忠彦・真野和夫・小櫛和宏　1991　『免ヶ平古墳　史跡川部・高森古墳群保存修理事業報告』大分県立宇佐風土記の丘歴史民俗資料館
各務原市編　1983　『各務原市史』考古民俗編　考古，各務原市
鏡山猛・森貞次郎・岡崎敬　1959　『北九州古文化図鑑』福岡県高等学校教職員組合
香川考古学研究会編　2006　『香川考古』第10号，香川考古刊行会
賀川光夫　1955　「東九州における二・三の在銘鏡」『日本大学考古学通信』第4号
賀川光夫　1975　『宇佐市史』上巻，宇佐市
賀川光夫　1989a　「同向式神獣鏡と景初・正始年鏡」『別府大学紀要』第30号，別府大学会，pp. 53-62
賀川光夫　1989b　「三角縁神獣鏡の源流　画像と斜縁・三角縁」『史学論叢』第19号，別府大学史学研究会，pp. 15-28
賀川光夫　1998　「黒塚古墳と三角縁神獣鏡」『別府史談』12，別府史談会

郭錫良　1986　『漢字古音手冊』北京大学出版社
笠井倭人　1953　「上代紀年に関する新研究」『史林』第36巻第4号，史学研究会，pp. 25-48
笠野毅　1980　「中国古鏡の内包する規範―「某作(明)鏡自有紀(道・方・常・意・眞または経)」・「黍言之始自有紀」および「黍言之紀従鏡始(または如)」―」国分直一博士古稀記念論集編纂委員会編『日本民族とその周辺　考古篇』新日本教育図書，pp. 593-630
笠野毅　1983　「清明なる鏡と天―中国古鏡が規範を内包する根拠―」古墳文化研究会編『古墳文化の新視角』雄山閣出版，pp. 237-308
笠野毅　1984　「書陵部所蔵古鏡の銘文等について」『書陵部紀要』第35号，宮内庁書陵部，pp. 5-22
笠野毅　1987　「鏡鑑銘―漢鏡の場合―」『季刊　考古学』第18号　考古学と出土文字，雄山閣，pp. 55-58
笠野毅　1993a　「舶載鏡論」石野博信・岩崎卓也・河上邦彦・白石太一郎編『古墳時代の研究』第13巻　東アジアの中の古墳文化，雄山閣出版，pp. 172-187
笠野毅　1993b　「中国古鏡銘仮借字一覧表(稿)」『国立歴史民俗博物館研究報告』第55集，国立歴史民俗博物館，pp. 207-228
笠野毅　1994　「景初三年・正始元年・景初四年の陳氏作鏡名の解釈」『日本と世界の考古学』岩崎卓也先生退官記念論文集刊行会，pp. 325-341
笠野毅　1997　「古鏡」宮内庁書陵部陵墓課編『山陵の遺宝　宮内庁書陵部出土品選』毎日新聞社，pp. 108-113
笠野毅　1998　「三角縁神獣鏡は語る」平野邦雄編『古代を考える　邪馬台国』吉川弘文館，pp. 145-180
笠原みゆき・上野桜・村石真澄・大木丈夫・森原明廣編　2008　『国指定史跡銚子塚古墳附丸山塚古墳』平成16年度発掘調査報告書及び平成18・19年度環境整備報告書，山梨県埋蔵文化財センター調査報告書第253集，山梨県教育委員会
柏原市教育委員会編　1986　『春季特別展　古代の柏原』柏原市教育委員会
柏原市教育委員会歴史資料館編　1985　『特別展　茶臼塚古墳出土品』柏原市教育委員会歴史資料館
堅田直　1968　『茨木市　将軍山古墳　石室移築報告』考古学シリーズ3，帝塚山大学考古学研究室
堅田直　1993　「三角縁神獣鏡と景初四年の鏡」堅田著『古墳』グラフィティ・日本謎事典③，光文社文庫，光文社，pp. 150-157
堅田直・村上征勝　1992　「鉛同位体の計量分析による検討」『考古学における計量分析―計量考古学への道(II)―』帝塚山考古学研究室，pp. 122-136

勝部明生　1978　「鏡の鋳造」森浩一編『日本古代文化の探究　鏡』社会思想社，pp. 319-360

勝部明生　2003　「鏡の用途」園田学園女子大学歴史民俗学会編『「鏡」がうつしだす世界―歴史と民俗の間―』そのだ歴史民俗ブックレット1，岩田書院，pp. 25-34

角川源義　1970a　「あづまの国」杉原荘介・竹内理三編『古代の日本』第7巻　関東，角川書店，pp. 107-133

角川源義　1970b　「同笵鏡配布者の道」大場磐雄・下出積與編『日本の古代』第6巻　中部，角川書店，pp. 54-84

香取秀眞　1912　「鏡を鋳る記」香取編『日本古鏡図録』東京鋳金会

香取秀眞　1929　「『東大寺鋳鏡用度注文』私解」『寧楽』第12号，pp. 29-32

香取秀眞　1940　「御鏡仕用之控書　註記」考古学会編『鏡剣及玉の研究』吉川弘文館，pp. 25-50

門脇禎二　1984　『葛城と古代国家』教育社

金関恕　1994　「三角縁神獣鏡と大和説」荒木博之・奥野正男・大林太良・金関・佐原真・安本美典・谷川健一編著『邪馬台国は東遷したか』三一書房，pp. 39-55

可児郷土歴史館編　2000　『特別展　前波の三ツ塚とその前後』可児郷土歴史館

鐘ヶ江一朗　2000　「鏡」鐘ヶ江編『安満宮山古墳―発掘調査・復元整備事業報告書―』高槻市文化財調査報告書第21冊，高槻市教育委員会，pp. 46-62

鐘方正樹　2005　「玉手山古墳群の研究成果と諸問題」石田成年編『玉手山古墳群の研究』Ⅴ総括編，柏原市教育委員会，pp. 51-72

金子皓彦編　1972　『國學院大學考古學資料室要覧 1972』國學院大學考古學資料室

鎌木義昌　1962　「備前車塚古墳」岡山市史編集委員会編『岡山市史』古代編，岡山市役所，pp. 134-148

鎌木義昌　1964　『岡山の古墳』岡山文庫④，日本文教出版

鎌木義昌　1967　「岡山県一宮町天神山古墳群出土の鏡」『考古学ジャーナル』No. 13，ニュー・サイエンス社，p. 4

鎌木義昌・亀田修一　1986　「一宮天神山古墳群」近藤義郎責任編集『岡山県史』第18巻　考古資料，岡山県，pp. 249-253

鎌木義昌・近藤義郎　1968　「口絵解説　備前車塚古墳」『考古学研究』第14巻第4号，考古学研究会

鎌谷木三次　1973　『播磨出土漢式鏡の研究』鎌谷古文化財研究室

亀井明徳・永井昌文　1982　「谷口古墳」『末盧国――佐賀県唐津市・東松浦郡の考古学的調査研究』六興出版

樋本亀次郎編　1949　『三重考古図録』三重県教育委員会

河上邦彦　1986　「まとめ」河上・卜部行弘・松本百合子編『佐味田宝塚古墳（範囲確認調

査報告)』河合町文化財調査報告第1集,河合町教育委員会,pp. 20-22
河上邦彦　1997　「石製腕飾類と鏡の配置から見た呪術性」上田正昭編『古代の日本と渡来の文化』学生社,pp. 339-365
河上邦彦　1998a　「黒塚古墳と三角縁神獣鏡」沈奉謹編『第2回国際シンポジウム　東北アジアの古代銅鏡』東亞大學校博物館,pp. 23-37
河上邦彦　1998b　「邪馬台国は大和にあった でも黒塚古墳の鏡は卑弥呼と無関係」『卑弥呼の鏡——三角縁神獣鏡(黒塚古墳出土鏡)』サンデー毎日臨時増刊1998年3月4日号,毎日新聞社,pp. 60-63
河上邦彦　2002　「大和古墳群の鏡」天理市教育委員会編『天理市立黒塚古墳展示館開館記念フォーラム「黒塚古墳から卑弥呼がみえる」資料』天理市教育委員会,pp. 4-18
河上邦彦　2006　『大和葛城の大古墳群・馬見古墳群』シリーズ「遺跡を学ぶ」026,新泉社
河上邦彦編　1999　『黒塚古墳調査概報』大和の前期古墳Ⅲ,学生社
河上邦彦編　2002　『馬見古墳群の基礎資料』橿原考古学研究所研究成果第5冊,奈良県立橿原考古学研究所
河上邦彦・千賀久・今津節生　2005　『大和の古墳の鏡―宮内庁所蔵鏡を中心に―』橿原考古学研究所附属博物館特別陳列図録第6冊,奈良県立橿原考古学研究所附属博物館
河上邦彦・宮原晋一・椙山林繼　1999　「緊急鼎談　黒塚古墳発掘の意味」『東アジアの古代文化』95号,大和書房,pp. 88-129
河口亜由美　1990　「鏡」近藤喬一編『京都府平尾城山古墳』古代學研究所研究報告第一輯,古代学協会,p. 44
川口勝康　1987　「大王の出現」『日本の社会史』第3巻　権威と支配,岩波書店,pp. 17-42
川口勝康　1993　「刀剣の賜与とその銘文」『岩波講座　日本通史』第2巻　古代1,岩波書店,pp. 331-348
河口貞徳　2001　「新田神社・三角縁神獣鏡」『鹿児島考古』第35号,鹿児島考古学会,pp. 1-10
川口博之　1998　「三角縁神獣鏡の呪力とその用法」『古代学研究』第148号,古代学研究会,pp. 30-39
河瀬正利　1975　「遺跡群の位置および環境」『賀茂カントリークラブゴルフ場内遺跡群発掘調査報告』広島県教育委員会
河内一浩　2006a　「遺跡報告　庭鳥塚古墳の調査成果」『日本考古学』第21号,日本考古学協会,pp. 103-114
河内一浩　2006b　「伝岩橋千塚の三角縁神獣鏡―紀伊の古墳時代前半期の古墳研究1―」『紀伊考古学研究』第9号,紀伊考古学研究会,pp. 43-54

河内一浩編　2010　『庭鳥塚古墳発掘調査報告書』羽曳野市埋蔵文化財報告書66，羽曳野市教育委員会
川戸喜作編　1967　『奈良市史』考古編，吉川弘文館
川西宏幸　1975　「銅鐸の埋蔵と鏡の伝世」『考古学雑誌』第61巻第2号，日本考古学会，pp. 17-46
川西宏幸　1981　「前期畿内政権論―古墳時代政治史研究―」『史林』第64巻第5号，史学研究会，pp. 110-149
川西宏幸　1982　「鏡背分割法試案」『平安博物館研究紀要』第7輯，平安博物館
川西宏幸　1987　「国家の形成」上田正昭監修『山城町史』本文編，山城町役場，pp. 135-181
川西宏幸　1988　『古墳時代政治史序説』塙書房
川西宏幸　1989　「古墳時代前史考―原畿内政権の提唱―」『古文化談叢』第21集，九州古文化研究会，pp. 1-36
川西宏幸　1990　「儀仗の矢鏃―古墳時代開始論として―」『考古学雑誌』第76巻第2号，日本考古学会，pp. 36-62
川西宏幸　1992　「同型鏡の諸問題―画文帯重列式神獣鏡―」『古文化談叢』第27集，九州古文化研究会，pp. 125-140
川西宏幸　1994　「三角縁仏獣鏡」『考古学フォーラム』5，考古学フォーラム，pp. 1-20
川西宏幸　1999　『古墳時代の比較考古学―日本考古学の未来像を求めて―』同成社
川西宏幸　2000　「同型鏡考―モノからコトへ―」『筑波大学　先史学・考古学研究』第11号，筑波大学歴史・人類学系，pp. 25-63
川西宏幸　2004　『同型鏡とワカタケル―古墳時代国家論の再構築―』同成社
川西宏幸・辻村純代　1991　「古墳時代の巫女」『博古研究』第2号，博古研究会，pp. 1-26
河野一隆　1993　「過去の調査」中井正幸編『長塚古墳―範囲確認調査報告書―』大垣市埋蔵文化財調査報告書第3集，大垣市教育委員会，pp. 11-19
河野一隆　1998　「副葬品生産・流通システム論―付・威信財消費型経済システムの提唱―」第44回埋蔵文化財研究集会実行委員会編『第44回埋蔵文化財研究集会　中期古墳の展開と変革―5世紀における政治的・社会的変化の具体相(1)―』第44回埋蔵文化財研究会実行委員会，pp. 41-74
河野一隆　2006　「三角縁神獣鏡の出土した卯内尺古墳」『東風西声』第2号，pp. 11-19
川村明　1998　「安満宮山古墳出土の「青龍三年」鏡について」『東アジアの古代文化』94号，大和書房，pp. 91-107
管維良　2006　『中国銅鏡史』重慶出版社
岸本泰緒子　2006　「獣帯鏡に関する一考察」『博望』第6号，東北アジア古文化研究所，

pp. 29-43

岸本直文　1989a　「神獣像表現からみた三角縁神獣鏡」京都大学文学部考古学研究室編『椿井大塚山古墳と三角縁神獣鏡』京都大学文学部博物館図録，京都大学文学部，pp. 58-63

岸本直文　1989b　「三角縁神獣鏡製作の工人群」『史林』第 72 巻第 5 号，史学研究会，pp. 1-43

岸本直文　1990　「京都教育大学所蔵の「伝」椿井三角縁神獣鏡」髙橋美久二編『京都考古』第 53 号，京都考古刊行会，pp. 1-3

岸本直文　1991　「権現山 51 号墳出土の三角縁神獣鏡について」近藤義郎編『権現山 51 号墳』『権現山 51 号墳』刊行会，pp. 157-175

岸本直文　1992　「茨城県水戸市出土の三角縁神獣鏡」『考古学雑誌』第 78 巻第 1 号，日本考古学会，pp. 113-117

岸本直文　1993　「三角縁神獣鏡研究の現状」高倉洋彰・車崎正彦編『季刊　考古学』第 43 号　特集　鏡の語る古代史，雄山閣出版，pp. 52-55

岸本直文　1994　「三角縁神獣鏡の編年と前期古墳」埋蔵文化財研究会編『倭人と鏡　その 2―3・4 世紀の鏡と墳墓―』第 36 回埋蔵文化財研究集会，埋蔵文化財研究会，pp. 347-348

岸本直文　1995　「三角縁神獣鏡の編年と前期古墳の新古」考古学研究会編『考古学研究会 40 周年記念論集　展望考古学』考古学研究会，pp. 109-116

岸本直文　1996a　「鏡鑑」福永伸哉・杉井健編『雪野山古墳の研究　報告篇』八日市市教育委員会，pp. 87-110

岸本直文　1996b　「雪野山古墳副葬鏡群の諸問題」福永伸哉・杉井健編『雪野山古墳の研究　考察篇』八日市市教育委員会，pp. 83-106

岸本直文　2001　「銅鏡百枚――卑弥呼が魏からもらった鏡」設楽博己編『三国志がみた倭人たち――魏志倭人伝の考古学』山川出版社，pp. 211-224

岸本直文　2002a　「三角縁神獣鏡とヤマト政権」伊丹徹編『シンポジウム　前期古墳を考える～名柄・桜山の地から～』逗子市教育委員会・葉山町教育委員会，pp. 45-53

岸本直文　2002b　「三角縁神獣鏡」田中琢・佐原真編『日本考古学事典』三省堂，pp. 332-334

岸本直文　2004a　「西求女塚鏡群の歴史的意義」安田滋編『西求女塚古墳　発掘調査報告書』神戸市教育委員会，pp. 339-348

岸本直文　2004b　「三角縁神獣鏡の配布」広瀬和雄編『季刊　考古学』別冊 14　畿内の巨大古墳とその時代，雄山閣，pp. 57-64

岸本直文　2005a　「玉手山古墳群の消長と政権交替」石田成年編『玉手山古墳群の研究』V　総括編，柏原市教育委員会，pp. 73-88

岸本直文　2005b　『前方後円墳の築造規格からみた古墳時代の政治的変動の研究』平成13年度―平成16年度化学研究費補助金(基盤研究B)研究成果報告書(課題番号13410120)，大阪市立大学大学院文学研究科　〔ママ〕

岸本直文・澤田秀実編　2005　『桜井茶臼山古墳の研究』大阪市立大学考古学研究報告第2冊，大阪市立大学日本史研究室

岸本直文・所梓編　2008　『メスリ山古墳の研究』大阪市立大学考古学研究報告第3冊，大阪市立大学日本史研究室

北九州鋳金研究会　1997　「銅鏡の復原制作」『文明のクロスロード Museum Kyushu』第56号，博物館等建設推進九州会議

喜田貞吉　1912　「河内国分山船氏の墳墓　王辰爾墳墓の推定」『歴史地理』第19巻第6号，日本歴史地理学会，pp. 22-32

喜田貞吉　1914　「古墳墓年代の研究」『歴史地理』第24巻第3～第6号・第25巻第3～6号，日本歴史地理学会(小林行雄編『論集　日本文化の起源』第一巻　考古学，平凡社，pp. 457-498，1971年に収録)

喜田貞吉　1919　「王莽時代鏡に就いて高橋健自君に―鏡鑑研究の価値と王莽時代鏡問題の沿革― ―我が出土品に王莽鏡多しとのことを疑ふ―」『民族と歴史』第2巻第4号，日本学術普及会，pp. 6-17

喜谷美宣　1989　「古墳時代」『新修　神戸市史』歴史編I，神戸市

北野耕平　1964a　「国分ヌク谷北塚古墳」藤直幹編『河内における古墳の調査』大阪大学文学部国史研究室研究報告第1冊，大阪大学，pp. 22-50

北野耕平　1964b　「富田林真名井古墳」藤直幹編『河内における古墳の調査』大阪大学文学部国史研究室研究報告第1冊，大阪大学，pp. 51-83

北野耕平　1964c　「駒ヶ谷宮山古墳」藤直幹編『河内における古墳の調査』大阪大学文学部国史研究室研究報告第1冊，大阪大学，pp. 84-118

北野耕平　1967　「古墳時代の枚方」枚方市史編纂委員会編『枚方市史』第1巻，枚方市役所，pp. 267-426

北野耕平　1985　「古墳時代の富田林」富田林市史編集委員会編『富田林市史』第1巻　本文編I，富田林市，pp. 195-470

北村一太　1983　「卑弥呼の遣使―景初三年説は正しいか―」『東アジアの古代文化』34号，大和書房，pp. 85-100

北山惇　1989　「加古川市南大塚古墳の前方部竪穴式石室と出土の三角縁神獣鏡について」『神戸古代史』No. 8，神戸古代史研究会

橘高和明　1985　『原始・古代の池田』池田市立池田中学校地歴部

鬼頭清明　1993　「古代国家の成立をめぐって」『日本古代史研究と国家論――その批判と視座』新日本出版社，pp. 126-140(初出『歴史地理教育』第287号，1979年)

木下修編　1978　『神蔵古墳　福岡県甘木市大字小隈所在古墳の調査』甘木市文化財調査報告第三集，甘木市教育委員会
木下亘編　2006　『葛城氏の実像―葛城の首長とその集落―』奈良県立橿原考古学研究所附属博物館特別展図録第65冊，奈良県立橿原考古学研究所附属博物館
木村幾多郎　1999　「大分市亀甲古墳の所在地について」『おおいた考古』第11集，大分県考古学会
木村政司　1936　『滋賀県史蹟名勝天然紀念物概要』滋賀県史蹟名勝天然紀念物調査会
木許守　2001　「鏡」御所市教育委員会編『鴨都波1号墳調査概報』学生社，pp. 45-48
木許守・藤田和尊　1996　『奈良県御所市　室宮山古墳範囲確認調査報告』御所市文化財調査報告第20集，御所市教育委員会
京都国立博物館編　1979　『求世熱海美術館名宝展』日本経済新聞社
京都国立博物館編　1993　『特別展覧会　倭国―邪馬台国と大和王権―』毎日新聞社
京都大学考古学研究会　1961　「西山古墳第四号墳発掘調査概要」『第一トレンチ』京都大学考古学研究会
京都大学文学部考古学研究室編　1989　『椿井大塚山古墳と三角縁神獣鏡』京都大学文学部博物館図録，京都大学文学部
京都大学文学部考古学研究室編　1993　『紫金山古墳と石山古墳』京都大学文学部博物館図録第6冊，京都大学文学部博物館
京都大学文学部考古学研究室編　2000　「三角縁神獣鏡目録」『大古墳展―ヤマト王権と古墳の鏡―』東京新聞，pp. 248-254
清野謙次　1944　『日本人種論変遷史』小山書店
清野謙次　1954　『日本考古学・人類学史』上巻，岩波書店
清野謙次　1955　『日本考古学・人類学史』下巻，岩波書店
金文京　2005　『中国の歴史』04 三国志の時代，講談社
草場啓一・小田富士雄　2001　「原口古墳」『筑紫野市史』考古資料編，筑紫野市
久住猛雄　2006　「土師器から見た前期古墳の編年」第9回九州前方後円墳研究会大分大会実行委員会編『前期古墳の再検討　第9回九州前方後円墳研究会大分大会発表要旨・資料集』九州前方後円墳研究会，pp. 448-505
楠元哲夫　1993　「古墳時代仿製鏡製作年代試考」宇陀古墳文化研究会編『大和宇陀地域における古墳の研究』由良大和古代文化研究会，pp. 164-182
楠元哲夫　1994　「大和天神山古墳出土鏡群の再評価」橿原考古学研究所編『橿原考古学研究所論集』第十一，吉川弘文館，pp. 505-516
宮内庁書陵部編　1976　『古鏡目録』学生社
宮内庁書陵部編　1992　『出土品展示目録　古鏡』宮内庁書陵部
宮内庁書陵部編　2005　『宮内庁書陵部所蔵　古鏡集成』学生社

國下多美樹・中塚良　2000　「寺戸大塚古墳第7次発掘調査報告」『向日市埋蔵文化財調査報告書』第50集
久保哲三　1986　「古墳時代の毛野・総」『岩波講座　日本考古学』第5巻　文化と地域性，岩波書店，pp. 255-288
久保田穣　1988　「景初四年鏡について」『季刊　邪馬台国』34号，梓書院
倉吉博物館編　1978　『伯耆・因幡の文化遺産　市制25周年記念特別展』倉吉博物館
車崎正彦　1990　「江川山の鏡―古墳出土鏡をめぐって―」『上尾市史調査概報』創刊号，上尾市教育委員会，pp. 25-45
車崎正彦　1993a　「古墳出土鏡は何を物語るか」白石太一郎・吉村武彦編『新視点　日本の歴史』第二巻　古代編I，新人物往来社，pp. 110-117
車崎正彦　1993b　「「謎の鏡」をめぐって」白石太一郎・吉村武彦編『新視点　日本の歴史』第二巻　古代編I，新人物往来社，p. 152
車崎正彦　1993c　「鼉龍鏡考」『翔古論集　久保哲三先生追悼記念文集』真陽社，pp. 130-163
車崎正彦　1993d　「倭鏡の作者」高倉洋彰・車崎編『季刊　考古学』第43号　特集　鏡の語る古代史，雄山閣出版，pp. 68-72
車崎正彦　1996　「鏡と玉と金印――三角縁神獣鏡の謎」菊池徹夫編『考古学から見る邪馬台国―早稲田大学オープンカレッジ講義の記録―』雄山閣出版，pp. 63-96
車崎正彦　1999a　「副葬品の組み合わせ―古墳出土鏡の構成―」石野博信編『季刊　考古学』別冊8　前方後円墳の出現，雄山閣出版，pp. 53-74
車崎正彦　1999b　「三角縁神獣鏡は卑弥呼の鏡か」大庭脩編『卑弥呼は大和に眠るか』文英堂，pp. 151-198
車崎正彦　1999c　「三角縁神獣鏡は国産か舶載か――魏晋鏡説の立場から」大塚初重編『図説・古墳研究最前線』新人物往来社，pp. 28-35
車崎正彦　1999d　「卑弥呼の鏡を求めて―三角縁神獣鏡の謎―」武光誠・山岸良二編『邪馬台国を知る事典』東京堂出版，pp. 366-408
車崎正彦　1999e　「三角縁神獣鏡の系譜」『日本情報考古学会第8回大会発表要旨』日本情報考古学会事務局
車崎正彦　2000a　「古墳祭祀と祖霊観念」『考古学研究』第47巻第2号，考古学研究会，pp. 29-48
車崎正彦　2000b　「三角縁神獣鏡をめぐって」『栃木県考古学会誌』第21集，栃木県考古学会，pp. 1-35
車崎正彦　2001a　「鏡」静岡県教育委員会編『静岡県の前方後円墳―総括編―』静岡県内前方後円墳発掘調査等事業報告書その1，静岡県文化財調査報告書第55集，静岡県教育委員会，pp. 147-174

車崎正彦　2001b　「新発見の「青龍三年」銘方格規矩四神鏡と魏晋のいわゆる方格規矩鏡」『考古学雑誌』第86巻第2号，日本考古学会，pp. 69-97
車崎正彦　2002a　「総説　中国鏡と倭鏡」車崎編『考古資料大観』第5巻　弥生・古墳時代　鏡，小学館，pp. 37-44
車崎正彦　2002b　「漢鏡」車崎編『考古資料大観』第5巻　弥生・古墳時代　鏡，小学館，pp. 85-100
車崎正彦　2002c　「三国鏡・三角縁神獣鏡」車崎編『考古資料大観』第5巻　弥生・古墳時代　鏡，小学館，pp. 181-188
車崎正彦　2006　「年号鏡その他―古墳出現年代私考の控え―」『歴博国際研究集会　日韓古墳時代の年代観』国立歴史民俗博物館・韓国国立釜山大學校博物館
車崎正彦　2008a　「御物の鏡」菅谷文則編『王権と武器と信仰』同成社，pp. 240-249
車崎正彦　2008b　「三角縁神獣鏡の年代と古墳出現の年代」『史観』第159冊，早稲田大学史学会，pp. 92-112
車崎正彦編　2002　『考古資料大観』第5巻　鏡，小学館
黒板勝美　1923　「我が上代に於ける道家思想及び道教について」『史林』第8巻第1号，史学研究会，pp. 40-54
黒岩重吾・森浩一　1998　「三角縁神獣鏡は「卑弥呼の鏡」ではない」『文藝春秋』76巻4号，文藝春秋，pp. 198-208
黒沢浩編　1988　『鏡』明治大学考古学博物館蔵品図録1，明治大学考古学博物館
黒田善治　1975　「三角縁龍虎鏡の編成について──倭人伝「銅鏡百枚」の謎をとく」『歴史研究』第169号，新人物往来社
黒田善治　1984　「景初・正始鏡の銘文」『考古学ジャーナル』No. 230，ニュー・サイエンス社，pp. 9-13
桑原邦彦・岩崎仁志　1984　「長光寺山古墳測量調査と若干の遺物」『考古学ジャーナル』No. 233，ニュー・サイエンス社，pp. 25-28
群馬県立歴史博物館編　1980　『企画展　群馬の古鏡』群馬県立歴史博物館
胡昭静編　1988　『洛陽出土銅鏡』新華書店北京発行所
小泉裕司　2002　「古墳時代の城陽」『城陽市史』第一巻　原始古代編，pp. 86-215
黄濬編　1990　『尊古斎古鏡集景』上海古籍出版社
孔祥星・劉一曼　1984　『中国古代銅鏡』文物出版社（高倉洋彰・田崎博之・渡部芳郎訳　1991　『図説　中国古代銅鏡史』中国書店）
高坂好　1965　『播磨新宮町史』上代編
高坂好　1967a　「呉の周仲鏡について(上)」『日本歴史』第225号，吉川弘文館，pp. 65-78
高坂好　1967b　「呉の周仲鏡について(下)」『日本歴史』第226号，吉川弘文館，

pp. 36-50
高坂好 1968 「三角縁神獣鏡は魏の鏡にあらず―呉の周仲鏡・補説―」『日本歴史』第240号，吉川弘文館，pp. 28-45
神戸市立博物館編 1988 『展示図録 卑弥呼の鏡展』神戸市立博物館
甲元眞之 1983a 「三角縁二神二獣鏡」『肥後考古』第3号 肥後古鏡聚英，肥後考古学会，p. 72
甲元眞之 1983b 「三角縁三神三獣鏡」『肥後考古』第3号 肥後古鏡聚英，肥後考古学会，p. 73
甲元眞之 1983c 「三角縁四神二獣鏡」『肥後考古』第3号 肥後古鏡聚英，肥後考古学会，p. 73
古賀寿 1971 「高良大社蔵三角縁神獣鏡と祇園山古墳」『筑後地区郷土研究』第2号，筑後地区郷土研究会
小島俊次 1977 「鏡鑑」伊達宗泰編『メスリ山古墳』奈良県史跡名勝天然記念物調査報告第35冊，奈良県教育委員会，p. 76
児島隆人・藤田等 1973 「忠隈1号墳」児島・藤田編『嘉穂地方史』先史篇，嘉穂地方史編纂委員会，pp. 347-352
御所市教育委員会編 2000 『鴨都波1号墳―鴨都波遺跡第15次調査現地説明会資料―』
後藤守一 1919a 「銅鏃に就て（三）」『考古学雑誌』第10巻第3号，考古学会，pp. 28-44
後藤守一 1919b 「口絵略解」『考古学雑誌』第10巻第3号，考古学会
後藤守一 1920a 「銅鏃に就て（四）」『考古学雑誌』第10巻第5号，考古学会，pp. 24-44
後藤守一 1920b 「銅鏃に就て（五）」『考古学雑誌』第10巻第6号，考古学会，pp. 30-36
後藤守一 1920c 「銅鏃に就て（六）」『考古学雑誌』第10巻第9号，考古学会，pp. 21-28
後藤守一 1921a 「伯耆国東伯郡灘手村大字上神字柴栗大将塚」『考古学雑誌』第11巻第1号，考古学会
後藤守一 1921b 「近江国栗太郡瀬田村大字南大萱字織部古墳伴出遺物」『考古学雑誌』第12巻第3号，考古学会
後藤守一 1922 「大塚古墳調査報告」『考古学雑誌』第12巻第9号，考古学会，pp. 47-52
後藤守一 1923 「伊勢一志郡豊地村の二古式墳」『考古学雑誌』第14巻第3号，考古学会，pp. 31-43
後藤守一 1924 「赤烏元年鏡発見の古墳」『考古学雑誌』第14巻第6号，考古学会，

pp. 1-14
後藤守一　1926a　『漢式鏡』日本考古学大系，雄山閣（高橋健自監修）
後藤守一　1926b　「上古の工芸」長坂金雄編『考古学講座』第七号，国史講習会，pp. 33-64
後藤守一　1927　「鏡」『日本考古学』四海書房，pp. 192-199（頁範囲は第9版，1941年）
後藤守一　1929　「鏡」長坂金雄編『考古学講座』第31号，雄山閣，pp. 1-80
後藤守一　1942a　『古鏡聚英』上篇（秦鏡と漢六朝鏡），大塚工藝社
後藤守一　1942b　『古鏡聚英』下篇（隋唐鏡より和鏡），大塚工藝社
後藤守一　1947　「鏡の話」『私たちの考古学　古墳時代篇』八重山書店，pp. 76-89
後藤守一　1958　「古墳の編年研究」古代史談話会編『古代史研究』第三集　古墳とその時代（一），朝倉書店，pp. 1-220
後藤直　1983　「青柳種信の考古資料（二）」『福岡市立歴史資料館研究報告』第7集，福岡市立歴史資料館，pp. 37-56
後藤直　1990　「三角縁神獣鏡」池崎譲二編『名島古墳調査報告』福岡市立歴史資料館研究報告第14集，福岡市立歴史資料館，pp. 15-17
五島美術館学芸部編　1992　『前漢から元時代の紀年鏡』五島美術館
小西正彦　2009　「同笵・同型鏡における重さの差異について―三角縁神獣鏡の場合―」『古代』第121号，早稲田大学考古学会，pp. 23-59
小林公明　1983　「後漢式建安神獣鏡の編年と関連する問題について」『東アジアの古代文化』34号，大和書房，pp. 47-69
小林健二編　2006　『第24回特別展　甲府盆地から見たヤマト―甲斐銚子塚古墳出現の背景―』山梨県立考古博物館
小林三郎　1961　「三角縁神獣鏡の新例」『駿台史学』第11号，駿台史学会，pp. 197-199
小林三郎　1970　「古墳文化の波及」杉原荘介・竹内理三編『古代の日本』第7巻　関東，角川書店，pp. 56-68
小林三郎　1982　「古墳時代の倣製鏡の鏡式について」『明治大学人文科学研究所紀要』第21冊，pp. 1-79
小林三郎　1985　「古墳副葬鏡の歴史的意義」大塚初重編『論集　日本原史』吉川弘文館，pp. 565-584
小林三郎　1988　「同笵鏡論」桜井清彦・坂詰秀一編『論争・学説　日本の考古学』5　古墳時代，雄山閣出版，pp. 139-165
小林三郎　1994　「三角縁神獣鏡は魏鏡か」明治大学考古学博物館編『論争と考古学』市民の考古学 I，名著出版，pp. 191-217
小林三郎　1996　「三角縁神獣鏡の謎を探る―椿井大塚山古墳の調査―」明治大学考古学博物館編『発見と考古学』市民の考古学3，名著出版，pp. 105-133

小林三郎　2000　「関東地方の前方後方墳・方墳出土鏡」栃木県立なす風土記の丘資料館編『関東以北の前方後方墳・方墳の鏡〜古式古墳出土鏡を中心として〜』栃木県立なす風土記の丘資料館, pp. 60-64

小林三郎　2010　『古墳時代倣製鏡の研究』六一書房

小林行雄　1947　『日本古代文化の諸問題―考古学者の対話―』高桐書院

小林行雄　1951　「古墳時代の年代」『日本考古学概説』創元選書218, 東京創元社, pp. 253-259

小林行雄　1952a　「遺物各説」小林著『福岡県糸島郡一貴山村田中銚子塚古墳の研究』日本考古学協会古墳調査特別委員会, pp. 21-32

小林行雄　1952b　「三神三獣獣帯鏡について」小林著『福岡県糸島郡一貴山村田中銚子塚古墳の研究』日本考古学協会古墳調査特別委員会, pp. 54-63

小林行雄　1952c　「後論」小林著『福岡県糸島郡一貴山村田中銚子塚古墳の研究』日本考古学協会古墳調査特別委員会, pp. 64-68

小林行雄　1952d　「古墳時代の文化の成因について」日本人類学会編『日本民族』岩波書店, pp. 113-129

小林行雄　1952e　「邪馬台国の所在論について」『ヒストリア』第4号, 大阪歴史学会, pp. 1-10

小林行雄　1952f　「同笵鏡による古墳の年代の研究」『考古学雑誌』第38巻第3号, 日本考古学会, pp. 1-30

小林行雄　1955a　「古墳の発生の歴史的意義」『史林』第38巻第1号, 史学研究会, pp. 1-20

小林行雄　1955b　「福岡県糸島郡銚子塚古墳」日本考古学協会編『日本考古学年報』3, 日本考古協会, p. 100

小林行雄　1955c　「前期古墳の遺物に関する一考察」『日本考古学協会第15回総会発表要旨』日本考古学協会, pp. 17-18

小林行雄　1956a　「前期古墳の副葬品にあらわれた文化の二相」京都大学文学部編『京都大学文学部五十周年記念論集』京都大学文学部紀要第四, 京都大学文学部, pp. 721-744

小林行雄　1956b　「茨木市将軍山古墳調査概要」日本考古学協会編『日本考古学協会第17回総会研究発表要旨』日本考古学協会

小林行雄　1957a　「同笵鏡論再考」『上代文化』第27輯（ママ）, 国学院大学（ママ）考古学会, pp. 1-10

小林行雄　1957b　「初期大和政権の勢力圏」『史林』第40巻第4号, 史学研究会, pp. 1-25

小林行雄　1958　「古代の日本工藝　十四―鏡の話―」『日本美術工藝』第239号, 日本美術工藝社, pp. 4-9

小林行雄　　1959a　『古墳の話』岩波新書（青版）342，岩波書店
小林行雄　　1959b　「古墳がつくられた時代」小林編『世界考古学大系』第3巻　日本Ⅲ　古墳時代，平凡社，pp. 1-10
小林行雄　　1960　「女王と魏の鏡」水野清一編『図説　世界文化史大系』第20巻　日本Ⅰ，角川書店，pp. 182-186
小林行雄　　1961a　『古墳時代の研究』青木書店
小林行雄　　1961b　「同笵鏡考」小林著『古墳時代の研究』青木書店，pp. 95-133
小林行雄　　1962a　「古墳文化の形成」『岩波講座　日本歴史』1　原始および古代〔1〕，岩波書店，pp. 233-272
小林行雄　　1962b　「紫金山古墳の調査」『大阪府の文化財』大阪府教育委員会，pp. 65-66
小林行雄　　1962c　「黄金塚古墳の調査」『大阪府の文化財』大阪府教育委員会，pp. 144-145
小林行雄　　1962d　「銅製二神二獣鏡」『大阪府の文化財』大阪府教育委員会，p. 410
小林行雄　　1962e　「鋳銅」小林著『古代の技術』塙選書24，塙書房，pp. 229-300
小林行雄　　1962f　「3　日本」江上波夫・水野清一編『世界考古学大系』第16巻　研究法・索引，平凡社，pp. 239-263
小林行雄　　1965a　『古鏡』学生社
小林行雄　　1965b　「拝啓京都府知事様」『群像』昭和40年2月号，pp. 192-193
小林行雄　　1967a　「ムラからクニヘ」小林・池田弥三郎・角川源義編『日本文学の歴史』第1巻　神と神を祭る者，角川書店，pp. 84-99
小林行雄　　1967b　「折口学と私の考古学」『日本文学の歴史』月報①，角川書店，pp. 1-3
小林行雄　　1967c　『国民の歴史』1　女王国の出現，文英堂
小林行雄　　1968　「古墳文化とその伝播」『帝塚山考古学』第1号，帝塚山大学考古学研究室，pp. 31-42
小林行雄　　1971　「三角縁神獣鏡の研究―型式分類編―」『京都大学文学部紀要』第十三，京都大学文学部，pp. 96-170
小林行雄　　1972　『民族の起源』塙新書40，塙書房
小林行雄　　1975　「畿内王権の形成」『図詳ガッケン・エリア教科事典』1　日本歴史，学習研究社
小林行雄　　1976a　『古墳文化論考』平凡社
小林行雄　　1976b　「仿製三角縁神獣鏡の研究」小林著『古墳文化論考』平凡社，pp. 379-429
小林行雄　　1976c　「中国鏡の装飾計画」『エピステーメー』1月号（vol. 1-2），朝日出版社，pp. 139-146
小林行雄　　1976d　「自然科学的考古学史の一章」『考古学と自然科学』第9号，pp. 1-5

小林行雄　1979a　「古墳の年代」『考古学ジャーナル』No. 164，ニュー・サイエンス社，pp. 2-4
小林行雄　1979b　「三角縁波文帯神獣鏡の研究」『辰馬考古資料館　考古学研究紀要』1，辰馬考古資料館，pp. 43-77
小林行雄　1981　「鏡・大刀・玉のなぞ」帝塚山大学考古学研究室編『考古学談話会第200回記念　古墳の謎を探る』帝塚山大学考古学研究室，pp. 51-59
小林行雄　1982　「「倭人伝」と三角縁神獣鏡」大阪文化財センター編『シンポジウム　邪馬台国の謎を解く―弥生時代の近畿と九州―』大阪文化財センター，pp. 18-20
小林行雄　1984　「簡略文字」（毎日新聞7月24日夕刊）
小林行雄　1992　「三角縁神獣鏡をめぐって」森将軍塚古墳発掘調査団編『史跡森将軍塚古墳―保存整備事業発掘調査報告書―』更埴市教育委員会，pp. 567-583
小林行雄　2010a　（坪井清足・和田晴吾編）『小林行雄考古学選集』第2巻，真陽社
小林行雄　2010b　「古墳時代の発足」坪井清足・和田晴吾編『小林行雄考古学選集』第2巻，真陽社
小林行雄編　1959　『世界考古学大系』第3巻　日本III 古墳時代，平凡社
小原貴樹・下高瑞哉　1999　「山陰地方の古墳出土の三角縁神獣鏡」『新修　米子市史』第七巻，資料編考古　原始・古代・中世，米子市，pp. 286-293
駒井和愛　1943　「神獣鏡の「口衛巨」なる銘文とその図様」『東方学報』東京　第14冊之2，東方文化学院，pp. 37-45
駒井和愛　1953　『中国古鏡の研究』岩波書店
駒井和愛　1972　「漢式鏡研究と課題」『日本歴史』第285号，吉川弘文館，pp. 110-123
駒井和愛　1974　「漢式鏡」日本歴史学会編『日本考古学の現状と課題』吉川弘文館，pp. 249-268
駒井正明　1984a　「王仲殊氏論文を読んで」『臨時増刊　歴史と旅』第11巻第11号，秋田書店
駒井正明　1984b　「王仲殊氏論文を読んで　含「日本三角縁神獣鏡綜論」王仲殊著（抄訳）」『考古学研究』第31巻第2号，考古学研究会，pp. 107-114
小松和彦　2003　「鏡と信仰―民俗学からのアプローチ―」園田学園女子大学歴史民俗学会編『「鏡」がうつしだす世界―歴史と民俗の間―』そのだ歴史民俗ブックレット1，岩田書院，pp. 83-92
小松茂・山内淑人　1937　「古鏡の化学的研究」『東方学報』京都　第8冊，東方文化学院京都研究所，pp. 11-31
小南一郎　1974　「西王母と七夕伝承」『東方学報』京都　第46冊，京都大学人文科学研究所，pp. 33-81
小南一郎　1983a　『中国の神話と物語り』岩波書店

小南一郎　1983b　「佛教中国伝播の一様相」樋口隆康他著『展望 アジアの考古学―樋口隆康教授退官記念論文集―』新潮社，pp. 515-525
小南一郎　1991　『西王母と七夕伝承』平凡社
小南一郎　1994　「考古学実習」京都大学文学部考古学研究室編『小林行雄先生追悼録』天山舎，pp. 150-153
小山満　1985「景□三年銘鏡」『東洋藝林論叢 中田勇次郎先生頌寿記念論集』
小山満　1987a　「景□三年鏡銘」『季刊 邪馬台国』32号，梓書院
小山満　1987b　「景初四年鏡と景□三年鏡」『季刊 邪馬台国』32号，梓書院
小山田宏一　1992a　「破砕鏡と鏡背重視の鏡」『弥生文化博物館研究報告』第1集，大阪府立弥生文化博物館，pp. 47-63
小山田宏一　1992b　「中国鏡」大阪府立弥生文化博物館編『平成4年秋季特別展 激動の3世紀―古墳誕生の謎―』大阪府立弥生文化博物館，pp. 56-63
小山田宏一　1993　「画紋帯同向式神獣鏡とその日本への流入時期―鏡からみた「3世紀の歴史的枠組み」の予察―」『弥生文化博物館研究報告』第2集，大阪府立弥生文化博物館，pp. 231-270
小山田宏一　1994　「3世紀の鏡―漢鏡7期の流入の始まりと三角縁神獣鏡との関係―」埋蔵文化財研究会編『倭人と鏡 その2―3・4世紀の鏡と墳墓―』第36回埋蔵文化財研究集会，埋蔵文化財研究会，pp. 7-20
小山田宏一　1995　「副葬品」石野博信編『季刊 考古学』第52号 前期古墳とその時代，雄山閣出版，pp. 48-51
小山田宏一　1996　「近畿地方暦年代の再整理」埋蔵文化財研究会編『第40回埋蔵文化財研究集会 考古学と実年代』第Ⅰ分冊 発表要旨集，埋蔵文化財研究会，pp. 45-56
小山田宏一　2000a　「三角縁神獣鏡の生産体制とその動向」『東アジアの古代文化』102号，大和書房，pp. 137-151
小山田宏一　2000b　「三世紀の鏡と「おおやまと古墳群」」伊達宗泰編『古代「おおやまと」を探る』学生社，pp. 214-228
小山田宏一　2005　「紀年銘鏡と古墳」石野博信編『季刊 考古学』第90号，雄山閣出版，pp. 41-42
小山田宏一　2009　「三角縁神獣鏡の捩紋の象徴的意味」『東アジアの古代文化』137号，大和書房，pp. 233-234
小山田宏一編　2003　『平成15年秋季特別展 弥生文化研究への熱いまなざし 森本六爾，小林行雄と佐原真』大阪府立弥生文化博物館27，大阪府立弥生博物館
ゴルフ場埋蔵文化財発掘調査団編　1972　『ゴルフ場埋蔵文化財発掘中間報告』
近藤清石編　1888　『酔古帖』
近藤喬一　1973　「三角縁神獣鏡の仿製について」『考古学雑誌』第59巻第2号，日本考

古学会，pp. 1-28

近藤喬一　1975　「鏡」小野山節編『古代史発掘』6　古墳と国家の成立ち，講談社，pp. 72-77

近藤喬一　1983　「三角縁神獣鏡製作の契機について」『考古学雑誌』第69巻第2号，日本考古学会，pp. 36-53

近藤喬一　1988a　『三角縁神獣鏡』UP考古学選書④，東京大学出版会

近藤喬一　1988b　「景初四年銘鏡私考」『考古学雑誌』第73巻第3号，日本考古学会，pp. 38-53

近藤喬一　1989　「三角縁神獣鏡と紀年銘鏡」京都府埋蔵文化財調査研究センター編『謎の鏡―卑弥呼の鏡と景初四年銘鏡―』同朋舎出版，pp. 153-179

近藤喬一　1991　「三角縁神獣鏡が結ぶ九州と東アジア」小田富士雄・長嶺正秀編『石塚山古墳の謎』海鳥社，pp. 119-147

近藤喬一　1993　「西晋の鏡」『国立歴史民俗博物館研究報告』第55集，国立歴史民俗博物館，pp. 117-206

近藤喬一　1995　「小林行雄――その人と学問」明治大学考古学博物館編『考古学者――その人と学問』市民の考古学2，名著出版，pp. 307-345

近藤喬一　1998a　「「黒塚古墳」の衝撃――三角縁神獣鏡の謎　第1回）」『UP』第27巻第6号，東京大学出版会，pp. 7-12

近藤喬一　1998b　「黒塚以前の研究――三角縁神獣鏡の謎　第2回」『UP』第27巻7号，東京大学出版会，pp. 19-23

近藤喬一　1998c　「「黒塚」から何がわかるか――三角縁神獣鏡の謎　第3回（最終回）」『UP』第27巻8号，東京大学出版会，pp. 20-24

近藤喬一　2000　「鏡」山口県編『山口県史』資料編　考古1，山口県，pp. 807-819

近藤喬一編　1990　『京都府平尾城山古墳』古代學研究所研究報告第一輯，古代学協会

近藤喬一・都出比呂志　1971　「京都向日丘陵の前期古墳群の調査」『史林』第54巻第6号，史学研究会，pp. 116-139

近藤喬一・都出比呂志監修　2004　『向日丘陵の前期古墳』開館20周年記念特別展示図録，向日市文化資料館

近藤義行　1983a　「久津川遺跡群発掘調査概報」『城陽市埋蔵文化財調査報告書』第12集，城陽市教育委員会，pp. 1-13

近藤義行　1983b　「芝ヶ原11号墳発掘調査概報」『城陽市埋蔵文化財調査報告書』第12集，城陽市教育委員会，pp. 14-16

近藤義行　1986　「芝ヶ原10号・11号墳発掘調査概報」『城陽市埋蔵文化財調査報告書』第15集，城陽市教育委員会，pp. 27-48

近藤義行　1988　「京都府広峯15号墳」『日本考古学年報』39(1986年度版)，日本考古学

協会，pp. 501-508
近藤義行　1991　「久津川遺跡群発掘調査概報」『城陽市埋蔵文化財調査報告書』第21集，城陽市教育委員会，pp. 1-28
近藤義行　1992　「久津川遺跡群発掘調査概報」『城陽市埋蔵文化財調査報告書』第22集，城陽市教育委員会，pp. 1-27
近藤義郎　1966　「古墳の発生をめぐる諸問題」近藤・藤沢長治編『日本の考古学』V 古墳時代(下)，河出書房新社，pp. 356-388
近藤義郎　1971　「兵庫県揖保郡新宮町吉島古墳」日本考古学協会編『日本考古学年報』19，日本考古協会
近藤義郎　1983　『前方後円墳の時代』日本歴史叢書，岩波書店
近藤義郎　1987　「おわりに――「古式鏡群」と特殊器台形埴輪，および七つ坑古墳群の群構成」近藤編『七つ坑古墳群』七つ坑古墳群発掘調査団，pp. 125-128
近藤義郎　1991　「最古型式前方後円(方)墳における二者」近藤編『権現山51号墳』『権現山51号墳』刊行会，pp. 186-191
近藤義郎　1995　「鏡の副葬について」近藤編『岡山市矢藤治山弥生墳丘墓』矢藤治山弥生墳丘墓発掘調査団，pp. 112-116
近藤義郎　1998　『前方後円墳の成立』岩波書店
近藤義郎　2006　「最古型式前方後円墳の追求」近藤著『発掘五〇年』河出書房新社，pp. 384-438
近藤義郎編　1983　『吉島古墳』新宮町文化財調査報告4，兵庫県新宮町教育委員会
近藤義郎編　1986　『京都府山城町椿井大塚山古墳』京都府山城町埋蔵文化財調査報告第3集，山城町教育委員会
近藤義郎編　1991　『権現山51号墳』『権現山51号墳』刊行会
近藤義郎・鎌木義昌　1986　「備前車塚古墳」近藤責任編集『岡山県史』第18巻　考古資料，岡山県，pp. 228-230
西郷藤八　1926　「遠江国新貝経塚古墳」『考古学雑誌』第16巻第9号，考古学会，pp. 52-58
埼玉県立博物館編　1977　『埼玉県立博物館展示解説』歴史I，埼玉県立博物館
斎藤忠　1954　『邪馬台国』朝倉書店
斎藤忠　1966　『古墳と古代国家』至文堂
斎藤忠　1992a　「景初銘鏡(けいしょめいきょう)」斎藤著『日本考古学用語辞典』学生社，p. 140
斎藤忠　1992b　「三角縁神獣鏡(さんかくえんしんじゅうきょう)」斎藤著『日本考古学用語辞典』学生社，p. 180
斎藤優　1960　『足羽山の古墳』福井県郷土誌懇談会

佐伯有清　2001　「魏の帝国と銅鏡――卑弥呼に贈られた「銅鏡百枚」」『東アジアの古代文化』107号，大和書房，pp. 2-12

佐伯有清　2006　『邪馬台国論争』岩波新書（新赤版）990，岩波書店

佐伯純也　2009　「鳥取県の古墳出土鏡」第37回山陰考古学研究集会事務局編『第37回山陰考古学研究集会　山陰の古墳出土鏡』pp. 11-12

阪口英毅編　2005　『紫金山古墳の研究―古墳時代前期における対外交渉の考古学的研究―』平成14～16年度科学研究費補助金（基盤研究(B)(2)）研究成果報告書，京都大学大学院文学研究科，pp. 125-149

佐賀県浜玉町教育委員会編　1991　『史跡谷口古墳保存修理事業報告書』佐賀県浜玉町教育委員会

佐賀県立博物館編　1979　『鏡・玉・剣―古代九州の遺宝―』佐賀県立博物館

坂本和俊　1991　「古墳の出現と地方伝播の諸問題」山岸良二編『原始・古代日本の墓制』同成社，pp. 243-267

坂本也寸志・平尾良光　2008　「塩田北山東古墳から出土した三角縁一仏三神四獣鏡の鉛同位体比」中村大介編『塩田北山東古墳発掘調査報告書』神戸市教育委員会，pp. 45-48

坂本美夫　1988　『国指定史跡　銚子塚古墳附丸山塚古墳保存整備事業報告書』山梨県教育委員会

坂元義種　1980　「文字のある考古学資料の諸問題」上田正昭他編『ゼミナール日本古代史』下，光文社

坂元義種　1987　「年号鏡"幻の景初四年"をめぐって―元旦の忌日を避ける窮余の一策だった―」『東アジアの古代文化』51号，大和書房，pp. 42-43

向坂鋼二　1998　「遠江・駿河・伊豆の大型古墳」静岡県編『静岡県史』別編3図説　静岡県史，静岡県

﨑山正人　1989a　「広峯一五号墳の調査」京都府埋蔵文化財調査研究センター編『謎の鏡―卑弥呼の鏡と景初四年銘鏡―』同朋舎出版，pp. 2-21

﨑山正人　1989b　「寺ノ段古墳群・広峯古墳群の調査」﨑山編『駅南地区発掘調査報告書』福知山市文化財調査報告書第16集，福知山市教育委員会，pp. 12-41

佐口節司編　1992　『平成元年度　松林山古墳発掘調査報告書―市道鎌田袋井線拡幅に伴う発掘調査―』磐田市文化財保存顕彰会

佐口節司編　2006　『新豊院山古墳群D地点の発掘調査』新豊院山遺跡発掘調査報告書III

桜井市教育委員会編　1986　『史跡・メスリ山古墳――北斜面の試掘調査』桜井市教育委員会

桜井市教育委員会編　2000　『桜井市　平成11年度国庫補助事業に伴う発掘調査報告書』

桜井市立埋蔵文化財センター発掘調査報告書第21集
桜井市文化財協会編　1994　『桜井市内埋蔵文化財1993年度発掘調査報告書』
櫻井龍彦　1984・85　「王子喬・赤松子伝説の研究」『龍谷紀要』第6巻第1号・第2号，第7巻第1号
佐々木謙　1961　『馬山古墳群　鳥取県東伯郡羽合町橋津馬山古墳群調査概要』佐々木古代文化研究室記録第2，稲葉書房
佐々木謙　1972　「古墳文化の展開」「伯耆の主な古墳群」鳥取県偏『鳥取県史』第1巻原始古代，鳥取県，pp. 172-256
佐々木憲一　2001　「寺戸大塚古墳の墳丘形態の意義」梅本康広編『寺戸大塚古墳の研究』Ⅰ第6次調査報告篇，向日市埋蔵文化財センター，pp. 137-139
佐々木憲一　2003　「弥生から古墳へ―世界史のなかで―」大塚初重・吉村武彦編『古墳時代の日本列島』青木書店，pp. 3-22
佐々木憲一　2004　『未盗掘石室の発見・雪野山古墳』シリーズ「遺跡を学ぶ」008，新泉社
佐々木健太郎　2008　「付篇　古市・百舌鳥古墳群を中心とする大阪府における銅鏡出土地名表」白石太一郎編『近畿地方における大型古墳群の基礎的研究』平成17年度～19年度科学研究費補助金〔基盤研究A〕研究成果報告書，奈良大学文学部文化財学科，pp. 587-606
佐々木健太郎他　2004　「新たに発見された三角縁神獣鏡について」『日本考古学協会第70回総会』日本考古学協会
佐田茂　1979　「鏡」岡崎敬編『宗像　沖ノ島』Ⅰ本文，宗像大社復興期成会，pp. 212-215
佐藤小吉・末永雅雄　1930　「圓照寺墓山第一号古墳調査」『奈良県史蹟名勝天然記念物調査報告』第11冊，奈良県，pp. 1-106
佐藤虎雄　1932a　「古鏡研究の栞（三）」『史迹と美術』第24号，史迹・美術同攷会，pp. 15-28
佐藤虎雄　1932b　「東車塚庭園」『京都府史蹟名勝天然記紀念物調査報告』第13冊，京都府
佐藤虎雄　1933　「漢式鏡」『日本考古学』国史講座，国史講座刊行会，pp. 81-95
佐藤虎雄　1966　「古代における鏡の思想」『神道史研究』第14巻第4号，神道史学会
佐藤恭孝　1998　「謎は解き明かされたか　黒塚古墳が語りかける「もの」」『卑弥呼の鏡――三角縁神獣鏡（黒塚古墳出土鏡）』サンデー毎日臨時増刊1998年3月4日号，毎日新聞社，pp. 10-13
佐藤恭孝　1998　「黒塚古墳が誘う邪馬台国・大和　銅鏡33枚のミッシング・リング」『卑弥呼の鏡――三角縁神獣鏡（黒塚古墳出土鏡）』サンデー毎日臨時増刊1998年3月4日号，毎日新聞社，pp. 14-15

ザドニェプロフスキー・ルボ゠レスニチェンコ（坂本和子訳）　1995　「フェルガーナの漢式鏡」『古代文化』第47巻第5号，古代学協会，pp. 18-30

真田幸成　1962　『三重県古墳出土鏡目録』

佐原真　1985　「分布論」『岩波講座　日本考古学』第1巻　研究の方法，岩波書店，pp. 115-160

澤田秀実　1993a　「前方後円墳の成立過程」『東京都埋蔵文化財センター研究論集』XII，東京都埋蔵文化財センター，pp. 1-40

澤田秀実　1993b　「三角縁神獣鏡の製作動向」『法政考古学』第19集，法政考古学会，pp. 17-37

澤田秀実　1994　「関東・東北地方の三角縁神獣鏡と古墳」埋蔵文化財研究会編『倭人と鏡　その2―3・4世紀の鏡と墳墓―』第36回埋蔵文化財研究集会，埋蔵文化財研究会，pp. 37-49

澤田秀実　2007　「書評　福永伸哉著『三角縁神獣鏡の研究』」『考古学研究』第54巻第3号，考古学研究会，pp. 99-101

沢田正昭　1980　「青銅器の非破壊分析」古文化編集委員会編『考古学・美術史の自然科学的研究』日本学術振興会

沢田正昭　1981　「古鏡の化学」田中琢著『古鏡』日本の美術第178号，至文堂，pp. 88-94

沢田正昭・肥塚隆保　1989　「広峯15号墳出土景初四年銘盤龍鏡の分析」﨑山正人編『駅南地区発掘調査報告書』福知山市文化財調査報告書第16集，福知山市教育委員会，pp. 68-73

沢田正昭・肥塚隆保　1991　「辰馬考古資料館蔵・景初四年銘龍虎鏡の保存科学的調査」『辰馬考古資料館　考古学研究紀要』2，辰馬考古資料館，pp. 11-17

澤田宗順編　1993　『たたかいと祈りと―古代青銅器の流れと広がり―』八代の歴史と文化III，八代市立博物館未来の森ミュージアム

沢田康夫　1981　「三角縁・六神四獣鏡」沢田編『妙法寺古墳群　福岡県筑紫郡那珂川町大字恵子字妙法寺所在古墳の調査』那珂川町文化財調査報告書第7集，那珂川町教育委員会，pp. 10-11

潮見浩編　1980　『中小田古墳群―広島県高陽町所在―』広島市教育委員会・広島大学文学部考古学研究室

滋賀県立近江風土記の丘資料館編　1981　『近江の銅鐸と銅鏡』滋賀県立近江風土記の丘資料館

鹿野塁編　2009　『平成21年度春季特別展　卑弥呼死す　大いに冢をつくる　前方後円墳の成立』大阪府立近つ飛鳥博物館図録48，大阪府立近つ飛鳥博物館

鹿見啓太郎　1988　「福山市津之郷町出土の鏡片」『草戸千軒』第16巻第8号，広島県草

戸千軒町遺跡調査研究所
重松明久　1967　『邪馬台国の研究』白陵社
重松明久　1978　『古墳と古代宗教』学生社
重松明久　1981　「前方後円墳の成立と銅鏡」『東アジアの古代文化』27号，大和書房，pp. 44-57
志佐憚彦編　1977　『椛島山遺跡調査報告書　付　佐賀県下出土の古鏡―弥生・古墳時代―』佐賀県立博物館調査研究書第3集，佐賀県立博物館
実盛良彦　2009　「斜縁神獣鏡の変遷と系譜」『広島大学考古学研究紀要』第1号，広島大学考古学研究室，pp. 97-120
柴田勝彦　1979　「古鏡と金石文」『考古学入門――古代日本の謎をさぐる』偕成社，pp. 185-196
柴田常恵・森貞成　1953　『日吉加瀬古墳―白山古墳・第六天古墳調査報告―』考古学・民族学叢刊第二冊，三田史学会
柴田稔　1986　「報告1　磐田原古墳群の形成について」『古代を考える』41 磐田原古墳群の検討，古代を考える会，pp. 1-21
嶋田曉　1980a　「中央槨出土の「副葬品」について」末永雅雄・嶋田・森浩一編『和泉黄金塚古墳(復刻)』日本考古学報告第5冊，東京堂出版，pp. 180-184
嶋田曉　1980b　「景初三年銘鏡の資料と銘文についての見解の紹介」末永雅雄・嶋田・森浩一編『和泉黄金塚古墳(復刻)』日本考古学報告第5冊，東京堂出版，pp. 185-190
島田清　1975　「文化八年発見高砂市北浜町牛谷出土漢式鏡」『兵庫県考古学発見史(資料編)』9
島田貞彦　1926　「周防国富田町竹島御家老屋敷古墳発見遺物」『考古学雑誌』第16巻第1号，考古学会，pp. 44-55
嶋田寅次郎　1924a　「藤崎の石棺」『福岡県史蹟名勝天然紀念物調査報告書』第1輯，福岡県，pp. 18-19
嶋田寅次郎　1924b　「石塚山の古墳」『福岡県史蹟名勝天然紀念物調査報告書』第1輯
嶋田寅次郎　1935　「異例の古墳」『福岡県史蹟名勝天然紀念物調査報告書』第10輯，福岡県，pp. 29-34
島田八百樹　1898　「上野国茶臼山古墳建碑式報告」『東京人類学会雑誌』第16巻第178号，東京人類学会
清水克明・清水康二・笠野毅・菅谷文則　2002　「伝世鏡の再検討I―鶴尾神社4号墳出土方格規矩四神鏡について―」『古代学研究』第156号，古代学研究会，pp. 1-14
清水康二　1990　「鏡」『考古学ジャーナル』No. 321，ニュー・サイエンス社，pp. 2-8
清水康二　2008　「三角縁神獣鏡とその性格」明治大学文学部考古学研究室編『地域と文

化の考古学 II』六一書房, 141-150
清水康二編　2004　『鏡笵研究』I, 奈良県立橿原考古学研究所・二上山古代鋳金研究会
清水康二・三船温尚　1998　「鏡の鋳造実験　踏み返し鏡の諸問題(その一)」『由良大和古代文化研究紀要』vol. 4, 由良大和古代文化研究所
清水康二・三船温尚編　2005a　『鏡笵研究』II, 奈良県立橿原考古学研究所・二上山古代鋳金研究会
清水康二・三船温尚編　2005b　『鏡笵研究』III―草葉文鏡笵の日中共同研究報告―, 奈良県立橿原考古学研究所・二上山古代鋳金研究会
清水康二・三船温尚・清水克明　1998　「鏡の熱処理実験──面反りについて(その 1)」『古代学研究』第 144 号, 古代学研究会
志茂佳人　1987　「福知山広峯古墳出土鏡」『歴史研究』第 315 号, 新人物往来社
下伊那郡誌編纂会編　1955　『下伊那誌』2, 下伊那教育会
下大迫幹洋編　2008　『二上山麓の考古学―河内の古墳―』平成 19 年度冬季企画展, 香芝市教育委員会
下垣仁志　1999a　「仿製三角縁獣文帯三神三獣鏡」高橋克壽・魚津知克編『前波の三ツ塚』可児市埋文報告 34, 可児市教育委員会, p. 71
下垣仁志　1999b　「伝可児市出土三角縁神獣鏡」高橋克壽・魚津知克編『前波の三ツ塚』可児市埋文報告 34, 可児市教育委員会, p. 90
下垣仁志　2004　「玉手山古墳群の鏡」石田成年編『玉手山古墳群の研究』IV 副葬品編, 柏原市教育委員会, pp. 64-90
下垣仁志　2005a　「本館所蔵の八幡東車塚古墳出土鏡」『泉屋博古館紀要』第 21 巻, 泉屋博古館, pp. 59-67
下垣仁志　2005b　「倭王権と文物・祭式の流通」前川和也・岡村秀典編『国家形成の比較研究』学生社, pp. 76-99
下垣仁志　2005c　「阿為神社所蔵三角縁唐草文帯二神二獣鏡」廣瀬覚編『将軍山古墳群 I―考古学資料調査報告集 1―』新修茨木市史史料集 8, 茨木市, pp. 66-70
下垣仁志　2010　「伝渋谷出土の三角縁神獣鏡」岸本直文他編『玉手山 1 号墳の研究』大阪市立大学考古学研究報告第 4 冊, 大阪市立大学日本史研究室, pp. 216-220
下條信行　1977　「考古学・粕屋平野―新発見の鋳型と鏡の紹介をかねて―」『福岡市立歴史資料館研究報告』第 1 集, 福岡市立歴史資料館, pp. 13-34
下司和男　2009　「「三角縁神獣鏡魏鏡説」は危機に瀕しているか」『古代史の海』第 57 号, 「古代史の海」の会, pp. 41-53
下津谷達男　1966　「副葬品について」静岡県立浜名高等学校・静岡県浜北市教育委員会編『遠江赤門上古墳』浜北市史資料 1, pp. 60-62
下津谷達男　1989　「古墳と豪族 浜北市の古墳」『浜北市史』通史編 上巻, 浜北市編纂委

員会
周世榮　1993　『中華歴代銅鏡鑑定』紫禁城出版社
徐乃昌　1930　『小檀欒室鏡影』南陵徐氏
徐苹芳　1984　「三国両晋南北朝的出土銅鏡」『考古』1984年6期，科学出版社，pp. 556-563
徐苹芳　1985　「三国・両晋・南北朝の銅鏡」王仲殊・徐・楊泓・直木孝次郎・田中琢・田辺昭三・西嶋定生著『三角縁神獣鏡の謎　日中合同古代史シンポジウム』角川書店，pp. 65-82
徐苹芳　1992　「付論　三国両晋南北朝時代の銅鏡」王仲殊著『三角縁神獣鏡』学生社（尾形勇・杉本憲司編訳），pp. 311-325
城陽市歴史民俗資料館編　1997　『鏡と古墳―城陽発見の鏡をめぐって―』歴史民俗資料館展示図録8，城陽市歴史民俗資料館
白井繁太郎　1958　『阿闍梨覚峰の傳』大阪府立図書館
白井良彦　2001　「三角縁神獣鏡と古墳編年 ―― 銅鏡を探る(5)」『古代史の海』第26号，「古代史の海」の会，pp. 97-115
白石耕治編　2005　『和泉黄金塚古墳発掘調査報告書』和泉市教育委員会
白石太一郎　1962　「西山第2・5号墳発掘調査概要」『先史学研究』第4号，同志社大学先史学会
白石太一郎　1979　「近畿における古墳の年代」『考古学ジャーナル』No. 164, ニュー・サイエンス社，pp. 21-26
白石太一郎　1985　「年代決定論(二) ―― 弥生時代以降の年代決定」『岩波講座　日本考古学』1 研究の方法，岩波書店，pp. 217-242
白石太一郎　1987　「墳丘墓と古墳」石野博信・都出比呂志・近藤喬一・飯島武次・白石著『古墳発生前後の古代日本』大和書房，pp. 222-255
白石太一郎　1998　「黒塚古墳　三角縁神獣鏡は「卑弥呼の鏡」か」『現代』32巻7号，講談社，pp. 222-229
白石太一郎　1999a　『古墳とヤマト政権 ―― 古代国家はいかに形成されたか』文春文庫036，文藝春秋
白石太一郎　1999b　「卑弥呼は箸墓古墳に葬られたか」大庭脩編『卑弥呼は大和に眠るか』文英堂，pp. 200-222
白石太一郎・赤塚次郎・東潮・車崎正彦・高木恭二・辻秀人　1998　『古墳時代の考古学』シンポジウム日本の考古学4，学生社
白石太一郎・設楽博己編　1994　「弥生・古墳時代遺跡出土鏡データ集成」『国立歴史民俗博物館報告』第56集　共同研究「日本出土鏡データ集成」2，国立歴史民俗博物館
白石太一郎・設楽博己編　2002　「弥生・古墳時代遺跡出土鏡データ集成　補遺1」『国立

歴史民俗博物館研究報告』第97集，国立歴史民俗博物館，pp. 47-122
白鳥庫吉　1910　「倭女王卑弥呼考」『東亜之光』第5巻第6・7号，東亜協会
白崎昭一郎　1984　「三角縁神獣鏡の一考察―三神三獣鏡を中心として―」『福井考古学会会誌』第2号，福井考古学会，pp. 29-47
白崎昭一郎　1985　「三角縁神獣鏡の考察(その二)―吾作銘鏡を中心として―」『福井考古学会会誌』第3号，福井考古学会，pp. 83-96
白崎昭一郎　1987a　「景初四年鏡の持つ意味」『古代日本海文化』第7号
白崎昭一郎　1987b　「三角縁神獣鏡の考察(その三)―景初四年銘盤龍鏡をめぐって―」『福井考古学会会誌』第5号，福井考古学会，pp. 27-38
白崎昭一郎　1992　「三角縁神獣鏡はどこの鏡か」古田武彦編『古代史討論シンポジウム「邪馬台国」徹底論争』(1)，新泉社
白崎昭一郎　1993　「平原遺跡と三角縁神獣鏡」古田武彦編『古代史徹底論争――「邪馬台国」シンポジウム以後』駸々堂
白崎昭一郎　1998　「方格規矩鏡と三角縁神獣鏡の関係」『東アジアの古代文化』94号，大和書房，pp. 108-123
白崎昭一郎　1999　「最近の三角縁神獣鏡論について」『東アジアの古代文化』101号，大和書房，pp. 110-126
白崎昭一郎　2001　「邪馬台国・古墳・三角縁神獣鏡」『東アジアの古代文化』107号，大和書房，pp. 27-41
白崎昭一郎　2005a　「三角縁神獣鏡論」『古代学評論』第6号，古代を考える会，pp. 135-156
白崎昭一郎　2005b　「三角縁神獣鏡論」『古代史の海』第40号，「古代史の海」の会，pp. 2-23
白崎昭一郎　2008　「三角縁神獣鏡魏鏡説に危機迫る」『古代史の海』第51号，「古代史の海」の会，表紙裏
進藤武　2001　「周辺の遺跡」進藤編『史跡大岩山古墳群　天王山古墳・円山古墳・甲山古墳調査整備報告書』野洲町文化財資料集2001-2，野洲町教育委員会，pp. 3-7
新編倉吉市史編集委員会編　1996　『新編　倉吉市史』第1巻　古代編，倉吉市
末永雅雄　1950　「桜井の茶臼山古墳」近畿日本鉄道編纂室編『大和の古墳』河原書店
末永雅雄　1954a　「鏡」末永・嶋田曉・森浩一編『和泉黄金塚古墳』日本考古学報告第5冊，綜藝舎，pp. 106-112
末永雅雄　1954b　「茶臼山古墳」『古代学研究』第9号，古代学研究会，pp. 25-29
末永雅雄　1968a　「富雄地域」川戸喜作編『奈良市史』考古編，吉川弘文館，pp. 23-56
末永雅雄　1968b　「円照寺墓山第一号墳」川戸喜作編『奈良市史』考古編，吉川弘文館，pp. 255-266

末永雅雄　1968c　「邪馬台国論争を起こした　和泉黄金塚」『考古学の窓』学生社，pp. 134-153

末永雅雄　1980　「黄金塚古墳追記」末永・嶋田曉・森浩一編『和泉黄金塚古墳(復刻)』日本考古学報告第5冊，東京堂出版，pp. 175-179

末永雅雄・嶋田曉・森浩一編　1954　『和泉黄金塚古墳』綜藝舎

菅谷文則　1973a　「三角縁波文帯竜虎鏡」泉森皎編『磐余・池ノ内古墳群』奈良県史跡名勝天然記念物調査報告第28冊，奈良県教育委員会，p. 72

菅谷文則　1973b　「鏡鑑」泉森編『磐余・池ノ内古墳群』奈良県史跡名勝天然記念物調査報告第28冊，奈良県教育委員会，pp. 138-144

菅谷文則　1980　「三角縁神獣鏡をめぐる諸問題」上田正昭・直木孝次郎・森浩一・松本清張編『ゼミナール日本古代史』下　倭の五王を中心に，光文社，pp. 153-172

菅谷文則　1987a　「「景初四年鏡」私見」『明日香風』第21号，飛鳥保存財団

菅谷文則　1987b　「不自然な架空年号—魏鏡説崩れる—」『東アジアの古代文化』51号，大和書房，pp. 38-41

菅谷文則　1988　「畿内における古墳の発展と出土鏡」石野博信他『古墳はなぜつくられたか——倭王権形成史の再検討』大和書房

菅谷文則　1989　「景初四年銘鏡をめぐる諸問題」京都府埋蔵文化財調査研究センター編『謎の鏡—卑弥呼の鏡と景初四年銘鏡—』同朋舎出版，pp. 117-151

菅谷文則　1991　「三角縁神獣鏡」『日本人と鏡』同朋舎出版，pp. 135-172

菅谷文則　1997　「前期古墳の年代の再構築」上田正昭編『古代の日本と渡来の文化』学生社，pp. 381-395

菅谷文則　1998a　「大和古墳群と被葬者像」石野博信編『季刊 考古学』第65号 前・中期古墳の被葬者像，雄山閣出版，pp. 29-33

菅谷文則　1998b　「三角縁神獣鏡(黒塚古墳)——鏡祭祀から考える大和政権の成立」『歴史読本』43巻9号，新人物往来社，pp. 144-151

菅谷文則　1999　「京師洛陽と楽浪の時間距離——三角縁神獣鏡楽浪製作説をめぐって」『東アジアの古代文化』100号，大和書房，pp. 137-139

菅谷文則　2002　「三角縁神獣鏡日本鋳造の立場から」天理市教育委員会編『天理市立黒塚古墳展示館開館記念フォーラム「黒塚古墳から卑弥呼がみえる」資料』天理市教育委員会，pp. 65-79

菅谷文則　2007　「三角縁神獣鏡——国産説の立場から」『東アジアの鏡文化〜卑弥呼の鏡は海を越えたか〜』pp. 7-10

菅谷文則・飯田史恵編　2003　『中国出土鏡の地域別鏡式分布に関する研究』平成13〜15年度科学研究費補助金(基盤研究(B)(2))研究成果報告書

杉井健　2002　「城ノ越古墳」宇土市史編纂委員会編『新宇土市史』資料編第2巻，宇土

市，pp. 208-210
杉崎章他　1975　「愛知県白山平東之宮古墳」日本考古学協会編『日本考古学年報』26，日本考古協会
杉原和雄　1975　『愛宕山9号墳発掘調査報告書』京都府・加悦町文化財調査報告書第1集，加悦町教育委員会
杉原和雄　2001　「丹後地域の古墳の出現と展開―青龍三年銘鏡から見た畿内とその周辺―」両丹考古学研究会・但馬考古学研究会編『北近畿の考古学』両丹考古学研究会・但馬考古学研究会編，pp. 89-108
杉本憲司　1963　「漢代の博山炉」橿原考古学研究所編『近畿古文化論攷』吉川弘文館，pp. 533-548
杉本憲司・菅谷文則　1978　「中国における鏡の出土状態」森浩一編『日本古代文化の探究　鏡』社会思想社，pp. 97-165
杉山晋作　1973　「千葉県木更津市手古塚古墳の調査速報」『古代』第56号，早稲田大学考古学会
杉山仁　2000　「三角縁神獣鏡と画文帯神獣鏡に関する一考察」『歴史と構造―文化人類学的研究―』第28号，南山大学大学院文化人類学研究室，pp. 23-37
杉山満　2001　「午王堂山3号墳（清水市）」静岡県教育委員会編『静岡県の前方後円墳―個別報告編―』静岡県内前方後円墳発掘調査等事業報告書その2，静岡県文化財調査報告書第55集，静岡県文化財保存協会，pp. 251-285
鈴鹿市編　1980　『鈴鹿市史』第1巻
鈴木一男編　1995　『第30回企画展　かがみよ鏡―銅鏡の歴史と美―』小山市立博物館
鈴木重夫　1999　「景初四年銘竜虎鏡の修復」『辰馬考古資料館　考古学研究紀要』3，辰馬考古資料館，pp. 59-68
鈴木重夫　2009　「吾作銘三角縁四神四獣鏡の修復」『辰馬考古資料館　考古学研究紀要』6，辰馬考古資料館，pp. 75-80
鈴木勉　2000a　「三角縁神獣鏡の製作技術を探る」森下章司・千賀久編『大古墳展―ヤマト王権と古墳の鏡―』東京新聞，p. 88
鈴木勉　2000b　「オーバーハング鏡が投げかける問題」森下章司・千賀久編『大古墳展―ヤマト王権と古墳の鏡―』東京新聞，pp. 227-231
鈴木勉　2001　「最先端技術があかす三角縁神獣鏡のナゾ」『復元！　三角縁神獣鏡』福島県教育委員会・福島県文化振興事業団福島県文化財センター白河館
鈴木勉　2002　「技術移転論で見る三角縁神獣鏡―長方形鈕孔，外周突線，立体表現，ヒビ，鋳肌―」天理市教育委員会編『天理市立黒塚古墳展示館開館記念フォーラム「黒塚古墳から卑弥呼がみえる」資料』天理市教育委員会，pp. 37-53
鈴木勉　2003　「三角縁神獣鏡復元研究―検証ループ法の実施―」福島県文化振興事業

団・福島県文化財センター白河館編『福島県文化財センター白河館　研究紀要2002』福島県教育委員会，pp. 15-85

鈴木勉　2004　「三角縁神獣鏡復元研究」『文化財と技術』第3号，特定非営利活動法人工芸文化研究所，pp. 15-85

鈴木勉　2005　「三次元形状計測データの活用事例」水野敏典・山田隆文編『三次元デジタル・アーカイブを活用した古鏡の総合的研究第2分冊』橿原考古学研究所成果第8冊，奈良県立橿原考古学研究所，pp. 398-403

鈴木勉・今津節生　1998　「三角縁神獣鏡の精密計測の必要性について（一同笵・同型鏡論のために一）」『青陵』第99号，奈良県立橿原考古学研究所，pp. 1-4

鈴木勉・今津節生　1999　「レーザーを使った三角縁神獣鏡の精密計測」河上邦彦編『黒塚古墳調査概報』大和の前期古墳III，学生社

鈴木敏雄　1955　『一志郡史』下巻，一志郡町村会

鈴木敏則・村瀬隆彦・平井晴美・仲澤広子編　2001　『静岡県の前方後円墳―資料編―』静岡県内前方後円墳発掘調査等事業報告書その3，静岡県文化財調査報告書第55集，静岡県文化財保存協会

鈴木直人　1998　「鏡のもつ力――三角縁神獣鏡」熊野正也・堀越正行著『考古学を知る事典』東京堂出版，pp. 313-314

鈴木仲秋・山田和夫他編　1980　『企画展　房総の古鏡』房総風土記の丘展示図録No. 8，千葉県立房総風土記の丘

鈴木裕明　2002　「前期後半の鏡」鈴木編『政権交替―古墳時代前期後半のヤマト―』橿原考古学研究所特別展図録第58冊，奈良県立橿原考古学研究所附属博物館，pp. 14-29

鈴木廣之　2003　『好古家たちの19世紀　幕末明治における《物》のアルケオロジー』吉川弘文館

洲本市教育委員会編　1981　『洲本市内遺跡分布調査概報』I，洲本市文化財報告第3集

施翠峰　1990　『中国歴代銅鏡鑑賞』台湾省立博物館出版部

施正東　2003　『鑑識古鏡』福建美術出版社

清家章　2004　「「女の霊力」論と考古学」考古学研究会編『考古学研究会50周年記念論文集　文化の多様性と比較考古学』考古学研究会，pp. 315-324

瀬川貴文編　2005　『古墳はなぜつくられたのか　古代濃尾の王と民衆』名古屋市博物館特別展示図録，名古屋市博物館

瀬戸谷晧　1980　「森尾古墳の再検討」瀬戸谷編『北浦古墳群』豊岡市教育委員会，pp. 89-102

泉屋博古館編　1971　『新修　泉屋清賞』泉屋博古館

泉屋博古館編　2004　『泉屋博古　鏡鑑編』泉屋博古館

泉屋博古館古代青銅鏡放射光分析研究会　2004　「SPring-8 を利用した古代青銅鏡の放射光蛍光分析」『泉屋博古館紀要』第二十巻，泉屋博古館，pp. 1-35

泉屋博古館古代青銅鏡放射光分析研究会　2008　「SPring-8 を利用した古代青銅鏡の放射光蛍光分析(II)」『泉屋博古館紀要』第二十巻，泉屋博古館，pp. 1-24

孫機編　2008　『漢代物質文化資料目録(増訂版)』中国国家博物館学術叢書，上海古籍出版社

第 9 回九州前方後円墳研究会大分大会実行委員会編　2006　『前期古墳の再検討　第 9 回九州前方後円墳研究会大分大会発表要旨・資料集』九州前方後円墳研究会

第 38 回埋蔵文化財研究集会実行委員会編　1995　『前期前方後円墳の再検討』第 38 回埋蔵文化財研究集会，埋蔵文化財研究会

平良泰久・久保哲正・奥村清一郎　1986　『日本の古代遺跡』27 京都 I，保育社

高井悌三郎　1995　「付「へぼそ塚古墳」図面について」浅岡俊夫・古川久雄・橋本正幸編『神戸市東灘区　本山北遺跡(付「へぼそ塚古墳」図面について)』六甲山麓遺跡調査会，pp. 63-66

高木恭二　1983　「古墳時代の鏡」肥後考古学会編『肥後考古』第 3 号　肥後古鏡聚英，肥後考古学会，pp. 31-40

高倉洋彰　1989　「銅鏡」山口譲治・吉留秀敏・渡辺芳郎編『老司古墳』福岡市埋蔵文化財調査報告書第 209 集，福岡市教育委員会，pp. 203-205

高倉洋彰・車崎正彦　1993　「弥生・古墳時代の鏡」高倉・車崎編『季刊　考古学』第 43 号　特集　鏡の語る古代史，雄山閣出版，pp. 14-16

高島忠平　2001　「邪馬台国九州説と考古学」樋口隆康・平野邦雄監修『シンポジウム邪馬台国が見えた』学生社，pp. 51-61

高島徹　1995　「古墳と三角縁神獣鏡」大阪府立近つ飛鳥博物館編『平成 7 年度春季特別展　鏡の時代—銅鏡百枚—』大阪府立近つ飛鳥博物館図録 5，大阪府立近つ飛鳥博物館，pp. 104-107

高田健一　2009　「鳥取県南部町普段寺 1 号墳の発掘調査」第 37 回山陰考古学研究集会事務局編『第 37 回山陰考古学研究集会　山陰の古墳出土鏡』pp. 19-22

高田康成編　2003　『大垣の古墳時代』大垣市文化財調査報告書第 41 集，大垣市教育委員会

高槻市教育委員会編　1999　『邪馬台国と安満宮山古墳』吉川弘文館

高槻市立埋蔵文化財調査センター編　1998　『市制施行 55 周年記念歴史シンポジウム　検証邪馬台国—安満宮山古墳をめぐって—』高槻市立埋蔵文化財調査研究センター

高橋勇他　1930　「静岡県の遺蹟」『静岡県史』第 1 巻，静岡県，pp. 213-731

高橋勇・後藤守一　1939　「出土遺物」後藤・内藤政光・高橋『静岡県磐田郡松林山古墳発掘調査報告』静岡県磐田郡御厨村郷土教育研究会，pp. 37-59

高橋克壽　1993　「冠か冑か——椿井大塚山古墳の鉄製品」『史林』第76巻第2号，史学研究会，pp. 135-138
高橋克壽　1997　「椿井大塚山古墳の副葬品」山城町総合文化センター編『第1回山城町歴史シンポジウム　椿井大塚山古墳の謎にせまる！』pp. 12-18
高橋克壽・魚津知克編　1999　『前波の三ッ塚』可児市埋文報告34，可児市教育委員会
高橋健自　1907a　「本邦鏡鑑沿革考(第三回)」『考古界』第7篇第5号，考古学会，pp. 208-215
高橋健自　1907b　「本邦鏡鑑沿革考(第四回)」『考古界』第7篇第9号，考古学会，pp. 392-400
高橋健自　1907c　「本邦鏡鑑沿革考(第五回)」『考古界』第7篇第12号，考古学会，pp. 506-510
高橋健自　1911a　「銘帯に年号ある漢式鏡」『考古学雑誌』第1巻第10号，考古学会，pp. 48-49
高橋健自　1911b　「鏡」『鏡と剣と玉』冨山房，pp. 1-123
高橋健自　1913　「鏡」『考古学』聚精堂，pp. 85-90
高橋健自　1914　「在銘最古日本鏡」『考古学雑誌』第5巻第2号，考古学会，pp. 50-66
高橋健自　1919　「王莽時代の鏡に就いて」『考古学雑誌』第9巻第12号，考古学会，pp. 1-12
高橋健自　1922　「考古学上より観たる耶馬台国」『考古学雑誌』第12巻第5号，考古学会，pp. 20-43
高橋健自　1928　「六朝以前紀年鏡資料の増加」『考古学雑誌』第18巻第6号，考古学会，pp. 46-50
高橋健自編　1920　『紀年鏡図譜』聚精堂
高橋公一　2002　「史跡闘鶏山古墳　第2・3次確認調査」『高槻市文化財年報　平成15・16年度』高槻市教育委員会
高橋公一編　2002　『闘鶏山古墳　第1次調査概要報告書』高槻市埋蔵文化財調査概要第29冊，高槻市教育委員会
高橋公一・鐘ヶ江一朗編　2007　『闘鶏山古墳石槨画像・環境調査報告書』高槻市文化財調査報告書第25冊，高槻市教育委員会
高橋徹　1986　「伝世鏡と副葬鏡」『九州考古学』第60号，九州考古学会，pp. 53-60
高橋徹　1987　「古墳を築いた人たち」『大分市史』上，大分市
高橋護編　1991　『岡山県立博物館開館20周年記念展　邪馬台国へのみち』岡山県立博物館
高橋美久二編　1987　『鏡と古墳—景初四年鏡と芝ヶ原古墳—』京都府立山城郷土資料館・京都府立丹後郷土資料館

高堀勝喜・浜岡賢太郎・橋本澄夫　1966　『鹿畑町史』資料編，鹿畑町
高松市教育委員会編　1973　『石清尾山塊古墳群調査報告』高松教育委員会・高松市文化財保護協会
田口正美　1988　『大島城遺跡 北山茶臼山西古墳』群馬県埋蔵文化財調査事業団
竹内直文　1999　「経塚古墳」竹内編『新貝・鎌田古墳群発掘調査報告書—磐田原台地東南部における首長墓の調査—』静岡県磐田市教育委員会
武光誠　1998　『三角縁神獣鏡の死角』新講社
武光誠　2004　『邪馬台国と大和朝廷』平凡社新書224，平凡社
田崎博之　1984　「北部九州における弥生時代終末期前後の鏡について」『史淵』第121輯，九州大学文学部
田崎博之　1995　「瀬戸内における弥生時代社会と交流—土器と鏡を中心として—」松原弘宣編『古代王権と交流』6　瀬戸内海地域における交流の展開，名著出版，pp. 29-59
田澤金吾　1921　「岩橋千塚第一期調査」『和歌山県史蹟名勝天然紀念物調査会報告』第一輯，和歌山県
田島英二　1982　「三角縁神獣鏡は五世紀の鏡である」『季刊 邪馬台国』12号，梓書院
田島英二　1983　「三角縁神獣鏡はやはり五世紀の鏡である——景和三年銘について」『季刊 邪馬台国』17号，梓書院
田島英二　1988　「「苅」と「詺」の文字について」『季刊 邪馬台国』34号，梓書院
田代克巳　1968　『羽曳野市壺井御旅山前方後円墳発掘調査概報』大阪府教育委員会
田代克己・井藤徹・谷本武編　1970　『南河内・石川流域における古墳の調査』大阪府文化財調査報告第22輯，大阪府教育委員会
立木修　1994a　「後漢の鏡と3世紀の鏡—楽浪出土鏡の評価と踏返し鏡—」『日本と世界の考古学』岩崎卓也先生退官記念論文集刊行会，pp. 311-324
立木修　1994b　「漢式鏡に関わる諸問題—弥生時代終末・古墳時代前期出土鏡の評価—」埋蔵文化財研究会編『倭人と鏡 その2—3・4世紀の鏡と墳墓—』第36回埋蔵文化財研究集会，埋蔵文化財研究会，pp. 29-36
立木修　1995　「方格規矩鏡の割付」奈良国立文化財研究所創立40周年記念論文集刊行会編『文化財論叢』II 奈良国立文化財研究所創立40周年記念論文集，同朋舎出版，pp. 757-772
辰馬考古資料館編　1989　『考古資料目録』辰馬考古資料館
伊達宗泰　1963　「天理市柳本町黒塚古墳第一次調査」『奈良県文化財調査報告書』第6集
伊達宗泰編　1971　『大和考古資料目録』第1集，奈良県立橿原公苑考古博物館
田中彩太　1973　「加悦丸山古墳」『同志社考古』10号，同志社大学考古学研究会，pp. 30-31

田中晋作　1983　「古墳群の構造変遷からみた古墳被葬者の性格(下)」『古代学研究』第98号，古代学研究会，pp. 35-43

田中晋作　1993　「百舌鳥・古市古墳群成立の要件」関西大学文学部考古学研究室編『関西大学考古学研究室開設四十周年記念　考古学論叢』関西大学，pp. 187-213

田中晋作　1994　「「百舌鳥・古市古墳群成立の要件」―キャスティングボートを握った古墳被葬者たち―」埋蔵文化財研究会編『倭人と鏡　その2―3・4世紀の鏡と墳墓―』第36回埋蔵文化財研究集会，埋蔵文化財研究会，pp. 319-328

田中晋作　1996　「三角縁神獣鏡と定型化した甲冑」池田市立歴史民俗資料館編『池田市立歴史民俗資料館平成8年度特別展　「古代国家の黎明」―4世紀と5世紀の狭間で―』池田市立歴史民俗資料館，pp. 14-22

田中晋作　2001　「古墳副葬品からみた古墳被葬者の性格―三角縁神獣鏡・石製腕飾類・甲冑の分析―」『百舌鳥・古市古墳群の研究』学生社，pp. 277-320（初出『関西大学考古学研究室開設参拾周年記念考古学論叢』関西大学考古学研究会，1983年）

田中晋作　2003　「副葬品にみる葛城」御所市教育委員会編『古代葛城とヤマト政権』学生社，pp. 53-75

田中晋作　2005　「畿内およびその周辺地域における有力勢力の動態」『古代武器研究』第6号，古代武器研究会

田中晋作　2008　「三角縁神獣鏡の伝世について―畿内およびその周辺地域の有力勢力の動態―」『古代学研究』第180号　森浩一先生傘寿記念論文集，古代学研究会，pp. 157-164

田中晋作　2009　『筒形銅器と政権交替』学生社

田中稔彦　1991　『西都原古墳群研究資料』宮崎大学教育学部考古学資料室

田中琢　1977　『鐸　剣　鏡』日本原始美術大系4，講談社

田中琢　1979　『古鏡』日本の原始美術8，講談社

田中琢　1981　『古鏡』日本の美術第178号，至文堂

田中琢　1985　「日本列島出土の銅鏡」王仲殊・徐苹芳・楊泓・直木孝次郎・田中・田辺昭三・西嶋定生著『三角縁神獣鏡の謎　日中合同古代史シンポジウム』角川書店，pp. 40-64

田中琢　1986　「鏡と古墳」『第4回企画展　古代甲斐国と畿内王権』山梨県立考古博物館，pp. 43-45

田中琢　1989　「卑弥呼の鏡と景初四年鏡」京都府埋蔵文化財調査研究センター編『謎の鏡―卑弥呼の鏡と景初四年銘鏡―』同朋舎出版，pp. 59-99

田中琢　1991a　「「景初四年」銘鏡と三角縁神獣鏡」『辰馬考古資料館　考古学研究紀要』2，辰馬考古資料館，pp. 1-9

田中琢　1991b　『倭人争乱』日本の歴史②，集英社

田中琢　1991c　「卑弥呼の鏡」大阪府立弥生文化博物館編『卑弥呼の世界―平成三年秋季特別展―』大阪府立弥生文化博物館，pp. 76-79

田中琢　1991d　「卑弥呼の鏡」大阪府立弥生文化博物館編『弥生文化―日本文化の起源を探る―』平凡社，pp. 154-155

田中琢　1993a　「三角縁神獣鏡研究略史」坪井清足さんの古稀を祝う会編『論苑 考古学』天山舎，pp. 445-460

田中琢　1993b　「倭の奴国から女王国へ」『岩波講座 日本通史』第2巻 古代1，岩波書店，pp. 143-174

田中琢　1997　「椿井大塚山古墳と三角縁神獣鏡」山城町総合文化センター編『第1回山城町歴史シンポジウム　椿井大塚山古墳の謎にせまる！』pp. 19-23

田中琢　2000　「解説――小林行雄博士と古鏡の研究」小林行雄著『古鏡〈解説付新装版〉』学生社，pp. 221-246

田邊勝宏　2001　「三角縁神獣鏡の細部表現について」立命館大学考古学論集刊行会編『立命館大学考古学論集』II，立命館大学考古学論集刊行会，pp. 83-96

田辺義一　1968　「銅・青銅器」大場磐雄他監修『新版 考古学講座』第1巻，雄山閣出版，pp. 133-144

田辺昭三　1985　「三世紀の日本と三角縁神獣鏡の問題」王仲殊・徐苹芳・楊泓・直木孝次郎・田中琢・田辺・西嶋定生著『三角縁神獣鏡の謎 日中合同古代史シンポジウム』角川書店，pp. 130-151

谷口一夫　1996　「青銅鏡からみた甲斐国前期古墳の様相」『山梨県史研究』第4号，山梨県，pp. 28-56

田端勉　1977　「豊田市出土「三角縁神獣鏡」について」豊田市郷土資料館編『豊田市埋蔵文化財調査集報』第三 古墳II，豊田市教育委員会，pp. 109-111

玉城一枝　1988a　「漢三国六朝紀年鏡の再検討」橿原考古学研究所編『橿原考古学研究所論集』第十，吉川弘文館，pp. 317-344

玉城一枝　1988b　「改元と紀年鏡」森浩一編『同志社大学考古学シリーズ』IV 考古学と技術，同志社大学考古学シリーズ刊行会

段書安編　1998　『中国青銅器全集』第16巻 銅鏡，文物出版社

檀上重光　1960　『祖先のあしあと』III，神戸新聞社

檀上重光　1961　『祖先のあしあと』IV，神戸新聞社

千賀久　2000　「大和天神山古墳の鏡群」伊達宗泰編『古代「おおやまと」を探る』学生社，pp. 229-239

千賀久　2008　『ヤマトの王墓・桜井茶臼山古墳・メスリ山古墳』シリーズ「遺跡を学ぶ」049，新泉社

千賀久編　1981　『葛城の古墳と古代寺院』奈良県立橿原考古学研究所附属博物館

千賀久編　1988　『馬見丘陵の古墳―佐味田宝塚・新山古墳とその周辺―』河合町・河合町教育委員会

千賀久編　1992　『大和の古墳の鏡―橿原考古学研究所保管資料―』橿原考古学研究所附属博物館考古資料集第1冊，奈良県立橿原考古学研究所附属博物館

千賀久編　2005　『巨大埴輪とイワレの王墓―桜井茶臼山・メスリ山古墳の全容―』奈良県立橿原考古学研究所附属博物館特別展図録第64冊，奈良県立橿原考古学研究所附属博物館特別展

千種浩　2004　「青銅鏡の非破壊分析調査」安田滋編『西求女塚古墳 発掘調査報告書』神戸市教育委員会，pp. 281-306

筑紫豊・後藤直　1979　『国学者 青柳種信―筑紫考古学のくさわけ―』福岡市立歴史資料館図録第5集(特別展図録)，福岡市立歴史資料館

千歳竜彦　1988　「銘文からみた銅鏡の製作」『関西大学考古学等資料室紀要』第5号，関西大学考古学等資料室，pp. 60-85

千歳竜彦　1993　「三角縁神獣鏡――古墳文化成立期の諸問題」古田武彦編『古代史徹底論争――「邪馬台国」シンポジウム以後』駸々堂

千歳竜彦　1997　「鏡が映し出す"中央"と"地方"東アジアとの交流をめぐって」吉成勇編『別冊 歴史読本 最前線シリーズ〈日本古代史[王権]の最前線〉』新人物往来社，pp. 198-203

千葉県史料研究財団編　2003　『千葉県の歴史』資料編 考古2(弥生・古墳時代)，千葉県

千葉博之　1986　「副葬鏡組成による前期古墳の編年試論」『駿台史学』第68号，駿台史学会，pp. 101-135

「中国古鏡の研究」班(岡村秀典代表)　2009　「前漢鏡銘集釋」『東方学報』京都 第84冊，京都大学人文科学研究所，pp. 139-209

中国山東省文物考古研究所・日本奈良県立橿原考古学研究所編　2007　『山東省臨淄斉国故城漢代鏡笵的考古学研究』科学出版社

張金儀　1981　『漢鏡所反映的神話伝説与神仙思想』國立故宮博物院

張懋鎔　1997　「三角縁神獣鏡の銘文について」『青陵』第96号，奈良県立橿原考古学研究所，pp. 1-3

張懋鎔・田旭東(金杉大志訳)　2007　「洛陽で発見された三角縁神獣鏡について」『博古研究』第33号，博古研究会，pp. 20-24

陳舜臣　1976　「幻想 四世紀の銅鏡批判」『別冊 週刊読売』第16号

陳佩芬編　1987　『上海博物館蔵青銅鏡』上海書画出版社

塚口義信　2000　「椿井大塚山古墳の被葬者と初期ヤマト政権」『大美和』98号，pp. 2-12

塚口義信　2007　「講座・邪馬台国と倭女王卑弥呼―邪馬台国所在地論管見―」『堺女子短期大学紀要』第41・42合併号，堺女子短期大学，pp. 1-125

塚本善隆　1942　『支那社会佛教史研究』北魏篇，弘文堂書房
次山淳　1997　「初期布留式土器群の西方展開―中四国地方の事例から―」『古代』第103号，早稲田大学考古学会，pp. 135-156
辻直樹　1987　「景初四年の鏡」『季刊 邪馬台国』32号，梓書院
辻秀人　2006　『東北古墳研究の原点・会津大塚山古墳』シリーズ「遺跡を学ぶ」029，新泉社
辻田淳一郎　2001　「古墳時代開始期における中国鏡の流通形態とその画期」『古文化談叢』第46号，九州古文化研究会，pp. 53-91
辻田淳一郎　2005a　「弥生時代～古墳時代の銅鏡―山口県内出土鏡を対象として―」山口県立萩美術館・浦上記念館編『鏡の中の宇宙』シリーズ山東文物⑥，山口県立萩美術館・浦上記念館，pp. 152-155
辻田淳一郎　2005b　「破鏡の伝世と副葬―穿孔事例の観察から―」『史淵』第142輯，九州大学大学院人文科学研究院，pp. 1-39
辻田淳一郎　2005c　「破鏡と完形鏡」『東アジアにおける鏡祭祀の源流とその展開』國學院大學21世紀COEプログラム 考古学・神道シンポジウム予稿集
辻田淳一郎　2006a　「威信財システムの成立・変容とアイデンティティ」田中良之・川本芳昭編『東アジア古代国家論―プロセス・モデル・アイデンティティ―』すいれん舎，pp. 31-64
辻田淳一郎　2006b　「鏡と副葬品」第9回九州前方後円墳研究会大分大会実行委員会編『前期古墳の再検討 第9回九州前方後円墳研究会大分大会発表要旨・資料集』九州前方後円墳研究会，pp. 11-26
辻田淳一郎　2007a　『鏡と初期ヤマト政権』すいれん舎
辻田淳一郎　2007b　「古墳時代前期における鏡の副葬と伝世の論理―北部九州地域を対象として―」『史淵』第144輯，九州大学文学部，pp. 1-33
辻田淳一郎　2007c　「技術移転とアイデンティティ―3・4世紀の倭の鏡を対象として―」『東アジアと日本：交流と変容』九州大学21世紀COEプログラム「東アジアと日本：交流と変容」統括ワークショップ報告書，pp. 53-61
辻田淳一郎　2007d　「書評と紹介 福永伸哉著『三角縁神獣鏡の研究』」『日本歴史』第704号，吉川弘文館，pp. 134-136
辻田淳一郎　2008　「三角縁盤龍鏡の系譜」『九州と東アジアの考古学―九州大学考古学研究室50周年記念論文集―』上巻，九州大学考古学研究室50周年記念論文集刊行会，pp. 295-315
津田敬武　1916　「古墳発掘の所謂神獣鏡を論じて仏教渡来以前の宗教思想に及ぶ」『考古学雑誌』第6巻第5号，考古学会，pp. 33-40
土屋聡　2005　「漢代「王子喬」演変考―「古詩十九首」其十五の解釈をめぐって―」『中

國文學論集』第34号，九州大學中國文學會，pp. 1-15
筒井正明他編　2005　『第24回三重県埋蔵文化財展　石山古墳』三重県埋蔵文化財センター
堤圭三郎　1964　「西山古墳発掘調査概要」『埋蔵文化財発掘調査概報1964』京都府教育委員会
堤圭三郎・高橋美久二　1969　「八幡丘陵地所在遺跡発掘調査概要」『埋蔵文化財発掘調査概報』京都府教育委員会
都出比呂志　1970　「農業共同体と首長権」歴史学研究会・日本史研究会編『講座　日本史』第1巻　古代国家，東京大学出版会，pp. 29-66
都出比呂志　1978　「古墳のひろがり」直木孝次郎・加藤晋平・佐原眞・都出著『ジュニア日本の歴史』第1巻　日本の誕生，小学館，pp. 150-161
都出比呂志　1979　「前方後円墳出現期の社会」『考古学研究』第26巻第3号，考古学研究会，pp. 17-34
都出比呂志　1982　「前期古墳の新古と年代論」『考古学雑誌』第67巻第4号，日本考古学会，pp. 119-122
都出比呂志　1983　「前方後円墳の出現」向日市史編さん委員会編『向日市史』上巻，京都府向日市，pp. 117-154
都出比呂志　1985　「長法寺南原古墳第5次調査概要」中尾秀正編『長岡京市文化財調査報告書』第15冊，長岡京市教育委員会
都出比呂志　1988　「前方後円墳成立期の中央と地方」上田正昭先生華甲記念会編『古代の探究』学生社，pp. 184-196
都出比呂志　1989a　「前期古墳と鏡」京都府埋蔵文化財調査研究センター編『謎の鏡—卑弥呼の鏡と景初四年銘鏡—』同朋舎出版，pp. 23-57
都出比呂志　1989b　「前方後円墳の誕生」白石太一郎編『古代を考える　古墳』吉川弘文館，pp. 1-35
都出比呂志　1991a　「日本古代の国家形成論序説—前方後円墳体制の提唱—」『日本史研究』第343号，日本史研究会，pp. 5-39
都出比呂志　1991b　「石塚山古墳の位置」小田富士雄・長嶺正秀編『石塚山古墳の謎』海鳥社，pp. 93-118
都出比呂志　1992　「調査研究の総括—長法寺南原古墳の意義—」都出・福永伸哉編『長法寺南原古墳の研究』大阪大学文学部考古学研究報告第2冊（長岡京市文化財調査報告書第30冊別刷），大阪大学南原古墳調査団，pp. 161-170
都出比呂志　1995　「祖霊祭式の政治性—前方後円墳分布圏の解釈—」小松和彦・都出編『日本古代の葬制と社会関係の基礎的研究』平成6年度科学研究費補助金（一般A）成果報告書，大阪大学文学部，pp. 25-78

都出比呂志　1998a　『NHK人間大学　古代国家の胎動　考古学が解明する日本のあけぼの』日本放送出版協会

都出比呂志　1998b　「総論——弥生から古墳へ」都出編『古代国家はこうして生まれた』角川書店，pp. 8-50

都出比呂志　1999a　「卑弥呼と古墳」『日本文化史研究』第31号，帝塚山短期大学日本文化史学会，pp. 1-17

都出比呂志　1999b　「邪馬台国から倭政権へ」高槻市教育委員会編『邪馬台国と安満宮山古墳』吉川弘文館，pp. 22-40

都出比呂志　2000　『王陵の考古学』岩波新書(新赤版)676，岩波書店

都出比呂志　2003　「小林行雄論」小山田宏一編『平成15年度秋季特別展　弥生文化への熱いまなざし　森本六爾，小林行雄と佐原真』大阪府立弥生文化博物館図録27，大阪府立弥生文化博物館，pp. 74-81

都出比呂志　2005　『前方後円墳と社会』塙書房

都出比呂志編　1990　『雪野山古墳』大阪大学考古学研究室・大阪大学友の会

都出比呂志編　1991　『雪野山古墳Ⅱ』大阪大学考古学研究室・大阪大学友の会

都出比呂志・橋本清一　1983　「長法寺南原古墳第3次調査概要」中尾秀正編『長岡京市文化財調査報告書』第11冊，長岡京市教育委員会

都出比呂志・福永伸哉　1983　「長法寺南原古墳第4次調査概要」中尾秀正編『長岡京市文化財調査報告書』第13冊，長岡京市教育委員会，pp. 45-54

都出比呂志・福永伸哉編　1992　『長法寺南原古墳の研究』大阪大学文学部考古学研究報告第2冊(長岡京市文化財調査報告書第30冊別刷)，大阪大学南原古墳調査団

都出比呂志・山本三郎・岡村秀典・米田敏幸・宇垣匡雅・酒井龍一・柳瀬昭彦・下條信行・山尾幸久　1990　「邪馬台国の時代—共同討議—」都出・山本編『邪馬台国の時代』木耳社，pp. 147-186

角山幸雄　1972　「城の山古墳出土の織物片について」櫃本誠一編『城の山・池田古墳』和田山町・和田山町教育委員会，pp. 92-97

角山幸雄　1982　「福岡市藤崎遺跡出土の綿帛」浜石哲也・池崎譲二編『福岡市西区　藤崎遺跡』福岡市埋蔵文化財調査報告書第80集，福岡市教育委員会，pp. 145-148

丁堂華編　2002　『鄂州銅鏡』鄂州市博物館

寺沢薫　2000　「王権の伸長」寺沢著『日本の歴史』第02巻　王権誕生，講談社，pp. 299-346

寺沢薫　2003　「首長霊観念の創出と前方後円墳祭祀の本質—日本的王権の原像—」角田文衞・上田正昭編『古代王権の誕生』Ⅰ東アジア編，角川書店，pp. 29-69

寺沢薫　2005a　「古墳時代開始期の暦年代と伝世鏡論(上)」『古代学研究』第169号，古代学研究会，pp. 1-20

寺沢薫　2005b　「古墳時代開始期の暦年代と伝世鏡論(下)」『古代学研究』第 170 号，古代学研究会，pp. 21-42
寺沢薫　2006　「「新生」倭国の誕生と中国鏡流入の変革」伊都国歴史博物館編『平原遺跡出土品国宝指定記念特別展　大鏡が映した世界』伊都国歴史博物館図録 3，伊都国歴史博物館，pp. 56-59
寺沢知子　1999　「首長霊にかかわる内行花文鏡の特質」森浩一他編『同志社大学考古学シリーズ』VII 考古学に学ぶ―遺構と遺物―，同志社大学考古学シリーズ刊行会，pp. 107-121
寺沢知子　2000　「権力と女性」都出比呂志・佐原真編『古代史の論点』② 女と男，家と村，小学館，pp. 235-276
寺沢知子　2006　「女と男の考古学」佐原真・ウェルナー＝シュタインハウス監修『ドイツ展記念概説　日本の考古学』下巻，学生社，pp. 720-727
寺前直人　2009　「古墳時代前期における古墳編年の変遷」考古学研究会関西例会編『前期古墳の変化と画期』関西例会 160 回シンポジウム発表要旨集，考古学研究会関西例会，pp. 153-167
天理市教育委員会編　2002a　『史跡黒塚古墳―復元 竪穴式石室と三角縁神獣鏡―』天理市立黒塚古墳展示館
天理市教育委員会編　2002b　『天理市立黒塚古墳展示館開館記念フォーラム「黒塚古墳から卑弥呼がみえる」資料』天理市教育委員会
天理大学・天理教道友社編　1988　『ひとものこころ』天理大学附属天理参考館蔵品第 2 期第 3 巻 縄文・弥生・古墳，天理教道友社
天理大学附属天理参考館編　1990　『古代中国の鏡―鏡のなかの神がみ―』第 10 回企画展，天理大学出版部
土居徹　1975　「田邑丸山古墳群」『津山市文化財年報』1 号，津山市教育委員会
土居徹　1986a　「田邑丸山古墳群」近藤義郎責任編集『岡山県史』第 18 巻 考古資料，岡山県，pp. 299-300
土居徹　1986b　「郷観音山古墳」近藤義郎責任編集『岡山県史』第 18 巻 考古資料，岡山県，p. 304
董亜巍(神崎勝訳)　2001　「中国鏡と三角縁神獣鏡との関係について」『古代学研究』第 155 号，古代学研究会，pp. 8-19
東京国立博物館編　1983　『東京国立博物館図版目録』古墳遺物篇(関東 II)，東京美術
東京国立博物館編　1986　『東京国立博物館図版目録』古墳遺物篇(関東 III)，東京美術
東京国立博物館編　1988　『東京国立博物館図版目録』古墳遺物篇(近畿 I)，東京美術
同志社大学考古学研究会　1962　「山城久津川古墳群の研究」『同志社考古』2 号，同志社大学考古学研究会

遠山荒次　1925　「岡山県の古墳(其三)」『考古学雑誌』第15巻第8号，考古学会
藤堂明保　1965　『漢字語源辞典』学燈社
富樫卯三郎　1967　「宇土市栗崎町城ノ越古墳出土の三角縁神獣鏡」『熊本史学』第33号，熊本史学会，pp. 44-53
富樫卯三郎・高木恭二　1982　「熊本県城ノ越古墳出土の三角縁神獣鏡について―鳥取県普段寺2号墳出土鏡との比較―」『考古学雑誌』第67巻第3号，日本考古学会，pp. 110-114
富樫卯三郎・高木恭二　1983　「41 三角縁四神四獣鏡」肥後考古学会編『肥後考古』第3号 肥後古鏡聚英，肥後考古学会，pp. 70-72
富樫卯三郎・高木恭二　1987　「城ノ越古墳」『宇土半島基部古墳群』宇土市文化財調査報告書第15集，宇土市教育委員会
徳島県博物館・徳島考古学研究グループ　1980　『シンポジウム　四国の前方後円墳』
徳島市教育委員会編　1990a　「発掘調査の成果 宮谷古墳」『徳島市文化財だより』第23・24号，徳島市教育委員会
徳島市教育委員会編　1990b　『第11回埋蔵文化財資料展　阿波を掘る』徳島市教育委員会
徳島市教育委員会編　1991　『第12回埋蔵文化財資料展　阿波を掘る――最近の発掘調査と徳島の前方後円墳』徳島市教育委員会
徳田誠志　1993　「第二のアズマの前期古墳―その特質の検討―」関西大学文学部考古学研究室編『関西大学考古学研究室開設四十周年記念 考古学論叢』関西大学，pp. 129-186
徳田誠志　1995　「東海・中部地域の前期古墳」第38回埋蔵文化財研究集会実行委員会編『前期前方後円墳の再検討』第38回埋蔵文化財研究集会，埋蔵文化財研究会，pp. 83-98
徳田誠志　1996　「美濃における前期古墳研究の現状と課題」『美濃の考古学』創刊号，美濃の考古学刊行会，pp. 1-17
徳田誠志　1997a　「龍門寺1号墳の再検討」『美濃の考古学』第2号，美濃の考古学刊行会，pp. 31-42
徳田誠志　1997b　「東国における三角縁神獣鏡出土古墳の検討」網干善教先生古稀記念論文集刊行会編『網干善教先生古稀記念 考古学論集』上巻，網干善教先生古稀記念会，pp. 433-455
徳田誠志　2003　「古墳時代前期社会における倣製三角縁神獣鏡の存在意義」関西大学考古学研究室開設五拾周年記念考古学論叢刊行会編『関西大学考古学研究室開設五拾周年記念 考古学論叢』上巻，同朋舎，pp. 285-307
徳田誠志　2004　「倭鏡の誕生」八賀晋先生古稀記念論文集刊行会編『かにかくに 八賀晋

先生古稀記念論文集』三星出版，pp. 53-63

徳田誠志　2005　「新山古墳(大塚陵墓参考地)出土鏡群の検討」水野敏典・山田隆文編『三次元デジタル・アーカイブを活用した古鏡の総合的研究　第2分冊』橿原考古学研究所成果第8冊，奈良県立橿原考古学研究所，pp. 437-448

徳田誠志　2007　「描かれた三角縁神獣鏡―『千とせのためし』所収　狩谷棭斎旧所蔵品について―」『関西大学博物館紀要』第13号，関西大学博物館，pp. 21-33

栃木県立なす風土記の丘資料館編　2000　『関東以北の前方後方墳・方墳の鏡～古式古墳出土鏡を中心として～』第8回企画展図録，栃木県立なす風土記の丘資料館

戸澗幹夫・高橋裕編　1990　『魅惑の日本海文化』石川県立歴史博物館

富岡謙蔵　1916　「日本出土の支那古鏡」『史林』第1巻第4号，史学研究会，pp. 109-128

富岡謙蔵　1917　「漢代より六朝に至る年号銘ある古鏡に就いて(第二回)」『考古学雑誌』第7巻第6号，考古学会，pp. 13-24

富岡謙蔵　1920a　『古鏡の研究』丸善

富岡謙蔵　1920b　「再び日本出土の支那古鏡に就いて」『古鏡の研究』丸善，pp. 293-342

富岡謙蔵　1920c　「日本仿製古鏡に就いて」『古鏡の研究』丸善，pp. 343-416

富田徹郎　1998　「「三角縁神獣鏡」の空騒ぎ」『新潮45』17巻3号，新潮社，pp. 224-234

富田好久　1967　「横起山古墳出土三角縁神獣鏡及び拓本と須恵器」池田市史編纂委員会編『池田市史』資料編①　原始・古代・中世，大阪府池田市役所

冨田和気夫・新納泉・岸本直文・田中弘志　1991　「鏡」近藤義郎編『権現山51号墳』『権現山51号墳』刊行会，pp. 74-94

豊岡卓之　2004　「奈良盆地における前期前方後円墳の展開」地域と古文化刊行会事務局編『地域と古文化』pp. 67-74

鳥居龍蔵　1887　「阿波国二古墳ノ記」『東京人類学会報告』第2巻第17号，東京人類学会，pp. 254-258

内藤晃　1959　「古墳文化の成立―いわゆる伝世鏡の理論を中心として―」『歴史学研究』No. 236，青木書店，pp. 1-12

内藤晃　1960　「古墳文化の発展―同笵鏡問題の再検討―」『日本史研究』48，創元社，pp. 1-24

内藤晃・市原寿文　1966　「清水市午王堂山遺跡及び午王堂山第1号墳・第2号墳発掘調査概報」『静岡県埋蔵文化財要覧Ⅰ・付県内遺跡調査報告』静岡県教育委員会

内藤晃・市原寿文他　1968　「清水市午王堂山遺跡及び午王堂山第1号墳・第2号墳」『東名高速道路(静岡県内工事)関係埋蔵文化財発掘調査報告書』静岡県教育委員会

内藤晃・平野和男　1965　『松林山古墳』東海道新幹線増設工事に伴う埋蔵文化財発掘調

査報告書,日本国有鉄道
内藤虎次郎　1910　「卑弥呼考」『藝文』第1年第2～第4号,開政館出版部
内藤虎次郎・今西龍　1918　「西都原古墳調査報告」『宮崎県史蹟調査報告』第3冊,宮崎県
直木孝次郎　1982　「三角縁神獣鏡と畿内説」『歴史と人物』第12年第11号,中央公論社,pp. 32-39
直木孝次郎　1985　「古代における日本と江南地域との交渉」王仲殊・徐苹芳・楊泓・直木・田中琢・田辺昭三・西嶋定生著『三角縁神獣鏡の謎　日中合同古代史シンポジウム』角川書店,pp. 83-107
中井一夫　2007　「三角縁神獣鏡の一様相」茂木雅博編『日中交流の考古学』同成社,pp. 331-337
中井一夫　2008　「三角縁神獣鏡の観察―同型鏡における仕上げ痕跡の観察―」菅谷文則編『王権と武器と信仰』同成社,pp. 234-239
中井正幸　1990　「大垣地域の前期古墳」美濃古墳文化研究会編『美濃の前期古墳――前方後方墳のルーツを問う』教育出版文化協会,pp. 19-47
中井正幸　1994　「東海の前期古墳と鏡」埋蔵文化財研究会編『倭人と鏡　その2―3・4世紀の鏡と墳墓―』第36回埋蔵文化財研究集会,埋蔵文化財研究会,pp. 51-145
中井正幸　1997a　「矢道長塚古墳　もう一人の調査者―小川栄一氏の調査記録から―」『美濃の考古学』第2号,美濃の考古学刊行会,pp. 155-160
中井正幸　1997b　「美濃昼飯大塚古墳の研究I」立命館大学考古学論集刊行会編『立命館大学考古学論集』I,pp. 184-194
中井正幸　2005　『東海古墳文化の研究』雄山閣
中井正幸編　1992　『粉糠山古墳　範囲確認調査報告書』大垣市埋蔵文化財調査報告書第2集,大垣市教育委員会
中井正幸編　1993　『長塚古墳―範囲確認調査報告書―』大垣市埋蔵文化財調査報告書第3集,大垣市教育委員会
中井正幸・高田康成・鈴木元編　2006　『矢道長塚古墳II―範囲確認調査報告書―』大垣市埋蔵文化財調査報告書第16集,大垣市教育委員会
長尾町史編纂委員会編　1986　『改訂　長尾町史』上巻,長尾町
長尾町史編集委員会編　1965　『長尾町史』長尾町
中口裕　1972　『銅の考古学』雄山閣出版
中澤澄男・八木奘三郎　1906　「鏡鑑」中澤・八木著『日本考古学』博文館,pp. 333-336
中島郁夫　1992　「古墳時代」磐田市史編さん委員会編『磐田市史』資料編1　考古・古代・中世,磐田市,pp. 141-305
中島正　1997　「図版解説　椿井大塚山古墳の発掘調査」『古代文化』第49巻第6号,古代

学協会
中島正　1998　「京都府椿井大塚山古墳」石野博信編『季刊 考古学』第65号　前・中期古墳の被葬者像，雄山閣出版，pp. 72-73
中島正編　1993　『椿井大塚山古墳―第3次調査―』山城町内遺跡発掘調査概報IV，京都府山城町埋蔵文化財調査報告書第11集，山城町教育委員会
中島正編　1996　『椿井大塚山古墳―第4次調査―』山城町内遺跡発掘調査概報VI，京都府山城町埋蔵文化財調査報告書第17集，山城町教育委員会
中島正編　1997　『椿井大塚山古墳―第5次調査―』山城町内遺跡発掘調査概報VII，京都府山城町埋蔵文化財調査報告書第18集，山城町教育委員会
中島正編　1998　『I. 椿井大塚山古墳第6次調査 II. 上狛東部ほ場整備事業に伴う試掘調査』山城町内遺跡発掘調査概報VIII，京都府山城町埋蔵文化財調査報告書第19集，山城町教育委員会
中島正編　1999　『椿井大塚山古墳』京都府山城町埋蔵文化財調査報告書第21集，山城町教育委員会
長瀬治義　1988　「岐阜県東濃地方の前方後方墳」『古代』第86号，早稲田大学考古学会，pp. 16-23
長瀬治義　1999　「前波古墳群の位置づけと意義」高橋克壽・魚津知克編『前波の三ツ塚』可児市埋文報告34，可児市教育委員会，pp. 183-188
中田啓司　1987　「秦上沼古墳」総社市史編さん委員会編『総社市史』考古資料編，総社市
長田光雄　1974　「倭人伝の銅鏡百枚」『歴史研究』第164号
中司照世　1977　「副葬品」中司・小野忠凞編『長光寺山古墳』山口県厚狭郡山陽町埋蔵文化財調査報告第1集，山陽町教育委員会，pp. 24-30
中西進　1984　「剣の部族と鏡の部族」『歴史と旅』第11巻第6号
中西裕樹・西本幸嗣編　2006　『三島古墳群の成立―初期ヤマト政権と淀川―』高槻市立しろあと歴史館秋季特別展，高槻市立しろあと歴史館
中根好　1974　「古鏡と上代人」『星美学園短大研究紀要』6，星美学園短期大学
中野徹　1996　「中国青銅鏡に観る製作の痕跡―製作と形式―」『和泉市久保惣記念美術館 久保惣記念文化財団東洋美術研究所 紀要』6，和泉市久保惣記念美術館・久保惣記念文化財団東洋美術研究所
中野徹編　1984　『和泉市久保惣記念美術館 蔵鏡拓影』和泉市久保惣記念美術館
中野徹編　1985　『和泉市久保惣記念美術館 蔵鏡図録』和泉市久保惣記念美術館
中原斉　1988　「特集 会見町普段寺1号墳出土の三角縁神獣鏡」『鳥取埋文ニュース』No. 19，鳥取県埋蔵文化財センター，pp. 1-7
中原斉　1994　「山陰における前期古墳と鏡」埋蔵文化財研究会編『倭人と鏡 その2―

3・4世紀の鏡と墳墓―』第36回埋蔵文化財研究集会,埋蔵文化財研究会,pp. 247-257
永見英・三宅博士 1992 『安来市造山古墳群発掘調査報告書』安来市教育委員会
長嶺正秀 1991 「石塚山古墳の調査経過」小田富士雄・長嶺編『石塚山古墳の謎』海鳥社,pp. 15-47
長嶺正秀 1996a 「銅鏡」長嶺編『豊前石塚山古墳』苅田町・かんだ郷土史研究会,pp. 28-64
長嶺正秀 1996b 「石塚山古墳に関する古文書」長嶺編『豊前石塚山古墳』苅田町・かんだ郷土史研究会,pp. 82-85
長嶺正秀 1996c 「石塚山古墳出土三角縁神獣鏡」長嶺編『豊前石塚山古墳』苅田町・かんだ郷土史研究会,pp. 86-91
長嶺正秀 2005 『筑紫政権からヤマト政権へ・豊前石塚山古墳』シリーズ「遺跡を学ぶ」022,新泉社
長嶺正秀編 1996 『豊前石塚山古墳』苅田町・かんだ郷土史研究会
長嶺正秀編 1997 『苅田町歴史資料館秋の特別展 豊前国出土の古鏡』苅田町教育委員会
長嶺正秀・高橋章編 1988 『石塚山古墳発掘調査概報―福岡県京都郡苅田町所在古墳の調査報告―』苅田町文化財調査報告書第9集,苅田町教育委員会
中村潤子 1994 「三角縁神獣鏡の結跏趺座像」森浩一編『考古学と信仰』同志社大学考古学シリーズⅥ,同志社大学考古学シリーズ刊行会,pp. 503-516
中村潤子 1997 「三角縁神獣鏡――邪馬台国論争の推移と魏鏡説の検討」『歴史読本』42巻5号,新人物往来社,pp. 118-127
中村潤子 1998 「遺跡の中から三角縁神獣鏡を見てみると」森編『古代探求 森浩一70の疑問』中央公論社,pp. 50-54
中村潤子 1999a 「三角縁神獣鏡の謎」『鏡の力 鏡の想い』大巧社,pp. 75-96
中村潤子 1999b 「出土状況から見た三角縁神獣鏡」森浩一他編『同志社大学考古学シリーズ』Ⅶ 考古学に学ぶ―遺構と遺物―,同志社大学考古学シリーズ刊行会,pp. 253-265
中村潤子 2008 「遺跡学としての考古学」古代学研究会 森浩一先生の傘寿をお祝いする会編『森浩一先生傘寿紀念 大寿祝賀文集』古代学研究会,pp. 20-21
中村大介 2008a 「青銅鏡」中村編『塩田北山東古墳発掘調査報告書』神戸市教育委員会,pp. 23-27
中村大介 2008b 「まとめ」中村編『塩田北山東古墳発掘調査報告書』神戸市教育委員会,pp. 55-62
中村大介編 2008 『塩田北山東古墳発掘調査報告書』神戸市教育委員会

中山平次郎　1919a　「芝崎の□始元年鏡と江田の六神四獣鏡」『考古学雑誌』第9巻第10号，考古学会，pp. 4-16
中山平次郎　1919b　「所謂六朝獣帯鏡に就て(二)」『考古学雑誌』第9巻第12号，考古学会，pp. 12-24
中山平次郎　1919c　「□始元年鏡と建武五年鏡(高橋健自君の王莽鏡新説を読む)」『考古学雑誌』第10巻第2号，考古学会，pp. 1-12
中山平次郎　1919d　「再び□始元年鏡と建武五年鏡に就て」『考古学雑誌』第10巻第3号，考古学会，pp. 1-9
中山平次郎　1919e　「神獣鏡の起源に就て」『考古学雑誌』第10巻第4号，考古学会，pp. 24-35
中山平次郎　1920　「支那神獣鏡と健駄羅芸術」『考古学雑誌』第10巻第6号，考古学会，pp. 10-29
中山平次郎　1921　「支那古鏡銘の西王母に就て」『考古学雑誌』第11巻第6号，考古学会，pp. 10-18
名越勉　1973　「古墳時代」『倉吉市史』原始・古代，倉吉市，pp. 168-228
名古屋市博物館編　1982　『館蔵品図録』I，名古屋市博物館
名古屋市博物館編　1994　『名古屋市博物館だより』第100号，名古屋市博物館
名本二六雄　1983　「続 捩文帯を持つ鏡―その年代と特色について―」『遺跡』第24号，遺跡刊行会(名本　2000　『考古学論集』晴耕雨読に再録，pp. 211-225)
名本二六雄　1985　「相の谷1号墳出土禽獣画像鏡について」『遺跡』第28号，遺跡刊行会(名本『考古学論集 晴耕雨読』pp. 227-242，2000年に収録)
奈良県立橿原考古学研究所編　2001　『大和の前期古墳 ホケノ山古墳調査概報』学生社
奈良県立橿原考古学研究所編　2004　『桜井茶臼山古墳 範囲確認発掘調査報告』奈良県文化財調査報告書第110集
奈良国立博物館編　1989　『発掘された古代の在銘遺宝』奈良国立博物館
楢崎彰一　1962　『岐阜市長良龍門寺古墳』岐阜市文化財調査報告書第1輯，岐阜市教育委員会
楢崎彰一　1972　「古墳時代」『岐阜県史』通史編原始，岐阜県
楢崎彰一　1973　「出川大塚古墳出土遺物」『春日井市史』資料編，春日井市，pp. 10-13
楢崎彰一　1979　「古墳時代」『岐阜市史』史料編 考古・文化財，岐阜市
楢崎彰一・上田宏範・島田清・川端眞治　1952　『兵庫県赤穂郡西野山第三号墳』有年考古館研究報告第一輯，有年考古館
楢崎彰一・平出紀男　1977　『花岡山古墳発掘調査報告』大垣市教育委員会
新納泉　1989　「王と王の交流」都出比呂志編『古代史復元』6 古墳時代の王と民衆，講談社，pp. 145-161

新納泉　1991　「権現山鏡群の型式学的位置」近藤義郎編『権現山 51 号墳』『権現山 51 号墳』刊行会，pp. 176-185

新納泉　2002　「古墳時代の社会統合」鈴木靖民編『日本の時代史』2 倭国と東アジア，吉川弘文館，pp. 136-167

新納泉・北條芳隆　1994　「祭祀」小野昭・春成秀爾・小田静夫編『図解・日本の人類遺跡』東京大学出版会，pp. 184-187

西川寿勝　1994a　「大阪府出土舶載鏡の特徴」埋蔵文化財研究会編『倭人と鏡 その 2—3・4 世紀の鏡と墳墓—』第 36 回埋蔵文化財研究集会，埋蔵文化財研究会，pp. 311-318

西川寿勝　1994b　「わが国にもたらされた舶載鏡」『大阪府埋蔵文化財協会 研究紀要』2，pp. 1-16

西川寿勝　1996a　『卑弥子（ママ）をうつした鏡』北九州中国書店

西川寿勝　1996b　「わが国発見の紀年銘鏡」埋蔵文化財研究会編『第 40 回埋蔵文化財研究集会 考古学と実年代』第Ⅰ分冊 発表要旨集，埋蔵文化財研究会，pp. 101-110

西川寿勝　1999a　「三角縁神獣鏡と卑弥呼の鏡」『日本考古学』第 8 号，日本考古学協会，pp. 87-99

西川寿勝　1999b　「三角縁神獣鏡と卑弥呼の鏡」『日本考古学協会第 65 回総会研究発表要旨』日本考古学協会，pp. 107-111

西川寿勝　2000a　『三角縁神獣鏡と卑弥呼の鏡』学生社

西川寿勝　2000b　「三角縁神獣鏡と卑弥呼の宝飾鏡——楽浪鏡と三角縁神獣鏡との関係から卑弥呼の鏡を特定する」『歴史読本』45 巻 16 号，新人物往来社，pp. 136-141

西川寿勝　2001　「三角縁神獣鏡と魏皇帝の下賜鏡——三角縁神獣鏡楽浪郡製作説」『東アジアの古代文化』107 号，大和書房，pp. 66-78

西川寿勝　2002a　「三角縁神獣鏡の傘松紋様と神仙思想」『東アジアの古代文化』113 号，大和書房，pp. 132-148

西川寿勝　2002b　「鏡の副葬は何を意味するのか—鏡と貨幣の交易史—」25 周年記念論文集編集委員会編『究班』Ⅱ，25 周年記念論文集編集委員会，pp. 199-214

西川寿勝　2003a　「東アジアの鏡と倭の鏡」西川・久保智康編『鏡にうつしだされた東アジアと日本』21 世紀を拓く考古学①，ミネルヴァ書房，pp. 1-39

西川寿勝　2003b　「古墳時代のはじまりを探る」西川・河野一隆編『考古学と暦年代』21 世紀を拓く考古学②，ミネルヴァ書房，pp. 119-158

西川寿勝　2004　「三角縁神獣鏡の伝来と神仙思想の流伝——大和岩雄氏の質問に答える」『東アジアの古代文化』119 号，大和書房，pp. 148-161

西川寿勝　2006a　「ここまで進んだ三角縁神獣鏡研究」奈良県歴史地理の会監修『三角縁神獣鏡・邪馬台国・倭国』新泉社，pp. 113-142

西川寿勝　2006b　「三国時代の中国鏡」奈良県歴史地理の会監修『三角縁神獣鏡・邪馬台国・倭国』新泉社, pp. 143-150

西川宏　1986a　「花光寺山古墳」近藤義郎責任編集『岡山県史』第18巻 考古資料, 岡山県, pp. 203-206

西川宏　1986b　「鶴山丸山古墳」近藤義郎責任編集『岡山県史』第18巻 考古資料, 岡山県, pp. 207-208

西嶋定生　1961　「古墳と大和政権」『岡山史学』第10号, 岡山史学会, pp. 154-207

西嶋定生　1964　「古墳研究の発展」西嶋編『日本国家の起源』現代のエスプリ2, 至文堂, pp. 206-209

西嶋定生　1985　「シンポジウムの開催にあたって」王仲殊・徐苹芳・楊泓・直木孝次郎・田中琢・田辺昭三・西嶋著『三角縁神獣鏡の謎　日中合同古代史シンポジウム』角川書店, pp. 11-16

西嶋定生　2002　「三角縁神獣鏡の謎」『西嶋定生先生東アジア史論集』第4巻 東アジア世界と日本, 岩波書店, pp. 241-263（初出『我孫子市医師会報』7巻1号〈通巻26号〉, 1984年）

西嶋定生・王仲殊・田中琢・直木孝次郎・徐苹芳・楊泓・田辺昭三　1985a　『三角縁神獣鏡の謎　日中合同古代史シンポジウム』角川書店

西嶋定生（司会）・王仲殊・田中琢・直木孝次郎・徐苹芳・楊泓・田辺昭三　1985b　「日中合同シンポジウム」『三角縁神獣鏡の謎　日中合同古代史シンポジウム』角川書店, pp. 153-264

西嶋定生・平野邦雄・白石太一郎・山尾幸久・甘粕健・田辺昭三・門脇禎二　1987　「討論」西嶋他編『空白の四世紀とヤマト王権』角川選書179, 角川書店, pp. 147-291

西田栄　1986　「古墳時代鏡鑑集成」愛媛県史編さん委員会編『愛媛県史』資料編 考古, 愛媛県, pp. 581-592

西田弘　1981a　「滋賀県下の古墳出土鏡について(1)」『滋賀文化財だより』No. 51, 滋賀県文化財保護協会, pp. 1-4

西田弘　1981b　「滋賀県下の古墳出土鏡について(2)」『滋賀文化財だより』No. 52, 滋賀県文化財保護協会, pp. 1-4

西田弘　1982　「滋賀県下の古墳出土鏡について(補遺)」『滋賀文化財だより』No. 62, 滋賀県文化財保護協会, p. 4

西田守夫　1966　「黄初四年半円方形帯神獣鏡と円光背のある三角縁神獣鏡―東京国立博物館所蔵の中国古鏡―」『MUSEUM』No. 189, 美術出版社, pp. 24-29

西田守夫　1968　「神獣鏡の圖像―白牙擧樂の銘文の中心として―」『MUSEUM』No. 207, 美術出版社, pp. 12-24

西田守夫　1970　「三角縁神獣鏡の同笵関係資料」『MUSEUM』No. 232, 美術出版社,

pp. 32-34

西田守夫　1971　「三角縁神獣鏡の形式系譜緒説」『東京国立博物館紀要』第六号，東京国立博物館，pp. 195-239

西田守夫　1972　「破鏡の同笵関係資料——三角縁神獣鏡と三角縁竜虎鏡」『MUSEUM』No. 253，美術出版社，pp. 30-34

西田守夫　1976　「三角縁神獣鏡の同笵関係資料(三)」『MUSEUM』No. 305，美術出版社，pp. 30-33

西田守夫　1978　「三角縁神獣鏡の同笵関係資料(四)」『MUSEUM』No. 326，美術出版社，pp. 31-34

西田守夫　1980　「竹島御家老屋敷古墳出土の正始元年三角縁階段式神獣鏡と三面の鏡—三角縁神獣鏡の同笵関係資料(五)—」『MUSEUM』No. 357，美術出版社，pp. 32-35

西田守夫　1982　「鉛同位体比法による漢式鏡研究への期待と雑感—主として呉鏡と三角縁神獣鏡の関係資料について—」『MUSEUM』No. 370，美術出版社，pp. 13-17

西田守夫　1983　「「鉛同位体比法による漢式鏡の研究(二)」の資料蒐集と雑感——弥生式小形仿製鏡および古墳出土の画像鏡・神獣鏡・獣帯鏡などを中心として」『MUSEUM』No. 382，美術出版社，pp. 31-36

西田守夫　1984　「環状乳神獣鏡の図像—「天禽四首　衡持維綱」の銘文をめぐって」『弥生』14号，pp. 2-8

西田守夫　1985　「赤城塚古墳出土の三角縁仏獣鏡—三角縁神獣鏡の製作地をめぐる資料として—」『板倉町史』上巻

西田守夫　1989　「中国古鏡をめぐる名称—陳列カードの表記雑感—」『MUSEOLOGY』第8号，実践女子大学博物館学課程，pp. 4-11

西田守夫　1993　「三角縁対置式系神獣鏡の図紋—"神守"衛巨と旄節と"乳"をめぐって—」『国立歴史民俗博物館研究報告』第55集，国立歴史民俗博物館，pp. 85-115

西谷真治　1974　「古墳と鏡」今井林太郎編『兵庫県史』第1巻，兵庫県，pp. 252-259

西谷真治　1996　「東車塚古墳」『加古川市史』第4巻 資料編1，加古川市，pp. 258-261

西谷正　1968　『塚原古墳群の研究(I)—塚原37号墳・塚原38号墳・塚原85号墳調査報告—』高槻市教育委員会

西谷正　1997　「三角縁神獣鏡と邪馬台国」王仲殊・樋口隆康・西谷著『三角縁神獣鏡と邪馬台国』梓書院，pp. 189-211

西谷正　1999　「考古学上からみた邪馬台国と東アジア」武光誠・山岸良二編『邪馬台国を知る事典』東京堂出版，pp. 306-344

仁科義雄　1931　「大丸山古墳」『史蹟名勝天然紀念物調査報告』第五輯 史蹟及天然紀念物之部，山梨県，pp. 52-77

西村匡広　1998　「三角縁神獣鏡の鋳造記録」『青陵』第99号，奈良県立橿原考古学研究

所，pp. 4-5
西村俊範　1998　「写された神仙世界」『月刊しにか』Vol. 9／No. 2，大修館書店，pp. 86-94
西村俊範　2000　「錫青銅の熱処理について」『史林』第 83 巻第 5 号，史学研究会，pp. 159-181
西村俊範編　1985　『黒川古文化研究所 収蔵品目録』第 1・第 2，黒川古文化研究所
丹羽茂・生田和宏　2004　『杉山コレクション 古墳時代関係資料図録』東北歴史博物館
布目順郎　1978　「神蔵古墳出土の三角縁神獣鏡の鈕孔内にあった紐の材質について」『神蔵古墳 福岡県甘木市大字小隈所在古墳の調査』甘木市文化財調査報告第三集，甘木市教育委員会，pp. 44-45
布目順郎　1986　「福岡市博多区那珂八幡古墳出土の銅鏡に付着する織物及び同じ鏡の鈕孔内に残る繊維束について」井沢洋一・米倉秀紀編『那珂八幡古墳 昭和 59・60 年度の重要遺跡確認調査及び緊急調査概報』福岡市埋蔵文化財調査報告書第 141 集，福岡市教育委員会，pp. 18-21
布目順郎　1991　「景初四年銘龍虎鏡及び吾作銘四神四獣鏡に付着する織物について」『辰馬考古資料館 考古学研究紀要』2，辰馬考古資料館，pp. 23-55
禰宜田佳男　1991　「銅鏡百枚―三角縁神獣鏡をめぐって―」大阪府立弥生文化博物館編『卑弥呼の世界―平成三年秋季特別展―』大阪府立弥生文化博物館，pp. 41-49
根鈴輝雄編　2000　『開館 25 周年記念特別展　輝く古代の山陰 伯耆国』倉吉博物館
根津美術館編　1987　『新 青山荘清賞 鑑賞編』根津美術館
野上丈助　1968　『河内の古墳』(2) 石川上流の古墳群，古美術鑑賞社
野上丈助　1969　『摂津の古墳』古美術鑑賞社
野島永　2000　「鉄器からみた諸変革―初期国家形成期における鉄器流通の様相―」考古学研究会例会委員会編『国家形成過程の諸変革』考古学研究会例会シンポジウム記録二，考古学研究会，pp. 75-102
野田久男　1977a　「鳥取県内出土の古墳時代銅鏡一覧」『気高町誌』気高町
野田久男　1977b　「古墳時代 気高町の古墳文化」『気高町誌』気高町
乗安和二三　1977　「金属製品」平安博物館考古学第 3 研究室編『京都府相楽郡山城町 平尾城山古墳第 1 次発掘調査概報』平安博物館考古学第 3 研究室，pp. 10-12
橋本澄夫・谷内尾晋司他　1982　「鹿畑町の考古資料」『鹿畑町史』資料編（上），鹿畑町
橋本達也　1998　「古墳群の形成と地域政権」東潮編『川と人間―吉野川流域史―』渓水社，pp. 145-166
橋本達也　2000　「四国における古墳築造地域の動態」古代学協会四国支部第 14 回大会事務局編『前方後円墳を考える』古代学協会四国支部，pp. 17-42
橋本達也　2001　「徳島における三角縁神獣鏡の新例と中国鏡」『徳島県立博物館研究報

告』第11号，徳島県立博物館，pp. 133-167
橋本博文　2004　「群馬県邑楽郡板倉町赤城塚古墳と出土三角縁神獣鏡をめぐって」『波動』Vol. 8，板倉町教育委員会，pp. 23-49
橋本増吉　1923a　「耶馬台国の位置に就いて（上）」『史学』第2巻第3号，三田史学会，pp. 1-20
橋本増吉　1923b　「耶馬台国の位置に就いて（下）」『史学』第2巻第4号，三田史学会，pp. 37-68
橋本増吉　1925a　「耶馬台国問題に就いて（第一回）」『史学雑誌』第36編第8号，史学会，pp. 25-52
橋本増吉　1925b　「耶馬台国問題に就いて（第二回，完）」『史学雑誌』第36編第9号，史学会，pp. 59-80
蓮岡法暲　1972　「島根県加茂町神原神社古墳出土の景初三年陳是作重列式神獣鏡」『考古学雑誌』第58巻第3号，日本考古学会，pp. 89-92
蓮岡法暲　1984　「加茂町の古代」『加茂町誌』加茂町
蓮岡法暲　2002　「鏡」蓮岡・勝部昭・松本岩雄・宮沢明久・西尾克己・山崎修編『神原神社古墳』加茂町教育委員会，pp. 60-63
長谷川達　1999　『丹後発掘』特別展図録30，京都府立丹後郷土資料館
秦憲二　1994a　「北部九州の動向」埋蔵文化財研究会編『倭人と鏡 その2—3・4世紀の鏡と墳墓—』第36回埋蔵文化財研究集会，埋蔵文化財研究会，pp. 259-274
秦憲二　1994b　「鈕孔製作技法から見た三角縁神獣鏡」龍田考古学会編『先史学・考古学論究　熊本大学文学部考古学研究室創設20周年記念論集』龍田考古学会，pp. 149-158
八賀晋　1982　「丸山古墳出土鏡について」八賀編『富雄丸山古墳　西宮山古墳　出土遺物』京都国立博物館，pp. 24-25
八賀晋　1984　「仿製三角縁神獣鏡の研究―同笵鏡にみる笵の補修と補刻―」『学叢』第6号，京都国立博物館，pp. 3-56
八賀晋　1990　「鏡をつくる」白石太一郎編『古代史復元』第7巻　古墳時代の工芸，講談社，pp. 89-101
八賀晋・中井正幸・岩本崇　1998　「美濃における古墳出土鏡集成」東海考古学フォーラム岐阜大会実行委員会編『第6回東海考古学フォーラム岐阜大会　土器・墓が語る美濃の独自性〜弥生から古墳へ〜』東海考古学フォーラム岐阜大会実行委員会，pp. 316-342
花田勝広　1998　「沖ノ島祭祀と在地首長の動向」『古代学研究』第148号，古代学研究会，pp. 1-13
羽曳野市教育委員会編　2010　『庭鳥塚古墳調査概報　河内の前期古墳』学生社

浜石哲也　1981　「方形周溝墓出土の鏡――福岡市藤崎遺跡」『考古学ジャーナル』No. 185，ニュー・サイエンス社，pp. 18-19

浜石哲也・池崎譲二編　1982　『福岡市西区　藤崎遺跡』福岡市埋蔵文化財調査報告書第80集，福岡市教育委員会

濱田耕作・原田仁　1940　「西都原古墳の調査」日本古文化研究所編『日本古文化研究所報告』十

濱田耕作　1919　「考古学の栞（第五回）」『史林』第4巻第1号，史学研究会，pp. 57-65

濱田青陵　1920　「序文」富岡謙蔵著『古鏡の研究』丸善，pp. 1-4

浜松市博物館編　1980　『第2回特別展　鏡・剣・玉　遠江地方の古墳文化』浜松市博物館

早川泰弘・榎本淳子・平尾良光　2009　「三角縁四神四獣鏡の自然科学的調査」『辰馬考古資料館　考古学研究紀要』6，辰馬考古資料館，pp. 81-85

林魁一　1902　「美濃国可児郡伏見村字マエナミノ古墳」『東京人類学会雑誌』第18巻第200号，東京人類学会，pp. 76-77

林裕己　1995　「漢式鏡紀年銘鏡集成 '94」『考古学ジャーナル』No. 388，ニュー・サイエンス社，pp. 18-27

林裕己　1998　「三角縁神獣鏡の銘文―銘文一覧と若干の考察―」『古代』第105号，早稲田大学考古学会，pp. 49-74

林裕己　2006　「漢鏡銘について（鏡銘分類概論）」『古文化談叢』第55集，九州古文化研究会，pp. 81-99

林裕己　2007　「漢・三国・六朝紀年鏡銘集成 '05」『古文化談叢』第56集，九州古文化研究会

林裕己　2008a　「三角縁神獣鏡銘を通してみる方格規矩鏡B群―鏡銘からみた魏・晋鏡とその候補―」『古文化談叢』第59集，九州古文化研究会

林裕己　2008b　「漢鏡銘と語句の諸様相（その1）（鏡銘とその時期・地域）」『古文化談叢』第60集，九州古文化研究会，pp. 55-74

林正憲　2000　「古墳時代前期における倭鏡の製作」『考古学雑誌』第85巻第4号，日本考古学会，pp. 76-102

林正憲　2002　「古墳時代前期倭鏡における2つの鏡群」『考古学研究』第49巻第2号，考古学研究会，pp. 88-107

林巳奈夫　1973　「漢鏡の図柄二，三について」『東方学報』京都　第44冊，京都大学人文科学研究所，pp. 1-65

林巳奈夫　1974　「漢代鬼神の世界」『東方学報』京都　第46冊，京都大学人文科学研究所，pp. 223-306

林巳奈夫　1978　「漢鏡の図柄二，三について（続）」『東方学報』京都　第50冊，京都大学人文科学研究所，pp. 57-74

林巳奈夫　1982　「画象鏡の図柄若干について―隅田八幡画象鏡の原型鏡を中心として―」小林行雄博士古稀記念論文集刊行委員会編『考古学論考　小林行雄博士古稀記念論文集』平凡社，pp. 947-978

林巳奈夫　1989　『漢代の神神』臨川書店

林部均　1985　「桜井茶臼山古墳隣接地発掘調査概報」『奈良県遺跡調査概報 1984 年度 (第 2 分冊)』奈良県立橿原考古学研究所，pp. 387-391

原口正三　1999　「三角縁神獣鏡から邪馬台国を解く」高槻市教育委員会編『邪馬台国と安満宮山古墳』吉川弘文館，pp. 99-109

原口正三他　1973　『高槻市史』第 6 巻　考古編，高槻市役所

原口正三・西谷正　1967　「弁天山 C1 号墳」堅田直・原口・西谷・田代克己・北野耕平著『弁天山古墳群の調査』大阪府文化財調査報告第 17 輯，大阪府教育委員会

原島礼二　1984　「王仲殊論文と魏鏡説の争点」『臨時増刊　歴史と旅』第 11 巻第 11 号

原田大六　1958　「鏡」宗像神社復興期成会編『沖ノ島』宗像神社復興期成会，pp. 67-76

原田大六　1960a　「鋳鏡における湯冷えの現象について―伝世による手磨れの可否を論ず―」『考古学研究』第 6 巻第 4 号，考古学研究会，pp. 10-22

原田大六　1960b　「鏡について」近藤義郎編『月の輪古墳』月の輪古墳刊行会，pp. 310-326

原田大六　1961a　「十七号遺跡の遺物」宗像神社復興期成会編『続沖ノ島　宗像神社沖津宮祭祀遺跡』宗像神社復興期成会，pp. 28-113

原田大六　1961b　「十七号遺跡の年代と歴史上の意義」宗像神社復興期成会編『続沖ノ島　宗像神社沖津宮祭祀遺跡』宗像神社復興期成会，pp. 113-147

原田大六　1961c　「十八号遺跡の遺物」宗像神社復興期成会編『続沖ノ島　宗像神社沖津宮祭祀遺跡』宗像神社復興期成会，pp. 150-163

原田大六　1961d　「十八号遺跡の年代」宗像神社復興期成会編『続沖ノ島　宗像神社沖津宮祭祀遺跡』宗像神社復興期成会，pp. 163-168

原田大六　1961e　「十八号遺跡の遺物」宗像神社復興期成会編『続沖ノ島　宗像神社沖津宮祭祀遺跡』宗像神社復興期成会，pp. 150-163

原田大六　1962　「伝世鏡への固執」『古代学研究』第 32 号，古代学研究会，pp. 21-24

原田大六　1966　『実在した神話』学生社

原田大六　1975　『邪馬台国論争』(上)，三一新書 834，三一書房

原田大六　1978　『卑弥呼の鏡』ロッコウ・ブックス，六興出版

原田淑人　1930　「古鏡の図紋に就て」『東京帝室博物館講演集』第九冊，東京帝室博物館 (『東亞古文化研究』座右寶刊行會，1940 年，pp. 193-212 に収録)

春成秀爾　1984　「前方後円墳論」井上光貞・西嶋定生・甘粕健・武田幸男編『東アジア世界における日本古代史構座(ママ)』第 2 巻　倭国の形成と古墳文化，学生社，pp. 205-243

春成秀爾　1986　「古墳のまつり」『第4回企画展　古代甲斐国と畿内王権』山梨県立考古博物館, pp. 46-49

春成秀爾　1997　「考古学と記紀の相克―小林行雄の伝世鏡論―」『国立歴史民俗博物館研究報告』第70集, 国立歴史民俗博物館, pp. 59-95

東大阪市教育委員会編　1990　『東大阪市の歴史と文化財』2, 東大阪市教育委員会

東方仁史編　2008　『企画展「因幡・伯耆の王者たち」図録』鳥取県立博物館

樋口清之・森和敏　1975　「町の歴史――考古」『八代町史』八代町役場

樋口隆康　1952　「同型鏡の二三について――鳥取県普段寺山古墳新出鏡を中心として」『古文化』第1巻第2号, 日本古文化研究会(樋口他著『展望　アジアの考古学―樋口隆康教授退官記念論文集―』新潮社, 1983年, pp. 9-20 に収録)

樋口隆康　1953a　「山城国相楽郡高麗村椿井大塚山古墳調査略報」『史林』第36巻第3号, 史学研究会, pp. 91-93

樋口隆康　1953b　「中国古鏡銘文の類別的研究」『東方学』第7輯, pp. 1-14(樋口他著『展望　アジアの考古学―樋口隆康教授退官記念論文集―』新潮社, pp. 21-39 に収録)

樋口隆康　1955　「鏡鑑」『古代学研究』第12号, 古代学研究会, pp. 30-33

樋口隆康　1956　「古墳編年に対する副葬鏡の再活用」『考古学雑誌』第41巻第2号, 日本考古学会, pp. 15-22

樋口隆康　1957　「新中国で着目した漢六朝鏡」『考古学雑誌』第43巻第2号, 日本考古学会, pp. 24-34

樋口隆康　1959　「さんかくえん―しんじゅうきょう」水野清一・小林行雄編『図解　考古学辞典』東京創元社, pp. 387-388

樋口隆康　1960a　「画文帯神獣鏡と古墳文化」『史林』第43巻第5号, 史学研究会, pp. 1-17

樋口隆康　1960b　「古鏡に映じた古代日本　序説」角田文衞編『西田先生頌寿記念　日本古代史論叢』吉川弘文館, pp. 541-557

樋口隆康　1961　「西山古墳群出土鏡鑑について」『第一トレンチ』京都大学考古学研究会, p. 10

樋口隆康　1978a　「卑弥呼の銅鏡百枚」『歴史と人物』第8年第1号, 中央公論社(樋口他著『展望　アジアの考古学―樋口隆康教授退官記念論文集―』新潮社, pp. 330-344, 1983年に収録)

樋口隆康　1978b　「日本における鏡の研究史と形式分類」森浩一編『日本古代文化の探究　鏡』社会思想社, pp. 11-49

樋口隆康　1979a　『古鏡』新潮社

樋口隆康　1979b　『古鏡図録』新潮社

樋口隆康　1979c　「鏡」八幡一郎・大場磐雄・内藤政恒監修『新版　考古学講座』第5巻

原史文化（下），雄山閣出版，pp. 286-297
樋口隆康　1979d　「さんかくぶちしんじゅうきょう　三角縁神獣鏡」下中邦彦編『世界考古学事典』上，平凡社，p. 440
樋口隆康　1981　「古鏡研究の問題点」『考古学ジャーナル』No. 185，ニュー・サイエンス社，pp. 2-5
樋口隆康　1982　「三角縁神獣鏡とその周辺」『史林』第66巻第1号，史学研究会，pp. 144-145
樋口隆康　1983　「三角縁神獣鏡は舶載鏡か仿製鏡か」樋口他著『展望　アジアの考古学―樋口隆康教授退官記念論文集―』新潮社，pp. 344-348
樋口隆康　1985　「三角縁神獣鏡の性格について」『古代を考える』39　三世紀の東アジアと日本，古代を考える会，pp. 1-17
樋口隆康　1987a　「日本出土の魏鏡」『東方学会創立四十周年記念　東方学論集』東方学会，pp. 683-691
樋口隆康　1987b　「京都府下近年出土の鏡に就いて」『京都府埋蔵文化財論集』第1集，京都府埋蔵文化財調査研究センター
樋口隆康　1988　「小倉高等学校所蔵鏡について」『福岡県立小倉高等学校創立80周年記念　まがたま』福岡県立小倉高等学校考古部
樋口隆康　1989　「日本出土鏡の諸問題」京都府埋蔵文化財調査研究センター編『謎の鏡―卑弥呼の鏡と景初四年銘鏡―』同朋舎，pp. 181-218
樋口隆康　1991　「京都府下近年出土の鏡に就いて(2)」『京都府埋蔵文化財論集』第2集　創立十周年記念誌，京都府埋蔵文化財調査研究センター，pp. 327-334
樋口隆康　1992　『三角縁神獣鏡綜鑑』新潮社
樋口隆康　1993　「卑弥呼の鏡は三角縁神獣鏡だけではない」文藝春秋編『エッセイで楽しむ日本の歴史　上』文藝春秋，pp. 78-81
樋口隆康　1994　「古代日本を写した鏡」樋口・大塚初重・乙益重隆著『古墳時代の鏡・埴輪・武器』学生社，pp. 7-78
樋口隆康　1996　「大型仿製鏡の意味するもの」『青陵』第91号，奈良県立橿原考古学研究所，pp. 1-2
樋口隆康　1997a　「宮崎県の古鏡」『宮崎県史』通史編　原始・古代1，宮崎県，pp. 711-743
樋口隆康　1997b　「問題提起」王仲殊・樋口・西谷正著『三角縁神獣鏡と邪馬台国』梓書院，pp. 37-70
樋口隆康　1997c　「卑弥呼の使った鏡」王仲殊・樋口・西谷正著『三角縁神獣鏡と邪馬台国』梓書院，pp. 167-187
樋口隆康　1998a　『昭和28年　椿井大塚山古墳発掘調査報告』京都府山城町埋蔵文化財調

査報告書第 20 集,真陽社
樋口隆康　1998b　「黒塚の鏡が教えるもの」『東アジアの古代文化』96 号,大和書房,pp. 2-6
樋口隆康　1999a　「椿井大塚山古墳と鏡」『シルクロードから黒塚の鏡まで』学生社,pp. 41-47
樋口隆康　1999b　「橿原考古学研究所と黒塚古墳」『シルクロードから黒塚の鏡まで』学生社,pp. 141-146
樋口隆康　1999c　「黒塚古墳出土の鏡の意義」河上邦彦編『黒塚古墳調査概報』大和の前期古墳 III,学生社,pp. 79-81
樋口隆康　2000　『三角縁神獣鏡新鑑』学生社
樋口隆康　2001a　「古鏡との出合い」岩尾清治著『実事求是　この道　樋口隆康聞書』西日本新聞社,pp. 11-26
樋口隆康　2001b　「古墳の宝庫で」岩尾清治著『実事求是　この道　樋口隆康聞書』西日本新聞社,pp. 182-190
樋口隆康　2001c　「卑弥呼の銅鏡百枚」樋口・平野邦雄監修『シンポジウム　邪馬台国が見えた』学生社,pp. 8-37
樋口隆康　2002　「真実を写すもの―鏡―」『城陽市史』第一巻　原始古代編,pp. 185-195
樋口隆康　2006　「奈良県の古鏡」河上邦彦編『大和の古墳 II』新近畿日本叢書　大和の考古学　第 3 巻,近畿日本鉄道,pp. 162-167
樋口隆康編　1990　『鏡鑑』泉屋博古館
樋口隆康・上田正昭・森浩一　1998　「座談会　初期ヤマト政権の有力候補地は？　大和東南部から三角縁神獣鏡が大量出土」『サンデー毎日』77 - 9,毎日新聞社
樋口隆康・林巳奈夫監修　2002　『不言堂　坂本五郎　中国青銅器清賞』日本経済新聞社
樋口隆康・山崎一雄・室住正也　1984　「日本および中国出土の青銅器の鉛同位体比による研究,室蘭工大における測定」渡辺直経編『古文化財の自然科学的研究』同朋舎,pp. 380-387
久永春男　1955　「鏡」後藤守一編『日本考古学講座』第 5 巻　古墳時代,河出書房,pp. 193-199
久永春男　1979　「春日井市出川大塚の歴史的背景―尾張古代史考　その二―」『郷土研究』第 23 号,愛知県郷土資料刊行会
久野邦雄・泉森皎編　1973　『富雄丸山古墳発掘調査報告』奈良県文化財調査報告第 19 集,奈良県教育委員会
久野雄一郎　1981　「白銅鏡試料の金属学的調査報告」橿原考古学研究所編『橿原考古学研究所論集』第五,吉川弘文館
久野雄一郎　1982　「福岡市藤崎遺跡出土三角縁二神二車馬鏡の金属学的調査報告」浜石

哲也・池崎譲二編『福岡市西区 藤崎遺跡』福岡市埋蔵文化財調査報告書第80集, 福岡市教育委員会, pp.115-135
樋本誠一 1972a 「出土遺物の観察」樋本編『城の山・池田古墳』和田山町・和田山町教育委員会, pp.27-38
樋本誠一 1972b 「小結」樋本編『城の山・池田古墳』和田山町・和田山町教育委員会, pp.47-50
樋本誠一 2002 『兵庫県の出土古鏡』学生社
樋本誠一編 1972 『城の山・池田古墳』和田山町・和田山町教育委員会
樋本誠一・松下勝 1984 『日本の古代遺跡』3 兵庫南部, 保育社
日名子軸軒 1912 「大分市三芳の古墳発見」『考古学雑誌』第1巻第9号, 考古学会
日野一郎 1962 「真土・大塚山古墳」『平塚市文化財調査報告書』第3集, 平塚市教育委員会, pp.45-62
兵庫県史編纂委員会 1992 『兵庫県史』考古資料編, 兵庫県
平尾良光 1999 「鉛同位体比を用いた産地同定」松浦秀治・上杉陽・薬科哲男編『考古学と年代測定学・地球科学』考古学と自然科学4, 同成社, pp.314-349
平尾良光 2003 「青銅器の鉛同位体比―分析データをどう読むか―」井上洋一・森田稔編『考古資料大観』第6巻 弥生・古墳時代 青銅・ガラス製品, 小学館, pp.346-349
平尾良光 2004 『古墳時代青銅器の鉛同位体比』平成14〜15年度文部科学省科学研究費補助金(基盤研究C)課題番号14580174
平尾良光・榎本淳子 1999 「古代日本青銅器の鉛同位体比」平尾編『古代青銅の流通と鋳造』鶴山堂, pp.29-161
平尾良光・榎本淳子 2001 「新発見の「青龍三年」銘方格規矩四神鏡の自然科学的研究」『考古学雑誌』第86巻第2号, 日本考古学会, pp.98-104
平尾良光・榎本淳子・早川泰弘 1999 「景初四年銘竜虎鏡の鉛同位体比」『辰馬考古資料館 考古学研究紀要』3, 辰馬考古資料館, pp.52-58
平尾良光・早川泰弘・榎本淳子 2002 「景初三年銘三角縁神獣鏡の鉛同位体比」蓮岡法暲・勝部昭・松本岩雄・宮沢明久・西尾克己・山崎修編『神原神社古墳』加茂町教育委員会, pp.150-157
平川南 2002 「「景初三年」銘三角縁神獣鏡の銘文」蓮岡法暲・勝部昭・松本岩雄・宮沢明久・西尾克己・山崎修編『神原神社古墳』加茂町教育委員会, pp.179-197
平野和男 1968 「遠江新発見の三角縁神獣鏡」『遠江考古学研究』第2号, 遠江考古学研究所
平野和男 1976 「磐田地方の古墳と古墳文化」『磐田の古代史』磐田市史シリーズ第3冊, 磐田市史編纂委員会

平野邦雄　1987　「国家的身分の展開」西嶋定生・平野・白石太一郎・山尾幸久・甘粕健・田辺昭三・門脇禎二著『空白の四世紀とヤマト王権——邪馬台国以後』角川選書179，角川書店，pp. 16-35

平野邦雄　1998　「邪馬台国とその時代——総論」平野編『古代を考える　邪馬台国』吉川弘文館，pp. 1-20

平野邦雄　2002　『邪馬台国の原像』学生社

平野邦雄・大和岩雄　2003　「対談　邪馬台国をめぐって」『東アジアの古代文化』115号，大和書房，pp. 70-88

平山朝治　1981　「倭人伝と同笵鏡の計量分析」『季刊　邪馬台国』9号，梓書院

廣川守　2004　「総説—中国鏡概説—」泉屋博古館編『泉屋博古　鏡鑑編』泉屋博古館，pp. 94-108

廣川守　2005　「戦国時代羽状獣文地鏡群の規格と文様構造—四山字文鏡を中心に—」『泉屋博古館紀要』第21巻，泉屋博古館，pp. 37-57

廣坂美穂　2008　「鏡の面数・大きさと古墳の規模」『古文化談叢』第60集，九州古文化研究会，pp. 75-106

広島県立府中高等学校生徒会地歴部　1956　「備後掛迫古墳」『芸備文化』第5・6合併号，広島県学生生徒地方史研究会

広島県立府中高等学校生徒会地歴部　1967　『古代吉備品治国の古墳について』府高学報IV

広瀬和雄　1992　「前方後円墳の畿内編年」近藤義郎編『前方後円墳集成』近畿編，山川出版社，pp. 24-26

広瀬和雄　2003　『前方後円墳国家』角川選書355，角川書店

広瀬和雄　2007　「邪馬台国と考古学」広瀬編『考古学の基礎知識』角川選書409，角川学芸出版，pp. 226-234

廣瀬覚編　2005　『将軍山古墳群I—考古学資料調査報告集1—』新修茨木市史史料集8，茨木市

廣瀬時習編　2009　『平成20年度冬季特別展　百舌鳥・古市大古墳群展—巨大古墳の時代—』大阪府立近つ飛鳥博物館図録47，大阪府立近つ飛鳥博物館

弘津史文　1928　『防長漢式鏡の研究』山高郷土史研究会

弘津史文　1933　「古塚発掘之記」『ドルメン』第2巻第1号，岡書院，pp. 58-60

福井県編　1986　「足羽山古墳群」『福井県史』資料編13　考古資料編

福井市編　1990　「足羽山古墳群」『福井市史』資料編1　考古

福井市教育委員会編　2000　『花野谷1号墳発掘調査概報』福井市教育委員会

福尾正彦　1997　「金属器」『考古学雑誌』第82巻第3号，日本考古学会，pp. 36-47

福岡澄男　2006　「紀年銘鏡出土古墳の土器と年代」大阪府文化財センター編『古式土師

器の年代学』大阪府文化財センター，pp. 457-463
福地通義　1981　「古代鏡」大野城市教育委員会編『大野城市の文化財』第 13 集，p. 36
福島義一編　1983　『古鏡―その歴史と鑑賞―福島古鏡コレクション目録』徳島県出版文化協会
福永伸哉　1991　「三角縁神獣鏡の系譜と性格」『考古学研究』第 38 巻第 1 号，考古学研究会，pp. 35-58
福永伸哉　1992a　「三角縁神獣鏡製作技法の検討―鈕孔方向の分析を中心として―」『考古学雑誌』第 78 巻第 1 号，日本考古学会，pp. 45-60
福永伸哉　1992b　「鏡」都出比呂志・福永編『長法寺南原古墳の研究』大阪大学文学部考古学研究報告第 2 冊（長岡京市文化財調査報告書第 30 冊別刷），大阪大学南原古墳調査団，pp. 51-56
福永伸哉　1992c　「規矩鏡における特異な一群―三角縁神獣鏡との関連をめぐって―」埋蔵文化財研究会編『究班　埋蔵文化財研究会 15 周年記念論文集』埋蔵文化財研究会，pp. 249-256
福永伸哉　1992d　「仿製三角縁神獣鏡分類の視点」中山修一先生喜寿記念事業会編『長岡京古文化論叢 II』中山修一先生喜寿記念事業会，pp. 491-500
福永伸哉　1994a　「魏の紀年鏡とその周辺」『弥生文化博物館研究報告』第 3 集，弥生文化博物館，pp. 1-14
福永伸哉　1994b　「三角縁神獣鏡の歴史的意義」埋蔵文化財研究会編『倭人と鏡　その 2―3・4 世紀の鏡と墳墓―』第 36 回埋蔵文化財研究集会，埋蔵文化財研究会，pp. 349-358
福永伸哉　1994c　「仿製三角縁神獣鏡の編年と製作背景」『考古学研究』第 41 巻第 1 号，考古学研究会，pp. 47-72
福永伸哉　1995a　「三角縁神獣鏡の副葬配置とその意義」小松和彦・都出比呂志編『日本古代の葬制と社会関係の基礎的研究』平成 6 年度科学研究費補助金（一般 A）成果報告書，大阪大学文学部，pp. 25-78
福永伸哉　1995b　「青龍三年鏡と三角縁神獣鏡」『考古学ジャーナル』No. 388，ニュー・サイエンス社，pp. 9-14
福永伸哉　1995c　「西日本からみた東海の前方後方墳」『前方後方墳を考える』第 3 回東海考古学フォーラム
福永伸哉　1996a　「舶載三角縁神獣鏡の製作年代」『待兼山論叢』史学篇　第 30 号，大阪大学文学部，pp. 1-22
福永伸哉　1996b　「雪野山古墳と近江の前期古墳」福永・杉井健編『雪野山古墳の研究　考察篇』八日市市教育委員会，pp. 293-308
福永伸哉　1997a　「三角縁神獣鏡製作地の研究」『山陽放送学術文化財団　リポート』第

41号, 山陽放送学術文化財団, pp. 4-8

福永伸哉　1997b 「景初三年銘鏡と東アジア」島根県教育委員会・朝日新聞社編『古代出雲文化展―神々の国　悠久の遺産―』島根県教育委員会・朝日新聞社, pp. 124-127

福永伸哉　1997c 「三角縁神獣鏡」大森千明編『AERA Mook 考古学がわかる』朝日新聞社, pp. 109-111

福永伸哉　1998a 「華北東部地域の三国時代銅鏡」『東アジアの古代文化』97号, 大和書房, pp. 114-123

福永伸哉　1998b 「銅鐸から銅鏡へ」都出比呂志編『古代国家はこうして生まれた』角川書店, pp. 217-275

福永伸哉　1998c 『古墳時代政治史の考古学的研究―国際的契機に着目して―』(研究課題番号 07610402)平成7〜9年度科学研究費補助金(基盤研究C)研究成果報告書, 大阪大学文学部

福永伸哉　1998d 「対半島交渉から見た古墳時代倭政権の性格」『青丘学術論集』第12集, 韓国文化研究振興財団, pp. 7-26

福永伸哉　1998e 「鏡の多量副葬と被葬者像」石野博信編『季刊 考古学』第65号 前・中期古墳の被葬者像, 雄山閣出版, pp. 26-28

福永伸哉　1999a 「古墳時代前期における神獣鏡製作の管理」都出比呂志編『国家形成期の考古学―大阪大学考古学研究室10周年記念論集―』真陽社, pp. 263-280

福永伸哉　1999b 「古墳の出現と中央政権の儀礼管理」『考古学研究』第46巻第2号, 考古学研究会, pp. 53-72

福永伸哉　1999c 「古墳時代の首長系譜変動と墳墓要素の変化」都出比呂志編『古墳時代首長系譜変動パターンの比較研究』平成8年度〜平成10年度科学研究費補助金(基盤B・一般2)研究成果報告書(課題番号 0845187), 大阪大学文学部, pp. 17-34

福永伸哉　1999d 「近畿地方の出現期の古墳」石野博信編『季刊 考古学』別冊8 前方後円墳の出現, 雄山閣出版, pp. 10-27

福永伸哉　1999e 「三国時代の鏡と三角縁神獣鏡」高槻市教育委員会編『邪馬台国と安満宮山古墳』吉川弘文館, pp. 51-62

福永伸哉　1999f 「青龍三年鏡と顔氏の鏡作り」高槻市教育委員会編『邪馬台国と安満宮山古墳』吉川弘文館, pp. 197-208

福永伸哉　2000a 「中国鏡流入のメカニズムと北近畿の時代転換点」広瀬和雄編『季刊考古学』別冊10 丹後の弥生王墓と巨大古墳, 雄山閣出版, pp. 107-114

福永伸哉　2000b 「古墳における副葬品配置の変化とその意味―鏡と剣を中心に―」『待兼山論争』史学篇 第34号, 大阪大学文学部, pp. 1-24

福永伸哉　2000c 「古墳時代の型―銅鏡―」『型からひもとく歴史像』第4回古代史博物館フォーラム 歴史を語る

福永伸哉　2001a　『邪馬台国から大和政権へ』大阪大学新世紀セミナー，大阪大学出版会
福永伸哉　2001b　「銅鏡百枚と三角縁神獣鏡」樋口隆康・平野邦雄監修『シンポジウム 邪馬台国が見えた』学生社，pp. 38-50
福永伸哉　2002a　「3面の銅鏡が語るもの」豊岡市出土文化財管理センター編『森尾古墳出土品が語る』とよおか文化財リーフレット2，豊岡市教育委員会，pp. 10-12
福永伸哉　2002b　「三角縁神獣鏡」『季刊 考古学』第80号 特集 いま，日本考古学は，雄山閣出版，pp. 87-90
福永伸哉　2002c　「副葬された青銅鏡」神戸市教育委員会文化財課編『シンポジウム 西求女塚古墳はこうしてつくられた シンポジウム講演資料集』神戸市教育委員会文化財課，pp. 27-35
福永伸哉　2003a　「三角縁神獣鏡と葛城の前期古墳」御所市教育委員編『古代葛城とヤマト政権』学生社，pp. 34-52
福永伸哉　2003b　「昼飯大塚古墳築造の時代背景」中井正幸・阪口英毅・林正憲・東方仁史編『史跡 昼飯大塚古墳 範囲確認調査報告書』大垣市埋蔵文化財調査報告書第12集，大垣市教育委員会，pp. 485-494
福永伸哉　2005a　『三角縁神獣鏡の研究』大阪大学出版会
福永伸哉　2005b　「三角縁神獣鏡と画文帯神獣鏡のはざまで」大阪大学考古学研究室編『待兼山考古学論集―都出比呂志先生退任記念―』大阪大学考古学の友の会，pp. 469-484
福永伸哉　2006　「三角縁神獣鏡」佐原真・ウェルナー＝シュタインハウス監修『ドイツ展記念概説 日本の考古学』下巻，学生社，pp. 457-463
福永伸哉　2007　「魏晋の銅鏡生産と三角縁神獣鏡」『東アジアの鏡文化～卑弥呼の鏡は海を越えたか～』pp. 1-6
福永伸哉　2008　「大阪平野における3世紀の首長墓と地域関係」『待兼山論叢』史学篇第42号，大阪大学大学院文学研究科，pp. 1-26
福永伸哉　2009　「「三角縁神獣鏡」に見られる長方形鈕孔の出現背景について」『東アジアの古代文化』137号，大和書房，pp. 265-267
福永伸哉編　1993a　『雪野山古墳Ⅲ―第4次調査概報―』大阪大学考古学研究室・大阪大学友の会
福永伸哉編　1993b　『雪野山古墳発掘調査概報』大阪大学考古学研究室・大阪大学友の会
福永伸哉・杉井健編　1996　『雪野山古墳の研究 報告篇』八日市市教育委員会
福永伸哉〈司会〉・岡村秀典・岸本直文・車崎正彦・小山田宏一・森下章司　2003　『シンポジウム 三角縁神獣鏡』学生社
福永伸哉・松木武彦・杉井健　1983　「長法寺南原古墳第6次調査概要」中尾秀正編『長

岡京市文化財調査報告書』第24冊，長岡京市教育委員会
福永伸哉・森下章司　2000　「河北省出土の魏晋鏡」『史林』第83巻第1号，史学研究会，pp. 123-139
福本正夫　1980　「「海東鏡」と「徐州・洛陽鏡」——"卑弥呼の鏡"？　三角縁神獣鏡をめぐって」『季刊　邪馬台国』3号，梓書院
福本正夫　1982a　「三角縁神獣鏡をめぐるいくつかの問題(一)——王論文・奥野論文をめぐって」『季刊　邪馬台国』12号，梓書院
福本正夫　1982b　「三角縁神獣鏡をめぐるいくつかの問題(二)——王論文・奥野論文をめぐって」『季刊　邪馬台国』13号，梓書院
福本正夫　1983a　「三角縁神獣鏡特注説と「五世紀の鏡」説について」『季刊　邪馬台国』15号，梓書院
福本正夫　1983b　「三角縁神獣鏡の幢幡紋—傘松紋について(上)—奥野説「黄幢」由来論は成立しない」『東アジアの古代文化』35号，梓書院
福宿孝夫　1993　「三角縁神獣鏡の新探究——銘文と刻紋に基づく地歴的特質」『宮崎大学教育学部紀要』人文科学75，宮崎大学教育学部，pp. 1-30
福山敏男　1974　「景初三年・正始元年三角縁神獣鏡銘の陳氏と杜地」『古代文化』第26巻第11号，古代学協会(斎藤忠編『日本考古学論集』10　日本と大陸の古文化，吉川弘文館，pp. 115-125，1987年に収録)
福山敏男　1975　「金石文」上田正昭編『日本古代文化の探求　文字』社会思想社
福山敏男　1981　「「銅出徐州」の徐州—考古資料ノート①—」『京都府埋蔵文化財研究情報』第2号，京都埋蔵文化財調査研究センター，pp. 35-38
福山敏男　1982　「「銅出徐州」の銅—考古資料ノート②—」『京都府埋蔵文化財研究情報』第3号，京都埋蔵文化財調査研究センター，pp. 35-38
福山敏男　1989　「景初四年銘をめぐって」京都府埋蔵文化財調査研究センター編『謎の鏡—卑弥呼の鏡と景初四年銘鏡—』同朋舎，pp. 101-115
藤井治左衛門　1929a　「岐阜県不破郡青墓村大字矢道長塚古墳」『考古学雑誌』第19巻第6号，考古学会，pp. 15-23
藤井治左衛門　1929b　「岐阜県長塚古墳第二回発掘品報告」『考古学雑誌』第19巻第7号，考古学会，pp. 20-25
藤井治左衛門　1929c　「岐阜県長塚古墳第三回発掘品報告」『考古学雑誌』第19巻第9号，考古学会，pp. 28-31
藤井治左衛門　1930　『長塚古墳写真帳』上野誠吉
藤井治左衛門他　1969　『垂井町史』通史編，垂井町
藤井直正　1997　『郷土のたのしみ』東大阪市文化財協会
藤岡市教育委員会編　1987　『藤岡市遺跡詳細分布調査Ⅵ——美久里地区』藤岡市教育委

員会

藤岡弘・勇正広・村川行弘　1976　「古墳時代」芦屋市史編纂委員会編『新修　芦屋市史』資料編，芦屋市

藤澤一夫　1961　「古墳文化とその遺跡」『豊中市史』本編第一巻，豊中市役所

藤沢長治　1961a　「古墳時代研究の現状と展望」『日本史研究』第55号，創元社，pp. 66-73

藤沢長治　1961b　「古墳文化の形成」日本史研究会編『講座　日本文化史』第一巻　始原——六世紀中葉，三一書房，pp. 140-164

藤田和尊　1993　「鏡の副葬位置からみた前期古墳」『考古学研究』第39巻第4号，考古学研究会，pp. 27-68

藤田和尊　1994　「奈良県の前期古墳の編年と鏡」埋蔵文化財研究会編『倭人と鏡　その2—3・4世紀の鏡と墳墓—』第36回埋蔵文化財研究集会，埋蔵文化財研究会，pp. 275-282

藤田和尊　1997　「葛城氏と馬見古墳群　鏡の配布者としての巨大豪族」吉成勇編『別冊歴史読本　最前線シリーズ〈日本古代史［王権］の最前線〉』新人物往来社，pp. 62-69

藤田和尊　1998　「奈良県室宮山古墳」石野博信編『季刊　考古学』第65号　前・中期古墳の被葬者像，雄山閣出版，pp. 69-71

藤田和尊　2001　「鴨都波1号墳と葛城」御所市教育委員会編『鴨都波1号墳調査概報』学生社，pp. 60-62

藤田和尊　2002　「大和」日本考古学協会2002年度橿原大会実行委員会編『日本考古学協会2002年度橿原大会研究発表会資料』日本考古学協会2002年度橿原大会実行委員会，pp. 279-284

藤田和尊・木許守　1999　『台風七号被害による室宮山古墳出土遺物』御所市文化財調査報告第24集，御所市教育委員会

藤田和尊（司会）・網干善教・和田萃・河上邦彦・田中晋作・福永伸哉・木許守　2003　「［シンポジウム］古代葛城とヤマト政権—四世紀の王権内部の実像にせまる—」御所市教育委員会編『古代葛城とヤマト政権』学生社，pp. 107-216

藤田淳編　2008　『"おかえり"故郷へ　発掘された兵庫の遺宝』兵庫県立考古博物館開館記念展II，兵庫県立考古博物館

藤田友治　1999　『三角縁神獣鏡—その謎を解明する—』シリーズ〈古代史の探究〉①，ミネルヴァ書房

藤田友治　2001　「最近の中国の考古学界——三角縁神獣鏡をめぐって」『季報　唯物論研究』75号，季報「唯物論研究」刊行会，pp. 95-98

藤田友治　2002　「邪馬壹（台）国と三角縁神獣鏡——日本古代史の謎の解明」『社会運動』272号，市民セクター政策機構，pp. 66-71

藤田等　1957　「山口県都濃郡竹島古墳」日本考古学協会編『日本考古学年報』10，誠文堂新光社，p.138

藤永正明　1995　「三角縁神獣鏡の図像・文様・銘」大阪府立近つ飛鳥博物館編『平成7年度春季特別展　鏡の時代―銅鏡百枚―』大阪府立近つ飛鳥博物館図録5，大阪府立近つ飛鳥博物館，pp.98-101

藤丸詔八郎　1996　「鉛同位体比の測定対象となった北九州市近郊から出土した弥生～古墳時代の青銅製遺物について～(4)御座1号墳出土の三角縁神獣鏡片をめぐって」『北九州市立考古博物館　研究紀要』第3号，北九州市立考古博物館

藤丸詔八郎　1997　「三角縁神獣鏡の製作技術について―同笵鏡番号60鏡群の場合―」『北九州市立考古博物館研究紀要』第4号，北九州市立考古博物館，pp.1-38

藤丸詔八郎　1998　「三角縁神獣鏡の製作技術について―同笵鏡番号19鏡群の場合―」『北九州市立考古博物館研究紀要』第5号，北九州市立考古博物館，pp.1-32

藤丸詔八郎　2000　「三角縁神獣鏡の製作技術について(予察)―製作工程に「踏み返し」が介在する同笵(型)鏡群の場合―」『北九州市立考古博物館　研究紀要』第7号，北九州市立考古博物館，pp.29-67

藤丸詔八郎　2002a　「三角縁神獣鏡の製作技術について(予察)―同笵鏡番号69鏡群の場合―」『北九州市立考古博物館研究紀要』第8号，北九州市立考古博物館，pp.23-37

藤丸詔八郎　2002b　「陳是作銘三角縁四神四獣鏡(伝上野国出土)の紹介」『北九州市立考古博物館研究紀要』第8号，北九州市立考古博物館，pp.39-45

藤丸詔八郎　2004　「三角縁神獣鏡の製作技術について―同笵鏡番号72鏡群の場合―」『北九州市立自然史・歴史博物館研究報告』B類歴史第1号，北九州市立自然史・歴史博物館，pp.1-13

藤丸詔八郎　2005　「三角縁神獣鏡の製作技術について―同笵鏡番号74鏡群の場合―」『北九州市立自然史・歴史博物館研究報告』B類歴史第2号，北九州市立自然史・歴史博物館，pp.1-20

藤丸詔八郎　2006　「三角縁神獣鏡の製作技術について―同笵鏡番号37鏡群の場合―」『北九州市立自然史・歴史博物館研究報告』B類歴史第3号，北九州市立自然史・歴史博物館，pp.21-33

藤丸詔八郎　2007　「三角縁神獣鏡の製作技術について―同笵鏡番号39鏡群の場合―」『北九州市立自然史・歴史博物館研究報告』B類歴史第4号，北九州市立自然史・歴史博物館，pp.17-30

藤丸詔八郎　2008a　「三角縁神獣鏡の製作技術について―同笵鏡番号6鏡群の場合―」『北九州市立自然史・歴史博物館研究報告』B類歴史第5号，北九州市立自然史・歴史博物館，pp.1-12

藤丸詔八郎　2008b　「三角縁神獣鏡の製作技術について―同笵鏡番号7鏡群の場合―」

菅谷文則編『王権と武器と信仰』同成社, pp. 226-233
藤原郁代編　2006　『天理ギャラリー第129回展 東西の古墳文化』天理ギャラリー
藤原友広　2008　「空中写真の検討による真土大塚山古墳の復元」『古代学研究』第180号
　　森浩一先生傘寿記念論文集, 古代学研究会, pp. 142-148
藤原妃敏・菊地芳朗編　1994　『会津大塚山古墳の時代』福島県立博物館
二上古代鋳金研究会　2001　「鏡の熱処理実験――面反りについて(2)」『古代学研究』第
　　154号, 古代学研究会
舟山良一・横大路俊明・後藤秀規　1984　『御陵古墳群』大野城市文化財調査報告書第13
　　集, 大野城市教育委員会
古瀬清秀　1982　「広島県出土の中国鏡について(上)」『広島大学文学部紀要』第42巻,
　　広島大学文学部, pp. 141-163
古瀬清秀　1985　「古墳時代」寒川町史編集委員会編『寒川町史』寒川町
古田武彦　1973　『失われた九州王朝』朝日新聞社
古田武彦　1979a　『ここに古代王朝ありき』朝日新聞社
古田武彦　1979b　「古代史を妖惑した鏡――黄金塚古墳出土の画文帯神獣鏡の資料批判
　　をつうじて迫る考古学会の反省」『歴史と人物』第9年第8号, 中央公論社
古田武彦　1985　「鏡の舶載と仿製」堅田直編『帝塚山考古学』No. 5, 帝塚山考古学研究
　　所, pp. 110-138
古谷毅　1999　「三角縁神獣鏡」渡辺貞幸編『荒島古墳群発掘調査報告書』安来市埋蔵文
　　化財調査報告書第27集, 安来市教育委員会, pp. 62-64
北條芳隆　1994　「四国の前期古墳と鏡(発表要旨)」埋蔵文化財研究会編『倭人と鏡 その
　　2―3・4世紀の鏡と墳墓―』第36回埋蔵文化財研究集会, 埋蔵文化財研究会,
　　pp. 147-155
北條芳隆　1998　「前方後円墳の誕生」東潮編『川と人間―吉野川流域史―』渓水社,
　　pp. 124-144
北條芳隆　2002　「前方後円墳の成立」日本考古学協会2002年度橿原大会実行委員会編
　　『日本考古学協会2002年度橿原大会研究発表会資料』日本考古学協会2002年度橿原
　　大会実行委員会, pp. 239-242
保坂三郎　1957　『古鏡』創元選書257, 東京創元社
保坂三郎　1986a　『古代鏡文化の研究』1 中国古代, 雄山閣出版
保坂三郎　1986b　『古代中国鏡文化の研究』2 日本原史・奈良, 雄山閣出版
保坂三郎編　1964　『明鏡 東京オリンピック記念』五島美術館
細川修平　2002　「小松古墳から見えてくるもの」『紀要』第15号, 滋賀県文化財保護協
　　会, pp. 43-56
堀田啓一　1998　「日本での鏡研究の現状と課題―三角縁神獣鏡を中心に―」沈奉謹編

『第2回国際シンポジウム　東北アジアの古代銅鏡』東亞大學校博物館，pp. 47-59

堀敏一　1993　「東方諸国家にとっての中華的世界（一）四世紀以前」『中国と古代東アジア世界』岩波書店，pp. 125-151

本田済・沢田瑞穂・高馬三良訳　1973　『抱朴子　列仙伝・神仙伝　山海経』平凡社版　中国の古典シリーズ4，平凡社

前澤輝政　1994　『日本古代国家成立の研究』国書刊行会

前島己基・松本岩雄　1976　「島根県神原神社古墳出土の土器―土器型式にみるその編年的位置について―」『考古学雑誌』第62巻第3号，日本考古学会，pp. 23-37

前田泰次　1941　「我国に於ける鏡背文様とその宗教的背景」『季刊　宗教研究』第三年第四輯，pp. 230-265

前之園亮一　1984　「『古代金石文総覧』銅鏡編」『歴史と旅』第11巻第11号

間壁忠彦・間壁葭子　1964　『岡山の遺蹟めぐり』岡山文庫31，日本文教出版

間壁忠彦・間壁葭子　1986　「鉛同位体比測定青銅器の資料解説」『倉敷考古館研究集報』第19号，倉敷考古館，pp. 5-16

正岡睦夫　1985　「今治市平野周辺の銅鏡」『遺跡』第27号，遺跡発行会

正岡睦夫　2009　「伊予市上三谷出土の三角縁神獣鏡」『西四国』第9号，西四国考古学研究所，pp. 19-23

桝井豊成・赤松一秀　1995　「西車塚古墳（第3次）発掘調査概要」『八幡市埋蔵文化財発掘調査概報』第18集，八幡市教育委員会

増田精一　1966　「金属工芸」近藤義郎・藤沢長治編『日本の考古学』Ⅴ　古墳時代　下，河出書房新社，pp. 80-101

増田精一　1985　「視点を定めた漢式鏡図像」江上波夫編『日本史の黎明――八幡一郎先生頌寿記念考古学論集』六興出版，pp. 723-740

増田智仁・古谷毅・今津節生　2002　「三次元デジタルデータベースを活用した同笵・同型鏡における差異の解析」『日本文化財科学会第19回大会研究発表要旨』

増田智仁・古谷毅・今津節生　2004　「三角縁神獣鏡三次元デジタルアーカイブの活用―新しい遺物観察方法を目指して―」『日本文化財科学会第21回大会研究発表要旨』

増田智仁・長谷川仁則・池内克史・東京大学・生産技術研究所　2005　「コンピュータグラフィックスにおける三角縁神獣鏡の笵傷の自動検出」水野敏典・山田隆文編『三次元デジタル・アーカイブを活用した古鏡の総合的研究　第2分冊』橿原考古学研究所成果第8冊，奈良県立橿原考古学研究所，pp. 405-410

町田章　1974　「景初三年陳是作神獣鏡」『月刊　文化財』第129号，第一法規出版，p. 2

松尾昌彦　1992　「鏡」森将軍塚古墳発掘調査団編『史跡森将軍塚古墳―保存整備事業発掘調査報告書―』更埴市教育委員会，p. 109

松木武彦　1994　「山陽の前期古墳と鏡」埋蔵文化財研究会編『倭人と鏡　その2―3・4世

紀の鏡と墳墓—』第 36 回埋蔵文化財研究集会，埋蔵文化財研究会，pp. 157-245
松木武彦　1996　「日本列島の国家形成」植木武編『国家の形成』三一書房，pp. 233-276
松木武彦　1999　「副葬品からみた古墳の成立過程」都出比呂志編『国家形成期の考古学
　　―大阪大学考古学研究室 10 周年記念論集―』真陽社，pp. 185-204
松木武彦　2007　『日本列島の戦争と初期国家形成』東京大学出版会
松阪市史編さん委員会編　1978　『松阪市史』第二巻　資料編　考古，松阪市
松崎慊堂(山田琢訳)　1980　『慊堂日暦』第 5 巻，東洋文庫 377，平凡社
松崎哲　1998　「魏志倭人伝を読む(1)―鏡に秘められた神仙思想―」『研究輯録』VIII，
　　広島県埋蔵文化財調査センター，pp. 92-100
松崎寿和・潮見浩　1951　『新修広島市史』第 1 巻，広島市
松崎寿和・福尾猛市郎　1980　「古代国家の成立」広島県編『広島県史』原始　古代　通史
　　I，広島県，pp. 66-154
松下煌　1987　「市民と考古学―景初四年銘鏡の報道から思うこと―」『東アジアの古代文
　　化』51 号，大和書房，pp. 50-58
松島栄治　1968　『前橋天神山古墳発掘調査概報』群馬大学教育学部尾崎研究室調査報告
　　第二輯
松島栄治　1981　「前橋天神山古墳」『群馬県史』資料編 3 原始古代 3，群馬県史編さん委
　　員会
松島栄治　2009　「前橋天神山古墳」第 14 回東北・関東前方後円墳研究会大会実行委員会
　　編『第 14 回東北・関東前方後円墳研究会《シンポジウム》前期古墳の諸段階と大型古
　　墳の出現』東北・関東前方後円墳研究会，pp. 5-12
松島栄治他　1970　『前橋天神山古墳図録』前橋市教育委員会
松前健・森浩一　1978　「対談　鏡のもつ意味と機能」森編『日本古代文化の探究　鏡』社
　　会思想社，pp. 361-404
松本清張　1971a　「遊史疑考 6 三角縁神獣鏡への懐疑　上」芸術新潮編集部編『芸術新
　　潮』22 巻 7 号，新潮社，pp. 86-91
松本清張　1971b　「遊史疑考 7 三角縁神獣鏡への懐疑　中」芸術新潮編集部編『芸術新
　　潮』22 巻 8 号，新潮社，pp. 90-96
松本清張　1971c　「遊史疑考 8 三角縁神獣鏡への懐疑　下の 1」芸術新潮編集部編『芸術
　　新潮』22 巻 9 号，新潮社，pp. 82-86
松本清張　1971d　「遊史疑考 9 三角縁神獣鏡への懐疑　下の 2」芸術新潮編集部編『芸術
　　新潮』22 巻 10 号，新潮社，pp. 80-86
松本清張　1973　『遊古疑考』新潮社
松本清張　1976　『清張通史』1 邪馬台国
松本敏三・岩橋孝編　1983　『讃岐青銅器図録』瀬戸内海歴史民俗資料館

松本豊胤　1987　「解説 古鏡」香川県編『香川県史』第13巻 資料編 考古，香川県，pp. 303-330，656-669
松本豊胤・秋山忠・藤好史郎・真鍋昌宏編　1983　『香川の前期古墳』日本考古学協会昭和58年度大会香川県実行委員会
松本正信　1971a　「鏡」松本・加藤史郎・石橋正樹著『御旅山3号墳発掘調査報告書』姫路市文化財調査報告 II，姫路市文化財保護協会，p. 22
松本正信　1971b　「鏡について」松本・加藤史郎・石橋正樹著『御旅山3号墳発掘調査報告書』姫路市文化財調査報告 II，姫路市文化財保護協会，p. 29
松本正信　1984　「龍野市とその周辺の考古資料」『龍野市史』第4巻，龍野市
松本正信　1997　「前方後円墳の時代⑦ 権現山51号墳」『御津町史』第3巻
松本正信　2001　「前方後円墳を築いた時代」『御津町史』第1巻
松山智弘　2009　「島根県の古墳出土鏡」第37回山陰考古学研究集会事務局編『第37回山陰考古学研究集会 山陰の古墳出土鏡』pp. 13-18
真野和夫・小田富士雄　1986　『免ヶ平古墳発掘報告書』大分県立宇佐風土記の丘歴史民俗資料館研究紀要 III，大分県立宇佐風土記の丘歴史民俗資料館
馬淵久夫　1981　「古鏡の原料をさぐる――鉛同位体比法」馬淵・富永健編『考古学のための化学10章』UP選書218，東京大学出版会，pp. 157-178
馬淵久夫　1982　「福岡市藤崎遺跡出土三角縁二神二車馬鏡の鉛同位体比」浜石哲也・池崎譲二編『福岡市西区 藤崎遺跡』福岡市埋蔵文化財調査報告書第80集，福岡市教育委員会，pp. 141-144
馬淵久夫　1986　「青銅文化の流れを追って――鉛同位体比法の展開」馬淵・富永健編『続 考古学のための化学10章』UP選書246，東京大学出版会，pp. 129-150
馬淵久夫　1990　「鏡の原料産地を求めて」白石太一郎編『古代史復元』第7巻 古墳時代の工芸，講談社，pp. 102-104
馬淵久夫　1992　「森将軍塚古墳出土三角縁神獣鏡片の鉛同位体比測定」森将軍塚古墳発掘調査団編『史跡森将軍塚古墳―保存整備事業発掘調査報告書―』更埴市教育委員会，pp. 451-453
馬淵久夫　1996　『弥生・古墳時代仿製鏡の鉛同位体比の研究』平成5・6・7年度科学研究費補助金一般研究 C 時限 研究成果報告書（課題番号 05835017）
馬淵久夫・平尾良光　1980　「竹島御家老屋敷古墳出土鏡片の鉛同位体比法による同定」『MUSEUM』No. 357，美術出版社，p. 36
馬淵久夫・平尾良光　1982　「鉛同位体比法による漢式鏡の研究」『MUSEUM』No. 370，美術出版社，pp. 4-12
馬淵久夫・平尾良光　1983　「鉛同位体比法による漢式鏡の研究（二）―西日本出土の鏡を中心として―」『MUSEUM』No. 382，美術出版社，pp. 16-30

馬淵久夫・平尾良光　1986　「倉敷考古館提供の資料による青銅器の原料産地推定」『倉敷考古館研究集報』第 19 号，倉敷考古館，pp. 1-5

馬淵久夫・平尾良光　1987　「東アジア鉛鉱石の鉛同位体比―青銅器との関連を中心に―」『考古学雑誌』第 73 巻第 2 号，日本考古学会，pp. 71-82

馬淵久夫・平尾良光　1990　「福岡県出土の青銅器の鉛同位体比」『考古学雑誌』第 75 巻第 4 号，日本考古学会，pp. 1-20

馬淵久夫・平尾良光　1991　「景初四年銘龍虎鏡の鉛同位体比」『辰馬考古資料館　考古学研究紀要』2，辰馬考古資料館，pp. 19-22

馬淵久夫・平尾良光・西田守夫　1984　「鉛同位体比法による本邦出土青銅器の研究」古文化財編集委員会編『古文財の自然科学的研究』同朋舎出版

丸子亘　1978　『千葉県小見川町城山古墳の調査』立正大学博物館学講座研究報告 2，立正大学文学部博物館学講座

丸山潔編　1995　『青銅鏡―卑弥呼から浮世絵まで―』神戸市教育委員会文化財課

丸山潔編　2005　『西求女塚古墳と青銅鏡』神戸市教育委員会

丸山竜平　1977　「古墳と祭祀―その生成過程をめぐって―」伊藤幹治編『講座　日本の古代信仰』第 3 巻　呪ないと祭り，学生社，pp. 140-170

丸山竜平　1987　「古代国家成立の時代」『野洲町史』第一巻　通史編 1，野洲町，pp. 263-356

丸山竜平・山口振一　1975　『野洲郡野洲町冨波遺跡調査報告書』昭和 48 年度滋賀県文化財調査年報，滋賀県教育委員会

三重県編　2005　『三重県史』資料編　考古 1，三重県

三重県埋蔵文化財センター編　1991a　『三重の古鏡』第 10 回三重県埋蔵文化財展，三重県埋蔵文化財センター

三重県埋蔵文化財センター編　1991b　『三重県埋蔵文化財センター通信みえ』No. 3，三重県埋蔵文化財センター

三重大学歴史研究会原始古代史部会　1963　「一志郡筒野・西山両前方後方墳について」『ふびと』20 号

三木精一　1985　「覚峰と河内古代史」森浩一編『考古学の先覚者たち』中央公論社，pp. 247-261

三木太郎　1987　「三角縁神獣鏡国産説を批判する」『季刊　邪馬台国』32 号，梓書院

三木太郎　1989　「『漢簡』に見える年号・干支――景初四年鏡の年次に関連して」『史学雑誌』第 98 編第 12 号，史学会，p. 107

三木太郎　1991a　「魏の紀年鏡に関する試論―『漢簡』・鏡銘の分析を通して―」『日本歴史』第 517 号，吉川弘文館，pp. 41-56

三木太郎　1991b　「三角縁神獣鏡――魏鏡説・国産説を否定する」『歴史読本』1991 年

10月号，新人物往来社
三木太郎　1992a　『三角縁神獣鏡 Q & A』三木太郎移動フォーラム
三木太郎　1992b　「鏡銘が明かす邪馬台国問題」古田武彦編『古代史討論シンポジウム「邪馬台国」徹底論争』(1)，新泉社
三木太郎　1993　「三角縁神獣鏡・「新」鏡説の提唱」古田武彦編『古代史徹底論争――「邪馬台国」シンポジウム以後』駸々堂
三木太郎　1998　『古鏡銘文集成―日本古代史研究要覧―』新人物往来社
三木文雄　1966　『日本原始美術』6　埴輪・鏡・玉・剣，講談社
三木文雄　1975　「大丸山古墳　新稿」中道町史編纂委員会編『中道町史』上巻，中道町役場
三木文雄　1989　「筑前国卯内尺古墳出土と伝える鏡」山口譲治・吉留秀敏・渡辺芳郎編『老司古墳』福岡市埋蔵文化財調査報告書第209集，福岡市教育委員会，pp. 219-221
三木文雄　2004　「甲斐国出土鏡の雑感」『山梨県史のしおり』山梨県史編纂室
三木文雄・小林行雄　1959　「伝統工芸と新興工芸　装身具の変遷」小林編『世界考古学大系』第3巻　日本III 古墳時代，平凡社，pp. 105-124
右島和夫・若狭徹・深澤敦仁　2002　「関東」日本考古学協会2002年度橿原大会実行委員会編『日本考古学協会2002年度橿原大会研究発表会資料』日本考古学協会2002年度橿原大会実行委員会，pp. 331-342
三島格他編 1973『展示品図録(1)』福岡市立歴史博物館
水野清一　1950　「中国における佛像のはじまり」『佛教藝術』7，毎日新聞社，pp. 39-64
水野敏典　2005　「三角縁神獣鏡における笵の複製と製作工程」水野・山田隆文編『三次元デジタル・アーカイブを活用した古鏡の総合的研究　第2分冊』橿原考古学研究所成果第8冊，奈良県立橿原考古学研究所，pp. 417-422
水野敏典(文責)・今津節生・岡林孝作・山田隆文・高橋幸治・鈴木裕明・北山峰生　2005　「三角縁神獣鏡の鋳造欠陥と「同笵鏡」製作モデル」水野・山田編『三次元デジタル・アーカイブを活用した古鏡の総合的研究　第2分冊』橿原考古学研究所成果第8冊，奈良県立橿原考古学研究所，pp. 385-391
水野敏典・岡林孝作・山田隆文・奥山誠義・樋口隆康　2008　「三次元計測技術を応用した同型鏡の研究」『日本考古学協会第74回総会研究発表資料』日本考古学協会
水野敏典・奥山誠義・岡林孝作・山田隆文・樋口隆康　2008　「三次元デジタルデータを用いた考古資料の比較研究～同型鏡の製作工程の検討～」『日本文化財科学会第25回大会研究発表要旨集』日本文化財科学会第25回大会実行委員会
水野敏典・山田隆文編　2005a　『三次元デジタル・アーカイブを活用した古鏡の総合的研究　第1分冊』橿原考古学研究所成果第8冊，奈良県立橿原考古学研究所
水野敏典・山田隆文編　2005b　『三次元デジタル・アーカイブを活用した古鏡の総合的

研究　第2分冊』橿原考古学研究所成果第8冊，奈良県立橿原考古学研究所
水野敏典・山田隆文編　2005c　「コラム1　「同笵鏡」における乳の形状の違い」水野・山田編『三次元デジタル・アーカイブを活用した古鏡の総合的研究　第2分冊』橿原考古学研究所成果第8冊，奈良県立橿原考古学研究所，p. 404
水野敏典・山田隆文編　2005d　「コラム2　文様を改変した「同笵鏡」」水野・山田編『三次元デジタル・アーカイブを活用した古鏡の総合的研究　第2分冊』橿原考古学研究所成果第8冊，奈良県立橿原考古学研究所，p. 430
水野正好　1998　「王権継承の考古学」金子裕之編『日本の信仰遺跡』雄山閣出版，pp. 107-128
水野正好　1999a　「古墳時代の宗教構造とその空間」國學院大學日本文化研究所編『祭祀空間・儀礼空間』雄山閣出版，pp. 67-130
水野正好　1999b　「倭国・女王国・卑弥呼」高槻市教育委員会編『邪馬台国と安満宮山古墳』吉川弘文館，pp. 63-85
水野正好　2006　「倭国卑弥呼の王都と大和」奈良県歴史地理の会監修『三角縁神獣鏡・邪馬台国・倭国』新泉社，pp. 34-89
水野正好・石野博信　2006　「対談1　倭国女王卑弥呼の時代から前方後円墳の時代へ」奈良県歴史地理の会監修『三角縁神獣鏡・邪馬台国・倭国』新泉社，pp. 97-112
水野正好・都出比呂志・門脇禎二・酒井龍一・原口正三・福永伸哉・石野博信・森田克行　1999　「シンポジウム　検証　邪馬台国　安満宮山古墳をめぐって」高槻市教育委員会編『邪馬台国と安満宮山古墳』吉川弘文館，pp. 125-196
水野祐　1998　「三角縁神獣鏡と日本外交の謎―当時の日本外交の中心はどこにあったのか―」『日本古代史と遺跡の謎・総解説』自由国民社，pp. 25-30
水野祐・佐々木幹雄・市毛勲・車崎正彦・橋本博文・小川貴司・岡内三眞・菊池徹夫　1996　「座談会　考古学から見る邪馬台国」菊池編『考古学から見る邪馬台国―早稲田大学オープンカレッジ講義の記録―』雄山閣出版，pp. 163-219
三辻利一　2002　「神原神社古墳出土時の蛍光X線分析」蓮岡法暲・勝部昭・松本岩雄・宮沢明久・西尾克己・山崎修編『神原神社古墳』加茂町教育委員会，pp. 143-149
三辻利一・伊達宗泰・小笠勝弘・赤阪賀世子　1977　「メスリ山古墳出土銅鏃・鏡片のケイ光X線分析」伊達編『メスリ山古墳』奈良県史跡名勝天然記念物調査報告第35冊，奈良県教育委員会，pp. 177-194
光武英樹　2006a　「所謂，卑弥呼の鏡とされる『陳是紀年鏡』銘文の解釈(上)」『東アジアの古代文化』126号，大和書房，pp. 176-189
光武英樹　2006b　「所謂，卑弥呼の鏡とされる『陳是紀年鏡』銘文の解釈(下)」『東アジアの古代文化』127号，大和書房，pp. 172-185
湊哲夫　1990　『美作の鏡と古墳』津山郷土博物館特別展図録第3冊，津山郷土博物館

南山城ブロック編　2000　『京都の首長墳』第8回京都府埋蔵文化財研究集会，京都府埋蔵文化財研究集会

三原邦夫　1998　「考古の窓　三角縁神獣鏡と抱朴子」『歴史研究』第444号，新人物往来社，pp. 60-63

三船温尚　2002　「熱処理，割れ方，錆び方から探る高錫青銅鏡の製作技法」天理市教育委員会編『天理市立黒塚古墳展示館開館記念フォーラム「黒塚古墳から卑弥呼がみえる」資料』天理市教育委員会，pp. 19-36

宮川芳照　1983　「東之宮古墳」犬山市教育委員会・犬山市史編さん委員会編『犬山市史』史料編3 考古・古代・中世，犬山市，pp. 61-80

三宅米吉　1897　「古鏡」『考古学会雑誌』第1編第5号，考古学会，pp. 216-223

宮澤公雄　1998　「青銅鏡」山梨県編『山梨県史』資料編2 原始・古代2，山梨県，pp. 283-298

宮崎市定　1987　「景初四年鏡は帯方郡製か」『洛味』414（宮崎『古代大和朝廷』筑摩叢書327，筑摩書房，pp. 35-41 に収録）

宮崎県教育委員会編　1998　『特別史跡西都原古墳群発掘調査・保存整備事業概要報告書（III）』宮崎県教育委員会

宮崎県総合博物館編　1979　『特別展　日向の古墳展―地下式横穴の謎をさぐる―』宮崎県総合博物館

宮代栄一〈司会〉・樋口隆康・福永伸哉・高島忠平・奥野正男　2001　「［討論］鏡から見た「邪馬台国」」樋口・平野邦雄監修『シンポジウム　邪馬台国が見えた』学生社，pp. 80-132

宮田裕紀枝　1989　「赤城塚古墳」『板倉町史』考古資料編 別巻9，板倉町史編さん委員会

宮田裕紀枝　1995　「鏡陵皇太神碑について」『波動』Vol. 1，板倉町教育委員会

宮田裕紀枝　2001　「赤城塚古墳出土鏡の紋様に込めた世界観について（序）―とくに主紋帯における獣形紋様を中心として―」『波動』Vol. 5，板倉町教育委員会

宮田裕紀枝　2007　「三角縁仏獣鏡背面紋様の物語性を求めて―群馬県板倉町赤城塚古墳出土鏡の主紋帯紋様を中心に―」『利根川』29，利根川同人，pp. 93-100

宮野淳一　1997　「紀年銘鏡を読む」森井貞雄編『平成9年度秋季特別展　卑弥呼誕生 邪馬台国は畿内にあった？』大阪府立弥生文化博物館15，大阪府立弥生文化博物館，pp. 74-77

宮本郁雄編　2000　『企画展示「神戸の古墳」』神戸市教育委員会文化財課

宮本一夫　1990a　「戦国鏡の編年（上）」『古代文化』第42巻第4号，古代学協会，pp. 20-27

宮本一夫　1990b　「戦国鏡の編年（下）」『古代文化』第42巻第6号，古代学協会，pp. 13-27

宮本一夫　2005　「戦国時代の銅鏡と山東」山口県立萩美術館・浦上記念館編『鏡の中の宇宙』シリーズ山東文物⑥，山口県立萩美術館・浦上記念館，pp. 118-123
宗像神社復興期成会編　1958　『沖ノ島』宗像神社復興期成会
宗像神社復興期成会編　1961　『続沖ノ島 宗像神社沖津宮祭祀遺跡』宗像神社復興期成会
村上勇　1985　「益田市四塚山古墳群出土の三角縁神獣鏡」『島根考古学会誌』第2集，島根考古学会，pp. 107-111
村上隆　1999　「三角縁神獣鏡 ワシントンに眠る」『海を渡った文化財』クバプロ
村上隆　2002　「青銅鏡を科学の眼で見ると」神戸市教育委員会文化財課編『シンポジウム　西求女塚古墳はこうしてつくられた　シンポジウム講演資料集』神戸市教育委員会文化財課，pp. 37-42
村上隆　2004　「西求女塚古墳から出土した青銅鏡に関する科学的研究」安田滋編『西求女塚古墳　発掘調査報告書』神戸市教育委員会，pp. 307-320
村上隆・肥塚隆保・沢田正明　1996　「雪野山古墳出土の青銅鏡に対する科学的調査研究」福永伸哉・杉井健編『雪野山古墳の研究　考察篇』八日市市教育委員会，pp. 465-483
村上隆・沢田正明　1996　「雪野山古墳出土「亲出銘三角縁四神四獣鏡」と米国スミソニアン研究機構フリアー・ギャラリー所蔵の兄弟鏡との科学的比較研究」福永伸哉・杉井健編『雪野山古墳の研究　考察篇』八日市市教育委員会，pp. 485-492
村上恭通　1992　「シベリア・中央アジアにおける漢代以前の鏡について」『名古屋大学文学部研究論集』史学　第38号，名古屋大学文学部，pp. 105-124
村川行弘　1966　「考古学からみた古代の尼崎」『尼崎市史』第1巻，尼崎市役所
村川行弘　1967　「兵庫県尼崎市水堂古墳」日本考古学協会編『日本考古学年報』15（昭和37年度），誠文堂新光社，p. 174
村川行弘　1971　「考古学上からみた芦屋」『新修 芦屋市史』本篇，芦屋市
村川行弘　1977　「三角縁神獣鏡とは」村川編『日本古代史の疑点』清文堂，pp. 186-194
村川行弘　1979a　「三角縁画文帯神獣鏡の創作」『大阪経済大法科論集』第8号
村川行弘　1979b　「親王塚・親王寺所蔵遺物の再検討」『考古学雑誌』第65巻第3号，日本考古学会，pp. 37-55
村川行弘　1980a　「三角縁画文帯神獣鏡の類型」『考古学雑誌』第66巻第2号，日本考古学会，pp. 65-69
村川行弘　1980b　「水堂前方後円墳」『尼崎市史』第11巻，尼崎市役所
村田昌也　2002　「三角縁神獣鏡年の編年別分布の一試論」『花園史学』第23号，花園大学史学会，pp. 143-145
村田昌也　2004　「三角縁神獣鏡の変遷─主文部に置かれる乳と副文部1圏に施される文様の変化から─」『地域と古文化』刊行会編集事務局編『地域と古文化』『地域と古文化』刊行会，pp. 354-363

村松洋介　2002　「八幡東車塚古墳出土 三角縁䶂龍鏡」『國學院大學考古学資料館紀要』第19輯，國學院大學考古学資料館，pp.195-204
村松洋介　2004　「斜縁神獣鏡研究の新視点」『古墳文化』創刊号，國學院大學古墳時代研究会，pp.43-60
免山篤　1954　「高槻市大蔵司古墳調査報告」『古代学研究』第9号，古代学研究会，pp.19-22
免山篤・井上正樹　1974　「将軍山の一古墳について」『大阪文化誌』第1巻第1号，大阪文化財センター，pp.36-40
望月幹夫　1988　「鏡」村井嵓雄・望月・松尾昌彦著『古墳の知識』Ⅱ 副葬品，考古学シリーズ20，東京美術，pp.32-52
望月幹夫　1999　「鏡について」柳井市教育委員会編『史跡柳井茶臼山古墳―保存整備事業発掘調査報告書―』柳井市埋蔵文化財調査報告，柳井市教育委員会，pp.134-138
本村豪章　1974　「相模・真土大塚山古墳の再検討」『考古学雑誌』第60巻第1号，日本考古学会，pp.18-51
本村豪章　1977　「景初三年陳是作銘三角縁神獣鏡」『MUSEUM』No.311，美術出版社
本村豪章　1991　「古墳時代の基礎研究稿―資料編Ⅱ―」『東京国立博物館紀要』第26号，東京国立博物館
森郁夫・難波洋三編　1994　『京都国立博物館蔵品目録 考古編』京都国立博物館
森岡秀人　1998　「年代論と邪馬台国論争」都出比呂志・田中琢編『古代史の論点』④ 権力と国家と戦争，小学館，pp.111-140
森岡秀人　2005a　「新しい年代論と新たなパラダイム」金関恕・森岡・森下章司・山尾幸久・吉井秀夫著『古墳のはじまりを考える』学生社，pp.113-173
森岡秀人　2005b　「銅鏡研究の動向と庄内式前後の日本列島事情(上)」考古学を学ぶ会編『考古学論集』第6集，歴文堂書房，pp.29-42
森岡秀人　2006　「三世紀の鏡―ツクシとヤマト―」香芝市二上山博物館編『邪馬台国時代のツクシとヤマト』学生社，pp.135-171
森岡秀人・西村歩　2006　「古式土師器と古墳の出現をめぐる諸問題―最新年代学を基礎として―」大阪府文化財センター編『古式土師器の年代学』大阪府文化財センター，pp.508-588
森浩一　1962　「日本の古代文化―古墳文化の成立と発展の諸問題―」石母田正・泉靖一・井上光貞・太田秀通・西嶋定生・秀村欣二・三笠宮崇仁・三上次男・和島誠一編『古代史講座』3 古代文明の形成，学生社，pp.197-226
森浩一　1963　「天神山古墳の鏡鑑」伊達宗泰・小島俊次・森著『大和天神山古墳』奈良県史跡名勝天然記念物調査報告第22冊，奈良県教育委員会，pp.55-69
森浩一　1970　『古墳』カラーブックス212，保育社

森浩一　1971　『黄金塚古墳』美術文化シリーズ，中央公論美術出版
森浩一　1974　「奈良県桜井市外山茶臼山古墳の鏡片」『古代学研究』第71号，古代学研究会，pp. 35-36
森浩一　1975　「和泉黄金塚古墳についての補遺」橿原考古学研究所編『橿原考古学研究所論集』創立三十五周年記念，吉川弘文館
森浩一　1976a　「《研究法の提言》どうして鏡の銘文が消されるのか—鳥取・普段寺山1号墳出土鏡と大阪・安威神社蔵鏡の場合—」『古代学研究』第81号，古代学研究会，表紙2
森浩一　1976b　『考古学入門』カラーブックス360，保育社
森浩一　1978a　「日本の遺跡と銅鏡—遺構での共存関係を中心に—」森編『日本古代文化の探究　鏡』社会思想社，pp. 51-95
森浩一　1978b　「古墳の発生と古墳前期の文化」黒羽兵治郎編『大阪府史』第1巻 古代編I, 大阪府，pp. 552-635
森浩一　1980　「考古学からみた三世紀研究とその課題——倭人伝研究に関連して」森編『三世紀の考古学』上巻 三世紀の自然と人間，学生社，pp. 12-32
森浩一　1981　「王仲殊論文」『歴史と人物』第11年第13号，中央公論社
森浩一　1983　「三角縁神獣鏡」『NHK市民大学　日本の古墳文化』日本放送出版協会，pp. 75-80
森浩一　1985　「金印と銅鏡の語る倭人」森編『日本の古代』第1巻 倭人の登場，中央公論社，pp. 219-258
森浩一　1987a　「1986年考古学の成果と問題点—景初四年の鏡をめぐって—」『東アジアの古代文化』51号，大和書房，pp. 2-34
森浩一　1987b　「古代の女性を考える視点」森編『日本の古代』第12巻 女性の力，中央公論社，pp. 9-16
森浩一　1988a　「「鏡」の中の古代」『季刊 邪馬台国』36号，梓書院
森浩一　1988b　「日本の文字文化を銅鏡にさぐる」岸俊男・森・大林太良編『日本の古代』別巻 日本人とは何か，中央公論社，pp. 73-140
森浩一　1989　「考古学は本当に進んだか」『アサヒグラフ』3522，朝日新聞社
森浩一　1990a　『図説 日本の古代』第4巻 諸王権の造型 古墳時代，中央公論社
森浩一　1990b　「鏡」森・寺沢知子編『園部垣内古墳』同志社大学文学部考古学調査報告第6冊，同志社大学文学部文化学科内考古学研究室，pp. 39-44
森浩一　1990c　「棺の構造と銅鏡の位置」森・寺沢知子編『園部垣内古墳』同志社大学文学部考古学調査報告第6冊，同志社大学文学部文化学科内考古学研究室，pp. 102-104
森浩一　1990d　「三角縁仏獣鏡」森・寺沢知子編『園部垣内古墳』同志社大学文学部考

古学調査報告第 6 冊, 同志社大学文学部文化学科内考古学研究室, pp. 104-105

森浩一　1990e　「吉野ヶ里から邪馬台国が見える」『朝日ジャーナル』第 32 巻第 1 号・第 2 号

森浩一　1990f　「〈古代学を試掘する 10〉三角縁神獣鏡をめぐって①」『古代学研究』第 120 号, 古代学研究会

森浩一　1990g　「〈古代学を試掘する 11〉三角縁神獣鏡をめぐって②」『古代学研究』第 121 号, 古代学研究会

森浩一　1990h　「〈古代学を試掘する 12〉三角縁神獣鏡をめぐって③」『古代学研究』第 122 号, 古代学研究会

森浩一　1991　「銅鏡の銘文を読む―とくに景初四年鏡をめぐって―」石野博信・鬼頭清明・坂元義種・直木孝次郎・堀池春峰・森著『古代日本　金石文の謎』エコール・ド・ロイヤル古代日本を考える第 15 巻, 学生社, pp. 44-77

森浩一　1994　「考古学からみた仏教受容―仏獣鏡出土古墳と伽藍の造営―」森編『考古学と信仰』同志社大学考古学シリーズ VI, 同志社大学考古学シリーズ刊行会, pp. 1-16

森浩一　1997　「遺跡学からみた銅鏡」『古代学研究』第 139 号, 古代学研究会, 表紙 2-3

森浩一　1998a　「黒塚古墳と 34 面の銅鏡」『古代学研究』第 141 号, 古代学研究会, 表紙 2

森浩一　1998b　「出土位置からの三角縁盤龍鏡の検討」『古代学研究』第 142 号, 古代学研究会, 表紙 2-3

森浩一　1998c　「三角縁神獣鏡は卑弥呼を映すか」『This is 読売』8 巻 12 号, 読売新聞社, pp. 108-153

森浩一　1998d　「三角縁神獣鏡が照らす古代日本の技術と文化」『論座』36, 朝日新聞社, pp. 72-83

森浩一　1998e　「陳と張という鏡作りの工人」『アサヒグラフ』3972, 朝日新聞社

森浩一　2000　『記紀の考古学』朝日新聞社(『記紀の考古学』朝日文庫も 10 - 2, 朝日新聞社, 2005 年に収録)

森浩一・甘粕健・大塚初重・小田富士雄・間壁忠彦・三上次男　1970　「銅鏡と古墳の年代」森編『シンポジウム　古墳時代の考古学』学生社, pp. 13-165

森浩一・大野左千夫編　1973　『京都府船井郡園部町垣内古墳調査概報』同志社大学文学部考古学調査記録第 1 号, 同志社大学文学部

森浩一・寺沢知子編　1990　『園部垣内古墳』同志社大学文学部考古学調査報告第 6 冊, 同志社大学文学部文化学科内考古学研究室

森浩一・安本美典　1982　「王仲殊論文をめぐる Q & A」『季刊　邪馬台国』11 号, 梓書院, pp. 8-27

森下章司　1989　「文様構成・配置からみた三角縁神獣鏡」京都大学文学部考古学研究室編『椿井大塚山古墳と三角縁神獣鏡』京都大学博物館図録，京都大学文学部，pp. 64-67

森下章司　1991　「古墳時代仿製鏡の変遷とその特質」『史林』第74巻第6号，史学研究会，pp. 1-43

森下章司　1993a　「紫金山古墳の仿製鏡」京都大学文学部考古学研究室編『紫金山古墳と石山古墳』京都大学文学部博物館図録第6冊，京都大学文学部博物館，pp. 116-119

森下章司　1993b　「火竟銘仿製鏡の年代と初期の文字資料」高橋美久二編『京都考古』第73号，京都考古刊行会，pp. 1-9

森下章司　1993c　「仿製鏡の変遷」高倉洋彰・車崎正彦編『季刊 考古学』第43号 特集鏡の語る古代史，雄山閣出版，pp. 64-67

森下章司　1994　「古墳時代の鏡」埋蔵文化財研究会編『倭人と鏡 その2―3・4世紀の鏡と墳墓―』第36回埋蔵文化財研究集会，埋蔵文化財研究会，pp. 21-28

森下章司　1995a　「前方後方墳出土の鏡」『前方後方墳を考える』第3回東海考古学フォーラム，pp. 271-277

森下章司　1995b　「紀年鏡と古墳」『考古学ジャーナル』No. 388，ニュー・サイエンス社，pp. 15-17

森下章司　1997　「三角縁神獣鏡と前期古墳」『考古学ジャーナル』No. 421，ニュー・サイエンス社，pp. 14-18

森下章司　1998a　「鏡の伝世」『史林』第81巻第4号，史学研究会，pp. 1-34

森下章司　1998b　「古墳時代前期の年代試論」『古代』第105号，早稲田大学考古学会，pp. 1-27

森下章司　1998c　「美濃の前期古墳出土鏡」東海考古学フォーラム岐阜大会実行委員会編『第6回東海考古学フォーラム岐阜大会　土器・墓が語る 美濃の独自性～弥生から古墳へ～』東海考古学フォーラム岐阜大会実行委員会，pp. 344-347

森下章司　1998d　「〈特論〉古墳出土鏡の諸問題」矢野健一編『平成10年度秋季展　古鏡の世界』展観の栞24，辰馬考古資料館，pp. 15-16

森下章司　2000　「三角縁神獣鏡をみる」森下・千賀久編『大古墳展―ヤマト王権と古墳の鏡―』東京新聞，pp. 224-226

森下章司　2001a　「青銅鏡研究と科学分析」『考古学ジャーナル』No. 470，ニュー・サイエンス社，pp. 22-25

森下章司　2001b　「調査・検討成果と寺戸大塚古墳の学史的意義」梅本康広・森下編『寺戸大塚古墳の研究』Ⅰ前方部副葬品研究篇，向日丘陵古墳群調査研究報告第1冊，向日市埋蔵文化財センター，pp. 138-145

森下章司　2003　「山東・遼東・楽浪・倭をめぐる古代銅鏡の流通」千田稔・宇野隆夫編

『東アジアと『半島空間』─山東・遼東半島─』思文閣出版，pp. 115-125
森下章司　2004a　「古鏡の拓本資料」『古文化談叢』第51集，九州古文化研究会，pp. 15-30
森下章司　2004b　「鏡・支配・文字」平川南・栄原永遠男・山中章・沖森卓也編『文字と古代日本』1　支配と文字，吉川弘文館，pp. 10-24
森下章司　2005a　「器物の生産・授受・保有形態と王権」前川和也・岡村秀典編『国家形成の比較研究』学生社，pp. 179-194
森下章司　2005b　「前期古墳副葬品の組合せ」『考古学雑誌』第89巻第1号，日本考古学会，pp. 1-31
森下章司　2005c　「三角縁神獣鏡と前方後円墳成立論」石野博信編『季刊　考古学』第90号，雄山閣出版，pp. 37-40
森下章司　2005d　「東之宮古墳の出土品」赤塚次郎編『史跡東之宮古墳調査報告書』犬山市埋蔵文化財調査報告書第2集，犬山市教育委員会，pp. 58-61
森下章司　2005e　「古墳の出現に関する議論」金関恕・森岡秀人・森下・山尾幸久・吉井秀夫著『古墳のはじまりを考える』学生社，pp. 53-75
森下章司　2005f　「鏡鑑」阪口英毅編『紫金山古墳の研究─古墳時代前期における対外交渉の考古学的研究─』平成14～16年度科学研究費補助金（基盤研究(B)(2)）研究成果報告書，京都大学大学院文学研究科，pp. 125-149
森下章司　2005g　「鏡と石製品からみた紫金山古墳」阪口英毅編『紫金山古墳の研究─古墳時代前期における対外交渉の考古学的研究─』平成14～16年度科学研究費補助金（基盤研究(B)(2)）研究成果報告書，京都大学大学院文学研究科，pp. 283-304
森下章司　2005h　「三次元計測と鏡研究──傷の比較検討」水野敏典・山田隆文編『三次元デジタル・アーカイブを活用した古鏡の総合的研究　第2分冊』橿原考古学研究所成果第8冊，奈良県立橿原考古学研究所，pp. 411-416
森下章司　2006a　「三角縁吾作銘四神四獣鏡」佐口節司編『新豊院山古墳群D地点の発掘調査』新豊院山遺跡発掘調査報告書III，pp. 55-57
森下章司　2006b　「前期古墳編年─方法・表現・目的─」第9回九州前方後円墳研究会大分大会実行委員会編『前期古墳の再検討　第9回九州前方後円墳研究会大分大会発表要旨・資料集』九州前方後円墳研究会，pp. 1-10
森下章司　2006c　「喇嘛洞出土の銅鏡をめぐって」文化財研究所奈良文化財研究所編『東アジア考古学論叢─日中共同研究論文集─』pp. 15-22
森下章司　2007a　「銅鏡生産の変容と交流」『考古学研究』第54巻第2号，考古学研究会，pp. 34-49
森下章司　2007b　「古代東アジアの銅鏡」『東アジアの鏡文化～卑弥呼の鏡は海を越えたか～』pp. 11-18

森下章司　2007c　「楽浪墳墓群の立地と出土鏡」和田晴吾編『渡来遺物からみた古代日韓交流の考古学的研究』日本学術振興会平成15～17年度科学研究費補助金（基盤研究(B)(1)）研究成果報告書，立命館大学文学部日本史学専攻考古学コース，pp. 59-74

森下章司　2009　「副葬品の組合わせと埴輪」考古学研究会関西例会編『前期古墳の変化と画期』関西例会160回シンポジウム発表要旨集，考古学研究会関西例会，pp. 11-88

森下章司・千賀久編　2000　『大古墳展―ヤマト王権と古墳の鏡―』東京新聞

森将軍塚古墳発掘調査団編　1984　『森将軍塚古墳―保存整備事業第3年次発掘調査概報―』更埴市教育委員会

森田克行　1998a　「青龍三年鏡とその伴侶―安満宮山古墳出土鏡をめぐって―」『古代』第105号，早稲田大学考古学会，pp. 101-113

森田克行　1998b　「安満宮山古墳と銅鏡百枚」『「検証邪馬台国」―安満宮山古墳をめぐって―』高槻市埋蔵文化財調査センター，pp. 48-53

森田克行　1999a　「「銅鏡百枚」考」『東アジアの古代文化』99号，大和書房，pp. 81-107

森田克行　1999b　「安満宮山古墳と「銅鏡百枚」」高槻市教育委員会編『邪馬台国と安満宮山古墳』吉川弘文館，pp. 1-21

森田克行　2006　『日本の遺跡』7　今城塚と三島古墳群，同成社

森田稔　1998　「鏡鋳造技術の復元方法論試案」『桧崎彰一先生古希記念論文集』真陽社，pp. 556-563

森貞次郎　1959　「福岡県嘉穂郡忠隈古墳」日本考古学協会編『日本考古学年報』8（昭和30年度），誠文堂新光社，pp. 112-113

森貞次郎　1989　「卯内尺古墳関連資料解説」山口譲治・吉留秀敏・渡辺芳郎編『老司古墳』福岡市埋蔵文化財調査報告書第209集，福岡市教育委員会，pp. 222-224

森原明廣・森屋文子　2005　『国指定史跡銚子塚古墳附丸山塚古墳』史跡整備事業に伴う平成16年度発掘調査概要報告書，山梨県埋蔵文化財センター調査報告書第228集，山梨県教育委員会

森博達　2001　「「特鋳説」は幻想だ・訂正増補版」『東アジアの古代文化』107号，大和書房，pp. 60-65

森博達　2003　「音韻学から見た三角縁神獣鏡」『東アジアの古代文化』115号，大和書房，pp. 32-39

森本国宏　2005　「三次元形状計測データを活用した新しい遺物観察法の提案」水野敏典・山田隆文編『三次元デジタル・アーカイブを活用した古鏡の総合的研究　第2分冊』橿原考古学研究所成果第8冊，奈良県立橿原考古学研究所，pp. 392-397

森本六爾　1928　「上野に於ける□始元年鏡出土古墳」『考古学研究』第2巻第4号，東京考古学会

八木奘三郎　　1899　「鏡」『日本考古学』後編，嵩山房，pp. 218-223（合本増訂，1902年）
八木奘三郎　　1902　「鏡鑑説」『考古便覧』嵩山房，pp. 106-148
八木奘三郎　　1905　「鏡鑑之部」『考古学研究法』春陽堂，pp. 197-212
八木奘三郎　　1910　「鏡鑑説」『考古精説』嵩山房，pp. 134-184
八木武広　　1988　「国分前方後円墳」『今治郷土史』考古資料編，今治市教育委員会
八木武広　　1989　「国分前方後円墳出土の遺物」『愛媛考古学』第11号，愛媛考古学協会
安来市教育委員会編　　1992　『安来の文化財』安来市教育委員会
安田滋　　1994　「西求女塚古墳の鏡」埋蔵文化財研究会編『倭人と鏡 その2―3・4世紀の鏡と墳墓―』第36回埋蔵文化財研究集会，埋蔵文化財研究会，pp. 335-346
安田滋　　2004　「鏡鑑」安田編『西求女塚古墳 発掘調査報告書』神戸市教育委員会，pp. 121-151
安田滋編　　1995　『西求女塚古墳 第5次・第7次発掘調査概報』神戸市教育委員会
安田滋編　　2004　『西求女塚古墳 発掘調査報告書』神戸市教育委員会
安田博幸・向井恵子・石浜賀代子・南和子　　1990　「垣内古墳出土鏡4面の原子吸光分析法による化学分析」森浩一・寺沢知子編『園部垣内古墳』同志社大学文学部考古学調査報告第6冊，同志社大学文学部文化学科内考古学研究室，pp. 141-143
安村俊史編　　2009　『平成21年度夏季企画展　松岳山古墳群を探る』柏原市立歴史資料館
安本美典　　1998　「三角縁神獣鏡鋳造年代推定総論」『季刊 邪馬台国』66号，梓書院
安本美典　　1999　「三角縁神獣鏡の起源は北九州!?」『季刊 邪馬台国』67号，梓書院
安本美典　　2001a　『「邪馬台国畿内説」を撃破する！』宝島社新書，宝島社
安本美典　　2001b　「鏡の年代」『季刊 邪馬台国』74号，梓書院，pp. 118-129
安本美典　　2001c　「三角縁神獣鏡をつくった人々」『季刊 邪馬台国』74号，梓書院，pp. 130-134
安本美典　　2001d　「三角縁神獣鏡は，どのようにして作られたか」『季刊 邪馬台国』74号，梓書院，pp. 161-171
安本美典　　2009　『「邪馬台国畿内説」徹底批判 その学説は「科学的」なのか』勉誠出版
伊藤修二編　　1995　『山梨県指定史跡 岡・銚子塚古墳』
柳沢一男　　1988　「福岡県の原始・古代(3)　福岡県の古墳時代」『福岡県地域史の研究』8
柳田康雄　　1971　「若八幡宮古墳」柳田編『今宿バイパス関係埋蔵文化財調査報告』第2集，福岡県教育委員会，pp. 7-44
柳田康雄　　1978　「三角縁天王日月・獣文帯四神四獣鏡」木下修編『神蔵古墳 福岡県甘木市大字小隈所在古墳の調査』甘木市文化財調査報告第三集，甘木市教育委員会，pp. 18-22
柳田康雄　　1982　「三・四世紀の土器と鏡―「伊都」の土器からみた北部九州―」森貞次郎博士古稀記念論文集刊行会編『森貞次郎博士古稀記念 古文化論集』下巻，pp.

869-922(柳田著『九州弥生文化の研究』学生社, pp. 127-199, 2002年に収録)
柳田康雄　1986　「北部九州の古墳時代」森浩一編『日本の古代』5 前方後円墳の世紀, 中央公論社(文庫版, pp. 183-220, 1996年に収録)
柳田康雄　1990　「鉛同位体比法による青銅器研究への期待」『考古学雑誌』第75巻第4号, 日本考古学会, pp. 21-36
柳田康雄　1998　「伊都国の繁栄(下)」『西日本文化』346, 西日本協会, pp. 18-24
柳田康雄　2002　「摩滅鏡と踏返し鏡」『九州歴史資料館研究論集』27, 九州歴史資料館, pp. 1-42
柳田康雄他　1982　『甘木市史』上巻, 甘木市史編さん委員会
柳田康雄他　1984　『甘木市史』資料 考古編, 甘木市役所
矢野健一　1999　「景初四年銘竜虎鏡の破損と修理」『辰馬考古資料館 考古学研究紀要』3, 辰馬考古資料館, pp. 50-51
矢野健一編　1998　『平成10年度秋季展 古鏡の世界』展観の栞24, 辰馬考古資料館
藪田嘉一郎　1962　「和泉黄金塚出土魏景初三年銘鏡考」『日本上古史研究』第6巻第1号, 日本上古史研究会, pp. 7-14
山泰幸　2007　「古鏡研究の思想——「鏡」(ママ)めぐる考古学的言説の周辺を探る」(京都大学人文科学研究所「中国古鏡の研究」班報告レジュメ)
山泰幸　2008　「考古古学と社会学の交錯―和辻哲郎と「社会学的」考古学の成立をめぐって―」『九州と東アジアの考古学―九州大学考古学研究室50周年記念論文集―』下巻, 九州大学考古学研究室50周年記念論文集刊行会, pp. 753-766
山尾幸久　1970a　「日本古代王権の成立過程について(上)」『立命館文学』第296号, 立命館大学人文学会, pp. 1-70
山尾幸久　1970b　「日本古代王権の成立過程について(中)」『立命館文学』第297号, 立命館大学人文学会, pp. 45-83
山口県編　2000　『山口県史』資料編 考古1, 山口県
山口県立萩美術館・浦上記念館編　2005　『鏡の中の宇宙』シリーズ山東文物⑥, 山口県立萩美術館・浦上記念館
山口譲治・吉留秀敏・渡辺芳郎編　1989　『老司古墳』福岡市埋蔵文化財調査報告書第209集, 福岡市教育委員会
山口順久　1998　「景初三年銘三角縁神獣鏡について」『古代史の海』第11号, 「古代史の海」の会, pp. 62-66
山口順久　1999　「景初三年銘三角縁神獣鏡について」『市民の古代』第18号, ビレッジプレス pp. 127-135
山崎一雄・室住正世・江本義理・馬淵久夫・平尾良光・増田彰正　1980　「鉛同位体比による日本及び中国出土の考古遺物の産地の研究」古文化編集委員会編『考古学・美術

史の自然科学的研究』日本学術振興会
山崎一雄・室住正世・中村精次・日向誠・湯浅光秋・渡会素彦　1979　「日本および中国青銅器中の鉛の同位体比」『考古学と自然科学』第 12 号
山崎一雄・室住正世・馬淵久夫　1992　「〔付篇〕椿井大塚山出土鏡の化学成分と鉛同位体比」樋口隆康著『三角縁神獣鏡綜鑑』新潮社，pp. 239-254
山崎一雄・室住正世・馬淵久夫・平尾良光　1998　「付論　椿井大塚山古墳出土鏡の化学成分と鉛同位体比(改訂)」樋口隆康著『昭和 28 年　椿井大塚山古墳発掘調査報告』京都府山城町埋蔵文化財調査報告書第 20 集，真陽社，pp. 79-92
山崎謙　1999　「卑弥呼の大問題──三角縁神獣鏡は魏鏡か国産鏡か？」『歴史読本』44 巻 8 号，新人物往来社，pp. 102-107
山田孝雄　1915a　「古鏡の銘について(一)」『人類学雑誌』第 30 巻第 11 号，東京人類学会
山田孝雄　1915b　「古鏡の銘について(二)」『人類学雑誌』第 30 巻第 12 号，東京人類学会，pp. 455-459
山田孝雄　1916a　「古鏡の銘について(三)」『人類学雑誌』第 31 巻第 1 号，東京人類学会
山田孝雄　1916b　「古鏡の銘について(四)」『人類学雑誌』第 31 巻第 2 号，東京人類学会
山田隆文　2005　「三角縁神獣鏡の鋳型製作における型押し技法の可能性について」水野敏典・山田編『三次元デジタル・アーカイブを活用した古鏡の総合的研究　第 2 分冊』橿原考古学研究所成果第 8 冊，奈良県立橿原考古学研究所，pp. 431-436
山中一郎　2004　「考古学における方法の問題」『郵政考古紀要』第 35 号，大阪郵政考古学会，pp. 1-37
山梨県教育委員会編　1985　『国指定史跡銚子塚古墳　附丸山塚古墳─保存整備事業　第 1・2 年次概報─』山梨県埋蔵文化財センター調査報告第 10 集，山梨県埋蔵文化財センター
山梨県教育委員会編　1986　『国指定史跡銚子塚古墳　附丸山塚古墳─保存整備事業　第 3 年次概報─』山梨県埋蔵文化財センター調査報告第 15 集，山梨県埋蔵文化財センター
山梨県教育委員会編　1988　『国指定史跡銚子塚古墳　附丸山塚古墳─保存整備事業報告書─』山梨県埋蔵文化財センター調査報告第 35 集，山梨県埋蔵文化財センター
山梨県教育委員会編　2006　『国指定史跡銚子塚古墳　附丸山塚古墳─保存修理事業報告書─』山梨県埋蔵文化財センター調査報告第 239 集，山梨県埋蔵文化財センター
山梨県考古学史資料室　1965　「山梨県考古学序史としての萩原元克，八代郡岡村銚子塚発掘大鏡」『富士国立公園博物館研究紀要』第 13 号，富士国立公園博物館
山村宏・柴田稔編　1982　『新豊院山墳墓群 D 地点調査報告書』静岡県磐田市教育委員会

山本昭　1969　「重要文化財 三角縁四神二獣鏡」「重要文化財 三角縁四神四獣鏡」柏原市史編纂委員会編『柏原市史』第1巻 文化財編，柏原市役所，pp. 62-65

山本彰　2002　「前期古墳の副葬品出土状況」大阪府立近つ飛鳥博物館編『未盗掘古墳の世界—埋葬時のイメージを探る—』平成14年度春季特別展，大阪府立近つ飛鳥博物館編図録27，大阪府立近つ飛鳥博物館編，pp. 81-84

山本清・池田満雄・近藤正・東森市良　1963　『島根の文化財』第3集，島根県教育委員会

八幡一郎　1970　「古墳の年代」八幡著『沈黙の世界史』11 日本 日本古代史の謎，新潮社，pp. 301-318

八幡一郎・米山一政・岩崎卓也　1974　『長野県森将軍塚古墳』更埴市教育委員会

俞偉超・管維良　1986　『鄂城漢三国六朝銅鏡』文物出版社

祐徳博物館編　1974　『日本の古鏡展　目録』祐徳博物館

楊泓　1985　「呉・東晋・南朝の文化とその海東への影響」王仲殊・徐苹芳・楊・直木孝次郎・田中琢・田辺昭三・西嶋定生著『三角縁神獣鏡の謎 日中合同古代史シンポジウム』角川書店，pp. 108-129

用田政晴　1980　「前期古墳の副葬品配置」『考古学研究』第27巻第3号，考古学研究会，pp. 37-54

横田健一　1958　「日本古代における鏡の移動」『古代文化』第8号，古代学協会，pp. 1-2

横田健一　1982　『日本古代神話と氏族伝承』塙書房

横山浩一　1955　「前期古墳文化の特質」後藤守一編『日本考古学講座』第5巻 古墳時代，河出書房，pp. 48-56

横山浩一　1961　「加悦丸山古墳」京都府教育委員会編『京都府文化財調査報告』第22冊，京都府教育委員会，pp. 44-52

横山浩一　1994　「小林先生とタイプライター」京都大学文学部考古学研究室編『小林行雄先生追悼録』天山舎

吉井秀夫編　1998　『久米田貝吹山古墳—第1次〜4次調査概報—』立命館大学文学部学芸員課程研究報告第7冊，立命館大学文学部学芸員課程

吉井良秀　1920　「岡本村扁保曾塚考」『考古学雑誌』第10巻第7号，考古学会

吉岡哲　1988　『八尾市史(前近代)』本文編，八尾市役所

吉田和彦　2006　「東九州の前期古墳の再検討」第9回九州前方後円墳研究会大分大会実行委員会編『前期古墳の再検討 第9回九州前方後円墳研究会大分大会発表要旨・資料集』九州前方後円墳研究会，pp. 342-357

吉田章一郎　1957　「白山藪古墳について」『アカデメイア』第45・46号

吉田章一郎・大塚初重　1958　『原史時代』II，考古学ノート4，日本評論新社

吉留秀敏編　2001　『卯内尺古墳』福岡市埋蔵文化財調査報告第690集，福岡市教育委員会
吉原浩人　2003　「平安朝漢文学における赤松子像―神仙への憧憬―」『早稲田大学大学院文学研究科紀要』第1分冊，早稲田大学大学院文学研究科
吉水康夫　1991　「資料紹介　上野市石山古墳採集の三角縁鏡片」『三重県埋文通信 みえ』三重県埋蔵文化財センター，p.8
吉水康夫・穗積裕昌　2007　「伊賀市石山古墳出土の三角縁神獣鏡について」『研究紀要』第16-1号，三重県埋蔵文化財センター，pp.43-46
吉村利男　2001　「三重県内の古鏡出土に関する覚書（その一）―関連文献の再検討を中心に―」『三重県史研究』第16号，三重県，pp.97-133
吉村利男　2002　「三重県内の古鏡出土に関する覚書（その二）―関連文献の再検討を中心に―」『三重県史研究』第17号，三重県，pp.93-130
米田文孝・川口奈穗子　2000　「三角縁神獣鏡の製作技法」『阡陵』関西大学博物館彙報No.41，関西大学博物館，pp.14-15
羅其湘・武利華　1987　「日本出土三角縁神獣鏡銘文〈銅出徐州〉考弁」『徐州師範学院学報』1987年第1期（劉迎・宇野世史也訳　1989　「日本出土の三角縁神獣鏡銘文「銅出徐州」についての考察」『史学論叢』第19号，別府大学史学研究会，pp.2-14）
李建華・張修民著　2007　『古鏡風韻』黒龍江人民出版社
栗東町編　1994　『栗東の歴史』第四巻　資料編
龍谷大学文学部考古学考古学資料室編　1972　『南山城の前方後円墳』龍谷大学文学部考古学考古学資料室研究報告I，龍谷大学文学部考古学考古学資料室
劉永明編　1999　『漢唐紀年鏡図録』江蘇古籍出版社
劉体智　1935　『小校経閣金文拓本』巻十五，鏡上
梁上椿　1940～42　『巌窟蔵鏡』第一集～第四集補遺（田中琢・岡村秀典訳　1990　『巌窟蔵鏡』同朋舎）
林梅村　1996　「天禄辟邪與古代中西文化交流」『学術集林』巻八，上海遠東出版社，pp.305-311
若杉智宏編　2008　『将軍山古墳群II―考古学資料調査報告集2―』新修茨木市史史料集12，茨木市
脇坂光彦　1979　「広島県芦品郡潮崎山古墳について」『古代学研究』第90号，古代学研究会，pp.27-30
和島誠一　1973　『日本考古学の発達と科学的精神　和島誠一主要著作集』和島誠一著作集刊行会
和田萃　1978　「古代日本における鏡と神仙思想」森浩一編『日本古代文化の探究　鏡』社会思想社，pp.167-206

和田萃　1988　『大系　日本の歴史』第2巻　古墳の時代，小学館
和田萃　1995　「鏡と神仙思想」『日本古代の儀礼と祭祀・信仰』中，塙書房，pp. 31-68
和田晴吾　1986　「金属器の生産と流通」『岩波講座　日本考古学』3　生産と流通，岩波書店，pp. 263-303
和田晴吾　1987　「古墳時代の時期区分をめぐって」『考古学研究』第34巻第2号，考古学研究会，pp. 44-55
和田千吉　1916a　「豊後国大分市大字三芳字亀甲発見古墳と遺物」遺蹟遺物研究会編『日本遺蹟遺物図譜』第1輯
和田千吉　1916b　「豊後国大分市大字三芳字亀甲発掘遺物」遺蹟遺物研究会編『日本遺蹟遺物図譜』第2輯
渡辺兼庸編　1989　『東洋文庫所蔵梅原考古資料目録』日本之部・朝鮮之部・中国之部 II，東洋文庫
渡辺兼庸編　1994　『東洋文庫所蔵梅原考古資料目録』日本之部・朝鮮之部・中国之部 III，東洋文庫
渡邊智信編　2001　『千葉県文化財センター研究紀要』21，千葉県文化財センター
渡辺伸行編　1984　『東求女塚古墳』昭和57年度神戸市埋蔵文化財年報，神戸市教育委員会
渡辺伸行・千種浩編　1988　『西求女塚古墳』昭和60年度神戸市埋蔵文化財年報，神戸市教育委員会
和辻哲郎　1942　『倫理学』中巻
著者不明　『鏡鑑集　米国スプリングフィールド　ビッドウェル氏所蔵』

Ekholm, K.(1977)"External exchange and the transformation of central African social systems." In: J. Friedman and M. J. Rowlands(eds.) *The evolution of social systems*, 115-36. London: Duckworth.

Edwards, W.(1994)"Kobayashi Yukio's "Treatise on Duplicate Mirrors" An Annotated Translation."（翻訳）『天理大学学報』第178輯，天理大学学術研究会，pp. 179-205

Friedman, J. and Rowlands, M. J.(1977) "Notes towards an epigenetic model of the evolution of 'civilization." In: J. Friedman and M. J. Rowlands(eds.) *The evolution of social systems*, 201-76. London: Duckworth.

Giichi, T.(1962)"A Study on the Chemical Compositions of Ancient Bronze Artifacts Excavated in Japan." In: *JOURNAL OF THE FACULTY OF SCIENCE*, Vol. II Part 3, 261-319, Tokyo.

Haselgrove, C.(1982)"Wealth, prestige and power: the dynamics of late iron age political centralisation in south-east England" In: C. Renfrew and S. Shennan(eds.) *Ranking, resources and exchange: aspects of the archaeology of early European society*,

79-88. Cambridge: Cambridge University Press.

Karlgren, B(1934) "Early Chinese Mirror Inscriptions." *BULLETIN OF THE MUSEUM OF FAR EASTERN ANTIQUITIES(BMFEA)* 6, 1-70

Weiner, A. (1992) *Inalienable Possessions: the Paradox of Keeping-While-Giving*. Berkeley: University of California Press.

2 三角縁神獣鏡目録

◇本目録は,『椿井大塚山古墳と三角縁神獣鏡』〔京都大学文学部考古学研究室編 1989〕に掲載された目録をベースに,森下章司・岩本崇が改訂をくわえた『大古墳展』〔森下・千賀編 2000〕掲載目録を,さらに下垣が増補したものである。各種データや表記法など,ほぼ全面的に『大古墳展』目録に依拠した。

◇「目録番号」は,小林行雄が 1985 年に作成した「同笵鏡分有図」〔小林行 2010a〕の「同笵鏡番号」に基本的に準拠し,この分有図に掲載されていない同笵(型)鏡群(＊印)および同笵(型)鏡のない単独例を,類似する既出資料の直後に配置する方針で設定した。中国製三角縁神獣鏡は 1 番から,仿製三角縁神獣鏡は 201 番からはじめる。12 番と 251 番は欠番。詳細が不明な資料は,中国製・仿製それぞれの末尾に一括した。

◇『椿井大塚山古墳と三角縁神獣鏡』目録の以後に発見・確認された新資料については,独立した番号を与えず,類似資料の直後に同じ番号を付して配置し,アルファベットをつけて区別した。

◇「樋口番号」は,樋口隆康が『三角縁神獣鏡新鑑』〔樋口 2000〕で設定した鏡式番号である。

◇「鏡名」については,基本的に小林の命名にしたがった。ただし,「竜虎鏡」は「盤龍鏡」に,「重列式」は「同向式」に変更した。

◇「面径」は,目録番号ごとに平均値を算出し,小数点第 2 位以下を四捨五入した。多様な要因による誤差がありうるため,数 mm レヴェルの議論には適用できないことを断っておく。

◇「配置」については,小林の設定分類〔小林 1971〕にしたがった。ただし,小林の分類に該当しない資料に関しては,たとえば配置「A」の一部を変更した資料を「A変」というようにあらためた。

◇「表現」は,神獣像の表現であり,岸本直文の分類設定〔岸本 1989b〕にしたがった。

◇「出土遺跡」は,府県名・出土遺跡の順で示した。出土地が不明な資料に関しては,(　)内に所蔵機関ないし所蔵個人(氏名は省略)を記した。出土遺跡が伝承や推定によるものは,末尾に(伝)ないし(推定)を付した。複数の埋葬施設から遺物が出土している古墳については,出土した主体部名を〔　〕内に記した。資料特定の便宜のため,複数面を出土した古墳における出土鏡番号および所蔵機関の所蔵番号を〈　〉内に記した。同一埋葬施設・同一遺構から複数の同笵鏡が出土している場合,［　］内に面数を記した。

◇鋳型や原型の改変などにより,文様の一部が変わった資料(文様改変鏡)は,「／」の記号でほかと区別した。

◇「面数」では,個々の同笵(型)鏡の面数を示した。文様改変鏡をふくむ場合は,(数字)とした。

◇「変遷段階」において,諸論者による個々の同笵(型)鏡の設定段階を示した。

◇2010 年 1 月に報道された奈良県桜井茶臼山古墳出土の新出資料については,同 1 月 13 日から 31 日まで奈良県立橿原考古学研究所附属博物館において公開された資料キャプションおよび展示パネルに依拠した。同笵(型)鏡や新番号などの詳細については,今後正式データが提示されるので,本墳関連データは,今後修正されるべき参考データと理解されたい。

418　資　料

目録番号	同笵鏡番号	樋口番号〔2000〕	鏡　　名	面径(cm)	配置	表現
1	2	139	画象文帯盤龍鏡	24.8	盤龍	⑧
2	3	136	波文帯盤龍鏡	22.0	盤龍	盤
3	4	135	波文帯盤龍鏡	24.5	盤龍	盤
4		138	波文帯盤龍鏡	24.8	盤龍	盤
5	＊	137	波文帯盤龍鏡	24.6	盤龍	盤
5a			波文帯盤龍鏡	22.0	盤龍	盤
6		134	王氏作盤龍鏡	24.5	盤龍	盤
7		1	景初三年陳是作同向式神獣鏡	23.0	同向	他
8	5	2	正始元年陳是作同向式神獣鏡	22.6	同向	他
9	6	3	天王日月・獣文帯同向式神獣鏡	23.2	同向	②
10			天王日月・獣文帯同向式神獣鏡片	―	同向	②
11		4	□作同向式神獣鏡	23.5	同向	他
13	7	12	陳氏作神獣車馬鏡	22.2	X	⑧
14	8	13	陳氏作神獣車馬鏡	25.9	X	⑧
15		14	陳氏作神獣車馬鏡	25.7	X	⑧
16	9	32	陳是作四神二獣鏡	22.0	X(H)	④
17		34	吾作四神二獣鏡	22.3	X(H)	⑧
18	75	54・55	新作徐州銘四神四獣鏡	23.2	C	⑭
19	＊	53	新作徐州銘四神四獣鏡	25.9	C	⑭
20		57	新作徐州銘？四神四獣鏡	18.0	C変	⑭
21	10	84	張氏作三神五獣鏡	22.6	B	①

出土遺跡	面数	変遷段階							
		新納 1991	澤田 1993	岸本 1995	福永 2005	大賀 2002 他	岩本 2003・2008	辻田 2007	森下 2005
岡山・湯迫車塚, 奈良・富雄丸山1号(伝), 奈良県(伝), 滋賀・大岩山, 群馬・北山茶臼山	5	3	Ⅲ	Ⅳ	B	舶Ⅰ	2	Ⅱ	
兵庫・吉島, 大阪・万年山, 奈良・池ノ内5号〔第2主体〕, 群馬・頼母子	4		Ⅲ?	Ⅳ	B	舶Ⅰ	2	Ⅰ	
大阪・和泉黄金塚〔東主体〕, 京都・椿井大塚山〈M35〉, 奈良・黒塚〈17号鏡〉, 愛知・奥津社(推定)	4	2		Ⅱ	B	舶Ⅰ	2	Ⅰ	
大分・赤塚	1			Ⅱ	B	舶Ⅱ?			
福岡・藤崎遺跡第1地点, 滋賀・雪野山〈3号鏡〉	2			Ⅳ	B	舶Ⅰ	2	Ⅰ	
広島・津之郷町	1				B		2	Ⅰ	
山口・宮ノ洲	1			Ⅲ	B		1	Ⅰ	
島根・神原神社	1		Ⅰ	Ⅰ	A				
山口・竹島御家老屋敷, 兵庫・森尾〔第3主体〕, 奈良・桜井茶臼山, 群馬・蟹沢	4	1	Ⅰ	Ⅰ	A	舶Ⅰ			
岡山・湯迫車塚, 京都・椿井大塚山〈M25〉, 三重・草田久保, 静岡・上平川大塚	4	1	Ⅰ	Ⅰ	B	舶Ⅰ	2	Ⅰ	
京都・椿井大塚山〈M28〉	1		Ⅰ	Ⅰ		舶Ⅰ	2		
山口・宮ノ洲	1		Ⅰ	Ⅰ	A	舶Ⅰ	2		
福岡・藤崎遺跡第6号, 岡山・湯迫車塚, 山梨・中道銚子塚, 群馬・三本木(伝), 不明(琵琶湖文化館)	5	3	Ⅳ	Ⅳ	C	舶Ⅰ	2	Ⅱ	
岡山・湯迫車塚, 奈良・佐味田宝塚〈6号鏡〉	2		Ⅳ	Ⅳ	C	舶Ⅰ	2	Ⅱ	
滋賀・大岩山	1		Ⅳ	Ⅳ	C	舶Ⅰ	2	Ⅱ	
岡山・湯迫車塚〔2面〕, 兵庫・権現山51号〈4号鏡〉, 京都・椿井大塚山〈M23〉, 神奈川・真土大塚山〔中央主体〕	5	3	Ⅲ	Ⅳ	B	舶Ⅰ	2	Ⅰ	
大阪・国分茶臼山(伝)	1		Ⅳ	Ⅳ	C	舶Ⅰ	2	Ⅱ	
京都・北山, 奈良・黒塚〈3号鏡〉, 滋賀・織部山／大阪・国分茶臼山(伝)／岡山・湯迫車塚	(5)		Ⅲ	Ⅲ	B	舶Ⅰ	1	Ⅰ	
兵庫・森尾〔第2主体〕／徳島・板野町吹田(推定), 奈良・佐味田宝塚〈7号鏡〉, 奈良?・北和城南(伝), 不明(個人)	(5)		Ⅲ	Ⅲ	B	舶Ⅰ	1	Ⅰ	
京都・長岡近郊(伝)	1		Ⅲ	Ⅲ	B	舶Ⅰ		Ⅰ	
香川・奥3号〔第1主体〕, 兵庫・権現山51号〈2号鏡〉, 京都・椿井大塚山〈M21〉, 奈良・黒塚〔2面〕〈16号鏡・18号鏡〉, 静岡・連福寺, 群馬・三本木(伝), 不明(泉屋博古館〔2面〈M23・M24〉〕)	9		Ⅱ	Ⅱ	A	舶Ⅰ	2	Ⅰ	

420　資　　料

目録番号	同笵鏡番号	樋口番号〔2000〕	鏡　　名	面径(cm)	配置	表現
22	10?	85	張氏作三神五獣鏡	—	B	①
23	11	86	吾作三神五獣鏡	22.0	B	①
24	11?		吾作三神五獣鏡？	22.4	B?	①
25	12	87	吾作三神五獣鏡	22.5	B	⑦
26	13	88	吾作三神五獣鏡	21.5	B	⑦
27		51	吾作四神四獣鏡	21.7	B変	⑦
28	14	89・90	吾作五神四獣鏡（対置式）	21.8	U′	①
29		99	吾作六神四獣鏡（対置式）	21.8	U	①
29a		8	吾作四神四獣鏡（環状乳式）	21.8	環状	他
30	15	7	吾作四神四獣鏡（環状乳式）	21.3	環状	①
31	＊	9	吾作二神六獣鏡	22.1	特殊	①
32	16	52	吾作四神四獣鏡	22.6	E	⑦
32a			吾作四神四獣鏡	22.3	E	⑦
33	17	75	陳・是・作・竟・四神四獣鏡	22.3	E	⑦
34	18	41	張氏作四神四獣鏡	23.8	A	①
35	19	44	吾作四神四獣鏡	19.9	A	①
36		45	吾作四神四獣？鏡	18.0	A?	①
36a	＊	46	吾作四神四獣鏡	21.9	A	①
37	20	39	吾作徐州銘四神四獣鏡	22.5	A	⑭
38		40	吾作徐州銘四神四獣鏡？	—	A?	⑭
39	＊	42	新出四神四獣鏡	24.1	A	⑭ ④
40	21	82	吾作三神四獣鏡	22.3	A変	④
41	22	43	唐草文帯四神四獣鏡	22.2	A	④

2 三角縁神獣鏡目録　　421

出　土　遺　跡	面数	変　遷　段　階						
		新納 1991	澤田 1993	岸本 1995	福永 2005	大賀 2002 他	岩本 2003・ 2008	辻田 2007	森下 2005
福岡・大願寺（推定）	1				A	舶I		I	
兵庫・コヤダニ，京都・椿井大塚山（伝），奈良・黒塚〈23号鏡〉，滋賀・古富波山，静岡・上平川大塚	5	2	II	II	A	舶I	2	I	
福井・足羽山山頂付近（伝）	1				A	舶I	2		
兵庫・西求女塚［2面〈3号鏡・10号鏡〉］，京都・椿井大塚山〈M32〉，岐阜・可児町土田（伝），千葉・城山1号	5		II	II	A	舶I	2		
兵庫・権現山51号〈3号鏡〉，京都・椿井大塚山［2面〈M20・M31〉］，愛知・百々（伝）	4	2	II	II	A	舶I	2		
大分・宇佐付近（伝）	1		II	II	A	舶I	2		
京都・椿井大塚山〈M22〉，奈良・都介野（伝）	2	2	I	I	A	舶I	1		
奈良・佐味田宝塚〈5号鏡〉	1		I	I	A	舶I	1		
大阪・安満宮山〈1号鏡〉	1				A	舶I	2		
奈良・富雄丸山1号（伝），不明（五島美術館〈M274〉）	2	1		I	A	舶I	2		
福岡・大日［2面］，岡山・湯迫車塚	3		II	II	A	舶I	2		
京都・椿井大塚山〈M33〉，奈良・新山〈11号鏡〉	2	2	II	II	A	舶I	2		
兵庫・播磨（伝）	1					舶I			
岡山県内（伝），京都・西山2号〔中央主体〕，奈良・黒塚〈7号鏡〉	3	1	II	II	A	舶I	2		
香川・西山，京都・椿井大塚山〈M4〉，奈良・黒塚〈21号鏡〉，愛知・奥津社（推定）	4	2	I	I	A	舶I	2		
福岡・豊前石塚山〔第1主体〕〈6号鏡〉，広島・中小田1号，兵庫・西求女塚〈8号鏡〉，大阪・万年山，京都・椿井大塚山［2面〈M7・M8〉］，奈良・黒塚〈4号鏡〉	7		I	I	A	舶I	2		
兵庫・吉島	1		I	II	A	舶I	2		
奈良・黒塚［2面〈12号鏡・31号鏡〉］	2		I		A	舶I	2		
兵庫・西求女塚〈9号鏡〉，京都・椿井大塚山〈M5〉，奈良・佐味田宝塚〈8号鏡〉，奈良・黒塚〈22号鏡〉，岐阜・内山1号	5	1	III	II	B	舶I	2		
奈良・メスリ山〔主室〕	1		III	II	B	舶I	2		
滋賀・雪野山〈5号鏡〉，不明（Freer Gallery of Art）	2		III	II	B	舶I	2	I	
兵庫・西求女塚〈4号鏡〉，兵庫・水堂，京都・芝ヶ原11号〔第1主体〕，奈良・黒塚〈10号鏡〉	4	2	II	II	B	舶I	2		
兵庫・西野山3号，京都・久津川車塚	2		II	III	B	舶I	2	I	

目録番号	同笵鏡番号	樋口番号〔2000〕	鏡　　名	面径（cm）	配置	表現
42	23	80	櫛歯文帯四神四獣鏡	22.1	A	①
43	24	68	天王日月・獣文帯四神四獣鏡	22.4	A	⑤
44	25	77	天王日月・唐草文帯四神四獣鏡	23.7	A	④
45	26	78	天王日月・唐草文帯四神四獣鏡	21.8	A	⑤
46	27	67	天王日月・獣文帯四神四獣鏡	22.3	A	②
47	28	93	天・王・日・月・獣文帯三神四獣鏡	22.0	A変	⑤
48	＊	70	天・王・日・月・吉・獣文帯四神四獣鏡	23.0	A	⑤
48a		72	天・王・日・月・吉・獣文帯四神四獣鏡	22.4	A	⑤
49	76	81	珠文帯四神四獣鏡	21.7	A	⑤
50		50	吾作四神四獣鏡	21.5	A	⑰
51		69	天王日月・獣文帯四神四獣鏡	23.3	A	⑰
52	＊	48	陳是作四神四獣鏡	22.0	A	⑦
52a	＊	49	吾作四神四獣鏡	22.0	A	⑦
53	＊	47	張是作四神四獣鏡	21.8	A	⑨
54	＊	129	吾作四神三獣博山炉鏡	20.0	A変	⑥
55	29	95	画文帯六神三獣鏡	21.8	A′	⑥
56	30	94	画文帯五神四獣鏡	21.8	A′	⑥
57	31	92	天王・日月・獣文帯五神四獣鏡	22.5	A′	⑥
58	＊	97	陳是作六神四獣鏡	22.0	A′	⑥
59	＊	91	陳是作五神四獣鏡	21.7	A′	⑥

出　土　遺　跡	面数	変　遷　段　階						
		新納 1991	澤田 1993	岸本 1995	福永 2005	大賀 2002 他	岩本 2003・2008	辻田 2007	森下 2005
京都・椿井大塚山［2面〈M9・M10〉］，奈良・円照寺裏山	3		Ⅰ	Ⅰ	A	舶Ⅰ	2	Ⅰ	
大阪・石切周辺(推定)，京都・椿井大塚山〈M12〉，奈良・黒塚〈28号鏡〉	3		Ⅱ	Ⅱ	B	舶Ⅰ	2	Ⅰ	
兵庫・吉島［2面］，京都・椿井大塚山〈M3〉，奈良・佐味田宝塚〈9号鏡〉，奈良・黒塚〈24号鏡〉，滋賀・雪野山〈4号鏡〉，静岡・赤門上，不明(東京国立博物館)	8	3	Ⅱ	Ⅱ	B	舶Ⅰ	2	Ⅰ	
兵庫・東求女塚［後円部主体］〈3号鏡〉，京都・寺戸大塚［後円部主体］	2		Ⅲ	Ⅱ	B	舶Ⅱ?	2	Ⅰ	
福岡・神蔵，山口・竹島御家老屋敷，京都・椿井大塚山［3面〈M13・M14・M15〉］，神奈川・加瀬白山［後円部中央主体］	6	3	Ⅱ	Ⅲ	B	舶Ⅰ	2	Ⅰ	
鳥取・国分寺［第1主体］，広島・潮崎山	2		Ⅱ	Ⅱ	B		2	Ⅰ	
岡山・香登(伝)，兵庫・安田，大阪・安満宮山〈3号鏡〉	3			Ⅲ	B	舶Ⅰ	2	Ⅰ	
兵庫・権現山51号〈1号鏡〉	1			Ⅲ	B	舶Ⅰ		Ⅰ	
熊本・城ノ越／鳥取・普段寺2号	(2)		Ⅱ・Ⅳ	Ⅲ	B		2	Ⅰ	
大阪・庭鳥塚，静岡・新豊院山D2号［後円部主体］	2			Ⅲ	B	舶Ⅰ	2	Ⅰ	
岡山・郷観音山	1			Ⅲ	B	舶Ⅰ	2	Ⅰ	
奈良・黒塚〈6号鏡〉，群馬・三本木(伝)	2		Ⅱ	Ⅱ	A	舶Ⅰ	2	Ⅰ	
奈良・黒塚［2面〈11号鏡・25号鏡〉］	2		Ⅱ		A	舶Ⅰ	2	Ⅰ	
京都・椿井大塚山〈M6〉，奈良・黒塚［2面〈13号鏡・26号鏡〉］	3		Ⅱ	Ⅲ	B	舶Ⅰ	2	Ⅰ	
京都・園部垣内〈2号鏡〉，不明(イタリア博物館)	2		Ⅲ	Ⅳ	B	舶Ⅰ	3	Ⅰ	
奈良・黒塚〈14号鏡〉／奈良・桜井茶臼山，岐阜・東天神1号	(3)		Ⅱ	Ⅲ	B	舶Ⅰ	2	Ⅰ	
福岡・那珂八幡，岡山・湯迫車塚，京都・椿井大塚山〈M11〉，奈良・富雄丸山1号(伝)，不明(Freer Gallery of Art)	5		Ⅲ	Ⅲ	B	舶Ⅰ	2	Ⅰ	
奈良・黒塚〈5号鏡〉，奈良・桜井茶臼山，群馬・前橋天神山	3		Ⅲ	Ⅲ	B	舶Ⅰ	2	Ⅰ	
福岡・妙法寺2号，大阪・万年山	2		Ⅲ	Ⅲ	B	舶Ⅰ	2	Ⅰ	
兵庫・牛谷天神山，兵庫・西求女塚〈5号鏡〉	2		Ⅲ	Ⅲ	B	舶Ⅰ		Ⅰ	

目録番号	同笵鏡番号	樋口番号〔2000〕	鏡　　名	面径(cm)	配置	表現
60	＊	71	天・王・日・月・吉・獣文帯四神四獣鏡	22.5	A'？	⑥
61	32	96	陳氏作六神三獣鏡	21.9	A'	⑧
62	＊	98	張是作六神四獣鏡	22.7	A'	⑨
63		100	波文帯六神四獣鏡	25.0	A'	⑨
64	33	73	天王日月・獣文帯四神四獣鏡	21.7	D	②
65	34	101	日・月・獣文帯四神四獣鏡	21.9	D	他
66			君・宜・高・官・獣文帯四神四獣鏡	22.5	D	他
67	＊	56	吾作四神四獣鏡	22.4	D	⑦
68	35	63	天王日月・獣文帯四神四獣鏡	23.3	F1	②
69	36	61	天王・日月・獣文帯四神四獣鏡	23.4	F1	②
70	37	60	天王・日月・獣文帯四神四獣鏡	22.0	F1	②
71		66	天王・日月・獣文帯四神四獣鏡	22.1	F1	②
72			獣文帯四神四獣鏡	23.3	F1	②
73	38	64	君・宜・高・官・獣文帯四神四獣鏡	22.6	F1	⑯
74	39	59	天王・日月・獣文帯四神四獣鏡	23.7	F2	②
75	40	58	天王・日月・獣文帯四神四獣鏡	23.5	F2	②
76	41	76	日月日日・唐草文帯四神四獣鏡	21.9	F2	①
77		65	天王・日月・獣文帯四神四獣鏡	23.6	F2	②
78			天王日月・獣文帯神獣鏡	22.0	－	②？
79	42	38	王氏作徐州銘四神四獣鏡	22.2	G	①

2 三角縁神獣鏡目録

出 土 遺 跡	面数	変 遷 段 階							
		新納 1991	澤田 1993	岸本 1995	福永 2005	大賀 2002 他	岩本 2003・2008	辻田 2007	森下 2005
奈良・佐味田宝塚〈10号鏡＆15号鏡〉，奈良・黒塚〈15号鏡〉	2		Ⅲ	Ⅲ	B	舶Ⅰ	2	Ⅰ	
奈良・佐味田宝塚〈4号鏡〉，奈良・桜井茶臼山	2		Ⅱ	Ⅲ	B	舶Ⅰ	2	Ⅰ	
徳島・宮谷〔前方部墳丘裾〕，京都・内里，奈良・黒塚〈1号鏡〉	3		Ⅱ	Ⅲ	B	舶Ⅰ	2	Ⅰ	
岡山・湯迫車塚	1		Ⅲ	Ⅳ	B	舶Ⅰ	2	Ⅰ	
宮崎・持田48号(推定)，鳥取・倉吉市旧社村付近(伝)，群馬・前橋天神山	3		Ⅱ	Ⅲ	B	舶Ⅰ	2	Ⅰ	
福岡・豊前石塚山〔第1主体〕〈7号鏡〉，愛知・奥津社(推定)	2			Ⅳ	B	舶Ⅱ?	2	Ⅱ	
群馬・川井稲荷山	1		Ⅱ or Ⅲ	Ⅲ	B		2	Ⅱ?	
兵庫・西求女塚〈2号鏡〉，奈良・黒塚〈19号鏡〉，不明(泉屋博古館〈M25〉)	3		Ⅱ	Ⅱ	A	舶Ⅰ	2	Ⅰ	
宮崎・持田古墳群(推定)，京都・椿井大塚山〈M34〉，奈良・黒塚〈9号鏡〉，岐阜・龍門寺1号	4	2	Ⅱ	Ⅲ	B	舶Ⅰ	2	Ⅰ	
岡山・秦上沼，京都・椿井大塚山〈M36〉	2	1	Ⅱ	Ⅲ	B	舶Ⅰ	2	Ⅰ	
福岡・御陵，豊前石塚山〔第1主体〕〈4号鏡〉，奈良・黒塚［2面〈29号鏡・30号鏡〉］，福井・花野谷1号〔第1主体〕	5		Ⅱ	Ⅲ	B	舶Ⅰ	2	Ⅰ	
奈良・新山〈10号鏡〉	1		Ⅱ	Ⅲ	B	舶Ⅰ	2	Ⅰ	
不明(大阪市立博物館〈考0583〉)	1		Ⅱ	Ⅱ	B				
三重・桑名市(伝)，静岡・午王堂山3号	2		Ⅳ	Ⅳ	C	舶Ⅱ	3	Ⅱ	
福岡・豊前石塚山〔第1主体〕〈5号鏡〉，岡山・湯迫車塚，奈良・新山〈12号鏡〉，奈良・黒塚［3面〈2号鏡・27号鏡・33号鏡〉］	6	3	Ⅱ	Ⅲ	B	舶Ⅰ	2	Ⅰ	
鳥取・倉吉市旧社村付近(伝)，京都・椿井大塚山〈M16〉，不明(東北歴史博物館)	3	3	Ⅱ	Ⅱ	B	舶Ⅰ	2	Ⅰ	
大阪・万年山，静岡・経塚	2	4	Ⅰ	Ⅱ	A	舶Ⅰ	2	Ⅰ	
京都・久津川箱塚〔前方部主体?〕	1		Ⅱ	Ⅲ	B	舶Ⅰ	2	Ⅰ	
長野・森将軍塚〔後円部主体〕	1			Ⅱ	B	舶Ⅰ	2	Ⅰ	
福岡・老司〔3号主体〕，奈良・黒塚［2面〈20号鏡・32号鏡〉］，滋賀・古富波山，不明(Freer Gallery of Art)	5	2	Ⅰ	Ⅰ	A	舶Ⅰ	1	Ⅰ	

目録番号	同笵鏡番号	樋口番号〔2000〕	鏡　　名	面径(cm)	配置	表現
80	43	79	天王日月・鋸歯文帯四神四獣鏡	23.1	G′	③
81	44	62	天王日月・獣文帯四神四獣鏡	23.0	G′	③
82	45	33	陳氏作四神二獣鏡	21.8	H	⑧
83		37	波文帯四神二獣鏡	21.2	H	⑤
84		37	波文帯四神二獣鏡？	—	H?	⑤？
85	46	35	波文帯四神二獣鏡	21.9	H	⑧
86	＊	36	波文帯四神二獣鏡	21.6	H′	⑧
87		30	唐草文帯三神二獣鏡	23.3	I	④
88	47	28	唐草文帯三神二獣鏡	21.4	I	④
89	48	27	唐草文帯三神二獣鏡	21.3	I′	④
90	49	18	唐草文帯二神二獣鏡	21.7	J1	④
91	50	19	天・王・日・月・獣文帯二神二獣鏡	22.2	J1	⑤
92	51	20	天・王・日・月・獣文帯二神二獣鏡	22.2	J1	⑤
93	52	16	天・王・日・月・唐草文帯二神二獣鏡	21.6	J1	④
94		17	天・王・日・月・唐草文帯二神二獣鏡？	—	J1?	④
95	53	21	天・王・日・月・獣文帯二神二獣鏡	20.9	J1	⑤
96	54	26	天・王・日・月・獣文帯二神四獣鏡	21.4	J1変	⑤
97	55	15	惟念此銘唐草文帯二神二獣鏡	23.7	J1	④
98	＊	22	吾作二神二獣鏡	21.6	J1	⑰
98a			吾有好同三神三獣鏡	18.5	J変	他
99		24	□是作二神二獣鏡	22.5	J1	③
100	56	23	尚方作二神二獣鏡	22.6	J2	③
100a	56		尚方作二神二獣鏡	21.0	J2	③

2 三角縁神獣鏡目録　427

出　土　遺　跡	面数	変　遷　段　階							
		新納 1991	澤田 1993	岸本 1995	福永 2005	大賀 2002 他	岩本 2003・2008	辻田 2007	森下 2005
大分・赤塚, 京都・長法寺南原〈4号鏡〉, 京都・椿井大塚山〈M18〉, 奈良・桜井茶臼山	4		Ⅲ	Ⅳ	B	舶Ⅱ	3	Ⅱ	
愛媛・広田神社上［2面］, 京都・椿井大塚山〈M18〉, 奈良・桜井茶臼山	4		Ⅳ	Ⅳ	C	舶Ⅱ	3	Ⅱ	
京都・椿井大塚山〈M27〉, 滋賀・古富波山	2	3	Ⅲ	Ⅲ	B	舶Ⅰ	2	Ⅰ	
不明(根津美術館)	1			Ⅲ	B		3		
奈良・桜井茶臼山	1				B		3		
島根・八日山1号, 岐阜・一輪山	2		Ⅲ	Ⅳ	B	舶Ⅰ	3	Ⅰ	
熊本・八代郡(伝), 兵庫・権現山51号〈5号鏡〉	2		Ⅲ	Ⅲ	B	舶Ⅱ	3		
三重・山神寄建神社	1		Ⅳ	Ⅲ	C	舶Ⅲ	2		
兵庫・日岡東車塚, 兵庫・ヘボソ塚〈2号鏡〉	2		Ⅴ	Ⅴ	C	舶Ⅲ	4		
不明(鏡作神社), 愛知・東之宮〈1号鏡〉	2	3	Ⅴ	Ⅳ	C	舶Ⅲ			
大分・赤塚, 徳島・宮谷〔前方部墳丘裾〕, 岡山・鶴山丸山(伝)	3		Ⅳ	Ⅱ	C	舶Ⅱ	2		
福岡・沖ノ島18号〈1号鏡〉, 山口・宮ノ洲, 三重・桑名市(伝)	3		Ⅳ	Ⅱ	C	舶Ⅱ	2		
京都・百々池, 京都・椿井大塚山〈M24〉	2		Ⅳ	Ⅱ	C	舶Ⅱ	3		
兵庫・ヘボソ塚〈1号鏡〉, 大阪・石切周辺(推定), 京都・長法寺南原［2面〈1号鏡・2号鏡〉］, 京都・八幡西車塚, 奈良・佐味田宝塚, 岐阜・円満寺山, 岐阜・矢道長塚〔東主体〕, 愛知・東之宮〈3号鏡〉	9	4	Ⅳ	Ⅳ	C	舶Ⅲ	4	Ⅱ	
奈良・室大墓〔後円部南主体〕	1		Ⅳ	Ⅳ	C	舶Ⅲ	4		
福岡・香住ヶ丘3丁目, 奈良・金崎	2	4	Ⅳ	Ⅳ	C	舶Ⅱ?	4		
四国(推定), 大阪・横起山, 滋賀・大岩山	3		Ⅳ	Ⅲ	C	舶Ⅱ?	3	Ⅱ	
鳥取・普段寺1号／島根・大成, 大阪・茨木将軍山付近(推定), 大阪・石切周辺(推定)	(4)	4	Ⅳ	Ⅳ	C	舶Ⅲ	3		
香川県(伝), 奈良・富雄丸山1号(伝)	2		Ⅳ	Ⅲ	C	舶Ⅰ	2	Ⅱ?	
奈良・鴨都波1号〈棺内鏡〉	1				B	舶Ⅲ?	3	Ⅰ	
福岡・若八幡宮〔中心主体〕	1		Ⅳ	Ⅴ	C	舶Ⅱ		Ⅱ	
熊本・葦北郡(伝), 京都・八幡東車塚〔前方部主体〕, 奈良・新山〈4号鏡〉, 不明(個人)	4		Ⅳ	Ⅴ	C	舶Ⅱ	4	Ⅱ	
不明(東京国立博物館〈J38399〉)	1				C	舶Ⅱ	4	Ⅱ	

428　資　料

目録番号	同笵鏡番号	樋口番号〔2000〕	鏡　　名	面径(cm)	配置	表現
100b		6	神人龍虎画象鏡	22.3	J1	他
100c	＊		神人龍虎画象鏡	21.0	J1	他
101		25	吾作二神二獣鏡	21.3	J2	他
102	57	105	長・宜・子・孫・獣文帯三神三獣鏡	22.6	K1	⑯
103	58	104	君・宜・高・官・獣文帯三神三獣鏡	22.8	K1	⑯
104	59	109	天王日月・獣文帯三神三獣鏡	22.3	K1	③
105	60	108	天王日月・獣文帯三神三獣鏡	22.5	K1	③
106	60?	108	天王日月・獣文帯三神三獣鏡？	―	K1?	③
107		110	日日日全・獣文帯三神三獣鏡	22.4	K1	③
108	61	102	吾作九神三獣鏡	21.9	L1	他
109	62	107	天・王・日・月・獣文帯三神三獣鏡	22.1	L1	⑯
110	63	103	日・月・獣文帯三神三獣鏡	17.0	L1	⑤
111	64	106	君・宜・官・獣文帯三神三獣鏡	22.1	L2	⑤
112		131	天・王・日・月・獣文帯二神三獣一虫鏡	22.1	K1	⑤
113			天・王・日・月・獣文帯二神三獣一虫鏡？	22.2	K1?	⑤
114	65	111	獣文帯三神三獣鏡	22.0	K1	⑪
115	66	113	獣文帯三神三獣鏡	22.1	K1	⑪
116		115	獣文帯三神三獣鏡	24.1	K1	⑪
117	（＊）	114	獣文帯三神三獣鏡	24.1	K1	⑪
118	67	112	獣文帯三神三獣鏡	23.3	K1	⑫
119		11	獣文帯四神四獣鏡（仏像ふくむ）	22.1	F2変	⑮
120		10	獣文帯三仏三獣鏡	23.0	K2変	⑮

2 三角縁神獣鏡目録

出　土　遺　跡	面数	変遷段階						
		新納 1991	澤田 1993	岸本 1995	福永 2005	大賀 2002 他	岩本 2003・2008	辻田 2007	森下 2005
奈良・黒塚〈8号鏡〉	1				B	舶Ⅰ		Ⅰ	
奈良・鴨都波1号〈棺外1号鏡〉，奈良・大和国帝王陵付近？(伝)，山梨・岡銚子塚(伝)	3				C	舶Ⅲ？			
静岡・松林山	1		Ⅳ	Ⅴ	C	舶Ⅲ	4	Ⅱ？	
福岡・原口〈3号鏡〉，大阪・紫金山〈10号鏡＝鏡Ⅱ〉	2		Ⅳ	Ⅳ	C	舶Ⅱ	3	Ⅱ	
京都・長法寺南原〈3号鏡〉，奈良・白石所在(伝)	2		Ⅳ	Ⅳ	C	舶Ⅱ	3	Ⅱ	
大分・赤塚，京都・物集女町付近(伝)，滋賀・岡山，三重・筒野1号	4		Ⅴ	Ⅳ	C	舶Ⅱ	3	Ⅱ	
福岡・原口，福岡・天神森，福岡・豊前石塚山〔第1主体〕[2面〈1号鏡・2号鏡〉]，大分・赤塚，京都・椿井大塚山〈M19〉	6	4	Ⅴ	Ⅳ	C	舶Ⅱ	3	Ⅱ	
福岡・御座1号〔南西主体〕	1				C	舶Ⅱ	3	Ⅱ	
福岡・豊前石塚山〔第1主体〕〈3号鏡〉	1		Ⅴ	Ⅳ	C	舶Ⅱ	3	Ⅱ	
福岡・名島，愛媛・国分，奈良・白石光伝寺後方(伝)，不明(個人)	4	4		Ⅳ	C		3	Ⅱ？	
福岡・祇園山(推定)，福岡・原口，兵庫・東求女塚〔後円部主体〕〈1号鏡〉，奈良・桜井茶臼山，三重・桑名市(伝)，京都・椿井大塚山〈M26〉	6		Ⅳ	Ⅳ	C	舶Ⅱ	3	Ⅱ	
岐阜・坂尻1号，静岡・寺谷銚子塚，山梨・大丸山，不明(山中商会旧蔵)	4		Ⅴ	Ⅳ	C	舶Ⅱ？	3	Ⅱ	
大阪・万年山，奈良・佐味田宝塚〈11号鏡〉	2		Ⅴ	Ⅳ	C	舶Ⅱ？	3	Ⅱ	
兵庫・東求女塚〔後円部主体〕〈2号鏡〉	1		Ⅳ	Ⅳ	C	舶Ⅱ？	3	Ⅱ	
京都・加悦丸山	1				C	舶Ⅱ？			
大阪・真名井，京都府南部(伝)，奈良・新山〈8号鏡〉，群馬・蟹沢	4		Ⅴ	Ⅴ	D	舶Ⅲ	4	Ⅲ	
兵庫・城の山〈2号鏡〉，奈良・円照寺墓山1号	2		Ⅴ	Ⅴ	D	舶Ⅲ	4	Ⅲ	
和歌山・岩橋千塚	1		Ⅴ	Ⅴ	D	舶Ⅲ	4	Ⅲ	
兵庫・城の山〈1号鏡〉	1		Ⅴ	Ⅴ	D	舶Ⅲ	4	Ⅲ	
香川・蓮尺茶臼山，大阪・万年山	2		Ⅴ	Ⅴ	D	舶Ⅲ	4	Ⅲ	
群馬・赤城塚	1		Ⅲ or Ⅳ	Ⅱ	C	舶Ⅱ	2	Ⅰ？	
岡山・一宮天神山1号	1			Ⅳ	D	舶Ⅱ	2	Ⅰ？	

目録番号	同笵鏡番号	樋口番号〔2000〕	鏡　　　名	面径(cm)	配置	表現
120a			天王日月・獣文帯三仏三獣鏡	22.5	F1変	⑮?
121		132	獣文帯三仏三獣鏡	21.2	K1	⑮
122	68	133	櫛歯文帯三仏三獣鏡	20.4	K1	⑮
123	69	117	波文帯三神三獣鏡	21.5	K1	⑪
124	77	116	波文帯三神三獣鏡	21.7	K1	⑪
125		123	波文帯三神三獣鏡	21.8	K1?	⑪
126		125	波文帯三神三獣鏡?	—	K1?	⑪
127	70	118	波文帯三神三獣鏡	21.4	K1	⑫
128		122	波文帯三神三獣鏡	22.1	K1	⑫
129	*	121	波文帯三神三獣鏡	21.7	K1	⑫
130	71	120	波文帯三神三獣鏡	22.2	K2	⑫
131	72	126	波文帯三神三獣鏡	21.6	L1	⑩
131a			波文帯三神三獣鏡	21.9	L1	⑬
132	73	119	波文帯三神三獣鏡	21.7	L2	⑬
133		124	波文帯三神三獣鏡	21.1	L2	⑬
134	74	127	波文帯三神二獣博山炉鏡	21.5	M	⑩
135		128	波文帯三神二獣博山炉鏡	21.6	M′	⑩
136		130	陳孝然作波文帯四神三獣博山炉鏡	21.4	特殊	⑩
137			波文帯神獣鏡	—		
138	*	83	波文帯三神四獣鏡	20.6	特殊	
139			波文帯神獣鏡	22.0		
—			内区片・外区片	—		
36a?			吾作神獣鏡?			
—			外区片	—		
—			外区・鈕片			
—			天王日月・獣文帯四神四獣鏡	21.5		

2 三角縁神獣鏡目録　　431

出　土　遺　跡	面数	変　遷　段　階						
		新納 1991	澤田 1993	岸本 1995	福永 2005	大賀 2002他	岩本 2003・2008	辻田 2007	森下 2005
兵庫・塩田北山東〔第1主体〕	1								
奈良・新山〈5号鏡〉	1		V	V	D	舶Ⅱ	3	Ⅱ	
京都・寺戸大塚〔後円部主体〕，京都・百々池，京都・園部垣内〈3号鏡〉	3		V	V	D	舶Ⅱ	3	Ⅱ	
大分・亀甲山，兵庫・龍子三ツ塚1号，愛知・東之宮〈5号鏡〉，不明（『梅仙居蔵』所載鏡）	4		V	V	D	舶Ⅲ	4	Ⅲ	
三重・赤郷1号／福岡・沖ノ島御金蔵（推定）	(2)		V	V	D	舶Ⅲ	4	Ⅲ	
奈良・佐味田宝塚〈13号鏡〉	1		V	V	D	舶Ⅲ	4	Ⅲ	
熊本・葦北郡（伝）	1		V	V	D	舶Ⅲ	4	Ⅲ	
大阪・弁天山C1号〔後円部竪穴式石槨〕，奈良・鴨都波1号〈棺外2号鏡〉，愛知・東之宮〈10号鏡〉，不明（栃木県立博物館）	4		V	V	D	舶Ⅲ	4	Ⅲ	
奈良・新山〈9号鏡〉	1		V	V	D	舶Ⅲ	4	Ⅲ	
兵庫・城の山〈3号鏡〉，不明（根津美術館〈考古37〉）	2		V	V	D	舶Ⅲ	4	Ⅲ	
兵庫・龍子三ツ塚1号，和歌山・岩橋千塚，愛知・甲星敷2号	3		V	V	D	舶Ⅲ	4	Ⅲ	
福岡・忠隈，兵庫・小見塚，兵庫・御旅山3号，愛知・白山藪，不明（泉屋博古館〈M33〉）	5		V	V	D	舶Ⅲ	4	Ⅲ	
大分・七ツ森（伝）	1		V		D	舶Ⅲ	4	Ⅲ	
三重・筒野1号，岐阜・矢道長塚〔東主体〕	2		V	V	D	舶Ⅲ	4	Ⅲ	
石川・小田中親王塚（伝）	1		V	V	D	舶Ⅲ	4	Ⅲ	
広島・掛迫〔南主体〕，岡山・田邑丸山2号，兵庫・阿保親王塚〈2号鏡〉，奈良・佐味田宝塚〈12号鏡〉，奈良・佐味田貝吹，奈良・渋谷（伝），岐阜・円満寺山	7		V	V	D	舶Ⅲ	4	Ⅲ	
鳥取・馬山4号〔後円部第1主体〕	1		V	V	D	舶Ⅲ	4	Ⅲ	
兵庫・阿保親王塚〈4号鏡〉	1		V	V	D	舶Ⅲ	4	Ⅲ	
香川・是行谷	1			Ⅲ	D				
岡山・一宮（伝），奈良・鴨都波1号〈棺外3号鏡〉	2				D		4	Ⅲ	
茨城・大場天神山（伝）	1		V？		D				
福岡・沖ノ島18号									
福岡・豊前石塚山〔第1主体〕（『観古集』所載鏡）									
徳島・宮谷〔前方部墳丘裾〕									
島根・四塚山									
兵庫・東求女塚〔後円部主体〕〈4号鏡〉					B				

432 資料

目録番号	同笵鏡番号	樋口番号〔2000〕	鏡　　名	面径(cm)	配置	表現
一			波文帯神獣鏡片	21.8		
一			外区片	22.1		
42?			櫛歯文帯神獣鏡	一		
一			神獣鏡	一		
一			破片（2面分〜）	一		
一			内区片	一		
一			外区片（その1）	一		
一			外区片（その2）	一		
一			三角縁神獣鏡？	一		
一			天王日月・獣文帯神獣鏡片	一		
一			外区片（その2）	約22		
一			陳是作四神二獣鏡	一		
一			張氏作三神五獣鏡	一		
一			吾作三神五獣鏡	一		
一			張氏作四神四獣鏡	一		
一			吾作四神四獣鏡	一		
一			唐草文帯四神四獣鏡	一		
一			櫛歯文帯四神四獣鏡	一		
一			吾作四神四獣鏡	一		
一			天王日月・獣文帯四神四獣鏡	一		
一			吾作四神四獣鏡	一		
一			天王日月・獣文帯四神四獣鏡	一		
一			吾作神獣鏡	一		
一			唐草文帯神獣鏡	一		
一			外区片	一		
一			外区片	一		
一			波文帯神獣鏡	一		
一			外区〜縁部片	一		
一			鈕片	一		
一			破片（四神四獣鏡？）	一		
一			天王日月・二神二獣鏡	一		
一			有銘四神四獣鏡	21.7		

2 三角縁神獣鏡目録　　433

出　土　遺　跡	面数	変　遷　段　階						
		新納 1991	澤田 1993	岸本 1995	福永 2005	大賀 2002 他	岩本 2003・2008	辻田 2007	森下 2005
兵庫・阿保親王塚〈3号鏡〉					D				
兵庫・阿保親王塚〈4号鏡〉									
大阪・闘鶏山									
大阪・闘鶏山									
京都・椿井大塚山〈M29〉									
奈良・佐味田宝塚									
奈良・佐味田宝塚〈19号鏡〉									
奈良・佐味田宝塚									
奈良・室大墓〔前方部主体〕(伝)									
奈良・桜井茶臼山									
奈良・桜井茶臼山									
奈良・桜井茶臼山									
奈良・桜井茶臼山									
奈良・桜井茶臼山									
奈良・桜井茶臼山									
奈良・桜井茶臼山									
奈良・桜井茶臼山									
奈良・桜井茶臼山									
奈良・桜井茶臼山									
奈良・桜井茶臼山									
奈良・桜井茶臼山									
奈良・桜井茶臼山									
奈良・桜井茶臼山									
奈良・桜井茶臼山									
奈良・桜井茶臼山									
奈良・桜井茶臼山									
三重・石山〔中央主体?〕									
福井・足羽山山頂付近(伝)									
岐阜・花岡山				II					
岐阜・内山1号									
群馬・頼母子									

434　資　料

目録番号	同笵鏡番号	樋口番号〔2000〕	鏡　名	面径(cm)	配置	表現
—			内区片	—		
—			銘帯三神五獣鏡	—		
29?			吾作六神四獣鏡（対置式）	—	U	①?
134?			波文帯三神二獣博山炉鏡	—	M	⑩
201	101	29	唐草文帯三神二獣鏡	21.7	I	
202		31	獣文帯三神二獣鏡	21.7	I	
203	102	J48	唐草文帯三神二獣鏡	21.4	J1	
204	103	J41	唐草文帯三神三獣鏡	24.3	K2	
205	104	J40	鳥文帯三神三獣鏡	24.1	K2	
206	105	J12	獣文帯三神三獣鏡	21.6	K2	
207	106	J14	獣文帯三神三獣鏡	21.6	K2	
208	107	J15	獣文帯三神三獣鏡	22.1	K2	
209	108	J16	獣文帯三神三獣鏡	22.0	K2	
210	109	J10	獣文帯三神三獣鏡	22.0	K2	
211	110	J11	獣文帯三神三獣鏡	22.3	K2	
212		J17	獣文帯三神三獣鏡	21.7	K2	
213	111	J9	獣文帯三神三獣鏡	22.2	K2	
214	＊	J18	獣文帯三神三獣鏡	21.9	K2	
215	＊	J13	獣文帯三神三獣鏡	21.7	K2	
215a	＊?		獣文帯三神三獣鏡？	—	K2?	

出 土 遺 跡	面数	変遷段階						
		新納 1991	澤田 1993	岸本 1995	福永 2005	大賀 2002 他	岩本 2003・2008	辻田 2007	森下 2005
不明（東京大学総合資料館）									
不明（京都国立博物館）									
不明（『千とせのためし』所載鏡）									
不明（『鏡研搨本』所載鏡）									
（原鏡）／大阪・紫金山〈7号鏡＝鏡Ⅲ〉／岡山・鶴山丸山／奈良県（伝）	(3)	5	Ⅵ	Ⅴ・仿Ⅰ	Ⅰa	仿Ⅰ	4		b
（目録88）／矢道長塚〔東主体〕	(1)	5	Ⅵ	仿Ⅰ	Ⅰa	仿Ⅰ	4		b
岡山・鶴山丸山，福島・会津大塚山〔南主体〕	2	5	Ⅵ	仿Ⅰ	Ⅰb	仿Ⅰ	「仿」1		b
福岡・沖ノ島17号〈18号鏡〉，大阪・壺井御旅山（推定）〈C5号鏡〉，大阪・紫金山［2面〈6号鏡＝鏡Ⅴ・11号鏡＝鏡Ⅵ〉］，京都・百々池	5	5	Ⅵ	仿Ⅰ	Ⅰc	仿Ⅰ	「仿」1		b
大阪・紫金山〈4号鏡／鏡Ⅳ〉，大和国（伝）	2	5	Ⅵ	仿Ⅰ	Ⅰc	仿Ⅰ	「仿」1		b
山口・長光寺山〔西主体〕，兵庫・氷上親王塚，大阪・紫金山［2面〈5号鏡＝鏡Ⅸ・8号鏡＝鏡Ⅹ〉］，奈良・新山〈6号鏡〉	5	5	Ⅵ	仿Ⅱ	Ⅱa	仿Ⅰ	「仿」1		a3
大分・免ヶ平〔第1主体〕，山口・長光寺山〔西主体〕［2面］，岡山・鶴山丸山（伝），大阪・紫金山〈9号鏡＝鏡ⅩⅠ〉，奈良県（伝），滋賀・出庭亀塚，伊勢（伝），岐阜・野中〔南主体〕（伝），不明（京都国立博物館〈J甲321〉）	10	5	Ⅵ	仿Ⅱ	Ⅱa	仿Ⅰ	「仿」1		a3
福岡・一貴山銚子塚［2面〈N3号鏡・N4号鏡〉］，兵庫・南大塚〔前方部石槨〕，不明（Freer Gallery of Art）	4	5	Ⅵ	仿Ⅱ	Ⅱb	仿Ⅱ	「仿」2		a4
福岡・一貴山銚子塚［2面〈S2号鏡・S3号鏡〉］	2	5	Ⅵ	仿Ⅱ	Ⅱb	仿Ⅱ	「仿」2		a4
福岡・一貴山銚子塚〈N1号鏡〉，兵庫・勅使塚（伝），京都・寺戸町（伝）	3	5	Ⅵ	仿Ⅱ	Ⅱa	仿Ⅱ	「仿」2		a4
佐賀・杢路寺〔第1主体〕，京都・百々池	2	5	Ⅵ	仿Ⅱ	Ⅱa	仿Ⅱ	「仿」2		a4
福岡・一貴山銚子塚〈S1号鏡〉	1	5	Ⅵ	仿Ⅱ	Ⅱc	仿Ⅱ	「仿」2		a4
鳥取・上神大将塚，大阪・矢作神社境内（伝），京都・平尾稲荷山，奈良・観音寺町古作，奈良・高市郡（伝），愛知・出川大塚［2面］，不明（黒川古文化研究所［2面〈85号鏡・86号鏡〉］）	9	5	Ⅵ	仿Ⅱ	Ⅱa	仿Ⅱ	「仿」2		a3
宮崎・西都原13号，福岡・沖ノ島18号	2	5	Ⅵ	仿Ⅱ	Ⅱc	仿Ⅱ	「仿」2		a4
奈良・高市郡（伝）［2面］，岐阜・矢道長塚〔西主体〕	3	5	Ⅵ	仿Ⅱ	Ⅱa	仿Ⅰ	「仿」1		a4
京都・平尾城山	1		Ⅵ			仿Ⅰ			

資　　料

目録番号	同笵鏡番号	樋口番号〔2000〕	鏡　　名	面径(cm)	配置	表現
216	112	J8	獣文帯三神三獣鏡	24.2	K2	
216a	112?		獣文帯三神三獣鏡	24.1?	K2	
217		J20	獣文帯三神三獣鏡	22.3	K2	
218		J39	獣文帯三神三獣鏡	21.0	K2変	
218a			獣文帯三神三獣鏡	約21.5	K2?	
219			獣文帯三神三獣鏡	22.6	K2	
220			獣文帯三神三獣鏡	22.2	K2	
220a			獣文帯三神三獣鏡	22.0	K2	
221		J19	獣文帯三神三獣鏡	22.1	K2	
221a			獣文帯三神三獣鏡	23.0	K2	
222			獣文帯三神三獣鏡	22.2	K2	
223		J7	獣文帯三神三獣鏡	21.8	K2	
224			獣文帯三神三獣鏡	21.7	K2	
225	*	J4	獣文帯三神三獣鏡	22.0	K2	
226		J2	獣文帯三神三獣鏡	22.0	K2	
227		J6	獣文帯三神三獣鏡	22.0	K2	
228		J3	獣文帯三神三獣鏡	21.8	K2	
229	113	J5	獣文帯三神三獣鏡	21.5	K2	
230	114	J1	獣文帯三神三獣鏡	22.0	K2	
231	115	J22・J23	獣文帯三神三獣鏡	23.8	L2	
232		J21	獣文帯三神三獣鏡	24.6	L2	
233	116	J47	吾作三神三獣鏡	21.2	K1	
234	117	J24	獣文帯三神三獣鏡	21.7	K1	
235	118	J25	獣文帯三神三獣鏡	21.7	K1	

出　土　遺　跡	面数	変　遷　段　階						
		新納 1991	澤田 1993	岸本 1995	福永 2005	大賀 2002 他	岩本 2003・2008	辻田 2007	森下 2005
京都・園部垣内〈4号鏡〉，奈良・新沢500号〔後円部副槨〕	2	5	VI	仿I	Ic	仿I	「仿」1		a3
山口・柳井茶臼山(伝)	1		VI			仿I			a3
愛知・兜山	1	5	VI	仿II	IIb	仿II	「仿」2		a4
京都・長岡近郊(伝)	1	5	VI	仿II	IIc		「仿」3		a4
不明(『鏡研搨本』所載鏡)	1		VI						a4
不明(明治大学考古学博物館)	1	5	VI	仿II	IIc	仿II	「仿」3		a4
大阪・麻田御神山	1	5	VI	仿II	IIc	仿II	「仿」2		a4
不明(根津美術館〈考古29〉)	1	5	VI	仿II	IIc		「仿」3		a4
大阪・塚原	1	5	VI	仿II	IIb	仿II	「仿」2		a4
三重・紀勢町錦(伝)	1	5	VI	仿II	IIc		「仿」3		a4
香川・石清尾山猫塚〔中央主体〕	1	5	VI	仿II	IIc		「仿」3		a4
大阪・壺井御旅山(推定)〈C3号鏡〉	1	5	VI	仿I	Ib	仿I	「仿」1		a2
京都・寺戸大塚〔前方部主体〕	1	5	VI	仿I	Ic	仿I	「仿」1		a1
福岡・卯内尺(伝)，大阪・国分茶白塚，岐阜・南濃町(伝)	3	5	VI	仿I	Ic	仿I	「仿」1		a1
大阪・壺井御旅山(推定)〈C2号鏡〉	1	5	VI	仿I	Ib	仿I	「仿」1		a2
大阪・壺井御旅山(推定)〈C4号鏡〉	1	5	VI	仿I	Ib	仿I	「仿」1		a1
群馬・片岡村原野内塚(伝)	1	5	VI	仿I	Ib	仿I	「仿」1		a2
奈良・佐味田宝塚〈14号鏡〉，奈良・新山〈7号鏡〉	2	5	VI	仿I	Ic	仿I	「仿」1		a1
岡山・花光寺山，大阪・紫金山〈2号鏡＝鏡VIII〉，京都・妙見山〔前方部主体〕，奈良・南都御陵之所(伝)	4	5	VI	仿I	Ic	仿I	「仿」1		a1
大分・宇佐市(伝)，愛知・仙人塚／奈良・佐味田付近／島根・造山1号〔第1主体〕／千葉・手古塚／不明(藤井有鄰館60号鏡)	(5)	5	VI	仿I	Ic	仿I	「仿」1		c
大阪・紫金山〈3号鏡＝鏡VII〉	1	5	VI	仿I	Ic	仿I	「仿」1		c
佐賀・谷口〔東主体(第1主体)〕，福岡・一貴山銚子塚（2面〈N2号鏡・S4号鏡〉），大阪・国分ヌク谷北塚〔2面〕	5	5	VI	仿III	IIIa	仿II	「仿」2		a5
佐賀・谷口〔西主体(第2主体)〕〔2面〕，大阪・塚原，滋賀・天王山，愛知・小木天王山，不明(『桃陰廬』所載鏡)	6	5	VI	仿III	IIIa	仿II	「仿」2		a5
佐賀・谷口〔東主体(第1主体)〕，京都・久津川車塚(伝)，岐阜・矢道長塚〔西主体〕，愛知・小木宇都宮神社	4	5	VI	仿III	IIIb	仿II	「仿」2		a5

資料

目録番号	同笵鏡番号	樋口番号〔2000〕	鏡　　名	面径(cm)	配置	表現
236		J26	獣文帯三神三獣鏡	20.7	K1	
237		J27	獣文帯三神三獣鏡	20.9	K1	
238		J30	獣文帯三神三獣鏡	21.1	K1	
239	＊	J29	獣文帯三神三獣鏡	21.7	K1	
240		J31	獣文帯三神三獣鏡	23.4	K1	
241		J34	獣文帯三神三獣鏡	21.9	K1	
241a		J35	獣文帯三神三獣鏡	24.0	K1	
242		J33	獣文帯三神三獣鏡	21.8	L1	
243		J28	獣文帯三神三獣鏡	21.6	K1変	
244		J44	唐草文帯三神三獣鏡	21.6	K1	
245		J37	獣文帯三神三獣鏡	22.2	K1	
246			獣文帯三神二獣鏡	20.4	K1変	
247		J45	獣文帯三神三獣鏡	21.8	K1	
248		J46	唐草文帯三神二獣鏡	20.9	K1変	
249	119	J43	唐草文帯三神三獣鏡	20.6	K1	
250	＊	J42	唐草文帯三神三獣鏡	21.2	K1	
252		J36	獣文帯三神三獣鏡	20.9	K1変	
253		J32	獣文帯三神二獣鏡	20.0	K1変	
254			獣文帯三神三獣鏡	20.7	K1	
255	＊	J49	獣文帯二神三獣鏡	20.5	K1変	
256			獣文帯三神三獣鏡	21.5		
257			獣文帯三神三獣鏡	21.8	K1	
257a			獣文帯三神三獣鏡			
—			獣文帯三神三獣鏡	21.5	K1	
—			獣文帯三神三獣鏡			
—			獣文帯三神三獣鏡			
—			外区片	21.9		

2 三角縁神獣鏡目録

出 土 遺 跡	面数	変 遷 段 階						
		新納 1991	澤田 1993	岸本 1995	福永 2005	大賀 2002他	岩本 2003・2008	辻田 2007	森下 2005
山梨・中道銚子塚	1	5	Ⅵ	仿Ⅲ	Ⅲb	仿Ⅱ	「仿」2		a5
福岡・沖ノ島18号〈3号鏡〉	1	5	Ⅵ	仿Ⅲ	Ⅲa	仿Ⅱ	「仿」2		a5
大阪・駒ヶ谷宮山〔前方部2号主体〕	1	5	Ⅵ	仿Ⅲ	Ⅳa	仿Ⅲ	「仿」3		a6
広島・白鳥神社境内, 奈良・龍田(伝)	2	5	Ⅵ	仿Ⅳ	Ⅳa	仿Ⅲ	「仿」3		a6
福岡・沖ノ島18号〈2号鏡〉	1	5	Ⅵ	仿Ⅲ	Ⅳa	仿Ⅲ	「仿」3		a6
三重・美杉村太郎生(伝)	1	5	Ⅵ	仿Ⅲ	Ⅲa	仿Ⅲ	「仿」3		他
不明(British Museum)	1	5	Ⅵ	仿Ⅲ	Ⅲa	仿Ⅲ	「仿」3		他
三重・草山久保	1	5	Ⅵ	仿Ⅲ	Ⅲa	仿Ⅲ	「仿」3		a6
不明(泉屋博古館〈M119〉)	1	5	Ⅵ	仿Ⅳ	Ⅳa	仿Ⅲ	「仿」3		a6
福岡・沖ノ島17号〈19号鏡〉	1	5	Ⅵ	仿Ⅳ	Ⅳc	仿Ⅲ	「仿」4		a6
愛知・甲屋敷(伝)	1	5	Ⅵ	仿Ⅳ	Ⅳb	仿Ⅲ	「仿」3		a6
福岡・二丈町付近(伝)	1	5	Ⅵ	仿Ⅳ	Ⅴ	仿Ⅲ	「仿」3		a6
不明(新田神社〈88号鏡〉)	1	5	Ⅵ	仿Ⅳ	Ⅳc	仿Ⅲ	「仿」4		a6
静岡・道尾塚(伝)	1	5	Ⅵ	仿Ⅳ	Ⅴ	仿Ⅲ	「仿」3		a6
福岡・沖ノ島16号, 福岡・沖ノ島18号〈4号鏡〉	2	5	Ⅵ	仿Ⅳ	Ⅳb	仿Ⅲ	「仿」3		a6
長野・新井原8号, 三重・美杉村太郎生(伝)	2	5	Ⅵ	仿Ⅳ	Ⅳa	仿Ⅲ	「仿」3		a6
三重・清生茶臼山	1	5	Ⅵ	仿Ⅳ	Ⅳb	仿Ⅲ	「仿」3		a6
福岡・沖ノ島17号〈20号鏡〉	1	5	Ⅵ	仿Ⅳ	Ⅴ	仿Ⅲ	「仿」4		a6
山口・松崎	1	5	Ⅵ	仿Ⅳ	Ⅴ	仿Ⅲ	「仿」3		a6
福岡・沖ノ島(推定), 大阪・河内黄金塚(伝)	2	5	Ⅵ	仿Ⅳ	Ⅴ	仿Ⅲ	「仿」4		a6
奈良県(伝)	1	5	Ⅵ	仿Ⅲ	Ⅳa	仿Ⅲ			
不明(根津美術館〈考古30〉)	1	5	Ⅵ	仿Ⅲ	Ⅲa	仿Ⅲ	「仿」3		他
石川・小田中親王塚(伝)		5	Ⅵ	仿Ⅱ	Ⅱb	仿Ⅱ			
不明(福島コレクション)									
不明(東京国立博物館〈J680801〉)									
不明(個人)									
福岡・沖ノ島18号									

3　三角縁神獣鏡出土地名表

◇本地名表は,『椿井大塚山古墳と三角縁神獣鏡』〔京都大学文学部考古学研究室編 1989〕に掲載された目録をベースに,森下章司・岩本崇が改訂をくわえた『大古墳展』〔森下・千賀編 2000〕掲載目録を,さらに下垣が増補したものである。

◇「出土遺跡」は,西から東へ府県別に配列した。出土遺跡が伝承や推定によるものは,末尾に(伝)ないし(推定)を付した。出土地がまったく不明な資料は,表末に一括した。複数の埋葬施設から遺物が出土している古墳については,出土した主体部名を〔　〕内に記した。

◇「遺跡所在地」は,市町村名までとする。

◇「遺跡概要」については,ほとんどが古墳であり,その場合,墳形(墳長 m)・埋葬施設の種類の順で示した。

◇「出土三角縁神獣鏡」の鏡名および「目録番号」は,本書収録の資料「2　三角縁神獣鏡目録」に依拠した。同一埋葬施設・同一遺構の複数面出土鏡に番号が振られ区別されている場合,その番号を鏡名の末尾の〈　〉内に記した。

◇「面径」は,報告書類のデータなどによる。銅鏡の法量は,多様な要因により誤差が生じうるため,参考データと理解されたい。

◇「歴博番号」は,『国立歴史民俗博物館報告』第 56 集の「弥生・古墳時代遺跡出土鏡データ集成」〔白石・設楽編 1994〕および『同』第 97 集の「弥生・古墳時代遺跡出土鏡データ集成　補遺1」〔白石・設楽編 2002〕において,弥生～古墳時代遺跡出土鏡に付された番号である。

◇「所蔵・保管者」について,所蔵機関の所蔵番号を〈　〉内に記した。なお,所蔵者が個人の場合,その氏名は省略した。

◇「共伴遺物」は,同一遺構で伴出した品目を,各カテゴリーごとに示した。品目のあとに示した数字は出土点数。遺物の有無や量は,盗掘の有無や残存状況,調査の範囲および精度,出土後の散逸の程度などに大きく左右されるので,おおよその目安と考えられたい。なお,古墳出土遺物に関して,棺内／棺外の区別はしていない。

◇「主要文献」は,資料および出土遺跡について記した文献のうち,主要なものにかぎった。文献の詳細については,本書収録の資料「1　三角縁神獣鏡関連論文」を参照されたい。

◇2010 年 1 月に報道された奈良県桜井茶臼山古墳出土の新出資料については,同 1 月 13 日から31 日まで奈良県立橿原考古学研究所附属博物館において公開された資料キャプションおよび展示パネルに依拠した。同笵(型)鏡や新番号などの詳細については,今後正式データが提示されるので,本墳関連データは,今後修正されるべき参考データと理解されたい。

出土遺跡	遺跡所在地	遺跡概要(墳形(m)・埋葬施設)	出土三角縁神獣鏡	面径(cm)	目録番号	歴博番号		出土年次	所蔵・保管者
不明(推定鹿児島県内)	不明(推定鹿児島県内)	不明	獣文帯三神三獣鏡	21.8	247	鹿児島	3	不明	新田神社〈88号鏡〉
西都原13号墳(旧2号墳)	宮崎県西都市	前方後円墳(83)・粘土槨	獣文帯三神三獣鏡	22.0	214	宮崎	48	1916	宮崎県総合博物館
持田48号墳(推定)	宮崎県高鍋町(推定)	円墳・不明	天王日月・獣文帯四神四獣鏡	21.4	64	宮崎	26	昭和以降	宮崎県総合博物館
持田古墳群(推定)	宮崎県高鍋町(推定)	古墳・不明	天王日月・獣文帯四神四獣鏡	23.3	68	宮崎	31	昭和以降	宮崎県総合博物館
葦北郡(伝)	熊本県葦北郡(伝)	不明	尚方作二神二獣鏡	22.7	100	熊本	95	不明	京都大学総合博物館〈4511〉
		不明	波文帯三神三獣鏡?	破片	126	熊本	96	不明	京都大学総合博物館〈4511〉
八代郡(伝)	熊本県八代市(伝)	不明	波文帯四神二獣鏡	21.6	86	熊本	94	不明	耕三寺博物館
城ノ越古墳	熊本県宇土市	前方後円墳(44)・箱形石棺?	珠文帯四神四獣鏡	21.7	49	熊本	73	1966	宇土高校・宇土市立図書館郷土資料室
杢路寺古墳〔第1主体〕	佐賀県伊万里市	前方後円墳(80)・礫槨	獣文帯三神三獣鏡	22.3	211	佐賀	166	1952	伊万里市教育委員会・伊万里市歴史民俗資料館
谷口古墳〔西主体(第2主体)〕	佐賀県唐津市	前方後円墳(81?)・竪穴式石槨	獣文帯三神三獣鏡	21.6	234	佐賀	117	1908	東京国立博物館〈J6196-1〉
			獣文帯三神三獣鏡	21.6	234	佐賀	118		東京国立博物館〈J6196-2〉
谷口古墳〔東主体(第1主体)〕		前方後円墳(81?)・竪穴式石槨	吾作三神三獣鏡	21.0	233	佐賀	120		東京国立博物館〈J6197〉
			獣文帯三神三獣鏡	21.6	235	佐賀	119		東京国立博物館〈J6198〉
祇園山古墳(推定)	福岡県久留米市(推定)	古墳・箱形石棺	天・王・日・月・獣文帯三神三獣鏡	22.1	109	福岡	511	江戸以前	高良神社
神蔵古墳	福岡県朝倉市	前方後円墳(40)・竪穴式石槨	天王日月・獣文帯四神四獣鏡	22.3	46	福岡	438	1977	朝倉市教育委員会
大願寺(推定)	福岡県朝倉市(推定)	墳墓・不明	張氏作三神五獣鏡	完形	22?	福岡	440	江戸以前	所在不明
原口古墳	福岡県筑紫野市	前方後円墳(81)・木棺直葬or粘土槨	長・宜・子・孫・獣文帯三神三獣鏡	22.6	102	福岡	213	1932	東京国立博物館〈J21811〉
			天王日月・獣文帯三神三獣鏡	22.6	105	福岡	215		個人
			天・王・日・月・獣文帯三神三獣鏡	21.9	109	福岡	214		東京国立博物館〈J21812〉
御陵古墳群赤坂山支群(御陵古墳・韓人池古墳)(推定)	福岡県大野城市(推定)	古墳・箱形石棺?	天王・日月・獣文帯四神四獣鏡	21.9	70	福岡	207	1802	大野城市教育委員会

3 三角縁神獣鏡出土地名表　443

中国鏡	仿製鏡	石製品・玉類	武器・武具	農工漁具	その他	主要文献
不明						田中（琢）1981；池畑1988；河口2001；車崎編2002；岩本2003a・2005a；徳田2003
		硬玉勾玉２・碧玉管玉40～・ガラス小玉百数十	剣１		刀子１	内藤他1918；富岡1920a；濱他1940；樋口1992・1997a・2000；大阪府立近つ飛鳥博物館編1995；宮崎県教育委員会編1998；石川2001；車崎編2002
		（硬玉勾玉）				梅原1969
		不明				宮崎県総合博物館編1979
		不明				佐賀県立博物館編1979；甲元1983a；澤田編1993；水野他編2005a
		不明				佐賀県立博物館編1979；甲元1983b；澤田編1993；水野他編2005a
		不明				梅原1923d；後藤1926a；小林（行）1971・1976a・1979b；甲元1983c；樋口1992；澤田編1993
		不明				富樫1967；富樫他1982・1983・1987；樋口1992・2000；澤田編1993；車崎編2002；杉井2002；東方編2008
			刀１～・剣６～	鉇１		大塚他1962；小林（行）1976a；志佐編1977；佐賀県立博物館編1979；樋口1979b・2000；大阪府立近つ飛鳥博物館編1995；車崎編2002
			刀１・剣５・鉄鏃１	鉇１・鎌１・斧１・錐１	竪櫛１	富岡1920a；後藤1926a・1942a；梅原1953；小林（行）1961a・1976a；近藤（喬）1973；田中（琢）1977・1979・1981；佐賀県立博物館編1979；樋口1979b・2000；亀井他1982；佐賀県浜玉町教育委員会編1991；福永1994c；車崎編2002；水野他編2005a
双頭龍文鏡１	櫛文鏡２	石釧11・硬玉勾玉５・ガラス勾玉３・勾玉１・碧玉管玉292・ガラス小玉1553・真珠小玉１	刀10～・剣２・鉄鏃多数	斧１		
不明						古賀1971；石山編1979；佐賀県立博物館編1979；樋口1979a・1992・2000
			剣３	斧１・鍬先１		木下編1978；柳田1978；柳田他1984；樋口1992；大阪府立近つ飛鳥博物館編1995
不明						柳田他1982・1984
		管玉＆丸玉５	刀２	斧４		嶋田1935；小林（行）1961a・1971・1976a；大阪府立近つ飛鳥博物館編1995；藤丸1997；草場他2001；車崎編2002；水野他編2005a
			刀			弘津1933；筑紫他1979；福地1981；後藤1983；舟山他1984；水野編2005a；藤丸2006

出土遺跡	遺跡所在地	遺跡概要(墳形(m)・埋葬施設)	出土三角縁神獣鏡	面径(cm)	目録番号	歴博番号		出土年次	所蔵・保管者
妙法寺2号墳〔第1主体〕	福岡県那珂川町	前方後方墳(18)・粘土槨	陳是作六神四獣鏡	21.9	58	福岡	220	1980	那珂川町教育委員会
一貴山銚子塚古墳	福岡県糸島市	前方後円墳(103)・竪穴式石槨	獣文帯三神三獣鏡〈N3号鏡〉	22.0	208	福岡	7	1950	京都大学総合博物館〈5278〉
			獣文帯三神三獣鏡〈N4号鏡〉	22.0	208	福岡	8		京都大学総合博物館〈5279〉
			獣文帯三神三獣鏡〈S2号鏡〉	22.0	209	福岡	9		京都大学総合博物館〈5280〉
			獣文帯三神三獣鏡〈S3号鏡〉	22.0	209	福岡	10		京都大学総合博物館〈5281〉
			獣文帯三神三獣鏡〈N1号鏡〉	22.2	210	福岡	11		京都大学総合博物館〈5276〉
			獣文帯三神三獣鏡〈S1号鏡〉	21.7	212	福岡	12		京都大学総合博物館〈5277〉
			吾作三神三獣鏡〈N2号鏡〉	21.2	233	福岡	13		京都大学総合博物館〈5274〉
			吾作三神三獣鏡〈S4号鏡〉	21.2	233	福岡	14		京都大学総合博物館〈5275〉
二丈町付近(伝)	福岡県糸島市(伝)	不明	獣文帯三神三獣鏡	20.4	246	福岡	—	不明	名古屋市立博物館
大日古墳(大日山古墳)	福岡県糸島市	円墳・箱形石棺?	吾作二神六獣鏡	22.0	31	福岡	18	1909	所在不明
			吾作二神六獣鏡	22.0	31	福岡	19		
卯内尺古墳(辻山古墳)(伝)	福岡県福岡市(伝)	前方後円墳?(73〜78)・竪穴式石槨?	獣文帯三神三獣鏡	21.9	225	福岡	194	1887	東京国立博物館〈J39101〉
老司古墳〔3号主体〕	福岡県福岡市	前方後円墳(75)・竪穴系横口式石室	王氏作徐州銘四神四獣鏡	22.4	79	福岡	186	1967	九州大学大学院人文科学研究院考古学研究室
藤崎遺跡第6号方形周溝墓	福岡県福岡市	方形周溝墓(22)・組合式木棺直葬	陳氏作神獣車馬鏡	22.3	13	福岡	177	1980	福岡市教育委員会
藤崎遺跡第1地点	福岡県福岡市	墳墓・箱形石棺	波文帯盤龍鏡	24.5	5	福岡	175	1912	東京国立博物館〈J6736〉
若八幡宮古墳〔中心主体〕	福岡県福岡市	前方後円墳(48)・舟形木棺直葬	□是作二神二獣鏡	22.5	99	福岡	156	1970	九州歴史資料館

3 三角縁神獣鏡出土地名表　445

共伴遺物						主要文献
中国鏡	仿製鏡	石製品・玉類	武器・武具	農工漁具	その他	
		碧玉勾玉1・碧玉管玉4・ガラス小玉7		刀子1・鉇1・斧1		沢田1981；樋口1992・2000；車崎編2002
内行花文鏡1・方格規矩四神鏡1		硬玉管玉2・碧玉管玉33	素環頭大刀3・刀3・短刀1・剣6・槍14・鉄鏃14			小林(行)1952a・1952b・1961a・1976a；小林(行)編1959；小野山他編1968；田中(琢)1977・1979・1981；佐賀県立博物館編1979；樋口1979b・1992・2000；八賀1990；福永1994c；大阪府立近つ飛鳥博物館編1995；丸山編1995；森下他編2000；車崎編2002；岩本2003a；水野他編2005a
不明						岩本2001a・2005a；車崎編2002
		勾玉1・管玉15	素環頭大刀2			後藤1926a
			剣1・銅鏃1			江藤(年次不明)；三木1989；森(貞)1989；吉留編2001
内行花文鏡1・方格規矩鏡3	内行花文鏡2・捩文鏡1	硬玉勾玉7・碧玉管玉125・ガラス管玉1・硬玉棗玉1・小玉1	肩甲1対・籠手1対・草摺1・三尾鉄1・素環頭大刀1・環頭大刀1・刀4〜・剣6・矛4・鉄鏃104〜	刀子19・蕨手刀子8・鉇11・斧11・鎌3・鍬先4・鋤先1・鑿6・鋸2・針形鉄器2	櫛1・鑷子2・金環2・轡4・捩金具1・鞍橋金具・不明鉄器24・砥石1・盤状土器1・土器片枕1	佐賀県立博物館編1979；高倉1989；山口他編1989；辻田2005b；伊都国歴史博物館編2006
			素環頭大刀1・鉄鏃1	刀子1・鉇1		浜石1981；内田1982；浜石他編1982；樋口1992；小林(健)編2006；藤丸2008b
			素環頭大刀1	刀子		富岡1920a；鳴田1924a；後藤1942a；樋口1992；池田他編2004；水野他編2005a
		碧玉管玉14・ガラス小玉2	方形板革綴短甲1・三葉環頭大刀2・剣1・鉄鏃19	刀子1・鉇1・斧1		柳田1971；佐賀県立博物館編1979；樋口1992・2000；車崎編2002

446　資　料

出土遺跡	遺跡所在地	遺跡概要(墳形(m)・埋葬施設)	出土三角縁神獣鏡	面径(cm)	目録番号	歴博番号		出土年次	所蔵・保管者
那珂八幡古墳	福岡県福岡市	前方後円墳(75〜)・割竹形木棺直葬	画文帯五神四獣鏡	21.8	56	福岡	197	1985	福岡市教育委員会
香住ヶ丘3丁目古墳	福岡県福岡市	古墳・粘土槨	天・王・日・月・獣文帯二神二獣鏡	21.0	95	福岡	203	1956	香椎宮
天神森古墳	福岡県福岡市	前方後円墳・不明	天王日月・獣文帯三神三獣鏡	22.6	105	福岡	201	昭和以降(1970?)	福岡市博物館
名島古墳	福岡県福岡市	前方後円墳(30)・木棺直葬？	吾作九神三獣鏡	22.2	108	福岡	204	1978	福岡市博物館
忠隈古墳(忠隈1号墳)	福岡県飯塚市	円墳(35)・竪穴式石槨	波文帯三神三獣鏡	21.5	131	福岡	394	1955	飯塚市教育委員会
沖ノ島16号遺跡	福岡県宗像市	祭祀遺構・巨石間	唐草文帯三神二獣鏡	20.5	249	福岡	325	1954	宗像大社
沖ノ島17号遺跡	福岡県宗像市	祭祀遺構・岩陰	唐草文帯三神三獣鏡〈18号鏡〉	24.3	204	福岡	346	1957	宗像大社
			唐草文帯三神三獣鏡〈19号鏡〉	21.6	244	福岡	347		宗像大社
			獣文帯三神二獣鏡〈20号鏡〉	20.0	253	福岡	348		宗像大社
沖ノ島18号遺跡	福岡県宗像市	祭祀遺構・岩上	天・王・日・月・獣文帯二神二獣鏡〈1号鏡〉	22.2	91	福岡	350	1955	宗像大社
			獣文帯三神三獣鏡〈3号鏡〉	20.9	237	福岡	352		宗像大社
			獣文帯三神三獣鏡〈2号鏡〉	23.4	240	福岡	351		宗像大社

3 三角縁神獣鏡出土地名表　447

中国鏡	仿製鏡	共伴遺物 石製品・玉類	武器・武具	農工漁具	その他	主要文献
		硬玉勾玉1・碧玉管玉2・ガラス小玉1				井沢1986；井沢他編1986；樋口1992
不明						三島他編1973；小林(行)1976a；樋口1992・2000；車崎編2002
盤龍鏡1						下條1977；藤丸1997
			剣or槍2〜3			柳沢1988；後藤1990；大阪府立近つ飛鳥博物館編1995
上方作系浮彫式獣帯鏡1		瑪瑙勾玉1・碧玉管玉1・水晶嵌玉1			四葉座金具	森(貞)1959；児島他1973；大阪府立近つ飛鳥博物館編1995；藤丸2004
方格規矩鏡1	内行花文鏡1・素文鏡1	石釧2・滑石釧5・硬玉勾玉3・碧玉勾玉2・滑石勾玉22・碧玉管玉93〜・滑石管玉135〜・管玉1・ガラス小玉287〜・滑石臼玉40・滑石棗玉23・滑石小玉220〜	刀6〜・剣10〜・矛4・槍2・鉄鏃21〜	刀子1・蕨手刀子17・斧5	銅釧2・鉄釧6・鉄鋌2・雲珠片?・金銅製方形板2・鉄器片	原田1958；宗像神社復興期成会編1958；樋口1979b；小田1981；花田1998；岩本2005a
夔鳳鏡1	内行花文鏡3・方格規矩鏡6・類方格規矩鏡1・夔龍鏡2・分離式神獣鏡1・二神二獣鏡1・類画象鏡1・仿製鏡2	車輪石2・石釧1・硬玉勾玉1・滑石勾玉2・碧玉管玉10・滑石管玉11・ガラス小玉75・滑石棗玉4・滑石小玉298	刀5・剣7	蕨手刀子3	鉄釧4	原田1961a；宗像神社復興期成会編1961；保坂編1964；小林(行)1976a；田中(琢)1977；佐賀県立博物館編1979；樋口1979a・1992；小田1981；花田1998；車崎編2002；岩本2005a；大阪府立近つ飛鳥博物館編2006
方格規矩四神鏡1・夔鳳鏡2	方格規矩鏡1・鏡式不明1	石釧1・碧玉管玉5・閃緑岩管玉10・硬玉棗玉1・ガラス小玉約103・滑石臼玉約20・(伝出土：車輪石1・石釧・勾玉61・管玉201・臼玉1)		蕨手刀子4		原田1961c；小林(行)1971・1976a；岡崎1979c・1979d；岡崎1979；佐賀県立博物館編1979；佐田1979；花田1998；樋口2000；車崎編2002；大阪府立近つ飛鳥博物館編2006；岩本2005a・2008a

出土遺跡	遺跡所在地	遺跡概要(墳形(m)・埋葬施設)	出土三角縁神獣鏡	面径(cm)	目録番号	歴博番号	出土年次	所蔵・保管者
			唐草文帯三神二獣鏡〈4号鏡〉	20.6	249	福岡353		宗像大社
			内区片・外区片	21.9	—	福岡359		宗像大社
			獣文帯三神三獣鏡	21.8	214	福岡357	1978	個人
			外区片	破片	—	福岡—		個人
沖ノ島御金蔵(沖ノ島4号遺跡)(推定)	福岡県宗像市(推定)	祭祀遺構・洞穴	波文帯三神三獣鏡	21.7	124	福岡311	不明	宗像大社
沖ノ島遺跡(推定)	福岡県宗像市(推定)	祭祀遺構	獣文帯二神三獣鏡	20.5	255	福岡—	不明	宗像大社
御座1号墳〔南西主体〕	福岡県北九州市	前方後円墳(23)・木棺直葬?	天王日月・獣文帯三神三獣鏡?	内区片	106	福岡574	1985	北九州市教育文化事業団埋蔵文化財調査室
豊前石塚山古墳〔第1主体〕	福岡県苅田町	前方後円墳(130)・竪穴式石槨	吾作四神四獣鏡〈6号鏡〉	19.9	35	福岡523	1796・1987	宇原神社
			日・月・獣文帯四神四獣鏡〈7号鏡〉	21.8	65	福岡524		宇原神社
			天王・日月・獣文帯四神四獣鏡〈4号鏡〉	22.0	70	福岡525		宇原神社
			天王・日月・獣文帯四神四獣鏡〈5号鏡〉	23.5	74	福岡526		宇原神社
			天王日月・獣文帯三神三獣鏡〈1号鏡〉	22.4	105	福岡527		宇原神社・苅田町

3 三角縁神獣鏡出土地名表　449

共伴遺物						主要文献
中国鏡	仿製鏡	石製品・玉類	武器・武具	農工漁具	その他	
方格規矩四神鏡1・夔鳳鏡1	神獣鏡1・旋回式獣像鏡1・乳文鏡2・鏡式不明2	ガラス小玉9・滑石白玉114・三輪玉1	刀1・剣1・鉄鏃8	刀子4・斧2	鉸具2・帯先金具1・銅製有孔方形板4・銅製花形鋲留金具7・歩揺付雲珠・辻金具1・金銅製透彫金具1・銅鈴2・金銅鐸状品・鉄製鑿状品1・雛形鉄斧1・雛形刀子・銅釘3・近世陶磁器	後藤1942a；原田1958；宗像神社復興期成会編1958；小林(行)1979b；樋口1992・2000；車崎編2002
不明						車崎編2002；岩本2005a
不明						宇野1987；藤丸1996・1997；宇野編1999
細線式獣帯鏡1・無銘鏡3		琥珀勾玉1・碧玉管玉3	小札革綴冑1・素環頭大刀1・刀・鉄鏃28〜・銅鏃1・靫	斧5・鉇2片		梅原1924d；嶋田1924b；後藤1926a；清野1955；小林(行)1961a・1971・1976a；佐賀県立博物館編1979；樋口1979a・1992・2000；長嶺他編1988；長嶺1991・1996a・1996b・1996c・2005；長嶺編1996・1997；藤丸1997・2006・2007；車崎編2002；水野他編2005a；岩本2008a

出土遺跡	遺跡所在地	遺跡概要（墳形(m)・埋葬施設）	出土三角縁神獣鏡	面径(cm)	目録番号	歴博番号		出土年次	所蔵・保管者
			天王日月・獣文帯三神三獣鏡〈2号鏡〉	22.4	105	福岡	528		宇原神社
			日日日全・獣文帯三神三獣鏡〈3号鏡〉	22.4	107	福岡	531		宇原神社
			吾作神獣鏡	不明	36a?	福岡	―		所在不明（『観古集』所載鏡）
			吾作神獣鏡	不明	35?	福岡	523?		所在不明（『観古集』所載鏡）
			張氏作神獣鏡	不明	―	福岡	―		所在不明（『観古集』所載鏡）
			吾作神獣鏡	不明	―	福岡	―		所在不明（『観古集』所載鏡）
			天王・日月・（天・王・日・月・）神獣鏡？	不明	―	福岡	―		所在不明（『観古集』所載鏡）
			天王・日月・（天・王・日・月・）神獣鏡？	不明	―	福岡	―		所在不明（『観古集』所載鏡）
免ヶ平古墳〔第1主体〕	大分県宇佐市	前方後円墳(53)・竪穴式石槨	獣文帯三神三獣鏡	21.7	207	大分	8	1972	大分県立歴史博物館
赤塚古墳	大分県宇佐市	前方後円墳(58)・箱形石棺	波文帯盤龍鏡	24.8	4	大分	1	1921	京都国立博物館〈J甲424〉
			天王日月・鋸歯文帯四神四獣鏡	23.0	80	大分	2		京都国立博物館〈J甲424〉
			唐草文帯二神二獣鏡	21.8	90	大分	3		京都国立博物館〈J甲424〉
			天王日月・獣文帯三神三獣鏡	22.4	104	大分	5		京都国立博物館〈J甲424〉
			天王日月・獣文帯三神三獣鏡	22.6	105	大分	4		京都国立博物館〈J甲424〉
宇佐付近(伝)	大分県宇佐市(伝)	不明	吾作四神四獣鏡	21.7	27	大分	―	不明	辰馬考古資料館
宇佐市(伝)	大分県宇佐市(伝)	不明	獣文帯三神三獣鏡	23.3	231	大分	16	不明	個人
亀甲山古墳(亀甲古墳)	大分県大分市	円墳・箱形石棺	波文帯三神三獣鏡	21.5	123	大分	39	1911	東京国立博物館〈J6780〉
七ツ森古墳群(伝)	大分県宇佐市(伝)	古墳・不明	波文帯三神三獣鏡	21.9	131a	大分	―	不明	個人
広田神社上古墳(嶺昌寺古墳)	愛媛県伊予市	古墳・不明	天王日月・獣文帯四神四獣鏡	23.0	81	愛媛	70	1969	愛媛県歴史文化博物館・愛媛県教育委員会
			天王日月・獣文帯四神四獣鏡	破片	81	愛媛	71		愛媛県歴史文化博物館・愛媛県教育委員会
国分古墳	愛媛県今治市	前方後円墳(44)・竪穴式石槨	吾作九神三獣鏡	21.8	108	愛媛	20	不明	個人

3 三角縁神獣鏡出土地名表　451

中国鏡	仿製鏡	石製品・玉類	武器・武具	農工漁具	その他	主要文献
吾作系斜縁神獣鏡1		石釧3・硬玉勾玉10・碧玉管玉45・ガラス小玉1674	刀1・剣2・短剣6・槍1	刀子29・鉇2・斧2・鎌3・鋤先1	不明鉄器1	小田他1974；八賀1984・1990；真野他1986；甲斐他1991；大阪府立近つ飛鳥博物館編1995；長嶺編1997
		碧玉管玉3	刀3片	斧1		梅原1923f；後藤1926a・1942a；小林(行)編1959；小林(行)1961a・1971・1976a・1979b；西田1971；小田他1974；賀川1975；樋口1979b・1992・2000；真野他1986；大阪府立弥生文化博物館編1991；王1992；京都国立博物館編1993；森(郁)他編1994；長嶺編1997；藤丸1997；車崎編2002；岩本2008a
不明						辰馬考古資料館編1989；樋口1992・2000；矢野編1998；車崎編2002；青木編2008；岩本2008a；鈴木2009
不明						小田1988
	重圏文鏡1	碧玉管玉1・ガラス小玉15	刀14片			日名子1912；和田1916a・1916b；富岡1920a；後藤1926a・1942a；小林(行)1971・1976a・1979b；樋口1979b・2000；木村1999；藤丸2002a；水野他編2005a
不明						大分県立宇佐風土記の丘歴史民俗資料館編1989；車崎編2002
不明						遺跡発行会1985；西田1986；小笠原編2002；正岡2009
浮彫式獣帯鏡1		翡翠勾玉1・硬玉管玉2・ガラス小玉1	刀1・剣3・鉄鏃1・銅鏃36	刀子1・斧1・鍬鋤先1		遺跡発行会1985；西田1986；八木1988・1989；天羽他1992；北條1994

452 資　料

出土遺跡	遺跡所在地	遺跡概要(墳形(m)・埋葬施設)	出土三角縁神獣鏡	面径(cm)	目録番号	歴博番号		出土年次	所蔵・保管者
西山古墳	香川県多度津町	円墳?・不明	張是作四神四獣鏡	完形	34	香川	86	不明	所在不明
蓮尺茶臼山古墳(川津茶臼山古墳)	香川県坂出市	前方後円墳・不明	獣文帯三神三獣鏡	23.2	118	香川	61	1933	東京国立博物館〈J23660〉
石清尾山猫塚古墳〔中央主体〕	香川県高松市	双方中円墳(96)・竪穴式石槨	獣文帯三神三獣鏡	22.2	222	香川	44	1910	東京国立博物館〈J6181〉
是行谷古墳群	香川県さぬき市	古墳・不明	波文帯神獣鏡	内区片	137	香川	21	1961	所在不明(個人旧蔵)
奥3号墳〔第1主体〕	香川県さぬき市	前方後円墳(37)・竪穴式石槨	張氏作三神五獣鏡	22.7	21	香川	14	1972	さぬき市教育委員会
香川県(伝)	香川県(伝)	不明	吾作二神二獣鏡	21.6	98	香川	―	不明	高松市歴史資料館
宮谷古墳〔前方部墳丘裾〕	徳島県徳島市	前方後円墳(40)・前方部墳丘裾	張是作六神四獣鏡	22.4	62	徳島	50	1989	徳島市教育委員会
			唐草文帯二神二獣鏡	21.7	90	徳島	52		徳島市教育委員会
			外区片	22.2	―	徳島	51		徳島市教育委員会
板野町吹田(推定)	徳島県板野町(推定)	古墳	新作徐州銘四神四獣鏡	内区片	19	徳島	―	1920前後(推定)	徳島県立博物館
四国(伝)	四国(伝)	不明	天・王・日・月・獣文帯二神四獣鏡	21.3	96	―	―	不明	個人
長光寺山古墳〔西主体〕	山口県山陽小野田市	前方後円墳(58)・竪穴式石槨	獣文帯三神三獣鏡	21.5	206	山口	42	1881	厚狭図書館
			獣文帯三神三獣鏡	21.6	207	山口	43		厚狭図書館
			獣文帯三神三獣鏡	21.6	207	山口	44		厚狭図書館
松崎古墳	山口県宇部市	円墳(28)・箱形石棺	獣文帯三神三獣鏡	20.7	254	山口	49	1969	宇部市立図書館付設郷土資料館
竹島御家老屋敷古墳	山口県周南市	前方後円墳(56)・竪穴式石槨	正始元年陳是作同向式神獣鏡	22.8	8	山口	22	1888	個人
			天王日月・獣文帯四神四獣鏡	22.3	46	山口	23		個人
宮ノ洲古墳	山口県下松市	円墳・竪穴式石槨	王氏作盤龍鏡	24.5	6	山口	17	1802	東京国立博物館〈J37435〉
			□作同向式神獣鏡	23.5	11	山口	18		東京国立博物館〈J37436〉
			天・王・日・月・獣文帯二神二獣鏡	22.1	91	山口	19		東京国立博物館〈J37437〉

3 三角縁神獣鏡出土地名表 453

	共伴遺物					主要文献
中国鏡	仿製鏡	石製品・玉類	武器・武具	農工漁具	その他	
不明						岡田1932；松本他編1983；松本1987；天羽他1992
	捩文鏡1	碧玉管玉4	刀?			岡田1937；徳島県博物館他1980；松本他編1983；松本1987；樋口1992・2000；車崎編2002；水野他編2005a
異体字銘帯鏡1・内行花文鏡1・上方作系浮彫式獣帯鏡1・吾作系斜縁四獣鏡1		石釧1	刀1・剣4・鉄鏃4・銅鏃8・筒形銅器3・銅剣17	鉇1・斧1・鑿1	土師器壺1	後藤1926a；梅原1933a；高松市教育委員会編1973；松本他編1983；松本1987；車崎編2002；水野他編2005a；香川考古学研究会編2006
不明						長尾町史編集委員会編1965；松本他編1983；長尾町史編纂委員会編1986；松本1987；香川考古学研究会編2006
			剣1	刀子1・鉇1・斧1		ゴルフ場埋蔵文化財発掘調査団編1972；松本他編1983；古瀬1985；松本1987；樋口1992；北條1994；大阪府立近つ飛鳥博物館編1995；水野他編2005a；香川考古学研究会編2006
不明						樋口1992
不明						一山編1989；徳島市教育委員会編1990a・1990b・1991；一山1991；一山他1992；樋口1992・2000；北條1994；大阪府立近つ飛鳥博物館編1995；橋本2001；水野他編2005a
不明						橋本2001
不明						樋口1992・2000；車崎編2002
内行花文鏡1		鍬形石1・巴形石製品1	刀・剣・鉄鏃5・筒形銅器1	鑿状鉄製品1	不明鉄製品2	近藤1888；小川1927；弘津1928；中司他編1977；中司1977；樋口1979b・2000；桑原他1984；八賀1984・1990；真野他1986；松木1994；大阪府立近つ飛鳥博物館編1995；近藤(喬)2000；山口県立萩美術館他編2005
	内行花文鏡1・鳥頭獣像鏡1	琥珀勾玉1・滑石勾玉8・碧玉管玉14	刀3・剣?1・鉄鏃5	鉇3?・斧4・鎌2・手鎌4片・鍬鋤先4〜・鑿2		小田1981；近藤(喬)2000；岩本2001a・2005a；車崎編2002；山口県立萩美術館他編2005
神人龍虎車馬画象鏡1			素環頭大刀1・剣2・鉄鏃1・銅鏃26	斧1	鉄滓片1	島田1926；弘津1928；藤田1957；西田1980；奈良国立博物館編1989；松木1994；近藤(喬)2000
内行花文鏡1			刀・鉄鏃	鉇・斧		梅原1922c；後藤1926a・1942a；弘津1928；西田1971；樋口1979b・1992・2000；近藤(喬)2000；車崎編2002；水野他編2005a；岩本2008a

454　資　料

出土遺跡	遺跡所在地	遺跡概要(墳形(m)・埋葬施設)	出土三角縁神獣鏡	面径(cm)	目録番号	歴博番号		出土年次	所蔵・保管者
柳井茶臼山古墳(伝)	山口県柳井市(伝)	前方後円墳(80)・竪穴式石槨	獣文帯三神三獣鏡	24.1?	216a	山口	6	1892?	所在不明
四塚山古墳群(下本郷町所在古墳)	島根県益田市	古墳・箱形石棺	外区・鈕片	21.8	—	島根	37	1972	益田市教育委員会
神原神社古墳	島根県雲南市	方墳(30×27)・竪穴式石槨	景初三年陳是作同向式神獣鏡	23.0	7	島根	26	1972	島根県立八雲立つ風土記の丘資料館
八日山1号墳	島根県松江市	方墳(24)・不明	波文帯四神二獣鏡	21.9	85	島根	12	1977	島根県立八雲立つ風土記の丘資料館
大成古墳	島根県安来市	方墳(45)・竪穴式石槨	(惟念此銘)唐草文帯二神二獣鏡	23.4	97	島根	1	1911・1997	東京国立博物館〈J6604〉・安来市教育委員会
造山1号墳〔第1主体〕	島根県安来市	方墳(60)・竪穴式石槨	獣文帯三神三獣鏡	24.0	231	島根	3	1936	東京国立博物館〈J33867〉
普段寺1号墳	鳥取県南部町	前方後方墳(25)・木棺直葬?	惟念此銘唐草文帯二神二獣鏡	23.5	97	鳥取	105	1952	大安寺
普段寺2号墳	鳥取県南部町	円墳(約20)・木棺直葬	珠文帯四神四獣鏡	21.7	49	鳥取	106	1921	個人
馬山4号墳(橋津4号墳)〔後円部第1主体〕	鳥取県湯梨浜町	前方後円墳(約100)・竪穴式石槨	波文帯三神二獣博山炉鏡	21.6	135	鳥取	61	1956	東京国立博物館〈J37063〉
上神大将塚古墳	鳥取県倉吉市	円墳(27)・箱形石棺	獣文帯三神三獣鏡	22.3	213	鳥取	34	1916	東京国立博物館〈J9891〉
国分寺古墳〔第1主体〕	鳥取県倉吉市	前方後方墳(60)・粘土槨	天・王・日・月・獣文帯三神四獣鏡	22.4	47	鳥取	32	1922	伯耆国分寺
倉吉市旧社村付近(伝)	鳥取県倉吉市(伝)	不明	天王日月・獣文帯四神四獣鏡	22.1	64	鳥取	44	不明	所在不明(個人旧蔵)
			天王・日・月・獣文帯四神四獣鏡	23.6	75	鳥取	43		大阪市立美術館

3 三角縁神獣鏡出土地名表　455

共伴遺物					主要文献
中国鏡	仿製鏡	石製品・玉類	武器・武具	農工漁具	その他
画文帯神獣鏡1	内行花文鏡1・鼉龍鏡2	勾玉3・管玉1・ガラス小玉1	刀2～・剣2～・矛・鉄鏃	刀子4～	土師器壺	近藤1888；梅原1921e・1921f；松木1994；望月1999
不明						村上1985；小原他1999
			素環頭大刀1・刀1・剣1・槍(剣?)1・鉄鏃36片・矢羽根漆膜	鉇1・斧1・鎌1・鍬先1・鑿1・錐2	鉄器残欠	蓮岡1972・1984・2002；樋山1974；町田1974；小林(行)1976a；前島他1976；田中(琢)1977・1979・1981；樋口1979b・1992・2000；近藤1983・1988a・1988b；王(仲)1984b・1985a・1992；奈良国立博物館編1989；大阪府立弥生文化博物館編1991；五島美術館学芸部編1992；京都国立博物館編1993；笠野1994；大阪府立近つ飛鳥博物館編1995；小原他1999；岡村2002a；車崎編2002；福永2005a；岩本2008a
不明						岡崎他1978；樋口1992・2000；大阪府立近つ飛鳥博物館編1995；小原他1999；岩本2008a
			素環頭大刀1・刀2・剣3		土師器小型丸底壺3・土師器低脚杯2	梅原1918；後藤1926a；樋口1952；森1978b；出雲考古学研究会編1985；中原1988・1994；小原他1999；古谷1999；渡辺編1999；藤丸2000；水野他編2005a；東方編2008；岩本2009a
方格規矩鏡1		ガラス管玉4～	刀	刀子		山本他1963；近藤1973；小林(行)1976a；田中(琢)1977；樋口1979b・2000；鈴木(仲)他1980；出雲考古学研究会編1985；小田1988；永見1992；安来市教育委員会編1992；小原他1999；車崎編2002；岩本2003a；水野他編2005a
		碧玉管玉	剣1			樋口1952・1979b・1992・2000；森1978b；中原1988・1994；小原他1999；藤丸2000；車崎編2002；東方編2008；岩本2009a；高田2009
不明						梅原1923c；後藤1926a；富樫他1982；中原1988；小原他1999；東方編2008
方格規矩鏡1	内行花文鏡1・画文帯神獣鏡1・盤龍鏡1	車輪石3・石釧12・硬玉勾玉1・碧玉管玉17	刀2・剣1	鉇2・斧1・鋸1		佐々木1961；小林(行)1971・1976a・1979b；大村1978；森(浩)1990a；樋口1992・2000；小原他1999；車崎編2002；水野他編2005a；岩本2008a；東方編2008
	対置式神獣鏡1	鍬形石1・滑石製琴柱形石製品4・滑石管玉32・滑石白玉32	刀1・剣5・槍1・鉄鏃1	斧2		後藤1921a；梅原1923c；名越1973；小原他1999；水野他編2005a；東方編2008
夔鳳鏡1・同向式神獣鏡1			刀1・剣3～・鉄鏃2	刀子1・鉇5～・斧3・鎌3～・鍬鋤先2～・鑿3		梅原1923c；後藤1926a；名越1973；小林(行)1976a；倉吉博物館編1978；新編倉吉市史編集委員会編1996；小原他1999；根鈴編2000；車崎編2002；岩本2006；東方編2008
不明						梅原1923c・1923d；後藤1926a；恩賜京都博物館編1942；大阪市立美術館編1969；名越1973；樋口1992・2000；新編倉吉市史編集委員会編1996；小原他1999；車崎編2002

資料

出土遺跡	遺跡所在地	遺跡概要(墳形(m)・埋葬施設)	出土三角縁神獣鏡	面径(cm)	目録番号	歴博番号		出土年次	所蔵・保管者
中小田1号墳	広島県広島市	前方後円墳(30)・竪穴式石槨	吾作四神四獣鏡	20.1	35	広島	17	1979	広島大学文学研究科考古学研究室
白鳥神社境内古墳	広島県東広島市	円墳?・不明	獣文帯三神三獣鏡	21.8	239	広島	31	1910?	白鳥神社
潮崎山古墳	広島県福山市	前方後円墳?(30?)・不明	天・王・日・月・獣文帯三神四獣鏡	22.0	47	広島	59	1827	所在不明(個人旧蔵)
掛迫6号墳〔南主体〕	広島県福山市	前方後円墳(47)・竪穴式石槨	波文帯三神二獣博山炉鏡	21.6	134	広島	69	昭和以降	個人
津之郷町所在古墳	広島県福山市	古墳・不明	波文帯盤龍鏡	22.0	5a	広島	47	昭和以降	広島県立歴史博物館
秦上沼古墳	岡山県総社市	古墳・不明	天王・日月・獣文帯四神四獣鏡	23.3	69	岡山	21	1931	倉敷考古館
一宮(伝)(吉備津彦神社付近出土)	岡山県岡山市(伝)	不明	波文帯三神四獣鏡	20.6	138	岡山	84	1928	個人・吉備津彦神社
一宮天神山1号墳	岡山県岡山市	前方後方墳?・竪穴式石槨	獣文帯三仏三獣鏡	23.0	120	岡山	80	1967	岡山理科大学
湯迫車塚古墳(備前車塚古墳)	岡山県岡山市	前方後方墳(48)・竪穴式石槨	画象文帯盤龍鏡	25.0	1	岡山	100	1956	東京国立博物館〈J37172〉
			天王日月・獣文帯同向式神獣鏡	23.4	9	岡山	102		東京国立博物館〈J37179〉
			陳氏作神獣車馬鏡	22.2	13	岡山	104		東京国立博物館〈J37174〉
			陳氏作神獣車馬鏡	26.0	14	岡山	103		東京国立博物館〈J37173〉
			陳是作四神二獣鏡	22.0	16	岡山	105		東京国立博物館〈J37175〉
			陳是作四神二獣鏡	22.0	16	岡山	106		東京国立博物館〈J37176〉
			新作徐州銘四神四獣鏡	23.2	18	岡山	107		東京国立博物館〈J37178〉
			吾作二神六獣鏡	22.2	31	岡山	99		東京国立博物館〈J37177〉
			画文帯五神四獣鏡	22.0	56	岡山	101		東京国立博物館〈J37181〉
			波文帯六神四獣鏡	25.0	63	岡山	98		東京国立博物館〈J37182〉
			天王・日月・獣文帯四神四獣鏡	23.6	74	岡山	108		東京国立博物館〈J37180〉
郷観音山古墳	岡山県鏡野町	前方後円墳(43)・竪穴式石槨	天王日月・獣文帯四神四獣鏡	23.3	51	岡山	190	大正	個人
田邑丸山2号墳	岡山県津山市	前方後方墳(約40)・竪穴式石室	波文帯三神二獣博山炉鏡	21.3	134	岡山	184	1960頃	所在不明(個人旧蔵)

3 三角縁神獣鏡出土地名表

共伴遺物						主要文献
中国鏡	仿製鏡	石製品・玉類	武器・武具	農工漁具	その他	
上方作系浮彫式獣帯鏡1		車輪石1・硬玉勾玉1・水晶勾玉1・管玉約30・水晶算盤玉5		斧2		小林(行)1971・1976a；樋口1979b・1992・2000；潮見編1980；古瀬1982；植田編1993；松木1994；大阪府立近つ飛鳥博物館編1995；藤丸1998
	対置式神獣鏡1	碧玉勾玉1	素環頭大刀1			河瀬1975；樋口1992；植田編1993；車崎編2002；岩本2005a
				斧1		小林(行)1976a；脇坂1979；古瀬1982；植田編1993；樋口2000
		硬玉勾玉1・ガラス小玉17				広島県立府中高等学校生徒会地歴部1956；植田編1993；藤丸2005
不明						鹿見1988；植田編1993；辻田2007a・2008
		(硬玉勾玉1・水晶勾玉1・ガラス小玉14)(伝)				梅原1952；間壁他1964；中田1987
不明						岡山県立博物館編1974；岡山市教育委員会編1975；樋口1979b・1992・2000
			刀			鎌木1967；鎌木他1986；王(仲)1992；樋口1992・2000；川西1994；松木1994；岡内1995；車崎編2002；岩本2008a
内行花文鏡1・画文帯同向式神獣鏡1			刀1〜・剣1〜・矛20片・鉄鏃7〜・靫・	鉇・斧1〜		小林(行)1961a・1971・1976a・1979b；鎌木1962・1964；間壁他1964；鎌木他1968；西田1971；樋口1979b・1992・2000；近藤(義)他1986；大阪府立弥生文化博物館編1991；田中(琢)1991b；松木1994；大阪府立近つ飛鳥博物館編1995；橋本2001；車崎編2002；卜部編2004；水野他編2005a；小林(健)編2006；藤丸2007・2008a・2008b
三角縁飛禽走獣文鏡1・斜縁四獣鏡1			短剣1・鉄鏃9			梅原1938c・1952；鎌木1964；土居1986b；湊1990；樋口1992・2000；松木1994；車崎編2002；車崎2008a
鏡式不明3		不明				土居1975・1986a；小郷2000；藤丸2005

458　資　料

出土遺跡	遺跡所在地	遺跡概要(墳形(m)・埋葬施設)	出土三角縁神獣鏡	面径(cm)	目録番号	歴博番号		出土年次	所蔵・保管者
花光寺山古墳	岡山県瀬戸内市	前方後円墳(約100)・長持形石棺	獣文帯三神三獣鏡	21.8	230	岡山	158	1935	東京国立博物館〈J33915〉
鶴山丸山古墳	岡山県備前市	円墳(64)・竪穴式石槨	唐草文帯三神二獣鏡	21.7	201	岡山	136	1936	東京国立博物館〈J33965〉
			唐草文帯三神二獣鏡	21.4	203	岡山	137		東京国立博物館〈J33966〉
鶴山丸山古墳(伝)	岡山県備前市(伝)		唐草文帯二神二獣鏡	21.6	90	岡山	153	1936	個人蔵
			獣文帯三神三獣鏡	21.6	207	岡山	—		天理参考館
香登(鶴山丸山古墳)(伝)	岡山県備前市(伝)		天・王・日・月・吉・獣文帯四神四獣鏡	22.5	48	岡山	—	不明	所在不明
岡山県内(伝)	岡山県(伝)	不明	陳・是・作・竟・四神四獣鏡	22.4	33	岡山	214	不明	岡山県立博物館
小見塚古墳	兵庫県豊岡市	円墳・粘土槨	波文帯三神三獣鏡	21.3	131	兵庫	196	1914	東京国立博物館〈J8030〉
森尾古墳〔第3主体〕	兵庫県豊岡市	方墳(35×24)・竪穴式石槨	正始元年陳是作同向式神獣鏡	22.7	8	兵庫	194	1917	京都大学総合博物館〈5661〉
森尾古墳〔第2主体〕		方墳(35×24)・竪穴式石槨	新作徐州銘四神四獣鏡	25.8	19	兵庫	195	1917	東京国立博物館〈J9171〉

共伴遺物						主要文献
中国鏡	仿製鏡	石製品・玉類	武器・武具	農工漁具	その他	
内行花文鏡1			素環頭大刀1・刀3・剣4・槍4・鉄鏃57・銅鏃17	刀子1・鉇5・斧1・鋸1	布製袋様品1	梅原1937c・1952；小林(行)編1959；小林(行)1961a・1976a；鎌木1964；田中(琢)1977；西川1986a；松木1994；水野他編2005a
	内行花文鏡6・方格規矩鏡8・細線式獣帯鏡1・夔龍鏡2・類夔龍鏡1・対置式神獣鏡1・分離式神獣鏡1・盤龍鏡2・神獣鏡4・神像鏡1・環状乳神獣鏡1・鏡式不明2	合子形石製品1・四脚盤形石製品1・坩形石製品2・器台形石製品2・勾玉2	刀・剣・鉄鏃	斧1		梅原1938b・1952；間壁他1964；近藤(喬)1973；岡山県立博物館編1974；小林(行)1976a；樋口1979a・1979b・1992・2000；西川1986b；天理大学他編1988；天理大学附属天理参考館編1990；高橋(護)編1991；松木1994；小郷他1999；藤丸2000；車崎編2002；水野他編2005a；藤原編2006
不明						岡山県立博物館編1974；小林(行)1976a；樋口1979b・2000；大阪府立弥生文化博物館編1991；車崎編2002
	細線式獣帯鏡1	滑石製紡錘車形石製品1・滑石勾玉5	冑?・刀・剣・鉄鏃			梅原1925l；後藤1926a；鎌谷木1973；兵庫県史編纂委員会1992；橿本2002；藤丸2004；水野他編2005a
		(出土主体部不明；硬玉勾玉1・ガラス勾玉2・碧玉管玉25・ガラス小玉12・石杵1)	刀剣類	(出土主体部不明；斧1・鉇1)		後藤1920a・1926a・1942a；梅原1925k・1943・1955a；小野山他編1968；西田1971；鎌谷木1973；福山1974；瀬戸谷1980；王(仲)1984b・1985a・1992；奈良国立博物館編1989；五島美術館学芸部編1992；樋口1992・2000；兵庫県史編纂委員会1992；京都国立博物館編1993；大阪府立近つ飛鳥博物館編1995；丸山編1995；森下他編2000；橋本2001；車崎編2002；橿本2002；福永2002a・2005a；水野他編2005a；藤田編2008
		勾玉・管玉・(出土主体部不明；硬玉勾玉1・ガラス勾玉2・碧玉管玉25・ガラス小玉12・石杵1)		(出土主体部不明；斧1・鉇1)		

出土遺跡	遺跡所在地	遺跡概要(墳形(m)・埋葬施設)	出土三角縁神獣鏡	面径(cm)	目録番号	歴博番号		出土年次	所蔵・保管者
城の山古墳	兵庫県朝来市	円墳(36)・箱形木棺直葬	獣文帯三神三獣鏡〈2号鏡〉	22.1	115	兵庫	228	1971	朝来市埋蔵文化財センターあさご館
			獣文帯三神三獣鏡〈1号鏡〉	24.1	117	兵庫	229		朝来市埋蔵文化財センターあさご館
			波文帯三神三獣鏡〈3号鏡〉	21.6	129	兵庫	230		朝来市埋蔵文化財センターあさご館
氷上親王塚古墳	兵庫県丹波市	円墳(42)・竪穴式石槨?	獣文帯三神三獣鏡	21.5	206	兵庫	173	1899	東京国立博物館〈J2604〉
西野山3号墳	兵庫県上郡町	円墳(17)・粘土槨	唐草文帯四神四獣鏡	22.2	41	兵庫	168	1951	有年考古館
権現山51号墳	兵庫県たつの市	前方後円墳(43)・竪穴式石槨	陳是作四神二獣鏡〈4号鏡〉	21.9	16	兵庫	141	1989	岡山大学文学部考古学研究室
			張氏作三神五獣鏡〈2号鏡〉	22.7	21	兵庫	139		岡山大学文学部考古学研究室
			吾作三神五獣鏡〈3号鏡〉	21.5	26	兵庫	140		岡山大学文学部考古学研究室
			天・王・日・月・吉・獣文帯四神四獣鏡〈1号鏡〉	22.4	48a	兵庫	138		岡山大学文学部考古学研究室
			波文帯四神二獣鏡〈5号鏡〉	22.2	86	兵庫	142		岡山大学文学部考古学研究室
吉島古墳	兵庫県たつの市	前方後円墳(30)・竪穴式石槨	波文帯盤龍鏡	22.3	2	兵庫	155	1897(+1966)	東京国立博物館〈J2614〉
			吾作四神四獣?鏡	18.0	36	兵庫	152		東京国立博物館〈J2616〉
			天王日月・唐草文帯四神四獣鏡	23.4	44	兵庫	153		東京国立博物館〈J2620〉
			天王日月・唐草文帯四神四獣鏡	23.4	44	兵庫	154		東京国立博物館〈J2621〉
龍子三ツ塚1号墳	兵庫県たつの市	前方後円墳(36)・竪穴式石槨	波文帯三神三獣鏡	21.5	123	兵庫	147	1931	東京国立博物館〈J21173〉
			波文帯三神三獣鏡	22.3	130	兵庫	148		東京国立博物館〈J21172〉
御旅山3号墳	兵庫県姫路市	円墳(8)・割竹形木棺	波文帯三神三獣鏡	21.8	131	兵庫	116	1970	姫路市教育委員会
安田古墳	兵庫県姫路市	円墳・不明	天・王・日・月・吉・獣文帯四神四獣鏡	23.0	48	兵庫	118	明治	所在不明?

3　三角縁神獣鏡出土地名表

中国鏡	仿製鏡	石製品・玉類	武器・武具	農工漁具	その他	主要文献
方格規矩鏡1・吾作系斜縁四獣鏡1・唐草文鏡1		石釧4・合子形石製品1・琴柱形石製品1・硬玉勾玉5・琥珀勾玉3・ガラス勾玉30（＋8片）・碧玉管玉91	刀2・剣1	刀子8・鉇8・斧1		櫃本編1972；櫃本1972a・2002；田中(琢)1977・1979；小林(行)1979b；樋口1979a・1979b・1992・2000；兵庫県史編纂委員会1992；大阪府立近つ飛鳥博物館編1995；車崎編2002；櫃本2002；岩本2008a
不明						富岡1920a；後藤1926a；鎌谷木1973；田中(琢)1979；兵庫県史編纂委員会1992；車崎編2002；櫃本2002；水野他編2005a；藤田編2008
		硬玉勾玉1・ガラス勾玉1・碧玉管玉90〜・水晶切子玉6・水晶丸玉2・ガラス小玉5	漆塗有機質製短甲1・剣2・槍1・鉄鏃6・銅鏃4	刀子3・鉇1・斧1		上田1952；檜崎他1952；鎌谷木1973；兵庫県史編纂委員会1992；大阪府立近つ飛鳥博物館編1995；車崎編2002；櫃本2002
		ガラス小玉約220	剣1・槍4・槍状鉄器1・鉄鏃7・銅鏃6・石突1	斧3・鎌1・鑿10・鋸1	紡錘車形貝製品1・形態不明貝製品1・砥石1	大阪府立弥生文化博物館編1991；岸本1991；近藤(義)編1991；冨田他1991；大阪府立近つ飛鳥博物館編1995；松本1997・2001；樋口2000；車崎編2002；櫃本2002；藤田編2008
尚方作浮彫式獣帯鏡1・内行花文鏡1・方格規矩鏡1（推定）		ガラス小玉89〜			土師器（壺2・甕1・高杯4〜）	富岡1920a；梅原1925j；高坂1965；鎌谷木1973；近藤(義)編1983；樋口1992；兵庫県史編纂委員会1992；岸本1996b；車崎編2002；櫃本2002；水野他編2005a
		管玉	刀片4・剣5・鉄鏃1	斧3〜・鎌		梅原1932b；小林(行)1971・1976a；鎌谷木1973；兵庫県史編纂委員会1992；櫃本2002；藤丸2002a；水野他編2005a；岩本編2008・2009
		ガラス小玉12	剣1・鉄鏃16・銅鏃4	刀子1		小林(行)1971・1976a・1979b；松本1971a；兵庫県史編纂委員会1992；櫃本2002；藤本2004；岩本2008a
不明						浅田1937；鎌谷木1973；兵庫県史編纂委員会1992；櫃本2002

462　資　料

出土遺跡	遺跡所在地	遺跡概要(墳形(m)・埋葬施設)	出土三角縁神獣鏡	面径(cm)	目録番号	歴博番号		出土年次	所蔵・保管者
牛谷天神山古墳	兵庫県高砂市	円墳(30)・竪穴式石槨?	陳是作五神四獣鏡	21.7	59	兵庫	90	1811	蓮教寺・京都国立博物館
日岡東車塚古墳	兵庫県加古川市	円墳(28)・粘土槨?	唐草文帯三神二獣鏡	21.2	88	兵庫	81	1950	加古川市教育委員会・総合文化センター
勅使塚古墳(伝)(南大塚古墳前方部石槨?)	兵庫県加古川市(伝)	前方後円墳(55)・不明	獣文帯三神三獣鏡	22.0	210	兵庫	83	1969	加古川市教育委員会・総合文化センター
南大塚古墳〔前方部石槨〕	兵庫県加古川市	前方後円墳(90)・竪穴式石槨	獣文帯三神三獣鏡	破片	208	兵庫	82	1976	個人
西求女塚古墳	兵庫県神戸市	前方後方墳(98)・竪穴式石槨	吾作三神五獣鏡〈3号鏡〉	22.6	25	兵庫	20	1993	神戸市教育委員会
			吾作三神五獣鏡〈10号鏡〉	破片	25	兵庫	27		神戸市教育委員会
			吾作四神四獣鏡〈8号鏡〉	19.9	35	兵庫	25		神戸市教育委員会
			吾作徐州銘四神四獣鏡〈9号鏡〉	22.4	37	兵庫	26		神戸市教育委員会
			吾作三神四獣鏡〈4号鏡〉	破片	40	兵庫	21		神戸市教育委員会
			陳是作五神四獣鏡〈5号鏡〉	21.9	59	兵庫	22		神戸市教育委員会
			吾作四神四獣鏡〈2号鏡〉	22.4	67	兵庫	19		神戸市教育委員会
東求女塚古墳〔後円部主体〕	兵庫県神戸市	前方後円墳(80)・竪穴式石槨	天王日月・唐草文帯四神四獣鏡〈3号鏡〉	21.9	45	兵庫	12	1870	東京国立博物館〈J6775〉
			天・王・日・月・獣文帯三神三獣鏡〈1号鏡〉	22.2	109	兵庫	11		東京国立博物館〈J6776〉
			天・王・日・月・獣文帯二神三獣一虫鏡〈2号鏡〉	22.1	112	兵庫	13		東京国立博物館〈J6777〉
			天王日月・獣文帯四神四獣鏡〈4号鏡〉	21.5	―	兵庫	14		所在不明
ヘボソ塚古墳	兵庫県神戸市	前方後円墳(63)・竪穴式石槨	唐草文帯三神二獣鏡〈2号鏡〉	21.5	88	兵庫	7	1895	東京国立博物館〈J2264〉
			天・王・日・月・唐草文帯二神二獣鏡〈1号鏡〉	21.4	93	兵庫	6		東京国立博物館〈J2263〉
塩田北山東古墳〔第1主体〕	兵庫県神戸市	前方後円墳(35)・粘土槨	天王日月・獣文帯三仏三獣鏡	22.5	120a	兵庫	―	2006	神戸市教育委員会

3 三角縁神獣鏡出土地名表

	共伴遺物					主要文献
中国鏡	仿製鏡	石製品・玉類	武器・武具	農工漁具	その他	
鏡式不明1		ガラス製品	刀			後藤1920a・1926a；梅原1925i；西田1971；鎌谷木1973；島田1975；樋口1979b・1992・2000；兵庫県史編纂委員会1992；丸山編1995；車崎編2002；櫃本2002；藤田編2008
方格規矩鏡1	分離式神獣鏡1・鏡式不明1	石釧2				小林(行)1961a・1971・1976a；鎌谷木1973；近藤(喬)1973；田中(琢)1977；神戸市立博物館編1988；八賀1990；樋口1992；兵庫県史編纂委員会1992；大阪府立近つ飛鳥博物館編1995；西谷1996；車崎編2002；櫃本2002
不明						北山1989；兵庫県史編纂委員会1992；大阪府立近つ飛鳥博物館編1995；櫃本2002
不明						北山1989；兵庫県史編纂委員会1992；櫃本2002
浮彫式獣帯鏡2・画文帯環状乳神獣鏡2・神人龍虎画象鏡1		紡錘車形石製品1	小札革綴冑1・刀1・剣2・短剣28～・槍11・鉄鏃56	鉇8～・斧10～・鑿4～・魚抆2～	不明鉄製品	渡辺他編1988；兵庫県史編纂委員会1992；安田1994・2004；丸山編1995・2005；安田編1995・2004；藤丸1998；樋口2000；宮本編2000；車崎編2002；櫃本2002；岸本2004a；卜部編2004；水野他編2005a；上野2006；岩本2008a；鹿野2009
内行花文鏡1・画文帯神獣鏡1		車輪石1・勾玉	刀1			奥村1897；富岡1920a；梅原1925f；後藤1942a；鎌谷木1973；小林(行)1976a；樋口1979a・1979b・1992・2000；渡辺編1984；神戸市立博物館編1988；兵庫県史編纂委員会1992；櫃本2002；丸山編2005；水野他編2005a；藤田編2008
上方作系浮彫式獣帯鏡1・夔鳳鏡1・吾作系斜縁神獣鏡1・画文帯環状乳神獣鏡1		石釧2・硬玉勾玉1・琥珀勾玉1・碧玉管玉13・琥珀棗玉1・硬玉小玉1・ガラス小玉120				富岡1920a；吉井1920；梅原1922a・1922b・1925h；後藤1926a・1929・1942a；鎌谷木1973；網干1975；樋口1979b・2000；八賀1984・1990；神戸市立博物館編1988；兵庫県史編纂委員会1992；高井1995；櫃本2002；丸山編2005；水野他編2005a；藤田編2008
		碧玉管玉8・ガラス小玉68		刀子1・鉇1・斧1		中村編2008；中村2008a

出土遺跡	遺跡所在地	遺跡概要(墳形(m)・埋葬施設)	出土三角縁神獣鏡	面径(cm)	目録番号	歴博番号		出土年次	所蔵・保管者
阿保親王塚古墳(推定)	兵庫県芦屋市(推定)	円墳(36)・不明	波文帯三神二獣博山炉鏡〈2号鏡〉	21.3	134	兵庫	45	1688-1704	阿保山親王寺
			陳孝然作波文帯四神三獣博山炉鏡〈4号鏡〉	21.4	136	兵庫	44		所在不明
			波文帯神獣鏡〈3号鏡〉	21.8	—	兵庫	46		阿保山親王寺
			外区片〈4号鏡〉	22.1	—	兵庫	47		阿保山親王寺
水堂古墳	兵庫県尼崎市	前方後円墳(60)・粘土槨	吾作三神四獣鏡	22.9	40	兵庫	42	1962	尼崎市教育委員会
コヤダニ古墳	兵庫県洲本市	円墳?・竪穴式石槨	吾作三神五獣鏡	21.9	23	兵庫	58	1925頃(推定)	淡路文化史料館
播磨(伝)	兵庫県(伝)	不明	吾作四神四獣鏡	22.3	32a	兵庫	—	不明	個人
岩橋千塚古墳群(花山古墳群)	和歌山県和歌山市	古墳・不明	波文帯三神三獣鏡	22.1	130	和歌山	26	明治〜大正	所在不明(個人旧蔵)
			獣文帯三神三獣鏡	24.1	116	和歌山	27	明治〜大正	個人
和泉黄金塚古墳〔東主体〕	大阪府和泉市	前方後円墳(94)・粘土槨	波文帯盤龍鏡	24.5	3	大阪	238	1951	東京国立博物館〈J36931-23〉
壺井御旅山古墳(推定)	大阪府羽曳野市(推定)	前方後円墳(50)・粘土槨	唐草文帯三神三獣鏡〈C5〉	24.0	204	大阪	166	1736-41	大阪府教育委員会
			獣文帯三神三獣鏡〈C3〉	21.8	223	大阪	164		大阪府教育委員会
			獣文帯三神三獣鏡〈C2〉	22.0	226	大阪	163		大阪府教育委員会
			獣文帯三神三獣鏡〈C4〉	22.0	227	大阪	165		大阪府教育委員会
駒ヶ谷宮山古墳〔前方部2号主体〕	大阪府羽曳野市	前方後円墳(65)・粘土槨	獣文帯三神三獣鏡	21.1	238	大阪	158	1962	大阪大学大学院文学研究科考古学研究室
庭鳥塚古墳	大阪府羽曳野市	前方後方墳(56)・粘土槨	吾作四神四獣鏡	21.5	50	大阪	—	2005	羽曳野市教育委員会

3　三角縁神獣鏡出土地名表

中国鏡	共伴遺物					主要文献
	仿製鏡	石製品・玉類	武器・武具	農工漁具	その他	
内行花文鏡1・鏡式不明1〜						梅原1922b・1925g；後藤1926a；魚澄他1957；西田1971；村川1971・1979b；鎌谷木1973；藤岡他1976；小林(行)1979b；樋口1979b・1992・2000；兵庫県史編纂委員会1992；車崎編2002；櫃本2002；藤丸2005
			刀3・剣1・槍1・胡籙1	刀子1・鉇1・斧2	竪櫛1・土師器丸底壺1	村川1966・1967・1980b；鎌谷木1973；兵庫県史編纂委員会1992；丸山編1995；池田市立歴史民俗資料館編1996；櫃本2002
鏡式不明1		玉	剣			岡本1971・1974；鎌谷木1973；小林(行)1976a；西田1976；洲本市教育委員会編1981；櫃本他1984；兵庫県史編纂委員会1992；櫃本2002；岩本2008a
不明						
鏡式不明1？	分離式神獣鏡1					田澤1921；近藤(喬)1973；車崎編2002；河内2006b
画文帯環状乳神獣鏡2		鍬形石1・筒形石製品2・紡錘車形石製品1・硬玉勾玉4・碧玉管玉68・硬玉棗玉2・水晶切子玉1・ガラス小玉975	三角板革綴短甲1・三角板革綴衝角付冑1・頸甲1・肩甲1対・漆製草摺1・刀2・剣4・槍3・鉄鏃110・巴形銅器3・盾2・矛1	刀子6・刀子状工具1・鉇1・斧12・鑿2・鑿1・錐1・鋸1・刺突具1	五銖銭1	末永他編1954；末永1954a・1980；小林(行)1961a・1962c；森(浩)1971・1978b；嶋田1980b；田中(琢)1981；北野1985；樋口2000；車崎編2002；和泉市教育委員会編2005；白石編2005；水野他編2005a
	内行花文鏡14・細線式獣帯鏡1・珠文鏡1・重圏文鏡1・唐草文鏡1		刀・剣・鉄鏃・銅鏃20	斧		田代1968；野上1968；田代他1970；田中(琢)1977；森(浩)1978b；大阪府立泉北考古資料館編1987；福永1994c；大阪府立近つ飛鳥博物館編1995；樋口2000；車崎編2002；下大迫編2008
			刀1			北野1964c；小林(行)1976a；田中(琢)1977；福永1994c・2005a；大阪府立近つ飛鳥博物館編1995；樋口2000；車崎編2002；下大迫編2008；廣瀬編2009
		翡翠勾玉1	籠手1・刀4・剣3・槍3・鉄鏃135・銅鏃56・筒形銅器2・靫1・弓？	斧4・鎌1・鋸1		大阪府立近つ飛鳥博物館編2006；河内2006a；河内編2010；羽曳野市教育委員会編2010

466　資　料

出土遺跡	遺跡所在地	遺跡概要(墳形(m)・埋葬施設)	出土三角縁神獣鏡	面径(cm)	目録番号	歴博番号		出土年次	所蔵・保管者
真名井古墳	大阪府富田林市	前方後円墳(60)・粘土槨	獣文帯三神三獣鏡	22.1	114	大阪	192	1961	大阪大学大学院文学研究科考古学研究室
国分ヌク谷北塚古墳	大阪府柏原市	古墳(～25)・粘土槨	吾作三神三獣鏡〈2号鏡〉	21.2	233	大阪	127	1961	大阪大学大学院文学研究科考古学研究室
			吾作三神三獣鏡〈3号鏡〉	21.2	233	大阪	128		
国分茶臼山古墳(伝)	大阪府柏原市(伝)	古墳・不明	吾作四神二獣鏡	22.3	17	大阪	126	1629	国分神社・大阪市立美術館
			新作徐州銘四神四獣鏡	23.2	18	大阪	124		国分神社・大阪市立美術館
国分茶臼塚古墳	大阪府柏原市	方墳(22×16)・竪穴式石槨	獣文帯三神三獣鏡	21.9	225	大阪	122	1984	柏原市教育委員会
矢作神社境内(伝)	大阪府八尾市(伝)	不明	獣文帯三神三獣鏡	22.2	213	大阪	105	1853	矢作神社・大阪市立美術館
石切周辺古墳(石切剣箭神社付近古墳)(推定)	大阪府東大阪市(推定)	古墳・不明	天王日月・獣文帯四神四獣鏡	22.4	43	大阪	81	不明	石切剣箭神社
			天・王・日・月・唐草文帯二神二獣鏡	21.9	93	大阪	82		石切剣箭神社
			(惟念此銘)唐草文帯二神二獣鏡	24.0	97	大阪	83		石切剣箭神社
横起山古墳(横山古墳)	大阪府池田市	古墳・不明	天・王・日・月・獣文帯二神二四獣鏡	21.5	96	大阪	1	1801	伊居太神社
麻田御神山古墳(長塚古墳)	大阪府豊中市	前方後円墳(80?)・不明	獣文帯三神三獣鏡	22.2	220	大阪	14	明治初年	京都国立博物館(09-389)
紫金山古墳	大阪府茨木市	前方後円墳(110)・竪穴式石槨	長・宜・子・孫・獣文帯三神三獣鏡〈10号鏡／鏡Ⅱ〉	22.6	102	大阪	20	1947	京都大学総合博物館
			唐草文帯三神二獣鏡〈7号鏡／鏡Ⅲ〉	21.6	201	大阪	21		京都大学総合博物館
			唐草文帯三神三獣鏡〈6号鏡／鏡Ⅴ〉	24.4	204	大阪	22		京都大学総合博物館
			唐草文帯三神三獣鏡〈11号鏡／鏡Ⅵ〉	24.2	204	大阪	23		京都大学総合博物館
			鳥文帯三神三獣鏡〈4号鏡／鏡Ⅳ〉	24.0	205	大阪	24		京都大学総合博物館
			獣文帯三神三獣鏡〈5号鏡／鏡Ⅸ〉	21.6	206	大阪	25		京都大学総合博物館
			獣文帯三神三獣鏡〈8号鏡／鏡Ⅹ〉	21.7	206	大阪	26		京都大学総合博物館
			獣文帯三神三獣鏡〈9号鏡／鏡ⅩⅠ〉	21.7	207	大阪	27		京都大学総合博物館

中国鏡	共伴遺物					主要文献
	仿製鏡	石製品・玉類	武器・武具	農工漁具	その他	
画文帯神獣鏡1		紡錘車形石製品3・碧玉管玉2	刀身状利器2・鉄鏃15	刀子3・鉇3・斧2・錐1・棒状利器2	土師器甕1	北野1964b・1985；樋 上1968；小 林(行)1971・1976a；森(浩)1978b；樋口1992；福永1994c・2005a；大阪府立近つ飛鳥博物館編1995；下大迫編2008
吾作系斜縁神獣鏡1		石釧5・栓形石製品1・硬玉勾玉6・碧玉管玉110	刀5片	斧1・鑿状鉄器1		北野1964a；樋口1979b；大阪府立近つ飛鳥博物館編1995；車崎編2002；福永2005a；下大迫編2008；廣瀬編2009；安村編2009
盤龍鏡1	不明					後藤1920a・1926a・1942a；富岡1920a；梅原1934c；山本1969；西田1971；田中(琢)1977・1979・1981；樋口1979b・1992・2000；大阪府立泉北考古資料館編1987；大阪府立弥生文化博物館編1991；王(仲)1992；大阪府立近つ飛鳥博物館編1995；車崎編2002；下大迫編2008；安村2009
	獣像鏡1	鍬形石6・車輪石7・石釧41	短刀2・剣	鉇2・斧1・鎌1		柏原市教育委員会歴史資料館編1985；石田1986；柏原市教育委員会編1986；大阪府立近つ飛鳥博物館編1995・2006；池田市立歴史民俗資料館編1996；車崎編2002；岩本2003a；下大迫編2008；安村編2009
不明						梅原1944a；大阪府立泉北考古資料館編1987
画文帯同向式神獣鏡1・上方作系浮彫式獣帯鏡1・吾作系斜縁神獣鏡4・(内行花文鏡1)	盤龍鏡1・環状乳神獣鏡1	鍬形石・車輪石・石釧・鍬形石製品・管玉24	銅剣			中原1988；東大阪市教育委員会編1990；藤井1997；樋口1992・2000；福永1998c；車崎編2002
不明						富田1967；野上1969；橘高1985；池田市立歴史民俗資料館編1996
		車輪石2				藤澤1961；野上1969；池田市立歴史民俗資料館編1996
方格規矩四神鏡1	類画象鏡(勾玉文鏡)1	鍬形石6・車輪石1・紡錘車形石製品3・勾玉4・管玉20・棗玉4	堅矧板革綴短甲1・籠手1・刀37・短刀4・剣(+槍)33・鉄鏃165・筒形銅器1	鉇3・斧6・鎌4・鋤先1・又鍬1・鑿4・錐1・鉇2・鋸1・鉇17・不明工具1	貝輪3	小林(行)1961a・1962b・1971・1976a；野上1969；近藤(喬)1973；田中(琢)1977；森1978b；樋口1979b・1992・2000；八賀1984・1990；京都大学文学部考古学研究室編1993；森下1993a・2005f；大阪府立近つ飛鳥博物館編1995；高槻市立埋蔵文化財調査センター編1998；藤丸2000；阪口編2005

468　資　料

出土遺跡	遺跡所在地	遺跡概要（墳形(m)・埋葬施設）	出土三角縁神獣鏡	面径(cm)	目録番号	歴博番号	出土年次	所蔵・保管者
			獣文帯三神三獣鏡〈2号鏡／鏡Ⅷ〉	22.0	230	大阪 28		京都大学総合博物館
			獣文帯三神三獣鏡〈3号鏡／鏡Ⅶ〉	24.6	232	大阪 29		京都大学総合博物館
茨木将軍山古墳付近（推定）	大阪府茨木市（推定）	前方後円墳〈107〉・竪穴式石槨	（惟念此銘）唐草文帯二神二獣鏡	24.0	97	大阪 16	1734?	阿為神社
塚原古墳群（阿武山）	大阪府高槻市	古墳・不明	獣文帯三神三獣鏡	22.1	221	大阪 54	1917	東京国立博物館〈J8468〉
			獣文帯三神三獣鏡	21.8	234	大阪 55		東京国立博物館〈J8114〉
弁天山C1号墳〔後円部竪穴式石槨〕	大阪府高槻市	前方後円墳(73)・竪穴式石槨	波文帯三神三獣鏡	21.5	127	大阪 60	1963	高槻市教育委員会
闘鶏山古墳〔後円部竪穴式石槨〕	大阪府高槻市	前方後円墳(86)・竪穴式石槨	櫛歯文帯神獣鏡	完形	—	大阪 —	2002	石槨内現存
			神獣鏡	完形	—	大阪 —		石槨内現存
安満宮山古墳	大阪府高槻市	方墳(21×18)・割竹形木棺直葬	吾作四神四獣鏡（環状乳式）〈1号鏡〉	21.8	29a	大阪 253	1997	高槻市教育委員会
			天・王・日・月・吉・獣文帯四神四獣鏡〈3号鏡〉	22.5	48	大阪 254		高槻市教育委員会
万年山古墳（万年寺山古墳）	大阪府枚方市	前方後円墳(100?)・粘土槨?	波文帯盤龍鏡	22.0	2	大阪 71	1904	東京大学総合資料館〈10439〉
			吾作四神四獣鏡	20.1	35	大阪 70		東京大学総合資料館
			陳是作六神四獣鏡	22.0	58	大阪 68		東京大学総合資料館〈10440〉
			日月日日・唐草文帯四神四獣鏡	21.8	76	大阪 67		東京大学総合資料館
			君・宜・官・獣文帯三神三獣鏡	22.0	111	大阪 69		東京大学総合資料館
			獣文帯三神三獣鏡	23.3	118	大阪 72		東京大学総合資料館〈10438〉
河内黄金塚古墳（伝）	大阪府（伝）（柏原市?）	古墳・不明	獣文帯二神三獣鏡	20.5	255	大阪 —	不明	坂本不言堂
長岡近郊古墳（伝）	京都府長岡京市（伝）	古墳?・不明	新作徐州銘?四神四獣鏡	18.0	20	京都 110	1943〜45頃	京都国立博物館〈J甲288-5〉
			獣文帯三神三獣鏡	21.0	218	京都 113		京都国立博物館〈J甲288-2〉

3　三角縁神獣鏡出土地名表

中国鏡	仿製鏡	石製品・玉類	武器・武具	農工漁具	その他	主要文献
		(鏃形石製品1・硬玉勾玉6・ガラス小玉4)	(方形板革綴短甲1・刀1・剣7・鉄鏃53?・銅鏃19?)	(釣針?1)		樋口1952・1979b・1992；小林(行)1956b・1962d；堅田1968；免山他1974；森1978b；野上1969；中原1988；高槻市立埋蔵文化財調査センター編1998；藤丸2000；下垣2005c；廣瀬編2005；森田2006；岩本2008a・2009；東方編2008；若杉編2008
不明						西谷1968；原口1973；樋口1992；高槻市立埋蔵文化財調査センター編1998；車崎編2002；水野他編2005a
吾作系斜縁神獣鏡1	類鼉龍鏡1	車輪石4・石釧5・合子形石製品1・筒形石製品1・硬玉勾玉9・碧玉管玉145	刀2〜・銅鏃31	刀子3・鉇2・斧2・鎌4・鋸1		免山1954；原口他1967・1973；野上1969；小林(行)1976a・1979b；樋口1992；高槻市立埋蔵文化財調査センター編1998；水野他編2005a；中西他編2006；森田2006
方格規矩鏡1		鏃形石1・琴柱形石製品1・紡錘車形石製品?1	刀2・短剣1・銅鏃		ゴホウラ貝1	高橋(公)2002；高橋(公)編2002；中西他編2006；森田2006；高橋(公)他編2007
方格規矩鏡1・吾作系斜縁神獣鏡1・半円方形帯同向式神獣鏡1		ガラス小玉1641	刀1	刀子2・鉇2・斧2・鎌1・鑿1		高槻市立埋蔵文化財調査センター編1998；森田1998a・1998b・2006；高槻市教育委員会編1999；鐘ヶ江2000；鐘ヶ江2000；樋口2000；車崎編2002；福永2005a；水野他編2005a；中西他編2006；岩本2008a；鹿野編2009
浮彫式獣帯鏡2		玉類	刀2			梅原1916b；後藤1926a；北野1967；西田1971；大阪府立泉北考古資料館編1987；大阪府立近つ飛鳥博物館編1995；丸山編1995；藤丸1998；車崎編2002；岩本2008a・2009b
不明						樋口1992・2000；樋口他監修2002
吾作系斜縁神獣鏡1	方格規矩鏡1・仿製鏡1	石釧5・滑石石釧1・硬玉勾玉3・碧玉管玉18	刀1			梅原1955d；樋口1979b・1992・2000；高橋(美)編1987；森(郁)他編1994；大阪府立近つ飛鳥博物館編1995；車崎編2002；岩本2003a・2005a

出土遺跡	遺跡所在地	遺跡概要(墳形(m)・埋葬施設)	出土三角縁神獣鏡	面径(cm)	目録番号	歴博番号		出土年次	所蔵・保管者
長法寺南原古墳	京都府長岡京市	前方後方墳(62)・竪穴式石槨	天王日月・鋸歯文帯四神四獣鏡〈4号鏡〉	23.2	80	京都	106	1934	東京国立博物館〈J22530〉
			天・王・日・月・唐草文帯二神二獣鏡〈1号鏡〉	21.5	93	京都	108		東京国立博物館〈J22531〉
			天・王・日・月・唐草文帯二神二獣鏡〈2号鏡〉	21.5	93	京都	109		東京国立博物館〈J22532〉
			君・宜・高・官・獣文帯三神三獣鏡〈3号鏡〉	22.7	103	京都	107		東京国立博物館〈J22533〉
寺戸大塚古墳〔後円部主体〕	京都府向日市	前方後円墳(98)・竪穴式石槨	天王日月・唐草文帯四神四獣鏡	21.6	45	京都	88	1967	京都大学総合博物館
			櫛歯文帯三仏三獣鏡	20.3	122	京都	89		京都大学総合博物館
寺戸大塚古墳〔前方部主体〕		前方後円墳(98)・竪穴式石槨	獣文帯三神三獣鏡	22.0	224	京都	92	1942	京都大学総合博物館〈4389〉
妙見山古墳〔前方部主体〕	京都府向日市	前方後円墳(114)・粘土槨	獣文帯三神三獣鏡	22.0	230	京都	94	1949	京都大学総合博物館〈4793〉
北山古墳	京都府向日市	前方後円墳(約60)・竪穴式石槨	新作徐州銘四神四獣鏡	完形	18	京都	95	1883	所在不明
寺戸町(伝)	京都府向日市(伝)	古墳・不明	獣文帯三神三獣鏡	21.8	210	京都	97	不明	京都大学総合博物館〈4842〉
物集女町付近(伝)	京都府向日市(伝)	古墳・不明	天王日月・獣文帯三神三獣鏡	22.6	104	京都	102	不明	明治大学考古学博物館
百々池古墳(百々ヶ池古墳)	京都府京都市	円墳(50)・竪穴式石槨	天・王・日・月・獣文帯二神二獣鏡	22.3	92	京都	61	1900	東京国立博物館〈J2613〉
			櫛歯文帯三仏三獣鏡	20.5	122	京都	62		東京国立博物館〈J2592〉
			唐草文帯三神三獣鏡	24.2	204	京都	66		東京国立博物館〈J2590〉
			獣文帯三神三獣鏡	22.3	211	京都	68		東京国立博物館〈J2601〉
八幡西車塚古墳	京都府八幡市	前方後円墳(115)・竪穴式石槨	天・王・日・月・唐草文帯二神二獣鏡	21.7	93	京都	152	1902	東京国立博物館〈J13175〉

中国鏡	仿製鏡	共伴遺物				主要文献
		石製品・玉類	武器・武具	農工漁具	その他	
内行花文鏡1・盤龍鏡1		硬玉勾玉6・碧玉管玉19・ガラス小玉287	刀1・剣(槍)7・鉄鏃123・銅鏃2	刀子約10・鉇約12・斧12・鑿1?	棒状鉄製品3・石臼2・石杵1	梅原1935・1936・1937b；後藤1942a；小林(行)1961a・1971・1976a；西田1971；網干1975；樋口1979b・1992；八賀1984・1990；高橋(美)編1987；東京国立博物館編1988；都出他編1992；福永1992b；南山城ブロック編2000；車崎編2002；卜部編2004；水野他編2005a；岩本2008a
		石釧8・硬玉勾玉1・碧玉管玉19	素環頭大刀1・刀8〜10・剣4・鉄鏃多数	刀子5・鉇・斧4〜5・鎌5〜6	埴製合子3	梅原1923g・1955b；近藤(喬)他1971・2004；小林(行)1976a；樋口1979b・1992・2000；都出1983；高橋(美)編1987；王1992；川西1994；岡内1995；南山城ブロック編2000；梅本他編2001；水野他編2005a
浮彫式獣帯鏡1	方格規矩鏡1	琴柱形石製品1・紡錘車形石製品1・碧玉管玉9	刀5・剣12・槍2・鉄鏃22〜・銅鏃13	刀子1・鉇4・斧2・鎌2・棒状鉄製品1〜		梅原1923g・1955b；小野山他編1968；近藤(喬)1973；小林(行)1976a；樋口1979b・都出1983；南山城ブロック編2000；梅本他編2001；岩本2001b・2001c；車崎編2002；近藤(喬)他2004；水野他編2005a
						梅原1922f・1955c；小野山他編1968；近藤(喬)他1971・2004；田中(琢)1977；都出1983；高橋(美)編1987；池田市立歴史民俗資料館編1996；南山城ブロック編2000；水野他編2005a
			刀剣2(+13片)			後藤1919b・1926a；梅原1920e；都出1983；高橋(美)編1987；南山城ブロック編2000；梅本2001；近藤(喬)他2004
不明						小野山他編1968；高橋(美)編1987；森下2001a；近藤(喬)他2004；水野他編2005a
不明						小林(三)1961；高橋(美)編1987；黒沢編1988
上方作系浮彫式獣帯鏡1・画文帯蟠龍乳神獣鏡1	方格規矩鏡1・細線式獣帯鏡1	車輪石3・石釧15・紡錘車形石製品1・硬玉勾玉1・碧玉管玉65	刀・剣・槍・刀装具			梅原1920c・1927；富岡1920a；後藤1926a・1942a；高橋(美)編1987；東京国立博物館編1988；王(仲)1992；川西1994；大阪府立近つ飛鳥博物館編1995；岡内1995；南山城ブロック編2000；水野他編2005a
画文帯環状乳神獣鏡1	方格規矩鏡1・盤龍鏡1・獣像鏡1	鍬形石2・車輪石10・石釧3・合子形製品1・硬玉勾玉1・碧玉勾玉4・瑪瑙勾玉3・碧玉管玉122・水晶丸玉1・ガラス小玉71・滑石勾玉3	刀・剣7〜			梅原1919b；後藤1920a・1926a・1942a；富岡1920a；堤他1969；龍谷大学文学部考古学考古学資料室編1972；網干1975；八賀1984・1990；高橋(美)編1987；東京国立博物館編1988；桝井他1995；南山城ブロック編2000；水野他編2005a

出土遺跡	遺跡所在地	遺跡概要(墳形(m)・埋葬施設)	出土三角縁神獣鏡	面径(cm)	目録番号	歴博番号	出土年次	所蔵・保管者
八幡東車塚古墳〔前方部主体〕	京都府八幡市	前方後円墳(94)・木棺直葬?	尚方作二神二獣鏡	22.5	100	京都	156	1897	泉屋博古館〈M116〉
内里古墳	京都府八幡市	円墳?・粘土槨?	張是作六神四獣鏡	22.4	62	京都	160	不明	耕三寺博物館
芝ヶ原11号墳〔第1主体〕	京都府城陽市	前方後円墳(帆立・58)・粘土槨	吾作三神四獣鏡	22.1	40	京都	143	1984	城陽市教育委員会
西山2号墳〔中央主体〕	京都府城陽市	方墳(25)・粘土槨	陳・是・作・竟・四神四獣鏡	22.2	33	京都	122	1961	同志社大学歴史資料館
久津川車塚古墳	京都府城陽市	前方後円墳(183)・長持形石棺&竪穴式小石槨	唐草文帯四神四獣鏡	22.2	41	京都	136	1894	泉屋博古館〈M112〉
久津川車塚古墳(伝)	京都府城陽市(伝)	前方後円墳(183)・不明	獣文帯三神三獣鏡	21.5	235	京都	142	不明	正木美術館
久津川箱塚古墳〔前方部主体?〕	京都府城陽市	前方後円墳(100)・粘土槨?	天王・日月・獣文帯四神四獣鏡	23.6	77	京都	131	昭和以降	京都大学総合博物館
平尾城山古墳	京都府木津川市	前方後円墳(110)・竪穴式石槨	獣文帯三神三獣鏡?	内区片	—	京都	222	1976	京都文化博物館
平尾稲荷山古墳	京都府木津川市	円墳(30)・竪穴式石槨?	獣文帯三神三獣鏡	22.3	213	京都	223	昭和以降	個人

中国鏡	仿製鏡	石製品・玉類	武器・武具	農工漁具	その他	主要文献
			剣1			梅原1917b・1920b・1925e・1927；富岡1920a；後藤1926a・1942；佐藤1932b；小野山他編1968；龍谷大学文学部考古学資料室編1972；田中(琢)1977；樋口編1979b・1992；高橋(美)編1987；樋口編1990；泉屋博古館編2004；下垣2005a；水野他編2005a；岩本2008a
画文帯環状乳神獣鏡1						梅原1923d；後藤1926a・1942a；恩賜京都博物館編1942；高橋(美)編1987
		石製刀子	武具	刀子・鉇・斧・針		近藤(義)1983b・1986；宇治市歴史資料館編1986；高橋(美)編1987；樋口1987b・1992・2000；丸山編1995；樋田他編2005a；岩本2008a
				鉇1・斧1・鍬先		樋口1961・1992；白石1962；堤1964；樋口1979b；高橋(美)編1987
画文帯同向式神獣鏡1	環状乳神獣鏡1・中期型獣像鏡4	硬玉勾玉2・碧玉管玉20〜・ガラス小玉53〜・滑石製合子形石製品1・滑石製盤形石製品1・滑石刀子40〜・滑石勾玉5000〜・滑石白玉数十	三角板革綴短甲5・挂甲1・三角板革綴衝角付冑1・細板鋲留衝角付冑1・小札鋲留衝角付冑1・冑1・頸甲3〜・肩甲4〜・籠手1・手甲1・刀56〜・剣11・槍1・鉄鏃50〜	刀子29・鉇2・斧2・鎌3・鋤先1		梅原1920a・1925e・1927・1929；富岡1920a；後藤1926a；同志社大学考古学研究会1962；小林(行)1971・1976a；泉屋博古館編1971・2004；龍谷大学文学部考古学資料室編1972；田中(琢)1977・1979；樋口1979b・1992・2000；高橋(美)編1987；樋口編1990；城陽市歴史民俗資料館編1997；南山城ブロック編2000；大阪府立近つ飛鳥博物館編2002；小泉2002；水野他編2005a
不明						高橋(美)編1987；大阪府立近つ飛鳥博物館編1995
画文帯対置式四獣鏡1						龍谷大学文学部考古学資料室編1972；樋口1979b・1992・2000；高橋(美)編1987；池田市立歴史民俗資料館編1996；城陽市歴史民俗資料館編1997；南山城ブロック編2000；車崎編2002；水野他編2005a
	(採集品；方格規矩鏡1)	石釧6；(採集品；車輪石2〜・石釧7〜・杵形石製品4・硬玉勾玉3・瑪瑙勾玉1・管玉・ガラス小玉3・白玉)	刀1・剣13〜・鉄鏃44；(採集品；剣数十)	鉇7片・斧1・鑿8・錐5片		梅原1922g；龍谷大学文学部考古学資料室編1972；乗安1977；河口1990；近藤(喬)編1990；南山城ブロック編2000
不明						梅原1944a；樋口1979a；川西1987；高橋(美)編1987；東方編2008

出土遺跡	遺跡所在地	遺跡概要(墳形(m)・埋葬施設)	出土三角縁神獣鏡	面径(cm)	目録番号	歴博番号		出土年次	所蔵・保管者
椿井大塚山古墳	京都府木津川市	前方後円墳(175)・竪穴式石槨	波文帯盤龍鏡〈M35〉	24.5	3	京都	216	1953	京都大学総合博物館〈4962〉
			天王日月・獣文帯同向式神獣鏡〈M25〉	23.4	9	京都	209		京都大学総合博物館
			天王日月・獣文帯同向式神獣鏡片〈M28〉	破片	10	京都	217		京都大学総合博物館
			陳是作四神二獣鏡〈M23〉	22.0	16	京都	192		京都大学総合博物館
			張氏作三神五獣鏡〈M21〉	22.6	21	京都	188		京都大学総合博物館
			吾作三神五獣鏡〈M32〉	22.5	25	京都	189		京都大学総合博物館〈4966〉
			吾作三神五獣鏡〈M20〉	21.5	26	京都	195		京都大学総合博物館
			吾作三神五獣鏡〈M31〉	21.5	26	京都	194		京都大学総合博物館〈4965〉
			吾作五神四獣鏡(対置式)〈M22〉	21.9	28	京都	196		京都大学総合博物館
			吾作四神四獣鏡〈M33〉	22.6	32	京都	193		京都大学総合博物館〈4964〉
			張是作四神四獣鏡〈M4〉	23.8	34	京都	197		京都大学総合博物館
			吾作四神四獣鏡〈M7〉	19.8	35	京都	199		京都大学総合博物館
			吾作四神四獣鏡〈M8〉	19.8	35	京都	198		京都大学総合博物館
			吾作徐州銘四神四獣鏡〈M5〉	22.4	37	京都	191		京都大学総合博物館
			櫛歯文帯四神四獣鏡〈M9〉	22.1	42	京都	214		京都大学総合博物館
			櫛歯文帯四神四獣鏡〈M10〉	22.1	42	京都	215		京都大学総合博物館
			天王日月・獣文帯四神四獣鏡〈M12〉	22.4	43	京都	207		京都大学総合博物館
			天王日月・唐草文帯四神四獣鏡〈M3〉	23.7	44	京都	201		京都大学総合博物館
			天王日月・獣文帯四神四獣鏡〈M13〉	22.3	46	京都	203		京都大学総合博物館
			天王日月・獣文帯四神四獣鏡〈M14〉	22.3	46	京都	205		京都大学総合博物館
			天王日月・獣文帯四神四獣鏡〈M15〉	22.3	46	京都	204		京都大学総合博物館・井手町
			張是作四神四獣鏡〈M6〉	21.7	53	京都	190		京都大学総合博物館
			画文帯五神四獣鏡〈M11〉	21.8	56	京都	200		京都大学総合博物館
			天王日月・獣文帯四神四獣鏡〈M34〉	23.3	68	京都	208		京都大学総合博物館〈4963〉

3　三角縁神獣鏡出土地名表　475

共伴遺物						主要文献
中国鏡	仿製鏡	石製品・玉類	武器・武具	農工漁具	その他	
内行花文鏡2・方格規矩四神鏡1・画文帯対置式神獣鏡1			小札革綴冑1・竪矧板冑（冠？）1・刀7～・剣約10・槍7・鉄鏃約200・銅鏃14・鉄石突1	刀子17・鉇7～・斧10・鎌3・彫刻具16・弓形工具2・棒状鉄器20片・魚攴16片・釣針1		樋口1953a・1979a・1979b・1992・1996・1998a・2000；小林（行）1961a・1971・1976a・1979b；梅原1964；小野山他編1968；西田1971；龍谷大学文学部考古学資料室編1972；田中（琢）1977・1979・1997；木下編1978；浜松市博物館編1980；近藤（義）編1986；平良他1986；川西1987；高橋（美）編1987；京都大学文学部考古学研究室編1989；大阪府立弥生文化博物館編1991；王（仲）1992；京都国立博物館編1993；中島編1993・1996・1997・1998・1999；藤原他編1994；大阪府立近つ飛鳥博物館編1995；岸本1996b；藤丸1997・1998・2008a；南山城ブロック編2000；森下他編2000；車崎編2002；小泉2002；水野他編2005a；岩本2008a

出土遺跡	遺跡所在地	遺跡概要(墳形(m)・埋葬施設)	出土三角縁神獣鏡	面径(cm)	目録番号	歴博番号		出土年次	所蔵・保管者
			天王・日月・獣文帯四神四獣鏡〈M36〉	23.4	69	京都	213		京都大学総合博物館
			天王・日月・獣文帯四神四獣鏡〈M16〉	23.4	75	京都	212		京都大学総合博物館
			天王日月・鋸歯文帯四神四獣鏡〈M18〉	23.2	80	京都	210		京都大学総合博物館
			天王日月・獣文帯四神四獣鏡〈M17〉	23.0	81	京都	206		京都大学総合博物館
			陳氏作四神二獣鏡〈M27〉	破片	82	京都	218		京都大学総合博物館
			天・王・日・月・獣文帯二神二獣鏡〈M24〉	21.9	92	京都	211		京都大学総合博物館
			天王日月・獣文帯三神三獣鏡〈M19〉	22.5	105	京都	202		京都大学総合博物館
			天・王・日・月・獣文帯三神三獣鏡〈M26〉	21.5	109	京都	219		京都大学総合博物館・山城郷土資料館
			神獣鏡破片(2面分〜;M29)	破片	—	京都	—		京都大学総合博物館
椿井大塚山古墳(伝)	京都府木津川市(伝)	前方後円墳(175)・竪穴式石槨	吾作三神五獣鏡	22.0	23	京都	255	1953	京都教育大学
京都府南部(伝)	京都府南部(伝)	不明	獣文帯三神三獣鏡	22.1	114	京都	241(岡山213)	不明	倉敷考古館
園部垣内古墳	京都府南丹市	前方後円墳(82)・粘土槨	吾作四神三獣博山炉鏡〈2号鏡〉	20.0	54	京都	44	1972	南丹市教育委員会
			櫛歯文帯三仏三獣鏡〈3号鏡〉	20.5	122	京都	43		南丹市教育委員会
			獣文帯三神三獣鏡〈4号鏡〉	24.0	216	京都	41		南丹市教育委員会
加悦丸山古墳(温江丸山古墳)	京都府与謝野町	円墳(65)・竪穴式石槨	天・王・日・月・獣文帯二神三獣一虫鏡?	22.2	113	京都	17	1957	京都大学総合博物館

3 三角縁神獣鏡出土地名表　477

共伴遺物					主要文献
中国鏡	仿製鏡	石製品・玉類	武器・武具	農工漁具	その他	
内行花文鏡2・方格規矩四神鏡1・画文帯対置式神獣鏡1			小札革綴冑1・竪矧板冑（冠?）1・刀7〜・剣約10・槍7・鉄鏃約200・銅鏃14・鉄石突1	刀子17・鉇7〜・斧10・鎌3・彫刻具16・弓形工具2・棒状鉄器20片・魚扠16片・釣針1		岸本1990
不明						間壁他1986；馬淵他1986；川西1987；高橋(美)編1987
盤龍鏡1	類対置式神獣鏡1・浮彫式獣帯鏡1	車輪石9・石釧3・鍬形石製品17・勾玉4・管玉125	方形板革綴短甲1・刀（剣?）14・短刀10・剣17・短剣31・槍23・鉄鏃125・銅鏃15	刀子12・鉇4・斧2・鎌8・鍬＆鋤先4・鑿32・針5	有孔鉄板2	森(浩)他編1973；高橋(美)編1987；森他編1990；森1990b；樋口1992・2000；川西1994；南山城ブロック編2000；車崎編2002；岩本2003a・2008a
	方格規矩鏡1		刀1			横山1961；田中(彩)1973；杉原1975；田中(琢)1977；高橋(美)編1987；長谷川1999；南山城ブロック編2000；水野他編2005a

478　資　　料

出土遺跡	遺跡所在地	遺跡概要（墳形(m)・埋葬施設）	出土三角縁神獣鏡	面径(cm)	目録番号	歴博番号		出土年次	所蔵・保管者
佐味田宝塚古墳	奈良県河合町	前方後円墳(112)・粘土槨	陳氏作神獣車馬鏡〈6号鏡〉	25.8	14	奈良	200	1881	
			新作徐州銘四神四獣鏡〈7号鏡〉	26.0	19	奈良	201		東京国立博物館〈J2623〉
			吾作六神四獣鏡(対置式)〈5号鏡〉	21.8	29	奈良	199		東京国立博物館〈J2268〉
			吾作徐州銘四神四獣鏡〈8号鏡〉	22.6	37	奈良	202		東京国立博物館〈J2609〉
			天王日月・唐草文帯四神四獣鏡〈9号鏡〉	23.9	44	奈良	203		東京国立博物館〈J2595〉
			天・王・日・月・吉・獣文帯四神四獣鏡〈10号鏡・15号鏡〉	22.7	60	奈良	204・209		東京国立博物館〈J2269〉・河合小学校
			陳氏作六神三獣鏡〈4号鏡〉	21.9	61	奈良	198		東京国立博物館〈J2602〉
			天・王・日・月・唐草文帯二神二獣鏡	破片	93	奈良	—		東京国立博物館〈J1876〉
			君・宜・官・獣文帯三神三獣鏡〈11号鏡〉	22.1	111	奈良	205		東京国立博物館〈J2617〉
			波文帯三神三獣鏡〈13号鏡〉	21.8	125	奈良	207		東京国立博物館〈J2272〉
			波文帯三神二獣博山炉鏡〈12号鏡〉	21.8	134	奈良	206		東京国立博物館〈J2597〉
			外区片(その1)〈19号鏡〉	破片	—	奈良	213		東京国立博物館〈J2270〉
			外区片(その2)	破片	—	奈良	—		東京国立博物館〈J2622〉
			獣文帯三神三獣鏡〈14号鏡〉	21.2	229	奈良	208		奈良国立博物館
			内区片	破片	—	奈良	—		東京国立博物館〈J1876〉
佐味田貝吹古墳(貝吹山1号墳)	奈良県河合町	前方後円墳？(60〜)・竪穴式石槨？	波文帯三神二獣博山炉鏡	21.6	134	奈良	237	1885	宮内庁書陵部〈官131〉
佐味田付近(伝)	奈良県河合町(伝)	不明	獣文帯三神三獣鏡	23.4	231	奈良	238	不明	國學院大學考古学資料館
新山古墳	奈良県広陵町	前方後方墳(137)・竪穴式石槨	吾作四神四獣鏡〈11号鏡〉	22.6	32	奈良	250	1885	宮内庁書陵部〈陵141〉
			天王・日月・獣文帯四神四獣鏡〈10号鏡〉	22.1	71	奈良	249		宮内庁書陵部〈官59〉
			天王・日月・獣文帯四神四獣鏡〈12号鏡〉	23.5	74	奈良	251		宮内庁書陵部〈官96〉
			尚方作二神二獣鏡〈4号鏡〉	22.4	100	奈良	243		宮内庁書陵部〈官69〉
			獣文帯三神三獣鏡〈8号鏡〉	22.1	114	奈良	247		宮内庁書陵部〈陵158〉
			獣文帯三仏三獣鏡〈5号鏡〉	21.2	121	奈良	244		宮内庁書陵部〈官91〉

3 三角縁神獣鏡出土地名表 479

		共　伴　遺　物				主　要　文　献
中国鏡	仿製鏡	石製品・玉類	武器・武具	農工漁具	その他	
方格規矩四神鏡2・吾作系斜縁神獣鏡2・斜縁神獣鏡?1・画象鏡1・鏡式不明1・鏡片若干	方格規矩鏡4・細線式獣帯鏡1・夔龍鏡1・類夔龍鏡（家屋文鏡）1・画象鏡1・二神二獣鏡1・分離式神獣鏡1・鏡式不明1・鏡片若干	鍬形石2・車輪石1・石釧2・合子形石製品1・琴柱形石製品1・滑石製模造品（紡錘車形3・剣形2・刀子形34・斧形1・鎌形2・鑿形1）・硬玉勾玉8・碧玉管玉48・滑石勾玉10・滑石管玉15	剣2・銅鏃28・巴形銅器2			梅原1916c・1921a；後藤1920a・1926a・1929・1942a；富岡1920a；小林(行)1961a・1971・1976a；西田1971；網干1975；佐賀県立博物館編1979；樋口1979a・1992・2000；田中(琢)1981；千賀編1981・1988；河上1986・2006；丸山編1995；岸本1996b；橋本2001；河上編2002；車崎編2002；鈴木(裕)2002；藤丸2005；水野他編2005a；河上他2005；岩本2008a
	内行花文鏡3・夔龍鏡2・分離式神獣鏡1		刀若干			後藤1920a・1926a・1942a；西田1971；宮内庁書陵部編1976・1992・2005；田中(琢)1977；樋口1979b；千賀編1981・1988；笠野1984・1997；大阪府立近つ飛鳥博物館編1995；河上編2002；藤丸2005；河上2006；河上他2005
不明						金子編1972
画文帯環状乳神獣鏡2・画文帯同向式神獣鏡1	内行花文鏡14・類内行花文鏡（直弧文鏡）3・方格規矩鏡4・夔龍鏡1	鍬形石1・車輪石6・石釧9・椅子形石製品1・台座形石製品2・鎹形石製品1・鏃形石製品5・斧形石製品1・刀子形石製品1・勾玉127・碧玉管玉20	刀45・剣19	刀子	帯金具一式	高橋(健)1911b；後藤1920a・1926a・1929・1942a；富岡1920a；梅原1921a；水野1950；小林1961a・1971・1976a・1979b；西田1971；宮内庁書陵部編1976・1992・2005；田中(琢)1977・1981；樋口1979b・1992・2000；千賀編1981・1988；泉森編1982；王(仲)1982c・1992；笠野1984・1997；近藤(喬)1988a；川西1994；大阪府立近つ飛鳥博物館編1995；河上2002；車崎編2002；卜部2004；水野他編2005a；河上2006；河上他2005；藤丸2007

出土遺跡	遺跡所在地	遺跡概要（墳形(m)・埋葬施設）	出土三角縁神獣鏡	面径(cm)	目録番号	歴博番号	出土年次	所蔵・保管者
			波文帯三神三獣鏡〈9号鏡〉	22.1	128	奈良	248		宮内庁書陵部〈官52〉
			獣文帯三神三獣鏡〈6号鏡〉	21.7	206	奈良	245		宮内庁書陵部〈官70〉
			獣文帯三神三獣鏡〈7号鏡〉	21.5	229	奈良	246		宮内庁書陵部〈官71〉
室大墓古墳（室宮山古墳）〔後円部南主体〕	奈良県御所市	前方後円墳(238)・竪穴式石槨	天・王・日・月・唐草文帯二神二獣鏡？	破片	94	奈良	303	1950	橿原考古学研究所
室大墓古墳（室宮山古墳）〔前方部主体〕（伝）		前方後円墳(238)・割竹形木棺	三角縁神獣鏡？	21.2	—	奈良	306	1908頃	所在不明
鴨都波1号墳	奈良県御所市	方墳(20×16)・粘土槨	吾有好同三神三獣鏡〈棺内鏡〉	18.5	98a	奈良	—	2000	御所市教育委員会
			波文帯三神三獣鏡〈棺外2号鏡〉	21.4	127	奈良	—		御所市教育委員会
			波文帯三神四獣鏡〈棺外3号鏡〉	20.7	138	奈良	—		御所市教育委員会
			神人龍虎画象鏡〈棺外1号鏡〉	21.0	100c	奈良	—		御所市教育委員会
新沢500号墳〔後円部副槨〕	奈良県橿原市	前方後円墳(62)・粘土槨	獣文帯三神三獣鏡	24.1	216	奈良	186	1962	橿原考古学研究所
観音寺町古作（新沢500号墳付近）	奈良県橿原市	古墳？・不明	獣文帯三神三獣鏡	22.2	213	奈良	190	不明	橿原考古学研究所
不明（鏡作神社蔵）	不明（推定奈良県）	不明	唐草文帯三神二獣鏡	内区	89	奈良	164	不明	鏡作神社

3 三角縁神獣鏡出土地名表

共伴遺物						主要文献
中国鏡	仿製鏡	石製品・玉類	武器・武具	農工漁具	その他	
		琴柱形石製品1・碧玉勾玉2・瑪瑙勾玉3・翡翠勾玉1・管玉23・硬玉棗玉5・ガラス臼玉39・滑石製模造品(刀子形16・斧形1・杵形1・棒状2・異形1)・滑石勾玉623・滑石管玉90・緑色凝灰岩原石	三角板革綴短甲1・刀1・剣7	刀子3	銅器片1	梅原1922d；上田1927；秋山他1959；千賀編1981・1988・1992；木許他1996；藤田1998；藤田他1999；水野他編2005a；大阪府立近つ飛鳥博物館編2006；木下編2006
神獣鏡2・神頭鏡1・不明7		紡錘車形石製品2・硬玉勾玉5・碧玉管玉8・ガラス小玉44	方形板革綴短甲1・刀2〜・剣5〜・槍2・鉄鏃35・靫2・盾?1	鉇約5・斧3	不明鉄製品1・漆塗杖状木製品1	御所市教育委員会編2000；木許2001；車崎編2002；鈴木(裕)2002；福永2005a；水野他編2005a；木下編2006；樋口2006
内行花文鏡1・方格規矩四神鏡1	内行花文鏡1・方格規矩鏡1	鍬形石1・車輪石3・石釧1・紡錘車形石製品1・坩形石製品1・鏃形石製品7	方形板革綴短甲1・刀23・剣4・矛1・槍8・鉄鏃1・銅鏃27・筒形銅器5	刀子29・鉇16・斧10・鎌18・鍬先21・鑿5	銅釧1・八手葉形銅製品1	網干他1981；千賀編1992；福永1994c；大阪府立近つ飛鳥博物館編1995；池田市立歴史民俗資料館編1996；樋口2000；森下他編2000；車崎編2002；鈴木(裕)2002；水野他編2005a
不明						千賀編1992；水野他編2005a
不明						後藤1920a・1926a・1929・1942a；小林(行)1971；森(浩)1990a；樋口1992

482　資　　料

出土遺跡	遺跡所在地	遺跡概要（墳形(m)・埋葬施設）	出土三角縁神獣鏡	面径(cm)	目録番号	歴博番号		出土年次	所蔵・保管者
桜井茶臼山古墳	奈良県桜井市	前方後円墳（約200）・竪穴式石槨	正始元年陳是作同向式神獣鏡	破片	8	奈良	138	1949・2009等	橿原考古学研究所
			画文帯六神三獣鏡	内区片	55	奈良	135		橿原考古学研究所
			天王・日月・獣文帯五神四獣鏡	内区片	57	奈良	132		橿原考古学研究所
			陳氏作六神三獣鏡	銘帯片	61	奈良	137		橿原考古学研究所
			天王日月・鋸歯文帯四神四獣鏡	23.2	80	奈良	134		橿原考古学研究所
			天王日月・獣文帯四神四獣鏡	内区片	81	奈良	136		橿原考古学研究所
			天王日月・獣文帯神獣鏡	外区片	―	奈良	131		橿原考古学研究所
			波文帯四神二獣鏡？	内区片	84	奈良	130		橿原考古学研究所
			天・王・日・月・獣文帯三神三獣鏡	内区片	109	奈良	133		橿原考古学研究所
			外区片（その2）	約22	―	奈良	139		橿原考古学研究所
			陳是作四神二獣鏡	―	―	奈良	―		橿原考古学研究所
			張氏作三神五獣鏡	―	―	奈良	―		橿原考古学研究所
			吾作三神五獣鏡	―	―	奈良	―		橿原考古学研究所
			張氏作四神四獣鏡	―	―	奈良	―		橿原考古学研究所
			吾作四神四獣鏡	―	―	奈良	―		橿原考古学研究所
			唐草文帯四神四獣鏡	―	―	奈良	―		橿原考古学研究所
			櫛歯文帯四神四獣鏡	―	―	奈良	―		橿原考古学研究所
			吾作四神四獣鏡	―	―	奈良	―		橿原考古学研究所
			天王日月・獣文帯四神四獣鏡	―	―	奈良	―		橿原考古学研究所
			吾作四神四獣鏡	―	―	奈良	―		橿原考古学研究所
			天王日月・獣文帯四神四獣鏡	―	―	奈良	―		橿原考古学研究所
			吾作神獣鏡	―	―	奈良	―		橿原考古学研究所
			唐草文帯神獣鏡	―	―	奈良	―		橿原考古学研究所
			外区片	―	―	奈良	―		橿原考古学研究所

共伴遺物					主要文献
中国鏡	仿製鏡	石製品・玉類	武器・武具	農工漁具	その他	
内行花文鏡9～・方格規矩四神鏡2～・細線式獣帯鏡3～・上方作系浮彫式獣帯鏡5～・画文帯環状乳神獣鏡4～・画文帯（同向式・蟠龍乳）神獣鏡12～・吾作系斜縁神獣鏡3～・斜縁同向式神獣鏡1～・夔鳳鏡1～・盤龍鏡1～	内行花文鏡10～・鼉龍鏡4～	鍬形石1・車輪形石2・石釧1・玉杖3～・玉葉3・五輪塔形石製品1・弭形石製品1・鳴鏑形石製品2・用途不明石製品4・硬玉勾玉1・碧玉管玉6・ガラス管玉2～・ガラス玉類若干・勾玉形石製飾り	剣3片・鉄鏃124～・銅鏃2・鏃形鉄製品1	刀子1・鉇2・板状鉄斧2・鉄製利器1	不明鉄器1・用途不明棒状品1	末永1950・1954b；上田1961；西田1972；森（浩）1974；今尾編1984；林部1985；千賀編1992・2005；奈良県立橿原考古学研究所編2004；岸本他編2005；水野他編2005a；千賀2008

484　資　料

出土遺跡	遺跡所在地	遺跡概要(墳形(m)・埋葬施設)	出土三角縁神獣鏡	面径(cm)	目録番号	歴博番号	出土年次	所蔵・保管者
			外区片	—	—	奈良	—	橿原考古学研究所
			波文帯神獣鏡	—	—	奈良	—	橿原考古学研究所
池ノ内5号墳〔第2主体〕	奈良県桜井市	円墳(16)・組合式木棺直葬	波文帯盤龍鏡	22.1	2	奈良	150	1970	橿原考古学研究所
金崎古墳(金ヶ崎)	奈良県桜井市	古墳・不明	天・王・日・月・獣文帯二神二獣鏡	20.8	95	奈良	159	1900	東京国立博物館〈J2591〉
メスリ山古墳〔主室〕	奈良県桜井市	前方後円墳(224)・竪穴式石槨	吾作徐州銘四神四獣鏡?	20〜	38	奈良	152	1959〜60	橿原考古学研究所
黒塚古墳	奈良県天理市	前方後円墳(130)・竪穴式石槨	波文帯盤龍鏡〈17号鏡〉	24.7	3	奈良	417	1997	橿原考古学研究所
			新作徐州銘四神四獣鏡〈3号鏡〉	23.2	18	奈良	403		橿原考古学研究所
			張氏作三神五獣鏡〈16号鏡〉	22.7	21	奈良	416		橿原考古学研究所
			張氏作三神五獣鏡〈18号鏡〉	22.6	21	奈良	418		橿原考古学研究所
			吾作三神五獣鏡〈23号鏡〉	21.9	23	奈良	423		橿原考古学研究所
			陳・是・作・竟・四神四獣鏡〈7号鏡〉	22.3	33	奈良	407		橿原考古学研究所
			張氏作四神四獣鏡〈21号鏡〉	23.7	34	奈良	421		橿原考古学研究所
			吾作四神四獣鏡〈4号鏡〉	20.0	35	奈良	404		橿原考古学研究所
			吾作四神四獣鏡〈12号鏡〉	21.8	36a	奈良	412		橿原考古学研究所
			吾作四神四獣鏡〈31号鏡〉	22.0	36a	奈良	431		橿原考古学研究所
			吾作徐州銘四神四獣鏡〈22号鏡〉	22.5	37	奈良	422		橿原考古学研究所
			吾作三神四獣鏡〈10号鏡〉	21.8	40	奈良	410		橿原考古学研究所
			天王日月・獣文帯四神四獣鏡〈28号鏡〉	22.5	43	奈良	428		橿原考古学研究所
			天王日月・唐草文帯四神四獣鏡〈24号鏡〉	23.7	44	奈良	424		橿原考古学研究所
			陳是作四神四獣鏡〈6号鏡〉	22.0	52	奈良	406		橿原考古学研究所
			吾作四神四獣鏡〈11号鏡〉	22.0	52a	奈良	411		橿原考古学研究所

3　三角縁神獣鏡出土地名表

中国鏡	仿製鏡	石製品・玉類	武器・武具	農工漁具	その他	主　要　文　献
		瑪瑙勾玉2・碧玉管玉1・滑石臼玉40	刀1・剣1・鉄鏃約7		櫛約5	泉森編1973；菅谷1973a・1973b；樋口1979b・1992・2000；王（仲）1992；千賀編1992；大阪府立近つ飛鳥博物館編1995；池田市立歴史民俗資料館編1996；車崎編2002；鈴木（裕）2002；水野他編2005a
			剣1			後藤1920a・1926a・1942b；富岡1920a；小林（行）1971；西田1971；樋口1992；小野山1999；車崎編2002；水野他編2005a
内行花文鏡1		鍬形石3片・車輪石1片・石釧29片・合子形石製品2・椅子形石製品1・櫛形石製品2・棒状石製品1・硬玉勾玉6・碧玉管玉55	刀5〜・剣4〜			小島1977；伊達編1977；桜井市教育委員会編1986・2000；千賀編1992・2005；桜井市文化財協会編1994；岸本他編2008；千賀2008
画文帯蟠龍乳神獣鏡1			小札革綴青1・刀1・剣1・刀剣類25〜・鉄鏃170〜・盾？	刀子状鉄製品1・鉇・斧8	U字形鉄製品1・Y字状鉄製品2・棒状鉄製品9	伊達1963；河上編1999；樋口1999c・2000・2006；森下他編2000；大阪府立近つ飛鳥博物館編2002；車崎編2002；天理市教育委員会編2002a・2002b；水野他編2005a；上野2006；小林（健）編2006；藤丸2006・2007；鹿野編2009

出土遺跡	遺跡所在地	遺跡概要(墳形(m)・埋葬施設)	出土三角縁神獣鏡	面径(cm)	目録番号	歴博番号		出土年次	所蔵・保管者
			吾作四神四獣鏡〈25号鏡〉	22.0	52a	奈良	425		橿原考古学研究所
			張是作四神四獣鏡〈13号鏡〉	21.8	53	奈良	413		橿原考古学研究所
			張是作四神四獣鏡〈26号鏡〉	21.8	53	奈良	426		橿原考古学研究所
			画文帯六神三獣鏡〈14号鏡〉	21.8	55	奈良	414		橿原考古学研究所
			天王・日月・獣文帯五神四獣鏡〈5号鏡〉	22.5	57	奈良	405		橿原考古学研究所
			天・王・日・月・吉・獣文帯四神四獣鏡〈15号鏡〉	22.2	60	奈良	415		橿原考古学研究所
			張是作六神四獣鏡〈1号鏡〉	22.9	62	奈良	401		橿原考古学研究所
			吾作四神四獣鏡〈19号鏡〉	22.3	67	奈良	419		橿原考古学研究所
			天王日月・獣文帯四神四獣鏡〈9号鏡〉	23.3	68	奈良	409		橿原考古学研究所
			天王・日月・獣文帯四神四獣鏡〈29号鏡〉	22.0	70	奈良	429		橿原考古学研究所
			天王・日月・獣文帯四神四獣鏡〈30号鏡〉	22.0	70	奈良	430		橿原考古学研究所
			天王・日月・獣文帯四神四獣鏡〈2号鏡〉	23.8	74	奈良	402		橿原考古学研究所
			天王・日月・獣文帯四神四獣鏡〈27号鏡〉	23.4	74	奈良	427		橿原考古学研究所
			天王・日月・獣文帯四神四獣鏡〈33号鏡〉	23.7	74	奈良	433		橿原考古学研究所
			王氏作徐州銘四神四獣鏡〈20号鏡〉	22.3	79	奈良	420		橿原考古学研究所
			王氏作徐州銘四神四獣鏡〈32号鏡〉	22.3	79	奈良	432		橿原考古学研究所
			神人龍虎画象鏡〈8号鏡〉	22.3	100b	奈良	408		橿原考古学研究所
富雄丸山1号墳(伝)	奈良県奈良市(伝)	円墳(86)・粘土槨	画象文帯盤龍鏡	24.8	1	奈良	3	明治	天理参考館
			吾作四神四獣鏡(環状乳式)	21.7	30	奈良	1	明治	天理参考館
			画文帯五神四獣鏡	21.7	56	奈良	2	明治	天理参考館
			吾作二神二獣鏡	21.6	98	奈良	4	～1834	弥勒寺

共伴遺物						主要文献
中国鏡	仿製鏡	石製品・玉類	武器・武具	農工漁具	その他	
		鍬形石2・合子形石製品2・琴柱形石製品12・鏃形石製品1・石製模造品(刀子形6・斧形9・鑿形1・鉇形1)・碧玉管玉22・碧玉臼玉3	短甲片・刀27片・剣76片・槍若干・鉄鏃26片・銅鏃9片・筒形銅器?1・巴形銅器1	刀子3・鉇1・斧1・鎌1・鍬先2・鑿&錐9・鋸1・魚扠16片	銅釧1・銅板2・不明銅製品1	川戸編1967；末永1968a；久野他1973；小林(行)1976a；樋口1979b・1992・2000・2006；八賀1982；今尾編1984；上野他編1986；天理大学附属天理参考館編1990；王(仲)1992；車崎編2002；鈴木(裕)2002；藤原編2006

488　資　料

出土遺跡	遺跡所在地	遺跡概要(墳形(m)・埋葬施設)	出土三角縁神獣鏡	面径(cm)	目録番号	歴博番号	出土年次	所蔵・保管者
円照寺墓山1号墳	奈良県奈良市	円墳(15)・粘土槨?	獣文帯三神三獣鏡	22.0	115	奈良	47	1927	東京国立博物館〈J21184〉
円照寺裏山古墳	奈良県奈良市	古墳・不明	櫛歯文帯四神四獣鏡	22.2	42	奈良	51	不明	円照寺・橿原考古学研究所
白石光伝寺後方古墳(伝)	奈良県奈良市(伝)	古墳・不明	吾作九神三獣鏡	21.8	108	奈良	358	1915	名古屋市立博物館〈154-1〉
白石所在古墳(伝)	奈良県奈良市(伝)	古墳・不明	君・宜・高・官・獣帯三神三獣鏡	22.8	103	奈良	354	不明	福井県立歴史博物館
都介野(伝)	奈良県奈良市(伝)	不明	吾作五神四獣鏡(対置式)	21.7	28	奈良	―	不明	埼玉県立博物館
高市郡(伝)	奈良県高市郡(伝)	不明	獣文帯三神三獣鏡	21.8	215	奈良	―	不明	坂本不言堂
			獣文帯三神三獣鏡	21.8	215	奈良	―	不明	坂本不言堂
			獣文帯三神三獣鏡	22.2	213	奈良	―	不明	坂本不言堂
龍田(伝)	奈良県斑鳩町(伝)	不明	獣文帯三神三獣鏡	21.5	239	奈良	70	不明	所在不明
渋谷(伝)	奈良県天理市(伝)	不明	波文帯三神二獣博山炉鏡	21.6	134	奈良	―	江戸?	京都国立博物館〈J甲305〉
大和国帝王陵付近?(畝傍東北陵付近)(伝)	奈良県畝傍地方(伝)	古墳・不明	神人龍虎画象鏡	20.6	100c	奈良	―	1930年代以前	個人
南都御陵之所(伝)	奈良県(伝)	古墳・不明	獣文帯三神三獣鏡	22.1	230	奈良	375	1850頃	五島美術館〈M202〉
奈良県(伝)	奈良県(伝)	不明	獣文帯三神三獣鏡	21.6	207	奈良	―	不明	所在不明
大和国(伝)	奈良県(伝)	不明	鳥文帯三神三獣鏡	24.2	205	奈良	386	不明	所在不明(個人旧蔵)
奈良県(伝)	奈良県(伝)	不明	獣文帯三神三獣鏡	21.5	256	奈良	―	不明	個人
奈良県(伝)	奈良県(伝)	不明	画象文帯盤龍鏡	21.8	1	奈良	387	不明	和泉市久保惣記念美術館
奈良県(伝)	奈良県(伝)	不明	獣文帯三神三獣鏡	21.5	―	奈良	―	不明	福島古鏡コレクション
奈良県(伝)	奈良県(伝)	不明	唐草文帯三神二獣鏡	21.7	201	奈良	―	不明	泉屋博古館〈M118〉

3 三角縁神獣鏡出土地名表　489

共伴遺物						主要文献
中国鏡	仿製鏡	石製品・玉類	武器・武具	農工漁具	その他	
方格規矩鏡1	方格規矩鏡1・中期型獣像鏡1		三角板革綴短甲4・横矧板鋲留短甲1・襟付三角板革綴短甲1・小札鋲留衝角付冑1・小札鋲留眉庇付冑2?・横矧板鋲留眉庇付冑1・横矧板鋲留衝角付冑1・眉庇付冑1・堅矧板革綴冑?・頸甲3・刀・剣・鉄鏃	刀子・釘	木心鉄板張輪鐙・素環鏡板付轡・鉸具	佐藤他1930；川戸編1967；末永1968b；水野他編2005a
不明						伊達編1971；千賀編1992；樋口1992；大阪府立近つ飛鳥博物館編1995；池田市立歴史民俗資料館編1996；水野他編2005a
不明						後藤1926a；恩賜京都博物館編1942；樋口1979b・1992・2000；名古屋市博物館編1982；泉1985；大阪府立近つ飛鳥博物館編1995；車崎編2002；岩本2008a
不明						西田1970；泉1985；大阪府立近つ飛鳥博物館編1995；樋口2000
不明						埼玉県立博物館編1977；樋口2000
不明						樋口他監修2002
不明						梅原1923d；後藤1926a；樋口1979b・2000
不明						森(郁)他編1994；樋口2000；藤丸2005；下垣2010
不明						渡辺編1994
不明						樋口1979a・1992・2000；車崎編2002
不明						八賀1984
不明						梅原1923d；後藤1926a；車崎編2002
不明						後藤1926a
不明						後藤1942a；樋口1992
不明						福島編1983
不明						梅原1917b・1927；近藤(喬)1973；小林(行)1976a；田中(琢)1977・1979；樋口1979b・1992・2000；樋口編1990；藤丸2000；車崎編2002；泉屋博古館編2004；水野他編2005a

490 資料

出土遺跡	遺跡所在地	遺跡概要（墳形(m)・埋葬施設）	出土三角縁神獣鏡	面径(cm)	目録番号	歴博番号		出土年次	所蔵・保管者
北和城南古墳（伝）	奈良県北部(or京都府南部)（伝）	古墳・不明	新作徐州銘四神四獣鏡	25.8	19	奈良	373	1916以前	奈良国立博物館
織部山古墳（織部古墳）	滋賀県大津市	円墳（約30）・粘土槨？	新作徐州銘四神四獣鏡	23.1	18	滋賀	2	1912	東京国立博物館〈J7202〉
出庭亀塚古墳	滋賀県栗東市	前方後円墳(44〜)・粘土槨	獣文帯三神三獣鏡	21.6	207	滋賀	36	1911	京都国立博物館〈09-456〉
岡山古墳（六地蔵岡山古墳）	滋賀県栗東市	円墳（〜20）・粘土槨？	天王日月・獣文帯三神三獣鏡	22.1	104	滋賀	35	1913	高野神社
古富波山古墳	滋賀県野洲市	円墳(26〜)・木棺直葬	吾作三神五獣鏡	22.0	23	滋賀	54	1896	個人
			王氏作徐州銘四神四獣鏡	21.9	79	滋賀	53		ベルリン国立民俗博物館
			陳氏作四神二獣鏡	21.8	82	滋賀	52		東京国立博物館〈J2594〉
大岩山古墳（大岩山第二番山林古墳）	滋賀県野洲市	円墳・粘土槨	画象文帯盤龍鏡	24.5	1	滋賀	40	1921	東京国立博物館〈J9308〉＆五島美術館
			陳氏作神獣車馬鏡	25.7	15	滋賀	42		東京国立博物館〈J9306〉
			天・王・日・月・獣文帯二神四獣鏡	21.3	96	滋賀	39		東京国立博物館〈J9309〉
天王山古墳（小篠原天王山古墳）	滋賀県野洲市	円墳？・粘土槨？	獣文帯三神三獣鏡	21.8	234	滋賀	45	1874	知恩院・京都国立博物館〈J27〉
雪野山古墳	滋賀県東近江市	前方後円墳(70)・竪穴式石槨	波文帯盤龍鏡〈3号鏡〉	24.7	5	滋賀	12	1989	東近江市教育委員会
			新出四神四獣鏡〈5号鏡〉	24.2	39	滋賀	14		東近江市教育委員会
			天王日月・唐草文帯四神四獣鏡〈4号鏡〉	24.1	44	滋賀	13		東近江市教育委員会
山神寄建神社古墳（山神古墳）	三重県伊賀市	前方後円墳(50?)・不明	唐草文帯三神二獣鏡	23.3	87	三重	138	1920(1910頃?)	東京国立博物館〈J9046〉

3 三角縁神獣鏡出土地名表

	共伴遺物					主要文献
中国鏡	仿製鏡	石製品・玉類	武器・武具	農工漁具	その他	
画文帯環状乳神獣鏡1	鼉龍鏡1・中期型獣像鏡1	鍬形石9・車輪石17・石釧29・紡錘車形石製品4・鏃形石製品1	碧玉管玉87・ガラス管玉1・ガラス小玉約240・滑石棗玉89		金製耳環1	井口2004；岩本2008a
			剣4片	斧3		後藤1920a・1921b・1926a；梅原1921c・1921d；木村1936；西田1971；滋賀県立近江風土記の丘資料館編1981；東京国立博物館編1988；大阪府立弥生文化博物館編1991；樋口1992・2000；橋本2001；車崎編2002；岩本2008a
			刀1			木村1936；滋賀県立近江風土記の丘資料館編1981；八賀1984・1990；栗東町編1994
盤龍鏡1						木村1936；滋賀県立近江風土記の丘資料館編1981；栗東町編1994；樋口2000；岩本2008a
						高橋(健)1911b；富岡1920a；梅原1921c・1921d・1933d；後藤1926a・1942a；小林(行)1971・1976；西田1971；丸山他1975；西田1976；樋口1979b・1992・2000；滋賀県立近江風土記の丘資料館編1981；丸山1987；東京国立博物館編1988；進藤2001；車崎編2002；水野他編2005a
浮彫式獣帯鏡1・鏡式不明1			剣	刀子		梅原1921b；後藤1926a・1942a；西田1971；滋賀県立近江風土記の丘資料館編1981；田中(琢)1981；丸山1987；東京国立博物館編1988；樋口1992・2000；大阪府立近つ飛鳥博物館編1995；進藤2001；車崎編2002；水野他編2005a
	類画象鏡1	勾玉1・管玉4・小玉	鉄鏃			梅原1921c・1921d；後藤1926a；樋口1979b；滋賀県立近江風土記の丘資料館編1981；丸山1987；進藤2001
	内行花文鏡1・鼉龍鏡1	鍬形石1・琴柱形石製品1・紡錘車形石製品2・碧玉管玉1・ガラス小玉2	木製短甲?1・小札革綴冑1・刀2・剣5・槍3・鉄鏃43・銅鏃96・靫2・盾?1・剣装具4片～・槍長柄3・矢柄?6・矢柄本矧52～・矢柄末矧約24	刀子5～・鉇2・鎌2・鑿1・針状鉄製品3・魚叉9～11以上	竪櫛26・木製合子1・漆塗半円形木製品1・菱形文様付木製品1・革製品1・漆塗製品1・鉄小片十数片・土師器壺1	都出編1990・1991；樋口1992・2000；京都国立博物館編1993；福永編1993a・1993b；福永他編1996；岸本1996a・1996b；大阪府立近つ飛鳥博物館編2002；車崎編2002；佐々木2004；小林(健)編2006；岩本2008a
	内行花文鏡1	硬玉勾玉1・勾玉1・管玉39	剣22片	刀子7片・斧1		樋口1979a・1992・2000；東京国立博物館編1988；三重県埋蔵文化財センター編1991a；車崎編2002；三重県編2005；水野他編2005a

492　資　　料

出土遺跡	遺跡所在地	遺跡概要(墳形(m)・埋葬施設)	出土三角縁神獣鏡	面径(cm)	目録番号	歴博番号		出土年次	所蔵・保管者
石山古墳〔中央主体?〕	三重県伊賀市	前方後円墳(120)・粘土槨	外区〜縁部片	外区〜縁部片	—	三重	163	1985	三重県埋蔵文化財センター
紀勢町錦(向井古墳?)(伝)	三重県大紀町(伝)	古墳・不明	獣文帯三神三獣鏡	23.0	221a	三重	112	不明	大紀町教育委員会
筒野1号墳(筒野古墳)	三重県松阪市	前方後方墳(40)・粘土槨	天王日月・獣文帯三神三獣鏡	22.3	104	三重	51	1914	東京国立博物館(J7508)
			波文帯三神三獣鏡	21.7	132	三重	52		東京国立博物館(J7510)
美杉村太郎生(伝)	三重県津市(伝)	不明	獣文帯三神三獣鏡	21.9	241	三重	60	不明	所在不明(個人?)
			唐草文帯三神三獣鏡	21.2	250	三重	61		所在不明(個人?)
草山久保古墳	三重県松阪市	円墳(53)・不明	天王日月・獣文帯同向式神獣鏡	23.1	9	三重	90	江戸末期	五島美術館〈M267〉
			獣文帯三神三獣鏡	21.8	242	三重	91		五島美術館〈M269〉
清生茶臼山古墳	三重県松阪市	円墳(55)・粘土槨	獣文帯三神三獣鏡	20.9	252	三重	62	1926	名古屋大学文学研究科・文学部
赤郷1号墳(アカゴ塚古墳)	三重県鈴鹿市	前方後円墳・不明	波文帯三神三獣鏡	21.6	124	三重	22	不明	真昌寺
桑名市(伝)	三重県桑名市(伝)	不明	君・宜・高・官・獣文帯四神四獣鏡	22.7	73	三重	5	不明	MOA美術館
			天・王・日・月・獣文帯二神二獣鏡	22.2	91	三重	6		MOA美術館
			天・王・日・月・獣文帯三神三獣鏡	22.1	109	三重	7		MOA美術館
伊勢(伝)	三重県伊勢地方(伝)	不明	獣文帯三神三獣鏡	21.6	207	三重	186	不明	京都国立博物館
足羽山山頂古墳付近(伝)	福井県福井市(伝)	円墳(約60)・竪穴式石槨	吾作三神五獣鏡?	22.4	24	福井	8	1909	所在不明
			鈕片	鈕片	なし	福井	9		所在不明
花野谷1号墳〔第1主体〕	福井県福井市	円墳(18)・割竹形木棺直葬	天王・日月・獣文帯四神四獣鏡	22.1	70	—		2000	福井県教育委員会
小田中親王塚古墳(伝)	石川県中能登町	円墳(67)・不明	波文帯三神三獣鏡	21.1	133	石川	4	不明	白久志山御祖神社
			獣文帯三神三獣鏡	完形	—	石川	5		所在不明
東天神1号墳(東天神狐山古墳)	岐阜県海津市	円墳(25)・粘土槨	画文帯六神三獣鏡	21.7	55	岐阜	1	昭和以降(1909?)	城山小学校
円満寺山古墳	岐阜県海津市	前方後円墳(60)・竪穴式石槨	天・王・日・月・唐草文帯二神二獣鏡	21.7	93	岐阜	12	1967	岐阜県博物館
			波文帯三神二獣博山炉鏡	21.4	134	岐阜	13		
南濃町(伝)	岐阜県海津市(伝)	不明	獣文帯三神三獣鏡	完形	225	岐阜	11	不明	個人

| 共伴遺物 |||||| 主要文献 |
中国鏡	仿製鏡	石製品・玉類	武器・武具	農工漁具	その他	
		(石製模造品〈剣形1・刀子形52〜・斧形39・鎌形11〉)	(小札革綴冑1・鉄鏃数本・巴形銅器1・革製盾2)	(刀子8・鈍3・鎌11〜鑿6)		吉水1991；京都大学文学部考古学研究室編1993；筒井他編2005；三重県編2005；吉水他2007
不明						三重県埋蔵文化財センター編1991a；網干編1992；車崎編2002；吉村2002；岩本2005a；三重県編2005
双頭龍文鏡1	類獣像鏡1	石釧2・水晶管玉2・水晶切子玉6				後藤1920a・1923・1942a；三重大学歴史研究会原始古代史部会1963；伊勢野1988；東京国立博物館編1988；三重県埋蔵文化財センター編1991a；樋口1992・2000；中井1994；車崎編2002；卜部編2004；三重県編2005；水野他編2005a
不明						樋口1979a・1992・2000；伊勢野1991；車崎編2002；三重県編2005
不明						松阪市史編さん委員会編1978；樋口1979b・2000；三重県埋蔵文化財センター編1991a；三重県編2005；藤丸2008a
内行花文鏡1		石釧2				榧本編1949；松阪市史編さん委員会編1978；三重県埋蔵文化財センター編1991a；車崎編2002；三重県編2005
不明						榧本編1949；鈴鹿市編1980；三重県埋蔵文化財センター編1991a；網干編1992；車崎編2002；三重県編2005
不明						京都国立博物館編1979；樋口1979b・1992・2000；三重県埋蔵文化財センター編1991a；車崎編2002；三重県編2005
不明						八賀1984・1990；吉村2002；三重県編2005
		琴柱形石製品1・碧玉管玉10				上田1920；斎藤1960；福井県編1986；福井市編1990
異体字銘帯鏡1		硬玉勾玉1・碧玉管玉24・ガラス小玉145	剣4・鉄鏃3	刀子1	漆製品	福井市教育委員会2000；水野他編2005a；藤丸2006
		鍬形石1				高堀他1966；小林(行)1979b；橋本他1982；戸潤他編1990；樋口1992・2000；車崎編2002
						上田1923；高堀他1966；橋本他1982
不明						伊藤1966；西田1971；小林(行)1976a；岩瀬1981；中井編1992；樋口1992；八賀他1998；小川編2005
画文帯蟠龍乳神獣鏡1			刀3・剣2・槍1・鉄鏃5	斧2	尖頭鉄器1	網干他1968；小林(行)1971・1976a・1979b；檜崎1972；網干1975；八賀1984・1990；中井編1992；樋口1992；中井1994；大阪府立近つ飛鳥博物館編1995；八賀他1998；可児郷土歴史館編2000；車崎編2002；小川編2005；藤丸2005
不明						森(浩)1970；八賀他1998

出土遺跡	遺跡所在地	遺跡概要(墳形(m)・埋葬施設)	出土三角縁神獣鏡	面径(cm)	目録番号	歴博番号		出土年次	所蔵・保管者
矢道長塚古墳〔東主体〕	岐阜県大垣市	前方後円墳(約90)・粘土槨	天・王・日・月・唐草文帯二神二獣鏡	21.7	93	岐阜	34	1929	東京国立博物館〈J20540〉
			波文帯三神三獣鏡	21.7	132	岐阜	35		東京国立博物館〈J20541〉
			獣文帯三神二獣鏡	21.7	202	岐阜	36		東京国立博物館〈J20537〉
矢道長塚古墳〔西主体〕		前方後円墳(約90)・粘土槨	獣文帯三神三獣鏡	21.7	215	岐阜	37	1929	東京国立博物館〈J20538〉
			獣文帯三神三獣鏡	21.7	235	岐阜	38		東京国立博物館〈J20539〉
花岡山古墳	岐阜県大垣市	前方後円墳(60)・竪穴式石槨	破片(四神四獣鏡?)	破片	—	岐阜	41	1976	大垣市歴史民俗資料館
不破郡(伝)(昼飯大塚古墳?)	岐阜県大垣市(伝)	不明	獣文帯神獣鏡	21.6	—	岐阜	44	1883以前	所在不明
内山1号墳	岐阜県岐阜市	前方後円墳(45)・粘土槨	吾作徐州銘四神四獣鏡	20.6	37	岐阜	91	1883(1822?)	所在不明(個人旧蔵)
			天王日月・二神二獣鏡	不明	—	岐阜	92		所在不明(個人旧蔵)
龍門寺1号墳	岐阜県岐阜市	円墳(17)・礫槨	天王日月・獣文帯四神四獣鏡	23.2	68	岐阜	81	1961	岐阜市歴史博物館
坂尻1号墳	岐阜県岐阜市	円墳(30)・粘土槨	日・月・獣文帯三神三獣鏡	17.0	110	岐阜	72	1915	東京国立博物館〈J8142〉
一輪山古墳	岐阜県各務原市	円墳(9〜28)・不明	波文帯四神二獣鏡	21.9	85	岐阜	103	不明	各務原市埋蔵文化財調査センター
野中古墳〔南主体〕(伝)	岐阜県可児市(伝)	前方後円墳(約60)・竪穴式石槨	獣文帯三神三獣鏡	21.5	207	岐阜	124	1944	可児市教育委員会
可児町土田(伝)〈西寺山古墳〉(推定)	岐阜県可児市(推定)	前方後方墳(約60)・不明	吾作三神五獣鏡	22.6	25	岐阜	125・126	1931以前?	南山大学人類学博物館

3 三角縁神獣鏡出土地名表　495

		共伴遺物				主要文献
中国鏡	仿製鏡	石製品・玉類	武器・武具	農工漁具	その他	
		鍬形石3・硬玉勾玉2・管玉48・ガラス小玉多数	素環頭大刀1・刀7・銅鏃20	斧1	埴製合子1	藤井1929a・1929b・1929c・1930；小林(行)1961a・1971・1976a・1979b；藤井他1969；檜崎1972；近藤(喬)1973；網干1975；樋口1979a・1992・2000；大垣市文化財保護協会編1991；中井1994・1997a；大阪府立近つ飛鳥博物館編1995；中井編1992・1993；八賀他1998；車崎編2002；高田編2003；瀬川編2005；水野他編2005a；中井他編2006；
	内行花文鏡1	石釧76・合子形石製品1・杵形石製品2・硬玉勾玉3・管玉245・ガラス玉多数	刀2			
		碧玉管玉1	刀1・剣5片・銅鏃3	斧1・鍬先?1・釘1		檜崎他1977；中井編1992；高田編2003；中井他編2006
不明						本村1991；中井1997b；福永2003b
		勾玉・管玉・小玉	刀			三宅1897；檜崎1979
方格規矩鏡1	類鼉龍鏡1	石釧1・碧玉勾玉2・瑪瑙勾玉2・碧玉管玉61・碧玉棗玉3・ガラス丸玉44・ガラス小玉6・滑石勾玉35・滑石臼玉1282〜	長方板革綴短甲1・頸甲1・肩甲1・刀刀2・鉄鏃49〜	刀子3・鉇1・斧2・鎌1・鑿3・錐1・針4・不明生産用具2	櫛40〜・砥石1	檜崎1962・1979；浜松市博物館編1980；中井編1992；樋口1992・2000；中井1994；大阪府立近つ飛鳥博物館編1995；徳田1997a；八賀他1998；車崎編2002；小川編2005
	神頭鏡1	鍬形石1・石釧1・合子形石製品1・琴柱形石製品6・管玉30・ガラス管玉1・ガラス小玉82	刀1			後藤1920a・1926a・1929・1942a；檜崎1972・1979；浜松市博物館編1980；中井編1992；中井1994；樋口1992；八賀他1998；水野他編2005a
不明						小林(行)1976a・1979b；岡崎他1978；各務原市編1983；中井編1992；大阪府立近つ飛鳥博物館編1995；八賀他1998；可児郷土歴史館編2000；車崎編2002；小川編2005
不明						林1902；小川1931；檜崎1972；八賀1984・1990；長瀬1988・1999；尾関編1989；中井編1992；八賀他1998；下垣1999a；高橋(克)他編1999；可児郷土歴史館編2000；徳田2003；瀬川編2005
不明						林1902；小川1931；檜崎1972；鈴木他編1980；長瀬1988・1999；尾関編1989；丸山1995；八賀他1998；下垣1999b；高橋(克)他編1999；可児郷土歴史館編2000

出土遺跡	遺跡所在地	遺跡概要(墳形(m)・埋葬施設)	出土三角縁神獣鏡	面径(cm)	目録番号	歴博番号		出土年次	所蔵・保管者
東之宮古墳	愛知県犬山市	前方後方墳(72)・竪穴式石槨	唐草文帯三神二獣鏡〈1号鏡〉	21.3	89	愛知	35	1973	京都国立博物館〈J甲426〉
			天・王・日・月・唐草文帯二神二獣鏡〈3号鏡〉	21.5	93	愛知	34		京都国立博物館〈J甲426〉
			波文帯三神三獣鏡〈5号鏡〉	21.3	123	愛知	37		京都国立博物館〈J甲426〉
			波文帯三神三獣鏡〈10号鏡〉	21.4	127	愛知	38		京都国立博物館〈J甲426〉
出川大塚古墳	愛知県春日井市	円墳(45)・粘土槨	獣文帯三神三獣鏡	22.1	213	愛知	24	1900or1902	東京国立博物館〈J2599〉
			獣文帯三神三獣鏡	22.1	213	愛知	25		東京国立博物館〈J2606〉
仙人塚古墳(伝)	愛知県北名古屋市	古墳・不明	獣文帯三神三獣鏡	23.5	231	愛知	54	不明	個人
小木宇都宮神社古墳	愛知県小牧市	前方後方墳(62)・竪穴式石槨	獣文帯三神三獣鏡	21.8	235	愛知	45	不明	宇都宮神社
甲屋敷古墳(小木)(伝)	愛知県小牧市(伝)	古墳・不明	獣文帯三神三獣鏡	22.2	245	愛知	50	不明	個人
小木天王山古墳	愛知県小牧市	古墳・不明	獣文帯三神三獣鏡	21.0	234	愛知	46	不明	現物なし(焼失)
甲屋敷2号墳	愛知県小牧市	円墳(30〜35)・粘土槨	波文帯三神三獣鏡	22.1	130	愛知	48	1891	個人
奥津社古墳(推定)	愛知県愛西市(推定)	前方後方墳(35?)・不明	波文帯盤龍鏡	24.4	3	愛知	60	不明	奥津社
			張是作四神四獣鏡	23.8	34	愛知	61		奥津社
			日・月・獣文帯四神四獣鏡	21.9	65	愛知	59		奥津社
白山藪古墳	愛知県名古屋市	前方後円墳(45)・粘土槨	波文帯三神三獣鏡	21.8	131	愛知	6	1950	京都国立博物館〈J甲209〉
兜山古墳	愛知県東海市	円墳(45)・粘土槨	獣文帯三神三獣鏡	22.3	217	愛知	63	1880	名古屋市博物館
百々古墳(百々町)(伝)	愛知県豊田市(伝)	古墳・不明	吾作三神五獣鏡	21.5	26	愛知	79	大正?	大阪市立博物館
赤門上古墳	静岡県浜松市	前方後円墳(56)・割竹形木棺直葬	天王日月・唐草文帯四神四獣鏡	23.7	44	静岡	17	1961	浜松市教育委員会
新豊院山D2号墳〔後円部主体〕	静岡県磐田市	前方後円墳(28)・竪穴式石槨?(石囲木槨?)	吾作四神四獣鏡	21.5	50	静岡	27	1980	磐田市埋蔵文化財センター

3 三角縁神獣鏡出土地名表 497

	共伴遺物					主要文献
中国鏡	仿製鏡	石製品・玉類	武器・武具	農工漁具	その他	
斜縁同向式神獣鏡1	方格規矩鏡1・鳥頭獣像鏡1・人物禽獣文鏡4	鍬形石1・車輪石1・石釧3・合子形石製品2・翡翠勾玉3・硬玉管玉137	刀9・剣4・槍17・鉄鏃5	刀子1・鉇・斧6・針筒1	Y字形鉄器2	杉崎他1975；岩野編1976；小林(行)1976a；田中(琢)1977；樋口1979a・1992・2000；宮川1983；八賀1984・1990；京都国立博物館編1993；中井1994；森(郁)他編1994；大阪府立近つ飛鳥博物館編1995；赤塚1998・2005；車崎編2002；藤丸2002a；赤塚2005；森下2005d；瀬川編2005；小林(健)編2006；岩本2008a
	鼉龍鏡1・捩文鏡1	石釧7・硬玉勾玉1・碧玉管玉48・滑石勾玉8	刀			高橋(健)1911b；後藤1920a・1926a・1942a；富岡1920a；近藤(喬)1973；檜崎1973；岩野1975；岩野編1976；小林(行)1976a；田中(琢)1977；久永1979；樋口1992・2000；大下2001；車崎編2002；瀬川編2005；水野他編2005a
不明						岩野編1976
不明						岩野1975；岩野編1976；小林(行)1976a；田中(琢)1977；樋口2000；岩本2003a；瀬川編2005
不明						岩野1975；岩野編1976；田中(琢)1977；樋口2000；車崎編2002；岩本2005a
	神頭鏡1					岩野1975；岩野編1976
	内行花文鏡1					井口1965；岩野1975；岩野編1976；樋口1992・2000；車崎編2002；岩本2003a；瀬川編2005
不明						岩野編1976；岩野1976；瀬川編2005
	内行花文鏡1・獣像鏡1	碧玉勾玉1・琥珀勾玉2・碧玉管玉31・瑪瑙管玉1・琥珀切子玉1・琥珀棗玉3・琥珀丸玉5・ガラス小玉600〜	素環頭大刀1・刀2・剣16・矛1・鉄鏃10	斧2		吉田1957；岩野編1976；伊藤編1977；佐賀県立博物館編1979；中井1994；森(郁)他編1994；藤丸2004；瀬川編2005
(虺龍文鏡1)	内行花文鏡1・捩文鏡1・神頭鏡1	石釧9・合子形石製品1・坩形石製品1・器台形石製品1・管玉150			鉄片7	小栗1930；中井1994；名古屋市博物館編1994；福永1994c；大阪府立近つ飛鳥博物館編1995；樋口2000；車崎編2002；瀬川編2005
不明						大阪市立博物館編1967；小林(行)1971；岩野編1976；田端1977；樋口1992；大阪府立近つ飛鳥博物館編1995；丸山編1995
		管玉6	刀1・剣1・鉄鏃11・銅鏃30	刀子1・鉇2・斧3	不明鉄器2	下津谷1966・1989；西田1971；大塚1992；大阪府立近つ飛鳥博物館編1995；岸本1996b；鈴木(敏)他編2001
	素文鏡1		刀1・短刀1・剣1・鉄鏃20・・銅鏃28	不明工具(刀子?)1		山村他1982；柴田1986；大塚1992；中島1992；樋口1992・2000；中井1994；大阪府立近つ飛鳥博物館編1995；鈴木(敏)他編2001；車崎編2002；佐口編2006；森下2006a；岩本2008a

498　資　料

出土遺跡	遺跡所在地	遺跡概要(墳形(m)・埋葬施設)	出土三角縁神獣鏡	面径(cm)	目録番号	歴博番号		出土年次	所蔵・保管者
松林山古墳	静岡県磐田市	前方後円墳(107)・竪穴式石槨	吾作二神二獣鏡	21.3	101	静岡	30	1930	東京国立博物館〈J21243〉
連福寺古墳	静岡県磐田市	前方後円墳(約90)・不明	張氏作三神五獣鏡	22.5	21	静岡	39	1965	磐田市埋蔵文化財センター
経塚古墳(蓮城寺8号墳)	静岡県磐田市	前方後円墳(約90)・粘土槨?	日月日日・唐草文帯四神四獣鏡	22.0	76	静岡	29	1885～86	蓮城寺
寺谷銚子塚古墳	静岡県磐田市	前方後円墳(109)・礫槨 or 粘土槨	日・月・獣文帯三神三獣鏡	17.0	110	静岡	25	1879	東京国立博物館〈J178〉
上平川大塚古墳	静岡県菊川市	前方後円墳(20)・礫槨?	天王日月・獣文帯同向式神獣鏡	23.2	9	静岡	105	1921	東京国立博物館〈J9527〉
			吾作三神五獣鏡	22.1	23	静岡	104		東京国立博物館〈J9670〉
午王堂山3号墳	静岡県静岡市	前方後方墳(78)・粘土槨	君・宜・高・官・獣文帯四神四獣鏡	22.5	73	静岡	153	1973	静岡大学人文学部・静岡市教育委員会
道尾塚古墳(伝)	静岡県沼津市(伝)	古墳・不明	唐草文帯三神二獣鏡	20.8	248	静岡	171	明治～大正	大中寺
森将軍塚古墳〔後円部主体〕	長野県千曲市	前方後円墳(100)・竪穴式石槨	天王日月・獣文帯神獣鏡	22.0	78	長野	36	1967・1983	千曲市教育委員会
新井原8号墳	長野県飯田市	円墳(18)・石室	唐草文帯三神二獣鏡	21.2	250	長野	72・75	不明	所在不明(個人旧蔵)
中道銚子塚古墳(甲斐銚子塚古墳)	山梨県甲府市	前方後円墳(169)・竪穴式石槨	陳氏作神獣車馬鏡	22.1	13	山梨	13	1928	東京国立博物館〈J20305〉
			獣文帯三神三獣鏡	20.7	236	山梨	14		東京国立博物館〈J20306〉
大丸山古墳	山梨県甲府市	前方後円墳(99or120)・竪穴式石槨	日・月・獣文帯三神三獣鏡	17.0	110	山梨	10	1929	東京国立博物館〈J20462〉
岡銚子塚古墳(伝)	山梨県笛吹市(伝)	前方後円墳(92)・粘土槨	神人龍虎画象鏡	完形	100c	山梨	25	1763	所在不明
真土大塚山古墳〔中央主体〕	神奈川県平塚市	前方後円墳(99) or 前方後方墳(43)	陳是作四神二獣鏡	22.1	16	神奈川	19	1935	東京国立博物館〈J23148〉

3 三角縁神獣鏡出土地名表 499

共伴遺物						主要文献
中国鏡	仿製鏡	石製品・玉類	武器・武具	農工漁具	その他	
内行花文鏡1	内行花文鏡1・獣像鏡1	石釧2,琴柱形石製品1・硬玉勾玉2・碧玉管玉79	革綴短甲1・刀3～・剣12・矛12・鉄鏃・銅鏃80・巴形銅器3・鞍	刀子・鉇・斧15・鎌7・鑿	水字貝釧2・砥石2	後藤1942a;内藤他1965;西田1971;田中(琢)1977;近藤(喬)1988a,大阪府立弥生文化博物館編1991;大塚1992;佐914編1992;中島1992;樋口1992・2000;中井1994;大阪府立近つ飛鳥博物館編1995;鈴木(敏)他編2001;車崎編2002;福永2005a;水野他編2005a;小林(健)編2006;岩本2008a
不明						平野1968・1976;浜松市博物館編1980;大塚1992;中島1992;鈴木(敏)他編2001
			刀			西郷1926;高橋(勇)他1930;小林(行)1961a・1971・1976a;柴田1986;大塚1992;中島1992;樋口1992・2000;竹内1999;鈴木(敏)他編2001;車崎編2002;岩本2008a
		切子玉	銅鏃2・巴形銅器1			高橋(健)1911b;高橋(勇)他1930;富岡1920a;後藤1942a;小林(行)1971・1976a;平野1976;浜松市博物館編1980;大塚1992;中島1992;大谷1997;鈴木(敏)他編2001;水野他編2005a;小林(健)編2006
	鳥頭獣像鏡1	勾玉3(硬玉・水晶)・碧玉管玉6・ガラス小玉7	剣			後藤1922・1926a・1929・1942a; 高橋(勇)他1930; 小林(行)1961a;西田1976;浜松市博物館編1980;大塚1992;向坂1998;樋口2000;鈴木(敏)他編2001;車崎編2002;水野他編2005a;藤丸2008a
						内藤他1966・1968;大塚1992;杉山2001;鈴木(敏)他編2001
不明						高橋(勇)他1930;田中(琢)1981;岩崎1988;大塚1992;鈴木(敏)他編2001;車崎編2002
		硬玉勾玉1・碧玉管玉18・滑石白玉4・石製品	刀・剣・矛?1・槍・鉄鏃6?	刀子・鎌・鉇・鑿	土師器	八幡他1974;森将軍塚古墳発掘調査団編1984;岩崎1988;松尾1992;中井1994
			刀・鉄鏃			後藤1926a;下伊那郡誌編纂会編1955;小林(行)1976a;岩崎1988;車崎編2002;岩本2005a
内行花文鏡1	鼉龍鏡1・環状乳神獣鏡1・二神二獣鏡1	車輪石6・石釧5・杵形石製品2・硬玉勾玉1・碧玉勾玉1・水晶勾玉4・管玉約150	刀4・剣3・鉄鏃	刀子1・斧3・鎌2	貝輪1・(ほか伝出土2面〈鏡式不明〉)	上田1928・1930;後藤1942a;西田1971;近藤(喬)1973;上野1975;小林(行)1976a;田中(琢)1977・1981;樋口1979b・1992・2000;山梨県教育委員会編1985・1986・1988・2006;坂本1988;王(仲)1992;中井1994;大阪府立近つ飛鳥博物館編1995;宮澤1998;車崎編2002;水野他編2005a;森原他2005;小林(健)編2006;笠原他編2008;藤丸2008b
画文帯環状乳神獣鏡1・八禽鏡1		管玉・ガラス小玉	堅矧板革綴短甲1・刀8・剣8・鉄鏃	刀子・鉇・斧・手斧・鎌・鑿・鋸	石枕	仁科1931;上田1942;後藤1942a;上野1975;三木1975;樋口1979b;中井1994;谷口1996;宮澤1998;車崎編2002;水野他編2005a;小林(健)編2006;岩本2008a
鼉龍鏡1・鏡式不明1		勾玉2	刀・剣・鉄鏃11	斧1・鑿1		山梨県考古学史資料室1965;樋口他1975;樋口1979b;伊藤編1995;谷口1996;宮澤1998
		碧玉管玉1	刀6片・銅鏃50・巴形銅器5・石突1	刀子3・斧2		石野1935・1936;日野1962;本村1974;東京国立博物館編1986;樋口1992;藤原他編1994;大阪府立近つ飛鳥博物館編1995;卜部編2004;水野他編2005a;藤原2008

出土遺跡	遺跡所在地	遺跡概要(墳形(m)・埋葬施設)	出土三角縁神獣鏡	面径(cm)	目録番号	歴博番号		出土年次	所蔵・保管者
加瀬白山古墳〔後円部中央主体〕	神奈川県川崎市	前方後円墳(87)・木炭槨	天王日月・獣文帯四神四獣鏡	22.4	46	神奈川	14	1937	慶應義塾大学文学部民族学考古学研究室
城山1号墳	千葉県香取市	前方後円墳(68)・横穴式石室	吾作三神五獣鏡	22.2	25	千葉	62	1963	香取市教育委員会
手古塚古墳	千葉県木更津市	前方後円墳(60)・粘土槨	獣文帯三神三獣鏡	23.9	231	千葉	16	1973	県立房総風土記の丘
大場天神山古墳(伝)	茨城県水戸市(伝)	古墳・不明	波文帯神獣鏡	22.0	139	茨城	10	大正〜昭和	個人
赤城塚古墳	群馬県板倉町	円墳・粘土槨?	獣文帯四神四獣鏡(仏像含む)	23.1	119	群馬	194	1676	西丘神社
頼母子古墳(頼母子大塚山古墳)	群馬県太田市	円墳・粘土槨?	波文帯盤龍鏡	21.7	2	群馬	176	不明	東京大学総合資料館
			有銘四神四獣鏡	21.7	—	群馬	175		所在不明

3 三角縁神獣鏡出土地名表 501

共伴遺物						主要文献
中国鏡	仿製鏡	石製品・玉類	武器・武具	農工漁具	その他	
	内行花文鏡1	ガラス小玉一括	刀3・剣6・鉄鏃32	刀子1・鉇4・斧4・鎌1・鑿1・錐4・楔形鉄器1		柴田他1953；木下編1978；大阪府立弥生文化博物館編1991；大阪府立近つ飛鳥博物館編1995；栃木県立なす風土記の丘資料館編2000；車崎編2002
		ガラス棗玉9・ガラス小玉2064・銀空玉50〜	横矧板鋲留衝角付冑1・挂甲1・籠手1・臑当1・環頭大刀4・頭椎大刀1・円頭大刀1・刀12・剣1・鉄鏃94	刀子5・鹿角装刀子5・針	冠帽金銅製飾板・銅心鍍金耳環3・銀環4・鞍金具1組・木心鉄板張壺鐙1対・鏡板付轡2組・環状鏡板付轡1組・杏葉4・雲珠1・辻金具・土師器高杯・金銅鈴12・金銅装飾釘15・鎧5・懸金具2・須恵器（長頸壺・高杯・提瓶・杯・甕）	西田1971；丸子1978；鈴木(仲)他編1980；大阪府立近つ飛鳥博物館編1995；樋口2000；千葉県史料研究財団編2003
吾作系斜縁四獣鏡1		車輪石1・石釧2・紡錘車形石製品1・碧玉管玉1・ガラス小玉5	籠手1対・刀3・剣1・鉄鏃30〜・銅鏃20	刀子約6・斧1	土師器甕	杉山1973；田中(琢)1977；鈴木(仲)他編1980；大阪府立近つ飛鳥博物館編1995；栃木県立なす風土記の丘資料館編2000；車崎編2002；千葉県史料研究財団編2003
			武器			岸本1992；藤原他編1994；栃木県立なす風土記の丘資料館編2000
			刀・剣			相川1944；群馬県立歴史博物館編1980；王(仲)1982c・1992；西田1985；宮田1989・2001・2007；樋口1992・2000；川西1994；岡内1995；車崎編2002；橋本2004；岩本2008a
方格規矩鏡1		勾玉1	刀1・銅鏃30			後藤1926a；梅沢1975・1976；東京国立博物館編1983

資料

出土遺跡	遺跡所在地	遺跡概要(墳形(m)・埋葬施設)	出土三角縁神獣鏡	面径(cm)	目録番号	歴博番号		出土年次	所蔵・保管者
川井稲荷山古墳(芝根7号墳)	群馬県玉村町	前方後円墳(43)・竪穴系主体部	君・宜・高・官・獣文帯四神四獣鏡	22.5	66	群馬	137	1968	文化庁
三本木所在古墳(伝)	群馬県藤岡市(伝)	古墳・不明	陳氏作神獣車馬鏡	21.9	13	群馬	59	不明	東京国立博物館〈J431〉
			張氏作三神五獣鏡	22.6	21	群馬	60		東京国立博物館〈J432〉
			陳是作四神四獣鏡	22.0	52	群馬	61		福岡県立小倉高等学校
北山茶臼山古墳(富岡茶臼山古墳)	群馬県富岡市	円墳(約40)・粘土槨?	画象文帯盤龍鏡	24.9	1	群馬	74	1894	宮内庁書陵部〈陵78〉
蟹沢古墳(柴崎古墳・芝崎古墳)	群馬県高崎市	円墳(約12)・粘土槨	正始元年陳是作同向式神獣鏡	22.6	8	群馬	34	1909	東京国立博物館〈J5800〉
			獣文帯三神三獣鏡	21.9	114	群馬	35		東京国立博物館〈J5801〉
前橋天神山古墳	群馬県前橋市	前方後円墳(126)・粘土槨	天王・日月・獣文帯五神四獣鏡	22.3	57	群馬	118	1969	東京国立博物館〈J39398-1〉
			天王日月・獣文帯四神四獣鏡	21.6	64	群馬	119		東京国立博物館〈J39398-2〉
片岡村原野内塚(乗附)(伝)	群馬県高崎市(伝)	不明	獣文帯三神三獣鏡	21.8	228	群馬	―		五島美術館〈M204〉
会津大塚山古墳〔南主体〕	福島県会津若松市	前方後円墳(114)・割竹形木棺直葬	唐草文帯三神二獣鏡	21.4	203	福島	1	1964	福島県立博物館
出土地不明	不明(畿内?)	不明	張氏作三神五獣鏡	22.8	21	―	―	不明	泉屋博古館〈M23〉
出土地不明	不明	不明	張氏作三神五獣鏡	22.6	21	―	―	不明	泉屋博古館〈M24〉
出土地不明	不明	不明	吾作四神四獣鏡	22.4	67	―	―	不明	泉屋博古館〈M25〉
出土地不明	不明	不明	波文帯三神三獣鏡	21.8	131	―	―	不明	泉屋博古館〈M33〉
出土地不明	不明	不明	獣文帯三神三獣鏡	21.6	243	―	―	不明	泉屋博古館〈M119〉
出土地不明	不明	不明	波文帯四神二獣鏡	21.2	83	―	―	不明	根津美術館
出土地不明	不明	不明	波文帯三神三獣鏡	21.7	129	―	―	不明	根津美術館〈考古37〉

3　三角縁神獣鏡出土地名表

中国鏡	仿製鏡	共伴遺物 石製品・玉類	武器・武具	農工漁具	その他	主要文献
						群馬県立歴史博物館編1980；樋口2000；車崎編2002
神人龍虎車馬画象鏡1	類蟠龍乳神獣鏡1	滑石製紡錘車1	刀柄2片・銅鏃5			後藤1926a；佐賀県立博物館編1979；群馬県立歴史博物館編1980；東京国立博物館編1983；藤岡市教育委員会編1987；樋口1988・1992；藤丸2002b；岩本2008a
		石釧2・勾玉・管玉	刀・鏃			島田1898；後藤1929・1942a；小林(行)1961a；梅沢1975・1976・1981；宮内庁書陵部編1976・2005；群馬県立歴史博物館編1980；笠野1984・1997；田口1988；藤原他1994；樋口2000；水野他編2005a
	内行花文鏡2		刀・剣	斧2・鑿	土師器(壺・台付甕・高杯)	高橋(健)1911a・1914；山田1915b；富岡1916・1920a；中山1919a・1919c・1919d；後藤1920a・1942a；森本1928；相川1938；梅原1943；小林(行)1961a・1976a；西田1971；福山1974；梅沢1975・1976・2003；田中(琢)1977・1981；樋口1979b・1992・2000；群馬県立歴史博物館編1980；近藤(喬)1983・1988a・1988b；東京国立博物館編1983；王(仲)1984b・1985a・1992；奈良国立博物館編1989；京都国立博物館編1993；笠野1994；大阪府立近つ飛鳥博物館編1995；劉編1999；岡村2002a；車崎編2002；福永2005a；水野他編2005a
尚方作二禽二獣画象鏡1・三段式神獣鏡1	捩文鏡1	紡錘車形石製品4	素環頭大刀1・刀4・小刀1・剣12・鉄鏃78・銅鏃30・靫3	刀子1・鉇8・斧4・鑿3・針状金具7・釣針状金具5・棒状金具4	土師器小型丸底壺1	松島1968・1981・2009；尾崎1970・1971；松島他1970；西田1971；小林(行)1976a；群馬県立歴史博物館編1980；樋口1992・2000；藤原他1994；車崎編2002；水野他編2005a；岩本2008a
不明						梅原1925e；樋口1979a；車崎編2002；岩本2003a
	捩文鏡1	硬玉勾玉1・碧玉管玉79・琥珀算盤玉2・ガラス小玉61(+破片31)	三葉環頭大刀1・刀1・剣7・小刀1・鉄鏃48・銅鏃29・靫1	刀子2・鉇4・斧4・鍬鋤先1	櫛2・棒状鉄器3・砥石1・台石1・石杵1	伊東他1964；田中(琢)1977・1979；甘柏1989；八賀1990；藤原他編1994；大阪府立近つ飛鳥博物館編1995；栃木県立なす風土記の丘資料館編2000；樋口2000；車崎編2002；岩本2003a；青山2003b；辻2006
不明						梅原1917b・1927；富岡1920a；樋口編1990；泉屋博古館編2004；水野他編2005a
不明						梅原1917b・1927；樋口1979b；樋口編1990；泉屋博古館編2004；水野他編2005a
不明						樋口2000；泉屋博古館編2004；水野他編2005a
不明						梅原1934b；西田1971；樋口1979b・1992・2000；樋口編1990；車崎編2002；泉屋博古館編2004；藤丸2004；水野他編2005a
不明						梅原1927；樋口編1990；樋口2000；車崎編2002；泉屋博古館編2004；水野他編2005a
不明						根津美術館編1987；樋口1992・2000；車崎編2002
不明						根津美術館編1987；樋口2000

出土遺跡	遺跡所在地	遺跡概要(墳形(m)・埋葬施設)	出土三角縁神獣鏡	面径(cm)	目録番号	歴博番号	出土年次	所蔵・保管者
出土地不明	不明	不明	獣文帯三神三獣鏡	22.0	220a	—	不明	根津美術館〈考古29〉
出土地不明	不明	不明	獣文帯三神三獣鏡	21.8	257	—	不明	根津美術館〈考古30〉
出土地不明	不明	不明	画文帯五神四獣鏡	完形	56	—	不明	Freer Gallery of Art(Washington,D.C.)
出土地不明	不明	不明	王氏作徐州銘四神四獣鏡	22.1	79	—	不明	Freer Gallery of Art(Washington,D.C.)
出土地不明	不明	不明	新出四神四獣鏡	23.9	39	—	不明	Freer Gallery of Art(Washington,D.C.)
出土地不明	不明	不明	獣文帯三神三獣鏡	22.2	208	—	不明	Freer Gallery of Art(Washington,D.C.)
出土地不明	不明	不明	銘帯三神五獣鏡	—	—	—	不明	京都国立博物館
出土地不明	不明	不明	波文帯三神三獣鏡	21.4	—	—	不明	京都国立博物館〈J甲322〉
出土地不明	不明	不明	獣文帯三神三獣鏡	21.6	207	—	不明	京都国立博物館〈J甲321〉
出土地不明	不明	不明	天王日月・唐草文帯四神四獣鏡	23.8	44	—	不明	東京国立博物館
出土地不明	不明	不明	尚方作二神二獣鏡	—	100a	—	不明	東京国立博物館〈J38399〉
出土地不明	不明	不明	獣文帯三神三獣鏡	—	—	—	不明	東京国立博物館〈J680801〉
出土地不明	不明	不明	獣文帯三神三獣鏡	22.1	213	—	不明	黒川古文化研究所〈鏡85〉
出土地不明	不明	不明	獣文帯三神三獣鏡	22.1	213	—	不明	黒川古文化研究所〈鏡86〉
出土地不明	不明	不明	天王・日月・獣文帯四神四獣鏡	23.3	75	—	不明	東北歴史博物館
出土地不明	不明	不明	獣文帯三神三獣鏡	破片	—	—	不明	東北歴史博物館
出土地不明	不明	不明	獣文帯三神三獣鏡	完形	231	—	不明	藤井有鄰館〈M60〉
出土地不明	不明	不明	獣文帯四神四獣鏡	23.3	72	—	不明	大阪市立博物館〈考0583〉
出土地不明	不明	不明	陳氏作神獣車馬鏡	22.5	13	—	不明	個人・滋賀県立琵琶湖文化館
出土地不明	不明	不明	内区片	破片	—	—	不明	東京大学総合資料館
出土地不明	不明	不明	獣文帯三神三獣鏡	22.6	219	—	不明	明治大学考古学博物館

3 三角縁神獣鏡出土地名表　　505

共伴遺物					主　要　文　献
中国鏡	仿製鏡	石製品・玉類	武器・武具	農工漁具	その他
不明					根津美術館編1987；車崎編2002
不明					根津美術館編1987；車崎編2002
不明					
不明					梅原1931・1933d；小林(行)1976a；樋口1992
不明					梅原1931・1933d；後藤1942a；樋口1979b
不明					樋口2000
不明					
不明					森(郁)他編1994；藤丸2002a
不明					八賀1984；森(郁)他編1994
不明					福永他編1996
不明					車崎編2002
不明					
不明					梅原1951；西村編1985
不明					梅原1951；西村編1985
不明					丹羽他2004
不明					丹羽他2004
不明					
不明					大阪市立博物館編1967
不明					藤丸2008b
不明					
不明					車崎編2002

506　資　料

出土遺跡	遺跡所在地	遺跡概要(墳形(m)・埋葬施設)	出土三角縁神獣鏡	面径(cm)	目録番号	歴博番号	出土年次	所蔵・保管者
出土地不明	不明	不明	吾作四神四獣鏡(環状乳式)	20.8	30	—	—	不明	五島美術館〈M274〉
出土地不明	不明	不明	波文帯三神三獣鏡	21.4	127	—	—	不明	栃木県立博物館
出土地不明	不明	不明	吾作四神三獣博山炉鏡	—	54	—	—	不明	イタリア博物館
出土地不明	不明	不明	獣文帯三神三獣鏡	24.0	241a	—	—	不明	British Museum
出土地不明	不明	不明	日・月・獣文帯三神三獣鏡	完形	110	—	—	不明	所在不明(山中商会旧蔵)
出土地不明	不明	不明	尚方作二神二獣鏡	完形	100	—	—	不明	個人
出土地不明	不明	不明	吾作九神三獣鏡	破片	108	—	—	不明	個人
出土地不明	不明	不明	獣文帯三神三獣鏡	完形	—	—	—	不明	個人
出土地不明	不明	不明	新作徐州銘四神四獣鏡	26.0	19	—	—	不明	個人(海外)
出土地不明	不明	不明	波文帯三神三獣鏡	21.5	123	—	—	不明	『梅仙居蔵』所載鏡
出土地不明	不明	不明	獣文帯三神三獣鏡	21.7	234	—	—	不明	『桃陰廬』所載鏡
出土地不明(伝渋谷?)	不明	不明	波文帯三神二獣博山炉鏡	完形	134?	—	—	江戸	『鏡研搨本』所載鏡
出土地不明	不明	不明	獣文帯三神三獣鏡	約21.5	218a	—	—	江戸	『鏡研搨本』所載鏡
出土地不明	不明	不明	吾作六神四獣鏡(対置式)	完形	29?	—	—	江戸	『千とせのためし』所載鏡

共伴遺物						主要文献
中国鏡	仿製鏡	石製品・玉類	武器・武具	農工漁具	その他	
不明						西田1971；樋口1979b・1992・2000
不明						鈴木(一)編1995
不明						
不明						樋口2000；車崎編2002；池上2003；ヴィクター＝ハリス他編2003
不明						
不明						
不明						佐々木他2004
不明						
不明						梅原1931
不明						梅原1923d
不明						梅原1925e；小林(行)1976a
不明						森下2004a；下垣2010
不明						森下2004a
不明						清野1955；徳田2007

4 同笵(型)鏡分有図

◇本図は，中国製三角縁神獣鏡の同笵(型)鏡を分有する諸古墳間関係の模式図である。
◇本図は，『大古墳展』〔森下・千賀編2000〕の85頁図を一部改変した図である。したがって，同笵(型)鏡およびその分有関係は，2000年当時のデータによる。
◇仿製三角縁神獣鏡の分有図は省略した。

510 資料

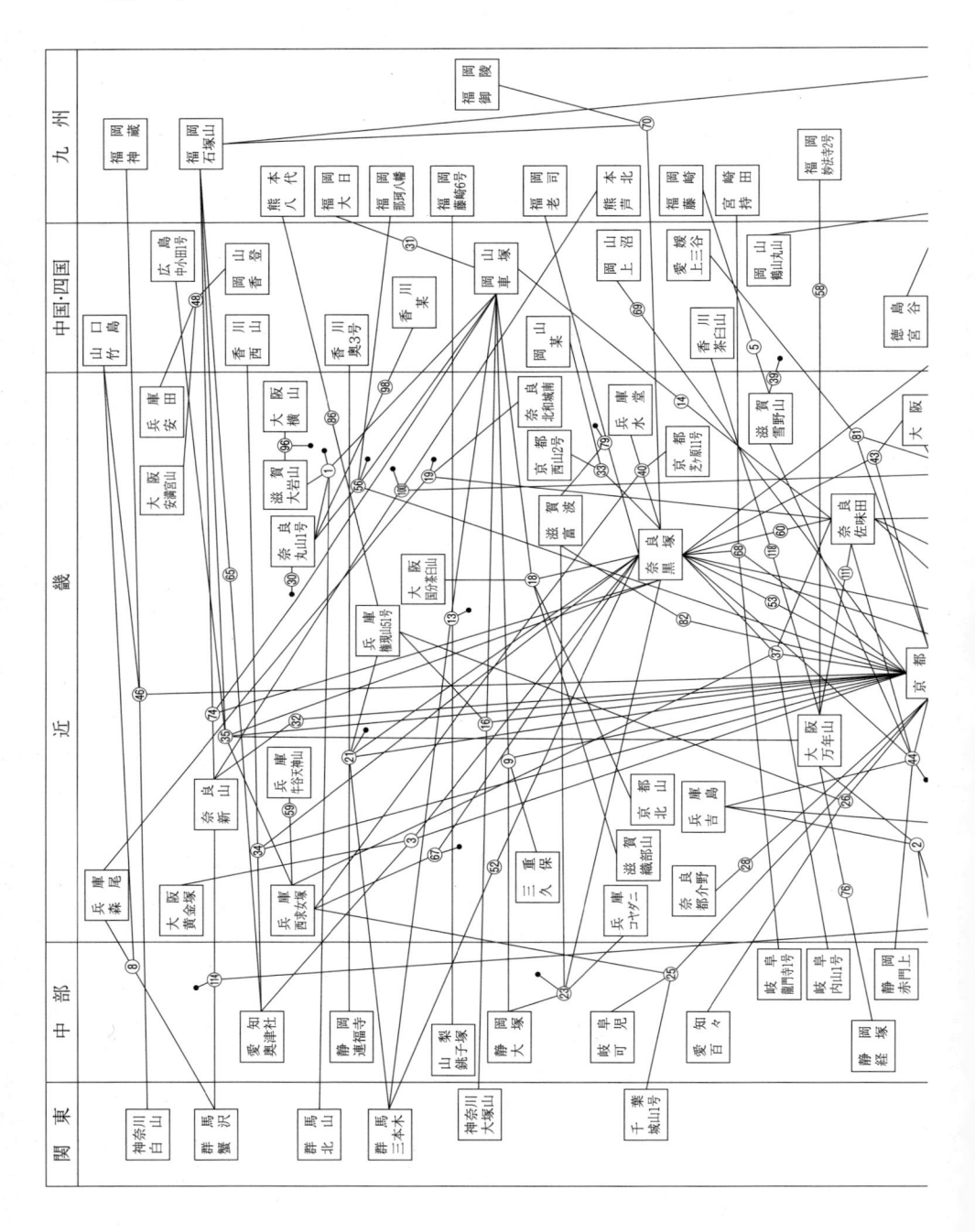

4 同笵（型）鏡分有図　511

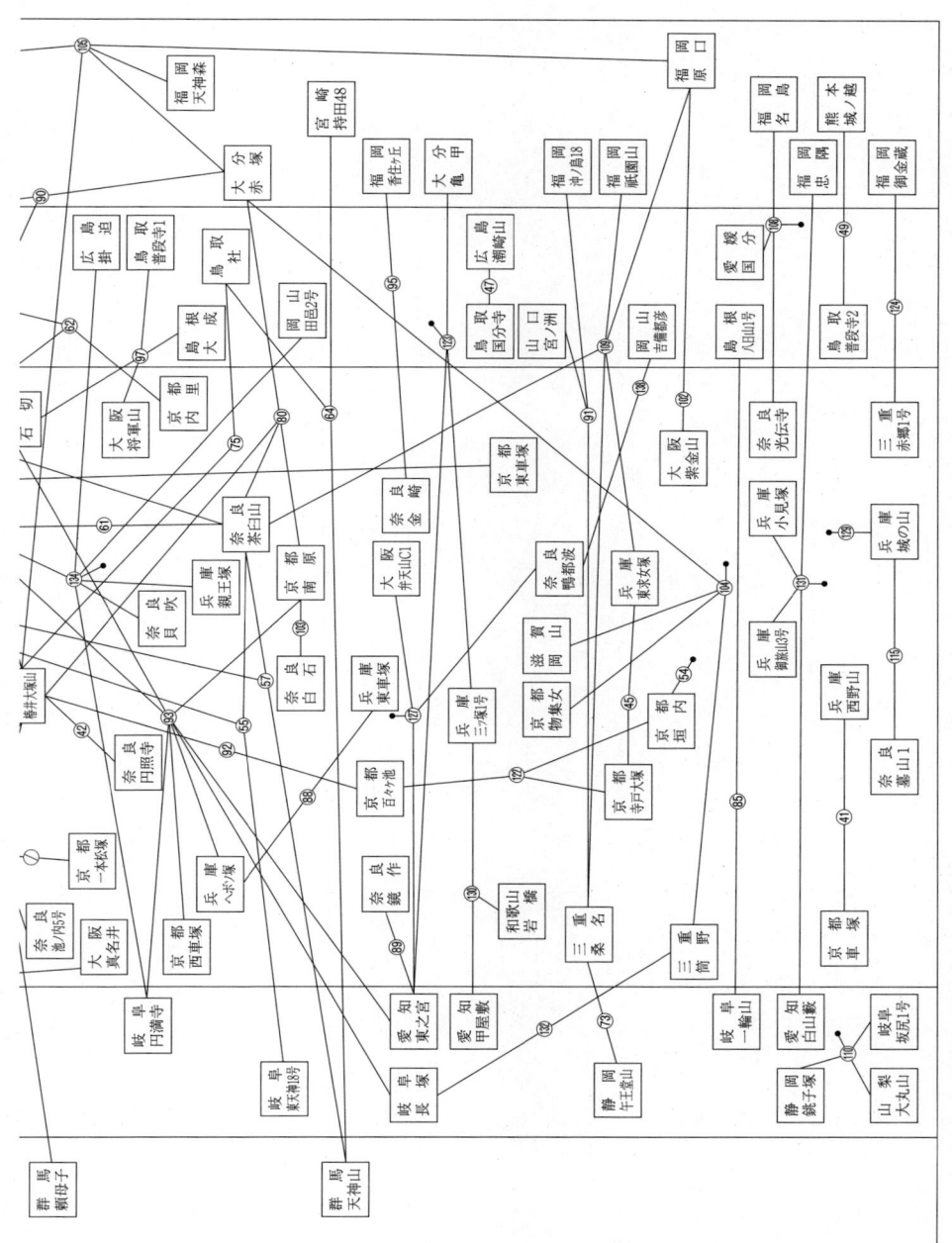

5 三角縁神獣鏡銘文一覧

◇本一覧は，三角縁神獣鏡の銘文を集成し，収録したものである。諸論者の研究成果〔樋口 1979a・1992・2000；笠野 1993b；林裕 1998・2006；車崎編 2002等〕に依拠しつつ下垣が釈読し，「中国古鏡の研究」班(岡村秀典代表)での討議をふまえて作成した。したがって，責は下垣にあるが，成果は同班員によることを明記しておく。

◇「大分類」は，銘文の特徴および系譜を勘案して(Ⅰ)～(Ⅶ)に大分し，それぞれをさらに「小分類」に細分し，銘文番号を付した。なお本分類は，三角縁神獣鏡の銘文を構造的に把握するための暫定的な分類であり，決定版を意図していない。対照のため，諸論者の分類も掲載した。

◇「銘文」は，銘帯・方格内・半円内・榜題に鋳出された文字を「　」内に示した。なお，「　」は文字をおさめる一単位であり，たとえば「天」「王」「日」「月」は一方格に一字ずつ，「天王」「日月」は二字ずつ，「天王日月」は四字すべてをおさめていることを示す。銘文は句ごとに区切り，句末の押韻を【　】内に記した。押韻の韻部は郭錫良の著書〔郭 1986〕に依拠した。欠損ないし不明字は，字数がわかる場合，□の記号で示した。

◇「訓読」は，旧仮名遣いでおこなった。仮借・繁字・省字などは，正字にもどして訓読した。字句の順が明らかに錯誤している場合，訂正して訓読した。

◇「仮借・繁字・省字等」については，該当字のあとの(　)内に正字を示した。本項目に関して，笠野毅の研究成果〔笠野 1993b〕に依拠した。

◇「鏡名」「目録番号」「配置」「表現」「出土遺跡」「遺跡所在地」に関しては，本書「資料」の「2 三角縁神獣鏡目録」および「3 三角縁神獣鏡出土地名表」を参照されたい。

514　資　料

大分類	小分類	銘　　文	訓　　読	仮借・繁字・省字等
Ⅰ 四言単句系	Ⅰ-1-1	「天」『王』『日』『月』	天王・日・月	
		「天王」『日月』	天王・日・月	

5 三角縁神獣鏡銘文一覧

林裕己〔2006〕	車崎〔2002〕	樋口〔1979a〕	樋口〔1992〕	鏡　名	目録番号	配置	表現	出土遺跡	遺跡所在地
短K	278	Ab	3	天・王・日・月・獣文帯三神四獣鏡	47	A変	⑤	国分寺古墳〔第1主体〕	鳥取県倉吉市
								潮崎山古墳	広島県福山市
				天・王・日・月・獣文帯二神二獣鏡	91	J1	⑤	沖ノ島18号遺跡〈1号鏡〉	福岡県宗像市
								宮ノ洲古墳	山口県下松市
								桑名市（伝）	三重県桑名市（伝）
				天・王・日・月・獣文帯二神二獣鏡	92	J1	⑤	百々池古墳（百々ヶ池古墳）	京都府京都市
								椿井大塚山古墳〈M24〉	京都府木津川市
				天・王・日・月・唐草文帯二神二獣鏡	93	J1	④	ヘボソ塚古墳〈1号鏡〉	兵庫県神戸市
								石切周辺古墳（石切剣箭神社付近古墳）（推定）	大阪府東大阪市（推定）
								長法寺南原古墳〈1号鏡〉	京都府長岡京市
								長法寺南原古墳〈2号鏡〉	京都府長岡京市
								八幡西車塚古墳	京都府八幡市
								佐味田宝塚古墳	奈良県河合町
								円満寺山古墳	岐阜県海津市
								矢道長塚古墳〔東主体〕	岐阜県大垣市
								東之宮古墳〈3号鏡〉	愛知県犬山市
				天・王・日・月・獣文帯二神二獣鏡	95	J1	⑤	香住ヶ丘3丁目古墳	福岡県福岡市
								金崎古墳（金ヶ崎）	奈良県桜井市
				天・王・日・月・獣文帯二神四獣鏡	96	J1変	⑤	四国（伝）	四国（伝）
								横起山古墳（横山古墳）	大阪府池田市
								大岩山古墳（大岩第二番山林古墳）	滋賀県野洲市
				天・王・日・月・獣文帯三神三獣鏡	109	L1	⑯	祇園山古墳（推定）	福岡県久留米市（推定）
								原口古墳	福岡県筑紫野市
								東求女塚古墳〔後円部主体〕〈1号鏡〉	兵庫県神戸市
								椿井大塚山古墳〈M26〉	京都府木津川市
								桜井茶臼山古墳	奈良県桜井市
								桑名市（伝）	三重県桑名市（伝）
				天・王・日・月・獣文帯二神三獣一虫鏡	112	K1	⑤	東求女塚古墳〔後円部主体〕〈2号鏡〉	兵庫県神戸市
短K	278	Ab	3	天王・日月・獣文帯五神四獣鏡	57	A′	⑥	桜井茶臼山古墳	奈良県桜井市
								黒塚古墳〈5号鏡〉	奈良県天理市
								前橋天神山古墳	群馬県前橋市
				天王・日月・獣文帯四神四獣鏡	69	F1	②	秦上沼古墳	岡山県総社市
								椿井大塚山古墳〈M36〉	京都府木津川市
				天王・日月・獣文帯四神四獣鏡	70	F1	②	御陵古墳群赤坂山支群（御陵古墳・韓人池古墳）（推定）	福岡県大野城市（推定）
								豊前石塚山古墳〔第1主体〕〈4号鏡〉	福岡県苅田町
								黒塚古墳〈29号鏡〉	奈良県天理市

516　資　　料

大分類	小分類	銘　文	訓　読	仮借・繁字・省字等
Ⅰ 四言単句系	Ⅰ-1-1			
		「天王日月」	天王・日・月	

5 三角縁神獣鏡銘文一覧

林裕己〔2006〕	車崎〔2002〕	樋口〔1979a〕	樋口〔1992〕	鏡　　名	目録番号	配置	表現	出　土　遺　跡	遺跡所在地
								黒塚古墳〈30号鏡〉	奈良県天理市
								花野谷1号墳〔第1主体〕	福井県福井市
				天王・日月・獣文帯四神四獣鏡	71	F1	②	新山古墳〈10号鏡〉	奈良県広陵町
				天王・日月・獣文帯四神四獣鏡	75	F2	②	倉吉市旧社村付近(伝)	鳥取県倉吉市(伝)
								椿井大塚山古墳〈M16〉	京都府木津川市
								東北歴史博物館	出土地不明
				天王・日月・獣文帯四神四獣鏡	77	F2	②	久津川箱塚古墳〔前方部主体?〕	京都府城陽市
短K	278	Ab	3	天王日月・獣文帯同向式神獣鏡	9	同向	②	湯迫車塚古墳〔備前車塚古墳〕	岡山県岡山市
								椿井大塚山古墳〈M25〉	京都府木津川市
								草山久保古墳	三重県松阪市
								上平川大塚古墳	静岡県菊川市
				天王日月・獣文帯四神四獣鏡	43	A	⑤	石切周辺古墳〔石切剣箭神社付近古墳〕（推定）	大阪府東大阪市（推定）
								椿井大塚山古墳〈M12〉	京都府木津川市
								黒塚古墳〈28号鏡〉	奈良県天理市
				天王日月・唐草文帯四神四獣鏡	44	A	④	吉島古墳	兵庫県たつの市
								吉島古墳	兵庫県たつの市
								椿井大塚山古墳〈M3〉	京都府木津川市
								佐味田宝塚古墳〈9号鏡〉	奈良県河合町
								黒塚古墳〈24号鏡〉	奈良県天理市
								雪野山古墳〈4号鏡〉	滋賀県東近江市
								赤門上古墳	静岡県浜松市
								東京国立博物館	不明
				天王日月・唐草文帯四神四獣鏡	45	A	⑤	寺戸大塚古墳〔後円部主体〕	京都府向日市
								東求女塚古墳〔後円部主体〕〈3号鏡〉	兵庫県神戸市
				天王日月・獣文帯四神四獣鏡	46	A	②	神蔵古墳	福岡県朝倉市
								竹島御家老屋敷古墳	山口県周南市
								椿井大塚山古墳〈M13〉	京都府木津川市
								椿井大塚山古墳〈M14〉	京都府木津川市
								椿井大塚山古墳〈M15〉	京都府木津川市
								加瀬白山古墳〔後円部中央主体〕	神奈川県川崎市
				天王日月・獣文帯四神四獣鏡	51	A	⑰	郷観音山古墳	岡山県鏡野町
				天王日月・獣文帯四神四獣鏡	64	D	②	持田48号墳（推定）	宮崎県高鍋町（推定）
								倉吉市旧社村付近(伝)	鳥取県倉吉市(伝)
								前橋天神山古墳	群馬県前橋市
				天王日月・獣文帯四神四獣鏡	68	F1	②	持田古墳群（推定）	宮崎県高鍋町（推定）
								椿井大塚山古墳〈M34〉	京都府木津川市
								黒塚古墳〈9号鏡〉	奈良県天理市

518　資　料

大分類	小分類	銘　文	訓　読	仮借・繁字・省字等
I 四言単句系	I-1-1			
		「天王」「天王」「天王」「天王」「天王」「天王」「天王」「日月」	天王・日・月	
	I-1-2	「天」「王」「日」「月」「吉」	天王・日・月, 吉ならん。	

5 三角縁神獣鏡銘文一覧 519

林裕己〔2006〕	車崎〔2002〕	樋口〔1979a〕	樋口〔1992〕	鏡　　名	目録番号	配置	表現	出　土　遺　跡	遺跡所在地
								龍門寺1号墳	岐阜県岐阜市
				獣文帯四神四獣鏡	72	F1	②	大阪市立博物館〈考0583〉	出土地不明
				天王日月・獣文帯神獣鏡	78	―	②?	森将軍塚古墳（後円部主体）	長野県千曲市
				天王日月・鋸歯文帯四神四獣鏡	80	G′	③	赤塚古墳	大分県宇佐市
								長法寺南原古墳〈4号鏡〉	京都府長岡京市
								椿井大塚山古墳〈M18〉	京都府木津川市
								桜井茶臼山古墳	奈良県桜井市
				天王日月・獣文帯四神四獣鏡	81	G′	③	広田神社上古墳（嶺昌寺古墳）	愛媛県伊予市
								広田神社上古墳（嶺昌寺古墳）	愛媛県伊予市
								椿井大塚山古墳〈M17〉	京都府木津川市
								桜井茶臼山古墳	奈良県桜井市
				天王日月・獣文帯三神三獣鏡	104	K1	③	赤塚古墳	大分県宇佐市
								物集女町付近（伝）	京都府向日市（伝）
								岡山古墳（六地蔵岡山古墳）	滋賀県栗東市
								筒野1号墳（筒野古墳）	三重県松阪市
				天王日月・獣文帯三神三獣鏡	105	K1	③	原口古墳	福岡県筑紫野市
								天神森古墳	福岡県福岡市
								豊前石塚山古墳〔第1主体〕〈1号鏡〉	福岡県苅田町
								豊前石塚山古墳〔第1主体〕〈2号鏡〉	福岡県苅田町
								赤塚古墳	大分県宇佐市
								椿井大塚山古墳〈M19〉	京都府木津川市
				天王日月・獣文帯三仏三獣鏡	120a	F1変	⑮?	塩田北山東古墳〔第1主体〕	兵庫県神戸市
短K	278	Ab	3	天王・日月・獣文帯四神四獣鏡	74	F2	②	豊前石塚山古墳〔第1主体〕〈5号鏡〉	福岡県苅田町
								湯迫車塚古墳（備前車塚古墳）	岡山県岡山市
								新山古墳〈12号鏡〉	奈良県広陵町
								黒塚古墳〈2号鏡〉	奈良県広陵町
								黒塚古墳〈27号鏡〉	岡山県岡山市
								黒塚古墳〈33号鏡〉	奈良県天理市
短K	279	Ab	3	天・王・日・月・吉・獣文帯四神四獣鏡	48	A	⑤	香登（鶴山丸山古墳）（伝）	岡山県備前市（伝）
								安田古墳	兵庫県姫路市
								安満宮山古墳〈3号鏡〉	大阪府高槻市
				天・王・日・月・吉・獣文帯四神四獣鏡	48a	A	⑤	権現山51号墳〈1号鏡〉	兵庫県たつの市
				天・王・日・月・吉・獣文帯四神四獣鏡	60	A′?	⑥	佐味田宝塚古墳〈10号鏡・15号鏡〉	奈良県河合町
								黒塚古墳〈15号鏡〉	奈良県天理市

大分類	小分類	銘　　文	訓　　読	仮借・繁字・省字等
Ⅰ 四言単句系	Ⅰ-1-3	「日」「月」	日・月	
	Ⅰ-2	「日月日日」	日・月・日・日	
	Ⅰ-3	「日日日全」	日・日・日，全きならん。	
	Ⅰ-4	「日而月而 夫夫日月 天下之明」	日月。夫れ日月。天下の明なり。	
	Ⅰ-5	「君」「宜」「高」「官」	君は高官に宜しからん。	
		「君」「宜」「高」「□」	君は高□に宜しからん。	
		「君」「高」「宜」「官」	君は高官に宜しからん。	
		「君」「宜」「高」「官」「回(符号)」	君は高官に宜しからん。	
	Ⅰ-6	「長」「宜」「子」「孫」	長く子孫に宜しからん。	
Ⅱ 某氏作竟甚大好系	Ⅱ-1-1	「吾作明竟甚大好【幽】 上有神守及龍虎【魚】 身有文章口衛巨【魚】 古有聖人東王父西王母【之】 楬飲玉飢淫食棗【幽】 壽如金石長相保【幽】」	吾，明鏡を作るに，甚だ大いに好し。上に神獣及び龍・虎有り。身に文章有り，口に鉅を衛ふ。古へに聖人東王父・西王母有り。渇しては玉泉を飲み，飢ゑては棗を食ふ。壽ひは金石の如く，長く相ひ保たん。	竟(鏡)／守(獣)／巨(鉅)／楬(渇)／淫(泉)
	Ⅱ-1-2	「吾作明竟甚大好【幽】 上有神守及龍虎【魚】 身有文章口衛巨【魚】 古有聖人東王父西王母【之】 渇飲玉淫飢食棗【幽】 壽如金石【鐸】」	吾，明鏡を作るに，甚だ大いに好し。上に神獣及び龍・虎有り。身に文章有り，口に鉅を衛ふ。古へに聖人東王父・西王母有り。渇しては玉泉を飲み，飢ゑては棗を食ふ。壽ひは金石の如からん。	竟(鏡)／守(獣)／巨(鉅)／淫(泉)
	Ⅱ-1-3	「吾作明竟甚大好【幽】 上有神守及龍虎【魚】 古有聖人東王父【魚】 渇飲玉全肌食棗【幽】 壽如金石【鐸】」	吾，明鏡を作るに，甚だ大いに好し。上に神獣及び龍・虎有り。古へに聖人東王父有り。渇しては玉泉を飲み，飢ゑては棗を食ふ。壽ひは金石の如からん。	竟(鏡)／守(獣)／全(泉)／肌(飢)

5 三角縁神獣鏡銘文一覧

林裕己〔2006〕	車崎〔2002〕	樋口〔1979a〕	樋口〔1992〕	鏡　名	目録番号	配置	表現	出　土　遺　跡	遺跡所在地
短K	281	Ab	3	日・月・獣文帯四神四獣鏡	65	D	他	豊前石塚山古墳〔第1主体〕〈7号鏡〉	福岡県苅田町
								奥津社古墳(推定)	愛知県愛西市(推定)
				日・月・獣文帯三神三獣鏡	110	L1	⑤	坂尻1号墳	岐阜県岐阜市
								寺谷銚子塚古墳	静岡県磐田市
								大丸山古墳	山梨県甲府市
								山中商会旧蔵	出土地不明
短K	281	Ab	3	日月日日・唐草文帯四神四獣鏡	76	F2	①	万年山古墳(万年寺山古墳)	大阪府枚方市
								経塚古墳(蓮城寺8号墳)	静岡県磐田市
短K	280	Ab	3	日日日全・獣文帯三神三獣鏡	107	K1	③	豊前石塚山古墳〔第1主体〕〈3号鏡〉	福岡県苅田町
C1+E	28	ー	ー	唐草文帯四神四獣鏡	41	A	④	西野山3号墳	兵庫県上郡町
								久津川車塚古墳	京都府城陽市
短C	261	Aa	2	君・宜・高・官・獣文帯四神四獣鏡	66	D	他	川井稲荷山古墳(芝根7号墳)	群馬県玉村町
短C	266	Aa	2	君・宜・官・獣文帯三神三獣鏡	111	L2	⑤	万年山古墳(万年寺山古墳)	大阪府枚方市
								佐味田宝塚古墳〈11号鏡〉	奈良県河合町
短C	261	Aa	2	君・宜・高・官・獣文帯三神三獣鏡	103	K1	⑯	長法寺南原古墳〈3号鏡〉	京都府長岡京市
								白石所在古墳(伝)	奈良県奈良市(伝)
短C	265	Aa	2	君・宜・高・官・獣文帯四神四獣鏡	73	F1	⑯	桑名市(伝)	三重県桑名市(伝)
								午王堂山3号墳	静岡県静岡市
短D	244	Aa	2	長・宜・子・孫・獣文帯三神三獣鏡	102	K1	⑯	原口古墳	福岡県筑紫野市
								紫金山古墳〈10号鏡／鏡Ⅱ〉	大阪府茨木市
Rc	158	Rc	12	吾作四神四獣鏡	67	D	⑦	西求女塚古墳〈2号鏡〉	兵庫県神戸市
								黒塚古墳〈19号鏡〉	奈良県天理市
								泉屋博古館〈M25〉	出土地不明
Rc	159	Rc	12	吾作三神五獣鏡	25	B	⑦	西求女塚古墳〈3号鏡〉	兵庫県神戸市
								西求女塚古墳〈10号鏡〉	兵庫県神戸市
								椿井大塚山古墳〈M32〉	京都府木津川市
								可児町土田(伝)(西寺山古墳〈推定〉)	岐阜県可児市(伝)
								城山1号墳	千葉県香取市
Rc	163	Rc	12	吾作三神五獣鏡	26	B	⑦	権現山51号墳〈3号鏡〉	兵庫県たつの市
								椿井大塚山古墳〈M20〉	京都府木津川市
								椿井大塚山古墳〈M31〉	京都府木津川市
								百々古墳(百々町)(伝)	愛知県豊田市(伝)

大分類	小分類	銘　　文	訓　　読	仮借・繁字・省字等
Ⅱ 某氏作竟甚大好系	Ⅱ-1-4	「吾作明竟甚大好【幽】／上有神守及龍虎【魚】／身有文章口銜巨【魚】／古有聖人東王父西王母【之】／渇飲玉泉【元?】／五男二女長相保【幽】／吉昌【陽】」／「東王父」「西王母」」（榜題）	吾，明鏡を作るに，甚だ大いに好し。上に神獣及び龍・虎有り。身に文章有り，口に鉅を銜ふ。古へに聖人東王父・西王母有り。渇しては玉泉を飲む。五男二女，長く相ひ保たん。吉まさに昌んならん。／東王父　西王母	竟（鏡）／守（獣）／巨（鉅）／楊（渇）／淦（泉）
	Ⅱ-1-5	「陳氏作竟甚大好【幽】／上有戯守及龍虎【魚】／身有文章口銜巨【魚】／古有聖人東王父西王母【之】／楊飲玉泉【元】」	陳氏鏡を作るに，甚だ大いに好し。上に戯獣及び龍・虎有り。身に文章有り，口に鉅を銜ふ。古へに聖人東王父・西王母有り。渇しては玉泉を飲む。	竟（鏡）／守（獣）／巨（鉅）／楊（渇）
	Ⅱ-1-6	「陳氏作竟甚大好【幽】／上有戯守及龍虎【魚】／身有文章□銜巨【魚】／古有聖人王父母【之】／渇飲玉泉食棗【幽】」／「扉」（榜題）	陳氏鏡を作るに，甚だ大いに好し。上に戯獣及び龍・虎有り。身に文章有り，口に鉅を銜ふ。古へに聖人王父・母有り。渇しては玉泉を飲み，棗を食ふ。／扉	竟（鏡）／守（獣）／巨（鉅）
	Ⅱ-1-7	「陳是作竟甚大好【幽】／上有戯守及龍虎【魚】／身有文章口銜巨【魚】／古有聖人東王父【魚】／渇飲玉漾飢食棗【幽】」／「君」「冝」「高」「官」（方格銘）	陳氏鏡を作るに，甚だ大いに好し。上に戯獣及び龍・虎有り。身に文章有り，口に鉅を銜ふ。古へに聖人東王父有り。渇しては玉泉を飲み，飢ゑては棗を食ふ。／君は高官に冝しからん。	是（氏）／竟（鏡）／守（獣）／巨（鉅）／漾（泉）
	Ⅱ-1-8	「陳是作竟甚大好【幽】／上有神守及龍虎【魚】／身有文章口銜巨【魚】／古有聖人東王父西王母【之】／楊飲玉泉飢食棗【幽】／長相保【幽】」／「君」「冝」「高」「官」（方格銘）	陳氏鏡を作るに，甚だ大いに好し。上に神獣及び龍・虎有り。身に文章有り，口に鉅を銜ふ。古へに聖人東王父・西王母有り。渇しては玉泉を飲み，飢ゑては棗を食ふ。長く相ひ保たん。／君は高官に冝しからん。	是（氏）／竟（鏡）／守（獣）／巨（鉅）／楊（渇）／淦（泉）
	Ⅱ-1-9	「張是作竟甚大好【幽】／上戯守及龍虎【魚】／身有文章口銜巨【魚】／古有聖子東王父【魚】／渇飲泉飢【脂】」／「君」「冝」「高」「官」（方格銘）	張氏鏡を作るに，甚だ大いに好し。上に戯獣及び龍・虎。身に文章有り，口に鉅を銜ふ。古へに聖子東王父有り。渇しては泉を飲み，飢う。／君は高官に冝しからん。	是（氏）／竟（鏡）／守（獣）／巨（鉅）
	Ⅱ-1-10	「吾作明竟甚大好【幽】／上有仙不知老【幽】／古有神守及龍虎【魚】／身有文章口銜巨【魚】／古有聖人東王父西王母【之】／渇飲玉泉飢食棗【幽】」	吾，明鏡を作るに，甚だ大いに好し。上に仙有り，老いを知らず。古へに神獣及び龍・虎有り。身に文章有り，口に鉅を銜ふ。古へに聖人東王父・西王母有り。渇しては玉泉を飲み，飢ゑては棗を食ふ。	竟（鏡）／巨（鉅）／守（獣）／淦（泉）
	Ⅱ-2-1	「吾作明竟甚大好【幽】／上有東王父西母【之】／仙人王喬赤松子【之】／渇次泉飢食棗【幽】／千秋萬歳不知老【幽】兮」	吾，明鏡を作るに，甚だ大いに好し。上に東王父・西母有り。仙人王喬・赤松子。渇しては玉泉を飲み，飢ゑては棗を食ふ。千秋萬歳にして老いを知らず。	竟（鏡）／次（飲）

5　三角縁神獣鏡銘文一覧　　523

林裕己〔2006〕	車崎〔2002〕	樋口〔1979a〕	樋口〔1992〕	鏡　　名	目録番号	配置	表現	出　土　遺　跡	遺跡所在地
Rc	161	Rc	12	吾作四神四獣鏡	32	E	⑦	椿井大塚山古墳〈M33〉	京都府木津川市
								新山古墳〈11号鏡〉	奈良県広陵町
Rc	166	Rc	12	陳氏作六神三獣鏡	61	A′	⑧	佐味田宝塚古墳〈4号鏡〉	奈良県河合町
								桜井茶臼山古墳	奈良県桜井市
Rc	165	Rc	12	陳氏作四神二獣鏡	82	H	⑧	椿井大塚山古墳〈M27〉	京都府木津川市
								古富波山古墳	滋賀県野洲市
Rc+短C	164	Rc+Aa	12+2	陳是作六神四獣鏡	58	A′	⑥	妙法寺2号墳〔第1主体〕	福岡県那珂川町
								万年山古墳（万年寺山古墳）	大阪府枚方市
Rc+短C	160	Rc+Aa	12+2	陳是作五神四獣鏡	59	A′	⑥	牛谷天神山古墳	兵庫県高砂市
								西求女塚古墳〈5号鏡〉	兵庫県神戸市
Rc+短C	162	Rc+Aa	12+2	張是作六神四獣鏡	62	A′	⑨	宮谷古墳〔前方部墳丘裾〕	徳島県徳島市
								内里古墳	京都府八幡市
								黒塚古墳〈1号鏡〉	奈良県天理市
Rc	—	Rc	12?	吾作四神四獣鏡	32a	E	⑦	播磨（伝）	兵庫県（伝）
Ra1	146	Ra1	8	吾作五神四獣鏡（対置式）	28	U′	①	椿井大塚山古墳〈M22〉	京都府木津川市
								都介野（伝）	奈良県奈良市（伝）

524　資　　料

大分類	小分類	銘　　文	訓　　読	仮借・繁字・省字等
Ⅱ 某氏作竟甚大好系	Ⅱ-2-2	「吾作明竟□□□【?】 □□東王□西王母【之】 仙□□□□子【之】 □湌玉泉飢食棗【幽】 千秋萬歳不老【幽】 泝由天下由四海【之】兮」	吾，明鏡を作るに，□□□。□□東王□西王母。仙□□□□子。□しては玉泉を飲み，飢ゑては棗を食ふ。千秋萬歳にして老いず。天下を浮游し，四海に游ぶ。	竟(鏡)／湌(飲)／泝(浮)／由(游)／由(游)
	Ⅱ-2-2′	「吾作明竟甚大好【幽】 上有東王父西王母【之】 仙人王喬赤松子【之】 曷□玉泉飢食棗【幽】 千秋萬歳不老【幽】 泝由天下由四海【之】兮」	吾，明鏡を作るに，甚だ大いに好し。上に東王父・西王母有り。仙人王喬・赤松子。渇しては玉泉を□，飢ゑては棗を食ふ。千秋萬歳にして老いず。天下に浮游し，四海に游ぶ。	竟(鏡)／曷(渇)／泝(浮)／由(游)／由(游)
	Ⅱ-2-3	「吾作明竟甚大好【幽】 上有神人王父母【之】 仙人赤侍左右【之】 清龍巨貨会陽【陽】 獨孝惇生文章【陽】 常保尼亲不持【之】」	吾，明鏡を作るに，甚だ大いに好し。上に神人王父・母有り。仙人赤は左右に侍す。青龍・虎は陰陽を和す。獨り孝惇く，文章を生す。常に二親を保ち，止まず。	竟(鏡)／清(青)／巨(虎)／貨(和)／会(陰)／尼(二)／持(止)
	Ⅱ-2-4	「陳是作竟甚大好【幽】 上有王父母【之】 左有倉龍右白虎【魚】 宜遠道相保【幽】」	陳氏鏡を作るに，甚だ大いに好し。上に王父・母有り。左に倉龍有り，右に白虎。遠道に宜しく，相ひ保たん。	是(氏)／竟(鏡)
	Ⅱ-3-1	「吾作明竟甚大工【東】 上有王喬以赤松【東】 師子天鹿其夆龍【東】 天下名好世無雙【東】 照吾此竟壽如大山【元】」	吾，明鏡を作るに，甚だ大いに巧みなり。上に王喬と赤松有り。獅子・天鹿・麒麟・龍。天下の名巧にして，世に雙ぶ無し。此の鏡に照明すれば，壽ひは泰山の如からん。	竟(鏡)／工(巧)／師(獅)／其(麒)／夆(麟)／好(巧)／吾(晤=明)／竟(鏡)／大(泰)
	Ⅱ-3-2	「吾作明竟甚大工【東】 上有王喬以赤松【東】 師子天鹿其夆龍【東】 天下名好世無雙【東】」	吾，明鏡を作るに，甚だ大いに巧みなり。上に王喬と赤松有り。獅子・天鹿・麒麟・龍。天下の名巧にして，世に雙ぶ無し。	竟(鏡)／工(巧)／師(獅)／其(麒)／夆(麟)／好(巧)
	Ⅱ-3-3	「吾作明竟甚大工【東】 上有王喬以赤松【東】 師子□鹿其□龍【東】 天(以下，欠失)【?】」	吾，明鏡を作るに，甚だ大いに巧みなり。上に王喬と赤松有り。獅子・□鹿・麒□・龍。天(以下，欠失)。	竟(鏡)／工(巧)／師(獅)／其(麒)

5 三角縁神獣鏡銘文一覧

林裕己〔2006〕	車崎〔2002〕	樋口〔1979a〕	樋口〔1992〕	鏡名	目録番号	配置	表現	出土遺跡	遺跡所在地
Ra1	144	Ra1	8	吾作六神四獣鏡（対置式）	29	U	①	佐味田宝塚古墳〈5号鏡〉	奈良県河合町
Ra1	—	Ra1	8	吾作六神四獣鏡（対置式）	29?	U	①?	『千とせのためし』所載鏡	出土地不明
Ra1	145	Ra1	8	吾作四神四獣鏡	27	B変	⑦	宇佐付近（伝）	大分県宇佐市（伝）
Ra3	152	Ra2	9	陳是作四神二獣鏡	16	X(H)	④	湯迫車塚古墳（備前車塚古墳）	岡山県岡山市
								湯迫車塚古墳（備前車塚古墳）	岡山県岡山市
								権現山51号墳〈4号鏡〉	兵庫県たつの市
								椿井大塚山古墳〈M23〉	京都府木津川市
								真土大塚山古墳〔中央主体〕	神奈川県平塚市
Rb2	153	Rb2	11	吾作三神五獣鏡	23	B	①	コヤダニ古墳	兵庫県洲本市
								椿井大塚山古墳（伝）	京都府木津川市（伝）
								黒塚古墳〈23号鏡〉	奈良県天理市
								古富波山古墳	滋賀県野洲市
								上平川大塚古墳	静岡県菊川市
Rb2	155	Rb2	11	吾作四神四獣鏡	35	A	①	豊前石塚山古墳〔第1主体〕〈6号鏡〉	福岡県苅田町
								中小田1号墳	広島県広島市
								西求女塚古墳〈8号鏡〉	兵庫県神戸市
								万年山古墳（万年寺山古墳）	大阪府枚方市
								椿井大塚山古墳〈M7〉	京都府木津川市
								椿井大塚山古墳〈M8〉	京都府木津川市
								黒塚古墳〈4号鏡〉	奈良県天理市
Rb2	154	Rb2	11	吾作四神四獣？鏡	36	A?	①	吉島古墳	兵庫県たつの市

大分類	小分類	銘　　文	訓　　読	仮借・繁字・省字等
Ⅱ 某氏作竟甚大好系	Ⅱ-3-4	「張氏作竟真大巧【幽】 上有仙人赤松子【之】 神玄辟邪世少有【之】 渇飲玉泉飢食棗【幽】 生如金石不知老【幽】兮」	張氏鏡を作るに，真に大いに巧みなり。上に仙人赤松子有り。神獣・辟邪，世に有ること少なし。渇しては玉泉を飲み，飢ゑては棗を食ふ。生くること金石の如くして，老いを知らず。	竟(鏡)／玄(畜＝獣)
	Ⅱ-3-5	「張氏作鏡真巧【幽】 仙人王喬赤松子【之】 師子辟邪世少有【幽】 渇飲玉泉飢食棗【幽】 生如金石天相保【幽】兮」	張氏鏡を作るに，真に巧みなり。仙人王喬・赤松子。獅子・辟邪，世に有ること少なし。渇しては玉泉を飲み，飢ゑては棗を食ふ。生きること金石の如くして，天と相ひ保たん。	師(獅)
	Ⅱ-3-6	「張氏竟真巧【幽】 仙人王喬□□【？】 師子□□□【？】」	張氏の鏡は，真に巧みなり。仙人王喬・□□。獅子・□□□。	竟(鏡)／師(獅)
	Ⅱ-4-1	「吾作明竟甚大好【幽】 長保二親宜子孫【文】 孚由天下至四海【之】 君宜高官【元】兮」	吾，明鏡を作るに，甚だ大いに好し。長く二親を保ち，子孫に宜しからん。天下に浮游し，四海に至る。君は高官に宜しからん。	竟(鏡)／孚(浮)／由(游)
	Ⅱ-4-2	「吾作明竟甚大好【幽】 長保二親宜子孫【文】 浮由天下敖四海【之】 君宜高官【元】」	吾，明鏡を作るに，甚だ大いに好し。長く二親を保ち，子孫に宜しからん。天下に浮游し，四海に遨ぶ。君は高官に宜しからん。	竟(鏡)／由(游)／敖(遨)
	Ⅱ-5-1	「鏡 陳作甚大工【東】 刑暮周刻用青同【東】 君宜高官至海東【東】 保子宜孫【文】」	鏡，陳氏作るに甚だ大いに巧みなり。型模彫刻し，清銅を用ゐる。君は高官に宜しく，海東に至らん。子を保ち，孫に宜しからん。	工(巧)／刑(型)／暮(模)／周(彫)／青(清)／同(銅)
	Ⅱ-5-2	「吾作明竟大好【幽】 浮由天下□四海【之】 用青同至海東【東】 ／「君」「宜」「高」「官」(方格銘)」	吾，明鏡を作るに，真に大いに好し。天下に浮游し，四海に□。清銅を用ゐ，海東に至る。／君は高官に宜しからん。	竟(鏡)／由(游)／青(清)／同(銅)
	Ⅱ-6-1	「吾作明鏡甚獨奇【歌】 保子宜孫富無訾【支】 ／「王父」「王母」(榜題)」	吾，明鏡を作るに，甚だ獨り奇なり。子を保ち，孫に宜しく，富は訾無からん。／王父　王母	
	Ⅱ-6-2	「吾作明竟甚獨【星】 保子宜孫富無訾【支】 奇【歌】」	吾，明鏡を作るに，甚だ獨り。子を保ち，孫に宜しく，富は訾無からん。奇なり。	竟(鏡)

5　三角縁神獣鏡銘文一覧　　527

林裕己〔2006〕	車崎〔2002〕	樋口〔1979a〕	樋口〔1992〕	鏡　　名	目録番号	配置	表現	出　土　遺　跡	遺跡所在地
Rb1	157	Rb1	10	張氏作四神四獣鏡	34	A	①	西山古墳	香川県多度津町
								椿井大塚山古墳〈M4〉	京都府木津川市
								黒塚古墳〈21号鏡〉	奈良県天理市
								奥津社古墳(推定)	愛知県愛西市(推定)
Rb1	156	Rb1	10	張氏作三神五獣鏡	21	B	①	奥3号墳〔第1主体〕	香川県さぬき市
								権現山51号墳〈2号鏡〉	兵庫県たつの市
								椿井大塚山古墳〈M21〉	京都府木津川市
								黒塚古墳〈16号鏡〉	奈良県天理市
								黒塚古墳〈18号鏡〉	奈良県天理市
								連福寺古墳	静岡県磐田市
								三本木所在古墳(伝)	群馬県藤岡市(伝)
								泉屋博古館〈M23〉	出土地不明
								泉屋博古館〈M24〉	出土地不明
Rb1?	—	Rb1	10	張氏作三神五獣鏡	22	B	①	大願寺(推定)	福岡県朝倉市(推定)
R?	168	R	—	吾作四神三獣博山炉鏡	54	A変	⑥	園部垣内古墳〈2号鏡〉	京都府南丹市
								イタリア博物館	出土地不明
R?	169	R	—	吾作九神三獣鏡	108	L1	他	名島古墳	福岡県福岡市
								国分古墳	愛媛県今治市
								白石光伝寺後方古墳(伝)	奈良県奈良市(伝)
								個人	出土地不明
R?	170	R	13	陳氏作神獣車馬鏡	15	X	⑧	大岩山古墳(大岩山第二番山林古墳)	滋賀県野洲市
R? + 短C	172	R + Aa	14＋2	吾作四神二獣鏡	17	X(H)	⑧	国分茶臼山古墳(伝)	大阪府柏原市(伝)
—	174	R	19	吾作二神二獣鏡	101	J2	他	松林山古墳	静岡県磐田市
—	175	R	19	吾作三神三獣鏡	233	K1		谷口古墳〔東主体(第1主体)〕	佐賀県唐津市
								一貴山銚子塚古墳〈S4号鏡〉	福岡県糸島市
								一貴山銚子塚古墳〈N2号鏡〉	福岡県糸島市
								国分ヌク谷北塚古墳〈2号鏡〉	大阪府柏原市
								国分ヌク谷北塚古墳〈3号鏡〉	大阪府柏原市

大分類	小分類	銘　　文	訓　　読	仮借・繁字・省字等
Ⅱ 某氏作竟甚大好系	Ⅱ-7-1	「吾作明竟甚大好【幽】 上有仙人不知老【幽】 渴飲玉泆飢食棗【幽】 五男二女長相【陽】 壽如金石【鐸】兮」 ／「位』『至』『三』『公」(方格銘)	吾，明鏡を作るに，甚だ大いに好し。上に仙人有り，老いを知らず。渴しては玉泉を飲み，飢ゑては棗を食ふ。五男二女，長く相ひ。壽ひは金石の如からん。／位は三公に至らん。	竟(鏡)／泆(泉)
	Ⅱ-7-2	「吾作明竟甚大好【幽】 上有仙人不知老【幽】 曷飲玉泉飢食【職】 不由天下至四海【之】 樂未央年壽長【陽】 保子宜孫【文】兮」	吾，明鏡を作るに，甚だ大いに好し。上に仙人有り，老いを知らず。渴しては玉泉を飲み，飢ゑては食ふ。天下に浮游し，四海に至る。樂しみ未だ央きず，年壽は長からん。子を保ち，孫に宜しからん。	竟(鏡)／曷(渴)／不(浮)／由(游)
	Ⅱ-7-3	「張作竟甚大好【幽】 上有山旬不知老【幽】 曷飲礼泉飢食棗【幽】 保子宜孫位至侯王【陽】 買竟者富且昌【陽】」	張氏鏡を作るに，甚だ大いに好し。上に仙人有り，老いを知らず。渴しては礼泉を飲み，飢ゑては棗を食ふ。子を保ち，孫に宜しく，位は侯王に至らん。鏡を買う者は，富み且つ昌えん。	竟(鏡)／山(仙)／旬(人)／曷(渴)／竟(鏡)
	Ⅱ-7-4	「陳氏作鏡甚大好【幽】 上有仙人不知老【幽】 君宜高官【元】 保子宜孫【文】 壽如金石【鐸】」	陳氏鏡を作るに，甚だ大いに好し。上に仙人有り，老いを知らず。君は高官に宜しからん。子を保ち，孫に宜しからん。壽ひは金石の如からん。	
	Ⅱ-7-5	「陳氏作鏡用青同【東】 上有仙人不知【東】 君宜高官【元】 保子宜孫【文】 長壽【幽】」	陳氏鏡を作るに，清銅を用ゐる。上に仙人有り，知らず。君は高官に宜しからん。子を保ち，孫に宜しからん。壽ひ長からん。	青(清)／同(銅)
	Ⅱ-7-6	「陳是作竟甚大好【幽】 上有仙人不知老【幽】 古有聖人及龍・甬【魚】 身有文章口衛巨【魚】兮」 ／「位』『至』『三』『公」(方格銘) ／「王父』『母』『仙」(榜題)	陳氏鏡を作るに，甚だ大いに好し。上に仙人有り，老いを知らず。古へに聖人及び龍・甬有り。身に文章有り，口に鉅を衛ふ。／位は三公に至らん。　王父　母　仙	是(氏)／竟(鏡)／巨(鉅)
	Ⅱ-7-7	「吾作明竟甚大好【幽】 上右百鳥不知老【幽】 □□青竟日出卯【幽】兮」	吾，明鏡を作るに，甚だ大いに好し。上に百鳥有り，老いを知らず。□□清鏡，日は卯に出ず。	竟(鏡)／右(有)／青(清)／竟(鏡)
	Ⅱ-8	「吾作明鏡甚高□【？】 佳哉青龍有文章【陽】 呆子宜孫樂未英【陽】 位至三公宜侯王【陽】 富且昌【陽】」	吾，明鏡を作るに，甚だ高く□。佳きかな，青龍，文章有り。子を保ち，孫に宜しく，樂しみ未だ央きざらん。位は三公に至り，侯王に宜しからん。富み且つ昌んならん。	呆(保)／英(央)

5 三角縁神獣鏡銘文一覧

林裕己〔2006〕	車崎〔2002〕	樋口〔1979a〕	樋口〔1992〕	鏡　　名	目録番号	配置	表現	出　土　遺　跡	遺跡所在地
K? + 短H	93	K + Aa	4?	吾作四神四獣鏡	52a	A	⑦	黒塚古墳〈11号鏡〉	奈良県天理市
								黒塚古墳〈25号鏡〉	奈良県天理市
K?	91	K	4	吾作四神四獣鏡（環状乳式）	30	環状	①	富雄丸山1号墳（伝）	奈良県奈良市（伝）
								五島美術館〈M274〉	出土地不明
K?	92	K	4?	張是作四神四獣鏡	53	A	⑨	椿井大塚山古墳〈M6〉	京都府木津川市
								黒塚古墳〈13号鏡〉	奈良県天理市
								黒塚古墳〈26号鏡〉	奈良県天理市
K?	94	K	5	陳氏作神獣車馬鏡	14	X	⑧	湯迫車塚古墳（備前車塚古墳）	岡山県岡山市
								佐味田宝塚古墳〈6号鏡〉	奈良県河合町
K?	95	K	6	陳氏作神獣車馬鏡	13	X	⑧	藤崎遺跡第6号方形周溝墓	福岡県福岡市
								湯迫車塚古墳（備前車塚古墳）	岡山県岡山市
								中道銚子塚古墳（甲斐銚子塚古墳）	山梨県甲府市
								三本木所在古墳（伝）	群馬県藤岡市（伝）
								個人・滋賀県立琵琶湖文化館	出土地不明
Rc + 短H	167	Rc? + Aa	—	陳是作四神四獣鏡	52	A	⑦	黒塚古墳〈6号鏡〉	奈良県天理市
								三本木所在古墳（伝）	群馬県藤岡市（伝）
—	98	K?	—	吾作三神四獣鏡	40	A変	④	西求女塚古墳〈4号鏡〉	兵庫県神戸市
								水堂古墳	兵庫県尼崎市
								芝ヶ原11号墳〔第1主体〕	京都府城陽市
								黒塚古墳〈10号鏡〉	奈良県天理市
—	54	—	—	吾作四神四獣鏡	36a	A	①	黒塚古墳〈12号鏡〉	奈良県天理市
								黒塚古墳〈31号鏡〉	奈良県天理市

530　資　料

大分類	小分類	銘　　　文	訓　　　読	仮借・繁字・省字等
II 某氏作竟甚大好系	II-9	「亲出竟右文章【陽】明如日月昭天楽【陽】長保子宜孫富如天【真】位至三公爲矦羊【陽】左龍右虎辟非羊【陽】朱鳥玄武掌彭【陽】元得老受王父母【之】服者長生【耕】賈者受金石【鐸】竟市【月】」	新たに出づる鏡，文章有り。明るきこと日月の如く，天梁を照らす。長く子を保ち，孫に宜しく，富は天の如からん。位は三公に至り，侯王と爲らん。左の龍，右の虎は，非祥を避く。朱鳥・玄武は方を掌る。元は老を得，壽ひは王父母ならん。服する者は長生せん。買う者は壽なること金石。鏡師。	亲(新)／竟(鏡)／右(有)／昭(照)／羊(祥)／彭(方)／受(壽)／受(壽)／竟(鏡)／市(師)
	II-10	「惟出此竟有文章【陽】賣者老壽爲矦王【陽】上有申鳥在中央【陽】」	惟念す，此の鏡に文章有り。買ふ者は老壽にして，侯王と爲らん。上に神鳥有り，中央に在り。	竟(鏡)／賣(買)／申(神)
	II-11	「吾作明(欠失)二親大貴昌【陽】」	吾，明(欠失)を作るに(欠失)，(欠失)二親を(欠失)，大いに貴昌ならん。	
III 某氏作竟幽律三剛系	III-1	「王氏作竟甚大明【陽】同出徐州刻鏤成【耕】師子辟邪嬈其嬰【耕】仙人執節坐中庭【耕】取者大吉樂未央【陽】」	王氏鏡を作るに，甚れ大いに明らかなり。銅は徐州に出で，刻鏤して成る。獅子・辟邪は其の嬰に嬈る。仙人は節を執り，中庭に坐す。取る者は大吉にして，樂しみは未だ央きざらん。	竟(鏡)／同(銅)／師(獅)／嬰(纓)
	III-2-1	「新作大竟 幽律三剛【陽】配德君子 清而且明【陽】銅出徐州 師出洛陽【陽】澗文刻鏤 皆作文章【陽】左龍右虎 師子有名【耕】取者大吉 長宜子孫【文】」	新たに大鏡を作るに，三鋼を幽律す。德を君子に配し，清くして且つ明らかなり。銅は徐州に出で，師は洛陽に出づ。文を彫り，刻鏤し，皆文章を作す。左の龍，右の虎，獅子は名有り。取る者は大吉にして，長く子孫に宜しからん。	竟(鏡)／剛(鋼)／澗(彫)／師(獅)
	III-2-2	「新作大竟 幽律三剛【陽】配德君子 清而且明【陽】銅出徐州 師出洛陽【陽】澗文刻鏤 皆作文章【陽】左龍右虎 師子有名【耕】取者大吉 宜子孫【文】」	新たに大鏡を作るに，三鋼を幽律す。德を君子に配し，清くして且つ明らかなり。銅は徐州に出で，師は洛陽に出づ。文を彫り，刻鏤し，皆文章を作す。左の龍，右の虎，獅子は名有り。取る者は大吉にして，子孫に宜しからん。	竟(鏡)／剛(鋼)／澗(彫)／師(獅)
	III-2-3	「(欠失)澗文刻鏤 皆作文章【陽】左龍右虎 傳世有名【耕】(以下，欠失)」	(欠失)文を彫り，刻鏤し，皆文章を作す。左の龍，右の虎は，世を傳へ，名有り。(以下，欠失)	澗(彫)
	III-2-4	「吾作明竟 幽律三剛【陽】銅出徐州 澗鏤文章【陽】配德君子 清而且明【陽】左龍右虎 傳世右名【耕】取者大吉 保子宜孫【文】」	吾，明鏡を作るに，三鋼を幽律す。銅は徐州に出で，文章を彫鏤す。德を君子に配し，清くして且つ明らかなり。左の龍，右の虎は，世を傳へ，名有り。取る者は大吉にして，子を保ち，孫に宜しからん。	竟(鏡)／剛(鋼)／澗(彫)／右(有)
	III-2-5	「新作明竟 幽律三剛【陽】銅出徐州 師出洛陽【陽】澗文刻鏤 皆作文章【陽】配德君子 清而且明【陽】左龍右虎 轉世有名【耕】師子辟邪 集會幷【耕】王父王母 游戲間【？】□□ 宜子孫【文】」	新たに明鏡を作るに，三鋼を幽律す。銅は徐州に出で，師は洛陽に出づ。文を彫り，刻鏤し，皆文章を作す。德を君子に配し，清くして且つ明らかなり。左の龍，右の虎は，世を傳へ，名有り。獅子・辟邪は，集ひ會ひ幷ぶ。王父・王母は，間□に游戲む。□□，子孫に宜しからん。	竟(鏡)／剛(鋼)／澗(彫)／轉(傳)／師(獅)

5 三角縁神獣鏡銘文一覧

林裕己〔2006〕	車崎〔2002〕	樋口〔1979a〕	樋口〔1992〕	鏡　　　名	目録番号	配置	表現	出　土　遺　跡	遺跡所在地
―	52	―	―	新出四神四獣鏡	39	A	⑭	雪野山古墳〈5号鏡〉	滋賀県東近江市
								Freer Gallery of Art	出土地不明
―	53	―	18	惟念此銘唐草文帯二神二獣鏡	97	J1	④	普段寺1号墳	鳥取県南部町
―	―	―	―	吾作神獣鏡	―	―	―	桜井茶臼山古墳	奈良県桜井市
―	34	―	15	王氏作徐州銘四神四獣鏡	79	G	①	老司古墳〔3号主体〕	福岡県福岡市
								黒塚古墳〈20号鏡〉	奈良県天理市
								黒塚古墳〈32号鏡〉	奈良県天理市
								古富波山古墳	滋賀県野洲市
								Freer Gallery of Art	出土地不明
U	232	U	17	新作徐州銘四神四獣鏡	19	C	⑭	森尾古墳〔第2主体〕	兵庫県豊岡市
U	233	U	17	新作徐州銘四神四獣鏡	19	C	⑭	板野町吹田(推定)	徳島県板野町(推定)
								佐味田宝塚古墳〈7号鏡〉	奈良県河合町
								北和城南古墳(伝)	奈良県北部(or京都府南部)(伝)
								個人(海外)	出土地不明
U?	236	U	17	新作徐州銘？四神四獣鏡	20	C変	⑭	長岡近郊古墳(伝)	京都府長岡京市(伝)
Rd	231	U	17	吾作徐州銘四神四獣鏡	37	A	⑭	西求女塚古墳〈9号鏡〉	兵庫県神戸市
								椿井大塚山古墳〈M5〉	京都府木津川市
								佐味田宝塚古墳〈8号鏡〉	奈良県河合町
								黒塚古墳〈22号鏡〉	奈良県天理市
								内山1号墳	岐阜県岐阜市
U	235	U	17	新作徐州銘四神四獣鏡	18	C	⑭	国分茶臼山古墳(伝)	大阪府柏原市(伝)

資料

大分類	小分類	銘文	訓読	仮借・繁字・省字等
Ⅲ 某氏作竟幽律三剛系	Ⅲ-2-6	「新作明竟 幽律三剛【陽】 配德君子 清而且明【陽】 銅出徐州 師出洛陽【陽】 潤文刻鐫 皆作文章【陽】 取者大吉 宜子孫【文】」	新たに明鏡を作るに、三鋼を幽律す。德を君子に配し、清くして且つ明らかなり。銅は徐州に出で、師は洛陽に出づ。文を彫り、刻鐫し、皆文章を作る。取る者は大吉にして、子孫に宜しからん。	竟(鏡)／剛(鋼)／潤(彫)
	Ⅲ-3-1	「吾作明竟 練取好同【東】 文章皆□師甚工【東】 上有東王□西王母【之】 師子辟邪甚口巨【魚】 □□□□呆子【之】 吏人得之 位至三公【東】 甚樂【藥】兮」	吾、明鏡を作るに、好き銅を凍取す。文章は皆□し、師は甚だ巧みなり。上に東王父・王西王母有り。獅子・辟邪、甚だしく、口鉅。□□□□子を保たん。吏人之を得れば、位は三公に至らん。甚だ樂しまん。	竟(鏡)／練(凍)／同(銅)／工(巧)／師(獅)／巨(鉅)／呆(子)
	Ⅲ-3-2	「吾作明竟 練取好同【東】 文章皆成 其師甚工【東】 上有東王父西王母【之】 宜子保孫甚大好【幽】 沛由天下至四海【之】 曷食玉泉飢食棗【幽】 千秋萬歲不老【幽】兮」	吾、明鏡を作るに、好き銅を凍取す。文章皆成り、其の師は甚だ巧みなり。上に東王父・西王母有り。子に宜しく孫を保ち、甚だ大いに好し。天下を浮游し、四海に至る。渇しては玉泉を飲み、飢ゑては棗を食ふ。千秋萬歲にして、老いず。	竟(鏡)／練(凍)／同(銅)／工(巧)／沛(浮)／由(游)／曷(渇)／食(飲)
Ⅳ 画象鏡系	Ⅳ-1	「尚方作竟佳且好【陽】 明而日月世少有【之】 刻治今守悉皆右【之】 長保二親宜孫子【之】 冨至三公利古市【月】 告后世【月】」	尚方鏡を作るに、佳しく且つ好し。明らかなること日月の而く、世に有ること少なし。禽獸を刻治し、悉く皆有り。長く二親を保ち、孫子に宜しからん。冨は三公に至り、買市に利し。后世に告げん。	竟(鏡)／今(禽)／守(獸)／右(有)／古(買)
	Ⅳ-2	「□作明竟佳且好【幽】 明如日月世□【？】」	□明鏡を作るに、佳しく且つ好し。明らかなること日月の如く、世に□。	竟(鏡)
	Ⅳ-3	「尚方作竟大無傷【陽】 巧工刻之成文章【陽】 和以銀□日【質】 □二親【質】兮」	尚方鏡を作るに、大いに傷無し。巧工、之を刻し、文章を成す。和するに銀を以てし、□日。二親を□。	竟(鏡)
	Ⅳ-4	「□是作竟大好【幽】 上右□僑父母□【？】 位至三公宜子孫【文】 長保二親利古市【月】 買者富貴不知老【幽】」	□氏鏡を作るに、大いに好し。上に□僑・父母有り。位は三公に至り、子孫に宜しからん。長く二親を保ち、買市に利さん。買ふ者は富貴にして、老いを知らず。	是(氏)／竟(鏡)／右(有)／古(買)
	Ⅳ-5-1	「吾作明竟真大好【幽】 除去不□宜古市【月】 上有東王父西王母【之】 渇次玉泉氾食棗【幽】」	吾、明鏡を作るに、真に大いに好し。不□を除去し、買市に宜しからん。上に東王父・西王母有り。渇しては玉泉を飲み、飢ゑては棗を食ふ。	竟(鏡)／古(買)／次(飲)／氾(飢)
	Ⅳ-5-2	「吾作竟自有紀【之】 辟去不羊宜古市【月】 上有東王父西王母【之】 令人長命多孫子【之】」	吾、鏡を作るに、自づから紀有り。不祥を辟去し、買市に宜しからん。上に東王父・西王母有り。令人は長命にして、孫子は多からん。	竟(鏡)／羊(祥)／古(買)
	Ⅳ-6	「吾有好同青且明【陽】 神守仙人居中央【陽】 令世以孫宜□侯王【陽】」	吾、好き銅有り、清くして且つ明らかなり。神獸・仙人は中央に居る。令世と孫、□に宜しく、侯王たらん。	同(銅)／青(清)／守(獸)
Ⅴ 盤龍鏡系	Ⅴ-1	「王氏乍竟四夷服【職】 多賀國家人民息【職】 胡虜殄威天下復【覺】 風雨時節五穀執【覺】 長保二親得天力【職】」	王氏鏡を作るに、四夷服す。國家を多賀し、人民息んず。胡虜は殄滅し、天下復す。風雨時節あり、五穀熟す。長く二親を保ち、天祿を得ん。	乍(作)／竟(鏡)／威(滅)／執(熟)／力(祿)

5 三角縁神獣鏡銘文一覧　　533

林裕己〔2006〕	車崎〔2002〕	樋口〔1979a〕	樋口〔1992〕	鏡　　名	目録番号	配置	表現	出　土　遺　跡	遺跡所在地
U	234	U	17	新作徐州銘四神四獣鏡	18	C	⑭	湯迫車塚古墳（備前車塚古墳）	岡山県岡山市
								北山古墳	京都府向日市
								黒塚古墳〈3号鏡〉	奈良県天理市
								織部山古墳（織部古墳）	滋賀県大津市
―	219	R	16	吾作四神四獣鏡（環状乳式）	29a	環状	―	安満宮山古墳〈1号鏡〉	大阪府高槻市
―	220	R	20	吾作二神六獣鏡	31	特殊	①	大日古墳（大日山古墳）	福岡県糸島市
								大日古墳（大日山古墳）	福岡県糸島市
								湯迫車塚古墳（備前車塚古墳）	岡山県岡山市
Qa	137	Qa	7	尚方作二神二獣鏡	100	J2	③	葦北郡（伝）	熊本県葦北郡（伝）
								八幡東車塚古墳〔前方部主体〕	京都府八幡市
								新山古墳〈4号鏡〉	奈良県広陵町
								個人	出土地不明
Q	138	Qa	7?	□作同向式神獣鏡	11	同向	他	宮ノ洲古墳	山口県下松市
L	60	L	―	尚方作二神二獣鏡	100a	J2	③	東京国立博物館（J38399）	出土地不明
―	147	R	―	□是作二神二獣鏡	99	J1	③	若八幡宮古墳〔中心主体〕	福岡県福岡市
P	119	Pa	21	吾作二神二獣鏡	98	J1	⑰	香川県（伝）	香川県（伝）
								富雄丸山1号墳（伝）	奈良県奈良市（伝）
P	117	Pa	21	吾作四神四獣鏡	50	A	⑰	庭鳥塚古墳	大阪府羽曳野市
								新豊院山D2号墳〔後円部主体〕	静岡県磐田市
P?	140	Q	―	吾有好同三神三獣鏡	98a	J変	他	鴨都波1号墳〔棺内鏡〕	奈良県御所市
Nb	36	N	―	王氏作盤龍鏡	6	盤龍	盤	宮ノ洲古墳	山口県下松市

大分類	小分類	銘　　文	訓　　読	仮借・繁字・省字等
Ⅵ 紀年	Ⅵ-1-1	「景初三年【真】 陳是作鏡 自有経述【物】 本是京師 杜地□出【物】 吏人諸之 位至三公【東】 母人諸之 保子宜孫【文】 壽如金石【鐸】兮」	景初三年。陳氏鏡を作るに，自づから経術有り。本は是れ鏡師にして，杜地に□出す。吏人之を買はば，位は三公に至らん。母人之を買はば，子を保ち，孫に宜しからん。壽ひは金石の如からん。	是(氏)／述(術)／京(鏡)／ 諸(買)／諸(買)
	Ⅵ-1-2	「正始元年【真】 陳是作鏡 自有経述【物】 本自茍師 杜地命出【物】 壽如金石 保子□□【？】」	正始元年。陳氏鏡を作るに，自づから経術有り。本自は鑄師にして，杜地に命出す。壽ひは金石の如くして，子を保ち，□□。	是(氏)／述(術)／茍(鑄)
Ⅶ 榜題など	Ⅶ-1	「陳」「是」「作」「竟」(方格銘)／ 「王父」「王母」(榜題)	陳氏鏡を作る。／王父　王母	是(氏)／竟(鏡)
	Ⅶ-2	「陳孝然作竟」(榜題)	陳孝然，鏡を作る。	竟(鏡)
	Ⅶ-3	「陳」「盾」(榜題)	陳　盾	
	Ⅶ-4	「陳」「氏」	陳氏	
	Ⅶ-5	「龍」(榜題)	龍	

5 三角縁神獣鏡銘文一覧

林裕己〔2006〕	車崎〔2002〕	樋口〔1979a〕	樋口〔1992〕	鏡　　名	目録番号	配置	表現	出　土　遺　跡	遺跡所在地
—	237	—	1a	景初三年陳是作同向式神獣鏡	7	同向	他	神原神社古墳	島根県雲南市
—	239	—	1b	正始元年陳是作同向式神獣鏡	8	同向	他	竹島御家老屋敷古墳	山口県周南市
								森尾古墳〔第3主体〕	兵庫県豊岡市
								桜井茶臼山古墳	奈良県桜井市
								蟹沢古墳（柴崎古墳・芝崎古墳）	群馬県高崎市
—	224	—	—	陳・是・作・竟・四神四獣鏡	33	E	⑦	岡山県内（伝）	岡山県（伝）
								西山2号墳〔中央主体〕	京都府城陽市
								黒塚古墳〈7号鏡〉	奈良県天理市
—	292	—	—	陳孝然作波文帯四神三獣博山炉鏡	136	特殊	⑩	阿保親王塚古墳（推定）〈4号鏡〉	兵庫県芦屋市（推定）
—	293	—	—	獣文帯三神三獣鏡	227	K2		壺井御旅山古墳（推定）〈C4〉	大阪府羽曳野市（推定）
—	294	—	—	獣文帯三神三獣鏡	211	K2		杢路寺古墳〔第1主体〕	佐賀県伊万里市
								百々池古墳（百々ヶ池古墳）	京都府京都市
—	291	—	—	画象文帯盤龍鏡	1	盤龍	⑧	湯迫車塚古墳（備前車塚古墳）	岡山県岡山市
								富雄丸山1号墳（伝）	奈良県奈良市（伝）
								奈良県（伝）	伝奈良県（伝）
								大岩山古墳（大岩山第二番山林古墳）	滋賀県野洲市
								北山茶臼山古墳（富岡茶臼山古墳）	群馬県富岡市

6　三角縁神獣鏡研究史上の重要図表の原図

◇本書で引用した図表は，書籍としての体裁の統一上，若干の改変をほどこした。しかし，図表を本文以上に重視する考古学においては，図表の表現法も当然，学史的検討の重要な対象となる。したがって，研究史上の重要図表で，本書に引用する際に少なからず改変をくわえた図表を，この「資料6」に掲載する。

538　資　料

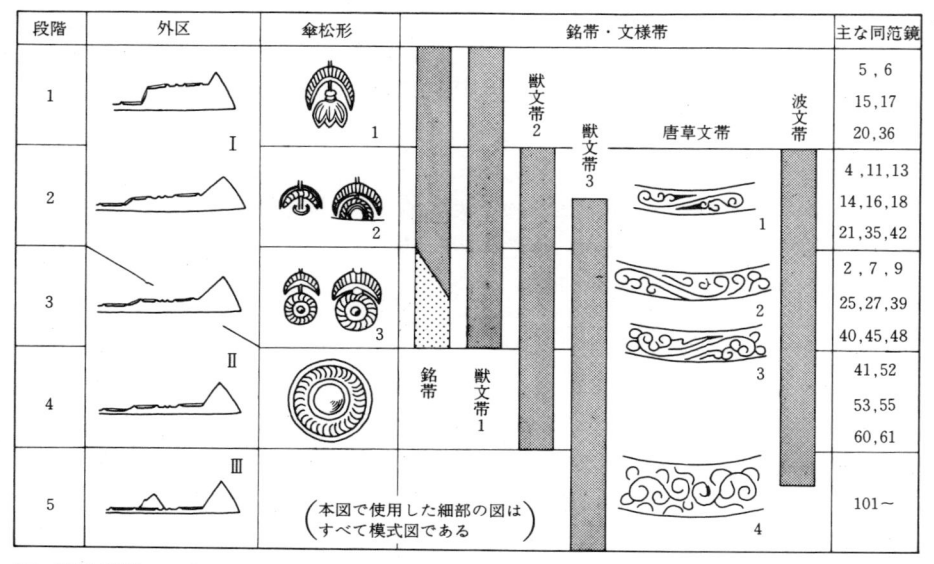

段階	外区	傘松形	銘帯・文様帯				主な同笵鏡
1	I	1	獣文帯2	獣文帯3	唐草文帯	波文帯	5, 6 15, 17 20, 36
2		2			1		4, 11, 13 14, 16, 18 21, 35, 42
3		3			2		2, 7, 9 25, 27, 39 40, 45, 48
4	II		銘帯	獣文帯1	3		41, 52 53, 55 60, 61
5	III	（本図で使用した細部の図は すべて模式図である）			4		101〜

III-図5原図

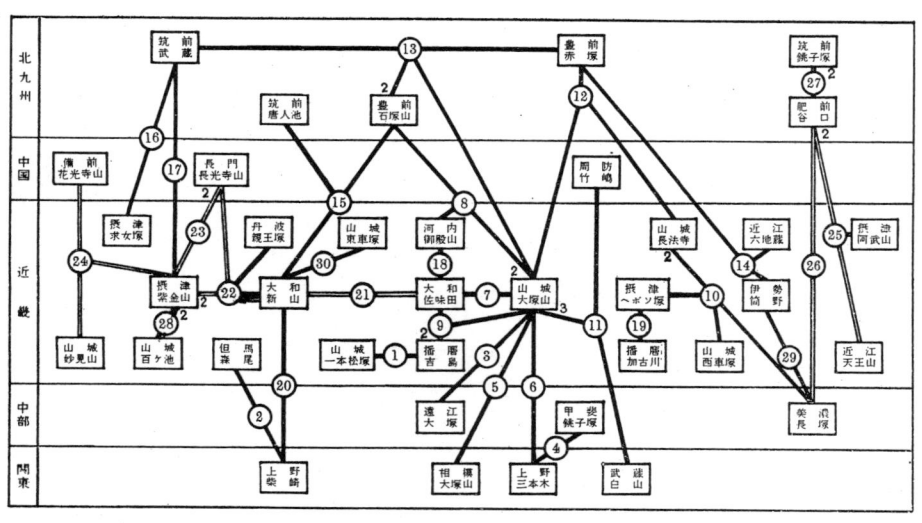

IV-図17原図

6 三角縁神獣鏡研究史上の重要図表の原図

A 三角縁神獣鏡	B 方格(円圏)規矩鏡	C その他
1, 2, 3, 4, 5, 6, 7, 8	9, 10, 11, 12, 13, 14, 15	16, 17, 18

IV-図21 原図

IV-表4 原表

計	その他	三角縁神獣鏡	方格四神鏡	小型二神二獣鏡	重列式神獣鏡	重層式神獣鏡	半円方形帯神獣鏡	環状乳神獣鏡	画象鏡	盤龍鏡	獣首鏡	夔鳳鏡	半肉刻獣帯鏡	細線式獣帯鏡	同向式獣帯鏡	方格規矩四神鏡	内行花文鏡	連弧文銘帯鏡	重圏銘帯鏡	草葉文鏡	四乳虺龍文鏡	蟠螭文鏡	銘式
263	36	10							2	2	20	53	5	14	2	14	104			1			Aa
74	1	54	1			1	5	10	1			1											Ab
32	3												1					2	26				B
87													2			15	24	39	4	3			C
13																7	3			3	3		D
65													1			47	15			2			E
23													2	4		8	1	8					F
6																	6						G
13												1			1	11							H
21																1	20						I
8																2	6						J
145		9							17	6		1	17	14	2	79							K
56			2							1	13	1	9	10		20							L
50					2				1				1	4	1	41							M
63				1			2		19	26			4			11							N
5										1	3	1											O
49			1	2			3	10	11	7	6		7	1		1							P
30		3							16	7			2	1	1								Q
41		21					1		10				7	1	1								R
115			5	13	6	22	22	32	4		5		2	4									S
14					14																		T
11		11																					U
計	40	108	9	15	21	23	35	52	82	61	32	57	52	55	12	201	104	88	49	47	7	34	計

540　資　　料

IV-表7原表

鏡群	I 重列X	II 複44	III 単・8	IV 33獣	V 33獣	VI 33(小林・仿製鏡)	VII
鏡式番号	1～9	10～30	31～53	54～65	66～71	101～116	117～119
1　兵庫・吉島	○	○					
2　岡山・車塚	○	○	○				
3　群馬・天神山		○	○				
4　京都・大塚山	○	○	○	○			
5　奈良・茶臼山 ＊		○	○	○			
6　福岡・石塚山 ＊		○	○	○			
7　大阪・万年山		○	○	○			
8　京都・寺戸大塚＊		○	○				
9　京都・南塚			○	○			
10　大分・赤塚			○	○			
11　兵庫・ヘボソ塚			○				
12　兵庫・西野山		○			○		
13　三重・筒野				○	○		
14　愛知・東之宮			○		○		
15　岐阜・円満寺山			○				
16　大阪・紫金山				○		○	
17　奈良・新山				○		○	
18　奈良・佐味田	○		○			○	
19　岐阜・長塚			○				○

＊ は盗掘などのために、欠けたものがある可能性を示す。

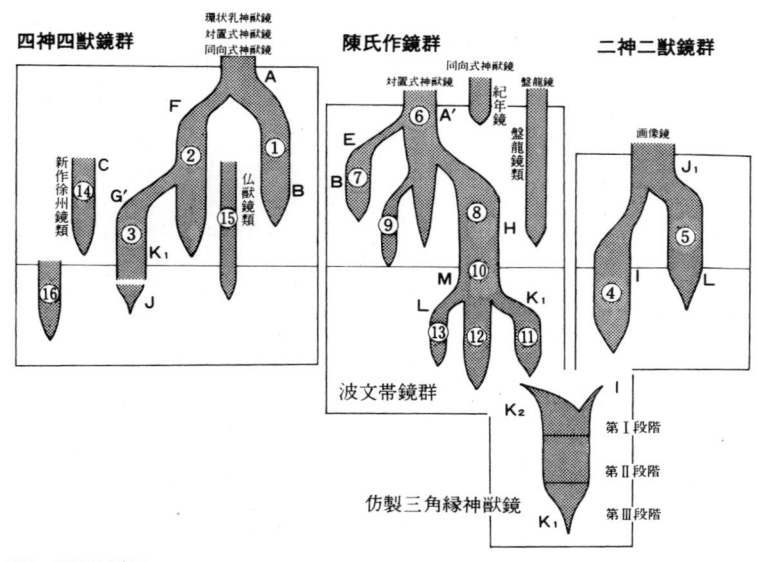

IV-図35原図

四神四獣鏡群　　陳氏作鏡群　　二神二獣鏡群

環状乳神獣鏡／対置式神獣鏡／同向式神獣鏡
同向式神獣鏡／紀年鏡／盤龍鏡類
対置式神獣鏡
新作徐州鏡類
仏獣鏡類
画像鏡
波文帯鏡群
仿製三角縁神獣鏡
第Ⅰ段階／第Ⅱ段階／第Ⅲ段階

6 三角縁神獣鏡研究史上の重要図表の原図　541

a. 楽浪郡
b. 洛陽
c. 長安
d. 広漢郡
e. 江夏郡
f. 呉郡
g. 会稽郡

▲ ア群　環乳ⅠA：広漢西蜀①　広漢一尚方①　尚方①
　　　　環乳ⅠB：尚方①　上方①
●○イ群 ●環乳ⅡA：尚方B　上方B　三羊B
　　　○環乳ⅡB：尚方B　上方B　三羊B②　青盖②　黄盖②
　　　　　　　　　陰氏②　王氏B　顔氏B
★ ウ群　環乳ⅡC：上方B　同向ⅠA：陳是②　対置Ⅰ：袁氏？

△ カ群　重列ⅠA：朱氏⑤
▲ キ群　対置ⅤA：朱(氏)⑥　彭(氏)⑥　師徐伯C1　青盖C2

註1) 地図中の郡は郡治を指す。
　2) 作鏡者のうしろの記号は対応する銘文型式を示す。
　　　①〜⑦は銘文A1〜A7，Bは銘文B，?は銘文型式不明のもの。
　　　□呉郡の作鏡者銘　□会稽郡の作鏡者銘　□陳氏
　3) 日本出土枠の破線以下では、同型鏡の出土数を示す。

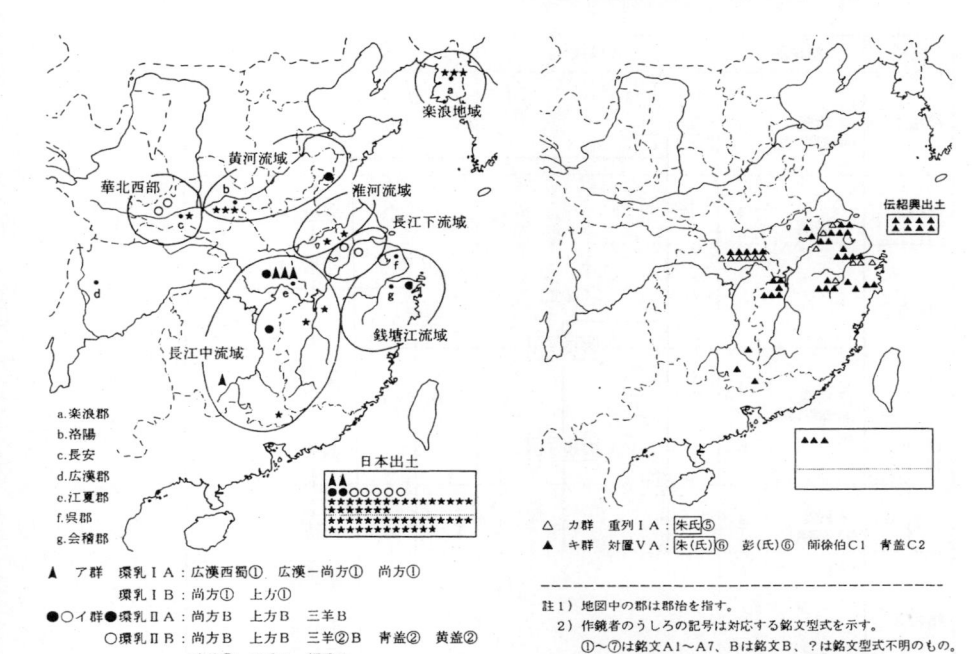

Ⅳ-図39原図

Ⅳ-図52原図

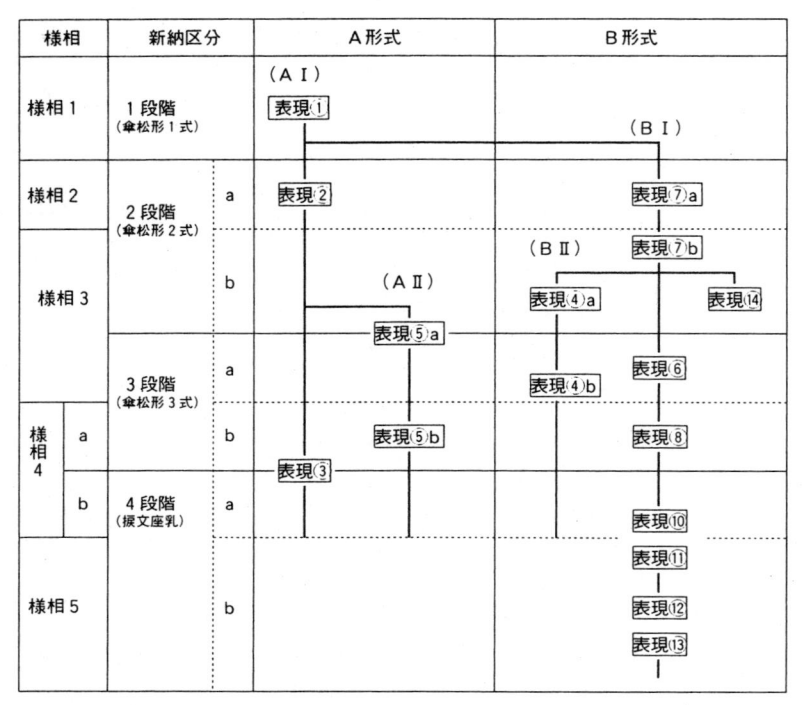

様相	新納区分		A形式	B形式
様相1	1段階 (傘松形1式)		(AⅠ) 表現①	(BⅠ)
様相2	2段階 (傘松形2式)	a	表現②	表現⑦a
様相3		b	(AⅡ)	(BⅡ) 表現⑦b 表現④a　表現⑭
	3段階 (傘松形3式)	a	表現⑤a	表現④b　表現⑥
様相4 a		b	表現⑤b	表現⑧
様相4 b	4段階 (撰文座乳)	a	表現③	表現⑩
様相5		b		表現⑪ 表現⑫ 表現⑬

Ⅳ-図53原図

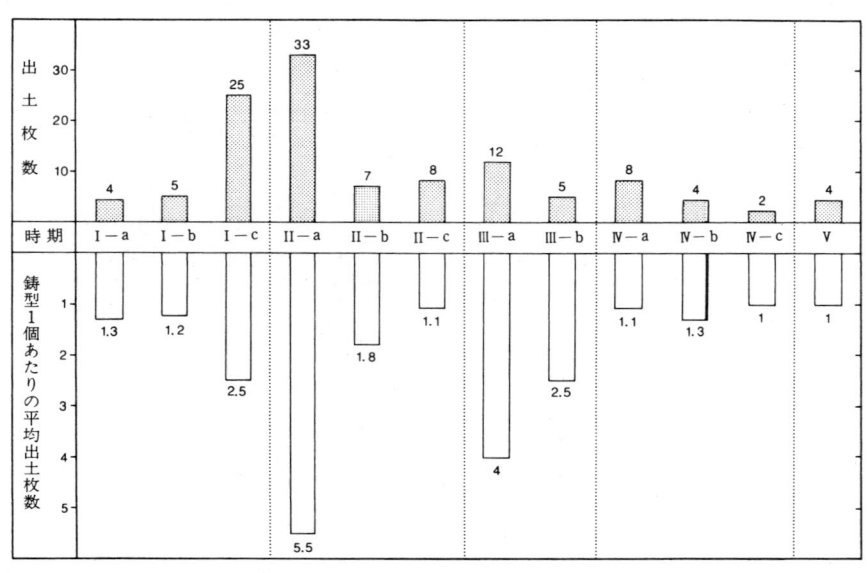

Ⅳ-図57原図

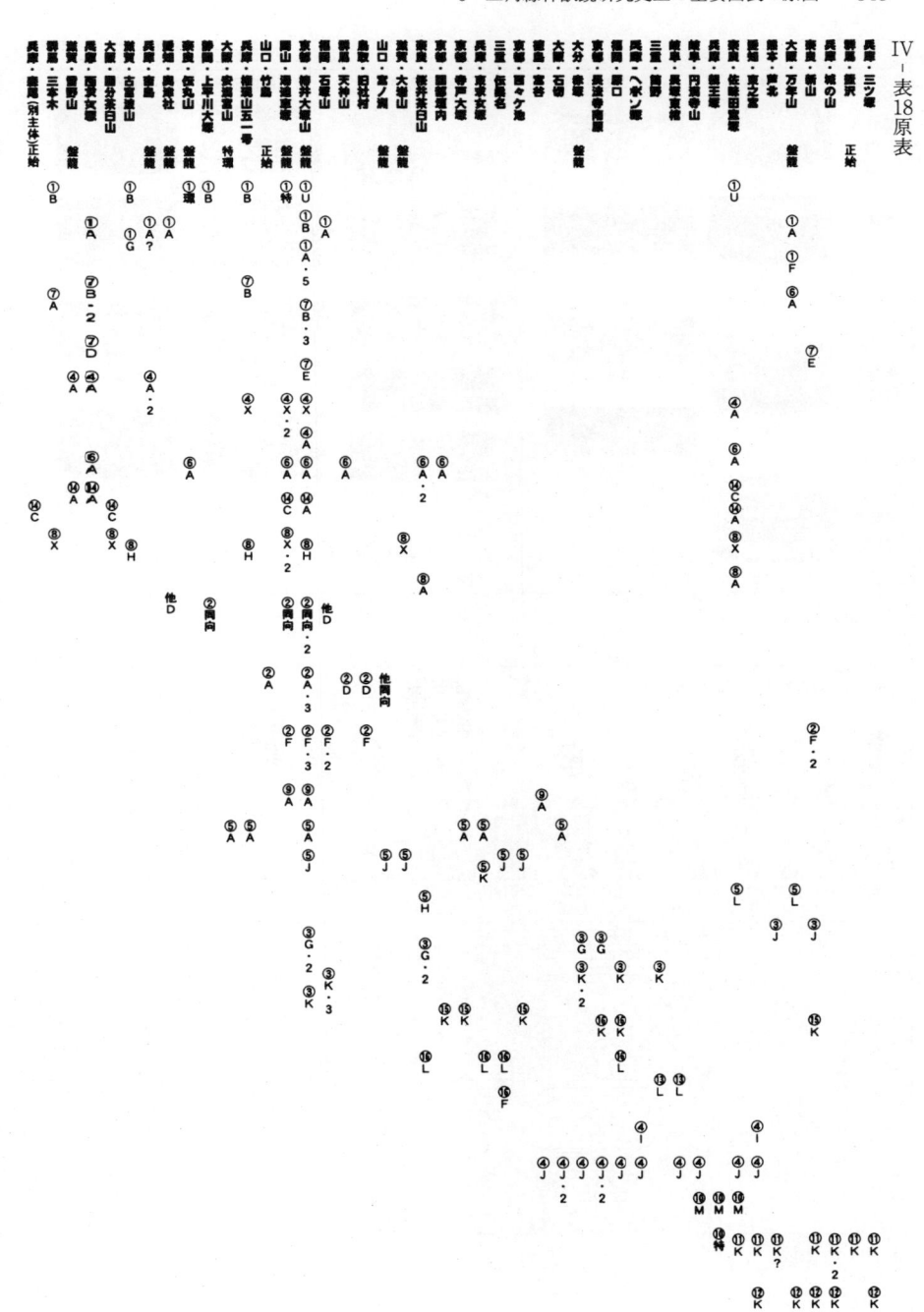

6 三角縁神獣鏡研究史上の重要図表の原図

IV-表18原表

列	地名	状態
1	兵庫・三ツ塚	正始
2	群馬・柴崎	
3	愛知・城の山	
4	大原・万九	盤龍
5	熊本・青木山	
6	兵庫・三木	盤龍
7	大原・鶴山	
8	京都・古富蒲山	盤龍
9	兵庫・奥社	
10	愛媛・牧山	盤龍
11	大阪・紫金山	特殊
12	兵庫・福寄車山五一号	正始
13	山口・竹島	
14	岡山・湯迫車山	盤龍
15	京都・石塚山	盤龍
16	山口・大内	
17	愛媛・冠ヶ浦	盤龍
18	島根・羽村	
19	高知・國富車内	
20	兵庫・東光女	
21	三重・鶴原	盤龍
22	大原・太郎	
23	大分・寺山	
24	大分・発越寺南塔	
25	岐阜・長塚	
26	三重・越雲山	
27	兵庫・へキン塚	
28	岐阜・結仁田遺跡	
29	熊本・姫之墓	
30	大阪・万九山	
31	熊本・城の山	正始
32	兵庫・三ツ塚	

※この図表には、各地の遺跡と①〜⑫の分類記号（B、A、G、A?、U、F、E、D、X、H、C、J、K、L、M、I等）が配置されている。具体的な記号の配置は原表を参照。

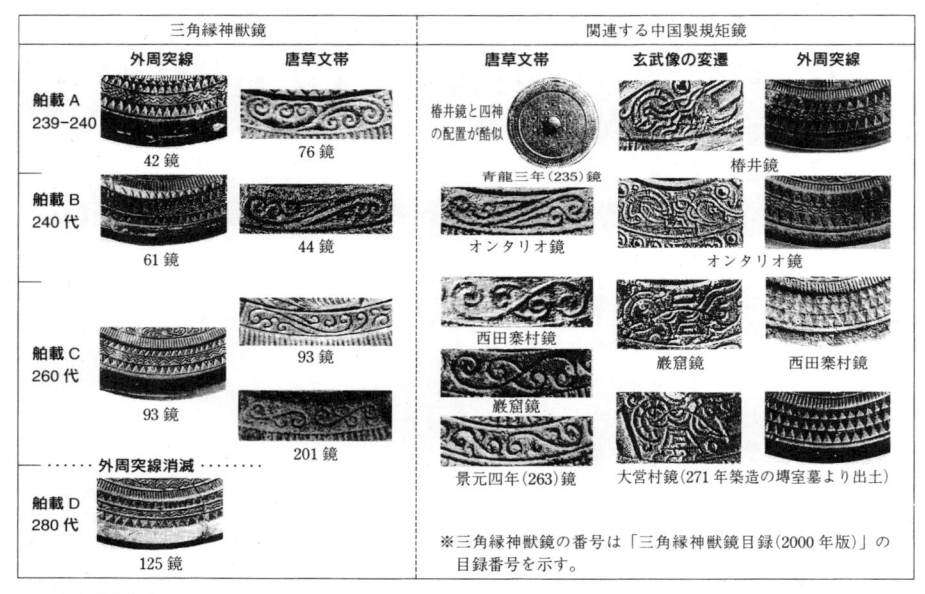

544 資料

	三角縁神獣鏡		関連する中国製規矩鏡		
	外周突線	唐草文帯	唐草文帯	玄武像の変遷	外周突線
舶載A 239-240	42鏡	76鏡	椿井鏡と四神の配置が酷似 青龍三年(235)鏡		椿井鏡
舶載B 240代	61鏡	44鏡	オンタリオ鏡	オンタリオ鏡	
舶載C 260代	93鏡	93鏡 / 201鏡	西田寨村鏡 巌窟鏡 景元四年(263)鏡	巌窟鏡 大営村鏡(271年築造の塼室墓より出土)	西田寨村鏡
舶載D 280代 ……外周突線消滅……	125鏡				

※三角縁神獣鏡の番号は「三角縁神獣鏡目録(2000年版)」の目録番号を示す。

IV-図62原図

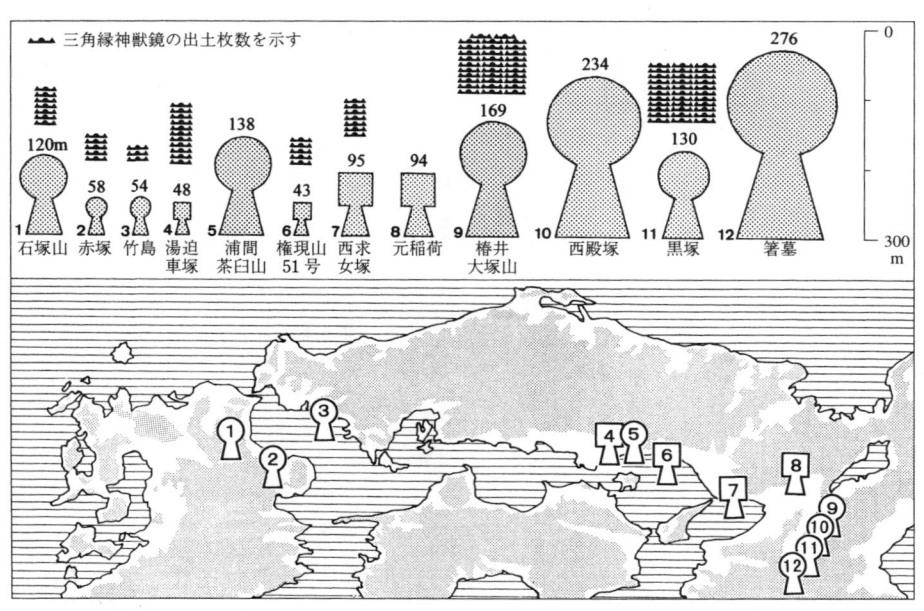

▲▲▲ 三角縁神獣鏡の出土枚数を示す

1 石塚山 120m
2 赤塚 58
3 竹島 54
4 湯迫車塚 48
5 浦間茶臼山 138
6 権現山51号 43
7 西求女塚 95
8 元稲荷 94
9 椿井大塚山 169
10 西殿塚 234
11 黒塚 130
12 箸墓 276

0〜300m

IV-図70原図

あ と が き

　良い仕事は全て単純な作業の堅実な積み重ねである

　筆者の座右の銘である。本書でこの言をはたしえたか，いささか心もとない。ただ，銅鏡研究の分化と緻密化がますます加速しつつある現状において，現在の研究状況と今後の指針は示しえたのではないかと思う。

　三角縁神獣鏡は，特定種類の考古資料としては例外的なほど，一般の知名度が高い。これはひとえに，「銅鏡百枚」の最有力候補として，卑弥呼や邪馬台国の所在地論争に結びつけられ，マスコミの関心を惹きつけるからであろう。筆者の本心をいえば，卑弥呼への興味もなければ，パズル解きやお国自慢のレヴェルにとどまっている邪馬台国の所在地論争に，関与する気も起きない。むしろ筆者の関心は，考古資料に立脚して，当該期の社会構造および政治状況の特質を，前後の時期と関連づけつつとらえることにある。そのため本書では，三角縁神獣鏡が，卑弥呼や邪馬台国にとどまらず，非常に多岐多様な重要事象の解明に貢献しうる考古資料であることを読者の方々に伝えるべく，力を注いだわけである。

　思いかえせば，筆者はずいぶんとめぐまれた環境で勉強させてもらってきた。学生時代に在籍した研究室には，助手に森下章司さん，先輩に上野祥史さんと岩本崇さん，後輩に中川あやさんが在室しており，そして人文科学研究所には岡村秀典先生がおられた。現在の銅鏡研究を牽引する錚々たるラインナップの末席をけがしながら，筆者も倭製鏡の勉強をさせていただいた。学部2回生の夏には，三角縁神獣鏡がかつて出土した岐阜県野中古墳の発掘調査に，その年の冬には，三角縁神獣鏡の多量出土で有名な京都府椿井大塚山古墳の発掘調査に，参加させていただいた。

　大学院生になってからは，京都鹿ヶ谷の泉屋博古館で，樋口隆康先生の銅鏡カードの整理作業の仕事をさせていただいた。銅鏡カードをみればその研究者の力量が知れるといわれるくらい，カードと銅鏡研究者は相即不離な関係にある。その厖大で入念なカードをつうじて，著作だけでは知ることのできない樋口先生の網羅的かつ綿密な研究にふれることができ，また先生のお話を直接にうかがうことができたのは，まことに貴重な経験であった。SPring-8での微量成分の分析実験に立ち会わせていただいたことも，楽しい経験であった。そしてこの数年，岡村先生主宰の

「中国古鏡の研究」班の班員にくわえていただき，豊穣な銘文の世界にふれ，知見をひろめさせていただいている。

このようなめぐまれた環境におりながら，特段の成果をうむことなく無為にすごしてきたのは忸怩たることだが，そんな筆者が本書をまとめたのは，以下のような経緯による。

『小林行雄考古学選集』（真陽社）の第四巻に，小林行雄先生の未公刊原稿を収録することになり，その文字データの打ちこみ作業を，岸本直文さんから打診された。未完原稿をふくむ多量の原稿を過誤なく打ちこみ，配列するには，それなりの知識が必要と考え，それまでさほどの関心がなかった三角縁神獣鏡の勉強をはじめた。勉強しているうち，さまざまな論点が絡みあった三角縁神獣鏡の研究史を解きほぐす作業が面白くなり，非常勤講師の仕事が空く冬季に関連文献を読みあさり，三角縁神獣鏡の研究史について文章化した。予想以上の分量になり，そのままお蔵入りにするのも勿体なくなり，私家版として冊子化して，三角縁神獣鏡の研究者の幾人かに謹呈させていただいた。年があらたまり，立命館大学の現職に就き，和田晴吾先生にその冊子をお渡ししたところ，吉川弘文館に紹介してくださり，大幅に加筆修正し，多数の図版をくわえ，研究事典として出版する運びとなった。

本書は，上記した方々をはじめ，多くの人々および機関のご厚意に援けられて，形をなすにいたった。厚く御礼申し上げたい。万一，遺漏があっては失礼にあたるため，芳名を記すことをあえて避けた。その非礼については，なにとぞご寛恕賜りたい。ただ，種々の相談に応じていただき，貴重なアドバイスをくださった森下さんと和田先生，そして本書に過分の推薦文を書いてくださった樋口先生の御三方にたいしては，格別の謝意を表したい。また，吉川弘文館の石津輝真氏には，出版計画から内容の詳細にいたるまで，多岐にわたってお世話になった。記して深謝したい。

最終章で記したように，このところ三角縁神獣鏡や3世紀代の日本列島に関する重要な新発見があいつぎ，三角縁神獣鏡および関連鏡群の研究もさらなる深化をみせつつあり，新たな研究ステージの幕開けを強く予感させる。今後の銅鏡研究に，さらには古墳時代研究などに本書が役立つならば，こんなにうれしいことはない。

2010年2月

雪の鷹峯にて

下垣仁志

図表一覧

　本書で引用した挿図は，書籍としての体裁の統一上，若干の改変をほどこしている。本書から図表の再引用をおこなう場合，その点留意いただきたい。少なからず手をくわえた学史上の重要図表については，資料「6 三角縁神獣鏡研究史上の重要図表の原図」に原図を掲載した。

口絵1　三角縁神獣鏡（静岡県上平川大塚古墳）　東京国立博物館所蔵
口絵2　三角縁神獣鏡（奈良県黒塚古墳）　阿南辰秀氏撮影　奈良県立橿原考古学研究所所蔵
口絵3　三角縁神獣鏡の出土状況（奈良県黒塚古墳〔阿南辰秀氏撮影　奈良県立橿原考古学研究所所蔵〕／滋賀県雪野山古墳〔大阪大学大学院文学研究科埋蔵文化財調査室提供　東近江市教育委員会所蔵〕／大阪府安満宮山古墳〔高槻市教育委員会所蔵〕／奈良県鴨都波1号墳〔御所市教育委員会所蔵〕）

Ⅰ-図1　三角縁景初三年陳是作同向式神獣鏡（島根県神原神社古墳）〔樋口 1992, 図版1〕　島根県立古代出雲歴史博物館提供　国（文化庁）保管　　4
Ⅰ-図2　三角縁□始元年陳是作同向式神獣鏡（群馬県蟹沢古墳）〔樋口 1992, 図版1下〕　東京国立博物館所蔵　4
Ⅰ-図3　景初三年陳是作画文帯同向式神獣鏡（大阪府和泉黄金塚古墳）〔田中 1977, 図131〕　東京国立博物館所蔵　　4
Ⅰ-図4　3世紀前半の東アジア　〔森下他編 2000, 68頁図〕を再作製　　5
Ⅱ-図1　三角縁神獣鏡の部分名称（奈良県新山古墳〈目録32〉）　著者作製（断面図は〔岩本 2008a, 第4図〕を再作製）　12
Ⅱ-図2　さまざまな仿製鏡　著者作製　　13
Ⅱ-図3　外周突線　〔福永 1991, 図3〕を一部改変　　16
Ⅱ-図4　同向式の三角縁神獣鏡（静岡県上平川大塚古墳）　東京国立博物館所蔵　　17
Ⅱ-図5　求心式の三角縁神獣鏡（兵庫県阿保親王塚古墳）〔樋口 1992, 図版20下〕　阿保山親王寺所蔵　　17
Ⅱ-図6　三角縁神獣鏡の神獣像配置　〔京都大学文学部考古学研究室編 1989, 52頁〕を一部改変　18
Ⅱ-図7　三角縁神獣鏡などの鈕孔の形状　〔福永 2005a, 図1〕を一部改変　　19
Ⅱ-図8　三角縁神獣鏡の神獣像　〔岸本 1989b, 図2〕　20
Ⅱ-図9　主神と侍仙（阿為神社蔵鏡）　著者作製　　21
Ⅱ-図10　始建国二年銘の円圏規矩鏡の西王母　〔黄編 1990, 1頁〕を一部改変　　21
Ⅱ-図11　四川地域の後漢墓の方壙にあらわされた西王母　〔小南 1983a, 図33〕　　21

Ⅱ-図12　王喬(王子喬)　〔本田他 1973, 316頁〕　　23
Ⅱ-図13　赤松子　〔本田他 1973, 301頁〕　　23
Ⅱ-図14　袁氏作神獣画象鏡(1)　〔劉 1935, 四四〕　　24
Ⅱ-図15　袁氏作神獣画象鏡(2)　〔劉 1935, 四三〕　　24
Ⅱ-図16　仏像を表現した三角縁神獣鏡　(京都府寺戸大塚古墳　〔樋口 1992, 図版68〕　京都大学総合博物館所蔵／奈良県新山古墳　〔樋口 1992, 図版68〕　宮内庁書陵部所蔵)　　24
Ⅱ-図17　三角縁神獣鏡の傘松文(斾節文)(1)(広島県潮崎山古墳)　著者作製　　26
Ⅱ-図18　三角縁神獣鏡の傘松文(斾節文)(2)(兵庫県権現山51号墳)　〔近藤編 1991, 第48図〕を再作製　　26
Ⅱ-図19　高句麗壁画古墳の斾節文(安岳3号墳)　〔森下他編 2000, 52頁下〕　　26
Ⅱ-図20　博山炉(熏炉)(河北省満城漢墓)　著者作製　　27
Ⅱ-図21　三角縁神獣鏡の博山炉(伝奈良県渋谷)　岸本直文氏撮影　京都国立博物館所蔵　　27
Ⅱ-図22　同一文様鏡の鋳造方法の模式図　〔岸本 1996b, 図5〕を一部改変　　31
Ⅱ-図23　挽型の推定復元図　〔岩本 2005b, 図1〕を再作製　　32
Ⅱ-図24　復元製作に使用したスタンプ型　〔山田 2005, 図7〕　　33
Ⅱ-図25　中国製三角縁神獣鏡の鉛同位体比　〔馬淵 1996, 図2〕を一部改変　　35
Ⅱ-図26　魏と呉の紀年銘鏡の鉛同位体比　〔平尾他 2001, 第4図〕を一部改変　　35
Ⅱ-図27　SPring-8における銅鏡のアンチモン／錫，銀／錫の微量成分　〔泉屋博古館古代青銅鏡放射光分析研究会 2008, 図17〕を一部改変　　36
Ⅱ-図28　複合鋸歯文鏡(青海省)(斉家文化期)　〔段編 1998, 図版一〕　青海省博物館所蔵　　38
Ⅱ-図29　葉脈文鏡(河南省婦好墓)(殷後期)　〔段編 1998, 図版三〕　中国社会科学院考古研究所所蔵　　38
Ⅱ-図30　鳥獣文鏡(河南省上村嶺)(西周晩期～春秋早期)　〔段編 1998, 図版六〕　　38
Ⅱ-図31　圏帯文鏡(泉屋博古館蔵鏡)(春秋後期)　〔泉屋博古館編 2004, 図版2〕　泉屋博古館所蔵　　39
Ⅱ-図32　山字文鏡(上海博物館蔵鏡)(戦国後期)　〔陳編 1987, 写真18〕　上海博物館所蔵　　39
Ⅱ-図33　蟠螭文鏡(泉屋博古館蔵鏡)(戦国末～秦)　〔泉屋博古館編 2004, 図版2〕　泉屋博古館所蔵　　39
Ⅱ-図34　戦国鏡の系譜と変遷　〔宮本 2005, 図2〕を一部改変　　40
Ⅱ-図35　草葉文鏡(泉屋博古館蔵鏡)(漢鏡2期)　〔泉屋博古館編 2004, 図版22〕　泉屋博古館所蔵　　41
Ⅱ-図36　星雲文鏡(泉屋博古館蔵鏡)(漢鏡2期)　〔泉屋博古館編 2004, 図版23〕　泉屋博古館所蔵　　41
Ⅱ-図37　異体字銘帯鏡(福岡県立岩10号甕棺墓)(漢鏡3期)　〔田中 1977, 図164〕　飯塚市歴史資料館所蔵　　41
Ⅱ-図38　日本列島における漢鏡各期の分布数の推移　〔岡村 1999a, 図21〕を再作製　　42

Ⅱ-図 39　方格規矩四神鏡(佐賀県桜馬場遺跡)(漢鏡 4 期)〔田中 1979, 図 13〕佐賀県立博物館所蔵　43

Ⅱ-図 40　細線式獣帯鏡(佐賀県三津永田 104 号甕棺墓)(漢鏡 4 期)〔志佐編 1977, 図 26〕佐賀県教育委員会所蔵　43

Ⅱ-図 41　虺龍文鏡(三津永田 105 号甕棺墓)(漢鏡 4 期)〔志佐編 1977, 図 2〕佐賀県教育委員会所蔵　43

Ⅱ-図 42　盤龍鏡(岡山県赤峪古墳)(漢鏡 5 期)〔湊 1990, 図 6〕鏡野町教育委員会所蔵　44

Ⅱ-図 43　内行花文鏡(岡山県花光寺山古墳)(漢鏡 5 期)〔樋口 1979b, 図版 32〕東京国立博物館所蔵　44

Ⅱ-図 44　神人車馬画象鏡(浙江省紹興県)(漢鏡 6 期)〔王編 2006, 彩版 12 上〕紹興市文物管理局所蔵　44

Ⅱ-図 45　永康元(167)年環状乳三神三獣鏡〔中野編 1985, 図 58〕和泉市久保惣記念美術館所蔵　44

Ⅱ-図 46　後漢鏡の諸鏡式の変遷〔岡村 1993a, 図 22〕を一部改変　46

Ⅱ-図 47　画文帯同向式神獣鏡(奈良県ホケノ山墳墓)(漢鏡 7 期)〔奈良県立橿原考古学研究所編 2001, 図 35〕奈良県立橿原考古学研究所所蔵　50

Ⅱ-図 48　吾作系斜縁神獣鏡(大阪府安満宮山古墳)(漢鏡 7 期)〔鐘ヶ江編 2000, 図版第 27 上〕高槻市教育委員会所蔵　50

Ⅱ-図 49　上方作系浮彫式獣帯鏡(広島県中小田 1 号墳)(漢鏡 7 期)〔植田編 1993, 21 頁下〕広島大学大学院文学研究科考古学研究室所蔵　50

Ⅱ-図 50　三国〜南北朝期の銅鏡生産の様相〔上野 2009, 図 1〕を再作製　53

Ⅲ-図 1　2 世紀後半〜3 世紀の銅鏡の諸系統とその分布〔森下 2007b〕原図森下章司氏提供　58

Ⅲ-図 2　魏晋の規矩鏡と関連鏡群の分布〔福永他 2000〕　59

Ⅲ-図 3　断面形状の共通する三角縁神獣鏡の事例〔岩本 2005b, 図 2〕　62

Ⅲ-図 4　中国製三角縁神獣鏡の文様構成・配置の組み換え〔森下 1989, 65 頁図〕を一部改変　65

Ⅲ-図 5　諸属性の変化からみた三角縁神獣鏡の型式変遷〔新納 1991, 第 93 図〕を改変　67

Ⅲ-図 6　中国製三角縁神獣鏡の変遷段階〔岩本 2008a, 第 8 表〕　68〜69

Ⅲ-図 7　仿製三角縁神獣鏡の変遷段階〔岩本 2003a, 図 10〕を一部改変　70

Ⅳ-図 1　『千とせのためし』所載の三角縁神獣鏡〔徳田 2007, 第 1 図〕　81

Ⅳ-図 2　『鏡研搨本』所載の中国製三角縁神獣鏡　81

Ⅳ-図 3　『鏡研搨本』所載の仿製三角縁神獣鏡　81

Ⅳ-図 4　『観古集』所載の三角縁神獣鏡(福岡県豊前石塚山古墳)〔清野 1955, 539 頁図〕　82

Ⅳ-図 5　三角縁吾作四神四獣鏡(奈良県黒塚古墳)〔河上編 1999, 図 70〕阿南辰秀氏撮影 奈良県立橿原考古学研究所所蔵　82

Ⅳ-図 6　三角縁新作徐州銘四神四獣鏡(大阪府国分茶臼山古墳)〔樋口 1992, 図版 22 上〕国

分神社所蔵　87

Ⅳ-図7　富岡謙蔵による三角縁神獣鏡の年代の考証　〔岡本 1995, 169頁図〕を一部改変　87

Ⅳ-図8　三角縁吾作四神二獣鏡(国分茶臼山古墳)　〔樋口 1992, 図版 18 下〕　国分神社所蔵　88

Ⅳ-図9　後藤守一による「蓮座様」の分類　〔後藤 1920a, 第十五図〕　93

Ⅳ-図10　後藤守一による神像の変容プロセスの研究　〔後藤 1926b, 第三十三図〕　94

Ⅳ-図11　「伝世」が推定された方格規矩四神鏡(香川県石清尾山古墳群鶴尾神社4号墳)　〔樋口 1979b, 図版 41 上〕個人所蔵　101

Ⅳ-図12　分析に供された三角縁神獣鏡(伝京都府寺戸)　〔近藤他監修 2004, 図 45〕京都大学総合博物館所蔵　101

Ⅳ-図13　大阪府紫金山古墳の竪穴式石槨　〔阪口編 2005, 第55図〕を一部改変　105

Ⅳ-図14　紫金山古墳における三角縁神獣鏡の出土状況　〔阪口編 2005, 図版16―2〕を一部改変　105

Ⅳ-図15　福岡県一貫山銚子塚古墳における三角縁神獣鏡の出土状況　〔小林 1952a, 図版第六〕を一部改変　106

Ⅳ-図16　椿井大塚山古墳の出土鏡　〔樋口 1979b, カラー図版1〕を一部改変　京都大学総合博物館所蔵　107

Ⅳ-図17　椿井大塚山古墳を中心とする同笵鏡分有図　〔小林 1955a, 12頁図〕を再作製　108〜109

Ⅳ-図18　初期大和政権の勢力圏の伸長　〔小林 1957b, 第2図〕　111

Ⅳ-図19　小林行雄の三角縁神獣鏡配布の論理　〔甘粕 1966, 399 図〕を再作製　112

Ⅳ-図20　三角縁惟念此銘唐草文帯二神二獣鏡と文様改変鏡(鳥取県普段寺1号墳　〔樋口 1992, 図版8上〕　大安寺所蔵／阿為神社蔵鏡　〔廣瀬編 2005, 図版 20 上〕　阿為神社所蔵／島根県大成古墳　〔中原 1988, 6頁写真〕　東京国立博物館所蔵)　113

Ⅳ-図21　三角縁神獣鏡と他鏡式の唐草文の簡略化　〔樋口他 1983, 16頁図〕を一部改変　114

Ⅳ-図22　三角縁唐草文帯三神二獣鏡(鏡作神社蔵鏡)　〔樋口 1992, 図版 15 上〕　鏡作神社所蔵　118

Ⅳ-図23　外区を欠損した仿製鏡(坂本不言堂蔵鏡)　〔樋口他監修 2002, 図 76〕坂本不言堂所蔵　118

Ⅳ-図24　神獣像配置による三角縁神獣鏡の型式分類　〔小林 1971, 第二図〕を一部改変　121

Ⅳ-図25　三角縁波文帯三神三獣鏡(奈良県新山古墳)　〔小林 1979b, 図版Ⅲ―4上〕　宮内庁書陵部所蔵　124

Ⅳ-図26　銅鏡鋳造に関する諸見解の模式図　〔勝部 1978, 第2表〕を一部改変　128〜129

Ⅳ-図27　景初三年・四年・正始元年鏡の銘文の比較　〔近藤 1988b, 第1図〕を一部改変　131

Ⅳ-図28　三角縁陳氏作神獣車馬鏡(滋賀県大岩山古墳)　〔樋口 1992, 図版7上〕　東京国立博

図表一覧　551

Ⅳ-図29　景初四年盤龍鏡(1)(京都府広峯15号墳)〔田中 1991a, 図版Ⅰ—2〕 福知山市教育委員会所蔵　139
Ⅳ-図30　景初四年盤龍鏡(2)(辰馬考古資料館蔵鏡)〔田中 1991a, 図版Ⅰ—1〕 辰馬考古資料館所蔵　139
Ⅳ-図31　「四神四獣鏡」の祖型と系譜〔奥野 1982a, 図70〕を改変　142
Ⅳ-図32　仿製三角縁神獣鏡の同范鏡(目録207)の笵傷進行状況模式図〔八賀 1984, 第1図〕を一部改変　145
Ⅳ-図33　日本列島出土の各種青銅器の鉛同位体比分布〔馬淵 1996, 図1〕を一部改変　146
Ⅳ-図34　三角縁神獣鏡の主要神獣像表現〔岸本 1989b, 図3〕を一部改変　156
Ⅳ-図35　三角縁神獣鏡の「三派」とその変遷〔岸本 1989b, 図12〕を再作製　158
Ⅳ-図36　「規矩鏡の特異な一群」〔福永 2005a, 図9〕を一部改変　160
Ⅳ-図37　斜縁同向式神獣鏡(1)(徐州滕州市)〔山口県立萩美術館他編 2005, 図65〕 滕州市博物館所蔵　161
Ⅳ-図38　斜縁同向式神獣鏡(2)(愛知県東之宮古墳)〔樋口 1992, 図版3上〕 京都国立博物館所蔵　161
Ⅳ-図39　神獣鏡の作鏡系譜と分布〔上野 2000, 図6〕を改変　163
Ⅳ-図40　後漢後期～西晋期の各系統群の分布〔森下 2007a, 図1～図7〕を改変　165～167
Ⅳ-図41　東アジア諸地域における後漢鏡の分布〔西川 2000a, 図13〕を再作製　168
Ⅳ-図42　尚方作神獣車馬画象鏡(1)(奈良県佐味田宝塚古墳)〔千賀編 1988, 7頁上〕 東京国立博物館所蔵　169
Ⅳ-図43　尚方作二禽二獣画象鏡(1)(愛媛県朝日谷2号墳)〔梅木編 1998, 図版四二〕 松山市立埋蔵文化財センター所蔵　169
Ⅳ-図44　尚方作神獣車馬画象鏡(2)(河南省岳家村30号墓)〔胡編 1988, 図57〕 洛陽博物館所蔵　169
Ⅳ-図45　尚方作二禽二獣画象鏡(2)(『小檀欒室鏡影』所載)〔徐 1930, 巻二—四〕　169
Ⅳ-図46　創出期の三角縁同向式神獣鏡の断面形態〔岡村 2002a, 第85図〕を一部改変　170
Ⅳ-図47　各段階の三角縁神獣鏡にたいする中国鏡の影響〔森下 2005c, 図1〕を一部改変　173
Ⅳ-図48　鈕孔製作技法の類型模式図〔秦 1994a, 図1〕を再作製　178
Ⅳ-図49　鉛製揺銭樹の神像　著者撮影　京都大学人文科学研究所所蔵　180
Ⅳ-図50　三角縁神獣鏡の重量の時期的変化　著者作製　183
Ⅳ-図51　澤田秀実による傘松文の分類〔澤田 1993b, 第3図〕　183
Ⅳ-図52　澤田秀実による三角縁神獣鏡の二系統とその変遷〔澤田 1993b, 第11図〕を再作製　184
Ⅳ-図53　小山田宏一による三角縁神獣鏡の一系統的変遷〔小山田 2000a, 図5〕を再作製　186

Ⅳ-図54　仿製三角縁神獣鏡の「同乳鏡」の変遷　〔福永 1994c，図6〕を改変　　187
Ⅳ-図55　仿製三角縁神獣鏡の神像・松毬形・獣像の表現　〔福永 1994c，図8〕　188
Ⅳ-図56　属性の相関から構築した仿製三角縁神獣鏡の編年案　〔福永 1994c，図7〕を再作製　188
Ⅳ-図57　仿製三角縁神獣鏡の小期ごとの生産数の推移　〔福永 1994c，図9〕を再作製　189
Ⅳ-図58　仿製三角縁神獣鏡の外区の分類　〔岩本 2003a，図2〕を一部改変　190
Ⅳ-図59　仿製三角縁神獣鏡の鈕の分類　〔岩本 2003a，図2〕を一部改変　190
Ⅳ-図60　中国製三角縁神獣鏡の各部の分類　〔岩本 2008a，第2図〕を一部改変　191
Ⅳ-図61　三角縁神獣鏡と関連鏡群の唐草文の比較　〔福永 1996a，図2〕を一部改変　198
Ⅳ-図62　図文要素の共通性にもとづく三角縁神獣鏡と関連鏡群の年代　〔福永 2005a，図21〕を改変　199
Ⅳ-図63　泰始六(270)年銘の画文帯環状乳神獣鏡　〔五島美術館学芸部編 1992，写真15〕　大阪・個人所蔵　200
Ⅳ-図64　泰始九(273)年銘の画文帯同向式系神獣鏡　〔五島美術館学芸部編 1992，写真22〕和泉市久保惣記念美術館所蔵　200
Ⅳ-図65　三角縁唐草文帯三神二獣鏡(大阪府紫金山古墳)　〔阪口編 2005，図版58上〕　京都大学大学院文学研究科考古学研究室所蔵　204
Ⅳ-図66　景元四(263)年銘の円圏規矩鏡　〔五島美術館学芸部編 1992，写真73〕　五島美術館蔵鏡　204
Ⅳ-図67　最終段階の仿製三角縁神獣鏡(福岡県沖ノ島16号遺跡)　〔樋口 2000，図版86上〕宗像大社所蔵　205
Ⅳ-図68　西晋太康年間と推定される神獣鏡　〔王編 2006，写真83〕　新昌県文物管理委員会辧公室所蔵　205
Ⅳ-図69　古墳時代後期の仿製鏡(三重県浅間山古墳)　〔三重県埋蔵文化財センター編 1991a，図140〕　個人所蔵　205
Ⅳ-図70　出現期の前方後円(方)墳と三角縁神獣鏡・特殊器台形埴輪　〔福永 2005a，図53〕を再作製のうえ一部改変　209
Ⅳ-図71　貼金神獣鏡の製作模式図　〔西川 2000a，図50〕を改変　214
Ⅳ-図72　神獣像の断面が一致する仿製三角縁神獣鏡(1)(岐阜県矢道長塚古墳)　〔山田 2005，図5〕　215
Ⅳ-図73　神獣像の断面が一致する仿製三角縁神獣鏡(2)〔山田 2005，図6〕　216
Ⅳ-図74　三角縁陳是作四神二獣鏡(目録16)における范傷の進行　〔岸本 1991，第87図〕を一部改変　218
Ⅳ-図75　「縦注ぎ」の模式図　〔小野山 1998，第1図〕を再作製　224
Ⅳ-図76　「平注ぎ」の模式図　〔小野山 1998，第1図〕を再作製　224
Ⅳ-図77　同型鏡の注銅方式の模式図　〔山崎他 1992，図3〕を再作製　229
Ⅳ-図78　各段階の三角縁神獣鏡の分布　著者作製　232〜233
Ⅳ-図79　各段階の三角縁神獣鏡の分布パターンの推移　著者作製　234
Ⅳ-図80　各段階の漢鏡の日本列島における分布　〔岡村 1999a，図25〕を一部改変　236〜

237
- Ⅳ-図81　近畿における「頭部集中型」と「頭足分離型」の分布　〔藤田 1993，第4図〕を再作製　245
- Ⅳ-図82　日本列島における「頭部集中型」と「頭足分離型」の分布　〔藤田 1993，第5図〕を再作製　245
- Ⅳ-図83　副葬鏡の配置類型の模式図　〔岩本 2004，図1〕　246
- Ⅳ-図84　三角縁王氏作徐州銘四神四獣鏡（Freer Gallery of Art 蔵鏡）〔梅原 1931，図版 84〕Freer Gallery of Art 所蔵　251
- Ⅳ-図85—1　三角縁吾作二神二獣鏡（静岡県松林山古墳）〔車崎編 2002，図 188—3〕東京国立博物館所蔵　252
- Ⅳ-図85—2　方格規矩鳥文鏡（河北省燕下都武陽台東）〔福永他 2000，図版1—1〕河北省文物研究所所蔵　252
- Ⅳ-図85—3　仿製三角縁吾作三神三獣鏡（福岡県一貴山銚子塚古墳）〔森下 1993c，図2〕京都大学総合博物館所蔵　252
- Ⅳ-図86　三角縁神獣鏡と魏晋鏡の銘文の類似　〔福永他 2000，図5〕　252
- Ⅳ-図87　三角縁獣文帯四神四獣鏡（群馬県赤城塚古墳）〔宮田 2007，第1図〕　255
- Ⅳ-図88　三角縁獣文帯三仏三獣鏡（岡山県一宮天神山1号墳）〔樋口 1992，図版5下〕岡山理科大学人類学教室所蔵　256
- Ⅳ-図89　中国における初期仏像表現の地域差　〔岡内 1995，第7図〕を一部改変　257
- Ⅴ-図1　漢鏡7期主要鏡式の分布パターン　著者作製　271
- Ⅴ-図2　仿製鏡の分布パターン(1)（前期前葉〜中葉）著者作製　272
- Ⅴ-図3　仿製鏡の分布パターン(2)（前期後葉）著者作製　272
- Ⅴ-図4　仿製鏡の分布パターン(3)（前期末葉〜中期初頭）著者作製　272
- Ⅴ-図5　仿製鏡の分布パターン(4)（中期前葉〜後葉）著者作製　273
- Ⅴ-図6　仿製鏡の分布パターン(5)（中期末葉〜後期前葉）著者作製　273
- Ⅴ-図7　同型鏡の分布パターン（中期中葉〜）著者作製　273

- Ⅱ-表1　紀年銘鏡からみた後漢後半〜三国西晋期の銅鏡生産の推移　〔車崎 2001b，表3〕を再作製　48
- Ⅲ-表1　同一埋葬施設における三角縁神獣鏡の各段階の共伴状況　〔福永 2005a，表8〕を再作製　74
- Ⅳ-表1　梅原末治の想定する各種鏡式の存続期間　〔梅原 1921a，67・68頁図〕を再作製　99
- Ⅳ-表2　同笵（型）鏡を分有する古墳間に想定しうる年代差　〔小林 1961a，第6表〕を再作製　106
- Ⅳ-表3　種々の条件下で算定された椿井大塚山古墳の築造年代　〔小林 1961a，第7表〕を再作製　107
- Ⅳ-表4　鏡式と銘式の相関関係　〔樋口他 1983，16頁図〕を再作製　115
- Ⅳ-表5　三角縁神獣鏡の神獣像配置と鏡銘　〔小林 1971，第四表〕を再作製　122
- Ⅳ-表6　仿製三角縁神獣鏡の同笵鏡の細部属性　〔小林 1976b，表 20〕を再作製　123

Ⅳ- 表7　一埋葬施設における三角縁神獣鏡の各段階の共伴状況　〔都出 1989a, 表3〕を再作製　　150
Ⅳ- 表8　三角縁神獣鏡の各段階の地域別分布　〔都出 1989a, 表5〕を再作製　　150
Ⅳ- 表9　三角縁神獣鏡の主要神獣像表現　〔岸本 1989b, 表1〕を再作製　　157
Ⅳ- 表10　魏の紀年鏡の鈕孔形態　〔福永 1991, 表4〕を再作製　　159
Ⅳ- 表11　三角縁神獣鏡創出期の同向式神獣鏡の変異　〔岡村 2002a, 第14表〕を再作製　　171
Ⅳ- 表12　神獣像配置と傘松文の分類との関係　〔澤田 1993b, 第1表〕を再作製　　184
Ⅳ- 表13　一埋葬施設における仿製三角縁神獣鏡の共伴関係　〔福永 1994c, 表2〕を再作製　　189
Ⅳ- 表14　属性の相関による仿製三角縁神獣鏡の諸鏡群　〔岩本 2003a, 表1〕を再作製　　191
Ⅳ- 表15　属性の相関による中国製三角縁神獣鏡の諸鏡群　〔岩本 2008a, 第1表〕を再作製　　192
Ⅳ- 表16　中国製三角縁神獣鏡の形態・系統・規格の対応関係　〔岩本 2008a, 第2表〕を再作製　　192
Ⅳ- 表17　断面形状の共通する三角縁神獣鏡　〔岩本 2005b, 表1〕を再作製　　193
Ⅳ- 表18　神獣像の表現と配置による中国製三角縁神獣鏡のセリエーション分析　〔森下 1998b, 第1図〕を再作製　　194〜195
Ⅳ- 表19　一埋葬施設における三角縁神獣鏡の共伴関係　〔福永 1994b, 図4〕を再作製　　207

著者略歴
1975年　東京都生まれ
2006年　京都大学大学院文学研究科考古学専攻博士後期課程修了
現在，立命館大学文学部講師，博士（文学）
〔主要著書・論文〕
ガンダーラ寺院と仏像（『シルクロード発掘70年』）　フィクションの考古学者（『遠古登攀　遠山昭登君追悼論集』）　縄文文化と日本文化（『縄文時代の考古学』一巻，泉拓良と共著）

三角縁神獣鏡研究事典

2010年（平成22）7月10日　第1刷発行

著　者　下 (しも) 垣 (がき) 仁 (ひと) 志 (し)

発行者　前　田　求　恭

発行所　株式会社　吉 川 弘 文 館
郵便番号 113-0033
東京都文京区本郷7丁目2番8号
電話 03-3813-9151（代）
振替口座 00100-5-244番
http://www.yoshikawa-k.co.jp/

印刷＝株式会社 精興社
製本＝誠製本株式会社
装幀＝伊藤滋章

© Hitoshi Shimogaki 2010. Printed in Japan
ISBN978-4-642-01454-0

Ⓡ〈日本複写権センター委託出版物〉
本書の無断複写（コピー）は，著作権法上での例外を除き，禁じられています．
複写する場合には，日本複写権センター（03-3401-2382）の許諾を受けて下さい．